2013年度国家出版基金项目

国家出版基金项目
NATIONAL PUBLICATION FOUNDATION

中国文化发展史

总主编 龚书铎

宋元卷

王育济 等著

山东教育出版社

图书在版编目(CIP)数据

中国文化发展史. 宋元卷 / 龚书铎主编;王育济等著. — 济南:山东教育出版社,2013.6 (2022.7 重印)
ISBN 978-7-5328-7934-2

Ⅰ. ①中… Ⅱ. ①龚… ②王… Ⅲ. ①文化史 — 中国 — 宋元时期 Ⅳ. ①K203

中国版本图书馆 CIP 数据核字(2013)第 168006 号

总 策 划/陆　炎
责任编辑/赵燕瑚
装帧设计/石　径

ZHONGGUO WENHUA FAZHAN SHI
SONG-YUAN JUAN

中国文化发展史
宋元卷

龚书铎　总主编

王育济　等　著

主　管：山东出版传媒股份有限公司
出版者：山东教育出版社
　　　　地址:济南市市中区二环南路 2066 号 4 区 1 号　　邮编:250003
　　　　电话:(0531)82092660　　网址:www. sjs. com. cn
发行者：山东教育出版社
印　　刷：山东临沂新华印刷物流集团有限责任公司
版　　次：2013 年 6 月第 1 版
印　　次：2022 年 7 月第 2 次印刷
规　　格：787 mm×1092 mm　1/16
印　　张：33.25
字　　数：590 千
书　　号：ISBN 978-7-5328-7934-2
定　　价：83.00 元

(如印装质量有问题,请与印刷厂联系调换)
印厂电话:0539-2925659

目　　录

引言

宋元时期的历史与文化

　　宋元时期，中国社会历史发生了深刻曲折的变化，从而对这一时期的文化产生了广泛复杂的影响。就总体而言，宋朝是中国传统社会高度成熟的时期，烂熟之中包蕴和生长着新的社会历史因素，以至于国内外已有不少学者将宋代断之为中国"近代化"的开端。与宋并存的辽、夏、金及元王朝，则是由处于较低社会发展阶段的游牧民族建立的，其社会发展水平明显落后于宋朝。它们对中原地区的冲击，尤其是金、元王朝对中原地区的统治，一方面为迟暮的中原社会注入了游牧民族的某种生机和鲜活的蛮力，另一方面，又明显地滞缓了中国传统社会转型的步伐，甚至若干已经为中原社会历史所超越、所淘汰的政治、经济体制在金元时期又有明显的恢复和强化。历史的曲折发展，使金元王朝呈现出迥异于两宋社会的历史风貌。可以说，宋元文化正是在这风貌迴异的两大历史空间的变幻中发展和切换着、繁荣和积淀着、碰撞和交融着，展现出野火春风般的文化韧性和百川归海般的文化气象。

一、宋代文化发展的历史空间

宋朝960年建立，以开封（今河南开封）为首都。1127年政权南迁后建都临安（今浙江杭州）。1279年被元朝灭亡。习惯上称1127年以前的宋朝为北宋，1127年以后的宋朝为南宋。北宋直接统辖的疆域政区，东南至海；北以今天津海河、河北霸县、山西雁门关一线与辽接界；西北以陕西横山、甘肃东部、青海湟水流域与西夏、吐蕃接界；西南以岷山、大渡河与吐蕃、大理接界，以广西与越南接界。疆域面积不及汉唐及后来的元明清。南宋直接统辖的疆域政区，北以淮河、秦岭与金接界，东南、西南与北宋相同。

公元960年，当时正担任后周禁军统帅的赵匡胤在陈桥驿发动兵变，黄袍加身，建立了宋王朝。"陈桥兵变"基本上是一次和平兵变：没有喋血宫门，更没有烽烟四起，几乎是"兵不血刃，市不易肆"，就取得了改朝换代的成功，创造了"不流血而建立一个大王朝的奇迹"①。这其中，当然有兵权与实力威慑的结果：泰山压顶，自然龙蛇难争，卵石不敌，少有冒死抗争者。但是，兵权、实力、绝对优势等等，只能保证兵变的最终成功，至于以什么方式成功，则很大程度上有赖于决策者的谋划水平和政策识见。从"陈桥兵变"的整个过程看，赵匡胤不仅一开始就反复"严敕军士，勿令剽劫"，而且还通过若干具体细密的措施控制局势，最终保证了兵变入城时的纪律严明，"秋毫无犯"，由此赢得了民心，"都城人心不摇，四方自然宁谧"②。《邵氏闻见录》卷七载：

> 先是，京城居人闻上至，皆大恐，谓将循五代之弊，纵士卒剽掠。既见上号令，兵士至即时解甲归营，市井不动，略无骚扰，众皆大喜……满城父老相贺曰："五代天子皆以兵威强制天下，未有德洽黎庶者。今上践祚未终日，而有爱民之心。吾辈老矣，何幸见真天子之御世乎？"

---

① 黄仁宇语，见《赫逊河畔谈中国历史·宋太祖赵匡胤》，北京，生活·读书·新知三联书店，2004年版。

② 李焘：《续资治通鉴长编》卷一，北京，中华书局，1985年点校本。

陈桥兵变虽然也是"以兵威强制天下",但与五代其他的兵变相比,的确又有很大不同。它的背后凝结着更多的理性和人道,含蕴着一种对社会、对百姓负责的政治良知。时人正是从这种理性、人道、良知中感受到了希望:"以兵威强制天下"的历史正在结束,天下将由分裂战乱而走向太平。

而当时远在四川的后蜀政治家也朦朦胧胧地察觉出某种相关的信息。宰相李昊奏报蜀帝曰:

> 臣观宋氏启运,不类汉周。天厌战乱久矣。一统海内,其在此乎?①

此后,随着时间的推移,人们对此的认识也越来越明晰了。如苏轼、范仲淹、朱熹等众多文化名家,都对"宋氏启运"过程中的理性、人道、良知予以极大推崇,认为"祖宗以仁义开国","受命之日,市不易肆,仁之至也","国初便知崇礼义……已自胜如唐人"。并明确地把"太祖皇帝能一天下者"归结于陈桥兵变时的"不嗜杀人","得天下以仁,而民从之,故天下与宋"②。明清之际的大学者王夫之,由于摆脱了"本朝情结",因而又有了更为客观、也更为深刻的认识:

> 赵氏起家什伍,两世为裨将,与乱世相沉浮,姓字且不闻于人间……乃乘如狂之乱卒,控扶以起,弋获大宝……受非常之命,而终以一统天下,底于大定,垂及百年,世称盛治者,何也?唯其惧也。惧者,恻悱不容自宁之心,勃然而猝兴,怵然而不昧……人之能不忘此心者,其唯上哲乎!……惧以生慎,慎以生俭,俭以生慈,慈以生和,和以生文。而自唐光启以来,百年嚣陵嚙搏之气,寝衰寝微,以消释于无形。盛矣哉!③

王夫之既不避讳赵氏起家低微和得国之际的"非常"之手段,又能以达观豁朗的态度,烛照出赵宋开国过程中的理性、良知及其意义:惧、慎、俭、慈、和、文,无一不是理性与良知的体现。起家低微的赵氏,正是以这种理性和良知,在"百年嚣陵嚙搏之气"中营造出一个宽仁宁谧的立国氛围,从而开启了唐宋之际天下由乱而治、由分而合的根本转机。其意义之大,非"盛矣哉"不

---

① 李焘:《续资治通鉴长编》卷四,北京,中华书局,1985 年点校本。

② 李焘:《续资治通鉴长编》卷一引苏轼等人语;黎靖德编:《朱子语类》卷一百二十九等,北京,中华书局,1986 年版。

③ 王夫之:《宋论》卷一,《四部备要》本。

足以状之。

这种文明理性的开国气象，不但体现于"陈桥兵变"中，也表现在如何处理开国功臣这个传统政治中最为棘手的问题上。"鸟尽弓藏，兔死狗烹"，诛杀功臣，是一些开国之君惯用的手法。这虽然也可以部分地解决功臣对皇权的威胁，但伴随而来的腥风血雨，却会造成沉重的阴影，扭曲和戕害几代人的心智，从而对政治的昌明、经济的发展、文化的繁荣产生极为不利的影响。而宋初却选择了著名的"杯酒释兵权"这样一种较为理性和文明的方式。"杯酒论心，大将解印"，谈笑之间，解决了一个历代深感棘手的问题。当然，实际过程不会如文献记载得那样简单和戏剧化，自建隆二年（961 年）七月后，绝大部分功高资深的禁军将领，即被解除了兵权，却又同皇帝保持着亲密关系，这是无可置疑的事实。这表明，宋初皇帝与功臣宿将的矛盾已经化解在一种较为宽缓、平和的气氛之中了。

"自古创业垂统之君，即其一时之好尚，而一代之规模可以豫知矣。"其所造成的"文化效应"，其所形成的"祖宗家法"，的确可以影响和决定一个王朝的基本特点。如果将宋朝开国之际的"兵不血刃，市不易肆"和"杯酒释兵权"等等与两宋政治的某些特色联系起来考察，自会发现更深一层的意义。关于两宋政治的特色，宋人已多有总结。如邵雍、二程、范仲淹等，曾将"受命之日，市不易肆"与"祖宗以来，未尝轻杀大臣"，"未尝杀一无罪"等等称作"本朝超越古今"的"盛德之事"[1]；蔡确、吕大防等，则把"百年不诛大臣"，"不杀谏官"，"不以文字罪人"等等统统与"祖宗家法"联系起来，认为"三代之后，惟本朝所立家法最善"[2]。苏轼在论及本朝的言论自由时说："历观秦汉，以及五代，谏诤而死，盖数百人。而自建隆以来，未尝罪一言者。"并认为这正是"祖宗深虑"所致[3]。南宋名臣留正则更以"自古所无者三"（邵雍、程颐等文化大师等则有"自古所无者五"之类的说法）来标榜宋代政治：

> 本朝自古所无者三：艺祖皇帝受命之日，市不改肆，一也；祖宗以来，传世仁厚，虽甚威怒，未尝妄杀，故论者谓不嗜杀人，惟本朝有之，

[1] 邵伯温：《邵氏闻见录》卷十八；朱熹编：《河南程氏遗书》卷十五等，《学津讨原》本。
[2] 参见徐规：《宋太祖誓约辨析》，载《历史研究》1986 年第 4 期。
[3] 苏轼：《苏轼文集》卷二十五，北京，中华书局，1986 年版。

二也；徽庙光尧两行内禅，皆出自睿断，三也。①

"自古所无"云云，自然不免夸张，但也的确道出了宋代政治运作中一些值得注意的变化："受命之日，市不易肆"，较之于喋血城门，以暴登基，无疑多了一些理性和人道；威怒有度，不诛大臣，不嗜杀人，较之于"天子之怒，伏尸百里"，无疑又少了一些蒙昧和野蛮；至于"内禅皆出自睿断"（即皇帝本人自愿让位），较之于惯常的皇位争夺，也多少显示出理性与蒙昧的分野……总之，在宋代的政治生活中，野蛮、蒙昧的因素在消减，理性、人道、文明的色彩在增多，政治运作的文明化、理性化的程度大大提高。

宋代政治的这些变化，其本身就是一种文化形态、意识形态上的进步。而这种进步又为宋代文化的具体发展营造了一个自由、净朗的空间。陈寅恪先生谈宋代文化时曾有两论：一则曰华夏文化造极于赵宋之世，天水一朝（宋朝）之文化为民族文化之壮丽瑰宝；② 一则谓宋代文人言论是最自由的。③ 这二则议论正可互相发挥，以呈示宋代文化高度发展的底蕴之所在。

与政治理性相辅而行的，是赵宋王朝持之以恒的重文政策，《宋史》卷四三九《文苑传·赞论》曰：

> 艺祖革命，首用文吏而夺武臣之权，宋之尚文，端本乎此。太宗、真宗其在藩邸，已有好学之名，及其即位，弥文日增，自时厥后，子孙相承，上之为人君者，无不典学，下之为人臣者，自宰相以至令录，无不擢科，海内文士，彬彬辈出焉。国初杨亿、刘筠，犹袭唐人声律之体，柳开、穆修，志欲变古，而力弗逮。庐陵欧阳修出，以古文倡，临川王安石、眉山苏轼、南丰曾巩起而和之……

宋代的重文政策，既表现为"人君"的"尚文"、"典学"，又表现为"擢科"即科举制度的高度完善和广泛推行。与唐代相比，宋代科举制度发生了很多变化。一是科举考试的内容规范化，基本上以诗赋和经义为主。二是"殿试"成为制度，使考生均有机会直接成为"天子门生"，以提高读书中举的荣耀感。三是考试规程更为完善，建立了一套严格的出题、评卷、定等办法和考场规

---

① 李心传：《建炎以来系年要录》卷二十，北京，中华书局，1956 年版。
② 陈寅恪：《宋史·职官志考证序》，见《金明馆丛稿二编》，北京，三联书店，2001 年版。
③ 陈寅恪：《论〈再生缘〉》，见《金明馆丛稿二编》，北京，三联书店，2001 年版。

则，形成了相对公平的竞争机制。四是应试对象逐渐放宽，取消了隋唐时期考生的身份限制，工商异类和僧道归俗之徒也可以参加科举考试。五是录取名额大幅度增加。唐代每科取士不过20人，而宋代太祖时每科已达90人，太宗时每科500人以上，共开八次，登第者达7000人，真宗时开科9次，取士5000人；仁宗时开科13次，取士超过万人。六是进士授官十分优渥。一旦科举中第即释褐授官，"自宰相以至令录，无不擢科"。这种完善的科举取士政策，极大地激发了社会各阶层读书入仕的热情，正如邓广铭先生所言："这种种因素的具备，遂使每一个丰衣足食的小康之家，都要令其子弟去读书应考，争取科名。科名虽只有小部分人能够争取得到，但在这种动力之下，全社会却有日益增多的人群的文化素质得到大大的提高。因此我们可以说，科举制度在两宋期内所发挥出来的进步作用，所收取到的社会效益，都是远非唐代之所可比拟的。"[1]

就传统社会所能达到的限度而言，宋代科举的合理性可以说是达到了极限，是中国科举史上的黄金时代。一个明显的现象是，在宋代，举凡第一流的政治家、思想家、文学家、科学家，无一不是科举出身，而且往往是一举高中；而明清时期则几乎相反，举凡第一流的思想家、文学家、科学家（政治家除外），几乎全都不是科举进士出身，个别得中者，也往往是在屡挫之后（如王阳明，三次方才得中）。两相对比，宋代科举制的完善与合理及其对文化发展的促进作用就十分明显了。科举不但招揽文化人才，同时又通过促进人才的成长而推动文化的发展，正如有学者所指出的那样：综观整个中国古代史，北宋一朝是政治、经济、史学、哲学、文学、艺术及至自然科学等各方面杰出人才最密集的时代。仅以仁宗前后几十年时间论，其出类拔萃、彪炳史册者不下数十人。如范仲淹、欧阳修、韩琦、富弼、包拯、司马光、王安石、苏轼、苏辙、晏殊、宋祁、曾巩、柳永、黄庭坚、秦观、周敦颐、邵雍、张载、程颢、程颐、蔡襄、李公麟、苏颂、沈括……都在各个领域内为中国文化的丰富发展作出了重大贡献。如此密集的人才群涌现于11世纪的中国，绝不是偶然的。他们尽管出身、贫富、专长各不同，但全都是科举出身[2]。

---

[1] 邓广铭：《宋代文化的高度发展与宋王朝的文化政策》，载《历史研究》1990年第2期。
[2] 金诤：《科举制度与中国文化》，上海人民出版社，1990年版。

中唐以来，从"安史之乱"到"藩镇割据"再到"五代十国"，中国曾长时间地陷入分裂战乱的状态。宋朝建立后，一是消灭了"五代十国"中的各个割据政权，基本上完成了中原地区的统一；二是从制度上清除了中唐五代以来政局动荡、分裂割据的不安定因素；三是对中唐五代以来从生产关系到政治制度的一系列变化加以总结、规范和确认。宋太祖、太宗两朝，主要是围绕着后两个方面进行军政体制建设的。而他们在这一过程中的种种举措，也成为"祖宗家法"，构成了两宋三百余年政治体制的基本框架，后世的变动也没有突破这一大的框架。

在军政体制上，一方面调整中央与地方的关系，针对中唐以来由于地方军人势力的膨胀而造成的中央对地方的失控局面，实行"强干弱枝"的方针，收夺和限制地方的权力，"稍夺其权，制其钱谷，收其精兵"，同时选派大批儒臣以朝臣的身份挂职到各州县任职；另一方面，调整皇权与文武百官（尤其是高级文官和武将）的关系，针对中唐五代以来"君弱臣强"、"兵骄将悍"的局面，实行"分化事权"的方针，分散、限制、牵制文武百官的权力，以加强专制皇权。随着科举制度的完善和推广，官员的文化身份越来越受到重视，不但"宰相必用读书人"，枢密院等军事机构也由文人执掌。

中唐以来土地占有关系的变动，人身关系的变化，兵役制度的变化等等，也得到了明确的规范。府兵制崩溃后开始的募兵制度，在宋太祖时期被明确规定为"可以利百代"的基本国策而正式得以确立。中唐以来社会结构的若干复杂变化在国家的律敕中也都程度不同地得到了反映，如"本朝不抑兼并"的政策；如在法律上肯定了人口流动的合法性，肯定客户有一定的人身自由，确认了客户出立为主户的手续等等。

上述制度在宋初所产生的积极作用比较显著。一方面，中唐五代以来中央对地方的失控局面以及将悍臣骄的状况为之改观，"天下之权悉归朝廷"，"四方万里之遥，奉尊京师"，"朝廷尊大，主（皇帝）势始强"，形成了两宋三百余年的"无内乱"、"无腹心之患"的安定局面；另一方面，中唐以来政治结构、生产关系的诸多变化由于得到了明确的规范，这就从更深的层次上保证了社会的稳定。和平稳定的社会环境，为经济、文化的发展创造了良好的条件，所以，北宋建国五六十年以后，就出现经济、文化、科技的迅猛发展，成为战国秦汉以来经济文化发展的又一高峰。在中国历史上，宋朝是唯一一个没有发生诸如"七国之乱"、"八王之乱"、"安史之乱"、"靖难之役"、"三藩之乱"等等大规模"内乱"的王朝。一般王朝常有的宦官专权、外戚干政的情形在宋代亦无显迹。"有外患而无内乱"，"三百年无内乱"，"无腹心之患"，是宋代政局的显著特点。在这种和平安定的内部环境中，经济、文化的发展，由于避免了干扰和中断而持续繁荣，继长增高。宋代文化的空前繁荣，与和平安定的内部环境有着极为直接的关系。孟元老在《东京梦华录》中就生动地描写了东京百年安定繁庶的社会环境与宋词（"新声"）之间的关系：

> 举目则青楼画阁，绣户珠帘。雕车竞驻于天街，宝马争驰于御路。金翠耀目，罗绮飘香。新声巧笑于柳陌花衢，按管调弦于茶坊酒肆。八荒争凑，万国咸通。集四海之珍奇，皆归市易；会寰区之异味，悉在庖厨。

可以说，安定繁庶的社会环境，正是宋代文化繁荣的社会基础。

不惟如此。宋代新的军政体制的逐步形成，唐末五代分裂战乱因素的逐步清除，社会的日渐安定繁庶，这样的一个过程，与宋代文化、尤其是儒家文化的日渐复兴又正是一个互为重合、互为表里的过程。著名的"半部《论语》治天下"的典故就多少说明了这一点。前文已述，为削弱地方藩镇的权力，宋太祖选派大批儒臣到地方任职，这一策略，从制度的层面上讲，是为了"防止唐末以来强藩割据、武夫横行的局面再度出现"，从文化的层面讲，则"正是试图通过重用儒生振兴传统文化，恢复三纲五常为律条的儒家道德伦理以重整和安定社会秩序。综观其后来在北宋政治生活中所发生的客观社会效果，尤其是如此"①。关于这一点，古人也有很深刻的认识：

> 太祖皇帝起平祸乱，尽屈良、平、信、越之策，休牛马而弗用，慨然思得诸生儒士与议太平。而鲁之学者始稍稍自奋垅亩，大裾长绅，杂出于戎马介士之间。父老见而指以喜曰："此曹出，天下太平矣。"方时厌乱，人思复常，故士贵。盖不待其名实加于上，下见其物色士

---

① 参见陈植锷：《北宋文化史述论》，第 11 页，北京，中国社会科学出版社，1993 年版。

类而意已悦安之，此儒之效也。①

可见，正因为"太祖皇帝起平祸乱"，原来在乱世中被压抑的儒生才有可能"稍稍自奋于垅亩"；但另一方面，只有儒生出头，"天下太平"才能真正有望。二者的互为表里是显而易见的。

从这一角度来说，确立安定太平的社会环境，就不单单是政治家的政治事业，也是思想文化界的任务，也是一项学术文化事业。事实也正是如此。在宋代新的军政体制建立的过程中，儒学也同样开始了其复兴的过程，而复兴之初的学者们几乎无一例外地将研究的视点"集中于《春秋》一经"。因为《春秋》中的"尊王攘夷"，恰恰符合加强中央集权的政治需要。当时的政治与文化就是这样互为表里，于是有儒学文化的全面复兴：

> 艺祖造宋，首崇经术，加重儒生。列圣相承，后先一揆。感召之至，七八十年之间，豪杰并出。周先生奋乎千有余载之下，超然自得，建图立书，本于《易》之太极，子思子之诚，以极乎阴阳五行造化之赜，而本之以中正仁义，贯显微，该体用。二程先生亲得其传，相与阐发精微，凡尧、舜、禹、汤、文、武，至于孔子、子思、孟子授受之道，至是复皎然大白于天下，使学者皆得以求端用力于斯焉。呜呼，元气之会，而天运人事之相参，乃至如此猗其盛哉！由是异人辈出，又为之推衍究极，至于朱氏、张氏，而三先生之蕴亦几于发露无余矣。由三先生而来，虽不克皆显于时，究其用，然以其嗣往圣，开来学，潜补治理，以建万世太平之源，则孔、孟氏而下未之有也。②

中国封建社会经过汉唐时期的高度发展，至宋代开始了某种结构性的变迁。

从政治上看，一个最为深刻的变化，就是汉魏以来影响中国达数百年之久的门阀政治彻底终结。关于这一点，学术界已有较为一致的认识，史料中所谓"五代以还，不崇门阀"③，"五季以来，取士不问门第，婚姻不问阀阅"④ 等

---

① 晁补之：《鸡肋集》卷三十四，《张穆之触鳞集序》，《四库全书》本。
② 魏了翁：《鹤山大全文集》卷三十八，《成都府学三先生祠堂记》，《四库全书》本。
③ 胡应麟：《少室山房笔丛》庚部，卷三十九，上海书店出版社，2001年版。
④ 郑樵：《通志·氏族志》，上海，商务印书馆，1935年《十通》合刻本。

等，也都准确地反映了上述变化。随着门阀政治的终结，以往那种"上品无寒门，下品无世族"，"士庶天隔"，即由世家大族世代垄断政权的局面完全改观，封建政权的开放程度大大提高。这就为一般的庶族阶层，甚至更为贫寒的社会底层成员提供了较多的际会风云的机缘。前文所述的科举制度的完善和广泛推行，正是与宋代社会关系的这样一个深刻变化有关。

在经济上，首先是商品经济的空前发展。这主要表现为大都市的急剧增加（唐代10万人口以上的大城市有13个，宋代猛增到46个），城市自身发生了商业性的变化（坊市制和日中为市制被冲破），草市镇的大量涌现，手工业产品的激增（如宋代矿冶业的产量是唐代的十几倍），纸币的出现和铜钱铸造量的猛增（唐代最高年铸造额为32万贯，宋代为600万贯），区域性市场的形成等。工商经济的高度发展，造就了一个庞大的工商市民阶层，使宋代居民的人口结构发生了很大的变化；同时宋代国家税收中来自工商方面的收入也第一次超过了农业方面的收入，预示着传统经济结构的变化。其次，由于商品经济的冲击，越来越多的土地被卷入到商品流通领域，土地买卖日益频繁，甚至官田亦大量被出卖，"唐宋以来，官田益少"。为适应生产关系的这种变化，宋王朝实行了"不立田制"、"不抑兼并"的土地政策，允许合法地通过买卖去兼并土地，扩充田产，发展家业，"求田问舍意最高"，私有个体经济的发展也有了较大的空间和自由度。

与上述变化相表里的是，宋代居民的人身自由程度较前代亦大大提高，社会各阶层都取得了相对独立的社会地位。这种情况的发生，与上述土地私有制的日益深化、个体经济已有较大的自由空间有关，也与工商经济的广泛发展为社会各阶层提供了更为广阔的生活出路有关。人身自由程度的提高，首先表现在募兵制度下的"兵农分离"，使百姓较为彻底地从兵役的束缚当中摆脱出来："民不知兵，兵不知农，农出谷帛以养兵，兵出性命以卫农，天下便之，虽圣人复起不能易也。"[①] 其次表现为劳役征调的废止。官府对于手工业的工匠，不再征调，而是采取"和雇"即招募的方式；其他临时性的劳役，一般也由募兵制下的厢军承担。《文献通考》曰："宋朝，凡众役多以厢军给之，罕调丁

---

① 苏轼：《经进东坡文集事略》卷三十一，《四部丛刊》本。

男。""宋有天下，悉役厢军，凡役作、工徒、营缮，民无与焉，故天下民力全固"①。因为厢军都是经招募而来的，所以这实际上也是一种募役制度。募兵制度、募役制度的本质就在于招募，而不是强行征调，"既曰招募，须从人愿"②，广大的社会成员因此而获得了较大的人身自由。宋代的佃农与前代相比，也更加自由，以往那种半农奴性质的"部曲"制在宋代已基本被废止，佃农与田主之间只是劳动力的雇用和被雇关系，"各取稳便"，而不允许存在人身方面的奴役。

文化发展的历史，从根本上说是人的精神发展的历史。一定的历史环境中的人的精神面貌和心理状态，决定着文化发展的面貌。从上述宋代社会的结构性变迁可以看出，宋代正是一个人的自主、自信意识得以强化的时代。首先，由于土地私有制的进一步深化，诸如限田、均田、抑制土地兼并等限制土地私有权发展的措施已不复存在，土地所有者的经济自主意识大为强化。与此同时，兵役、徭役也开始由汉唐时期的强制性人身征调向募兵、雇役方向转化，人身自主意识亦因此而提高。另外，门阀制度的崩溃和科举制度与选官制度的完全合一，使得人们踏入政治舞台的过程本身就是一个个人奋斗的过程。由个人奋斗而出人头地，自然要比以往靠家族门第、察举推荐而做官平添了许多自豪感，从而催化了某种政治上的自主意识。宋代士大夫阶层的"先天下之忧而忧"、"以天下为己任"的情怀，宋代政治中的"议论风起，国策难定"等等现象，都与这种政治上的自主意识的加强有关。

这种表现在经济上的、人身上的、政治上的自主意识的加强，必然会对宋代文化的发展产生深刻的影响。例如宋儒的那种著名的"摆落汉唐，独研义理，凡经师旧说，俱排斥不足信，其学务别是非"③的怀疑精神，那种"六经注我，我注六经"的理论自信，那种"为天地立志，为生民立道，为去圣继绝学，为万世开太平"④的自豪，无一不是宋代那种强化了的个人自主意识在文化领域中的反映。今人论宋学精神时，曾将其概括为"议论精神"、"怀疑精

---

① 马端临：《文献通考》卷一百五十六、卷十二，北京，中华书局，1986 年版。
② 李觏：《李觏集》卷二十八，《寄上富枢密书》，北京，中华书局，1981 年版。
③ 《四库全书总目》卷一，《经部总叙》，北京，中华书局，1997 年版。
④ 张载：《张子语录中》，见《张载集》，第 320 页，北京，中华书局，1978 年点校本。

神"、"创造精神和开拓精神"、"实用精神"、"内求精神"、"兼容精神"①,诸如此类,几无一不与宋代个人自主意识的强化有关。

宋代社会的种种结构性变化,对宋代文化的结构也产生了深刻的影响,这就是"平(市)民文化"的兴起。平(市)民文化的到来,首先是由于门阀制度的崩溃,以及与之相适应的贵族文化的跌落;其次是由于平(市)民阶层的庞大并独立存在;再次,也得益于国家政策上为平民步入政治舞台创造了条件;最后,还要有适于表达市民心志、情感和审美需求的文化载体。毫无疑问,宋代社会的结构性变化已经为平民文化的兴起创造了充足的社会条件。至于文化载体,面向市井的"曲子词"、戏曲、说书讲史等均可充担,而这些早已存在着的细小的文化门类在宋代都因社会环境的变化而得到了长足的发展,并扩大了阵营,形成了足以与"雅正文化"相抗衡的庞大阵容:"例如,唐代面向新贵和士族的《氏族志》变成了宋代面向庶众的《百家姓》;仅供'御览'的史官文化走出宫廷,播向民间,与街谈巷议相融合;过去只注目宫廷的文人学士开始将目光投向民间世俗生活,记录'残丛小语'的笔记小说,描绘山川风物、风土人情的方志,应运而生;私家修史之风得到容忍;昔日宫廷供奉,'沦落'勾栏瓦肆,为寻常百姓服务。"② 甚至"平民文化"中的个别门类,如"曲子词"的发展远远超过"雅正文化",成为"一代文学"的标志。如果没有宋代社会的上述种种结构性的变迁,这是无法想象的。

两宋王朝与辽、夏、金、元诸游牧政权均曾对峙并存,和战不定。金元诸朝虽然在经济、文化上比宋朝落后,但就其自身而言,却都脱离了汉唐时期游牧政权的部落状态,建成了高度统一的民族国家和严密的军事组织,而这再与其游牧民族剽悍蛮勇的民风相结合,就成为宋王朝难以抵挡的强大对手。

而就宋王朝而言,一方面有农耕文明固有的弱势,另一方面又因汉族经过汉唐时期的青春焕发后,已经是人到中年了,蓬勃跃动的进取已经为老成持重的内敛所取代,"打天下"的一腔沸血,更多的已经变成了"保天下"的冷静思考,成熟、稳健与保守、迟暮交织在一起,已无汉唐时的活力四溢。而其军政体制创立时,就是小心翼翼地带有"以防弊(防止中唐五代以来的社会动乱

---

① 陈植锷:《北宋文化史述论》,北京,中国社会科学出版社,1993年版。
② 郑传寅:《中国戏曲文化概论》,第152页,武汉大学出版社,1998年修订版。

重演）之政，作立国之法"① 的意向，因而始终带有很大的片面性和局限性。如"兵财尽聚京师，藩篱日削，故主势强而国势反弱矣"；如事权分化，机构叠床架屋，官冗费多，与日俱增。所有这些，又使宋朝陷入了财政贫窭、国势懦弱即所谓"积贫积弱"的危机中。宋真宗、仁宗朝，一方面社会经济高度繁荣，一方面却又国力不振，被动挨打，出现了"农桑不扰岁常登，边将无功更无能"的局面，在防御辽、西夏的入侵中，"十出而九败"，不得不向辽、西夏输送大量的银绢茶以求得暂时的议和。

为了改变上述"积贫积弱"的局面，宋仁宗庆历年间，范仲淹、欧阳修等推行"庆历新政"，但几乎没有取得什么成果就破产了。范仲淹在"庆历新政"之后撰写了著名的《岳阳楼记》：

> 嗟夫！予尝求古仁人之心，或异二者之为，何哉？不以物喜，不以己悲。居庙堂之高，则忧其民；处江湖之远，则忧其君。是进亦忧，退亦忧。然则何时而乐耶？其必曰："先天下之忧而忧，后天下之乐而乐"欤！②

这其中的"不以物喜，不以己悲"，成为宋代士人普遍追求的一种人生境界；而"进亦忧，退亦忧"、"先天下之忧而忧，后天下之乐而乐"的忧患意识与境界，更是产生了广泛的影响，成为宋代文化和中国传统文化中最精华的思想之一。

宋神宗时，基于忧患意识，又出现了著名的"王安石变法"。这次变法也没有取得多大实效就失败了。但王安石却以"荆公新学"对宋代的思想文化格局产生了复杂的影响；由变法而引起的"洛党"、"蜀党"等等政治派别的斗争，又与当时的学派之争纠缠在一起，成为文化史上的重要内容。

由国家忧患引起了政治上的变法，由政治而又导致了学术的、文化的一系列现象，这是一个文化层面。另外一个层面，则是宋朝从被动挨打到北宋为金朝所灭，又到南宋为元所灭，在这一过程中"令人泣血而忧"的忧患意识向宋代文化的深层次渗透。关于这一问题，学术界已有颇多精辟论述。如在论及

---

① 转引自邓广铭等主编《辽宋西夏金史》，第24页，北京，中国大百科全书出版社，1988年版。

② 范仲淹：《范文正公集》卷七，《四部丛刊》本。

"宋学"创立的历史背景时，一般认为"尊王攘夷"正是宋学创立的"政治上的根源"①。如在论及宋诗时，一般认为"忧患意识的流行与深化"是极为明显的主题，宋人慨叹国耻国难的作品几乎与宋王朝的建立同时出现，而由政治意识的强化到爱国激情的喷发再到黍离哀思的回响，也就构成了同样是产生于衰时弱世的另一条深入心态的表达途径②。又如在宋词中，因为忧患，以"婉约"、"阴柔"为正宗的两宋词坛别生出一番情调或苍凉凄楚或慷慨激昂的歌唱："浊酒一杯家万里，燕然未勒归无计。羌管悠悠霜满地。人不寐，将军白发征夫泪！"这是范仲淹因边戍凄苍黯淡而生的忧患；"念腰间箭，匣中剑，空埃蠹，竟何成！时易失，心徒壮，岁将零。""胡未灭，鬓先秋，泪空流。此生谁料，心在天山，身老沧州。"这是张孝祥、陆游因一心许国却报国无门而生的伤痛；"寻寻觅觅，冷冷清清，凄凄惨惨戚戚。"这是李清照从家国破灭中生出的无限悲恸；"君莫舞！君不见玉环飞燕皆尘土！""自胡马窥江去后，废池乔木，犹厌言兵。"这是辛弃疾、姜夔对南宋朝廷耽于偏安格局的深重忧患；"靖康耻，犹未雪，臣子恨，何时灭！"这是岳飞面对残破山河的苍凉呼唤。翻开宋人诗词集，此类吟唱触目皆是。

二、辽夏金文化发展的历史空间

辽是契丹族建立的王朝。公元916年，耶律阿保机建立契丹国，后改称大辽或契丹。契丹建立后迅速向周边扩张，先后灭渤海国、占据燕云十六州。其统治的区域，西至流沙，东至黑龙江流域，北至胪朐河（今克鲁伦河），南越长城，跨有燕云十六州。北宋建国后，辽与宋或和或战，1125年在宋、金的南北夹攻下灭亡。

西夏是党项族建立的王朝。西夏建立前，党项族藩属于北宋王朝。1038年，元昊称帝，国号大夏。其疆域东临黄河，西至玉门关，南含萧关，北抵大漠。西夏与北宋或和或战，对峙多年。1227年为蒙古所灭。

金是居住在黑龙江、松花江流域的女真族所建立的王朝。女真原为辽的藩

① 参见陈植锷《北宋文化史述论》，第35页，北京，中国社会科学出版社，1993年版。
② 参见许总《宋诗史》，第15页，重庆出版社，1997年版。

属。1103年，女真族完颜部击败其他部落逐步独立和强大。1113年，完颜部首领完颜阿骨打（完颜旻）出任各部落联盟长，随即举兵反辽，连续胜利后，于1115年建国，仿汉制称帝，国号大金。1125年与北宋北南夹攻灭亡辽朝，旋即联合西夏攻打北宋，于1127年灭亡北宋，占领了淮河以北的中原疆土，开启了与南宋长达108年的对峙局面。1234年，金朝为蒙古灭亡。

契丹族、党项族和女真族的社会发展水平远远落后于汉民族，但是其统治的部分区域却又"汉化"程度很高，或者直接就是汉人居住区。如辽朝所统治的燕云十六州和渤海地区，如西夏统治的河西走廊一带，至于女真族更是直接占领和统治了广大的北方中原地区。契丹、党项、女真对这些地区大都沿袭了原有的汉制、汉法。如辽朝就曾采用了二元化的统治体制，即统治契丹及其他游牧民族，主要用契丹贵族，称"北面官"，而对燕云十六州和渤海人的统治，则以汉人为主，用"汉法"治之，称"南面官"。这种"以国制治契丹，以汉制待汉人"的政策，对先进的汉文化客观上是一种保护和尊重，使这一地区文化的发展避免了干扰和断裂，也为契丹族的汉化和各民族之间的融合创造了条件。

在政治体制、经济制度上逐步仿行汉制、汉法，是辽、夏、金诸朝历史和文化发展的主线。如阿保机建辽不久，即与群臣讨论"受命之君"的政治信仰问题：

太祖问侍臣曰："受命之君，当事天敬神。有大功德者，朕欲祀之，何先？"皆以佛对。太祖曰："佛非中国教。"倍（指耶律倍）曰："孔子大圣，万世所尊，宜先。"太祖大悦，即建孔子庙，诏皇太子春秋释奠。[1]

与政治信仰上以孔子为尊相辅而行的，则是在政治制度上的仿行汉法。辽太宗耶律德光灭后晋，"取晋图书、礼器而北，然后制度渐以修举。至景、圣间，则科目聿兴，士有由下僚擢升侍从，骎骎崇儒之美"[2]。西夏、金也大致如此。如西夏元昊，本人精通汉文，熟知宋朝典章，故其政治上用汉人车马，行中原法令，与宋朝几无二致。而金朝仿行宋代科举制度时，"兼采唐、宋之法而增

---

[1] 《辽史·义宗耶律倍传》，北京，中华书局，1974年点校本。

[2] 《辽史·文学传序》，北京，中华书局，1974年点校本。

损之。其及第出身，视前代特重，而法亦密焉"①。

经济上，辽、夏、金"三个国家深受北宋高度发展的封建经济的积极影响。一方面自身处于奴隶制经济，一方面面临着封建经济的挑战，辽、夏、金三国就在这样的背景下各自步入历史进程"②。所以辽、夏、金经济发展虽然在总体水平上远远落后于宋朝，但就三国本身而言，却又都有了较大的发展和进步，从而为文化的发展奠定了经济基础。另外，游牧经济和农耕经济的并存，也是丰富多彩的民族文化得以存在的社会依据。

辽、夏、金三朝在仿行汉法的过程中，并没有也不可能完全放弃本民族的文化传统，辽的"南、北两面"官制，西夏"汉礼"和"蕃礼"的同时并存，金朝的"女真旧风"与"皆习汉风"之间的冲突，都深刻地说明了这一点。故三朝的"汉化"，在很大程度上只能是"契丹化的汉化"、"党项化的汉化"等等，其民族特性并未丧失。所以，在辽、夏、金三朝的文化发展过程中，其民族特色始终是一个值得注重的问题。且不论三朝都有自己独立的文字，有用本民族文字撰成的大量文化典籍（尤其是史籍，形成了十分明显的民族特色③），即便是对汉文化的吸取，也是很有"民族特色"的。如金人本无作词的传统，占领中原后，却词风大盛，据唐圭璋《全金元词》统计，金代词家不下70家，流传至今的词作达3572首。这显然是汉文化影响的结果。但金词的风格，却不以"婉约"为主流，而始终以豪放词为大宗，形成了金词"伉爽"、"豪宕"的整体风格。④ 这种词风，与女真游牧民族的文化气质正相吻合。明乎此即不难理解：何以文化水平不高的女真贵族，如完颜亮、完颜璹等会以"豪迈无及"的词风雄峙金代诸词家之冠，⑤ 何以"海陵大举南侵，御前都统骠骑大将将射雕军二万三千"之际，竟会"赐所制《喜迁莺》"作为战歌以鼓舞士气？

①《金史·选举志》，北京，中华书局，1975年点校本。
② 田昌五、漆侠主编：《中国封建社会经济史》第三卷，第276页，济南，齐鲁书社，1997年版。
③ 参见瞿林东：《中国史学史纲》第五章第八节《辽金史学的民族特色及其对多民族国家历史文化的认同》，北京出版社，1999年版。
④ 参见况周颐：《蕙风词话》卷三；吴梅：《词学通论》，上海，华东师范大学出版社，1996年版；马兴荣：《词学综论·金元词》，济南，齐鲁书社，1989年版。
⑤ 吴梅《词学通论》曰："完颜一朝，立国浅陋，至论词学，北方较衰，远非两宋可比也。综其传作言之，风雅之始，端推海陵，南征之作，豪迈无及；章宗颖悟，亦多题咏，聚古扇词，一时绝唱；密国公璹，才调尤富，《如庵小稿》，存词百首，宗室才望，此其选矣。"

当时，不但词风深染"弯弓射雕"的"胡风"，诗文曲领域亦颇为相类，虞集《庐陵刘桂隐存稿序》云："中州隔绝，困于戎马，风声习气，多有得苏氏（苏东坡豪放）之遗，其为文亦曼衍浩博矣。"王世贞《艺苑卮言》言词、曲沿革时曰："绝句少婉转，而后有词；词不快北耳，而后有北曲；北曲不谐南耳，而后有南曲。"王骥德在《曲律》中更是明言："北曲遂擅盛一代，顾未免滞于弦索，且多染胡语，其声近噍以杀。"可以说，在女真统治中原这样的历史空间中，这是一种必然发生的文化上的"胡化"（或曰"胡汉互化"）现象。

辽、夏、金三朝与两宋王朝曾长期对峙，与政治上、军事上的对抗相同，文化上也存在着对抗。《辽史·刘辉传》载刘辉上书语云："宋欧阳修编《五代史》，附我朝于四夷，妄加贬訾。且宋人赖我朝宽大，许通和好，得尽兄弟之礼。今反令臣下妄意作史，恬不经意。臣请以赵氏初起事迹，详附国史。"很明显，这种文化上的隔绝而造成的对抗和竞争，也同样构成了辽、夏、金文化发展的重要背景。

三、元代文化发展的历史空间

元朝是由蒙古族建立起来的。

大约在 11 世纪以前，蒙古族还处于游牧部落社会。至 12 世纪中叶，各部落之间的利益冲突日益加剧，"星天旋转，诸国争战……互相抢夺掳掠"[①]。蒙古部落是当时"争战"的"诸国"中的一个大部落，具有较强的势力。13 世纪初，该部落的孛儿只斤氏家族中的铁木真（1162～1227 年）成为部落首领，在他的领导下，蒙古部落迅速强大起来，至 1206 年，便基本完成了全蒙古族各部落的统一。同年，铁木真被推举为全蒙古各部落的大汗，尊称为"成吉思汗"。正是在这一时期，蒙古族开始有了本民族的文字——成吉思汗命人借助于畏兀儿字母制定了蒙古族的文字。同时，制定了法律"大札撒"（《法典》）和"必里克"（Bilik《训言》），确定了宗教政策，聘请畏兀儿学者为蒙古王子之师等等。韩儒林先生说："12 世纪末居住在蒙古高原上的部落……差不多近

---

① 策·达木丁苏隆编译：《蒙古秘史》，第 249 页，北京，中华书局，1956 年版。

一百个。这些部落不仅强弱大小不一，而且语言、宗教、文化水平也不完全相同。统一之后，统统在蒙古这个共同名称下结成一个强大的共同体。"① 的确，随着蒙古各部落的统一，其文化的发展也进入了一个新的阶段，已经不完全是一个弯弓射大雕的民族了。

蒙古族统一之后，自身势力大增，随即就走上了对外军事扩张的道路。从1218 年到 1259 年，在成吉思汗和其他大汗的领导下，蒙古族先后对中亚、东欧、西亚等地区进行了三次大规模的西征，在西征的基础上建立起四大汗国，形成了一个横跨欧亚大陆的蒙古大帝国。在三次西征的前后和间隙，蒙古军队还先后对当时的西夏、金、南宋等政权发动了军事进攻。1227 年灭亡了西夏。1234 年，与南宋联合出兵，灭亡了金。金朝灭亡后，蒙、宋之间遂处于直接对立和冲突状态，从而揭开了双方 40 年战争的序幕。

就是在这一期间，蒙古的文化路线开始了十分重要的转向。蒙古族本属于北亚游牧民族，所以对中原农耕文明，蒙古族包括成吉思汗本人都还是极其陌生、极其隔膜的。正是基于对中原农业文化的隔膜感，成吉思汗的对外征战，以西征为重点。蒙古帝国的分封，也有以西方为重的倾向：中亚、西亚、西北亚、南俄草原和蒙古本土皆分封给成吉思汗的诸子；本土以东则分封给诸弟和异姓，并公开声称，以"西域法"或"蒙古法"治理汉地。总之，其以西域文化、草原文化为本位的民族文化心理十分突出。

转变起始于 1222 年。1219 年，远在中亚的成吉思汗派人召请中原全真教的著名领袖丘处机，丘处机率十八弟子冒寒北上，于 1222 年到达大雪山（兴都库什山），即成吉思汗驻所。丘处机与成吉思汗正式论道三次，由耶律楚材将论道的内容加以记录整理，编成《玄风庆会录》。据该书记载，丘处机论道的内容主要为三个方面，即论长生修炼之道、帝王修炼之道和治理中原之策。丘处机本人是由儒入道的全真大师，而全真教又是儒释道"三教合一"的产物，所以，丘处机的论道，正是对成吉思汗的一种汉化启蒙。更重要的是成吉思汗对丘处机的论道亦大为赞赏，中原文化中的养生之道与治理中原之策等，终于在蒙古上层得到初步的认可。丘处机当时所建议的治理中原之策，不久也

---

① 韩儒林：《论成吉思汗》，载《历史研究》1962 年第 3 期。

因忽必烈出治汉地得到了落实。丘处机与成吉思汗论道时，担任记录的耶律楚材对中原农耕文明的优越性有了更深的认识，因而也就成为在后来蒙古统治上层的"汉法"与"旧俗"之争时坚持"汉法"的最重要的上层人物。总之，1222年全真教与成吉思汗的接触，正是蒙古统治集团向中原文化靠拢的一大契机。同时，这一次成功的"对话"，也使全真教获得了蒙廷的支持和信任，一跃成为金元时期的一个规模最大、影响最为深远的教派，成为宗教文化史上值得注意的篇章。

蒙古族较为全面的"汉化"则是从1251年忽必烈总理漠南开始的。

这时的蒙古汗国，经过成吉思汗和以后几代人的努力，不但早已统治了整个蒙古草原，而且还征服了中亚、西亚和中国长江以北的广大地区，建立起一个地域广袤的大帝国。

忽必烈的父亲拖雷和母亲唆鲁禾贴尼是草原贵族中比较开明的人士，对汉族文化一向较为推崇。特别是唆鲁禾贴尼，她的封地（汤沐邑）就在河北真定一带，这使她与这一地区的汉人有着较深的渊源。唆氏住在漠北，经常征召一些河北的僧道到漠北为自己或家人布道讲法，应召者中不少是为逃避战争而混迹于僧道中的读书人，其中刘秉忠对忽必烈的影响颇大。他经常同忽必烈讨论的问题之一就是武力可以夺取天下，但却不能保住天下。在刘秉忠的引荐和影响下，忽必烈身旁慢慢聚积了一批汉族知识分子，比较著名的有姚枢、张文谦、窦默、王鄂以及稍后的许衡、赫经等人。他们的学识、见解、谋略，他们所宣传的"得民心者得天下"的道理和"得天下"之后的汉家的等级、威仪等等，对忽必烈无疑都是极具吸引力的。

受命总理漠南，使忽必烈有了全面实行"汉化"的用武之地。漠南地区虽然很早就被蒙古征服，但由于他们固有的游牧生产方式与这一地区的农耕生产方式相差较大，因而，不少贵族还是抱着"汉人无用"和"汉地无用"的观点，有的还主张尽杀汉民，尽空汉地，将华北平原变为牧场。这种主张虽然未能行得通，但当时的蒙古统治者除了对这些地区进行掠夺性的军资征调外，很少有人认真考虑一下如何治理这一地区。忽必烈总理漠南后，引用儒臣，整顿吏治，实行屯田，开辟荒地，发展生产，同时，又在西安设置交钞提举司，印发钱钞。通过这些措施，原来"汉地不治"、"民生凋敝"的残破景象大有改观，忽必烈也在这些地区站稳了脚跟。

忽必烈总理漠南的举措，有很多已经摆脱了蒙古汗国原来的那种以掠夺式的征调为主的"治理"轨道。他是按照一种符合汉地实际情形，有利于社会稳定和经济恢复发展为主的治理方式统治这一地区的。史书记载说，此时忽必烈的"爱民之誉，好贤之名"已传播四方，"深得人心"，是有根据的。事实上，蒙古人虽然很早就征服了华北地区，也就是说征服了大半个中国，但真正把统治重心转移到这一地区，却是从忽必烈开始的。总理漠南可以说是后来忽必烈移都燕京的前奏，也是蒙元统治集团全面"汉化"的发端。

"汉化"，使华北地区的社会经济得以恢复，文化的复兴也在此基础上艰难起步。史称"中州所丧，文气奄奄几绝，起衰求坏，时望在遗山（元好问）"①，就从一个侧面说明了这一点。事实上，在漠南汉化这一过程中聚集在忽必烈周围的知识分子，几乎囊括了金元时期文化领域中所有的精英人物：许衡、郝经是最具声望的理学大师；王鄂状元出身，为金元时期第一流的文章大家；元好问更是一代诗文领袖，当时学者文人，多出其门下，其地位名望有如宋代之苏轼。这样一些文化史上的标志性人物同时集聚于忽必烈周围，正预示了"汉化"背景下文化的全面复兴。

1264 年 8 月，忽必烈以蒙古第五任大汗的身份改燕京为中都。这一重大决策意味着，蒙古帝国自崛起以来，终于摆脱了草原文化本位的立场，完成了政治重心由蒙古高原向中原地区的转移。随着这一转移的完成，蒙古统治者的主要精力也就由原来向外的大规模的远征扩张，转向内部领土的统一。

蒙古大军在成吉思汗率领下横扫欧亚大陆，1227 年，他病死在攻打西夏的兵营中。七年后（1234 年），第二代大汗灭亡了金。以后，蒙宋之间就处于直接冲突之中，双方对峙胶着了近 30 年。从 1267 年至 1273 年，忽必烈用了六年的时间发大兵全力围攻南宋的门户襄阳，终于突破了南宋的江汉防线，取得了决定性的胜利。1274 年 9 月，蒙古军队由汉水顺流而下，次年 11 月，三路大兵包围了南宋的首都临安。

军事上的胜利，是伴随着政治认识的转变和提高同时进行的。1271 年，

---

① 徐世隆：《元遗山集序》，见《元好问全集》卷五，太原，山西人民出版社，1990 年版。

忽必烈宣布定国号为"大元"，表示要"绍百王而纪统"，即继承中原王朝的正统地位。按照忽必烈的解释，"大元"二字是取《易经》中的"乾元"之义。因为自己目前进行的军事行动，乃是"奄四海以宅尊"即统一天下的大业，这一大业无论从规模的广大看，还是从性质的神圣看，均远远超过了秦汉隋唐，所以，自己就不能像秦汉那样以"初起之地名"为国号，也不能像隋唐那样以称帝前所得封地爵号为国名。他是要以一种全新的姿态，即乾元初始的精神来看待和从事自己的事业。可以看出，改国号为"大元"，不但表明忽必烈对汉文化的接受，对汉族正统观念的崇尚，同时也显露出他的那种生机勃勃、超越汉唐的宏大气魄。以往蒙古军队所发动的战争，只是以攻破城邑、掠夺财富为主；而忽必烈则开始把军事行动与国家今后的建设和富强自觉地联系在一起考虑了。这是一个值得注意的巨大转变。这一转变的意义，不仅仅在于大大地减轻了战争对江南经济的破坏，从更深刻的层次上看，它标志着在蒙古高原崛起的这支无视华夏文明、"以汉民汉地为无用"的异族力量，已经明显地具有了华夏民族成员应有的责任感、使命感以及文化认同感了。1276年2月元军攻入临安，1279年打到南海边的崖山，南宋灭亡。随着南宋的灭亡，元王朝终于完成了全中国的统一。

没有雄浑的气魄，是无法成就这样一项伟大事业的。汉民族经过汉唐时期的青春跃动之后，到宋代事实上已经是人到中年了，汉唐时期的那种开疆拓土的进取精神，至宋代已经为"保境息民"、内敛自守的求静厌动的心态所取代。这种心态当然也不乏合理的一面，可以引发出某种稳健、现实、理智、沉静的治国方略，但它的背后，毕竟包含着活力衰萎、力不从心的痛哀——汉唐时期，中原王朝只是不能完全统辖周边的地区，而到了宋代，不能完全统辖变成了完全不能统辖；汉唐盛世时，在西域、朔漠都曾设立过行政派出机构，至于辽的燕云十六州、西夏等等，在唐代则都是州县，而到了宋代，辽、西夏、大理、吐蕃等等则全成了独立于宋廷之外的少数民族政权，宋代只是基本解决了五代十国的分裂割据，而无力解决民族间的这种分裂和对峙。

在这种情况下，另一种力量的出现就不但是合理的，而且几乎是无法抗拒的。蒙古族，这一股起自朔漠的黄色旋风，"呼啦啦"地刮过山川平野，并西域，灭西夏，联吐蕃，取大理，铁骑灭金，长驱亡宋，"乾坤意气三百年，一风扫地无残留"，终于完成了汉族统治者三百年来所未能完成的统一事业，其气象之盛大，足可谓"一代风流"。事实上，宋代以后，华夏民族的两次大统一，疆域的两次大奠定，都是在少数民族入主中原的情况下出现的。成吉思汗、忽必烈、努尔哈赤、皇太极、康熙，这些"一代天骄"式的人物，以汉族统治者所缺乏的那种蛮武剽悍的魂魄，成就了一代伟业，更为中华文化注入了一股活力洋溢的遒劲精神。

元代不但"幅员广大"，而且把内地的行省制度推行到了边疆地区，从根本上改变了以往中原王朝对边疆民族地区仅限于羁縻的状态，使边疆同内地在行政体制上保持一致，"我吏我民，我工我商，万国一家，孰为荒要？"① 这种高度的大一统的政治局面，是元代以前所不曾有过的。四大汗国中的窝阔台汗国，由于窝阔台和其子贵由相继被推举为大汗，其领地亦归中原管辖，察合台在地理上与中原腹地和蒙古草原连成一体，在政治上与元中央王朝始终保持着密切的从属关系。钦察汗国和伊利汗国虽然后来各自走上了独立发展的道路，但仍与元王朝保持着一定的藩属关系。元代的这种空前广大的疆域格局，一方面，为文化的发展开拓了广袤的空间，为各国、各民族间经济的交流和发展、科学文化的传播、中外交往的扩大等等都创造了极为有利的条件。另一方面，也影响和酿就了元代文化的基本格局：第一，在各个文化门类中，地理学、语言学、天文学最为发达，这显然是大一统的"生态环境"所赐。第二，民族之间的文化交流蔚为大观：汉族同胞在蒙古草原打井、种田、传授农业文明，而蒙族同胞的毛纺文化则在中原流行；黎族同胞的棉纺技术给中原带来了"衣被天下"的深恩厚泽；至元十七年（1280年），女真人都实受元世祖之命，三入西藏，探索黄河之源，回来后，与汉人潘昂霄合作，写出了著名的《河源记》；至元十三年（1276年），郭守敬等人在札鲁马丁的《万年历》的基础上，历时五年，修订出著名的《授时历》；甚至与唐诗、宋词三峰鼎峙的元曲，也与各民族艺术的融合密切相关："素袖佳人学汉舞，碧髯官伎拨胡琴。"……第三，中外文化的交往空前频繁，中国文化对世界的影响力和对外来文化的汲纳力空前强大。

---

① 程文海：《元世祖平云南碑》，见《雪楼集》卷五，《四库全书》本。

元朝的大统一，这一空前的盛大气象，是伴随着巨大的、骇人听闻的战争灾难而来的。大统一的结果，是汉民族国家的败亡和游牧民族第一次胜利地君临全天下。大统一，大胜利；大灾难，大失败——这种天崩地裂般的巨变，使遗民文化如同似血的云霞环绕着乾元初始、冉冉东升的大元王朝，构成最为引人注目的文化现象。诚如黄宗羲所言："文章之盛，莫盛于亡宋之日。"① 这其中谢翱、谢枋得、林景熙等人的诗文，汪元量、周密、张炎等人的词作，无不反映出"黍离之思与内心剧痛"、"慷慨激昂的悲情与沉痛深挚的心态，激起人们心灵的强烈共鸣，成为中国文学史上爱国主义的杰出范本"②。

　　思想界的遗民文化也放射出高贵的光芒。朱熹的大弟子黄震，南宋灭亡后绝食而死；以"人生自古谁无死，留取丹心照汗青"而名垂千古的文天祥，从学脉上看，也是朱熹的三传弟子（他的老师江万里和欧阳巽斋是朱熹的再传弟子，故《宋元学案》将文天祥列为朱学三传），他平生推崇朱熹和理学，认为孔、孟之道"至我朝周、程、张、朱始大阐明"③。其"浩然正气"和"千古肝胆"正是理学长期涵濡的结果。文天祥的同乡谢枋得，早年从学于陆象山高徒徐霖，晚年则尤崇"程朱之学"。"心学"造就了他的孤傲，"理学"造就了他的坚韧。南宋灭亡后，元朝屡次招他做官，均遭其拒绝。后来，元政府派人强行将他"请"到京城，他绝食二十余日而死，死前留下了这样一段遗文：

　　　　人可回天地之心，天地不能夺人之心。大丈夫行事，论是非，不论利害；论逆顺，不论成败；论万世，不论一生。……儒者常谈，所谓为天地立心，为生民立命，为往圣继绝学，为万世开太平，正在我辈人承当，不可使天下后世谓程、朱之事皆大言无当也。④

谢氏此言，真可谓松风飒飒，柏气森森，实实在在地为理学谱写了激动人心的一章。与理学培育出的这种文化人格相比，一切功利性的"成败"毫无疑问地失去了它们的分量。

　　遗民文化，当然只是元代文化的一个层面。如前已述，当时汉族知识分子

---

① 黄宗羲：《南雷文约·谢翱年谱》，《四库全书》本。
② 许总：《宋明理学与中国文学》，第336页，南昌，百花洲文艺出版社，1999年版。
③ 文天祥：《文山先生全集》卷三，《轮对札子》，四部丛刊初编本。
④ 谢枋得：《谢叠山全集校注》卷一，上海，华东师范大学出版社，1994年版。

中也有一大批杰出人物已主动与元朝合作，尤其是在忽必烈的"汉化"进程中发挥了关键作用。他们的心理文化依据与遗民文化的心理依据其实有异曲同工之处。姚枢在劝导理学家赵复与元朝合作时云：

> 众已同受祸，苟其全之，则上承千百年之统，而下垂千世之绪者，将不在是身耶。①

汉民族军事上、政治上虽然失败了，但文化之道统却是万古长存的，与元朝的合作，不过是选择了一种承继中原文化的方式而已。据记载，理学大师许衡与刘因在元初均面临着被元廷召征的境况。刘因坚不出仕，其心理文化依据是："不如此，则道不尊"；而许衡被征召，即欣然上路，途中拜访刘因而遭质疑，许衡的回答竟与刘因一字不差："不如此则道不尊。"都是为了维系华夏文化的尊严，都是为了弘扬华夏文化，双方尽可以有不同的选择，但其维系发扬华夏文化的心志却又是相通的。不难设想，缺少了上述任何一个方面，"大哉乾元"的文化气象将会苍白许多。

元朝作为中国历史上第一个统一了全国的少数民族政权，有其雄浑宏大的一面，但亦有荒蛮、稚嫩的一面。这后一方面同样构成了元文化发展的真实空间，并对元文化产生了极其深刻而复杂的影响。

首先，"汉化"的逆转。元世祖忽必烈在位的30余年，汉化政策就一直徘徊无定：对先进的汉文化，他有推崇和学习的一面，但更多的则是轻视和排拒，晚年尤甚。1294年元世祖去世到1333年元顺帝即位，这40年间先后更换了10位皇帝。元代的"汉化"政策在这40年中亦发生了极大的逆转。这一方面是因为在频繁的皇位更迭中，若干自幼生长在漠北草原、对汉文化极为陌生的军事贵族直接做了皇帝，如元武宗、泰定帝等，他们的即位，使许多落后的蒙古旧俗得以在更大的范围内恢复；另一方面，动荡的政局，使蒙古军事贵族的作用凸现出来，所以即便是对汉文化有相当素养的皇帝如元仁宗，为了皇位的稳固，也不能不倚重蒙古军事贵族的力量，并对他们的利益予以更大的妥协。但对蒙古军事贵族的力量的倚重，反过来只能进一步加剧社会的动荡，从而使元代中期以后的统治陷入某种恶性循环当中而不能自拔。元朝最后一位皇

---

① 姚遂：《牧庵集》卷四，《序江汉先生事实》，《丛书集成初编》本。

帝元顺帝统治的 30 余年，民族矛盾空前激烈，丞相伯颜竟丧心病狂地建议"尽杀汉人张王刘李赵五大姓"。蒙元王朝的统治不满百年而亡，与"汉化"政策的逆转和废弃有着直接的关系。

其次，政治上的不公和失衡。元朝在统治政策上最大的弊端是"人分四等"（蒙古、色目、汉人、南人）的民族歧视政策。法律明文上的民族不平等，官制设置中的机会不均等，凡此等等，都加剧了社会成员之间的隔阂和敌对情绪，造成了严重的社会不公和失衡。"当国者类皆西北右族（蒙古、色目人）"，"台省要官皆北人（蒙古、色目人）为之，汉人南人得其为者，万中无一二，不过州县卑秩，盖亦仅有而绝无者也！"①

科举的行废无定，也是元代社会严重不公和失衡的表现。蒙哥汗时开过一次科举，但没有形成制度。忽必烈则认为"科举虚诞，朕所不取"②，因此终世祖一朝，科举取士虽经数议，终不得行。直至仁宗皇庆二年（1313 年）开科取士后，元代的科举才形成制度，但仍是行废不定。科举是唐宋以来汉地士人进身禄位的阶梯，为寒门庶族进入政权开了一条较为公平的通道，可以达到控制和平衡社会各个阶层的作用。所以，科举的长期废弛对士人的直接影响，就是堵塞了他们政治上的出路，使他们对当时的社会更为抵触："独坐于蓬蒿环堵之中，愤然而已！"③ 元代科举的重开，给知识分子带来的只是短暂的欣喜，一则因为"场屋且废百年，一旦急之，得士必不广"④。二则因为科举中的民族不平等是如此严重：每科进士定额为 100 人，蒙古人、色目人的"右榜"必须占 50 人，而广大的汉人南人的"左榜"也只占 50 人；而且这区区百名进士，也几乎是从未足额，因为右榜生源不足，故"生于塞北，取科第之冠，如拾芥耳"⑤，而广大的汉人、南人考生却不能占右榜的名额，且左右两榜的第一名中，"惟蒙古生得为状元，尊国人也"⑥。三则是这种已无多少公正性可言的科举，亦不能形成制度："至于科举取士，止是万万之一耳，殆不过

---

① 叶子奇：《草木子》，《四库全书》本。
② 苏天爵：《国朝名臣事略》卷八，《四库全书》本。
③ 徐明善：《耐闲说》，《四库全书》本。
④ 张起岩：《张养浩神道碑》。
⑤ 杨维桢：《鲁钝生传》，见《东维子集》卷二十八，《四库全书》本。
⑥ 程端礼：《送朵郎中使还序》，见《畏斋集》卷四，《四库全书》本。

粉饰太平之具，世犹以为无益，以为可废也!"①

第三，儒学的失重。与科举的废弛相辅相成的，是儒学在元代的失重。自忽必烈以来，蒙古上层虽然不乏重儒的姿态，但囿于游牧民族的文化根基，他们只能从实用的角度出发，而不可能从精神内涵上承认儒学的价值。蒙古大汗们对中原文化本来就十分陌生，以至元初的四五代大汗经常问及"儒为何物"、"儒有何用"这一类问题，甚至把金亡的原因归咎于儒学。他们身边虽也聚集了一批儒生，但他们只能从实用的角度去理解儒士。如成吉思汗把儒士看成是"告天的人"，耶律楚材在他身边充当的就是这类角色。刘秉忠在忽必烈身边也被看作卜筮之官，忽必烈倚重他的主要原因是"其阴阳术数之精，占事之来，若合符契"。若要他们从精神内涵上理解儒学是十分困难的。

就基本国策而言，元代对宗教的重视超过了对儒学的重视。佛教是元朝的国教，特别是藏传佛教（喇嘛教）最受尊崇，其领袖常常出任宣政院的国师及主院使。道教的地位仅次于佛教。全真教主丘处机被加封为神仙，龙虎山道士张宗演被敕封总领江南诸路道教。元代寺观林立，僧道众多，儒学的官方地位远在佛道之下。所谓"三教里，释迦牟尼佛系当中间安置，老君底、孔夫子底像左右安置，自来如此"② 云云，表明儒学不过是一种文化陪衬，处于明显的失重状态。正是上述情况，导致了儒生社会地位的急剧跌落。"小夫贱隶，皆以儒相嗤底取笑"③。故《湖山类稿》中有"释氏掀动官府，道家随世功名，俗子执鞭亦贵，书生分明无用"的激愤之语，元杂剧中有"儒人不如人"的慨叹之语，谢枋得、郑肖思更有"八娼九儒十丐"、"八匠九儒十丐"的沉痛记载。儒学的失重，与上述科举的行废无定，以及民族歧视和官职设置的机会不均等等，其实是同一件事情的不同方面，反映出元代社会的极度不公和严重失衡。

第四，经济环境的恶化。与上述政治、文化现象相表里的，则是元代经济环境的恶化。这种恶化，主要表现为"国有制、奴隶制和农奴制的经济成分显

---

① 叶子奇：《草木子·杂俎篇》，《四库全书》本。
② 蔡美彪：《元代白话碑集录》，北京，科学出版社，1955年版。
③ 余阙：《贡泰父文集序》，见《青阳集》卷二，《四库全书》本。

著增加"①，这些已为唐宋社会所淘汰的落后的经济成分在元代得以大规模地回潮。

国有土地，即"官田"的急剧扩大，是元代生产关系中的一个显著特点。贵族官僚、巨商富豪、寺院道观直接或间接倚仗国家政权的力量大规模兼并土地，是元代土地占有关系中的又一个显著特点。除占有大片土地外，元代的贵族一般都经营工商业，"以网大利"。蒙古、色目贵族依仗政治权力垄断工商业的情形非常严重，"恃势占夺行市"②、"挟宰相权为商贾"③、"占据行市，豪夺民利，以至商贾不敢往来"④ 之类的记载比比皆是。在这种情形下，宋代已经发展起来的、带有一定自由竞争性质的商业和独立的小生产者的手工业，反而遭到严重的排挤和摧残。在人身关系方面，元代也存在着比宋代更为严重的超经济强制。佃农的迁徙自由，在宋代已经有了很大的保障，主人不得"非理拦占"，而在元代却发生了极大的逆转，不但佃户本人没有离开田主的自由，而且其子女也要供田主奴役，世代为佃，甚至佃户的婚姻也要听命于田主。还有些现象，如田主"将其佃客计其田立契"，公开典卖，与"买卖驱口（奴隶）无异"，在宋代即便是存在，也是极为罕见的，而在元代却相当普遍。凡此种种都说明，元代佃户的身份地位与宋代相比，有了明显的下降。此外，自中唐两税法以后，自耕农的人身地位本来已有所提高，对国家的人身依附关系已经松弛，宋代由于募兵制度的推行和厢军承担了大部分劳役，自耕农身份更加自由和独立。而元代农民不但要承担沉重的人身税（丁税），而且还有各种兵役、徭役征调。这表明，元代自耕农的人身地位在总体上有所下降。

综上可知，元代经济环境的恶化是表现在各个方面的。唐宋以来，土地私有制的日益深化和土地买卖"市场化"的自由，以及由此而来的个体经济的自主发展和竞争等等，在元代已经发生了极大的逆转，国家权力在经济领域中的极度膨胀造成了大量的"官田"、"官商"和"官方高利贷"等等，成为经济领域中引人注目的现象。同样，唐宋以来，由于"两税法"、"募兵制"、"募役

---

① 田昌五、漆侠主编：《中国封建社会经济史》第三卷，第789页，济南，齐鲁书社，1997年版。

②《元典章》卷二十二，《户部》，台北，台湾故宫博物院，1976年版。

③《元史》卷二百零五，《奸臣传》，北京，中华书局，1976年版。

④ 佰杭、刘正：《通制条格》卷十八，北京，国立北平图书馆，1930年影印本。

制"和其他措施所带来的人身依附关系的松弛，即社会成员的相对自由和独立，也为元代的压抑和束缚所取代。这对整个社会所造成的压抑，对社会文化心态的影响，恐怕比政治上、文化政策上的压抑和影响更为沉重和深入。

第五，对文化的影响。元朝政治上、文化政策上、经济上的种种"荒蛮"表现对元代文化产生了深刻而又复杂的影响。举其大荦，有以下数端：

其一，民族歧视，任官不公，儒学失落，科举不行等等，本身就是对文化、尤其是汉民族正统文化的压抑，这自然会对整个文化的发展产生消极的影响；但从另一方面来说，这也造成了广大汉族知识分子与政治的分离，他们远离官场、科场，反倒可以专心于文化事业的创造。如王国维在论及元代杂剧的繁荣时就曾指出：

> 元初之废科目，却为杂剧发达之因。盖自唐宋以来，士之竞于科目者，已非一朝一夕之事，一旦废之，彼其才力无所用，而一于词曲发之。且金时科目之学最为浅陋，此种人士，一旦失所业，固不能为学术上之事，而高文典册又非其所素习也。适杂剧之新体出，遂多从事于此，而又有一二天才出于其间，充其才力，而元剧之作，遂为千古独绝之文字。①

虽然不能说元代杂剧全因此而起，但是，在"这壁拦住贤路，那壁又挡住仕途"②的社会环境中，志不得伸的读书人，"傅粉墨而践排场，一代人文悉从描眉画颊中出"③，也不能不是一种文化选择。

其二，黑暗野蛮的社会现实，巨大的社会变乱，造成了社会各阶层异常强烈的生命无常感，将人们的目光引向虚幻的天国，于是宗教因有了合适的社会土壤而得以畸形繁荣。当然，元代宗教的发达，与元蒙统治者在政治上对宗教的推崇和依赖也有关系，这种非理性的统治方式既是元代黑暗现实的表现，又是元代宗教兴盛的原因。诸种因素交汇在一起，使元朝成为中国历朝宗教文化最为突出的一个王朝。

更值得注意的是，在元代的各类宗教中，为元蒙统治者崇奉为国教的佛

---

① 王国维：《宋元戏曲史》第九章《元剧之时地》，第 77 页，上海古籍出版社，1998 年版。
② 马致远：《荐福碑》，见《元曲选》二，北京，中华书局 1979 年版。
③ 程羽文：《盛明杂剧三十种·序》，见《中国古代戏曲序跋集》，第 188 页，北京，中国戏剧出版社，1990 年版。

教，以及由外国传入的基督教、伊斯兰教等，虽然在元代都有发展，但就其普及的程度和影响的广泛性而言，却都不如中国本土文化中的道教。是时，道教各派竞出，而尤以"太一"、"大道"、"全真"三教最显，成为汉族遗民的精神家园，故陈垣先生谓此三教"与明季孙夏峰、李二曲、颜习斋之伦讲学相类"，并伸引慨叹云：

> 呜呼：自永嘉以来，河北沦于左衽者久矣，然卒能用夏变夷，远而必复。中国之疆土乃愈拓愈广，人民愈生而愈众，何哉？此固先民千百年之心力艰苦培植而成，非幸致也。三教（太一、大道、全真）祖之所为，亦先民心力表现之一端耳。①

在同一社会历史背景之下的太一、大道、全真三教，又以全真教后来居上，成为元代声势最大、影响最为久远的道教第一大派。这与全真教承继顺应自宋代以来学术文化演变趋势，从而达到理论上的成熟有着直接的关系。从学术文化的背景看，全真教的出现，正是儒释道三家文化互为消长、互为融合，以及道教学说不断变革发展的逻辑结果。全真教提倡"儒释道合一"，在基本理论方面大异于此前的道教派别，表现出"非儒非释非道"的特点。这种变革，与佛教在唐代的禅宗化（入世化）、儒学在宋代的理学化（哲理化）有着类似的意义，意味着"儒释道三教合一"的思想在道教思想体系中的完成，意味着中国传统道教理论的最终成熟。这有如"宋元山水"，更似"宋词"与"元曲"，其彼此的辉映在某种程度上构成了宋元文化之整体。

其三，科举不行、儒学失重造成的直接结果是儒家正统文化的失落。这当然是一种文化损伤，但同时这也意味着"独尊一统"的文化局面的瓦解和文化多元格局的形成。元朝统治者不重"文治"，相应地对文化的控制也不严，儒家文化的失落和"风纪之司"的"懵然无文"，则使社会失去了一个统一的文化标准，科举的废止，也使知识分子失去了统一的文化趋向，"盖科举学废，人人得以纵意无所累"②。这使得原来为正统儒家文化所不屑的许多文化门类，如自然科学、工艺技术、杂剧闲曲等等都有长足的发展。另外，宗教在元代知识分子中的广泛发展也与此有关，如上述全真教，就以其"非儒非释非道"的

---

① 陈垣：《南宋初河北新道教考》，北京，中华书局，1989 年点校版。
② 戴元表：《陈无逸诗序》，见《剡源文集》，《四库全书》本。

文化面貌，在知识分子当中拥有巨大的影响。甚至，理学由南宋后期的"朱学独步"到元代的"朱陆合流"，也都与元代文化环境有关。

其四，从时代精神的角度考察，元朝政治上、文化政策上的压抑引起的最深层的反响，就是激发了一股强烈的文化质疑精神。这种质疑弥漫于元代文化的诸多领域之中，其中最为彰显、又最足以代表"一代精神"者，则莫过于"一代文学"的元杂剧。正如论者已经指出的那样，在蒙古贵族的歧视政策下，"沉抑"下层社会的儒生士子，心灵深处郁结着深沉的悲愤与不平。这种深郁的"情结"，急切寻觅着排遣渠道，杂剧独特的艺术特征、系统的情节展现、直观生活的真实呈示以及对内在情意抒发的注重，使得艺术家们有可能淋漓尽致地排泄内心巨大的郁闷。诸种因素的相互推引，造成关汉卿、马致远等人以极大的热情投身于杂剧创作，"以其有用之才，而一寓之乎声歌之末，以舒其怫郁感慨之怀"①。特定的历史文化环境孕育了元杂剧的诞生，而元杂剧又以丰美的和声弹奏出时代的精神魂魄。余秋雨在《中国戏剧文化史》中指出，元杂剧在精神上有两大主调：第一主调是倾吐整体性的郁闷和愤怒；第二主调是讴歌非正统的美好追求。② 其断论颇为精到。同样，元代的其他文化领域，如邓牧的《伯牙琴》中所引发的并不是对往昔儒家政治、汉家威仪的美好回忆，而是对古今一切帝制、吏治的彻底否定；张养浩《潼关怀古》中所倾吐的也不仅仅是"亡，百姓苦"，而是"兴亡百姓皆苦"。甚至，蒙古政权蛮横地废止科举、践蔑儒学，引发了包括对科举、理学等等内容在内的整个汉儒文化的深刻反思：

以学术误天下者，皆科举程文之士，儒亦无辞以自解矣！③

记诵章句、训诂、注疏之学也，圣经一言，而训释百言、千万言，愈博而愈不知其要，劳苦终身而心无所得，何功之有？④

数十年来，朱文公之说行，祠宇东南，各以《四书》为标准，毫杪摘抉，于其不必疑者而疑之，口诵心臆，孩提之童皆大言以欺世。故其功用

① 胡侍：《真珠船》卷四，《丛书集成初编》本。
② 余秋雨：《中国戏剧文化史》，第 152 页，长沙，湖南人民出版社，1985 年版。
③ 谢枋得：《程汉翁诗序》，见《叠山集》卷六，《四库全书》本。
④ 胡祗遹：《紫山集·语录》，文渊阁《四库全书》本。

少而取效近，礼乐刑政之本，兴衰治乱之迹，茫然不能知。①

狃于科举之习者则曰：巨公如欧、苏，大儒如程、朱，皆以是显，士舍此将焉学？是不然，欧、苏、程、朱其进以是矣，其名世传世岂在是哉？②

弥漫于元杂剧、散曲、哲学思想等诸多文化领域中的这种深刻的文化质疑，正是元文化的精神所在。这一时代的精神与魂魄在血脉上与宋代文化恰相沟通，如同"一江春水"般波涛相连。

四、外来文化的融入与宋元文化的发展

宋元时期，中国与世界各国的往来日渐频繁，外来文化的融入，成为宋元文化发展的重要源泉。就总体状况而言，宋元时期是中国融入外来文化的一个高峰期。这与当时的历史格局有关。首先是辽、夏、金、元这些游牧民族，其较为开放的民族特性，其处于华夏文化边缘的地理位置，以及其政治、经济的具体需求等，都使其对外来文化的汲取和融纳有着更大的优势。尤其是元朝，中外文化的交流已不再局限于东亚文化圈内，而是拓展到以与阿拉伯—伊斯兰文化圈的交流为主，并远及欧洲天主教文化圈。在这样一个宏大的文化对流中，外来文化的融入也就不能不成为我们认识宋元文化的一个重要的历史背景。

在宗教文化方面，作为外国文明产物的伊斯兰教、基督教和犹太教，在东西方使节、商人和传教士的往来活动中传入中国。有些外国宗教传入后，与中华文化融为一体，如祆教，"祆神出西域，盖胡神也，与大秦穆护教同入中国，俗以火教祀之。京师人畏其威令，甚重之"③。可见，在北宋时期，祆教已成为东京士民宗教信仰的一部分。北宋东京的祆庙甚至还成为国家祀典的庙宇之一。北宋真宗时进入中国的一大支犹太教（一赐乐业教）在开封定居后，经宋元时期与汉族、回族等相互融合，也完全中国化，创造了外国犹太人为之惊异

---

① 袁桷：《送陈山长序》，见《清容居士集》，《四部丛刊》元刻本。
② 赵孟頫：《第一山人文集序》，见《松雪斋集》卷六，《四部丛刊》本。
③ 张邦基：《墨庄漫录》卷四，《四库全书》本。

的奇迹。① 伊斯兰教本来盛行于中亚和西亚地区。蒙古军队西征而引发的穆斯林大量移入中国，不仅使伊斯兰教在中国蓬勃发展，而且在伊斯兰教的整合作用下，形成了一个新的文化共同体——回族。元代回族遍布于全国各地，呈现出"大分散，小集中"的特点。在他们的活动下，伊斯兰教由唐宋时期的有限传播而发展成为元朝政府正式承认的合法宗教，对元朝社会、政治、经济、文化都产生过重要的影响。基督教也是在元朝与欧洲之间的军事较量中传入中国的。早在蒙古定宗元年（1246年），迫于蒙古铁骑凌厉的攻势，罗马教皇委派方济各会传教士柏郎嘉宾率领使团出使中国，试图劝说蒙古军队停止西征并皈依天主教。这是基督教与蒙古统治者的首次接触。此后，身负外交和传教双重使命的教士纷至沓来，给蒙古统治者留下了越来越深的印象。至元十一年（1274年），方济各会教士约翰·孟德维诺来到元朝，正式获得公开传教的权力。孟德维诺在大都建立天主教堂，30年间举行洗礼者6000人，基督教自此在中国广为流传，与佛教、道教、伊斯兰教并驾齐驱，共同铸造了宋元时期宗教文化的兴盛和繁荣。

在科学技术方面，宋元时期科技高峰的形成，与阿拉伯、印度、西域各国的科学技术的传入有着一定的联系。在数学上，阿拉伯国家的代数、几何、三角和历算等数学成就，广泛地被宋元数学家吸收和利用。阿拉伯数码的传入，使宋元数学家们能够使用"〇"表示空位，淘汰了以往用"□"符号表示空位的方法。元代科学家郭守敬受到回回历算的启发，将沈括的"会圆术"与阿拉伯的三角形计算方法结合运用，编制出准确率极高的《授时历》。在天文历法上，阿拉伯的天文历法对元代影响极大。阿拉伯天文学家扎马鲁丁不仅将阿拉伯历法传入中国，而且制造出七种"西域仪象"用于天文观测。郭守敬制造的圭表、简仪等，都直接受到阿拉伯天文仪器的启发；郭守敬撰写《五星细行考》，显然吸收了阿拉伯的五星纬度计算法。在医学上，宋元王朝不仅大量引进各国药物，而且引进和推广阿拉伯先进的医疗技术。元政府甚至专门设置广惠司，聘请阿拉伯医生配制回回药物及方剂，治愈过不少中国本土医生颇感棘手的疑难病症。另外，中国一些失传的医书古籍，也通过中外文化交流而回归

---

① 参见周宝珠：《宋代东京研究》，第612页，开封，河南大学出版社，1992年版。

中国。如宋神宗时，高丽使臣向宋赠送中国佚失的《黄帝针经》，宋廷特别重视，刊印全国，"使海内诵习"①，促进了中国医学的发展。在建筑技术上，伊斯兰教建筑技术在宋元时期得到推广，泉州、广州、杭州、宁波、松江、定州、西安、昆明及新疆等地，都耸立着一座座异域风格的清真寺。此外，印度、尼泊尔等国的佛教建筑技术也传入中国，现今依然伫立于北京西城区的妙应寺白塔，是至元八年（1271 年）尼泊尔工匠阿尼哥设计和建造的，是元代中尼建筑技术交融的见证。

此外，异域物产也源源不断地流入中国。在药物方面，龙脑、乳香、云母、五味子、黄连、血竭、没药、白芷、象牙、珍珠等药材的输入，增加了宋元时期的药物品种。在农作物方面，越南占城稻、高丽的黄粒稻等优良品种传入中国，改进了宋元时期的水稻品种。在水果蔬菜方面，番椒、番茄、西瓜等引进中国，极大地丰富了中国人民的饮食生活。在工艺美术品方面，高丽的白硾纸和松烟墨在宋朝享有很高的声誉，日本的折扇和倭刀获得宋朝人们的好评。北宋末，东京"街巷鄙人，多歌番曲，名曰：异国朝、六国朝、蛮牌序、蓬蓬花等，其言至俚，一时士大夫亦皆歌之。又相国寺买杂处，皆以番名之。有两刀相并而鞘曰番刀，有笛……曰番笛，及市井间多以绢画番国士马以博塞……"②，说明宋代文化受外来文化的影响之大。中亚和西亚地区的七十二弦琵琶、风奢管风琴等乐器在元代传入中国，在宫廷和民间广泛使用。

由上可见，宋元文化的辉煌成就，离不开对外来文化的汲取和容纳。正因为宋元王朝善于汲取外来文化的精华，以充实和发展本民族的文化，才使得宋元文化更加完善和丰满。

五、宋元文化的历史地位

关于宋元文化的历史地位问题，学术界曾从宋文化和元文化各自的角度，作过不少有益的探索。但分朝立论，难免于整体性和系统性上有所不足。我们认为，准确地评价宋元文化的历史地位，就应该将宋元文化置于一个广阔的历

---

① 李焘：《续资治通鉴长编》卷四百八十，北京，中华书局，1985 年版。
② 曾敏行：《独醒杂志》卷五，《四库全书》本。

史空间和纵深的历史长河中，也就是说，既要从世界历史的横向上进行比较，也要从中国历史的纵向上进行考察，才能够恰如其分地对宋元文化进行定位。基于这种认识，我们可以把宋元文化的历史地位简单地概括为：领先世界，泽被亚欧；承继隋唐，开启明清。

10 至 14 世纪，世界文明的发展基本上处于消沉和低落阶段，虽然在部分地区、个别领域出现了一些先进的文化亮点，但总体而言，文化发展水平比较落后。在西欧，文化仍然笼罩在宗教神学的迷雾之中，理性主义的光芒还十分暗淡，科技文化领域几乎没有多少建树。在亚洲西南部，阿拉伯文化由于政局上的动荡和地理上的相对封闭，逐渐失去了发展的活力。在亚洲南部，一度辉煌的印度文化也由于外族入侵和经济萧条而变得暮气沉沉。唯有中华文化在开放、兼容的环境中继续保持蓬勃发展的势头，成为这个时期世界文明天幕中一块闪亮的区域。我们不妨看一下这样的一组事实：

从 1010 年到 1276 年，宋元天文学家多次进行大规模恒星观测，确定恒星总数达到 2500 多颗，而西欧直到文艺复兴前，才观测到 1022 颗。

南宋杨忠辅制订的《统天历》，以 365.2425 日为一年，这个数值与地球公转周期只相差 26 秒，比目前世界通用的《格里高利历》颁布的时间早 383 年。

元代郭守敬制造的简仪，比丹麦天文学家第谷布拉赫 1598 年发明的同样仪器早 300 年。

北宋数学家贾宪提出的"开方作法本源图"，比法国数学家巴斯卡提出的类似的算法早 600 多年。

南宋数学家秦九韶发明的增乘开元法，比意大利数学家鲁菲尼 1804 年才得出的这个方法早 500 多年。他的"大衍求一术"被世界数学界称为"中国剩余定理"，比西方解决同类问题的"高斯定理"同样早 500 年。

元代数学家朱世杰研究发明的"垛积术"，解决了高阶等差级数术和问题，这与 400 年后英国数学家牛顿研究的结果完全一致。

宋代火药、指南针和印刷术三大技术发明，在 13 和 14 世纪相继传入阿拉伯国家和欧洲各地。

……

凡此种种，均说明了宋元文化在当时世界文明体系中居于无可置疑的领先地位。正因为如此，宋元文化的成果才能以一种高位势在空前畅通的文化交流格局中，源源不断地流向世界各地。要言之，表现在这样三个方面：

第一，宋元文化输入日本、朝鲜、越南后，对各国的律令制度、思想意识、宗教文化、科学技术、文学艺术、生活习俗都产生了深刻的影响，从而增强了这些国家对汉文化拥护的力度，对中华文化圈的巩固和发展起到了极其重要的作用。

第二，宋元物质文明和科学技术传播到南洋诸国，改善了当地居民的物质生活条件，加速了南洋各国社会发展的进程。

第三，宋元时期以火药、指南针、印刷术三大技术发明为代表的物质文化传入欧洲后，在欧洲社会产生了强烈的震动，成为欧洲社会发展的强大推动力。

如前所述，从宋代开始中国传统社会已发生了某种结构性的变迁。与之相表里，这一时期的文化也可以视为一种承前启后的转型文化。一方面，它没有也不可能摆脱传统文化的基本结构和模式，另一方面，流贯于宋元文化中的怀疑精神、批判精神、异端启蒙精神、以及平民文化的高度繁荣等，又为明清文化的发展开辟了蹊径，孕育了近世文明的根苗。因此，我们说，宋元文化在中华文化发展史上处于承前启后、继往开来的地位。下面试从学术思想、科举制度、教育制度、市民文化等方面略加阐析。

在学术思想方面，理学的产生是宋元学术文化中最辉煌的成就。然而，理学并不是凭空产生的，理学所从事的儒学复兴运动以及它所赖以发展的基本思路，在中唐的新儒学运动中可以找到直接的渊源。唐初以《五经》定本和《五经正义》作为科举考试的内容和标准，在一定程度上束缚了士人们思维上的自由和儒学自身的发展，因而引起不少有识之士的反对和抗诘。唐中期啖助、赵匡、陆淳等倡导的"舍传求经"的学风，被以"宋初三先生"为代表的儒士们加以继承和弘扬，从而为"章句之学"向"义理之学"转变提供了明确的思想和方法。而韩愈、李翱、柳宗元等或发明"道统"之说、或"援佛、道入儒"，则为理学的构建提出了具体的途径和内容。宋代理学家们正是沿着唐代儒士复兴儒学运动的方向继续前行，进一步反思传统儒学和汲取佛道思想，构建出一个博大精致、圆融深邃的理学体系。此后理学就成为宋元至明清最为完整、最为博大的一个正统哲学体系。明清时期虽有变化，但从形式上看，始终是理学内部不同派别的嬗演而已，即从"程朱理学"演变为"阳明心学"，又发展为"王夫之的气学"，其中，不过是理学主题——理本体论、心本体论和气本体论的切换，而且阳明心学起端于宋代的陆象山心学，王夫之的气学则承绪于宋代张载的气学。宋代理学对明清哲学思想的开启大略如此。

不仅仅如此，宋代理学还成为明清时期反封建的早期民主启蒙思想的逻辑先导。这主要表现在理学思想体系中的"理"的高标一格。"未有君臣，先有君臣之理；未有父子，先有父子之理。"朱熹此话的目的当然是为了把"君臣父子之理"论证成永恒的、千古不变的。但是，就是在这种论证下，君臣父子"之理"隐然取得了超越现实君臣父子关系的品格——"理"先于现实的君臣父子关系而存在，"理"也就必然高于现实的君臣父子关系。二程则说："天理云者，不为尧存，不为桀亡。"可见，"天理"并不受具体政治的左右，它有自己独立的、超越的品格。无论具体政治是好（尧，古代圣君）是坏（桀，古代昏君），"天理"却永远高于具体政治，永远尊于具体政治。正是在这种理论的规定和影响下，"理尊于势（现实政治）"才成为宋代以后中国知识分子的一种普遍的信念。这种"理尊于势"的观念，春秋战国时期就已经萌芽，如荀子有"从道不从君"的说法。但只是宋代理学将"理"（或"道"）论证成与天地同体的宇宙本体，它在天地间的"至尊"地位才得以确立，"理尊于势"才逐渐成为中国知识分子优秀品格的一部分。它不但使中国知识分子崇尚气节、刚直不阿的传统精神得到了进一步的强化，而且在一定的历史条件下，如明清时期，它又成为摆脱封建之"势"的束缚，追求个性自由、个性解放，追求真理的一种精神动力。这就是"理的高标一格"的精神启蒙意义。这种"理的高标一格"同王阳明心学中的"心的超越万物"（包括对纲常伦理、外在文化权威的超越），恰恰成了明代中叶以后要求摆脱（超越）封建纲常束缚，追求个性解放，强调个性自由、个人利益、个人幸福的启蒙意识的先声。所以，尽管明清之际早期启蒙思想家对程朱理学和陆王心学都曾进行过猛烈的抨击，但历史地看，程朱理学中的"理的高标一格"和陆王心学中的"心的超越万物"，却又都曾对反封建的、追求个性自由、追求个性解放的早期启蒙思想产生过积极的影响。其彼此之间的开启和承继关系正在于此。

在科举制度上，发轫于隋唐时期的科举制度，在两宋时期得到了普遍的推广。当时科举制度的考试科目、考试内容和考试规程等等，大部分沿袭唐代而来。如宋代贡举考试科目有进士、九经、五经、开元礼、三史、三礼、三传、学究、明经等科，其中进士、明经、开元礼、三传、三史科在唐代即已设置。宋代考试制度中的别试、殿试制度和弥封、誊录之法，同样是沿袭唐制，只不过将唐制加以扩大化和制度化。当然，在继承隋唐旧制的同时，宋代科举制度在新的历史条件下也有一些重大的改进，出现了"取士不问家世"、"一切以程文为去留"、录取名额扩大、进士授官优渥等新的特点，顺应了中国古代由贵族社会向平民社会转变的历史走势。宋元科举制度及其内在理念同样被明清两朝继承和运用。明代科举科目只设进士科，与元代做法完全一致。其考试程序同样沿袭宋元旧制，"三年大比，以诸生试之直省，曰乡试，中式者为举人。次年，以举人试之京师，曰会试。中式者，天子亲策于廷，曰廷试，亦曰殿试"①。在考试时间上，宋代规定三年一试，"秋取解，冬集礼部，春考试"②。元代沿袭宋代三年一试的定制，却对考试时间稍加改变，乡试在八月二十日，会试在次年二月初一至初五，殿试在三月初七日。明代洪武十五年规定："三年一试，著为定制。"考试日期也与元代大同小异，据《明史·选举志》记载："子、午、卯、酉年乡试，辰、戌、丑、未年会试。乡试以八月，会试以二月，皆初九日为第一场，又三日为第二场，又三日为第三场。""廷试，以三月朔。"在考试内容上，明代"专取四子书及《易》、《书》、《诗》、《春秋》、《礼记》五经命题试士"③，基本上没有脱离宋元科举制度的轨道。至于宋元时期的弥封、誊录之法和科场禁例，同样被明清继承和使用。

在教育制度上，宋元时期的中央和地方教育网络的建置，基本上沿袭唐代旧制，只不过根据社会发展需要和各民族自身特点而加以损益。宋代不少州县学校甚至就是唐代遗留下来的学校，作为官学教育补充的书院，最早也发端于唐代，只是在宋元时期文化教育平民化、普及化的发展趋势中得到了蓬勃的发展。明清时期教育制度基本上沿用宋元之制，中央和地方儒学学校自不待言，各类专门学校也是如此。如明代在地方设置医学、阴阳学和社学，就是对元朝

---

① ③《明史·选举二》，北京，中华书局，1974年点校本。
②《宋史·选举一》，北京，中华书局，1985年点校本。

地方官学体系的直接继承；清代在中央置觉罗学、八旗官学和俄罗斯文馆，与元代设置蒙古国子学和回回国子学的做法和思路是一致的。

在市民文化上，宋元时期以通俗话本小说和民间表演艺术为主要内容的市民文化蓬勃发展。然而，细溯其源，这种新型文化的源头仍然在唐代。可以说，宋元话本小说就是唐代话本的延续，只不过比唐代话本的内容更加丰富，读者对象更加普及。宋元杂剧与唐代的参军戏是一脉相承的，只是在角色上有所增加，情节上更加复杂，品种上日益增多。至于杂技，唐代就有吞刀吐火、绳上舞蹈、跳弄车轮、自断手足、弄大鼎、盘舞等节目，宋元时期在此基础上进一步发展，杂技节目达四五十种之多，表演更是惊险奇特。宋元时期市民文化在"继往"的同时，同样具有"开来"的作用。在话本小说上，与明清时期商品经济高度发展、市民阶层不断壮大相一致，市民文学日益臻于繁荣兴盛。据统计，目前幸存下来的明清各种市民文学作品中，通俗小说有 1056 种，通俗歌词有 6000 多种，宝卷和弹词各有 200 多种，鼓词和子弟书各有数十种。此外，尚有多得难以准确统计的戏剧和散曲。在表演艺术方面，明杂剧在继承元杂剧艺术成就的基础上又有新的发展和创造，在明代中叶以前一度十分流行。与此同时，宋元时期悄然生长于民间的南戏在明代获得了蓬勃发展，成为继元杂剧之后中国戏曲的又一个高峰。就市民文化的时代精神而言，可以说从宋词、元曲到以《三言》、《二拍》和《金瓶梅》为代表的市井小说，直至《牡丹亭》、《红楼梦》等，都含蕴了与传统纲常伦理相疏离、相悖行，要求个性自由和解放，追求世俗幸福的进步观念。文化精神上的开启和承继，形成了宋元明清文化发展的基本走向。

以上所述，仅仅是宋元文化历史地位的一点透视。实际上，从物质文化、制度文化和精神文化的各个层面中，均可以看出宋元文化承继汉唐、开启明清的枢纽地位。可以说，宋元文化作为中国传统社会转型时期的文化，既是对汉唐传统文化的总结和升华，又是对明清新型文化的启蒙和开拓。

第一章
宋元文化的区域发展

宋元时期，受政治、经济、军事、地理环境等因素的影响，南北各地文化既呈现出动态发展的趋势，又显示出不均衡的发展格局，从而形成了参差不齐、各有特色的区域文化。总体来看，这一时期的中原文化在宋代文化重心南移和北方游牧民族长期武力冲击等因素的影响下，已失去了宋代之前的文化领先地位。而东南文化、川蜀文化和岭南文化却由于文明重心的南移而获得了蓬勃的生机，呈现出或发展或兴盛的态势。与此同时，北部寒漠草原地区由于较少受到汉文化的熏染，仍保留着浓厚的游牧文化的气息，成为宋元时期区域文化中一个独特的景观。

一、中原文化的繁荣和萧条

中原地区，是一个相对狭义的区域概念，这里仅指以汴京和洛阳为中心，包括宋代的京东、京西诸路的地区，大体相当于现在河南省及周围山东、河北、陕西的部分地区。夏、商以来，中原地区频频成为历代王朝的政治中心，使这里在多元文明的交汇融合中形成了丰厚的文化积淀。魏晋隋唐之际，中原地区更是钟灵毓秀、人文荟萃之地，衣冠文物和文学艺术都盛极一时。北宋立国后，以汴京为首都，以洛阳为西京，以应天府为南京，中原地区地位之重可想而知。得天独厚的政治和社会环境，使其在具有地域文化的独特风貌之时，还蕴含着帝都文化的辉煌气象。然而，至金元之际，女真和蒙古等游牧民族先后入主中原，中原士民尤其是文化精英阶层被迫大规模南迁，中原文化一时如无源之水，人才凋零，活力顿失，正所谓"中州殄丧，文气奄奄几绝"①。此后，中原文化一直在低沉和迷茫中曲折而艰难地发展着，无复唐宋时代的辉煌气象。

（一）北宋时期中原文化的繁荣

凭借良好的政治优势和雄厚的文化底蕴，中原地区成为宋代北方地区的文化中心，呈现出一派蓬勃的生机。

第一，文教事业蓬勃发展。北宋建国之初，就大力推行尊儒重教的文化政策，采取一系列措施，积极发展文教事业。作为京都所在和辐射之地，中原地区自是近水楼台，尽得风气之先。在开封，有中央政府管辖的国子学、太学、四门学、宗学、宫学与武学、律学、书学、算学、画学和医学等专科学校，以及地方性的开封府学。在西京洛阳，同样设立了国子监。据《宋史》卷二百九十五《谢绛传》记载，天圣年间，谢绛任河南府通判时，曾"修国子学，教诸生，自远而至者数百人"。在南京应天府，宋政府依照西京国子监的做法，于庆历三年（1043 年）将应天府学升级为国子监。中央官学之外，河南地区还

---

① 徐世隆：《遗山集序》，见《元好问全集》卷五三附录，太原，山西古籍出版社，2004 年版。

有数量众多的府县学，据《河南通志》记载，除了建于宋代以前的陈留县学、太府县学、登封县学、新安县学、渑池县学和新郑县学 6 所外，还有通许县学、彰德府学、汤阴县学、新乡县学、获嘉县学、永宁县学、陈州州学、商水县学和灵宝县学等，① 都曾为社会输送了大批人才。

官学之外，民间教育也非常兴盛。书院、经馆、讲堂等成人教育学校，家塾、私塾等启蒙学校，都为人们提供了广泛的就学机会。

中原地区的书院教育十分发达，吕祖谦在《白鹿洞书院记》中回忆道，北宋建国初年，"海内向平、文风日起，儒者往往依山林即闲旷以讲授，大率多至数十百人。嵩阳、岳麓、睢阳及是洞（即白鹿洞，笔者注）尤著，天下所谓四书院者也"②。嵩阳书院位于河南嵩山南麓，创建于后唐，盛极于北宋，师生最多时达到数百人，熙宁年间，二程也曾讲学于此。睢阳书院亦即应天府书院，始建于后晋。宋真宗大中祥符二年（1009 年）二月，赐额为应天府书院。天圣五年（1027 年），范仲淹曾在此掌教，"由是四方从学者辐辏。宋人以文学有声名于场屋朝廷者，多其所教也"③。此外，中原地区还有颍谷书院（登封县）、贾状元书院（邓州）、花洲书院（邓州）、明道书院（扶沟县）、鸣皋书院（伊川县）、明道书院（宝丰县）、显道书院（上蔡）、范文正公讲院（商丘）、西湖书院（许昌）、和乐书院（嵩县东）、龙门书院（洛阳）以及百泉书院（辉县)④。同官学相比，书院采取一种较为灵活和自主的方式进行教授，学术空气也更为自由，从而促进了文化的传播和学术思想的争鸣与交流。

讲堂和精舍是中原地区民间教育的又一种形式。应天府书院就是由学舍发展而来，最初称睢阳学舍。在戚同文掌教期间，曾培养出一大批卓越人才，宋初开科取士时，学舍生徒"登第者五六十人，宗度、许骧、陈象舆、高象先、郭成范、王砺、滕涉等皆践台阁"⑤。再如滑州胙城县（今河南延津县东北）饱学之士王大中，设立讲堂，"推其所学以教导于闾里"⑥。开封酸枣县（今河

① 王士俊：《河南通志》卷四十二，《学校上》，清雍正十三年刊本。
② 吕祖谦：《吕东莱文集》卷六，《白鹿洞书院记》，《丛书集成初编》本。
③ 范仲淹：《范文正公集》，《言行拾遗录》卷一，《四部丛刊》本。
④ 参阅苗春德主编：《宋代教育》，第 105～107 页，开封，河南大学出版社，1992 年版。
⑤ 《宋史·戚同文传》，北京，中华书局，1985 年点校本。
⑥ 范纯仁：《忠宣文集》卷十，《王遵道先生讲堂记》，《四库全书》本。

南延津）学者王昭素"有至行，为乡里所称，常聚徒教授以自给，李穆与弟肃及李恽皆常师事焉"①。二程也曾在家中讲学，"学者负笈抠衣，亲承其教，散之四方"②，造就了一大批杰出人才。

引人注目的还有私塾教育。大凡官宦富贵之家，基本上都设有家塾，延师执教。名臣杜衍未中举之前，就曾在济源大姓相里氏家中"教诸儿读书"③。此外，个人创办的私塾也广泛地分布于城乡各地，在儿童启蒙教育方面发挥着重要的作用。

第二，衣冠文物，盛极一时。发达的文化教育，造就了一大批杰出的人才。《河南通志》称："宋世河南得人为盛，而韩魏公由进士，富郑公举茂材，伊川程子则以布衣论荐，其勋名德业均不在古人下。"④ 北宋立国167年，"居相位者七十二人"⑤，河南籍的宰相就有18人，占北宋宰相总数的四分之一。又据《河南通志·选举志》统计，北宋时河南地区共有进士209人，其中19人荣登榜首，14人最终成为宰相。成才率之高，远非其他地区所能比肩。而在科举入仕之外，还有一大批不求闻达的博学鸿儒。如种放，"以讲习为业"，"不敢以禄仕为意"；万适，"不求仕进，专以著述为务"；杨璞，"不愿仕进"；李渎，"旷逸自居，恬智交养"；孔旼，"孔子四十六代孙。隐居汝州龙兴县龙山之滍阳城。性孤洁，喜读书"⑥。

在这种浓厚的文化氛围中，中原地区涌现出一大批以文学或经学见长的文化世家，如：

雍丘孔维家族：孔维，通经术，乾德四年（966年）九经及第。其孙禹圭，同学究出身。

偃师崔颂家族：崔颂，以经学见长，宋初判国子监；子瓛，雍熙二年（985年）进士及第。

洛阳邵雍家族：邵雍，创理学象数学派，著《皇极经世》、《观物内外篇》、

① 《宋史·王昭素传》，北京，中华书局，1985年点校本。
② 徐松辑：《宋会要辑稿》，《崇儒》六之二七，北京，中华书局，1957年版。
③ 邵伯温：《邵氏闻见录》卷八，《学津讨原》本。
④ 王士俊：《河南通志》卷四十四，《选举一》，雍正十三年刊本。
⑤ 《宋史·宰辅一》，北京，中华书局，1985年点校本。
⑥ 《宋史·隐逸上》，北京，中华书局，1985年点校本。

《渔樵问对》及诗集《伊川击壤集》；子伯温，"以学行起于元祐，以名节居绍圣"①，著有《河南集》、《闻见录》等；孙博，绍兴八年（1138 年）赐同进士出身，著有《闻见后录》、《邵博文集》等。

汝阳孙何家族：祖父锱，以讲授为业；父庸，建隆年间为河南簿；孙何与弟孙仅"连冠贡籍，时人荣之"②。弟孙侑也登进士第，官至殿中丞。兄弟三进士，一时传为佳话。孙何著《驳史通》十余篇，有集 40 卷；孙仅有集 50 卷。

襄邑张去华家族：父张谊，好学，频涉辞艺；张去华亦敏于属辞，建隆二年（961 年），举进士甲第，有集 15 卷；子师古至国子博士，师锡殿中丞，师颜国子博士，师德亦举进士甲第，有文集 10 卷。

此外，中原地区兼具文化和官宦双重性质的家族数量极多，突出者有开封府的和岘家族、高頔家族、宋准家族、崔颐正家族、韩亿家族、邢敦家族、向敏中家族、丁度家族、王拱辰家族、宋祁家族、郑居中家族，河南府的二程家族、刘温叟家族、张澹家族、吕蒙正家族、尹洙家族、刘几家族，相州的韩琦家族，应天府的许骧家族、蔡抗家族，汝州的吴几复家族，陈州的姚晔家族，颍昌府的范纯仁家族等等，都称得上是钟鸣鼎食之家、翰墨诗书之族。

文人会社大量涌现，是中原地区文化繁荣的又一个重要的外在显现。在各地文化精英云集中原、文化氛围浓厚的背景下，文人士大夫时常定期或不定期地举行集会，酌酒唱和，品茗会文。在名园荟萃、山明水秀的洛阳，吕蒙正曾"有园亭花木，日与亲旧宴会"③。张齐贤"得裴度午桥庄，有池榭松竹之盛，日与亲旧觞咏其间，意甚旷适"④。天圣、明道年间，钱惟演留守洛阳，其时，谢绛、欧阳修、尹洙、梅尧臣等名流俊彦为其僚佐，"当朝廷无事，郡府多暇，钱相与诸公行乐无虚日"⑤。所谓"行乐"，无非是饮酒赋诗、府园文会而已。欧阳修、梅尧臣等还组织了"洛中七友"文人集团，共同开展文学创作活动。元丰五年（1082 年），文彦博留守洛阳时，因倾慕唐代白居易为首的"九老

---

① 《宋史·邵伯温传》，北京，中华书局，1985 年点校本。
② 《宋史·孙何传》，北京，中华书局，1985 年点校本。
③ 《宋史·吕蒙正传》，北京，中华书局，1985 年点校本。
④ 《宋史·张齐贤传》，北京，中华书局，1985 年点校本。
⑤ 邵伯温：《邵氏闻见录》卷八，《学津讨原》本。

会"，"乃集洛中公卿大夫年德高者为耆英会。以洛中风俗尚齿不尚官，就资胜院建大厦曰耆英堂，命闽人郑奂绘像其中"①。耆英会由富弼、文彦博、席汝言、王尚恭、赵丙、刘几、冯行己、楚建中、王慎言、张问、张焘和司马光十二人组成，轮流举办集会，给自然景观优美的洛阳城又增添了一道卓异瑰丽的人文景观。此后，文彦博又与司马旦、程珦、席汝言四人组成"同甲会"，司马光也发起组织了"真率会"。文人们浅酌低吟，唱和不已，留下了不少脍炙人口的诗文。

在洛阳之外，文人集会结社同样盛行于中原其他地区。在南京应天府，庆历年间，杜衍、王涣、毕世长、朱贯、冯平组建"五老会"，"吟醉相欢，士大夫高之"②。在许州，范镇组织"飞英会"。文人士大夫的宴集交游活动，营造出一种浓厚的文化氛围，折射出中原地区文明昌盛的人文景象。

第三，学术文化蓬勃发展。中原地区可谓中国学术文化的渊薮。《河南通志》卷四十三称，中原地区"居天下之中，得扶舆秀杰之气，钟灵独厚，而河洛渊源尤为万世之祖"。这并非夸张和溢美之辞。北宋时，全国学术文化的中心，就是中原地区，理学就是在这块肥沃的文化土壤上孕育而生的。其中中原学者邵雍、程颐、程颢不仅是理学的拓荒者，而且是宋代理学的中流砥柱。《宋史·邵雍传》载，邵雍师从李之才学习《河图》、《洛书》、宓羲八卦六十四卦图像，经反复研究，终于"妙悟神契、洞彻蕴奥"，开创了宋代理学中的象数学派。邵雍平时非常注重言传身教，"有就问学则答之，未尝强以语人。人无贵贱少长，一接以诚，故贤者悦其德，不贤者服其化。一时洛中人才特盛，而忠厚之风闻天下"③。二程则在周敦颐、邵雍和张载的基础上，建立起以"天理"为核心的理学体系，为理学的发展确定了一种思维模式。为传播理学，程颢于元丰元年至元丰五年（1078～1082 年）在扶沟县和宝丰县商酒务镇创办了两所明道书院，程颐则于元丰五年（1082 年）在伊川县鸣皋镇创办了鸣皋书院。二程诲人不倦，"河、洛之士翕然师之"④，甚至有学者不远千里前来

---

① 邵伯温：《邵氏闻见录》卷十，《学津讨原》本。
② 王辟之：《渑水燕谈录》卷四，《高逸》，涵芬楼本。
③ 《宋史·邵雍传》，北京，中华书局，1985 年点校本。
④ 《宋史·杨时传》，北京，中华书局，1985 年点校本。

宋太祖像

元世祖像

宋 《太平街景图》 现藏美国芝加哥艺术学院

赵伯骕 《番骑猎归图》

46

刘贯道 《元世祖出猎图》

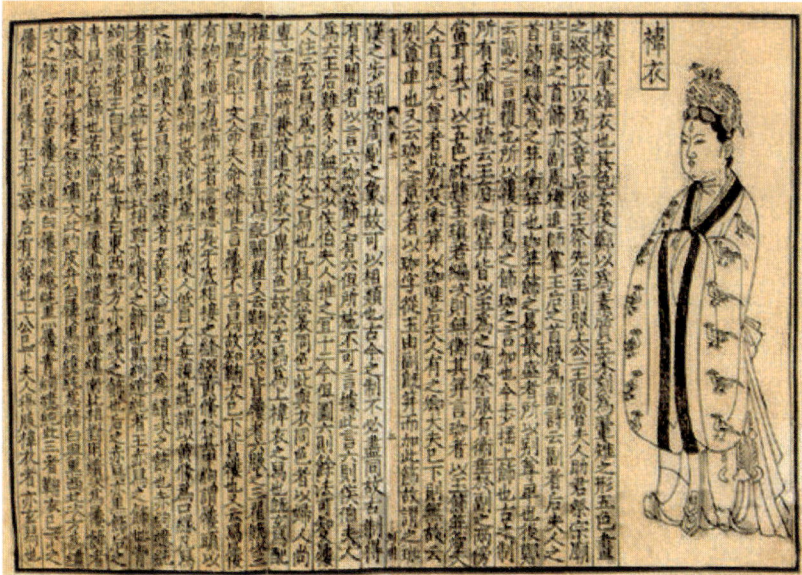

宋官刻本

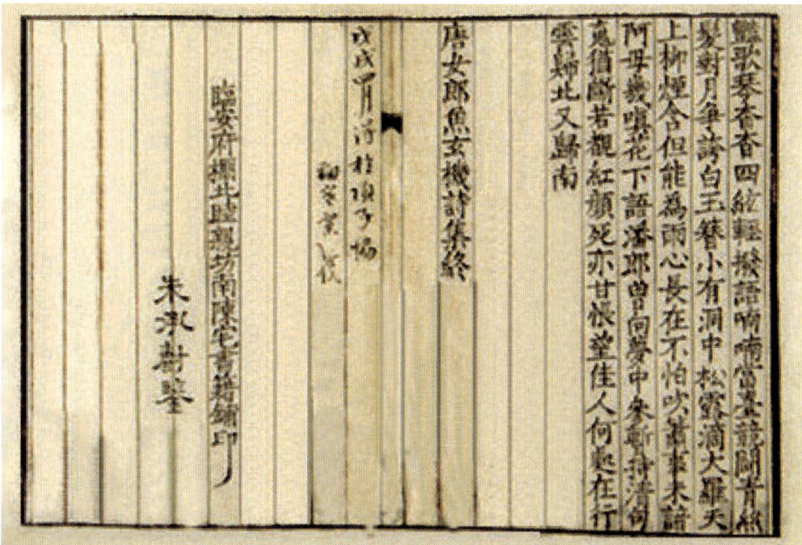

宋坊刻本

48

从学。一时间，程门理学人才济济，如日中天，成为具有全国影响的第一大学术流派。南宋初年，程门弟子谢良佐、杨时、游酢等将程门理学传入蜀、楚、吴、浙、闽等地，使之在南部中国迅速复兴，为此后朱熹理学的出现提供了一个良好的学术环境。正如《宋元学案》所说，"程门之学，上蔡（谢良佐）、龟山（杨时）先生多有发扬，至朱子而集大成"。

（二）金元时期中原文化的衰落

金元之际，中原地区在女真贵族和蒙古贵族铁骑的践踏下，经历了两次大的灾难。一次是靖康二年（1127 年），女真贵族消灭北宋，夺取了对中原地区的统治权；另一次是端平元年（1234 年），蒙古贵族以风卷残云之势，铲除了金朝在中原地区的残余势力。这两次战争，对中原地区造成了惨重的破坏，人烟阜盛、繁华昌盛之地，顿时满目疮痍、百业凋敝。如在女真贵族灭宋战争中，"自穰下（今南阳）由许昌以趋宋城（今商丘县），几千里无复鸡犬"①。蒙古贵族南下时，中原地区"人民遭屠戮，农田受破坏，工匠被驱役，财物被掠夺。蒙古统治者用统治草原畜牧经济的方式来管理中原高度发展的封建农业经济，使中原地区社会经济逆转"②。不独如此，中原文化在这两次浩劫中也遭到了毁灭性的破坏，典章文物扫地俱休，馆阁校舍化为废墟，文人儒士流亡异乡，呈现出一片"冷冷清清，凄凄惨惨戚戚"的景象。

女真贵族和蒙古贵族对中原文化的摧残和破坏，突出表现在对作为文化载体的文化典籍和文人儒士的洗劫和掳掠上。北宋时，开封作为全国文化的中心，贮藏的文献典籍极为浩瀚，仅三馆藏书就有 6705 部、73827 卷，③ 私家藏书也相当宏富，"贵人及贤宗室往往聚书，多者至万卷"④。然而，这批卷帙浩繁的图籍文书最终或毁于战火之中，或被女真和蒙古贵族掠取，或随中原士人的南移而流落南方。据史载，金太宗在围攻汴京时，千方百计地攫取汉文化典籍，对藏经、苏黄文、《资治通鉴》以及图籍文书镂板无不尽取，甚至将太学

---

① 庄绰：《鸡肋编》卷上，《丛书集成初编》本。
② 韩儒林主编：《元史》，第 32 页，北京，中国大百科全书出版社，1985 年版。
③ 《宋史·艺文一》，北京，中华书局，1985 年点校本。
④ 张邦基：《墨庄漫录》卷五，《四库全书》本。

博通经术者 30 人、详通经教德行僧数十人、画工、医官、杂戏、教坊乐人、国子监书库官以及民间从事杂剧、说话和百戏表演的艺人都全部携回北方。①一些稍有文化素养的女真和蒙古贵族，也在这次文化浩劫中大获其利。如完颜勖在选择战利品时，唯独喜爱图书，"载数车而还"②。完颜宗宪从"宗翰伐宋，汴京破，众人争趋府库取财物，宗宪独载图书以归"③。元朝官员张柔入汴京，"于金帛一无所取，独入史馆，取《金实录》并秘府图书，访求耆德及燕赵故族十余家，卫送北归"④。天兴二年（1233 年）四月，金代诗人元好问在被押解北上的途中，曾作《癸巳五月三日北渡》一诗，描述了蒙古贵族对中原文化的摧残："随营木佛贱于柴，大乐编钟满市排。掳掠几何君莫问，大船浑载汴京来。"⑤ 他在另一首诗《续小娘歌》中写道："太平婚嫁不离乡，楚楚儿郎小小娘。三百年来涵养出，却将沙漠换牛羊。"⑥ 这哪里是对一个中原女子命运的哀叹伤悼，分明是对绚丽辉煌、蕴涵丰厚的中原文化唱出的一曲绝望的挽歌。

中原文献典籍和文人儒士的大量流失，使得中原地区的文化发展丧失了源泉和活力。战争过后，中原地区虽然有过短时期的稳定发展，金朝和蒙古统治者也采取过不少发展文教事业的措施，但效果并不十分显著，中原文化始终在萧条和低迷中徘徊不前。从科举考试上看，金代科举取士近 5000 人，⑦ 而河南地区的进士只有 79 人。元代河南地区人才更加匮乏，科举中第者仅有 55 人。⑧ 从文化设施上看，金元时期中原地区虽然修复和创建了不少府州县学，但大多有名无实，生员稀少，与北宋时地方官学的发达昌盛差之千里，根本不能相提并论。从文化城市分布上看，金元时期文化重心主要在山西和河北一带，大都（今北京）、晋宁、真定等地成为北方地区的文化中心，开封和洛阳

---

① 徐梦莘：《三朝北盟会编》卷四十八、卷五十二、卷五十三，光绪三十四年许涵度校刻本。
② 《金史·完颜勖传》，北京，中华书局，1975 年点校本。
③ 《金史·宗宪传》，北京，中华书局，1975 年点校本。
④ 《元史·张柔传》，北京，中华书局，1976 年点校本。
⑤ 元好问：《遗山先生文集》卷十二，《癸巳五月三日北渡三首》，《四部丛刊》本。
⑥ 元好问：《遗山先生文集》卷六，《续小娘歌十首》，《四部丛刊》本。
⑦ 赵冬晖：《金代科举制度研究》，见《辽金史论集》第四辑，第 220 页，北京，书目文献出版社，1989 年版。
⑧ 据《河南通志》卷四十五《选举志》统计，雍正十三年刊本。

已成明日黄花，再也没有迷人的魅力和风彩。

需要指出的是，中原文化的衰落除上述民族战争等方面的原因之外，还与中国文化演变过程中的所谓"地运南迁"、即"文明重心南移"这一大的趋势有关。由黄河流域向长江流域，再向珠江流域拓展，是中国文明重心南移的轨迹。至宋元时期，不但已完成了由黄河流域向长江流域的转移，而且珠江流域、闽江流域在长江流域的辐射下，经济文化都有了长足的发展。伴随着这一过程的完成，北方中原地区文化地位的跌落，也是一种必然的现象。正如明人章潢在《统论南北形势》中所言："邹鲁多儒，古所同也。至于宋朝，则移在闽浙之间，而洙泗寂然矣。"①

二、文明重心的东南文化

两宋时期，东南地区的江南东路、江南西路、两浙路和福建路，出现了前所未有的文化昌盛状况。嘉祐年间（1056～1063年），吴孝宗在撰写《余干县学记》时，对东南地区文化发展的历史和现状进行了简要的概括。他写道："古者江南不能与中土等。宋受天命，然后七闽二浙与江之西东，冠带诗书，翕然大肆。人才之盛，遂甲于天下。"② 时隔百年之后，叶适在撰写《汉阳军新修学记》时，对东南地区文化发达的状况作了进一步的描述："吴、越、闽、蜀，家能著书，人知挟册。"③ 朱熹则更是明确认为东南闽浙地区已成为中国文化的重心："岂非天旋地转，闽浙反为天地之中。"这些看法，都反映出文化重心向东南的迁移。

（一）文化发展的动因

东南文化的发达，主要由三个方面的动因促成。

第一，东南地区千百年来的文化积累，为宋代东南文化发达昌盛奠定了坚实的基础。早在春秋战国之际，吴越文化就如同一颗璀璨的明珠，在中华大地

---

① 章潢：《图书编》卷三十四，扬州，广陵古籍刻印社，1988年影印明万历刻本。
② 洪迈：《容斋随笔》卷五，《饶州风俗》，上海古籍出版社，1996年点校本。
③ 叶适：《叶适集》卷九，《汉阳军新修学记》，北京，中华书局，1961年点校本。

的东南角落上熠熠生辉。秦汉时期,东南文化取得了长足的发展,江苏人才的数量已经跃居全国第三位。其后,晋室南迁和安史之乱,曾引发两次大规模的移民浪潮,北方和中原地区的文人士大夫纷纷举家南迁,为东南地区的文化发展输入了新的活力。至唐末五代之际,东南地区文化已呈现出一片欣欣向荣的景象。闽、越一带已经出现"艺文儒术,斯之为盛"、"虽闾阎贱品处力役之际,吟咏不辍"① 的景况。

第二,宋代东南地区社会经济的高度发展,为东南文化的发展提供了雄厚的物质基础。北宋时,东南地区的经济发展就已经出现了后来居上的势头。当时高度集约化的经营方式,使东南地区的农业产量极大地增加,"吴、越、闽、蜀,其一亩所出,视他州数倍"②。南宋时,东南地区由于人稠地狭,更加注重对土地潜力的开发和利用,开辟了大量的山田和圩田,农业生产有了进一步的发展。绍兴五年(1135年),知湖州李光在一份奏疏中称:"二浙每岁秋租,大数不下百五十万斛,苏、湖、明、越,其数太半。朝廷经费之源,实本于此。"③ 至南宋中期,"苏湖熟,天下足"④ 的谚语更是广泛流传,标志着东南地区的农业生产水平达到了前所未有的高度。农业之外,纺织业、造船业、制瓷业、造纸业、竹编业及海外贸易也十分发达,工商业税收在国家财政收入中占有较大的比重。事实表明,宋代东南地区已无可争辩地成为全国的经济重心。而东南地区文化的发展,正是植根于经济发达这个坚实的基础之上。

第三,赵宋王朝政治中心的南移,给东南文化的发展带来了新的契机。靖康之乱,结束了赵宋王朝在中原地区的统治。伴随着宋室南迁,中原士民"扶携南渡,不知其几万人"⑤,乃至于"江、浙、湖、湘、闽、广,西北流寓之人遍满"⑥。江浙地区作为政治中心所在地,自然成为士大夫们荟萃的场所:"平江、常、润、湖、杭、明、越,号为士大夫渊薮,天下贤俊,多避地于

---

① 杜佑:《通典》卷一百八十二,《州郡》十二《风俗》,北京,中华书局,1988年版。
② 秦观:《淮海集》卷十五,《财用下》,《四部丛刊》本。
③ 徐松辑:《宋会要辑稿》,《食货》七之四三,北京,中华书局,1957年版。
④ 范成大:《吴郡志》卷五十,见《宋元方志丛刊》第一册,北京,中华书局,1990年影印本。
⑤ 李心传:《建炎以来系年要录》卷八十六,绍兴五年闰二月壬戌,北京,中华书局,1956年版。
⑥ 庄绰:《鸡肋编》卷上,《各地食货习性》,《丛书集成初编》本。

此。"① 在这批南渡流寓之人中,自然不乏文化精英人物,如理学家赵鼎、尹惇、胡安国、焦瑗、罗靖、赵蕃,文学家陈与义、李清照、辛弃疾、朱敦儒等。这些南渡士人不仅带来了中原先进的学术文化,而且带来了重儒兴学的优良传统,在很大程度上推动了东南文化的发展。

由于以上诸要素的共同作用,东南地区的文化得以蓬勃发展,衣冠文物之盛甲天下。

(二) 诗书刊藏,翕然大肆

书籍是知识的载体。宋代由于活字印刷技术的发明和应用,图书刊刻事业有了迅猛的发展。在东南地区,浙江和福建是全国印刷业最发达的地区,临安和建阳并列于北宋四大刻书中心之中。"靖康之难"后,随着大批技术精湛的刊刻工匠的南迁,东南地区的印刷业更加繁荣昌盛。

首先,官刻事业蓬勃发展。"靖康之难"中,"馆阁之储,荡然靡遗"②。南宋建立之初,就在临安设立国子监,雕刻印刷经史书籍,尤其是对所缺之书,"亦令次第雕板,虽重有所费,亦不惜也"③。国子监刻印之书,种类多,质量最佳,称为"监本",最受文人学者和收藏家的青睐。国子监之外,崇文院、秘书监、司天监等中央机构和各级地方政府机构及学校也竞相刻印书籍。于是,茶盐司本、转运司本、提刑司本、漕司本、公使库本、郡斋本、府学本、县学本、书院本等纷纷出版,充斥于市,令人眼花缭乱。宋人王明清所说的"近年所至郡府,多刊文集"④,真实地反映了当时地方官府刻书的情形。

其次,坊刻事业十分兴盛。在临安,刻书、售书一体化的经籍铺比比皆是,著名的有棚北大街睦亲坊南陈解元书籍铺、临安府太庙前尹家书籍铺、临安府中瓦南街东荣六郎家书铺、杭州大隐坊、钱塘门里东桥南大街郭宅经铺等等。这些书铺刊刻的书籍五花八门,经史子集,无所不有,其雕版、印刷、校

---

① 李心传:《建炎以来系年要录》卷二十,建炎三年二月庚午,北京,中华书局,1956年版。
② 《宋史·艺文一》,北京,中华书局,1985年点校本。
③ 李心传:《建炎以来系年要录》卷一百六十二,绍兴二十一年五月乙丑,北京,中华书局,1956年版。
④ 王明清:《挥麈录》卷一,《四库全书》本。

勘、装帧等，在全国居于最高水平。故叶梦得说："今天下印书，以杭州为上。"① 在福建地区，坊刻事业也比较发达，著名的书坊有建安余仁仲勤有堂、建宁府黄三八郎书铺、建阳麻沙书坊、建宁书铺蔡琪纯父一经堂、武夷詹光祖月厓书堂、崇川余氏、建宁府陈八郎书铺、建安江仲达群玉堂、闽山阮仲猷种德堂等等。其中建安余仁仲书坊最负盛名。余氏自北宋初迁居建安书林后，世代以刻书为业，南宋时，余氏所刻书籍以"纸板俱佳"而享有极高的声誉。

再次，私家刻书颇为流行。私家刻书不以出售赢利为目的，而是供私人阅读和收藏之用，因此十分注重质量。据叶德辉《书林清话》记载：东南地区刻书之家，有临安进士孟琪、钱塘王叔边家、杭州净戒院、婺州市门巷唐宅、婺州义乌酥溪蒋宅崇知斋、婺州东阳胡仓王宅桂堂、吉州东冈刘宅梅溪书院、吉州周少傅府、麻沙镇水南刘仲吉宅、麻沙镇南斋虞千里、建安陈彦甫家塾、建安魏仲举家塾、建安曾氏家塾等 30 余家。②

图书刊刻事业的繁荣，为社会提供了大量的图书典籍，带动了官方和私人藏书风气的盛行。

朝廷藏书日益丰富。通过"搜访遗阙"和雕版印刷等途径，秘书省藏书不断增加。淳熙五年（1178 年），秘书少监陈骙等编《中兴馆阁书目》时，"计见在书四万四千四百八十六卷，较《崇文总目》所载，实多一万三千八百一十七卷③。此后"承平百载，遗书十出八九，著书立言之士又益众，往往多充秘府"④。至嘉定十三年（1220 年），秘书丞张攀等续编《总目》时，"又得一万四千九百四十三卷，视《崇文总目》，又有加焉"⑤。故陈振孙颇为自豪地说："中秘所藏，视前世独无歉焉，殆且过之。"⑥

私家藏书之风更加盛行。据吴晗《江浙藏书家史略》一书统计，宋代江浙地区出现一大批藏书家，有姓名可考者 33 人，其中绝大多数在南宋，如山阴的陆宰、陆游父子，新昌的石公弼，会稽的诸葛行仁，扬州的陈亚，丹阳的刁约，吴兴的沈思，吴县的朱长文，安吉的陈振孙，吴兴的周密，松江的庄肃，

① 叶梦得：《石林燕语》卷八，《四库全书》本。
② 叶德辉：《书林清话》卷三，《宋私宅家塾刻书》，长沙，岳麓书社，1999 年版。
③④ 马端临：《文献通考》卷一百七十四，《经籍一》，北京，中华书局，1986 年版。
⑤《宋史·艺文一》，北京，中华书局，1985 年点校本。
⑥ 陈振孙：《直斋书录解题》卷八，《四库全书》本。

吴兴的叶梦得等。其中一些人家的藏书量几乎与朝廷相埒。据周密回忆，湖州"石林叶氏、程氏、贺氏，皆号藏书之富，各不下数万余卷"①。陈振孙因在福建莆田为官，"传录夹漈郑氏、方氏、林氏、吴氏旧书，至五万一千一百八十余卷"②。周密家中藏书也十分丰富，其父酷嗜藏书，"冥搜极讨，不惮劳费，凡有书四万二千余卷，及三代以来金石之刻一千五百余种，庋置书种、志雅二堂，日事校雠"③。无锡尤袤也有极强的藏书嗜好，尤其是他晚年期间，"益嗜书不倦，所藏三万卷"④。由于他博览群书，通贯古今，故有"尤书橱"之称。叶梦得的藏书似乎居宋代私家藏书之首，据王明清《挥麈后录》卷七记载，叶梦得"平生好收书，逾十万卷，真之雪川弁山山居，建书楼以贮之，极为华焕"⑤。

江西地区也有不少著名的藏书家。如洪州袁抗"喜藏书，至万卷"⑥，庐山李氏、九江陈氏、鄱阳吴氏都藏书数万卷，⑦ 南丰曾巩家藏书，"亦皆一、二万卷"⑧。

福建地区图书刊刻发达，加上该地未遭受战争破坏，故藏书世家连绵不绝。较为著名者有"兴化之方，临漳之吴，所藏尤富，悉其善本"⑨。"兴化之方"，如方略建造"万卷楼"，藏书1200箧；方于宝建造"三余斋"，藏书数万卷；方浙建"富文阁"，藏书数千卷。"临漳之吴"，似指漳浦县吴与。吴与历官七任，将多余薪俸全部用来购买书籍，藏书达二万卷。此外，浦城人杨纮也"聚书数万卷"⑩。丰富的藏书，给莘莘学子读书学习提供了极大的方便，是东南地区文教事业昌盛的内在动因之一。

（三）文教昌盛，文化普及

教育既是文化发展的动因，也是文化兴盛的标志。宋代教育机构主要由官

---

①②③⑧ 周密：《齐东野语》卷十二，《书籍之厄》，《学津讨原》本。

④ 《无锡志》卷三上，见《宋元方志丛刊》第三册，北京，中华书局，1990年影印本。

⑤ 王明清：《挥麈后录》卷七，《四库全书》本。

⑥ 《宋史·袁抗传》，北京，中华书局，1985年点校本。

⑦ 王明清：《挥麈录》卷一，《四库全书》本。

⑨ 李心传：《建炎以来系年要录》卷一百五十三，绍兴十五年二月丁亥，北京，中华书局，1956年版。

⑩ 《宋史·杨纮传》，北京，中华书局，1985年点校本。

学、私学和书院三部分组成。东南地区各类教育机构随着时间的推移经历了一个数量上由少到多、规模上由小到大的发展过程。据统计，北宋时两浙路府县学有 48 所，南宋时发展到 74 所，江西地区府县学由 47 所发展到 76 所，江南地区府县学由 51 所增加到 81 所。① 另据《福建通志·学校》统计，南宋时福建地区府县学也有 56 所。东南地区学校的数量和密度远远高于全国其他地区。此外，随着政治中心的南移，南宋政府在临安相继建立了太学、律学、武学、宗学和医学，其生员数量、校舍规模和教学条件虽然不及北宋，但毕竟代表着当时教育的最高水平。它们的设立，对临安地区文教事业的发展，无疑起到了极大的推动作用。

东南地区的民间教育蓬勃发展，大有超过官学的趋势。首先，私学和家塾大量存在于城市和乡村。临安城内，"乡校、家塾、舍馆、书会，每一里巷须一二所，弦诵之声，往往相闻"②。越州居民"好学笃志，尊师择友，弦诵之声，比屋相闻"③。福建的民间教育尤其发达。福州"凡乡里各有书社"，求学者"挈箧就舍，多至数百人，少亦数十人"④。南剑州（今福建南平）也是"家乐教子，五步一塾，十步一庠，朝诵暮弦，洋洋盈耳"⑤，邵武军（今邵武县）"所至村落，皆聚徒教授"⑥。其次，书院星罗棋布，比比皆是。书院始创于唐代，北宋时有所发展，至南宋时逐渐取代官学，成为当时占主导地位的教育机构。据曹松叶《宋元明清书院概况》一文统计，宋代共有书院 203 所，⑦大多数分布在江南文化发达地区，江西有 80 余所，浙江有 34 所，福建也有 20 多所。白新良先生近年对宋代书院也作了细致的统计：北宋新建书院 71 所，东南四路有 36 所，占总数 50.7%；南宋新建书院 299 所，东南四路有 225 所，占总数 75.2%；南北宋不分者有 125 所，东南四路有 92 所，占总数 73.6%。⑧

---

① 参见黄书光：《宋代地方官学考析》，载《华东师大学报》1986 年第 4 期。

② 耐得翁：《都城纪胜》，《三教外地》，《四库全书》本。

③⑥ 沈作宾：《嘉泰会稽志》卷一，见《宋元方志丛刊》第七册，北京，中华书局，1990 年影印本。

④ 梁克家：《淳熙三山志》卷四十，见《宋元方志丛刊》第八册，北京，中华书局，1990 年影印本。

⑤ 王象之：《舆地纪胜》卷一百三十三，《南剑州》，道光岑氏刊本。

⑦ 曹松叶：《宋元明清书院概况》，载《中山大学语言历史研究所周刊》第 10 集，第 112 期。

⑧ 白新良：《中国古代书院发展史》，第 4~16 页，天津大学出版社，1995 年版。

南宋四大书院中，有三个在东南地区，即浙江金华的丽泽书院、江西贵溪的象山书院、江西庐山的白鹿洞书院。这些书院规模大，设备齐全，多由名儒大师主持讲学，在文化传播和人才培养方面起了很大的作用。

良好的教育环境必然带来浓厚的学风。东南一带，上至耆耄老者，下至垂髫稚童，无不虚心向学，视读书为要务。在吴郡（今苏州），"虽濒海裔夷之邦，执末垂髫之子，孰不抱籍缀辞以干荣禄，褒然而赴诏者，不知其几万数"①。读书应举，已成为人生的最佳选择，因此，当地居民"父笃其子，兄勉其弟，有不被儒服而行者，莫不耻焉"②。江西饶州"为父兄者，与其子弟不文为咎；为母妻者，与其子与夫不学为辱"③。浙江的嘉兴府（今浙江嘉兴），"诗书礼乐相辉相扶，里之秀民，家之良子弟无不风历于学"④；处州家习儒业，"声声弦诵半儒家"⑤；海盐"里巷之间，弦诵之声相接。无智与愚，皆以子弟入学为美事"⑥。福建居民更是"多向学，喜讲诵，好为文辞"⑦。熙宁初年，程师孟在福州担任知州期间，就颂扬该地"城里人家半读书"、"学校未尝虚里巷"⑧。仙游县"后生不儒衣冠，不得与良子弟齿。岁时即先生旧德，以指授经术。其为词章，相与讲导，锻成一律，进取科第"⑨。即使是最偏僻的泰宁县，也是"比屋连墙，弦诵相闻，有不谈诗者，舆台笑之"⑩。为培养出高素质的子弟，福州民家十分重视对教师的选择："岁前一二月，父兄相与议求众所誉学识高、行谊全、可以师表后进者某人，即一二有力者，自号为鸠首，以学生姓名若干人，具关子敬以谒请曰：敢屈某人先生来岁为子弟矜式，幸甚。既肯，乃以是日备礼筵致。"⑪

---

① ② 范成大：《吴郡志》卷四，见《宋元方志丛刊》第一册，北京，中华书局，1990 年影印本。

③ 洪迈：《容斋四笔》卷五，《饶州风俗》，《津逮秘书》本。

④ 徐硕：《至元嘉禾志》卷二十五，《碑碣·魁星亭记》，《四库全书》本。

⑤ 祝穆：《方舆胜览》卷九，《处州》，《四库全书》本。

⑥ 徐硕：《至元嘉禾志》卷二十三，《碑碣·小学记》，《四库全书》本。

⑦ 《宋史·地理志五》，北京，中华书局，1985 年点校本。

⑧ ⑪ 梁克家：《淳熙三山志》卷四十，见《宋元方志丛刊》第八册，北京，中华书局，1990 年影印本。

⑨ 蔡襄：《蔡襄集》卷二十九，《兴化军仙游县登第记序》，上海古籍出版社，1996 年点校本。

⑩ 何乔远：《闽书》卷三十六，《建置志·邵武泰宁县》，《四库全书》本。

尊儒重学，习文成风，必然带来文化的相对普及。这主要表现在三个方面：第一，东南地区作为一个文化区域，整体水平较高。叶适所说吴、越、闽"家能著书，人知挟册"① 固然属夸大美化之辞，但东南地区文化水平的确登上了一个新的台阶。无论是富庶的城乡，还是穷苦的山村，都带有着浓厚的文化气息。南宋理学家陈傅良对当时东南地区的文化水平这样描述："人人尊孔孟，家家诵诗书。未省有宇宙，孰与今多儒。"② 大体上道出了这种文化气象。第二，文化向着士农工商各个平民阶层普及发展。宋人方大琮称福州永福（今福建永泰）"家尽弦诵，人识律令，非独士为然，农工商各教子读书"③。《文献通考》也记载，福建地区"虽闾阎贱品处力役之际，吟咏不辍"④。这种情况，只不过是宋代东南地区文化普及的一个缩影。正是在这种文化氛围中，农家子弟登科及第、金榜题名者层出不穷，商家子弟习文弄墨、转而为士者不乏其人。如蔡襄，"以农家子弟举进士为开封府第一，名动京师"⑤；钱遹，"婺州浦江农家子，少力学，举省、殿榜，皆占上等"⑥；浙江缙云人潘龙异，经商积财逾数十百万，"生子擢进士第，至郡守"⑦。此类事例，实在是不胜枚举。第三，妇女知书识字并非罕事。如《宋史·列女传》载，谢枋得妻李氏，饶州安仁人，"色美而惠，通《女训》诸书"。仪真荣氏，"自幼如成人，读《论语》、《孝经》，能通大义，事父母孝"⑧。王安石之妹"工诗善书，强记博闻，明辨敏达，有过人者"⑨。福州平民妇女，"亦能口诵古人言语"⑩。此外，宋代东南地区涌现了大量的女诗人和女词人，她们或出身于官宦之家，或出身于平民之门，虽然身份不同，但都具有较高的文化素养。

（四）人才辈出，各领风骚

宋代东南地区人才兴盛不仅表现为数量上居全国前列，而且还表现为政坛

① 叶适：《叶适集》卷九，《汉阳军新修学记》，北京，中华书局，1961年点校本。
② 陈傅良：《止斋集》卷三，《古诗·送王南强赴绍兴签幕四首》，《四部丛刊》本。
③⑩ 方大琮：《铁庵集》卷三十三，《永福辛卯劝农文》，《四库全书》本。
④ 马端临：《文献通考》卷三百一十八，《舆地四》，北京，中华书局，1986年影印本。
⑤ 欧阳修：《文忠集》卷三十五，《端明殿学士蔡公墓志铭》，《四库全书》本。
⑥ 方勺：《泊宅编》下卷，《稗海》本。
⑦ 洪迈：《夷坚志·甲志》卷十一，《潘君龙异》，《丛书集成初编》本。
⑧ 《宋史·列女传》，北京，中华书局，1985年点校本。
⑨ 王安石：《临川集》卷九十九，《长安县太君王氏墓志铭》，《四部丛刊》本。

巨擘和文化名流层出不穷。据《浙江通志》、《江西通志》和《福建通志》统计，南宋浙江进士有6900人，江西有3738人，福建有4434人，仅此三地籍贯的进士就占南宋进士总数的80％以上。如此众多的进士，出类拔萃者自然不少。据程民生《宋代地域文化》一书统计，宋代位居宰相之职者有131人，其中两浙路29人，江南东路9人，江南西路10人，福建路18人，东南籍贯的宰相占宋代宰相总数的一半。《宋史》正传和《循吏传》所载的文臣，北宋总数为806人，东南四路有246人，占30％；南宋总数为409人，东南四路有287人，占70％。《宋史》的《道学传》、《儒林传》、《文苑传》和《方技传》中所列人物，北宋总数为162人，东南四路有42人，占26％；南宋总数为69人，东南四路有54人，占78％。① 从这些统计数字中，大致可以看出东南地区人才兴盛的状况。

尤其值得称道的是，在文化科学领域中东南地区也涌现出了一大批卓越的人才。

在文学方面，东南地区不仅涌现出大批著名的词人，而且产生了大量的诗人，创立了新的诗派。据统计，宋代词坛有明确籍贯可考的词人有867人，其中浙江216人，江西153人，福建110人，江苏86人，东南词人几乎占宋代词人总数的三分之二。② 另据张家驹《两宋经济重心的南移》一书统计，南宋词坛著名词人有495人，其中浙江138人，江西78人，福建63人，江苏43人，东南词人占南宋词人总数的65％以上。③ 在诗词方面出类拔萃者，有江西籍的王安石、欧阳修、曾巩、黄庭坚、晏殊、晏几道、孔平仲、王庭珪、杨万里、刘过、姜夔、文天祥，江苏籍的秦观、范成大、孙洙、蒋捷，浙江籍的林逋、周邦彦、陈亮、吴文英、周密、王沂孙、张炎；福建籍的柳永、杨亿、刘克庄、张元幹、黄公度等。东南诗人还由于创作风格不同而形成众多的诗派。以杨亿、钱惟演为首的西昆体诗派，讲究词采艳丽、对偶严整，在宋初诗坛独领风骚数十年。欧阳修倡导诗文革新运动，矫正了西昆体浮艳雕琢的流弊，为诗文及后来古文的顺利发展铺平了道路。以黄庭坚为首的江西诗派，效法杜甫

---

① 参阅程民生《宋代地域文化》，第132～143页，开封，河南大学出版社，1997年版。
② 唐圭璋：《宋词四考》，《两宋词人占籍考》，江苏古籍出版社，1985年版。
③ 张家驹：《两宋经济重心的南移》，武汉，湖北人民出版社，1958年版。

的诗歌风格，标尚因旧生新、字句凝炼，风靡宋代诗坛达 200 年之久。浙江温州赵师秀、徐照、翁卷、徐玑四人组成的永嘉四灵诗派，强调诗歌创作上陶冶性情的旨趣和"捐书以为诗"的白描手法，对南宋后期诗坛产生了深远的影响。文天祥、刘辰翁、谢枋得为代表的"遗民诗派"，以凄怆愤懑的诗作，为南宋政权的灭亡唱出了一曲曲悲壮的挽歌。

在史学方面，刘恕、刘攽、欧阳修、徐梦莘、马端临、乐史、郑樵、袁枢、朱熹等多所创获，各有成就，不仅继承了修撰正史的传统，而且开创了纪事本末体、纲目体等新的体裁，对元明清史学产生了重要的影响。

在书画艺术方面，蔡襄和黄庭坚跻身于宋代四大书法家之列，夏珪、蔡松年也享有南宋画坛巨匠的美誉。

在科技领域，东南地区更是人才济济。毕昇发明的活字印刷术，无疑是我国印刷史上一次重大的技术突破。沈括以其杰出的成就，被英国科技史学者李约瑟称为"中国整部科学史中最卓越的人物"，他的著作《梦溪笔谈》被誉为"中国科技史上的里程碑"。天文学家苏颂制造了水运仪象台，标志着宋代天文学达到了中国古代天文学的最高峰。此外，数学家杨辉、医学家朱肱、宋慈等在各自的领域中都取得了令人瞩目的成就，在中国科技史上都占有极其重要的地位。

（五）学术文化空前繁荣

理学是宋代思想史上最重要的思潮。北宋时，洛阳和关中是理学家们活动的主要阵地。元丰年间（1078～1085 年），浙江永嘉周行己、许景衡、沈躬行、刘安书、刘安上、戴述、赵霄、张辉、蒋元中等九位学者游学程门、载道而归后，二程"洛学"和张载"关学"开始在浙东地区传播。北宋末年，福建杨时、游酢也将二程理学移植入闽。自此，东南地区广受程、张理学的浸润。靖康之乱后，北方理学家如尹惇、胡安国、吕祖谦等纷纷南迁，东南地区理学获得了巨大的发展。正如吴莱在《石陵先生倪氏杂著序》中所说："自东都文献之余，天下士大夫之学日趋于南，或推皇帝王霸之略，或谈道德性命之理，彬彬然一时人才学术之盛，不可胜纪。"① 其后，朱熹博采众家之长，建立了"闽中学派"，与江西陆九渊的"心学"、浙东事功学派一起，构成了南宋理学三家鼎立的学术格局。各学派以书院、学馆、精舍为阵地，聚徒讲学，传播和研究各自的学术思想。如朱熹就曾在浙江的五峰书院、逸平书院、美化书院、独峰书院、樊川书院、月林书院、包山书院、会文书院和江西的白鹿洞书院、银峰书院、东山书院、忠定书院、鹅湖书院、草堂书院、龙光书院等处讲过学，陆九渊曾在江西的心斋书院、曾谭书院、白鹿洞书院、象山书院、鹅湖书院讲过学，吕祖谦也曾在丽泽书院、石洞书院、五峰书院讲过学。不仅如此，理学大师们还在学术上争鸣辩难，会文论理，如朱熹与陆九渊兄弟的"鹅湖之会"，陈亮与朱熹的王霸、义利之争，永嘉学派与朱、陆两家的辩论等等，都是宋代学术发展史上的精彩篇章。所有这些表明，宋代东南地区已逐渐发展成为全国的学术中心。

三、发达昌盛的巴蜀文化

宋代四川地区分为成都府路、潼川路（亦称梓州路）、利州路和夔州路四部分。自唐中叶以来，相对稳定的社会环境不但使四川地区的社会经济持续发展，而且吸引了一大批中原"衣冠之族"的到来，这一切都促使四川地区的文化发展达到了前所未有的高度。当然，川蜀四路的文化水平参差不齐，其中成都府路和潼川路的文化比较发达，利州路次之，夔州路的文化相对落后。因此，这里主要阐述成都府路和潼川路的文化发展状况。

（一）全蜀数道，文籍山积

自唐后期以来，四川地区的印刷业水平一直居于全国先进行列。北宋时，成都是全国四大印刷中心之一。开宝四年（971 年），北宋政府在成都实施过一次大规模的佛教经典刊印活动，共雕印《大藏经》1076 部、5048 卷，雕刻印版达 13 万块之多。这次刊印既是对四川印刷技术的一次检阅，也是对四川印刷业

---

① 倪朴：《倪石陵书》附吴莱《石陵先生倪氏杂著序》，《四库全书》本。

发展的一次促进。其后，北宋政府还在成都组织雕印了《太平御览》和《册府元龟》等鸿篇巨著。

南宋时，四川地区的印刷业更加发达，几乎可以与杭州的印刷业相媲美。时人叶梦得曾说："今天下印书，以杭州为上，蜀本次之，福建最下。"① 这表明四川的印刷技术相当过硬，有口皆碑。正因为如此，绍兴十四年（1144年），井度担任四川漕司时，组织实施了《宋书》、《齐书》、《梁书》、《陈书》、《魏书》、《北齐书》、《周书》七史的刊印工程。《郡斋读书志》记载了当时的刊印过程："始四川五十余州。皆不被兵，书颇有在者，然往往亡缺不全，收合补缀，独少《后魏书》十许卷，最后得宇文季蒙家本，偶有所少者，于是七史遂全，因命眉山刊行。"② 这次刊行，也是对古代历史文化遗产的一次拯救和整理，使在"靖康之乱"中几乎亡绝的"七史"得以重见天日，流传后世。眉山作为成都府路辖下的一个县城，就具有承担这项刊印工作的能力，足见宋代四川地区印刷水平之高。据学者研究，从北宋末期到南宋中期，成都和眉山两地还先后刻印了大批唐代名家文集，保存至今者有 21 种，如《权文公集》、《李太白集》、《杜荀鹤集》、《欧阳行周集》、《张承吉文集》等，大多收藏在北京国家图书馆。其字体肥重，古朴浑厚，行格疏朗，刻印精美，堪称书林中的极品。③

官方刊刻事业的兴旺，极大地刺激了四川民间私刻业的发展。据叶德辉《书林清话》记载，宋代四川地区私家刻书有广都费氏进修堂、眉山文中和眉山程舍人宅，此外，还有一所刻书、售书兼营的西蜀崔氏书肆。④ 当然，这只是民间刊刻业的一小部分。

随着图书刊刻事业的兴盛，四川地区的藏书也有了相应的发展，涌现出一大批藏书家。如益州华阳人彭乘，"聚书万余卷，皆手自刊校。蜀中所传书，多出于乘"⑤，俨然是四川藏书业的宗主。阆州新井（今南部县）人蒲宗孟，

---

① 叶梦得：《石林燕语》卷八，《四库全书》本。
② 晁公武：《郡斋读书志》卷二上，《宋书》，《四库全书》本。
③ 罗伟国：《宋蜀刻唐人集见闻》，载《浙江学刊》1992 年第 3 期。
④ 叶德辉：《书林清话》卷三，《宋私宅家塾刻书》、《宋坊刻书之盛》，长沙，岳麓书社，1999 年版。
⑤《宋史·彭乘传》，北京，中华书局，1985 年点校本。

家中建有清风阁，贮藏宏富。范祖禹年青时曾在此借阅书籍，故后来有"我昔侍先君，借书尝纵观。题诗尚可记，手泽犹未乾"①的感叹和追思。眉州青神人杨泰之，"家故藏书数万卷，手自校雠"②。正是由于其家藏书丰富，杨泰之才能够"刻志于学"，撰写出 297 卷类书性质的著作。③ 遂宁人苏振文，乃苏易简九世孙，"落落不偶，聚书数万卷，圣经贤传、山经地志、私乘野史以至虞初稗官、旁行敷落之书，靡不搜罗"④。邛州蒲江人魏了翁，曾在家乡邛州城西白鹤山下创建书院，"开门授徒，士争负笈从之"⑤。据他自己声称，"家故有书，某又得秘书之副而传录焉，与访寻于公私所板行者，凡得十万卷"⑥，堪称四川藏书家之首。不仅四川本地官员、学者竞相藏书，入仕四川的外籍官员也不放过就地大量购书的机会。如历阳人沈立，在担任益州判官时，"悉以公粟售书，积卷数万"⑦。南阳人井度在四川为官期间，"常以俸之半传录。时巴蜀独不被兵，人间多有异本，闻之未尝不力求，必得而后已。历十余年，所有甚富"⑧。井度离任时，曾将这批书籍运出四川。井度临终之际，将这批书赠给曾做过自己幕僚的晁公武，晁公武此时担任潼川路荣州知州，他将这批书运回四川，加上自家收藏，共得 24500 余卷、1450 种。他对这批藏书细加浏览，校雠异同，论求要旨，最终撰出一部颇有影响的目录学著作《郡斋读书志》。

丰富的藏书，使得四川籍官员、学者在向朝廷献书活动中频频立功。如天禧年间（1017～1021 年），郫县人李定"率先投牒监中，群书多出其家"⑨。熙宁七年（1074 年），成都人郭友直、郭大享父子向朝廷献书 3779 卷，其中有 503 卷为"秘阁所无"⑩。出于同样的原因，南宋政府在向全国各地征求书籍

① 范祖禹：《范太史集》卷二，《题蒲氏清风阁》，《四库珍本》本。
② 魏了翁：《鹤山集》卷八十一，《大理少卿直宝谟阁杨公墓志铭》，《四库全书》本。
③《宋史·杨泰之传》，北京，中华书局，1985 年点校本。
④ 魏了翁：《鹤山集》卷八十四，《苏伯起振文墓志铭》，《四库全书》本。
⑤《宋史·魏了翁传》，北京，中华书局，1985 年点校本。
⑥ 魏了翁：《鹤山集》卷四十一，《书鹤山书院始末》，《四库全书》本。
⑦《宋史·沈立传》，北京，中华书局，1985 年点校本。
⑧ 晁公武：《郡斋读书志·自序》，《四库全书》本。
⑨ 曹学佺：《蜀中广记》卷四十二，《人物记第二·川西道下》，《四库全书》本。
⑩ 马端临：《文献通考》卷一百七十四，《经籍一》，北京，中华书局，1986 年版。

时，把四川地区作为重点搜访对象，如绍兴十八年（1148 年），鉴于四川未经兵乱，"委诸司寻访，仍令提举官每月趣之"①。淳熙六年（1179 年），吏部侍郎阎苍舒向宋孝宗汇报说："四川州郡藏书最多，……乞下秘书省录见有书目，送四川制置司，参对四路州军官书目录，如有所关，即令本司抄写，赴秘书省收藏。"② 四川地区成了取之不尽的书籍宝库。可见，李心传所说"全蜀数道，文籍山积"③，并非夸张、炫耀之辞。

（二）释未耜而执笔砚者，十室而九

文教事业昌盛，人心向学，是宋代四川地区文化发达的又一外在显现。

四川地区的教育机构同样有官学、私学和书院三种形式。

四川官学早在后蜀孟氏统治时期就有所发展。宋代历次兴学运动，犹如一阵阵温暖和煦的春风，吹拂着这块美丽而肥沃的土地，给四川文教事业带来了盎然生机。府州县学不仅星罗棋布于大小城市之内，而且相继出现在崇山峻岭之中。据统计，宋代四川共建庙学 95 所，其中成都府路有学校 42 所，潼川府路有 34 所，利州路有 11 所，夔州路有 8 所，兴学建庙的州县占四川州县总数的 42％。④ 官学之中，成都府学规模最大，生员最多。庆历年间（1041～1048 年），"成都学舍为诸郡之冠，聚生员常数百十人"⑤；南宋绍兴年间（1131～1162 年），学生总数已达 800 余人，"学官二人皆朝廷遴选，弟子员至四百人，他学者亦数百人"⑥，名副其实地成为四川地区的教育中心。范镇《东斋记事》卷四中，对成都府学的规模和设施作了详细的记载："成都府学，有周公礼殿及孔子像在其中。其上壁画三皇五帝及三代以来君臣。……其屋制甚古，非近世所为者，相传以为秦、汉以来有也。殿下有二堂：曰温故，曰时习，东西相对。……其门屋东西画麟凤，盖取感麟叹凤之义。其画甚精，亦不知何代所

① 李心传：《建炎以来系年要录》卷一百五十七，绍兴十八年六月乙卯，北京，中华书局，1956 年版。

② 徐松辑：《宋会要辑稿》，《崇儒》四之三一，北京，中华书局，1957 年版。

③ 李心传：《道命录》卷四，《丛书集成》本。

④ 参阅贾大泉、周原孙《四川通史》第四册，第 263 页，成都，四川大学出版社，1994 年版。

⑤ 文同：《丹渊集》卷三十九，《龙州助教郭君墓志铭》，《四部丛刊》本。

⑥ 李心传：《建炎以来朝野杂记》甲集卷十三，《蜀学》，上海，商务印书馆，1937 年版。

为。……殿之南面有石刻《九经》，盖孟氏时所为，又为浅廊覆之，皆可读也。"据载，成都府学至崇宁时已经有屋舍 300 楹，南宋时加以增修，扩大规模，扩大到 585 楹，故时有"郡国之学，最盛于成都"① 之说。

四川地区的私学教育也十分盛行，既有对儿童进行启蒙教育的乡校和家塾，也有类似于成人教育的学馆、经舍。

乡校是城乡士大夫创办的私人学校，在四川地区相当普遍。如"嘉、眉多士之乡，凡一成聚，必相与合力建夫子庙，春秋释奠，士子私讲礼焉，名之曰乡校。亦有养士者，谓之山学。眉州四县，凡十有三所；嘉定府五县，凡十有八所，他郡惟遂宁四所，普州二所。"② 乡校为稚童求学提供了良好的机会。苏轼幼时，曾就读于乡校，"以道士张易简为师，童子几百人"③。家塾和私塾同样是对子弟进行启蒙教育的初级学校。如荣州（今四川荣县）杨处士，在其家中筑室百楹，聚书万卷，"引内外良子弟数十人，召耆儒之有名业者教之"④。薛奎知成都时，范镇时为举人，薛奎非常赏识他的才华，对他倍加礼遇，"馆于府第，俾与子弟讲学"⑤。

至于进行成人教育的书馆在川蜀地区也是处处可见。如南充人何涉，"所至多建学馆，劝诲诸生，从之游者甚众"⑥；邛州蒲江人魏了翁，"筑室白鹤山下，以所闻于辅广、李燔者开门授徒，士争负笈从之"⑦；成都人杨审之建造"四老堂"，以经学教授诸生，"四方从学者不下数百人"⑧ 等等。孙抃未发迹前，是一个贫困潦倒的书生，迫于生计，只好"聚徒荣州"，挣点"束脩"度日。有一次，"得束脩之物持归，为一村镇镇将悉税之"⑨，白白辛苦一场。

四川书院教育也相当发达，据《四川通志》和《宋元学案》记载，四川地区主要有修文书院、鹤山书院、果山书院、少陵书院、柳沟书院、竹林书院、

---

① 李心传：《建炎以来朝野杂记》甲集卷十三，《蜀学》，上海，商务印书馆，1937 年版。
② 赵与时：《宾退录》卷一，《四库全书》本。
③ 苏轼：《东坡志林》卷二，《道士张易简》，《学津讨原》本。
④ 文同：《丹渊集》卷三十八，《荣州杨处士墓志铭》，《四部丛刊》本。
⑤ 邵伯温：《邵氏闻见录》卷八，《学津讨原》本。
⑥ 《宋史·何涉传》，北京，中华书局，1985 年点校本。
⑦ 《宋史·魏了翁传》，北京，中华书局，1985 年点校本。
⑧ 徐松辑：《宋会要辑稿》，《选举》三四之三四，北京，中华书局，1957 年影印本。
⑨ 邵伯温：《邵氏闻见录》卷八，《学津讨原》本。

静晖书院、南阳书院、莲峰书院、五峰书院、龙门书院、金渊书院、东馆书院、栅头书院、巽岩书院、北岩书院、同人书院、云山书院、沧江书院等，大多数为南宋时理学家们所建，成为传播学术思想的主要阵地。

各类学校的广泛设置，为四川地区的士子求学提供了一个良好的环境，使四川地区出现了前所未有的重文好学的社会风气。在眉州（今四川眉山），其民"以诗书为业"①，"释耒耜而执笔砚者，十室而九"②；隆州，"家贫而好学，颇慕文学"③；潼川府，"士通经学古"④；普州，"士多于民"，"雅素而笃学"⑤；昌州，"士愿而劝学，尊道而重儒"⑥。可见，在成都府路和潼川路地区，读书尚学蔚然成风，不负"蜀中齐鲁"之称。

在这种浓厚的文化氛围中，四川地区涌现出一大批遐迩闻名的文化世家。在成都府路，有双流邓绾家族、华阳范镇家族、华阳王珪家族、成都宇文虚中家族、成都吕陶家族、绵州苏易简家族、蜀州张商英家族、眉山苏轼家族、眉山家愿家族、眉山任伯雨家族、眉山王称家族、青神杨栋家族、丹棱李焘家族、隆州龙昌期家族、井研李心传家族、仁寿虞允文家族、绵竹张栻家族、蒲江魏了翁家族、蒲江高稼家族；在潼川府路，有安岳冯澥家族、巴川阳枋家族；在夔州路，有涪陵谯定家族；在利州路，有阆州陈尧咨家族。这些名门望族，或治经学，或传理学，或以文学见长，或以修史传世，对推动和发展巴蜀地区的文化，作出了不可磨灭的贡献。

（三）文学之士，彬彬辈出

宋代四川地区的人才状况经历了一个从萎靡不振到彬彬辈出的发展过程。宋初三十多年的征讨杀伐，不仅对四川地区的经济文化造成了极大的破坏，而且在蜀民心中留下了恐怖的阴影。大部分蜀民对这个刚刚建立的新政权都持有冷淡和疏远的态度，入仕朝廷者寥寥无几。另一方面，川蜀地区地形闭塞，经

---

① 祝穆：《方舆胜览》卷五十三，《眉州》，《四库全书》本。
② 苏轼：《苏轼文集》卷四十九，《谢范舍人书》，北京，中华书局，1996年点校本。
③ 祝穆：《方舆胜览》卷五十三，《隆州》，《四库全书》本。
④ 祝穆：《方舆胜览》卷六十二，《潼川府》，《四库全书》本。
⑤ 祝穆：《方舆胜览》卷六十三，《普州》，《四库全书》本。
⑥ 祝穆：《方舆胜览》卷六十四，《昌州》，《四库全书》本。

济富裕，滋长了蜀人自我封闭和自我满足的心理，大部分四川士人安土重迁，不愿因踏入仕途而离开故乡乐园。《宋史》所说，四川"庠塾聚学者众，然怀土罕趋仕进"①，就道出了蜀民浓厚的乡土情结。正因为如此，当朝廷权臣们在为南北各地解额问题争执得热火朝天之际，四川地区仍然沉浸在矜持和寂静的气氛之中，直至张詠镇蜀时，大兴文教，推广儒学，并大胆推荐和起用蜀地士人，才改变了长期以来笼罩在川蜀地区的紧张、沉闷空气。范镇在《东斋记事》中这样记载："初，蜀人虽知向学，而不乐仕宦，张公詠察其有闻于乡里者，得张及、李畋、张逵，屡召与语民间事，往往延入卧内，从容款曲，故公于民情无不察者，三人佐之也。其后，三人皆荐于朝，俱为员外郎，而蜀人自此寝多仕宦也。"②《宋史》卷二百九十三《张詠传》也有类似的记载。其实，宋代四川的第一个进士是合江人李羲载，登第于太平兴国二年（977 年），张及等三人登科及第是在景德二年（1005 年），算不上四川士人踏上仕途的先行者，但是反映出四川地区士人"不愿出仕"的状况已经不复存在，相反，参政热情日益高涨。皇祐中（1049～1053 年），田况在《进士题名记》中写道："益州自太平兴国以来，登进士第者接踵而出。天圣、景祐中，其数益倍。至庆历六年，一榜得十八人；皇祐元年，得二十四人。"③ 此后，科举入仕之风在四川日益盛行。南宋初年，宋高宗在评价各地人才状况时，认为"蜀中多士，几与三吴不殊。"④ 这种良好的势头一直保持到南宋末期。据《绍兴十八年同年小录》和《宋宝祐四年登科录》记载，绍兴十八年（1148 年），四川四路及第进士共有 70 人，占当年进士总数的 21.2%；宝祐四年（1256 年）四川四路进士及第者共 106 人，占当年总数的 17.6%。虽然四川地区进士人数的比例有所下降，但人才数量仍呈上升趋势。另据学者统计，宋代四川科举登第者共有 3992 人。从时间上看，北宋录取 1413 人，占总数的 35.4%；南宋录取 2579 人，占总数的 64.6%。从地域上看，成都府路 1771 人，占总数的 44.36%；潼川府路 1916 人，占总数的 48%；利州路 194 人，占总数的

---

① 《宋史·地理五》，北京，中华书局，1985 年点校本。

② 范镇：《东斋记事》卷四，北京，中华书局，1980 年点校本。

③ 常明：《四川通志》卷七十八，《学校三》，嘉庆二十一年刻本。

④ 李心传：《建炎以来系年要录》卷一百一十一，绍兴七年六月乙卯，北京，中华书局，1956 年版。

4.9%；夔州路 120 人，占总数的 3%。①

在这块肥沃的文化土壤上，孕育出一大批旷世奇才。

在文学领域，潼川铜山（今四川中江）苏舜钦，是北宋诗文改革运动的开创者之一。眉山苏洵、苏轼、苏辙父子三人不仅继承和深化了诗文革新运动，而且留下了大量脍炙人口的诗歌词章。

在史学领域，涌现出范祖禹、王称、李焘、李心传、彭百川等一代著名史家，他们不仅重视对汉唐五代历史的修撰，更注重对当代史的编修，为后人研究宋史提供了十分珍贵的资料。

在学术方面，陈抟、龙昌期、谯定等对《易》学的研究颇有所得，不仅成果丰硕，而且水平极高。尤其是陈抟的《易》学研究成就，对周敦颐、邵雍理学体系的构建，实有奠基和启迪之功。南宋时期，以张栻和魏了翁为代表的理学家们不仅在理学传播上作出了重要的贡献，而且在理学研究上也具有极深的造诣。

在书法方面，宋初李建中不仅是四川书坛一枝奇葩，而且驰名海内，享有较高的声誉。其后，苏轼集众家之长，自成一体，把北宋书法艺术推到了最高水平。

在绘画方面，黄筌及其子黄居寀是宋代花鸟画流派的创始人，黄氏绘画技艺垄断北宋官方画坛达百年之久。黄氏父子之外，四川地区还有一大批杰出的花鸟山水画的画家，如孙知微，眉州彭山人，"善画山水、仙官、星辰、人物"；李怀衮，成都人，"亦善山水，又能为木石翎毛。其常所居及寝处，皆置土笔，虽夜中酒醒、睡觉得意时，急起，画于地或被上，迟明模写之，则优于平居所为也"。"又有赵昌者，汉州人，善画花。每晨朝露下时，绕栏槛谛玩，手中调彩色写之"②。对绘画艺术执着地追求，使得他们的绘画技术炉火纯青，达到登峰造极的地步。

在科技领域，四川地区也是人才济济，群英辈出。在天文学方面，巴中人张思训成功地设计出浑天仪，成为北宋前期主要的天文测量仪器。隆庆府普城

---

① 贾大泉、周原孙：《四川通史》第四册，第 274～275 页，成都，四川人民出版社，1994 年版。

② 范镇：《东斋记事》卷四，北京，中华书局，1980 年点校本。

(今四川剑阁) 人黄裳将北宋元丰年间天文观测的结果绘制成《天文图》，该图后来被王致远摹刻于苏州文庙的石碑上，至今犹存，是人们认识宋代天文学的一个实物标本。在数学方面，普州安岳人秦九韶于淳祐七年（1247 年）著成《数书九章》，其中关于联立一次同余式的解法即"大衍求一术"，在世界数学界获得"中国剩余定理"之称。秦九韶因此被 20 世纪美国科学史家萨顿誉为"最伟大的数学家之一"。在医学方面，著名医学家唐慎微编撰的《经史证类备急本草》，是我国本草学方面一部重要的著作，对元明清药物学理论也产生了深远的影响。

四、岭南文化：汉文化主体地位的确立

宋代岭南地区汉文化主体地位的确立，是汉文化中心南移结出的硕果。

从历史上看，岭南地区汉文化的输入早在秦汉时代就已经开始。晋、唐之际，随着两次大规模人口南移浪潮的出现，汉文化在岭南地区传播的力度有所增加。明人黄瑜在《双槐岁钞》中这样描述："自汉永安至于东晋永嘉之际，中国（原）之人，避地者多入岭表，子孙往往家焉。其流风遗韵，衣冠气习，熏染渐深，故习渐变，庶几中州。"黄氏之说，未免有点夸大其词，实际上，直到唐末五代时，汉文化的前锋仍然徘徊在岭北地区，潮州、韶州、苍梧等交通要塞是当时岭南地区的文化中心，其他地区还没有黄氏所描述的那种浓郁的汉文化气息。

两宋时期，在军事战争和人口膨胀双重因素的驱动下，中原和长江流域的居民大规模向岭南迁徙，进入珠江三角洲、广西西南部山区和海南岛地区。尤其是在国破家亡的"靖康之难"中，相当一部分中原士民把岭南地区作为避难的场所。庄绰《鸡肋编》记载："自中原遭胡虏之祸，民人死于兵革水火疾饥坠压寒暑力役者，盖已不可胜计。而避地二广者，幸获安居。"① 李心传《建炎以来系年要录》也记载："中原士大夫避难者，多在岭南。"② 连广西西南部少数民族地区也有不少北方移民。随着大量移民的到来，岭南地区人口数量激

---

① 庄绰：《鸡肋编》卷中，《丛书集成初编》本。
② 李心传：《建炎以来系年要录》卷六十三，绍兴三年三月癸末，北京，中华书局，1956 年版。

剧上升。如广南西路，元丰三年（1080 年）主客户总数为 298587 户，绍兴三十二年（1162 年）为 488655 户，嘉定十六年（1223 年）增加到 528200 户。①短短 140 余年间，户数增加了将近一倍。其中除了当地人口自然增长外，最主要原因就是北方移民的迁入。大量移民的到来，不仅为岭南地区的开发提供了充足的劳动力，而且带来了先进的农业和手工业技术，带来了先进的教育制度和礼仪习俗。汉文化因子被广泛播撒在岭南这片广袤的土地上，最终形成了岭南地区汉文化主体地位的确立。

岭南地区汉文化主体地位的确立，包含这样两层意思：一是作为汉文化载体的中原地区和长江流域士民的介入，使得汉文化在岭南地区的传播由汉唐时的星火之光发展到南宋时的燎原之势，华风已不仅仅传播于交通干线上的若干城市中，而且达于山乡僻壤，岭南各地皆透露出文化萌动的气息；二是岭南地区的土著民族在汉文化的熏染下，整体素质大有提高。具体地说，表现在以下四个方面。

（一）学校之设，遍及两广

学校的广泛设置，是宋代岭南地区文化发展的内在动因。从广东、广西两省通志记载上看，明确建立于宋代的府州县学共有 92 所，其中广南东路 39 所，广南西路 53 所，加上一些创建时间不明，在宋代仍在发挥作用的州县学，则宋代岭南地区的府州县学大约有 100 所左右。② 这些学校分布于岭南各地。在一些人口稠密的地区，学校建置的密度不低于中原地区。如作为"东广巨镇"的广州，就有广州州学、南海县学、番禺县学、东莞县学、增城县学、新会县学、香山县学和清远县学，还有 1 所小学，"为屋二十四楹，教导者席于中"③。为纪念曾担任广东漕司的周敦颐，当地居民"立书院于漕司廨舍之后，以教养诸生，故游者皆深衣方履道义之士"④。再如海南岛上，唐代尚未正式建学，基本上属于文化荒漠地带，但自庆历年间"因诏立学"后，也相继建立

---

① 田昌五、漆侠主编：《中国封建社会经济史》第三卷，第 37 页，济南，齐鲁书社，1997 年版。

② 阮元：《广东通志·建置略·学校》，同治三年重刻本；谢启昆：《广西通志·建置略·学校》，嘉庆六年刻本。

③④ 陈大震：《大德南海志》卷九，见《宋元方志丛刊》第八册，北京，中华书局，1993 年影印本。

了 12 所学校，显示出一片蓬勃的生机。

需要指出的是，宋代岭南地方官员在发展文化教育方面功不可没。他们或多方筹资修缮校舍，或想方设法措置学田，或督导训诫，或身教言传，均发挥过重要的作用。如庆历年间，宋守之"知琼州，教诸生读五经于先圣庙，建尊儒阁，暇日亲为讲授，置学田以资膏火，由是州人始知好学"①。王仲达知英州，"建学于大庆山，教养生徒，人知向学"②。王之才知韶州，修缮州学，"日与弟子员讨论讲解，崇奖秀异，俾之进业"③。绍圣年间，潘遘知南雄州，"作兴学校，大有政声"④。淳熙十六年（1189 年），曾造调知东昌县，"以化民成俗为急务，迁学于城东，籍官田之入以养士，士以日盛。于是，东昌文化媲美中州"⑤。许巨川担任东莞县令时，出米囊十万，修缮县学，并建造经史阁，"博收图籍庋之，万签森架，士得读所未见"⑥。此类事例，史志中比比皆是。毫无疑问，岭南地区文化教育的发达，与这些地方官员的努力是分不开的。

官学之外，流落岭南的士大夫们或开设学馆，或创办书院，广兴教化，培养生徒，对岭南文化的发展产生过重要的影响。如孙伟"寓桂林，惟以讲学为务。桂林学问之源自伟始"；路允迪"寓桂林，时接后学，训解义理"⑦。秦观和黄庭坚则分别在横州和宜州置馆讲学，培养生徒，对当地文化发展多有贡献。苏轼谪居儋州期间，更是以讲学明道为己任，创办书院，聚徒讲学，培养出姜唐佐、黎子云等一代新人。其中姜唐佐最受器重，苏轼曾赠诗两句："沧海何曾断地脉，白袍端合破天荒。"嘱咐他金榜题名后续出全诗。遗憾的是，苏轼不久就离开了人间，其弟苏辙睹诗伤怀，替姜唐佐续完全诗："生长茅间有异方，风流稷下古诸姜。适从琼管鱼龙窟，秀出羊城翰墨场。沧海何曾断地脉，白袍端合破天荒。锦衣他日千人看，始信东坡眼目长。"⑧ 后来，姜唐佐以品学俱优而入乡贡之选。这个事例，只不过是谪居士大夫们施教成功的一个典型。

---

①② 阮元：《广东通志》卷二百三十九，《宦绩录九》，同治三年重刊本。
③④ 阮元：《广东通志》卷二百三十八，《宦绩录八》，同治三年重刊本。
⑤ 阮元：《广东通志》卷二百四十，《宦绩录十》，同治三年重刊本。
⑥ 李昂英：《文溪集》卷一，《东莞县学经史阁记》，《四库全书》本。
⑦ 汪森：《粤西文载》卷六十七，《迁客》，《四库全书》本。
⑧ 邵博：《邵氏闻见后录》卷十七，《学津讨原》本。

（二）学者彬彬，不殊闽浙

在当地官员和谪居士人大力施教的基础上，岭南地区文风萧条的局面大有改观。广南西路的柳州，"弦诵为岭南诸州冠"，大观年间，"士子之弦诵者至三百人"①。郁林州（今广西玉林），"良才秀士好学者多"②。浔州（今广西桂平），"人多业儒"③。贺州（今广西贺县），"士知力学"④。雷州，"圣训涵濡，人多向学"⑤。在广南东路，广州文化最发达，"番禺文物于今盛，闽浙彬彬未足夸"⑥；东莞县学设立后，"衿佩自远方至，在于弦歌，洋洋前所未有也"⑦。南雄州（今广东南雄），"其人所训习，多诗书礼乐之业"⑧。潮州自唐代韩愈施教后，"潮人未知学"的状况不复存在，相反，"潮之士皆笃于文行，延及齐民，至于今号称易治"⑨。显然，宋代岭南地区的学习风气已非唐末五代所能比肩。

在汉文化普及的基础上，岭南地区人才匮乏的状况大有改变。太平兴国八年（983年），桂州王世则科试中甲科及第，成为宋代岭南地区第一个状元。皇祐年间，宜山冯京在乡试、会试和殿试中连连夺冠，时有"冯三元"之称，创造了岭南地区科举史上的奇迹。象王世则、冯京这样的进士，显然是宋代岭南进士群体中的佼佼者。据《广东通志》和《广西通志》统计，宋代广东地区中进士506人，特奏名372人；广西地区进士和特奏名共有263人⑩。昔日被视为蛮荒之地的岭南终于出现了人才济济的景象。

---

① 祝穆：《方舆胜览》卷三十八，《柳州》，《四库全书》本。
② 王象之：《舆地纪胜》卷一百二十一，《郁林州》，道光岑氏刊本。
③ 祝穆：《方舆胜览》卷四十，《浔州》，《四库全书》本。
④ 祝穆：《方舆胜览》卷四十一，《贺州》，《四库全书》本。
⑤ 祝穆：《方舆胜览》卷四十二，《雷州》，《四库全书》本。
⑥ 刘克庄：《后村先生大全集》卷十二，《广州劝驾·庚子权郡》，《四部丛刊》本。
⑦ 李昂英：《文溪集》卷一，《东莞县学经史阁记》，《四库全书》本。
⑧ 王象之：《舆地纪胜》卷九十三，《南雄州》，道光岑氏刊本。
⑨ 苏轼：《苏轼文集》卷十七，《潮州韩文公庙碑》，北京，中华书局，1996年点校本。
⑩ 阮元：《广东通志·选举表》，同治三年重刊本；谢启昆：《广西通志·选举表》，嘉庆六年刻本。

（三）衣冠礼度，并同中州

在汉文化的熏染下，岭南地区的习俗风尚也发生了变化。如英德府（今广东英德），"婚嫁礼仪，颇同中夏"①。容州，"渡江以来，中原士大夫避地留家者众，俗化一变。今衣冠礼度，并同中州"②。柳州，"中朝名士如王安中辈尝避地寓居此，耳濡目染，人耻为非"③，"风气与中州不甚异"④。静江府，"俗比华风"⑤。宜州，"居民颇驯，言语无异中州"⑥。偏僻的海南岛上，民俗也悄悄地发生了变化。儋州在苏轼看来，是"衣冠礼乐，盖班班然矣"⑦。昌化军在南宋绍兴年间，"风俗稍变"⑧。汉文化的礼乐制度和服饰习俗已经渗透到当地居民的日常生活中，成为岭南地区民俗文化的内核。

（四）黎獠犷悍，亦知遣子就学

岭南地区少数民族渐趋汉化，是岭南地区汉文化主体地位确立的重要标志之一。宋朝官员们十分重视对黎族的教化工作，如庆元初年，刘汉担任琼州通判时，"修宗郡学，讲明道义，激励生徒，延师训导。黎獠犷悍，亦知遣子就学，衣裳佩服，踵至者十余人"⑨。不少谪官也热心于对岭南少数民族的教育工作。胡铨在吉阳军期间，"日以训传诸经为事"⑩，招收了不少黎族子弟。苏轼在海南期间，更是不遗余力地向黎族人民传播汉文化。为了帮助黎族人读书识字，他穿黎族服装，学黎族语言，走村串户，劝说黎族子弟学习汉文化。在其精神感召下，不少黎族子弟前来问学询道，黎子云兄弟就是苏轼比较满意的黎族学生。对于苏轼海人不倦的举动，清代明谊在《琼州府志》中给予了高度

① 王象之：《舆地纪胜》卷九十五，《英德府》，道光岑氏刊本。
② 王象之：《舆地纪胜》卷一百四，引《容州志》，道光岑氏刊本。
③ 王象之：《舆地纪胜》卷一百二十一，引《龙城图志》，道光岑氏刊本。
④ 祝穆：《方舆胜览》卷三十八，《柳州》，《四库全书》本。
⑤ 祝穆：《方舆胜览》卷三十八，《静江府》，《四库全书》本。
⑥ 李贤：《明一统志》卷八十四，引《宜阳志》，《四库全书》本。
⑦ 苏轼：《苏轼文集》卷十七，《伏波将军庙碑》，北京，中华书局，1996年点校本。
⑧ 李光：《庄简集》卷十六，《儋耳庙碑》，《四库全书》本。
⑨ 明谊：《琼州府志》卷二十八下，《艺文·记》，康熙四十五年重修本。
⑩ 唐胄：《正德琼台志》卷三十四，《流寓》，上海古籍书店，1964年影印本。

评价："瞻士招黎人子弟入学，教之以诗书，率之以孝悌，而民俗于变，可与中州比。"① 在汉族官员的启蒙教导下，黎族的文化素养有了明显的提高。北宋中后期，李廷臣在琼州任官时，"一日过市，有獠子持锦臂**鞲**鷾于市者，织成诗，取而视之，仁庙景祐五年赐新进士诗也，云：'恩袍草色动，仙籍桂香浮'"。仁宗御诗何以受到黎民如此喜爱呢？宋人王辟之认为是由于仁宗"天章揆丽，固足以流播荒服。盖亦仁德**酖**厚，有以深浃夷獠之心，故使爱服之如此也"②。这纯属吹捧阿谀之辞。实际上，在汉文化熏陶下，黎民的文化素养和审美情趣已经悄然地发生变化，这才是黎民织诗于锦臂**鞲**上的真正原因。随着黎民文化程度的逐渐加深，到南宋初年，不少黎民已是"半能汉语，十百为群，变服入州县墟市，人莫辨焉"③，与汉人举止服饰相差无几。

五、草原地区的游牧文化

宋元时期，当中原和江南地区汉文化蓬勃发展、璀璨生辉之际，蒙古大漠南北的草原地区依然沉浸在质朴和豪放的游牧文化氛围中。生息在这片土地上的蒙古族居民，仍然过着扬鞭逐牧、弯弓射雕的游牧生活。空旷辽阔的草原、浩瀚无垠的沙漠、凛冽严寒的气候，塑造出了粗犷朴野、异彩缤纷的游牧文化，构成岭北区域文化的主体。

（一）庐帐而居，随水草畜牧

大漠南北的草原地区，水草丰美，是放牧和狩猎的天然场所。据出使蒙古的南宋使臣们描述："凡马多是四五百匹为群队。"④ "有一马者，必有六七羊，谓如有百马者，必有六七百羊群也。"⑤ 蒙古牧民们的养马经验十分丰富，故"千百成群，寂无嘶鸣，下马不用控系，亦不走逸，性甚良善。日间未尝刍秣，惟至夜方始牧放之，随其草之青枯野牧之，至晓搭鞍乘骑，并未始与豆粟之

---

① 明谊：《琼州府志》卷三十，《宦绩·官师志》，康熙四十五年重修本。
② 王辟之：《渑水燕谈录》卷一，《帝德》，《知不足斋丛书》本。
③ 周去非：《岭外代答》卷二，《海外黎蛮》，《知不足斋丛书》本。
④ 彭大雅著、徐霆疏：《黑鞑事略》，《丛书集成初编》本。
⑤ 赵珙：《蒙鞑备录》，《丛书集成初编》本。

类"①。要维持如此庞大的畜群的水草供应，牧民们必须随季节的变换而过着飘忽不定的游牧生活，"大率遇夏则就高寒之地，至冬则趋阳薪木易得之处以避之，过以往则今日行而明日留，逐水草便畜牧而已"②。

为了适应这种"逐水草而迁徙"的游牧生活，牧民均以毡帐为家。毡帐又称帐幕、穹庐，是用棍棒枝条交错编织而构成的圆形框架，上面覆盖着毡毯，顶上留一个圆孔，既可以排除帐内的炊烟，又可以用来采光。据《黑鞑事略》记载，"穹庐有两种：燕京之制用柳木为骨，正如南方罘罳，可以卷舒，面前开门，上如伞骨，顶开一窍，谓之天窗，背以毡为衣，马上可载。草地之制，以柳木织定硬圈，径用毡鞓定，不可卷舒，车上载行，水草尽则移"③。帐幕的规模大小不尽一致，大者需要 20 头牛分成两排来挽拉；小者只需要一头牛或一匹马就可以拉动运行。牧民们迁徙时，数十辆甚至上百辆牛车蜿蜒而行，延绵数里，构成一幅极为壮观的草原风景。

（二）神秘玄奥的宗教崇拜

流徙不定的生活和相对落后的文化，使蒙古牧民们对变幻莫测的宇宙世界产生了强烈的敬畏感。古老的萨满教正是迎合了牧民们敬天畏神的心理，凭借其荒诞的说教和神秘的仪式，成为牧民们的普遍信仰，在草原游牧地区颇为流行。

从各种史籍记载来看，萨满在蒙古游牧社会中主要扮演这样四种角色：

一是传达天地神灵的信息。萨满教奉"长生天"为至尊神灵，自称男女萨满是"长生天"的使臣，往来于人神之间，传达天意，训导众人。《史集》记载，蒙古国时期萨满领袖阔阔出，人称帖卜·腾格理（即：神人），有着非凡的沟通天神的本领，居然能在隆冬时节裸坐冰上，随升腾的蒸气进入天国。他曾两次向铁木真传谕天意，一次说："最高的主让你统治大地。"另一次说："最高的主命你采用成吉思汗的称号。"④ 对蒙古帝国的建立有昭告天意、劝服

---

① 赵珙：《蒙鞑备录》，《丛书集成初编》本。
② 张德辉：《纪行》，载于王恽《秋涧先生大全集》卷一百，《玉堂佳话八》，《四部丛刊》本。
③ 彭大雅著、徐霆疏：《黑鞑事略》，《丛书集成初编》本。
④ 拉施特：《史集》第一卷，第 208、347 页，北京，商务印书馆，1986 年版。

民心之功。

二是预卜吉凶。萨满大多善于占卜，"其占筮，用灼羊之枚子骨，验其文理之逆顺，而辨其吉凶，天弃天予，一决于此，信之甚笃，谓之烧琵琶，事无纤粟不占，占不再四不已"①。《蒙鞑备录·祭祀》也记载了这种习俗："凡占卜吉凶、进退、杀伐，每用羊骨扇，以铁椎火椎之，看其兆坼以决大事，类龟卜也。"很多蒙古贵族都相信萨满卜筮之术，如蒙哥汗"凡行事必谨叩之，殆无虚日，终不自厌也"②。广大蒙古牧民更是酷信占卜之术，举凡远行、婚嫁、生育、丧葬等，都邀请萨满卜断吉凶成败和命运好坏。

三是驱邪治病。治病救人是萨满的一项神圣职责。在治病时，他们往往使用"咒术"，邀请保护神前来驱逐妖魔。驱魔时，要么杀死一只活牲畜，要么焚烧一个替身，才能治好患者。据《元朝秘史》记载，1231 年窝阔台从中原北还途中忽然身患重病，萨满们占卜后，宣称这是金国山川之神因不满蒙古军掳掠人民、毁坏城郭而作祟，一定要用亲人做替身才能免去死亡之祸，结果拖雷挺身而出，代兄承难，喝下"咒水"而死去。这个记载，反映出萨满教治病救人的极端落后性。

四是呼风唤雨，调节气候。气候的好坏对于畜牧业具有非常重要的影响，严重的自然灾害，如暴风雪和旱灾往往会造成畜牧业的停滞或衰败。萨满自称神通广大，能用咒语来改变不良的天气。《黑鞑事略》中有"无雪则磨石而祷天"的记录。陶宗仪《南村辍耕录》中也记载：萨满祷雨时，"惟取净水一盆，浸石子数枚而已。其大者若鸡卵，小者不等。然后默持秘咒，将石子淘漉玩弄，如此良久，辄有雨。"③ 但这些记载的真实性却值得怀疑。事实上，不少萨满精通天文气象，极有可能预先知道天气的变化情况，然后故意用种种神秘的形式来祈天祷雨，从而神化他们在蒙古游牧民心目中的形象。

在萨满教的影响下，蒙古族上自贵族、下至牧民无不笃信万物有灵，对天地、日月、山川、土地、树木等都极其崇敬："其俗最敬天地，每事必称

---

① 彭大雅著、徐霆疏：《黑鞑事略》，《丛书集成初编》本。
② 《元史·宪宗记》，北京，中华书局，1976 年点校本。
③ 陶宗仪：《南村辍耕录》卷四，《祷雨》，北京，中华书局，1980 年点校本。

天。"① "其常谈必曰托着长生天底气力，皇帝底福荫。彼此欲为之事，则曰天教凭地。人所已为之事，则曰天识著，无事不归天。"② 这种敬畏不仅仅表现在言语方面，在行动上牧民们更是极尽虔诚。他们为"长生天"塑造偶像，或置放于帐幕门户两边，或供奉于神车中，或悬挂在帐幕的壁上，时时加以祭祀，顶礼膜拜。万物有灵的观念牢牢地植根于淳朴的牧民心里。而萨满教的某些习俗，也深深地渗透进了蒙古牧民的婚姻、生育、疾病、丧葬、娱乐之中，对草原地区牧民的生活和生产产生了极其深刻的影响。

（三）丰富多彩的娱乐活动

娱乐活动是草原地区游牧文化的重要组成部分，主要有骑射、摔跤、围猎、击鞠、歌舞等活动。

骑射是一项具有普遍性和广泛性的竞技活动，它既是健身壮体的文娱活动，又是狩猎和作战的基本技能。因此，草原地区不论贵族平民、男女老少都对此十分热衷。自孩提时代，蒙古人就开始接受骑射训练，"其骑射则孩时绳束以板，络之马上，随母出入。三岁，以索维之鞍，俾手有所执，从众驰骋；四五岁，挟小弓短矢；及其长也，四时业田猎。凡其奔骤也，跂立而坐，故力在跗者八九，而在髀者一二，疾如飙至，劲如山压，左旋右折如飞翼，故能左顾而射右，不特抹鞭而已"③。为了交流技艺，相互观摩，蒙古人经常举行骑马射箭比赛，包括射柳、射靶等形式。射柳比赛是在蒙古贵族之间举行的一种游戏活动，与契丹、女真等民族的比赛方法大致相似："插柳球场为两行，当射者以尊卑序，各以帕识其枝，去地约数寸，削其皮而白之。先以一人驰马前导，后驰马以无羽横镞箭射之。既断柳，又以手接而驰去者，为上；断而不能接去者，次之；或断其青处，及中而不能断与不能中者，为负。每射，必伐鼓以助其气。"④ 射靶比赛多在节庆日或祭祀活动后举行，属于群众性的娱乐活动。无论哪一种骑射活动，都需要精湛的箭法和高超的骑术。

摔跤是蒙古人最擅长的娱乐活动。蒙古族早期的摔跤活动带有一定的野蛮

---

① 赵珙：《蒙鞑备录》，《丛书集成初编》本。
②③ 彭大雅著、徐霆疏：《黑鞑事略》，《丛书集成初编》本。
④ 《金史·礼志八》，北京，中华书局，1975年点校本。

性和残酷性，要求摔跤手将对方摔倒，直至其双肩着地才算获胜。为制服对方，摔跤手往往使用各种野蛮手段，因而经常出现伤残和死亡现象。后来，摔跤活动逐渐向文明方向发展，尤其在民间娱乐活动中，摔跤比赛有了一定的规则：摔跤手上身穿白布制成的窄袖短衫，领、襟用七八层布密缝而成，下身穿肥大的贴花套裤，双方徒手相搏，胜败以仆倒为定。比赛采取依次淘汰的办法，最后决出冠、亚军。①

围猎是从蒙古族早期野外狩猎活动演变而来的一项重要活动。据《黑鞑事略》载："其俗射猎，凡其主打围，必会大众。挑土以为坑，插木以为表，维以毳索，系以毡羽，犹汉兔罝之智。绵亘一二百里，风飙羽飞，则兽皆惊骇而不敢奔逸，然后蹙围攒击焉。"这种围猎相当于一次大规模的军事演习，不仅参加者人数众多，而且持续时间长，"自九月起至二月止"，是蒙古人提高骑射技能和战斗素质的一种特殊方式。

击鞠即击球、打球，因这种运动是骑在马上用月杖击球，故又称打马球。击鞠在宋朝非常盛行，北方契丹、女真等民族也喜爱这项活动。蒙古帝国时期，击鞠活动延续不衰，南宋使者赵珙在《蒙鞑备录》中记载道，蒙古人"击鞠，止是二十来骑，不多用马者尔，恶其哄闹也。击罢，遣使来请我使人，至，彼乃曰：'今日打球，如何不来？'答曰：'不闻钧旨相请，故不敢来。'国王（木华黎）乃曰：'你来我国中，便是一家人，凡有宴聚打球，或打围出猎，如何又要人来请唤。'因大笑而罚大杯"。击鞠和狩猎一样，是草原地区上层社会中十分流行的娱乐活动。

歌舞是蒙古族传统的文娱活动之一。蒙古族向来以能歌善舞而著称。其歌唱声音嘹亮，"雄伟而宏大"，舞蹈多以游牧和狩猎活动为题材，节奏明快，舞步轻捷。12世纪时，蒙古族流行一种舞蹈叫"踏歌"，即以足踏地，绕树而行。《元朝秘史》载："蒙古之庆典，则舞蹈筵宴以庆也。既举忽图刺为可汗，于豁儿豁纳黑川，绕蓬松树而舞蹈，直踏出没肋之蹊、没膝之尘矣。"这种场面，在《史集》和《多桑蒙古史》中也多有记载。踏足而舞也成为蒙古族民间舞蹈的主要特色。元代诗人贡师泰曾有"舞转星河影，歌腾陆海涛。齐声才起

---

① 参阅那木吉拉：《中国元代习俗史》，第 240 页，北京，人民出版社，1994 年版。

和，顿足复分曹"① 的诗句，描绘了蒙古族列队而歌、踏足而舞的热闹气氛。

（四）异族情调的民俗风情

游牧为主的生活方式，决定了蒙古族在风俗习惯上与中原地区迥然不同。

在服饰方面，蒙古族被发椎髻，冬帽夏笠，身着皮袄、皮裤和皮靴。长袍是蒙古族男女通用的日常服装，其式右衽而交领，下垂过膝，质料、颜色和纹样因贫贱富贵不等而各不相同。

在饮食方面，蒙古族以肉类和乳类制品为主要食品。羊肉和牛肉是最普遍的食物，有时也以捕获的各种飞禽走兽为食。羊乳、马乳、牛乳和骆驼乳是其日常饮料。此外，还有奶油、奶茶、奶酪、奶酒等，食品种类非常丰富。

在婚俗方面，蒙古族严格实行族外婚，一般采用议婚形式，男方通过媒人向女方求婚，然后经历许婚、下聘礼、迎亲、送嫁等程序。在游牧地区，还存在着抢婚的习俗，成亲之日，新娘躲避起来，新郎将新娘找出、抢回，佯装使用暴力，场面十分热闹。

在丧葬方面，蒙古族以土葬为主，但没有坟冢和封树。牧区还流行天葬，将死者用白布包好，置于马车上，任其奔驰颠簸，直到掉下来为止。三日后，家人沿着车辙寻找，如果尸体被鸟兽食尽，则认为死者升入天堂，皆大欢喜；反之，则认为死者罪孽深重，需请喇嘛念经，以超度亡灵。

在节庆方面，蒙古族称春节为白节，称正月为白月。节日期间，蒙古人身着白色服装，骑着白马，携着白布包扎的礼物，相互走访拜年。此外，蒙古族还在四月九日和九月九日举行祭祀活动，称为酒马奶节。详细情况见于本书第十章，这里不再赘述。

此外，由于深受萨满教的影响，蒙古族时常举行祭天、祭敖包、祭火等活动，其中祭敖包活动最为隆重盛大。敖包是用石块和土等堆积而成的，被蒙古人视为神灵之所在。每年六七月，牧民们赶着马车，携带羊肉、奶酒、奶酪等祭品，从四面八方汇聚到敖包处，举行隆重的祭祀仪式。在萨满或喇嘛的主持下，牧民们献上祭品，往敖包上添加石块，并悬挂经幡和五色布条，祈求吉祥

---

① 贡师泰：《玩斋集》卷五，《上京大宴和樊时中侍御》，《四库全书》本。

平安。仪式结束后，举行传统的赛马、射箭、摔跤、歌舞等娱乐活动。后来，祭敖包活动逐渐由迷信活动发展成为文体娱乐活动，成为蒙古族游牧文化的重要内容。

第二章
学校教育与科举文化

    宋元时期，传统社会的结构性变迁以及由此所带来的教育普及化、平民化、自由化的趋势日渐明显。顺应这一历史发展趋势，宋、辽、夏、金、元各朝不仅建立了上下一体、遍及各地的教育机构，而且承认私学和书院等新型教育机构的合法地位，从而形成了多元化、多层次的教育体制。与高度发展的文教事业相适应，隋唐以来渐次确立的科举制度在宋元时期逐步走向完善和成熟，不仅为宋元王朝选拔了大量的有用人才，而且对学术思想和文化艺术的发展起到了积极的推动作用。

一、宋代的学校教育

宋代的学校教育主要有官学、私学和书院三种形式。北宋时，官学在三次兴学运动中不断趋于发展和完善，不仅在学校设置上日趋完备，而且形成了一套相对完善的管理体制。官学在当时教育机构中占主导地位，其规模和影响远远超过私学和书院。南宋时，书院以异军突起之势迅速崛起，成为与官学双峰并峙的教育机构。私学主要指文人学者讲经明道的经舍、书馆和城乡童蒙教育的私塾、乡校，是宋代文化教育的一个重要组成部分。本节主要阐述宋代官学和私学的发展状况和特点，书院则另节讨论。

（一）宋代官学的类型

宋代官学沿袭唐制，分为中央和地方两种类型。

中央官学　在中央官学中，有属于大学性质的国子学、太学、四门学，属于小学性质的京小学、内小学，属于专科学校的武学、医学、律学、算学、书学和画学。此外，还有为宗室子弟特设的宗学。

国子学亦称国子监，为宋代最高学府，招生对象基本上是七品以上官员的子弟。开宝八年（975 年），宋政府降低对入学者身份的要求："其未入籍而听习者，或有冠裳之族不居乡里，令补监生之阙。"[1] 庆历兴学时，国子学定额为 200 人。实际上入学者多以此为踏入仕途的跳板，并无真心向学，"随秋试召集取解，及科场罢日，则生徒归散"[2]。因此，国子学徒有教学之名，其作为全国最高教育管理机构的行政职能，远远超过它的教学职能。到南宋绍兴年间，国子学完全并入太学。

太学是宋代最发达的中央官学，创设于庆历四年（1044 年），招收"八品以下子弟若庶人之俊异者"[3]。初招生员 100 人，后增至 200 人。熙宁四年（1071 年）实行太学三舍法：上舍 100 人，内舍 200 人，外舍 700 人；元丰二年（1079 年）招生规模扩大为：上舍生 100 人，内舍生 300 人，外舍生 2000

---

① 徐松辑：《宋会要辑稿》，《崇儒》一之二九，北京，中华书局，1957 年版。
② 马端临：《文献通考》卷四十二，《学校三》，北京，中华书局，1986 年版。
③ 《宋史·选举三》，北京，中华书局，1985 年点校本。

人；崇宁年间（1102～1106年），太学规模空前宏大，有上舍生200人、内舍生600人、外舍生3000人，太学发展进入极盛时期。南宋时，受国势和财力所限，太学一直处于萎靡不振的状态。绍兴十三年（1143年）创建太学时，生员为700人，其中上舍生30人，内舍生100人，外舍生570人。其后人数虽有所增加，但无论规模还是学风，都不能与北宋相提并论。

四门学和广文馆都是为士子应试科举而设立的预备学校。四门学创建于庆历三年（1043年），"自八品至庶人子弟充学生，岁一试补"。学习期间实行考试淘汰制，"三试不中，则出之"①。四门学存在的时间极短，次年即停办。广文馆建于元祐七年（1092年），专门接纳四方游学京师之士，"取诸科二百、国子额四十者，皆以为本馆解额"②。在馆生员曾多达2400人。绍圣元年（1094年）停办。

小学有内小学和京小学两种。前者设立于南宋理宗年间，专门教育10岁以下资质优美的宗室子弟。后者创办于哲宗元祐六年（1091年），设有"就傅"和"初筮"两斋。政和四年（1114年），小学生额达千人，"分十斋以处之，自八岁至十二岁，率以诵经、书字多少差次补内舍。若能文，从博士试本经、小经义各一道，稍通补内舍，优补上舍"③。

宗学是专为宗室子弟设立的贵胄学校。宋初，"凡诸王属尊者，立小学于其宫，其子孙自八岁至十四岁皆入学，日诵二十字"④。崇宁元年（1102年），令诸王宫置大、小二学，增置教授二员，制订考选法，经礼部和廷试合格者，授以一定的官职。南宋绍兴十四年（1144年），在临安建立宗学，生员以100人为额，其中大学生50人，小学生40人，职事各5人。此外，还确定了宗学教师的编制及宗学学生应举考试的办法，使宋代宗学教育更加正规化和定型化。

在各类专科学校中，武学和律学隶属于国子监，书学、算学、画学和医学则分属于书艺局、太史局、画图局和太医局等政府职能部门。

武学是培养军事人才的专科学校，始置于庆历三年（1043年），不久即废。熙宁五年（1072年），重建武学于武成王庙，生员以百人为额，既学习弓马、武艺等实战技术，又学习历代兵书和各种阵法，"在学三年，具艺业考试等第推恩，未及格者，逾年再试"⑤。徽宗时，一度将武学向地方诸州推广，行之十余年后告罢。南宋绍兴年间，不仅恢复武学建置，而且确立新制："凡

---

①②③④⑤《宋史·选举三》，北京，中华书局，1985年点校本。

武学生习《七书》兵法、步骑射，分上、内、外三舍，学生额百人。置博士一员，以文臣有出身或武举高选人为之；学谕一员，以武举补官人为之。"① 此后，又进一步完善生员推恩、授职的制度和办法，武学有了持续稳定的发展。

律学是专门培养法律人才的专科学校。宋初置律学博士于国子学中，以教授法律。熙宁六年（1073年），设律学于朝集院，置律学教授4人，命官和举人皆可就学，学习断案和律令知识，其入学、授职也有一套严格的管理制度。

算学创置于崇宁三年（1104年），生员以210人为额，命官和庶人均可就学，"其业以《九章》、《周髀》及假设疑数为算问，仍兼《海岛》、《孙子》、《五曹》、张丘建夏侯阳算法并历算、三式、天文书为本科。本科外，人占一小经，愿占大经者听"②。公私试及三舍法与太学略同，上舍三等分别授以通仕郎、登仕郎和将仕郎。大观四年（1110年），算学划归太史局管辖。南宋时，多次举行考试，以合格生员进补太史局之阙。

书学是培养书法人才的专科学校，创建于崇宁三年（1104年），生员无定额，学习篆、隶、草三体及《说文》、《字说》、《尔雅》、《博雅》、《方言》等五书，兼通《论语》、《孟子》要义。考试以书法为主，"以方圆肥瘦适中，锋藏画劲，气清韵古，老而不俗为上；方而有圆笔，圆而有方意，瘦而不枯，肥而不浊，各得一体者为中；方而不能圆，肥而不能瘦，模仿古人笔画不得其意，而均齐可观为下"③。其三舍补试、升降与算学相同，惟推恩降低一等。大观四年（1110年），划归翰林院书艺局管辖。

画学是培养绘画人才的专科学校，创办于崇宁三年（1104年），主要学习绘画佛道、人物、山水、鸟兽、花竹、屋木，兼习《说文》、《尔雅》、《方言》、《释名》等经典。学生无定额，分为士流、杂流两类，别斋而居。考试"以不仿前人而物之情态形色俱若自然、笔韵高简为工"④，三舍补试、升降及推恩之法并同书学。大观四年（1110年），并入翰林院图画局。

医学早在宋初就已设置，隶属于太常寺。熙宁年间强化管理，置提举判局官及教授1人，学生300人，分方脉科、针科、疡科三科，教学内容各有侧重，"凡方脉以《素问》、《难经》、《脉经》为大经，以《巢氏病源》、《龙树

---

① ② ③ ④ 《宋史·选举三》，北京，中华书局，1985年点校本。

论》、《千金翼方》为小经，针、疡科则去《脉经》而增三部《针灸经》"①。崇宁二年（1103年），改隶国子监，置博士、学正、学录各4人，分科教导，纠行规矩。依太学三舍法，立上舍40人，内舍60人，外舍200人。上舍生根据考试成绩分别授职为尚药局医师、医学博士、医学正、录及外州医学教授。其后变化无常，或并入太医局，或独立为学校。南宋绍兴年间复置医学，隶属和建制屡有变更，直到宋末。

地方官学　地方官学主要有州学和县学两级，各路一般不建学校，仅置学官管理所辖的州县学。

宋初两朝，地方州县学大都因袭五代之旧，稍加修葺即招生授学。这期间，尽管政府没有正式倡导建学，但不少开明的地方官员已经主动创办学校。如睦州学、简州学、泉州学、秀州学、郁林州学、镇江府学、南安军儒学、慈溪县学、奉符县学、来宾县学、兴国县学、祁门县学、溧阳县学、陆川县学、淳安县学等均在这个时期相继建立，② 成为宋代首批地方官学。

真宗时，地方州、县学以方兴未艾之势继续发展，这种现象引起中央政府的高度重视，并作出了积极的反应。咸平四年（1001年），赐《九经》与诸州县学校。景德三年（1006年），诏天下诸郡修建先圣之庙，作为讲学的场所，并选择儒雅之士充任教师。在朝廷号召下，不少州县因陋就简，即庙兴学，使宋代地方官学有了初步的发展。

随后而来的三次大规模兴学运动，给地方官学的发展注入了强劲的活力。

北宋第一次兴学运动，实际上早在明道、景祐年间（1032～1037年）就已经开始。在这期间，朝廷"累诏州郡立学，赐田给书，学校相继而兴"③，在舆论导向和实践经验上都为庆历兴学打下了良好的基础。至庆历四年（1044年）三月，在新政领袖范仲淹的敦请下，朝廷终于下诏："诸路州、府、军、监除旧有学外，余并各令立学。如学者二百人以上，许更置县（学），若州县未能顿备，即且就文宣王庙或系官屋宇，仍委转运司及长吏于幕职州县官内荐

---

① 《宋史·选举三》，北京，中华书局，1985年点校本。

② 参阅郭宝林：《北宋的州县学》，载《历史研究》1988年第2期；黄书光《宋代地方官学考析》，载《华东师大学报》（教育科学版）1986年第4期。

③ 徐松辑：《宋会要辑稿》、《崇儒》二之三，北京，中华书局，1957年影印本。

教授，以三年为一任"①，从而在全国范围内掀起了大规模的兴学高潮，各地州县学如雨后春笋般地涌现出来。欧阳修在《吉州兴学记》中记录了当时全国各地竞相兴学的盛况："海隅徼塞、四方万里之外莫不有学，宋兴盖八十有四年，而天下之学始克大立。"② 这说明庆历兴学运动取得了一定的成效。

熙丰兴学时，地方官学又有了进一步的发展。熙宁四年（1071 年），"诏置京东、（京）西、河东、（河）北、陕西五路学，以陆佃等为诸州学官，仍令中书采访逐路有经术行谊者各三五人，虽未仕亦给簿尉俸，使权教授他路州军……州给田十顷为学粮，仍置小学教授"③，在行政管理、师资配备和办学经费等方面作出了严格的规定，为地方官学的发展提供了制度保障。

崇宁兴学，是宋代规模最大的一次兴学运动。在这次兴学高潮中，"天下皆置学，郡少或应书人少，即合一二州共置一学，学悉置教授二员，县亦置学。州县皆置小学。推三舍法，遍行天下"④。不仅如此，宋政府还在诸路设置提举学事司，"掌一路州县学政，岁巡所部以察师儒之优劣、生员之勤惰，而专举刺之事"⑤，从而建立起一套较为完善的管理和监督机制。这是中国古代教育史上的创举。

南宋时，地方官学基本上处于维持和稳定发展的状态中。绍兴十二年（1142 年），朝廷"诏诸路州学委守臣修葺，县次第申尚书省"⑥。次年，又诏诸州州学设置教授。绍兴十八年（1148 年），在江南西路转运判官贾直清建议下，朝廷进而颁诏恢复各地县学。此后，各地州县学在师资配置、校舍建设及管理体制等方面日趋成熟和完备。总的看来，南宋时除了修复各地原有的学校外，还新建了许多州县学。据统计，两浙地区新建 8 所，江西地区新建 16 所，江南地区新建 20 所。⑦ 地方官学的发展势头并不逊于北宋。

---

① 徐松辑：《宋会要辑稿》，《崇儒》二之四，北京，中华书局，1957 年影印本。
② 欧阳修：《文忠集》卷三十九，《吉州学记》，《四库全书》本。
③④ 马端临：《文献通考》卷四十六，《学校考七》，北京，中华书局，1986 年版。
⑤《宋史·职官志七》，北京，中华书局，1985 年点校本。
⑥ 徐松辑：《宋会要辑稿》，《崇儒》二之三四，北京，中华书局，1957 年影印本。
⑦ 黄书光：《宋代地方官学考析》，载《华东师大学报》（教育科学版）1986 年第 4 期。

（二）宋代官学的特点

总体上看，宋代官学有这样五个特点：

第一，普遍建学，规模空前。在历次兴学运动的催发下，宋代州县学建设取得了突破性的进展。从各省通志记载来看，宋代江西地区有州县学 76 所，浙江有 74 所，福建有 56 所，四川有 95 所，其数量和密度均达到汉唐以来的最高水平。故《宋史·选举志》说："自仁宗命郡县建学，而熙宁以来，其法浸备，学校之设遍天下，而海内文治彬彬矣。"①

第二，科目设置有所增加。汉代官学以儒家经典为学习科目，除此之外，别无其他学科。隋唐之际，根据社会发展的需要，增设律学、书学、算学和医学等，使官学科目设置向多样化方向发展。宋代沿用唐制，并增设武学和画学，其中画学的设置，对我国古代艺术教育的发展，起了一定的推动作用。

第三，生源的等级限制有所放宽。唐代国子学"以文武三品以上子孙若从二品以上曾孙及勋官二品、县公、京官四品带三品勋封之子为之"，太学"以五品以上子孙、职事官五品期亲若三品曾孙及勋官三品以上有封之子为之"②。而宋代则放宽了对学生入学资格的限制，国子学主要招收七品以上官员子弟，太学招收"八品以下子弟及庶人之俊异者"。至于其他学校，更是放宽甚至取消对入学者的身份要求。这一点，表明宋代官学顺应了唐末五代以来文化教育普及化、平民化的发展走势，打破了汉唐时期世家大族垄断教育的局面。

第四，管理体制逐渐完备。在行政管理上，中央官学主要由国子监和中央有关职能部门直接管理。如国子监作为全国主要的教育行政管理部门，内设判监事、直讲、丞、主簿等职官，掌管太学、武学、律学、小学的政令制度、钱谷财务、文书档案等事务。地方官学最初委托地方官员兼管，熙宁四年（1071年）后，陆续设置诸路学官，崇宁二年（1103 年）又设置诸路提举学事司。南宋后期，又在各县设置主学，专门负责县学学务，形成一种较为严密的地方官学管理体制。在师资选任上，通过考试选用教官的制度自熙宁年间建立后，基本上成为宋代中央和地方官学师资选任的主要方法。熙宁八年（1075 年），

---

① 《宋史·选举一》，北京，中华书局，1985 年点校本。
② 欧阳修：《新唐书》卷四十四，《选举上》，北京，中华书局，1975 年版。

朝廷规定："诸州学官先赴学士院试大义五道，取优通者选差"①，开诸州教官考试制度之先河。元丰七年（1084 年），"立法试学官，上等注博士，下等注正、录，愿就教授者听"②。太学教官即国子博士、太学正、学录也需经考试才能任命。哲宗和徽宗时期，随着政治形势的变化不定，教官考试制度也时废时兴，直到南宋绍兴十二年（1142 年）七月，朝廷下诏依旧试学官，这个制度才得以稳定下来，一直沿用到宋末。实行教官考试制度，不仅极大地提高了师资质量，而且加强了对各级学校的思想文化控制，是中国古代教育史上的一个创举。在经费来源上，宋代以前，学校均无固定的经费来源。宋代在历次兴学过程中，逐步确定了稳定的教育经费制度，除了朝廷或地方政府直接赐拨助学钱外，学田收入成为地方官学经费的主要来源。乾兴元年（1022 年），朝廷赐兖州学职田十顷，以充经费。景祐年间，朝廷"累诏州郡立学，赐田给书"③。熙宁四年（1071 年）规定，"诸路置学官，州给田十顷为学粮"④，正式确立了学田制度，为地方官学的发展提供了稳定的经济基础。

第五，官方意识形态对学校教育影响至大。如熙丰兴学时，王安石撰写的《三经新义》不仅成为科举取士的标准，而且成为各级学校教学的主要内容，学校教育深受政治气候的影响。南宋时，随着理学在官方意识形态中主导地位的确立，朱熹的《论语集注》、《孟子集注》等成为官学的主要教材。理宗时，进一步把理学官学化，太学教学"非《四书》、《东西铭》、《太极图》、《通书》、《语录》不复道矣"⑤。官方意识形态的渗入，必然导致宋代教育中文化专制主义的强化，极大地影响了宋代学术文化的自由发展。

（三）宋代私学的发达及其原因

宋代私学大致有两种形式：一种是进行童蒙教育的私塾、乡学和村校，另一种是饱学儒士创办的经馆和精舍，这两种形式的私学在宋代都获得了迅猛的

① 马端临：《文献通考》卷四十六，《学校七》，北京，中华书局，1986 年版。
② 徐松辑：《宋会要辑稿》，《崇儒》二之一六，北京，中华书局，1957 年影印本。
③ 徐松辑：《宋会要辑稿》，《崇儒》二之三，北京，中华书局，1957 年影印本。
④ 李焘：《续资治通鉴长编》卷二百二十一，熙宁四年三月庚寅，北京，中华书局，1985 年点校本。
⑤ 周密：《癸辛杂识·后集》，《太学文变》，《学津讨原》本。

发展。究其原因，主要有这样四点：

第一，官学的发展不能满足莘莘学子入学就读的要求，是宋代私学发达的主要原因。宋王朝实行科举取士的开明政策，使大多数寒门子弟得以在数年寒窗、金榜题名后跻身于仕途。在这种价值取向的引导下，社会上形成了浓厚的学风，士农工商子弟无不虚心向学，视读书入仕为人生最佳选择。而宋代官学大多集中在州县城市中，且受经济条件的制约和政治因素的影响，时废时兴，甚至有名无实。这样一来，大批学子入学读书的愿望难以实现，私学的出现也就成为历史发展的必然。

第二，宋代社会中，既有一批不求仕进的学者，也有一批解官归野的名儒，更有一大批热心教育事业的官员。他们在居身之地，开馆讲学，培养生徒，只要不触犯统治者的根本利益，不但不会遭到官方的限制和禁止，反而会获得各种荣誉表彰和物质资助。这无疑大大促进了宋代私学的蓬勃发展。

第三，宋代私学教育具有很大的稳定性，其办学方式和教学内容基本上不受政治气候的干扰和官方意识形态的束缚。学子们或为应试科举而专心于经义、诗赋之学，或为修身养性而埋头于性命义理之学，在自由宽泛、安宁静谧的环境中研讨学问，探求真知，没有官学中那种汲汲于功名利禄的浓烈气氛。这既是私学与官学的区别所在，也是它兴盛的一个重要原因。

第四，宋代虽然在各地普遍兴学，却没有大规模发展进行童蒙教育的小学。教育环节上的这种断层，只能靠私学来弥补。家塾、乡学和村校就是适应这种需要而产生的。

基于这些原因，宋代私学十分发达，在普及文化知识、传播学术文化、提高整个社会的文化素质等方面起到了重要的作用。

（四）宋代私学的类型

经馆、精舍　这类私学是为成年学生问学、应试而设置的。从时间上看，自北宋初年至南宋末年，这类私学一直处于蓬勃发展之中，而且有日渐增多的趋势。从地域上看，这类私学遍布全国各地，以山东、河南、两浙、福建、江西、湖南、四川等地尤为发达。《宋史》列传中，对这类私学多有记载。如《儒林传》载：王昭素，"开封酸枣人，少笃学不仕，有志行，为乡里所称，常聚徒教授以自给，李穆与弟肃及李恽皆常师事焉"。石介，"丁父母忧，耕徂徕山下，……以《易》教授于家，鲁人号介徂徕先生"。刘颜，"少孤，好古，学不专章句，师事高弁。……居乡里教授数十百人"。何涉，"泛览博古，……所至多建学馆劝诲诸生，从之游者甚众"。魏了翁，"解官心丧，筑室白鹤山下，以所闻于辅广、李燔者开门授徒，士争负笈从之"。《道学传》载：程颢、程颐"讲孔、孟绝学于熙、丰之际，河、洛之士翕然师之"。谢良佐、游酢、杨时、张绎、尹焞、罗从彦等一大批学者，皆曾受教于程门私学。朱熹少时，慨然有求道之志，"延平李侗老矣，尝学于罗从彦，熹归自同安，不远数百里，徒步往从之"。《隐逸传》载：田浩，"好著述，聚学徒数百人，举进士至显达者接踵，以故闻名于朝，宋维翰、许充皆其弟子也"。周启明，"四举进士皆第一。……于是归，教弟子百余人，不复有仕进意，里人称为处士"。代渊，"受学于李畋、张达。年四十，乡人更劝，举进士甲科，得清水主簿。……还家教授，坐席常满"。从这些实例中，大体上可以了解宋代私学的基本情形。简要言之，这类私学有这样几个特点：第一，教学者皆是名师巨儒，或罢官归野，或终身未仕，或为现任官员，皆以传道授业为己任。第二，私学学生中，有的参加科举考试，进入仕途；有的厌弃功名，以学行自尚，虽然价值取向各不相同，但不少人在各自领域中都取得一定的成就。第三，私学中师生关系较为密切，教者诲人不倦，学者勤奋不懈，在学术和思想上师承关系比较明显，与官学中"师生相视，漠然如行路之人，间相与言，亦未尝闻之以德行道艺之实"① 的情况大不相同。

蒙学 中国古代的蒙学，主要指对七八岁至十四五岁儿童进行启蒙教育的学校，大多是民间自行创办。宋代的蒙学主要有家塾、私塾、义学、乡学和村校等形式。其中家塾是官宦世家和豪族富户为教育本族子弟而设立的私学，一般不对外开放，具有较强的封闭性。私塾是民间私人开办的学校，规模一般不大，学生有十几人或几十人，教师往往靠挣得一点束脩（米、布之类）来维持生活。义学则是地方官员、士人或富有之家出资聘师，在家乡兴办学校，以教育本族及乡里子弟。至于乡学、村校则是乡、村基层组织建立的学校。

---

① 朱熹：《朱文公文集》卷六十九，《学校贡举私议》，《四部丛刊》本。

宋代蒙学十分发达，广泛分布于城市乡村之间。如杭州城内外，"乡校、家塾、舍馆、书会，每一里巷须一二所，弦诵之声，往往相闻"①。福建南剑州（今福建南平）也是"家乐教子，五步一塾，十步一庠，朝诵暮弦，洋洋盈耳"②。四川地区，"嘉、眉多士之乡，凡一成聚，必相与合力建夫子庙，春秋释奠，士子私讲礼焉，名之曰乡校"③。乡间私学更是极其普遍，王禹偁、苏轼、叶梦得、蔡襄等人的启蒙教育均是在乡校、村学中完成的。

大体上说，宋代蒙学在启蒙教育上主要有这样几个目标和任务：④

第一，传授最基本的文化知识。儿童学习期间，通过学习《三字经》、《百家姓》、《千字文》、《名物蒙求》等课本，掌握和具备识字、写字、读诗、背诵等基本能力，为将来接受高等教育打好基础。

第二，进行伦理道德的启蒙教育。宋人十分注重培养儿童的道德品质，为此，编撰了多种思想品德教育的课本，如朱熹的《小学》、吕本中的《童蒙训》、吕祖谦的《少仪外传》、程端蒙的《性理字训》等，使学生在朝夕诵读之际深受熏陶，养成良好的道德观念和思想品德。

第三，规范学童的学习态度和学习方法。朱熹在《童蒙须知》中对此有许多严格的规定，如读书要勤奋刻苦，专心致志，做到心到、眼到、口到；写字要姿势正确，字画端正；要经常洒扫居处，拂拭几案，保持卫生洁净等。

第四，注重对学生进行日常礼仪的训练。朱熹在《童蒙须知》、《训学斋规》中，对学童的衣服冠履、言语举止等都作了细致的规定，目的在于让学生反复训练，养成文明的行为和良好的习惯。

二、南北兼容的辽、夏、金教育

10 至 13 世纪，先后崛起于中国北部地区的辽、夏、金三朝，在与中原王朝频繁的军事、政治、经济和文化交流的过程中，不断汲取中原王朝各种先进

---

① 耐得翁：《都城纪胜》，《三教外地》，《四库全书》本。
② 王象之：《舆地纪胜》卷一百三十三，《南剑州》，道光岑氏刻本。
③ 赵与时：《宾退录》卷一，《四库全书》本。
④ 参阅毛礼锐、沈灌群主编：《中国教育通史》第三卷第三章，济南，山东教育出版社，1987 年版。

的制度，渐次确立了儒学在其统治思想中的地位。与此相应，唐宋以来，儒家传统的教育体制和模式渐被辽、夏、金诸朝加以继承和发展，不仅建立起上下一体、遍及各地的教育机构，而且在唐宋教育制度的基础上，结合各民族自身的特点，创造了一些颇有特色的教育形式和管理体制。

（一）主承汉唐的中央官学

辽朝建立之初，就实施了一系列发展教育的举措。太祖神册三年（918年），仿照唐朝的官学制度，在上京设立国子监，作为全国最高的教育管理机构。其内部设置祭酒、司业、监丞、主簿等官员，负责各级各类学校的教学和管理。国子监下设国子学，置博士、助教掌管具体教学事宜。辽太宗占领燕、云地区后，又在南京（今北京）设置太学。统和十三年（995年）九月，"以南京太学生员浸多，特赐水碾庄一区"[①]，使南京太学的规模进一步扩大。辽道宗即位后，即下诏"设学养士"[②]，在中京（今辽宁宁城西）、东京（今辽宁辽阳）、西京（今山西大同）同时设学，与上京（今内蒙古巴林左旗南）、南京国学合称"五京学"。清宁六年（1061年），又在中京置国子监。经过几代人的努力，辽朝中央官学体系基本上定型。

西夏中央官学有"番学"和"汉学"两种，都是学习文化、培养人才的教育机构。元昊统治期间，番学备受重视而获得了较大的发展。史载，元昊"于蕃汉官僚子弟中，选俊秀者入学教之，俟习学成文，出题试问，观其所对精通、所书端正，量授官职"[③]。西夏重臣野利仁荣掌管番学期间，番学除了承担教学任务外，还负责将《孝经》、《尔雅》、《四言杂学》等汉文化经典翻译成西夏文，以便向党项族各阶层推广。

相形之下，西夏汉学一直处于萎靡不振的状态，直到乾顺、仁孝统治期间，汉学才有了蓬勃的生机。贞观元年（1101年），乾顺"命于番学之外，特建国学，置教授，设弟子员三百，立养贤务以廪食之"[④]。人庆二年（1144

---

① 《辽史·圣宗四》，北京，中华书局，1974年点校本。
② 《辽史·道宗一》，北京，中华书局，1974年点校本。
③ 吴广成：《西夏书事》卷十三，文奎堂1935年影印本。
④ 吴广成：《西夏书事》卷三十一，文奎堂1935年影印本。

年），又设立大汉太学，仁孝"亲释奠，弟子员赐予有差"①。西夏学校教育事业进入了辉煌、鼎盛的阶段。

金代中央官学有国子学、太学、女真国子学、女真太学、司天台五科、医学十科，合称六学。

国子学。天德三年（1151年），在上京设立国子监，置国子学，养士200人，其中词赋、经义生百人，小学生百人。

女真国子学。大定十三年（1173年）创建，养士200人，其中策论生百人，小学生百人。

国子学和女真国子学都是高级贵族子弟学校，招生对象是"宗室及外戚皇后大功以上亲、诸功臣及三品以上官兄弟子孙年十五以上者入学，不及十五者入小学"②。

太学。大定六年（1166年）设置，起初养士160人。后扩大规模，增加到400人，其中"五品以上官兄弟子孙百五十人，曾得府荐及终场人二百五十人"③。

女真太学。大定二十八年（1188年）创置，招生对象主要是女真族官员和各地猛安谋克良家子弟。

司天台五科。即天文、算历、三式、测验、漏刻五科。置教授两人，生额76人，其中汉族学生50人，女真学生26人。生源来自社会各阶层，"听官民家年十五以上、三十以下试补。又三年一次，选草泽人试补"。应试内容是"以《宣明历》试推步，及《婚书》、《地理新书》试合婚、安葬，并《易》筮法、六壬课、三命五星之术"④。

医学十科，隶属太医院。"大兴府学生30人，余京府20人，散府节镇16人，防御州10人。每月试疑难，以所对优劣加惩劝，三年一次试诸太医，虽不系学生，亦听试补"⑤。

以上六学，国子学、女真国子学、太学、女真太学皆隶属于国子监，司天台五科隶属于秘书监，太医院医学十科则隶属于宣徽院。

---

① 《宋史·夏国传下》，北京，中华书局，1985年点校本。
②③④⑤ 《金史·选举一》，北京，中华书局，1975年点校本。

（二）因需而生的地方官学

辽代地方官学是随着社会发展的需要而逐步建立的。从时间上看，辽代中后期地方官学明显多于前期；从地域上看，燕云十六州汉人集中地区的地方官学明显多于上京道和东京道地区。据《辽史·百官志》记载，辽代地方官学有府学、州学和县学等形式，各级学校均配置博士和助教。辽代地方官学的兴建与地方官员的努力是分不开的。如辽圣宗时，归州地方官奏报朝廷：该地"居民本新罗所迁，未习文字，请设学以教之。诏允所请"①。道宗时，进士出身的大公鼎担任良乡县令，热心于发展教育事业，"建孔子庙学，部民服化"②。耶律孟简担任高州观察使期间，"修学校，招生徒"③。此外，奉圣州、归化州、云州、德州、宏州、蔚州、妫州、儒州等地官员也"各建孔子庙，颁赐《五经》诸家传疏，令博士、助教教之"④。

西夏地方官学也有一定程度的发展。元昊时，"令诸州各置番学，设教授训之"⑤。仁孝兴学时，地方官学有所发展。人庆元年（1144年）六月，下令各州县设立学校，"国中增弟子员至三千人"⑥，规模显然有所扩大。

金代地方官学与中央官学一样，也分为汉人和女真两个系统。金朝初年，主要是对北宋和辽朝原有的地方学校进行修复，同时在一些条件具备的地方新建一些学校。金世宗时期，地方官学的发展进入了一个新阶段。大定十六年(1176年)，正式设立府学，共有17处，学生1000人，生员"以尝与廷试及宗室、皇家袒免以上亲，并得解举人为之"⑦。后来又增设州学。章宗即位后，扩大地方官学的范围，"置节镇、防御州学六十处，增养千人，各设教授一员，选五举终场或进士年五十以上者为之"⑧。这样，金代地方官学的发展进入鼎盛时期。据《金史·选举志》记载，章宗统治期间，"府学二十有四，学生九

---

① 《辽史·圣宗本纪六》，北京，中华书局，1974年点校本。
② 《辽史·大公鼎传》，北京，中华书局，1974年点校本。
③ 《辽史·耶律孟简传》，北京，中华书局，1974年点校本。
④ 厉鹗：《辽史拾遗》卷十六，引《宣府镇志》，振绮堂校刊本。
⑤ 吴广成：《西夏书事》卷十三，文奎堂1935年影印本。
⑥ 吴广成：《西夏书事》卷三十五，文奎堂1935年影印本。
⑦⑧《金史·选举一》，北京，中华书局，1975年点校本。

百五人。节镇学三十九，共六百一十五人；防御州学二十一，共二百三十五人"，加上女真"府州学二十二"，则当时地方府州节镇设立的学校多达 106 个。此外，尚有一大批刺史州学和县学、乡学，因史料缺少明确的记载，其数量无法统计。在兴建学校的同时，金朝统治者十分重视地方官学的管理，规定"凡京府镇州诸学，各以女真、汉人进士长贰官提控其事，具入官衔"①。

(三）倍受重视的宫廷教育

宫廷教育主要是指对皇家子弟进行的文化教育。辽、夏、金三朝中，西夏曾仿照宋朝制度，在皇宫中设立贵族小学，规定"凡宗室子孙七岁至十五岁皆得入学"②。辽、金二朝都没有建立专门供宗室子弟学习的"宗学"，但是都采取延师执教的办法，对皇家子弟进行文化教育。辽朝建国后，正式设置"诸王文学馆"，置教授、伴读等官。太平七年（1027 年），中山郡王查葛、长沙郡王谢家奴、安乐郡王遂哥请求设置伴读书史，均得到朝廷的允准。据《辽史》记载，汉族名儒张谏、宋琪、马得臣、姚景行、赵孝严、王师儒等都充当过辽代诸王的教师。

金朝历代皇帝同样非常重视宗室子弟的文化、道德教育。熙宗立太子后，即设立东宫官属，并选择硕德宿学之士，"掌保护东宫，导以德义"③。金世宗也十分注重对太子的教育，认为"东宫官属，尤当选用正人"，"东宫讲书或议论间，当以孝俭德行正身之事告之"④。他在位期间，曾选用宗贤、李石、完颜守道为太子太师，任熊祥、刘仲海、张汝霖、石珛等为太子少师，孟浩为太子少傅，完颜匡为太子侍读等，以确保培养出优秀杰出的接班人。东宫之外，各亲王府也设王傅一人、文学两人，"掌赞导礼义、资广学问"⑤。充任王傅、文学者，大多是学识渊博、品德高尚的儒士。如皇统九年（1149 年）状元王彦潜，曾担任金世宗之子豫王永成的王府文学；大定三年（1163 年）四试第一的孟宗献，曾任曹王府文学；大定十三年（1173 年）进士及第的邹谷，曾任沈

---

① 《金史·选举一》，北京，中华书局，1975 年点校本。
② 吴广成：《西夏书事》卷三十五，文奎堂 1935 年影印本。
③ 《金史·百官三》，北京，中华书局，1975 年点校本。
④ 《金史·刘仲海传》，北京，中华书局，1975 年点校本。
⑤ 《金史·百官志三》，北京，中华书局，1975 年点校本。

王府文学；山西浑源名士雷渊，被选为英王府文学，教授宣宗次子守纯。类似事例，可谓不胜枚举。

（四）各具特色的民间私学

辽、夏、金诸朝中，民间私学也不同程度地存在着。辽代不少私学建于深山野岭之中，如医巫闾山、南山、太宁山等地都是辽代私学的集中地。太子耶律倍曾在医巫闾山的顶上建造一座望海堂，作为潜心读书、研讨学问的场所，此堂后来发展成为一所著名的集藏书、学习于一体的私学。兴宗、道宗时期，耶律良曾"读书医巫闾山。学既博，将入南山肄业，……留数年而归"[1]。萧韩家奴，"少好学，弱冠入南山读书，博览经史，通辽、汉文字"[2]。王鼎，"幼好学，居太宁山数年，博通经史"[3]。除了这些山中私学之外，民间家学承传和延师执教的情况也大量存在。如室昉，"幼谨厚笃学，不出外户者二十年，……会同初，登进士第"[4]，没有一定的家学渊源或聘师指教是不可能做到的。再如邢抱朴，"与弟抱质受经于母陈氏，皆以儒术显"[5]，显然得益于家学承传。

金朝民间私学比较发达，大致有家学承传、延师授学和私塾教学三种形式。家学承传主要是名门世家父母兄弟之间传授学问。如张昉家族就是一个典型，其家"世为礼官，世习礼学"。张昉以御史大夫致仕后，"斋居与子行简讲论古今，诸孙课诵其侧，至夜分乃罢，以为常"[6]。行简于大定十九年（1179年）状元及第，官至翰林学士承旨，弟行信于大定二十八年（1188年）进士及第，两登相位。象张昉这样的家族，在金朝屡见不鲜。延师执教是金代民间私学中比较流行的形式，既有女真贵族延请汉族硕儒至家中教育子弟，也有汉族官员聘请名士至府上授学。据《金史》记载，汉族名儒张用直曾受聘于宗幹，担任其子完颜充和完颜亮的老师。宋代名臣洪皓、朱弁、张邵出使金朝期

---

①《辽史·耶律良传》，北京，中华书局，1974年点校本。

②《辽史·萧韩家奴传》，北京，中华书局，1974年点校本。

③《辽史·王鼎传》，北京，中华书局，1974年点校本。

④《辽史·室昉传》，北京，中华书局，1974年点校本。

⑤《辽史·邢抱朴传》，北京，中华书局，1974年点校本。

⑥《金史·张行简传》，北京，中华书局，1975年点校本。

宋《村童闹学图》

白鹿洞书院

洙泗书院

岳麓书院

石鼓书院

99

宋《科举赶考图》

间，也曾被女真贵族聘至家中，指点子女学业。私塾教学是金代民间教育中最普遍的形式。一些儒士或因科举不第，或因仕途受挫，遂以设塾办学、教书育人为职业。《金史·隐逸传》对此多有记载，如王去非，"尝就举，不得意即屏去，督妻孥耕织以给伏腊。家居教授，束脩有余辄分惠人"。赵质，"大定末，举进士不第，隐居燕城南，教授为业"，后来受到章宗皇帝的表彰，"赐田千亩，复之终身"。王汝梅，"隐居不仕。性嗜书，动有礼法。生徒以法经就学者，兼授以经学。诸生服其教，无敢为非义者"。这些私学，在普及文化知识，改善社会风气，培养有用人才等方面无疑起到了重要的作用。

（五）辽、夏、金文化教育的特点

总体上看，辽、夏、金诸朝的文化教育有这样两个最基本的特点：

第一，辽、夏、金的教育体制基本上是模仿中原王朝而建立的。在教育网络上，辽、夏、金三朝不同程度地建立了以中央官学和地方官学为核心、以民间私学为补充的教育体系，不仅使大批贵族子弟有条件接受文化教育，而且使一部分平民子弟也有了入学读书的机会。在教育管理上，辽、金二朝基本上采用唐宋制度，在中央置国子监，作为全国最高的教育管理机构。在国子监内部，也配置祭酒、司业、监丞、主簿等职，负责中央各种官学的教育管理工作。府、州、县学则由当地官员兼管。在师资配置上，辽、夏、金王朝的中央和地方官学都设置教授、助教等教职人员。这些人或是经纶满腹、德高望重的名儒，或是科举中第的士人，都具有较高的文化素养和教学水平。在教材选用上，辽、夏、金王朝都以儒家经典为教学内容。辽朝官学的教材除《五经传疏》之外，还有《史记》、《汉书》等辅助读物。金朝各级学校的教材完全是汉文化典籍，金代规定："凡经，《易》则用王弼、韩康伯注，《书》用孔安国注，《诗》用毛苌注、郑玄笺，《春秋左氏传》用杜预注，《礼记》用孔颖达疏，《周礼》用郑玄注、贾公彦疏，《论语》用何晏集注、邢昺疏，《孟子》用赵岐注、孙奭疏，《孝经》用唐玄宗注，《史记》用裴骃注，《前汉书》用颜师古注，《后汉书》用李贤注，《三国志》用裴松之注，及唐太宗《晋书》、沈约《宋书》、萧子显《齐书》、姚思廉《梁书》、《陈书》、魏收《后魏书》、李百药《北齐书》、令狐德棻《周书》、魏征《隋书》、新旧《唐书》、新旧《五代史》，《老子》用唐玄宗注疏，《荀子》用杨倞注，《扬子》用李轨、宋咸、柳宗元、吴秘注，皆自国子监印之，授诸学校。"[1] 与宋朝学校使用的教材基本一致。在经费来源上，辽、夏各级官学主要依靠国家拨给经费，而金朝则沿用并发展了北宋的学田制度。章宗泰和元年（1201年），"更定赡养学士法：生员给民佃官田，人六十亩，岁支粟三十石；国子生人百八亩，岁给以所入，官为掌其数"[2]。兴定五年（1221年），又规定府州学生每人给田40亩。所有这些，无不反映出唐宋教育制度对辽、夏、金制度的影响。至于其影响的程度，基本上取决于各民族汉化的深度。相比之下，金朝的文化教育既得益于对辽、北宋文化设施的继承和利用，又受到金代统治者开明的文化政策的推动，因而更加发达兴盛，其教育体系和教育制度也最完备和详密。

第二，辽、夏、金诸朝文化教育中，既重视广泛汲取汉文化的精华，更注重发展各民族的传统文化。西夏从中央到地方都建立了番学，学生主要学习西夏文字和西夏文儒家经典，其目的并不在于"以胡礼番书抗衡中国"[3]，而是在汹涌澎湃的汉化浪潮中，为党项民族文化寻找一点生存和发展的空间，即通过培养一批番学人才而使其民族文化得以传承不衰。金朝实行汉人和女真分别设学的教育方法，固然考虑到各民族文化水平参差不齐，但最主要的动因还是为了继承和发展女真文化。各级女真学校的设置，及女真族科举选士制度的确立，不仅教育培养出一大批优秀卓越的人才，而且推动了女真文化的发展，使之成为中华文化广阔星空中一颗璀璨的明星。

三、元代的文化教育

元代文化明显地具有兼容并蓄、交汇融合的特点，这一点在元代文化教育中也同样体现出来。元代统治者不仅继承了宋、辽、金的教育制度和办学经验，而且结合现实需要和多民族文化共存的特点，设立了一些新型学校，创造

---

① 《金史·选举一》，北京，中华书局，1975年点校本。
② 《金史·章宗纪三》，北京，中华书局，1975年点校本。
③ 吴广成：《西夏书事》卷十三，文奎堂1935年影印本。

出一些颇有特色的教育方式，使元代的文化教育事业有了较大的发展。

（一）元代的中央官学

元代的中央官学有国子学、蒙古国子学和回回国子学三种。

国子学是传播儒学的最高教育机构，创建于窝阔台统治期间。据《新元史》记载，窝阔台六年（1234 年），"以冯志常为国子学总教，命侍臣子弟十八人入学"[①]。其教学设施和管理制度虽然不太规范，但无疑是元代国子学的滥觞。至元六年（1269 年），设立掌管国子学的官员。次年，元世祖"命侍臣子弟十有一人入学，以长者四人从许衡，童子七人从王恂"[②]。国子学的规模和生额仍十分有限。直到至元二十四年（1287 年），国子学萎靡不振的状况才有所改变。该年，元朝政府正式设置国子监，以许衡的弟子耶律有尚为祭酒，总管学政。同时，完善国子学的教育制度，内容包括：第一，设置专业教学人员，明确职责和分工。"设博士，通掌学事，分教三斋生员，讲授经旨，是正音训，上严教导之术，下考肄习之业。复设助教，同掌学事，而专守一斋；正、录，申明规矩，督习课业"[③]。第二，规范教学内容。"凡读书必先《孝经》、《小学》、《论语》、《孟子》、《大学》、《中庸》，次及《诗》、《书》、《礼记》、《周礼》、《春秋》、《易》"。第三，确定教学方法。"博士、助教亲授句读、音训，正、录、伴读以次传习之。讲说则依所读之序，正、录、伴读亦以次而传习之。次日，抽签，令诸生复说其功课。属对、诗章、经解、史评，则博士出题，生员具稿，先呈助教，俟博士既定，始录附课簿，以凭考校"。第四，规定学生数量。"其生员之数，定二百人，先令一百人及伴读二十人入学。其百人之内，蒙古半之，色目、汉人半之"。至大德七年（1303 年），"命生员八十人入学，俾永为定式而遵行之"。其后，国子学招生人数逐渐增加。至大四年（1311 年），生员增加到 300 人。延祐二年（1315 年），又增加生员 100 人、陪堂生 20 人。

元代国子学实行贡试之法，选拔优秀学生授予官职。大德八年（1304 年）规定，蒙古、色目、汉人国子生，三年各贡一人。大德十年（1306 年），扩大

---

①②③ 《元史·选举一》，北京，中华书局，1976 年点校本。

贡生人数，"蒙古、色目、汉人生员二百人，三年各贡二人"①。至大四年
(1311年)，"复立国子学试贡法，蒙古授官六品，色目正七品，汉人从七
品"②。延祐二年（1315年），元政府采纳集贤学士赵孟頫、礼部尚书元明善的
建议，更定国子学贡试之法，《元史·选举志》记载了其具体内容：

一曰升斋等第。六斋东西相向，下两斋左曰游艺，右曰依仁，凡诵书讲
说、小学属对者隶焉。中两斋左曰据德，右曰志道，讲说《四书》、课肄诗律
者隶焉。上两斋左曰时习，右曰日新，讲说《易》、《书》、《诗》、《春秋》科，
习明经义等程文者隶焉。每斋员数不等，每季考其所习经书课业，及不违规矩
者，以次递升。

二曰私试规矩。汉人验日新、时习两斋，蒙古、色目取志道、据德两斋，
本学举实历坐斋二周岁以上、未尝犯过者，许令充试。限实历坐斋三周岁以
上，以充贡举。汉人私试，孟月试经疑一道，仲月试经义一道，季月试策问、
表章、诏诰科一道。蒙古、色目人，孟、仲月各试明经一道，季月试策问一
道。辞理俱优者为上等，准一分；理优辞平者为中等，准半分。每岁终，通计
其年积分，至八分以上者升充高等生员，以四十名为额，内蒙古、色目各十
名，汉人二十名。岁终试贡，员不必备，惟取实才。有分同阙少者，以坐斋月
日先后多少为定。其未及第，并虽及等无阙未补者，其年积分，并不为用，下
年再行积算。

三曰黜罚科条。应私试积分生员，其有不事课业及一切违戾规矩者，初犯
罚一分，再犯罚二分，三犯除名。从学正、录纠举，正、录知见而不纠举者，
从本监议罚之。应已补高等生员，其有违戾规矩者，初犯殿试一年，再犯除
名。从学正、录纠举之，正、录知见而不纠举者，亦从本监议罚之。应在学生
员，岁终实历坐斋不满半岁者，并行除名。除月假外，其余告假，并不准算。
学正、录岁终通行考校应在学生员，除蒙古、色目别议外，其余汉人生员三年
不能通一经及不肯劝学者，勒令出学。

不难看出，元朝所谓国子学贡试之法，主要是根据学生的学习成绩，自下
斋、中斋、上斋依次递升，上斋学生年终累计积分达标且没有违犯法令学规的

---

①②《元史·选举一》，北京，中华书局，1976年点校本。

行为，即可由岁终荐举，授予官职。这种贡试之法，与宋代三舍法的基本思路和操作方法都是一脉相承的。

蒙古国子学是元代为蒙古族和色目、汉人官员子弟设立的高等教育机构。《元史·选举志》记载："至元八年（1271年）春正月，始下诏立京师蒙古国子学，教习诸生，于随朝蒙古、汉人百官及怯薛歹官员，选子弟俊秀者入学，然未有员数。以《通鉴节要》用蒙古语言译写教之，俟生员习学成效，出题试问，观其所对精通者，量授官职。"可见，蒙古国子学的考试和授官办法与国子学最初实行的贡举之法并无多大区别，只是培养对象和学习内容有所不同。蒙古国子学生员初无定数，大德十年（1306年）生员有60人，延祐二年（1315年），增加到"生员百人，蒙古五十人，色目二十人，汉人三十人，而百官子弟之就学者，常不下二三百人"①。为加强教学管理，元政府在蒙古国子学中设"博士二员，助教二员，教授二员，学正、学录各二员"②。

回回国子学创建于至元二十六年（1289年），是为适应中外文化交流而设立的高等外国语学校，旨在培养精通波斯文字的人才，"凡公卿大夫与夫富民之子，皆依汉人入学之制，日肄习之"。学成后到百司庶府中担任翻译官。延祐元年（1314年），元政府置回回国子监，设监官，"笃意领教"③。泰定二年（1325年），回回国子学的生员和教官达到52人。

（二）元代的地方官学

元代的地方官学体系较之于宋辽金更加完整，不仅建立了路、府、州、县、社各级学校，而且设立了蒙古字学、医学、阴阳学等专科学校。不仅如此，地方官学在行政管理、师资选用、经费来源等方面也形成了一套详细而完整的制度。

1. 儒学。元朝建立伊始，就把地方学校的恢复和兴建工作提到国家的议事日程。中统二年（1261年）八月，元世祖颁诏全国各地："诸路学校久废，无以作成人才，今拟选博学洽闻之士以教之，凡诸生进修者，仍选高业儒生教

---

①③《元史·选举一》，北京，中华书局，1976年点校本。
②《元史·百官三》，北京，中华书局，1976年点校本。

授，严加训诲，务使成才，以备他日选擢之用。仍仰各路官司，常切主领教劝。"① 此后，兴学建校之诏频频颁布，相应地，诸路、府、州、县各级学校陆续创建或修复。至元二十八年（1291 年），元政府进一步将兴学范围扩大化，"令江南诸路及各县学内，设立小学，选老成之士教之"②。与此同时，元政府对各级学校的学官职责、课程设置、教学方法和生员考核等问题都作了明确的规定。

社学的普遍设立，是元代地方官学发展的一个重要特色。社学是在乡村地区进行文化普及教育的初级学校，创立于元世祖至元二十三年（1286 年）。按照元政府的规定："诸县所属村庄，五十家为一社，择高年晓农事者立为社长。……每社立学校一，择通晓经书者为学师，农隙使子弟入学。如学文有成者，申复官司照检"③。这种社学，似乎是宋代"冬学"的继承和发展，主要是利用农闲时间，对广大农民进行儒家思想和农桑耕种技术的教育，对普及文化知识和推广农业生产技术起到了重要作用。

由于元政府的重视和督促，元朝地方官学获得了普遍的发展。据《元史·世祖本纪》记载，至元二十三年（1286 年），"大司农司上诸路学校凡二万一百六十六所"；至元二十八年（1301 年），"司农司上诸路所设学校二万一千三百余"。盛况可谓空前。

2. 蒙古字学。蒙古字学是推广学习蒙古文字的地方学校，在诸路、府、州均有设立。据《元史·选举志》记载："至元六年秋七月，置诸路蒙古字学。十二月，中书省定学制颁行之，命诸路府官子弟入学，上路二人，下路二人，府一人，州一人。余民间子弟，上路三十人，下路二十五人。愿充生徒者，与免一身杂役。"到成宗大德五年（1301 年）十月，人数又有扩大，"又定生员，散府二十人，上、中州十五人，下州十人"。不仅如此，元政府还对诸路蒙古字学加强宏观管理：一是规定统一教材，"以译写《通鉴节要》颁行各路，俾肄习之"。二是解决办学经费，元贞元年（1295 年），"命有司割地，给诸路蒙古学生员饩廪"。三是确定学官的任职和升迁办法，在路、府、州均设蒙古字

---

① 柯劭忞：《新元史》卷六十四，《选举志一》，北京，中国书店，1988 年影印本。

②《元史·世祖五》，北京，中华书局，1976 年点校本。

③ 柯劭忞：《新元史》卷六十九，《食货志》，北京，中国书店，1988 年影印本。

学教授，"府、州教授一任，准从八品，再历路教授一任，准正八品，任回本等迁转"。四是生员学成毕业，由政府统一安排工作。"上自国学，下及州县，举生员高等，从翰林考试，凡学官译史，取以充焉"①。

3. 医学。诸路医学始设于中统二年（1261年）。鉴于当时"医学久废，后进无所师授"，元政府委派赵安仁持金牌往诸路设置医学，规定"其生员拟免本身检医差占等役，俟其学有所成，每月试以疑难，视其所对优劣，量加劝惩"。至元二十三年（1286年），又规定"其随路学校，每岁出降十三科疑难题目，具呈太医院，发下诸路医学，令生员依式习课医义，年终置簿解纳送本司，以定其优劣"②，进一步健全诸路医学考试选拔制度。大德年间（1297～1307年），不少地方医学学政废弛，有名无实，元政府再次制定出医学生员的考试办法。其大致内容为：每月一私试，试以医学各科疑难问题；每岁一公试，既考医学知识，又考《四书》，考试成绩上报太医院，成绩优秀的生员可参加科举考试，或直接被太医院录用。不仅如此，元政府还加强对医学学官的监督、管理，规定"今后有不令坐斋肄业、有名无实者，初次，教授罚俸一月，正、录罚中统钞七两；再次，教授罚俸两月，正、录倍罚；三次，教授、正、录取招别议。其提调官，视学官例减等"③，从而保证了医学教育的正常发展。

4. 阴阳学。阴阳学是专门培养天文算历方面人才的学校。在诸路、府、州设置阴阳学，是元朝政府打破传统教育模式的一大创举，它使唐宋以来一直被中央机构垄断的天文学得以在民间广泛传播。据《元史》记载，至元二十八年（1291年）六月，始置诸路阴阳学，"其在腹里、江南，若有通晓阴阳之人，各路官司详加取勘，依儒学、医学之例，每路设教授以训诲之。其有术数精通者，每岁录呈省府，赴都试验，果有异能，则于司天台内许令近侍"④。至延祐二年（1315年），元政府进一步规范管理，"令阴阳人依儒、医例，于路、府、州设教授一员，凡阴阳人皆管辖之，而上属于太史焉"⑤，对阴阳学的师资配置、管理机构均作了明确规定。

5. 元代地方官学的管理体制。为加强对地方官学的管理，元政府建立了

①②④⑤《元史·选举一》，北京，中华书局，1976年点校本。
③ 柯劭忞：《新元史》卷六十四，《选举志一》，北京，中国书店，1988年影印本。

一套较为完善的管理体制。

在行政管理上，地方官学各有所属。各行省设儒学提举司，"统诸路、府、州、县学校祭祀、教养、钱粮一事，及考校呈进著述文字。每司提举一员，从五品；副提举一员，从七品；吏目一人；司吏一人"①。各行省设蒙古提举学校官，负责监管诸路、府、州蒙古字学，也设提举、副提举之职，秩从五品和七品。社学由大司农司和儒学提举司共同管理。各路医学直接隶属于太医院，各行省设医学提举司，"掌考校诸路医生课义，试验太医教官，校勘名医撰述文字，辨验药材，训诲太医子弟，领各处医学"②。诸路阴阳学最初属于司天台，后来设置太史院，"颁历之政归院，学校之设隶台（监）"③。所有这些地方官学管理机构，与中央的国子监、蒙古国子监、回回国子监一起，隶属于全国最高教育管理机构集贤院。

在学官设置和选用上，元代不仅根据地方行政级别配备相应的学官，而且制定出层层考课的升迁办法，《元史·选举志》对此有详细的记载："凡师儒之命于朝廷者，曰教授，路、府、上中州置之；命于礼部及行省及宣慰司者，曰学正、山长、学录、教谕，路、州、县及书院置之。路设教授、学正、学录各一员，散府、上中州设教授一员，下州设学正一员，县设教谕一员，书院设山长一员。……凡路、府、州、书院，设直学以掌钱谷，从郡守及宪府官试补。直学考满，又试所业十篇，升为学录、教谕。凡正、长、学录、教谕，或由集贤院及台宪等官举允之。谕、录历两考，升正、长。正、长一考，升散府、上中州教授。上中州教授又历一考，升路教授。"④ 至于考满、考科也有明确的规定。至元二十四年（1287 年），规定各级学官以三年为满。至元二十七年（1290 年），又一度将江南地区学录、教谕考学正、山长，学正、山长考府州教授改为三十月任满。延祐四年（1317 年），又将全国各地直学考学录、教谕改为三十日任满。考试内容各有不同，如大德九年（1305 年）规定：直学考学录、教谕，词赋二韵、小赋二韵、经义论孟长各一道，明经解题各一道；学

---

① 《元史·百官七》，北京，中华书局，1976 年点校本。
② 《元史·百官四》，北京，中华书局，1976 年点校本。
③ 《元史·百官六》，北京，中华书局，1976 年点校本。
④ 《元史·选举一》，北京，中华书局，1976 年点校本。

正、山长考府州教授，词赋全赋一道，经义各从所业，大义一道，明经解题二道。①

在经费来源上，元代仿效宋、金之制，设置学田，使之成为地方官学的主要经济来源。至元二十三年（1286年），元世祖下诏将学田由地方官吏掌管改为学校独立管理。至元二十九年（1292年），再次下诏："江南州县学田，其岁入听其自掌，春秋释奠外，以赡师生及士之无告者。"② 从而保证学田收入专款专用，以免被地方官员侵吞挪用。

（三）元代的私学

民间私学在元代获得普遍而迅速的发展，不仅仅是由于官学发展缓慢，无法满足士子求学的需要，更主要是存在这样两个根本的原因：

第一，元代士人入仕已经由宋代主要通过科举应试的方法发展演变为多元化、多渠道的途径。科举与官学之间的密切联系在元代已经变得相当松弛，士子学者无需在官学的层层升级、渐次淘汰中艰难地挤进仕途。相反，只要出身于勋旧贵族之门，且具备一定的学识，就可以通过荐举等途径顺利地踏入仕途。这种多元化的取士政策，无疑会促进民间私学的发展。

第二，如前所述，自北宋以来，中国古代教育体制随着社会变迁也发生了前所未有的变化，官学一统天下的局面逐渐被打破，社会经济发展所带来的学术平民化、教育自由化的趋势日渐明显。元代在文化教育上采取较为宽松自由的放任政策就是这种趋势的必然产物。至元二十八年（1291年），元政府在督促江南地区兴建小学的同时，强调"或自愿招师，或自受家学于父兄者，亦从其便"③。这种宽松的社会环境，自然有助于民间私学的发展。

元代民间私学在办学形式和教学内容上与宋、金私学基本相同，主要有家学承传、延师执教、私塾授课、名儒传授等形式，教学内容注重儒家经典，尤其是经宋代理学家们注疏的《四书》、《五经》，兼及天文、地理、律历、算术、医学等。《元史·列传》中对创办私学教育子弟或经由私学功成名就者多有记

---

① 《元典章》卷九，《吏三》，《考试教官等例》，台北，台湾故宫博物院，1972年版。
② 《元史·世祖本纪十四》，北京，中华书局，1976年点校本。
③ 《元史·选举一》，北京，中华书局，1976年点校本。

载，下面略举数例，以便了解元代私学的大致情形：

家学承传类：唐仁祖，畏兀人，"少颖悟，父殁，母教之读书"①。许谦，"生数岁而孤，甫能言，世母陶氏口授《孝经》、《论语》，入耳辄不忘"②。金履祥，"幼而敏睿，父兄稍授之书，即能记诵"③。

延师执教类：千奴，晚年退居淮上，"筑先圣宴居祠堂于历山之下，聚书万卷，延名师教其乡里子弟，出私田百亩以给养之"④。康里脱脱，"尝即宣德别墅延师以训子，乡人化之，皆向学"⑤。张昱，"自《六经》、《语》、《孟》传经，以及周、程、张氏之微言、朱子所尝论定者，靡不潜心玩索，究极根底"，"至元中，行台中丞吴曼庆闻其名，延致江宁学官，俾弟子受业"。⑥

私塾授课类：余阙，唐兀氏人，"少丧父，授徒以养母"⑦。李昶，"以父忧去官，杜门教授，一时名士，若李谦、马绍、吴衍辈，皆出其门"⑧。杨果，"自宋迁亳，复徙居许昌，以章句授徒为业，流寓坎坷十余年"⑨。李之绍，"家贫，教授乡里，学者咸集"⑩。安熙，"不屑仕进，家居教授垂数十年，四方之来学者，多所成就"⑪。

名儒传授类：月鲁不花，未冠，"受业于韩姓先生，为文下笔立成，粲然成章"⑫。李稷，"幼颖敏，八岁能记诵经史。从其父官袁州，师夏镇；又从官铅山，师方回孙。镇、回孙皆名进士，长于《春秋》，稷兼得其传"⑬。李杲，"幼岁好医药，时易人张元素以医名燕、赵间，杲捐千金从之学，不数年，尽传其业"⑭。

---

① 《元史·唐仁祖传》，北京，中华书局，1976 年点校本。
② 《元史·许谦传》，北京，中华书局，1976 年点校本。
③ 《元史·金履祥传》，北京，中华书局，1976 年点校本。
④ 《元史·千奴传》，北京，中华书局，1976 年点校本。
⑤ 《元史·康里脱脱传》，北京，中华书局，1976 年点校本。
⑥ 《元史·张昱传》，北京，中华书局，1976 年点校本。
⑦ 《元史·余阙传》，北京，中华书局，1976 年点校本。
⑧ 《元史·李昶传》，北京，中华书局，1976 年点校本。
⑨ 《元史·杨果传》，北京，中华书局，1976 年点校本。
⑩ 《元史·李之绍传》，北京，中华书局，1976 年点校本。
⑪ 《元史·安熙传》，北京，中华书局，1976 年点校本。
⑫ 《元史·月鲁不花传》，北京，中华书局，1976 年点校本。
⑬ 《元史·李稷传》，北京，中华书局，1976 年点校本。
⑭ 《元史·李杲传》，北京，中华书局，1976 年点校本。

与宋、金相比，元代私学不仅盛行于汉族之中，而且受到蒙古族、畏兀族、女真族和党项族的效法和推崇。汉族名儒大师应聘担任各少数民族学子的教师，这对于弘扬儒学，推进各民族接受汉文化，加速封建化进程，无疑起着重要作用。这是元代私学所具有的最显著的特点。

四、宋元时期的书院教育

书院作为一种文化教育机构，发轫于唐代中后期。据专家研究，唐代民间书院大约有 34 所，大部分属于私人读书治学的场所，个别书院还具有教学功能。① 五代时，民间书院的发展极其有限，新建书院只有河南登封太乙书院（嵩阳书院前身）、江西泰和匡山书院和广东连州天衢书院等三四所。这些明显具有教学功能的书院，是一种有别于汉唐以来官方教育机构的新生儿。它们的出现，既是对传统教育机制的补充，又是对官方教育机构的挑战，预示着传统的教育机制正面临着一场重大的变革。

（一）宋元书院的发展脉络

宋元时期的书院教育大致经历了兴起——繁盛——曲折发展三个阶段。这种发展态势不仅是政治气候和社会环境的影响所致，还与宋元教育体制的变化有着重要的内在联系。

兴起阶段。北宋时期，书院教育基本上处于崛起、发展阶段。宋初三朝，由于社会经济处于恢复和发展阶段，政府尚无足够的财力来发展地方官学，蓬勃兴起的民间书院正好弥补了官学教育的不足，成为当时占主导地位的教育机构。对此，宋人有过不少精当的论述。如朱熹说："前代庠序之教不修，士病无所学，往往相与择胜地，立精舍，以为群居讲习之所，而为政者乃或就而褒表之。"② 吕祖谦在《白鹿洞书院记》中，也分析了宋初书院兴起的原因，认为"国初斯民，新脱五季锋镝之厄，学者尚寡，海内向平，文风日起，儒生往往依山林，即闲旷以讲授，大率多至数百人。嵩阳、岳麓、睢阳及此洞（指白

---

① 白新良：《中国古代书院发展史》，第 3 页，天津大学出版社，1995 年版。
② 朱熹：《朱文公文集》卷七十九，《衡州石鼓书院记》，《四部丛刊》本。

鹿洞，笔者注）为尤著，天下所谓四书院者也"①。这些言论，大致道出了宋初书院兴起的原因。自仁宗庆历年间到北宋末年，政府发起了三次大规模的兴学运动，地方官学获得了普遍的发展。但书院教育并没有因为官学的兴盛而失去昔日的蓬勃发展之势，恰恰相反，它在与官学的竞争中获得了更多的活力。据统计，北宋共建书院71所，②其中直隶3所、河南5所、陕西1所、山西1所、山东4所、江苏4所、浙江4所、福建3所、江西23所、安徽4所、湖北3所、湖南8所、广东4所、四川4所。这71所书院中，属于庆历兴学以前的只占三分之一左右，以后所建书院约占三分之二。这说明庆历兴学后，书院并没有象大多数学者所说的那样进入沉寂状态，而是以更猛的势头向前发展。

北宋书院不仅在数量上远远超过唐朝和五代，而且还有两个明显的特点：一是教学功能明显增强。北宋71所书院，有20多所具有教学职能，如直隶元氏封龙书院、元氏中溪书院、山东泰安泰山书院、江西新建秀溪书院、江西南城盱江书院、江西临川兴鲁书院、江西义宁樱桃书院、江西萍乡宗濂书院、江西义宁濂山书院、安徽南陵黉堂书院、江苏无锡东林书院、江苏金坛茅山书院、浙江永嘉东山书院、湖南湘阴笙竹书院等等，或为名儒讲学之所，或为延师授课之处，教学职能非常明显。二是管理体制稍具雏形。不少书院都设有山长或山主、洞主、洞正、堂长等主持书院讲席，还设有副山长、助教和讲书协理教务。在经费来源上，不少书院还有供师生廪膳的学田，或为私人捐赠，或为政府拨给，对书院发展起着重要的支撑作用。

繁盛阶段。南宋时期，书院教育进入兴盛阶段。孝宗和光宗两朝，在理学大师朱熹、张栻等人带动下，兴办书院，宣讲性理，成为当时学术文化界最时兴的活动。理宗时期，书院教育由于得到官方的支持而获得迅猛的发展，并逐渐走上官学化的道路，最终取代地方官学而成为当时占主导地位的教育机构。

南宋书院的兴盛，主要表现在以下几个方面：

第一，书院数量剧增，分布区域扩大。据白新良《中国古代书院发展史》一书统计，南宋时期新建书院299所，修复唐五代和北宋书院18所，加上创建时间不明确，在南宋时期仍然活动的书院125所，则书院总数量达442所，

① 吕祖谦：《吕东莱文集》卷六，《白鹿洞书院记》，《丛书集成初编》本。
② 白新良：《中国古代书院发展史》，第4～5页，天津大学出版社，1995年版。

是北宋书院数量的 4.5 倍。从地域分布上看，江西最多，有 147 所；浙江次之，有 82 所；福建第三，有 57 所。其余依次为湖南 43 所、广东 35 所、江苏 23 所、四川 18 所、安徽 16 所、广西 11 所、湖北 9 所、贵州 1 所。由此可见，书院不仅分布在东南文化发达之地，而且已经广泛建立于广西、贵州等边远地区。

第二，书院的文化功能更加丰富和充实。藏书、供祀和讲学是书院的主要文化功能。南宋书院藏书十分丰富，讲学活动极其频繁，供祀仪式也较北宋完备。就藏书而言，北宋时，通过朝廷赐书和私人购书等途径，部分书院也有一定数量的藏书。宋初应天府书院就有书籍数千卷；咸平四年（1001 年）三月，岳麓书院也得到朝廷赐予的儒家经典和注疏，以及《史记》、《玉篇》、《唐韵》等书籍。但总体上看，北宋书院的藏书功能还十分有限。到了南宋，书院几乎成为各地的图书馆，不少书院都设有书库和藏书楼。就供祀活动而言，北宋书院的供祀活动与官学基本相同，都是以儒家先师先贤为祭祀对象。南宋时，除了供祀孔孟等先圣之外，还非常注重供祀忠臣、名宦、乡贤及周、程、张、朱等理学大师，以起到维护学统和教育感化的作用。就讲学而言，南宋书院是理学家讲学授业、弘播理学的主要阵地。朱熹、张栻、陆九渊等理学大师或以明心为言，或以务实为训，或互为疑问以观其所向，或相与辩难以砺其所学，促成了南宋学术文化的空前发展。

第三，南宋书院普遍有了固定的经济来源。北宋只有少数书院通过政府赐田而获得一定的经济来源。南宋书院的经济来源则呈现出多样化、多渠道的特征，既有官府拨田，又有官吏捐俸，还有办学者及门生自筹经费，大都采取以资金买田产出租收取利息的办法，来维持书院正常教学和生活的费用。

第四，南宋书院形成了比较完备的书院制度。朱熹在南康军任职期间，主持修复了白鹿洞书院，并亲自制订了《白鹿洞书院揭示》，对书院的教育方针和学生的行为准则均作了明确的规定，成为南宋时期各家书院竞相效仿的标准学规。关于这一点，下文将详细阐述。

曲折发展阶段。宋元交替之际，不少书院毁于兵燹。元朝政治局势趋于稳定后，书院便逐渐恢复起来，并显示出强劲的发展势头。之所以如此，主要有这样两个直接原因：一是对宋代书院设施和书院制度的继承和发展。元代不少书院都是对原有荒废、破损的书院进行修葺、改造而成，宋代书院先进的教学方式和制度规定也无疑为元代书院的恢复与发展提供了模式。二是元朝政府对书院教育的支持和鼓励。政权格局的统一并不等于民心的完全归顺，汉族士人百姓对元政府普遍存在着消极、不合作的情绪，不少汉族儒士既不愿入仕，也不愿到官学中任教，甚至不愿让子弟进入官学中就读，而是退居乡野山林，建立书院，自行讲学。元政府对此因势利导，采取了比较开明的政策。至元二十八年（1291 年），元世祖在一份关于建立江南地区地方官学的诏书中，明文规定"先儒过化之地，名贤经行之所，与好事之家出钱粟赡学者，并立为书院"①。民间书院获得了合法地位后，便进入了一个新的蓬勃发展的时期。

元代书院总体数量接近于南宋。据《续文献通考·学校考》记载，当时较为著名的书院有昌平的谏议书院，河间的毛公书院，景州的董子书院，京兆的鲁斋书院，开州的崇义书院，宣府的景贤书院，苏州的甫里书院、文正书院、文学书院，松江的石洞书院，常州的龟山书院，池州的齐山书院，婺源的明经书院，太原的冠山书院，济南的闵子书院，曲阜的洙泗书院、尼山书院，东阿的野斋书院，凤翔的歧阳书院，郿县的横渠书院，湖州的安定书院、东湖书院，慈溪的慈湖书院，宁波的鄮山书院，处州的美化书院，台州的上蔡书院，南昌的宗濂书院，丰城的贞文书院，常州的源阳书院，福州的勉斋书院，同安的大同书院，琼州的东坡书院等 40 余所。至于规模不大、声誉不显的书院更是遍布各地。据曹相叶《元代书院概况》一文统计，元代新建书院 143 所，兴复书院 65 所，改建书院 19 所，合计 227 所。②白新良《中国古代书院发展史》一书，则依据各种地方志，统计出元代共有书院 406 所，其中元代新建书院 282 所，修复前代书院 124 所。从地域分布上看，依序为江西 91 所，浙江 58 所，安徽 32 所，福建和湖南各为 31 所，江苏 25 所，山东和湖北各为 23 所，直隶 22 所，河南 18 所，广东 18 所，山西 15 所，陕西 8 所，四川 7 所，广西 4 所。

元代北方地区书院的大量涌现，是元代书院建设中一个重要的成就。如前所述，北宋时，直隶、河南、陕西、山西、山东等北方地区共有书院 14 所，

---

① 《元史·选举一》，北京，中华书局，1976 年点校本。
② 曹相叶：《元代书院概况》，载《中山大学语言历史所周刊》第十集，第 112 期。

占当时书院总数的 19.7％。但这些书院在宋金战争中毁废殆尽，直到金朝后期，才在局部地区零星地出现七八所书院。元代北方地区共有书院 86 所，占当时书院总数的 21.2％。北方书院数量上的增加，改变了宋金时代全国书院的分布格局，标志着北方地区的文化教育登上了一个新的台阶。

与宋代书院相比，元代书院官学化的倾向极其明显。书院的师资任用、生员就业和经费供给等都属于政府行为。在师资任用上，书院设山长一员，山长与地方官学的学正、学录、教谕在资格认定、考核升迁等方面采用完全相同的标准。在生员就业上，元朝政府规定："自京学及州县学以及书院，凡生徒之肄业于是者，守令举荐之，台宪考核之，或用为教官，或取为吏属。"[①] 书院培养出来的生徒，与官学学生的授职程序和权利也完全相同。在经费供给上，元朝政府除了鼓励民间富绅捐资外，还采取行政手段为书院支拨学田，使大部分书院都拥有数百亩甚至上千亩的学田。为加强书院的经费管理，元政府还规定，"路府州书院，设直学以掌钱谷，从郡守及宪府官试补。"[②] 通过这些措施，元朝政府强化了对书院的控制和管理，使书院不仅变成官方意识形态的传播机构，而且成为政府人才的培养基地，书院自由发展的时代一去不复返了。

（二）宋元时期的书院制度

书院作为一种独立于官学系统之外的教育机构，在组织结构、管理制度和教学方式等方面有其一定的独特性。

书院的组织。书院最初作为民间性教育机构时，组织结构十分简单。主持者称山长，或称洞主、堂长、院长、教授等，既负责书院的管理工作，又承担书院的教学工作。其后，书院规模扩大，行政和教学任务也相应增多，各书院视具体情况，增设副山长、副讲、助教等职，以协助山长工作。

书院的学规。宋元时期不少书院都有自己的学规，最典型的就是朱熹为白鹿洞书院拟订的《白鹿洞书院揭示》，也称《白鹿洞书院教条》，包括三个方面的内容：第一，教育的根本宗旨，即"父子有亲，君臣有义，夫妇有别，长幼有序，朋友有信"。第二，教学的基本原则，即"博学之，审问之，慎思之，

---

①② 《元史·选举一》，北京，中华书局，1976 年点校本。

明辨之，笃行之"。第三，学生的行为准则。在修身方面，要做到"言忠信，行笃敬，惩忿窒欲，迁善改过"；在处事方面，要"正其谊不谋其利，明其道不计其功"；在接物方面，要"己所不欲勿施于人，行有不得反求诸己"①。不难看出，《白鹿洞书院揭示》基本上贯穿着朱熹等理学家整肃纲常、弘播伦理的精神理念，体现了宋代书院重视伦理道德教育的特点。这部学规后来成为一些书院制度的范本。《白鹿洞书院揭示》之外，较著名的学规还有《丽泽书院学规》、《双溪书院揭示》和《明道书院规程》等，对书院的办学宗旨、教学方式、教师选聘、学生行为准则、经费使用等都作了具体的规定。

书院的教学内容。宋元时期书院的教学内容有一个变化过程。北宋书院主要以儒家传统经典为教学内容，书院藏书和教材大多来自朝廷颁赐，无非是《九经》及相关的义疏、释文，兼及历代诗赋、史籍。南宋和元代书院则主要是理学教育的重要载体，理学家推崇的《四书》、《五经》是各书院通用的教材。学生入学后，一般先读《四书》，再读《五经》。除此之外，理学大师的著作，如周敦颐的《太极图说》、程颢的《明道学案语录》、程颐的《伊川语录》、朱熹的《四书集注》、《近思录》和《朱子语类》、陆九渊的《语录》等，也是书院学生的重要读物。可以说，南宋和元代书院因传播理学而得以兴盛，书院的兴盛反过来又推动了理学的普及和发展。

书院的教学方式。宋代书院采取比较灵活自由的教学方式，一般以学生个人读书钻研为主，教师讲学只侧重阐发儒经义蕴或解答学生的疑难。朱熹曾告诫学生："某此间讲说时少，践履时多。事事都用你自去体会，自去体察，自去涵养。书用你自去读，道理用你自去究索。某只是做得个引路底人，做得个证明底人，有疑难处同商量而已。"② 对学生的学习方式和教师的职责都作了简易、平实的概括。为引导学生自学，朱熹还根据自己的治学经验，提出了"居敬持志，循序渐进，熟读精思，虚心涵泳，切己体察，着紧用力"③ 的读书原则，要求学生"读书无疑者，须教有疑，有疑者，却要无疑，到这里方是

---

① 朱熹：《朱文公文集》卷七十四，《白鹿洞书院揭示》，《四部丛刊》本。
② 黎靖德编：《朱子语类》卷十三，《学七·力行》，北京，中华书局，1986 年点校本。
③ 程端礼：《程氏家塾读书分年日程》卷一，《四库全书》本。

长进"①。元代程端礼在担任建康路江东书院山长时，制定了《程氏家塾读书分年日程》，对不同年龄阶段的学生的自学内容和学习程序都作了详细的规定，堪称为一部严谨细密、合情入理的教学纲要。

（三）书院的文化地位及其意义

第一，书院作为官学教育的补充，在开启民智、普及文化方面发挥着重要的作用。书院的产生是由唐宋以来社会经济发展引发文化需求的扩大而带来的直接结果。书院的兴起和发展，打破了秦汉以来官学垄断文化教育的格局，使文化教育由贵族世家垄断向平民阶层移动，为下层社会子弟的读书求学提供了更多的机会和条件。书院对学生的身份和年龄不作任何限制，既有官僚豪族子弟，也有农家市井子弟；既有耄耋老者，也有垂髫稚童。这种开放式的办学方法，推动了文化的相对普及，促进了平民文化的形成和发展。

第二，书院的兴盛，为理学家传播理学、研究学术提供了重要的基地，推动了理学向地域化方向发展。宋代理学大师朱熹、杨时、陆九渊、胡安国、张栻、吕祖谦等，均以某一相对固定的书院作为讲学明道、培养生徒的场所，由此形成了各种带有地域特色的学派，如朱熹的"闽学"、胡安国父子、张栻的"湖湘学"、吕祖谦的"婺学"等。各学派之间常常相互质疑辩难，会文论理，促成了理学的发展和繁荣。

第三，书院教育功能的扩大，在一定程度上弥补了官学教育的不足，为宋元王朝培养了一大批人才。南宋中期以后，随着书院官学化趋势的增加，书院与地方官学逐渐合而为一，成为官学体系的重要组成部分。在这种情况下，书院也就理所当然地成为培养政府官员的摇篮。以岳麓书院为例，张栻主持岳麓书院期间，培养了一大批经国济世的人才，其中有挥鞭疆场、屡建战功的吴猎、赵方，有敢于直言规谏、为民请命的彭龟年，有留心经济、通晓财政的陈琦，有热心发展农业生产、关心百姓疾苦的贤官游九言、游九功兄弟等。他们对南宋政治改革和经济建设都作出了不少突出的贡献。

第四，书院在培养士人道德情操和品德修养方面，起到了官学无法替代的

---

① 黎靖德编：《朱子语类》卷十一，《读书法下》，北京，中华书局，1986年点校本。

作用。与官学相比，书院高扬为学术而非为功名的旗帜，不以科举仕进为办学目标，而且力求恢复教育的本来面貌，重视学生道德伦理的培养和修身律己的训练。朱熹在《白鹿洞书院揭示》中对此有明确的表述："教人为学之意，莫非使之讲明义理，以修其身，然后推己及人，非徒欲其务记览，为词章，以钓声名、取利禄而已也。"① 这种为知识而非为功名、为修养而非为仕进的人生价值观念，对宋元士人的心态产生了强烈的影响。宋元陵替之际，士人们或舍生取义，或隐迹山林，这种气节与南宋书院重视道德情操的培养，自然有着一定的关系。

五、宋元时期的科举制度

科举制度是一种以考试成绩定取舍的选官制度。它创置于隋，确立于唐，完善于宋元，对中国古代社会政治生活和文化发展产生过重要的影响。

（一）宋朝科举考试的种类

宋朝科举考试主要有贡举、制举、武举和童子举四种。

贡举。贡举是一种较有规律性的考试制度。宋初，贡举每年举行一次，仁宗时改为两年一次，神宗时改为三年一次，自此成为定制。在考试程序上，贡举一般经过解试、省试和殿试三级考试。先由本道在秋季对应试考生进行一次选拔考试，称为秋试或解试。考试合格者，称为贡士或举人，主考官将其试卷、家状呈交礼部，经礼部审核后，参加次年正月由礼部主持的省试。省试合格后，再参加由皇帝亲自主持的殿试。殿试评阅试卷有一定的标准："其考第之制凡五等：学识优长、词理精绝为第一；才思该通、文理周率为第二；文理俱通为第三；文理中平为第四；文理疏浅为第五。"② 临轩唱名时，第一、二等赐以"及第"名义，第三等赐以"出身"名义，第四、五等赐以"同出身"名义。

贡举设进士、九经、五经、开元礼、三史、三礼、三传、学究、明经、明

① 朱熹：《朱文公文集》卷七十四，《白鹿洞书院揭示》，《四部丛刊》本。
② 《宋史·选举一》，北京，中华书局，1985 年点校本。

法等科。礼部省试时，各科考试内容都有明确的规定。进士科，"试诗、赋、论各一首，策五道，帖《论语》十帖，对《春秋》或《礼记》墨义十条"。九经科，"帖书一百二十帖，对墨义六十条"。五经科，"帖书八十帖，对墨义五十条"。三礼科，"对墨义九十条"。三传，对墨义"一百一十条"。开元礼科和三史科，墨义"各对三百条"。学究科，"《毛诗》对墨义五十条，《论语》十条，《尔雅》、《孝经》共十条，《周易》、《尚书》各二十五条"。明经科，先帖文，然后口试，问大义十条，答时务策三道。明法科，"对律令四十条，兼经并同《毛诗》之制"①。殿试考试内容变化不常。开宝六年（973年）首行殿试时，进士与诸科均试诗赋。太平兴国三年（978年）殿试时，进士加论一首。熙宁三年（1070年），罢诗、赋、论，专试之以策，以千字为限。元祐时又复试诗、赋、论三题。哲宗亲政后，又改试对策，自此遂为定制。

制举。制举亦称制科、贤良科，是一种非经常设置的考试制度，如《宋史·选举志》所说："制举无常科，所以待天下之才杰。"② 太祖乾德二年（964年）二月，"始置贤良方正能直言极谏、经学优深可为师法、详闲吏理达于教化凡三科"③，应试者不限身份和资格，"黄衣、草泽，悉许应诏，对策三千言，词理俱优则中选"④。景德二年（1005年），又"增置博通坟典达于教化、才识兼茂明于体用、武足安边、洞明韬略运筹决胜、军谋宏远材任边寄等科"⑤，范围有所扩大。大中祥符年间，因国泰民安，无需刻意询访阙政，"乃罢其科"⑥。天圣七年（1029年），恢复制科，共有十种，即"贤良方正能直言极谏科，博通坟典明于教化科，才识兼茂明于体用科，详明吏理可使从政科，识洞韬略运筹帷幄科，军谋宏远材任边寄科，书判拔萃科，高蹈丘园科，沉沦草泽科，茂材异等科"，并制定出一定的应试程序，"先上艺业于有司，有司较之，然后试秘阁，中格，然后天子亲策之"⑦。熙丰变法期间，又罢辍制举，"元祐更化"时再度恢复。此后时行时废，直到南宋绍兴元年（1131年）确定此科后，再没有发生大的变化。据统计，宋代制举共实行22次，只有40人登科，实施效果似乎不太理想。

武举。武举是以选拔军事人才为目的的科举考试制度，创置于仁宗天圣七

---

① 《宋史·选举一》，北京，中华书局，1985年点校本。
②③④⑤⑥⑦ 《宋史·选举二》，北京，中华书局，1985年点校本。

年（1029 年）闰二月。凡是低级文武官员、文武官员的子弟、未入仕而且没有犯过重罪的庶民百姓，均可参加考科。武举考试程序也分解试、省试和殿试三个阶段。南宋时，为控制应试人数，在解试前又增加"比试"，内容包括策问、《武经七书》大义和弓马武艺。解试和省试都由兵部主持，内容也是考策义和弓马。殿试则由皇帝亲自主持，考试程序和内容大致是："先阅其骑射而试之，以策为去留，弓马为高下。"① 考试一旦合格，即授予一定的官职。如熙宁六年（1073 年）规定："策、武艺俱优为右班殿直，武艺次优为三班奉职，又次借职，末等三班差使、减磨勘年。策入平等而武艺优者除奉职，次优借职，又次三班差使、减磨勘年，武艺末等者三班差使。"②

童子举。童子举是专为儿童应试设置的科目。宋廷规定："凡童子十五岁以下，能通经作诗赋，州升诸朝，而天子亲试之。"③ 童子科一般不定期举行，应试内容也无具体规定，或诵经、史、子、集，或诵御制诗文，或诵兵书兼习步射。孝宗淳熙八年（1181 年），对应试童子定级分等："凡全诵《六经》、《孝经》、《语》、《孟》及能文如《六经》义三道、《语》、《孟》各一道、或赋一首、诗一首为上等，与推恩；诵书外能通一经，为中等，免文解两次；止能诵《六经》、《语》、《孟》为下等，免文解一次。复试不合格者，与赐帛。"④ 宁宗嘉定十四年（1221 年），对童子科的考试日期和录取名额作出规定："诏自今后童子举每岁以三人为额，仍令礼部行下诸路、州、军须管精加核实年甲，挑试，结罪保明，申礼部、国子监，定以三月初七日类聚挑试，将试中合格人具申朝廷用，三月十七日赴中书后省复试。"⑤ 童子科自此才有了一个相对规范的制度。

（二）宋朝科举制度的特点

与隋唐相比，宋代科举制度有这样四个显著的特点：

第一，取士不问家世，"一切以程文为去留"。唐末五代以来，随着门阀政治的崩溃，世家大族依靠门第垄断政权的局面彻底改观，传统的荐举选士制度

---

①② 《宋史·选举二》，北京，中华书局，1985 年点校本。
③④ 《宋史·选举三》，北京，中华书局，1985 年点校本。
⑤ 徐松辑：《宋会要辑稿》，《选举》一二之四十，北京，中华书局，1957 年影印本。

也发生了重要的变革，取士不问家世、"一切考诸试篇"① 的原则，逐渐成为社会普遍公认的新的法则。在宋代，无论士农工商子弟，除了"大逆人、缌麻以上亲，及诸不孝、不悌、隐匿工商异类、僧道归俗之徒"外，只要稍具文墨，都有资格参加科举考试。在录取时，"一切以程文为去留"②，考试成绩的优劣成为决定录取与否的唯一标准，家状仅仅是记载举子籍贯、年龄的简历，对是否录用丝毫不起作用。为鼓励寒门子弟参加科试，宋代帝王除了反复强调"贡举重任，当务选拔寒俊"③ 外，还对赴京就试的举子给予一定的资助，"自初起程以至还乡费，皆给于公家"④。在扶掖寒门子弟的同时，宋王朝取消了势家大族在科举入仕上的种种特权，甚至阻止势家子弟与寒门书生同场竞逐。如乾德六年（968 年），宋廷下诏规定："自今举人凡关食禄之家，委礼部具析以闻，当令复试。"⑤ 开宝八年（975 年），为防止"登科名级，多为势家所取，致塞孤寒之路"，宋太祖"躬亲临试，以可否进退，尽革畴昔之弊"⑥。太宗时，对势家子弟更是大加裁抑。雍熙二年（985 年），宰相李昉、参知政事吕蒙正、盐铁使王明、度支使许仲宣四大家族的子弟均金榜中选，太宗以"此并势家，与孤寒竞进，纵以艺升，人亦谓朕为有私也"⑦ 为由，直接取消了这批人参加殿试的资格。真宗和仁宗两朝，在名次和数量上抑制势家子弟之举，时有发生。凡此种种，在一定程度上拓宽了寒门子弟登科入仕的道路，顺应了唐宋之际中国社会由门阀政治向官僚政治转变的趋势。

第二，考试规程较为完善。为杜绝考官作弊，做到公平竞争，宋王朝对科举考试中存在的陋习和弊端加以革除，采取了诸多切实可行的措施，从而使宋代科举走上了规范化、制度化的轨道。

罢公荐和公卷。公荐是指主考官赴贡院主持考试之前，台阁权臣们向其推荐举子，以求录取时予以照顾，其实质是荐举制的残余形式，为主考官"因缘

---

① 李焘：《续资治通鉴长编》卷一百三十二，庆历元年八月丁亥，北京，中华书局，1985 年点校本。
② 陆游：《老学庵笔记》卷五，《津逮秘书》本。
③ 李焘：《续资治通鉴长编》卷四十三，咸平六年正月丙寅，北京，中华书局，1979 年点校本。
④ 王栐：《燕翼诒谋录》卷一，《进士试礼部给公券》，《百川学海》本。
⑤ 李焘：《续资治通鉴长编》卷九，开宝元年三月，北京，中华书局，1979 年点校本。
⑥ 李焘：《续资治通鉴长编》卷十六，开宝八年二月戊辰，北京，中华书局，1979 年点校本。
⑦ 李焘：《续资治通鉴长编》卷二十六，雍熙二年三月己未，北京，中华书局，1979 年点校本。

挟私"提供了机会。建隆四年（963 年），宋廷下诏规定："礼部贡举人，今后朝臣不得更发公荐，违者重置其罪。"① 公卷盛行于唐代，是指考生将平时所作文章诗赋投献礼部，作为录取时参考。宋初，纳公卷之风仍然兴盛，主考官徇情用私和举子弄虚作假等行为屡有发生。至庆历元年（1041 年），宋廷正式"罢天下举人纳公卷"②，使试卷成为评定考生水平高低的惟一依据。

行锁院之制。宋朝不但采取临时性差遣考官的办法，来代替唐代主考官长期连任的做法，而且实行锁院制度。考官一旦接受任命，必须"径赴贡院，以避请求"③，等到考试结束后才能出院，这就断绝了权臣近侍、亲朋好友的请托之风。

创弥封誊录之法。弥封就是将试卷上的举人姓名、年甲、身世、籍贯等密封糊去，代之以字号，以防考官在评定试卷时徇私作弊。誊录是指将试卷弥封后，交付书吏抄写一份副本，经对读官校对无误后，将副本送主考官评阅定等。这样，主考官与考生就无法通过留记暗号、辨认字迹等方式串通作弊。

立别试、殿试之制。别试和殿试皆发轫于唐代，但没有形成一种稳定的制度。至宋代，别试和殿试才走向规范化。别试主要在解试和省试中实行，凡与考官有姻亲故旧关系的考生，应试时必须移至别处考场，另选考官对其进行单独考试。殿试制度正式创立于开宝六年（973 年），目的在于防止省试主考官徇私作弊，取舍非当，选人失次。殿试制度的确立，客观上改变了唐代科举考试中形成的"进士皆为知举门生，恩出私门，不复知有人主"④ 的非正常现象，使所有及第举人直接成为皇帝的门生，从而密切了皇帝与官员之间的关系，使其在感恩情愫的支配下为宋廷效力。

第三，录取名额扩大，进士授官优渥。宋代科举选士之多，远非唐代所能比拟。唐代每次科举，进士科"所取不过三四十人"⑤，明经科取士大约百人，合计起来也不过一百四五十人。而宋代取士数量则随着时间的推移直线上升。

---

① 徐松辑：《宋会要辑稿》，《选举》三之二，北京，中华书局，1957 年影印本。
② 李焘：《续资治通鉴长编》卷一百三十三，庆历元年八月丁亥，北京，中华书局，1985 年点校本。
③ 李焘：《续资治通鉴长编》卷三十三，淳化三年正月丙申，北京，中华书局，1979 年点校本。
④ 王栐：《燕翼诒谋录》卷一，《御试不称门生》，《百川学海》本。
⑤ 吕祖谦：《宋文鉴》卷一百二十四，刘敞《策问二首》，《四库全书》本。

太祖在位期间，开科考试 15 次，登第者接近 500 人，平均每年 30 多人，明显低于唐代取士数量。太宗时，国内政局渐趋稳定，各级政府机构急需充实人员，取士数量因而迅猛增加。太宗在位期间，开科 8 次，登第者大约 7000 人。真宗朝开科 9 次，取士 5200 人。仁宗朝开科 13 次，取士超过万人。据统计，宋代共开科考试 130 次，其中进士科取士约 4.3 万人，诸科约 1.7 万人，特奏名约 5 万人，合计约 11 万人，平均每年录取约 344 人，① 是唐朝每年取士数量的二三倍。

除了录取名额扩大外，宋代进士的待遇也十分优渥。唐代士子及第后，只是获得了任官资格，还需要经过礼部铨试合格后才能擢用。宋代取消了这个程序，举子一旦登第即释褐授官。太平兴国二年（977 年），宋廷对登科及第的 500 人，"第一、第二等进士并九经授将作监丞、大理评事，通判诸州；同出身进士及诸科并送吏部，免选优等注拟初资职事、判司簿尉"②。至仁宗景祐元年（1034 年），又将进士分为五甲：第一甲前三名授将作监丞，通判诸州；第四、第五名授大理评事、签书诸州节度判官事；第六名以下授秘书省校书郎、知县。第二甲为两使职官，第三甲为初等职官。第四甲为试衔判同簿尉。③ 由于及第者授官起点较高，不少人在短时间内就飞黄腾达，身居显位。尤其是甲科及第的进士，仕途相当畅达，如"仁宗一朝十有三榜，数其上之三人，凡三十有九，其不至于公卿者，五人而已"④。

第四，科举考试内容注重经世致用。宋代社会始终笼罩着一种深重的忧患意识。这种意识不仅来自北方辽、夏、金诸国的军事威胁，而且来自宋代政权自身的运转失序和贫弱不堪。为摆脱这种状态，宋朝统治者多次倡导和力行社会改革。作为选人之道的科举制度，便不可避免地成为社会改革的重要内容。"庆历新政"期间，以范仲淹为首的改革派力图改变"有司束以声病，学者专

① 参阅张希清等著：《宋朝典制》，第 218～219 页，长春，吉林文史出版社，1997 年版。
② 李焘：《续资治通鉴长编》卷十八，太平兴国二年正月庚午，北京，中华书局，1979 年点校本。
③ 徐松辑：《宋会要辑稿》，《选举》二之七，北京，中华书局，1957 年影印本。
④ 洪迈：《容斋随笔》卷九，《高科得人》，《津逮秘书》本。

于记诵"① 的空疏学风和"专以词赋取进士，以墨义取诸科"② 的考试方法，实施了一系列改革科举的措施。在考试内容上，"进士试三场，先策，次论，次诗赋，通考为去取，而罢帖经、墨义"，"士子通经术、愿对大义者，试十道"③。在评卷标准上，以策论高、词赋次者为优等，策论平、词赋优者为次等，诸科经旨通者为优等，墨义通者为次等。在授官方式上，进士、诸科优等及第者放选注官，次等及第者守本科选限。这种考试和授官办法，对于培养"经济之才"无疑是积极有效的措施。然而，随着范仲淹集团在政治角逐中失利，科举改革运动也草草收场。熙宁年间，王安石变法运动再次触动积痾深重、弊病丛生的科举制度。在王安石看来，宋初以来的科举考试方法，只能导致士人"闭门学作诗赋，及其入官，世事皆所不习"④，选拔出来的只是一批会作诗填赋而无治世才能的窝囊废。因此，他主张"宜先除去声病对偶之文，使学者得专意经义"⑤。在王安石的极力倡导下，宋廷出台了一套"贡举新制"："进士罢诗赋、帖经、墨义，各占治《诗》、《书》、《易》、《周礼》、《礼记》一经，兼以《论语》、《孟子》。每试四场，初本经，次兼经并大义十道，务通义理，不须尽用注疏。次论一首，次时务策三道。"⑥ 同时罢明经诸科，另创设明法科，"试律令、《刑统》、大义、断案，所以待诸科之不能业进士者"⑦。可以看出，王安石科举改革的思路就是通过废除诗赋和帖经、墨义，使士人摆脱浮华空疏的学风，注重社会现实生活，增加解决实际问题的能力。这个改革措施虽然在后来动荡不定的政治格局中时兴时废，但毕竟打破了隋唐以来科举考试重诗赋、守注疏的规制，使宋代科举考试呈现出鲜明的时代特色。诗赋位置的下降、帖经墨义的废止，标志着宋代科举制度已经出现向实用化方向发展的趋势。

---

① 《宋史·选举一》，北京，中华书局，1985 年点校本。

② 李焘：《续资治通鉴长编》卷一百四十三，庆历三年九月丁卯，北京，中华书局，1985 年点校本。

③ 李焘：《续资治通鉴长编》卷一百四十七，庆历四年三月乙亥，北京，中华书局，1985 年点校本。

④ 《宋史·选举一》，北京，中华书局，1985 年点校本。

⑤ 王安石：《临川集》卷四十二，《乞改科条制札子》，《四库全书》本。

⑥ 李焘：《续资治通鉴长编》卷二百二十，熙宁四年二月丁巳，北京，中华书局，1985 年点校本。

⑦ 《元史·选举一》，北京，中华书局，1976 年点校本。

（三）元朝的科举制度

元朝的科举制度是随着蒙元统治者走向深层汉化而确立的。元太宗窝阔台占领中原地区后，曾根据耶律楚材的建议，开科取士，"以论及经义、词赋分为三科，作三日程，专治一科，能兼者听，但以不失文义为中选"[1]。这次科举共取士 4030 人，都安排到各级地方政府机构中。但科举取士制度，极大地冲击了蒙古族以武功、荐举和特权为途径的选官制度，因而引起不少蒙古贵族的反对，仅实行一次就草草收场。元世祖在位期间，曾三次准备推行科举制度，均因与蒙古传统的铨选任官制度相冲突而未果。其后裕宗、成宗、武宗统治期间，科举制度仍然停留在朝臣们的议论中。直到皇庆二年（1313 年）十月，在中书省大臣极力敦请下，元仁宗才同意实行科举取士制度。十一月，正式颁诏，对考试日期、考试程式、考试内容、中选者授官品秩等，均作了明确规定。现据《元史·选举志》摘录于下，以便对元代科举有一个基本的认识：

> 科场，每三岁一次开试。举人从本贯官司于诸色户内推举，年及二十五以上，乡党称其孝悌，朋友服其信义，经明行修之士，结罪保举，以礼敦遣，贡诸路府。其或徇私滥举，并应举而不举者，监察御史、肃政廉访司体察究治。

> 考试程式：蒙古、色目人，第一场经问五条，《大学》、《论语》、《孟子》、《中庸》内设问，用朱氏章句集注。其义理精明、文辞典雅者为中选。第二场策一道，以时务出题，限五百字以上。汉人、南人，第一场明经经疑二问，《大学》、《论语》、《孟子》、《中庸》内出题，并用朱氏章句集注，复以己意结之，限三百字以上；经义一道，各治一经，《诗》以朱氏为主，《尚书》以蔡氏为主，《周易》以程氏、朱氏为主，以上三经，兼用古注疏，《春秋》许用《三传》及胡氏《传》，《礼记》用古注疏，限五百字以上，不拘格律。第二场古赋诏诰章表内科一道，古赋诏诰用古体，章表四六，参用古体。第三场策一道，经史时务内出题，不矜浮藻，惟务直述，限一千字以上成。蒙古、色目人，愿试汉人、南人科目，中选者加

---

[1] 《元史·选举一》，北京，中华书局，1976 年点校本。

一等注授。蒙古、色目人作一榜，汉人、南人作一榜。第一名赐进士及第，从六品，第二名以下及第二甲，皆正七品，第三甲以下，皆正八品，两榜并同。

中书省以这份诏书为原则，制定了更加具体、详细的条目，包括乡试、会试、御试的具体时间和内容、考官选用方法、各地参加会试的考生数量、考场纪律等等，成为元代科举考试的指南。

科举制度确立不久，便进入实施阶段。延祐元年（1314 年）秋季，各地乡试正式开始。次年二月和三月，又举行会试和廷试，赐护都答儿、张起岩等56 人为进士及第或进士出身。此后，科举考试基本上正常进行。到元顺帝至正二十六年（1366 年）为止，元代共计举行了 16 次科举考试，共录取进士1139 人。

与宋朝科举制度相比，元朝科举制度有这样几个显著特点：

第一，民族歧视十分严重。元代的民族等级制度同样贯串于科举制度中，这一点在仁宗皇庆二年（1313 年）诏书和中书省所定条目中有明显的反映。在考试程式上，蒙古人和色目人只考两场，而汉人和南人则要考三场。在考试内容上，蒙古、色目人的考题比较容易，不考古赋、诏诰和章表，御试策问只要 500 字就合乎标准；而汉人、南人的考题则比较艰深复杂，答题的字数与内容均有严格的规定。如果蒙古、色目人参加汉人、南人科目考试，中第者授官也高出汉人、南人一等。在会试名额上，蒙古和色目人合计为 150 人，汉人和南人同样是 150 人，这无论从各民族人口比重和应试士人的数量上看，均具有极端的不合理性。

第二，科目少，考试内容空疏单调。元代科举只有进士科和童子科两种，科目比较少。而宋代除制举、武举和童子举外，常贡科目就有进士、九经、五经、开元礼、三史、三礼、三传、学究、明经、明法等科。在考试内容上，元代虽然规定以先秦儒家经典为主要内容，但更侧重于以宋代理学家的注疏释义为答题要旨，程朱理学实际上成为元代科举考试的主要内容。相比之下，宋代科举考试内容丰富多样，除了常规内容诗赋、经义外，甚至一度采用王安石的《三经新义》。

第三，应试资格进一步放宽。宋代科举严格禁止"大逆人、缌麻以上亲，及诸不孝、不悌、隐匿工商异类、僧道归俗之徒"进入科场，一旦查出，从严处理。而元代只禁止"倡优之家及患废疾、若犯十恶奸盗之人"[①] 参加科举考试，应试资格显然进一步放宽。

（四）科举制度与宋元文化

科举制度作为一种文教制度，对宋元时期的文化发展产生了极其重要的影响。

第一，科举制度促进了教育事业的发展。宋元时期上下一体、遍及各地的教育网络的形成，显然与统治者倡导教化有关，但其深层原因无疑是受科举制度的推动。以宋代为例，宋代太学、国子学、州县学和私学，大都以科举中第为办学的最高宗旨，甚至连标榜不逐名利的书院也无法完全摆脱科举的诱惑。[②] 这一点，在宋人议论中多有反映。如朱熹说："所谓太学者，但为声利之场，而掌其教事者，不过取其善为科举之文而尝得隽于场屋者耳。士之有志于义理者，既无所求于学，其奔竞辐凑而来者，不过为解额之滥，舍选之私而已。"[③] 这是对太学情况的写照。地方官学同样是以科举中第为嚆矢，其教学内容"不过谨其出入，节其游戏，教以抄节经史，剽窃时文，以夜继昼，习诗赋诗论策，以取科名而已"[④]。朝廷对学官的奖掖更是以科举中第率的高低作为重要标准。如庆历三年（1043 年）三月的《兴学诏》规定：各地州学教授内，"有因本学应举及第人多处，亦予等第酬赏"[⑤]。可以说，科举制度是宋元教育事业蓬勃发展的内在动力，它不仅引发了各地官私学校的普遍兴起，而且激发了学官塾师的教育热情，使宋元时期的教育事业进入空前发达的阶段。

第二，科举制度推动了文化的相对普及。宋元科举制度基本上遵循着"取士不问家世"的原则，以考试成绩优劣作为录取与否的惟一标准。这种开明的取士政策，为宋元时期社会各阶层人们迈进仕途敞开了大门，"朝为田舍郎，

---

① 《元史·选举一》，北京，中华书局，1976 年点校本。
② 参阅何忠礼《科举制度与宋代文化》，载《历史研究》1990 年第 5 期。
③ 朱熹：《朱文公文集》卷六十九，《学校贡举私议》，《四部丛刊》本。
④ 赵汝愚：《宋朝诸臣奏议》卷七十八，司马光《上神宗答诏论学校贡举之法》，上海古籍出版社，1999 年点校本。
⑤ 徐松辑：《宋会要辑稿》，《崇儒》二之四，北京，中华书局，1957 年影印本。

暮登天子堂"再也不是虚无缥缈的神话传说，寒门子弟频频登科的事实，激发了各阶层人们对科举入仕的强烈欲望和信心。在宋代，士农工商子弟虚心向学的现象较为普遍。如吴郡（今苏州），"虽濒海裔夷之邦，执来垂髫之子，孰不抱籍缀辞以干荣禄，褰然而赴诏者，不知其几万数"①。饶州"为父兄者，以其子与弟不文为咎；为母妻者，以其子与夫不学为辱"②。福州永福（今永泰）也是"家尽弦诵，人识律令，非独士为然，农工商各教子读书，虽牧儿馌妇，亦能口诵古人言语"③。文化不再被少数世家大族所垄断，而是逐渐普及到农、工、商各阶层。这一切，不能不说是得益于科举政策的推动。

第三，科举制度推动了学术文化的发展。宋元科举考试中，儒家经典及注疏释义一直是重要的内容。但是，在当时各种思潮的影响下，经义考试已不再完全墨守古人的陈词滥调，而是注入了一些具有时代特色的内容。从王安石《三经新义》的使用到朱熹《四书章句集注》的选定，都反映出官方意识形态对学术文化的干预。这种干预在断绝一种学术思潮自由发展的同时，却为另一种学术思潮的全面发展提供了良机。理学官学化的发展历程就是一个生动的例证。理学作为一种学术思潮，在取得官方意识形态的主导地位后，也就自然而然地成为南宋后期和元代科举考试的中心内容。举凡出题和答题，无不以程朱理学为准绳。如元代明文规定："明经经疑二问，《大学》、《论语》、《孟子》、《中庸》内出题，并用朱氏章句集注"经义考试，"《诗》以朱氏为主，《尚书》以蔡氏为主，《周易》以程氏、朱氏为主"。这个规定，一方面，为程朱理学的普及化、民间化开拓了道路，以科举中第为人生理想的各阶层子弟，均要受到程朱理学的熏染；另一方面，为程朱理学的学术化创造了条件，使一大批以不逐功名利禄为人生信念的文人学者们，能够在相对宽松的文化环境中，以平和的心态来穷究性理之学，招收生徒，讲经布道。就此而言，科举制度促进了理学的广泛传播，对宋元时期理学的兴盛起到了重要的作用。

第四，科举制度促进了类书编撰事业的兴盛。宋元科举考试内容极其庞杂，上至秦汉儒家经典，下到当代故事典制，无所不包。为满足士人参加科举

---

① 范成大：《吴郡志》卷四，见《宋元方志丛刊》第一册，北京，中华书局，1990年影印本。
② 洪迈：《容斋随笔》卷五，《饶州风俗》，《津逮秘书》本。
③ 方大琮：《铁庵集》卷二十一，《致乡守项寺丞书》，《四库全书》本。

考试的需要，时人编撰出版了大量的类书和当代史著作。清代馆臣曾这样评述："宋自神宗罢诗赋，用策论取士，以博综古今、参考典制相尚，而又苦其浩瀚不可猝穷，于是类事之家往往排比连贯，荟萃成书，以供场屋采掇之用。"① 这道出了宋人大量编撰类书的缘由。如吕祖谦撰《历代制度详说》，"盖采辑事类以备答策"。陈傅良撰《永嘉八面锋》，"皆预拟程试答策之用"。无名氏撰《群书会元截江网》，"盖理宗时程试策论之本"。林駉、黄履翁撰《源流至论》，"专为科举而设"。王应麟撰《玉海》，也是"为词科庞用而设"。此外，章如愚的《山堂群书考索》、苏易简的《文选双字类要》、刘攽的《文选类林》、刘达可的《璧水群英待问会元选要》、詹光大的《群书类句》、朱景元的《经学对仗》、无名氏的《三场通用引易活法》、刘氏的《古赋题》等等，都是为应付科举考试而编撰的。这些类书，不仅为当时士人应试科举提供了极大的方便，也为后人保存了大量珍贵的文献资料。

第五，科举制度刺激了雕版印刷事业的发展。如前所述，宋元科举制度的改革，引发了社会各阶层倾心向学、潜研诗文的浓厚风气，使得书籍的刊刻出版有了商品化的可能。凡与科场有关的图书，如帖括、策论、字书、韵书、类书、儒经、史书和文集，均源源不断地被官府和私坊刊刻印行，流布于世。据清代叶德辉《书林清话》、丁丙《善本书室藏书志》和陆心源《皕宋楼藏书志》等书综合统计，宋代中央和地方官刻四部书至少有 256 种、8754 卷，其中经部书 26 种、750 卷；史部书 74 种，4112 卷；子部书 63 种，691 卷；集部书 93 种，3204 卷。史书和文集刊刻数量之多，显然与宋代科举的兴盛有着密切关系。至于唯利是图的私家书坊，更是依据社会需求来决定其刊印书籍的内容、种类和数量，士人应试书籍自然是其选择刊印的重点。因此，可以说，科举制度为宋元时期雕版印刷业的发展注入了强大的活力，导致雕版印刷事业进入了一个空前繁荣的黄金时代。

---

① 《钦定四库全书总目》卷一百三十五，《源流至论》，北京，中华书局，1997 年整理本。

第三章
气象博大的"理学时代"

  理学是以儒学思想为主，汇通、熔铸了释道思想精华而形成的一个纳自然、社会、人生为一体的博大的思想文化体系，是宋元时期思想文化发展的主流，是学术文化史上具有划时代意义的标志。正如张岱年先生所言："中华学术，源远流长。春秋战国时期，诸子并起，百家争鸣，是为诸子时代。汉代罢黜百家，独尊儒术，于是经学成为官学，是为经学时代。魏晋之世，玄谈盛行，以《老》、《庄》、《易》为三玄，是为玄学时代。之后，佛教逐渐发展起来，至隋唐之时，佛学有高度发展，而儒门淡泊，是为佛学时代。北宋时期，理学兴起，批判了佛学与道家，恢复了儒学的正统地位，理论思维有进一步的发展，经历元明，是为理学时代

······。"①

　　理学时代起始于儒学的变革。北宋时期，在思想文化全面复兴、各个领域的文化巨人如群星璀璨的历史背景下，在一种活跃的学术争鸣的氛围中，"宋初三先生"和号称"理学五子"的周敦颐、邵雍、张载、程颢、程颐几乎联袂而起，他们一方面以"卫道者"的坚定姿态出现，力倡儒学道统；另一方面，又以"思想家"的冷静目光，审视和反思传统儒学的缺陷，以较为开放的心态汲取和学习佛、道二家的思想，对传统儒学进行重构。至南宋时期，经过一大批理学传人的努力，尤其是朱熹、陆九渊等理学大师的拓展，终于完成和确立了庞大的理学思想文化体系。这一体系的确立，第一，使儒学一改玄学、佛学时代长达数百年的萎靡不振的局面，为儒学在新的历史条件下的复兴开辟了一片新的天地；第二，摆脱了以往儒学的那种质朴平淡的政论形态，使传统儒学"直白浅近"的道德训诫，被赋予了一种透彻了悟的哲理意蕴，一个将儒家的入世有为和释、道的静泊空寂的旨趣融合为一体的人生哲学合乎时代需要地创立了出来。这样，宋代理学自身完成了由"知天而知人"，即从宇宙观到社会观到人生观的整体建构，儒学也完成了它在中国古代历史上一次最大的蜕变，从而对中华民族的思维结构、价值心态、精神观念等等，都产生了至大至深至远的影响。

一、儒学的变革和理学的产生

　　就最直接的意义而言，"理学"是对"玄学"和"佛学"的反响和抗诘。摆在宋明思想家，尤其是两宋思想家面前的一个最为迫切的任务就是要重振玄、佛挤兑下的儒学，改变六七百年间儒学长期萎靡不振的情况。而要改变这种状况，又离不开对儒学不振的内在原因的反思。对儒学的反思，就是既要发挥其长处，更要看到其短处，而它的短处只能是与玄学、佛学相比较而言的，于是，又有了对释（佛）、道（玄）思想的汲取。这样，复兴儒学道统，反思传统儒学和汲取佛道思想，就构成了两宋儒学振兴的基本内容，宋代理学也就

---

① 《中华学术与中国文学研究丛书总序》，南昌，百花洲文艺出版社，1999 年版。

在对儒学的捍卫、复兴与怀疑、反思中，在对玄佛的抗诘、争辩与汲取、容纳中，拉开了它的历史帷幕。

（一）力倡道统与反思儒学

一般认为，对儒学的反思运动大致发端于仁宗庆历时期的胡瑗、孙复、石介三先生。孙复在他的一篇名叫《儒辱》的文章中，曾历数儒家学说自创立以来所受的种种磨难与耻辱，对东汉以后四五百年间玄学和佛教在思想文化界占主导地位的状况极为不满："儒者之辱，始于战国，杨、墨乱之于前，申、韩杂之以后，汉魏而下，而又甚焉。佛老之徒滥于中国，彼以死生祸福虚无报应为事，……于是其教与儒齐驱并驾，峙而为三。吁，可怪也！儒者得不鸣鼓而攻之乎！"[①] 这篇文章显然是从儒家文化正统观的角度立论的，语气虽不免偏颇，但其对儒学衰落的叙述却是符合事实的。然而，儒学的衰落，除了社会动荡不安、释、道排挤以外，更有其自身的原因。正如孙复所揭示的那样，玄学、佛学是"以死生祸福虚无报应为事"，即是专门探讨世界的有无、人世的真幻、祸福相倚、生前死后等问题的。与其讨论的问题相适应，它必然有着一套比较细密严谨的思辨理论体系。而在这一方面，无论是以质朴的政治形态出现的原始儒学，还是以粗陋的"天人感应"的形态出现的西汉儒学，显然都是无法与之相抗衡的。至于东汉以后，包括中唐以前的儒学，都只是着力于对儒家典籍文字的笺注训诂，而这种"章句之学"更不可能在思辨深度上有所建树。

儒学的这种缺陷，早在唐代时韩愈就已经认识到了。韩愈在他那篇被后世学者称之为"儒教史上意义最深远的宣言书之一"的《原道》中，首次提出了"儒家道统"说。他认为，儒家有一个源远流长、贯通古今的核心道统："尧以是传之舜，舜以是传之禹，禹以是传之汤，汤以是传之文武周公，文武周公传之孔子，孔子传之孟轲。轲之死，不得其传焉。"[②] 儒学道统因缺乏传人而中断不显。韩愈的这种说法，显然是为了与佛教从释迦牟尼、道教从李耳这种代代相传的世系系统相对抗，而虚构出从尧到舜、禹、汤，再到文、武、周

---

① 黄宗羲：《宋元学案》卷二，《泰山学案》，北京，中华书局，1986年点校本。
② 韩愈：《韩昌黎集》卷十一，《原道》，《四部丛刊》本。

公、孔、孟这样一个道统的传承关系，但这种思想为宋儒们重振久已失传的圣人之道提供了强大的精神动力。宋初士大夫基本上循着韩愈的思路继续前行。他们一方面力倡儒学道统，"所谓尧、舜、禹、汤、文、武、周公、孔子、孟轲、扬雄、韩愈氏，未尝一日不诵于口；思与天下之士，皆为周孔之徒，以致其君为尧舜之君，民为尧舜之民，亦未尝一日少忘于心"①，另一方面，又对佛、道二教极力抨击，毫不妥协，"勇攻佛老，奋笔如挥戈"②。

然而，重振儒学还不能仅仅停留在力倡道统上，更为重要和根本的还是要对儒学本身进行反思。反思的过程也就是重新认识儒家经典的过程。从宋初三先生的活动来看，他们对儒家经典的研究和传授，已经与汉唐儒士严禀师承、笃守注疏的做法大不相同。第一，重点已不在词句的解释和训诂上，而是着重于基本原理的探讨，使儒学由汉唐时期的"章句之学"向宋代的"义理之学"转变。正如《宋明理学史》所说："孙复作《春秋尊王发微》，强调尊王攘夷，……石介很重视《周易》的研究，作《易解》和《易口义》，借《周易》以排佛道，并且虚构儒家的道统，说儒家自尧、舜、禹、汤、文、武、周公、孔子等自有一套前后相续的治国安民之道和人生哲学，……不重训诂，而重义理，这就揭开了后来理学借用儒家经典以创立自己理论体系的序幕。"③ 第二，他们对儒经基本原理的理解有很大的随意性，为了阐述自己的思想，甚至不惜曲解儒家经典。如孙复是以研究和讲授孔子的《春秋》而闻名于当时的，但他对《春秋》的解释，就掺杂着十分明显的主观色彩。故清代学者纪昀评价说："宋自孙复以后，人人以臆见说《春秋》。"④ 事实上，这种"以臆见解经"的方法，为后来儒学在新的历史条件下的发展开辟了一条新路。第三，在对儒经的传授上，他们都反对单纯传授知识，即从书本到书本，而主张与时事政治相结合。胡瑗在长期的教学过程中，设立"经义"和"治事"两门课程，将儒家经义和现实政治同时讲授。他在苏州、湖州的教学经验曾被称为"苏湖教法"，并在全国推广。"苏湖教法"的基本特点就是重视发挥儒家经典的要义和原则，

---

① 欧阳修：《欧阳文忠公文集》卷三十四，《徂徕石先生墓志铭》，《四部丛刊》本。
② 欧阳修：《欧阳文忠公文集》卷三，《读徂徕集》，《四部丛刊》本。
③ 侯外庐等主编：《宋明理学史》上卷，第 27 页，北京，人民出版社，1984 年版。
④ 《钦定四库全书总目》卷二十七，《春秋分记》，北京，中华书局，1997 年整理本。

反对琐琐于章句文辞之间。关于这一点，蔡襄在为胡瑗作墓志铭时说得十分清楚："解经至有要意，恳恳为诸生言其所以治己而后治乎人者。学徒千数，日月刮劘为文章，皆传经义，必以理胜。"[1] 这种教学方法必然会给古老的儒家经义增添一些具有时代特色的新内容。

与"三先生"同时或稍后，北宋涌现出一大批公开"舍传求经"和"疑经改经"的儒学变革者。"舍传求经"就是放弃汉唐诸儒对儒家经典的注解而直接以个人的理解来研读儒学原著；而"疑经改经"则是对儒学原著的直接诘难和大胆改写。如欧阳修著有《毛诗本义》16 卷，对毛、郑的《诗经正义》诘难不已，故清代馆臣说："自唐以来，说《诗》者莫敢议毛、郑，虽老师宿儒亦谨守《小序》，至宋而新义日增，旧说俱废。推原所始，实发于修。"[2] 刘敞著《七经小传》3 卷，则由疑经而改经，"如谓《尚书》'愿而恭'当作'愿而苶'，'此厥不听'当作'此厥不德'；谓《毛诗》'烝也无戎'当作"烝也无戍'；谓《周礼》'诛以驭其过'当作'诛以驭其祸'，'士田贾田'当作'工田贾田'，'九簭，五曰巫易'当作'巫阳'；谓《礼记》诸侯'以貍首为节'当作'以鹊巢为节'。皆改易经字，以就己说。至《礼记》'若夫坐如尸'一节，则疑有脱简；'人喜则斯陶'九句，则疑有遗文；'礼不王不禘'及'庶子王亦如之'，则疑有倒句；而《尚书·武成》一篇考定先后，移其次序，实在蔡沈之前"。进而断论"盖好以己意改经，变先儒淳实之风者，实自敞始"[3]。此外，司马光疑《孟子》，苏东坡讥《尚书》，"排毁先儒"，蔚然成风。更有甚者，有研读《孟子》的学者，将孟子的木头雕像放在书案前，每读至"与己意不合"之处，就对着书案上的"孟夫子"重重地掴上两个耳光。毫无疑问，在这种活泼、自由的学术氛围中孕育发展出来的理学必将有一种新的风貌。

事实上，宋代理学家正是在这种宽松的文化氛围中开始了对传统儒学的反思和改造。被称为"理学开山"的周敦颐，虽然终生以"复兴孔孟之学为职志"，但他对孔孟著作却并不拘泥于词句之间，而是着重于对其基本原理的发挥。稍后的邵雍、张载、二程对待儒家经典也同样注重其义理，注重独立思

---

① 蔡襄：《蔡忠惠集》卷三十三，《太常博士致仕胡君墓之志》，《四库全书》本。
② 《钦定四库全书总目》卷十五，《毛诗本义》，北京，中华书局，1997 年整理本。
③ 《钦定四库全书总目》卷三十三，《七经小传》，北京，中华书局，1997 年整理本。

考，反对盲目崇信。二程之所以要把《大学》和《中庸》从《礼记》中抽出来独立成书，就是因为他们认为"《礼记》之文多谬误者"。即便是对待《论语》和《孟子》，二程的态度也是"知其要约所在"，即把基本原理搞清，而不必琐琐于章句注疏之中。南宋理学大师朱熹和陆九渊尽管治学风格各不相同，但两人在"疑经改经"和"以己意解经"这一点上却是极为一致的。朱熹说自己在学习儒家经典时，为了"发其精微"，总是"一面看，一面疑"。陆九渊则公开声称"六经注我，我注六经"①，将"六经"随意解释，更是远远超过了朱熹。故清代四库馆臣对宋代理学家曾有"臆断之学"的批评："洛、闽继起，道学大昌，摆落汉、唐，独研义理。凡经师旧说，俱排斥以为不足信，其学务别是非。及其弊也，悍!"②"悍"就是自以为是，把自己的思想强加给古人。当然，也许正是由于宋代理学家对传统儒学的"臆断"，才体现出了其反思和变革的精神；至于"悍"，则或多或少地反映出宋儒在理论上的自信心和创造欲。宋代理学家的普遍性疑经惑古，标志着经学发展进入新的历史时期。其丰富多彩的思想学说及格调迥异的观点主张，蕴蓄着中国传统社会文化发展的又一高峰。

（二）汲取佛道和儒学的哲理化

如前所述，对儒学的反思，就是既要看到它的长处，又要正视其短处，而它的短处也只能是与佛学、玄学相比较而言的。换言之，儒学之所以萎靡不振，不能与玄学、佛学相抗衡，主要是因其有不及玄、佛之处。于是，汲取佛道思想精华也就成为宋儒们势在必行的任务。

那么，与佛学、玄学相比，传统儒学究竟有哪些缺陷呢？众所周知，在以往的儒家思想中，关于宇宙的起源和统一问题的探讨基本上是一片空白。孔子说"惟天为大"，以"天"为最高极限，"天"以外的问题是根本不考虑的，"六合之外，圣人存而不论"。荀子也说"惟圣人为不求知天"③，圣人"于天

---

① 《陆九渊集》卷三十四，《语录上》，第399页，北京，中华书局，1980年版。
② 《钦定四库全书总目》卷一，《经部总叙》，北京，中华书局，1997年整理本。
③ 《荀子·天论篇》，《四部丛刊》本。

地万物也，不务说其所以然"①。也就是说，对宇宙的起源和本质之类的哲学问题是不必探究和了解的。儒家的这一思想传统，表明其学术兴趣基本上是浮在纲常伦理（人事）这一质朴平淡的层面，而未能向更深的哲学层面开掘。张载曾十分精辟地总结说："知人而不知天，……此秦汉以来学者之大弊。"② 这个"大弊"，就是传统儒学无法克服的缺陷。而宋代理学家们所要完成的使命，就是改变儒学先前那种质朴平淡的政论形态，使它呈现出一种前所未有的精致、深邃、圆融的哲理风貌。这种变化，学术界曾贴切地称之为儒学的哲理化。而宋代理学家们在完成儒学哲理化的过程中，则十分明显地汲取了佛、道两家的某些观点。

首先，关于宇宙起源问题。早在春秋时期，道家宗师老子就公开以"玄之又玄，众妙之门"相标榜，极为热衷在可以看得见、摸得着、听得到、说得出的实际世界之外考虑问题，提出了"道生一，一生二，二生三，三生万物"③、"无名，天地之始"④ 等著名的命题，从而对宇宙的起源和统一问题作了哲学上的回答：包括天、地、人在内的宇宙间的万事万物都起源于"道"，同时又统一于"道"。老子描绘的这种宇宙起源、生成的图式对理学家影响非常之大。邵雍说："能造万物者，天地也；能造天地者，太极也。太极其可得而名乎？故强名之曰太极。"⑤ 不难看出，这种"太极生天地，天地生万物"的宇宙发生论正是老子的宇宙发生论的宋版，只是邵雍使用了"太极"的概念，而代替了老子的"道"。周敦颐承袭老子宇宙发生论的痕迹也很明显。他认为："无极而太极，太极生阴阳，阴阳相互运动，遂有天、地、人及万事万物。"⑥ 表明太极是一个无边无际、看不见、摸不着、超越现实有形世界之外的抽象的本体。毫无疑问，周、邵二人的努力正是受了老子对"道"的规定的影响。程朱在构建自己的理学体系时，同样汲取了道家的某些观点，只不过他们用"理"或"天理"代替"无极"、"太极"和"道"，认为"理也者，形而上之道也，

---

① 《荀子·君道篇》，《四部丛刊》本。
② 《宋史·张载传》，北京，中华书局，1985 年点校本。
③ 《老子》第四十二章，《诸子集成》本。
④ 《老子》第一章，《诸子集成》本。
⑤ 徐必达编：《邵子全书》卷七，《无名公传》，明万历丙午年刊本。
⑥ 周敦颐：《周敦颐集》，第 3 页，《太极图说》，北京，中华书局，1990 年点校本。

生物之本也"①，"理则只是个净洁空阔底世界，无形迹"②。这个"无形无影"、"无形迹"的"理"正是天、地、人及万事万物的起源："有所理，便有此天地。若无此理，便亦无天地，无人无物，都无该载了。"③ 但另一方面，朱熹又并非简单地照搬老子"道生万物天地"的观点，而是对天地起源问题作了更为详尽的描述："天地初间只是阴阳二气。这一个气运行，磨来磨去，磨得急了，便拶出许多渣滓。里面无处出，便结成个地在中央。气之清者便为天，为日月，为星辰，只在外，常周环运转。地便只在中央不动，不是在下。"④ 如此详尽的论述，显然远远超过了以往道家的谈天论地。这也正是理学哲学思辨发达的一个标志。

其次，关于宇宙本体问题。魏晋隋唐时期的玄学和佛学对中国哲学思想的最大贡献就是发展了宇宙本体论。玄学把宇宙间具体的、纷纭复杂的万事万物概括为"有"，不但强调"有生于无"，而且强调"无"为"有"之本，即"无"是"有"的本体、本原，"无"是第一性的，"有"是第二性的。这样，道家的"无中生有"的宇宙发生论就变成了玄学的"无是有之本"的宇宙本体论。佛教则郑重地强调了玄学中已有所讨论的"体用"关系，在佛教看来，具体的、形形色色的万事万物（"有"）都不过是"无"这一本体的具体表现、具体派生而已，这就进一步把玄学的"无是有之本"的观念明确了。不仅如此，从体用关系出发，佛教还发展出"宇宙的心"的概念，认为一切皆空，一切皆无，世间的一切事物、现象都不过是"心"中虚幻的产物。这样一来，佛教无非是将"心"（内在的精神）作为宇宙的本体，纷纭复杂的大千世界都只是这一本体的具体显现或派生。宋代理学正是汲取了玄学、佛学的这些思想，才建立起更为精致圆融的宇宙本体论。与玄、佛不同，程朱等理学家们不再使用"有"、"无"的范畴，而是通过"理"与"气"的关系来构建自己的宇宙本体论。朱熹曾说，理与气"本无先后之可言，然必欲推其所从来，则须说先有是理"⑤。这种"理先气后"的规定，无论从它的思想内涵还是表达形式上看，

---

① 朱熹：《朱文公文集》卷五十八，《答黄道夫一》，《四部丛刊》本。
② 黎靖德编：《朱子语类》卷一，《理气上》，第 3 页，北京，中华书局，1986 年点校本。
③ 黎靖德编：《朱子语类》卷一，《理气上》，第 1 页，北京，中华书局，1986 年点校本。
④ 黎靖德编：《朱子语类》卷一，《理气上》，第 6 页，北京，中华书局，1986 年点校本。
⑤ 黎靖德编：《朱子语类》卷一，《理气上》，第 3 页，北京，中华书局，1986 年点校本。

都已经与现代哲学中的基本问题——精神与物质何者为宇宙本原的问题——极为接近了，而这一点却又是玄学、佛学的宇宙本体论所难以比拟的。

与程朱理学以理为宇宙之本不同，张载提出了气本体论，陆九渊则通过对佛教的"宇宙的心"的概念的发挥，提出了心本体论。这些不同，在理学内部曾引起过激烈的争论。但由于三者各自从不同的角度达到了当时宇宙本体论所能达到的最高水平，因而这种争论也就如同三股互为激荡的巨流，在中国古代哲学发展的长河中涌起了一朵最大的哲学思辨的浪花。

随着宇宙生成论、宇宙本体论在理学思想中的确立，宇宙统一论的问题也开始得到较为彻底的解决。程颐在其著作《易传》中，将"理"的范畴运用于《系辞》中，认为"有理而后有象"①，即"理"是"象"的本体，存在于各种卦象之中，而各种卦象不过是"理"的具体表现，它们共同统一于"理"。因此，他提出了"万象统一于理"、"天下一理而已"、"天人一理而已"的宇宙统一观，从而解答了传统儒家未曾解决的人类哲学的最高问题。这在中国哲学发展史上，称得上是一块具有划时代意义的界标。

然而，有关宇宙发生观、宇宙本体观和宇宙统一观的探讨，并非儒学哲理化的全部内涵。对儒家的伦理纲常进行哲学的、本体论的解释和论证，才是理学的主旨和真谛之所在。哲学与政治、本体与伦理的巧妙融合，才应是完全意义上的"理学"。从理学思想前后发展的序列看，周敦颐和邵雍都过分醉心于"玄而又玄"的"太极"、"无极"之中，把主要精力用在了构思宇宙发生的"妙道"上，因而在这种融合方面没有作出丝毫的进展，倒是张载率先揭示出理学的主旨和真谛："为天地立志，为生民立道，为去圣继绝学，为万世开太平"②，使理学初步展露出伦理与本体、政治与哲学互为融合的典型风貌。程朱理学则进一步将这种风貌清晰地展现出来："宇宙之间，一理而已，天得之而为天，地得之而为地，而凡生于天地之间者又各得之以为性。其张之为三纲，其纪之为五常，盖此理之流行，无所不在。"③ 这样，三纲五常中所包含

---

① 程颢、程颐：《河南程氏经说》卷一，见《二程集》，第 1027 页，北京，中华书局，1981年点校本。
② 张载：《张子语录中》，见《张载集》，第 320 页，北京，中华书局，1978年点校本。
③ 朱熹：《朱文公文集》卷七十，《读大纪》，《四部丛刊》本。

的那个理，就具有了同宇宙本体之理同等的意义：宇宙本体之理是永恒的——"未有天地之先，毕竟也只是理"①；三纲五常中所含之理也同样是永恒的——"未有君臣，已先有君臣之理；未有父子，已先有父子之理"②，"万一山河大地都陷了，毕竟理却在这里"③。这样，封建伦理纲常的永恒性就得到了哲学上的论证，上升为永恒不变的本体。至此，宋代理学自身完成了从宇宙观到社会观的整体建构，儒学也完成了它在中国古代历史上一次最大的蜕变。

二、从"五星聚奎"到"程门独盛"

"五星聚奎"在封建时代是指所谓文运昌盛之象。北宋中期，周敦颐、邵雍、张载、程颢、程颐"并时而生，又皆知交相好"，与当时频频出现的"五星聚奎"天文现象有着某种神奇的巧合。这种偶然的巧合，曾被后代学者目之为"占启文明之运"的吉象而大书特书。

从北宋中期五子并起到北宋末年"程门独盛"，理学逐渐完成了其"内在理路"的演进：由理论前奏到迈入主题，再到理学主题的明确确立，理学终于以不同于传统儒学的面貌出现在中国思想文化的宏大天地中。

（一）理学的前奏曲：周敦颐、邵雍的理学思想

"五星聚奎"、理学五子并时而起之际，最先放射出耀眼光芒的是周敦颐和邵雍。概括地说，他们对理学发展的主要贡献，就是一改传统儒学"知人而不知天"，即重人伦纲常而不重宇宙自然观的缺陷，以"学不究天人，不足以为学"的精神，在宇宙自然观上着力开掘，从而推出了"太极生天地万物"的宇宙观，为理学主题的展开拉开了序幕。

周敦颐（1017～1073 年），字茂叔，道州营道（今湖南道县）人。曾任洪州分宁县主簿、南安军司理参军和几任县令，晚年任广东转运判官、广东提

---

① 黎靖德编：《朱子语类》卷一，《理气上》，第 1 页，北京，中华书局，1986 年点校本。

② 黎靖德编：《朱子语类》卷九十五，《程子之书一》，第 2436 页，北京，中华书局，1986 年点校本。

③ 黎靖德编：《朱子语类》卷一，《理气上》，第 4 页，北京，中华书局，1986 年点校本。

刑、知南康军。周敦颐的主要著作有《太极图说》和《通书》。因二程曾奉父命从周敦颐学习，故周敦颐被后世学者称为理学的开山祖师。

邵雍（1011～1077 年），字尧夫，谥康节。年轻时曾在河南共城（今河南辉县）的百源读书，从共城县令李之才学习《河图》、《洛书》、宓羲八卦六十四卦图像，"三年不设榻，昼夜危坐以思。写《周易》一部，贴屋壁间，日诵数十遍"①。因家境贫寒，常常"以饮食之油，贮灯读书"②。皇祐元年（1049年），邵雍迁居洛阳，在司马光、富弼等人的帮助下，在天津桥畔建造了一座精美的园宅。邵雍在这座自己命名为"安乐窝"的园宅里，"探赜索隐，妙悟神契，洞彻蕴奥"，"衍宓羲先天之旨，著书十余万言行于世"③。这部书就是阐述邵雍哲学思想的《皇极经世书》。

作为宋代理学的奠基者，周敦颐和邵雍有这样两个杰出的贡献：

第一，大胆地将道家的宇宙发生论与儒家《周易》中的思想结合在一起，形成了理学宇宙万物生成的基本模式："太极——阴阳——五行——万物"，即太极是宇宙的原初本体，太极的一静一动分化出阴阳二气，阴阳二气的运动生成金木水火土五种基本物质形态，这五种形态进一步结合就成为天、地和天地之间的万事万物。这一模式与老子的"道生一，一生二，二生三，三生万物"④ 的思想是一脉相承的。所不同的是，老子讲天、地、人及万事万物都起源于"道"，统一于"道"，而周、邵则认为起源于"太极"，统一于"太极"。"太极"是《周易》中的范畴，而《周易》恰恰是儒家经典之一，这再清楚不过地显示出道家思想与儒家思想的融合。

第二，对《周易》中的"太极"范畴作了抽象的、形而上的规定。老子认为："道可道，非常道；名可名，非常名。"⑤ 也就是说，"道"是抽象的、虚无的，甚至无法用语言、文字来表述的范畴，为了能够将永恒的宇宙本体表述出来，"勉强名之曰道"。邵、周完全承袭了老子的这种思想，而对"太极"作了抽象的、形而上的规定。邵雍认为："太极其可得而名乎，故强名之曰太

①② 邵伯温：《邵氏闻见录》卷十八，《津逮秘书》本。
③《宋史·邵雍传》，北京，中华书局，1985 年点校本。
④《老子》第四十二章，《诸子集成》本。
⑤《老子》第一章，《诸子集成》本。

极。"① 周敦颐则云："无极而太极。"这里的"无极"是个形容词，用来形容太极是一个看不见、摸不着、无形无状、无边无际的抽象本体。故朱熹解释说："周子恐人于太极之外更寻太极，故以无极言之。"② "圣人谓之太极者，所以指夫天地万物之根也。周子因之而又谓之无极者，所以著夫无声无臭之妙也。"③

　　除了上述两点外，邵雍还有一个独特的贡献，即认为从太极到阴阳、五行乃至天地万物的产生，都是受"数"这个规律支配和决定的。在《皇极经世书》中，邵雍通过对《易》"象"和"数"的排列组合，阐明了宇宙、自然、人类社会是如何有规律地产生、发展和变化的。这种做法，无疑为程朱等理学家们提供了思维上的启迪。后来程朱正是发展了这个思想，认为太极到阴阳、五行、至天地万物的产生是按照一定的规律，即按照一定的"理"进行的。"理学"一派超越前人的宏伟理论就是由此而奠基的。

　　总之，在理学初起之际，无论是周敦颐还是邵雍，都主要把精力放在改变传统儒学"知人而不知天"弊病的方面，侧重对宇宙和自然问题的探讨。如前所述，理学这一新儒学与传统儒学的根本不同，就在于改变了传统儒学那种质朴平淡的政治形态，而赋予了儒学一种"空虚窕远"的哲理色彩。简言之，理学就是哲理化的儒学。所谓哲理化包括这样两方面的内容：第一方面，对天地万物起源、宇宙构成之类似乎无关人伦纲常的所谓玄而又玄的哲学问题，开始有了较为郑重其事的探讨；第二方面，对传统儒学最为关心的纲常伦理问题予以哲学的说明，从哲学本体论的高度予以证明。严格说来，只有这第二方面才是理学的"主题"和"真谛"之所在，而第一方面不过是引出主题的前奏而已。从这个意义上看，周敦颐、邵雍二人的理论无疑还只是理学的前奏，并未十分明确地触及到理学的主题。然而，没有前奏，却也不能引出主题。周、邵的贡献就在于首先吹响了这一段必需的前奏，而且吹奏得极为高亢，极为响亮。

---

　　① 《邵子全书》卷七，《无名公传》，明万历丙午年刊本。
　　② 黎靖德：《朱子语类》卷九十四，《周子之书·太极图》，第 2366 页，北京，中华书局，1986 年点校本。
　　③ 朱熹：《朱文公文集》卷四十五，《答杨子直一》，《四部丛刊》本。

（二）迈入理学主题：张载的理学思想

在周敦颐、邵雍吹奏出理学的前奏之后，张载开始步入理学主题。

张载（1020～1077年），字子厚，陕西长安人。因久居陕西凤翔郿县横渠镇讲学，故有横渠先生之称。张载年轻时曾十分热衷于建功立业，"喜谈兵，至欲结客取洮西之地"①。后来在范仲淹的劝勉下，才开始励志苦读儒家经典。十几年后，已成为关中地区颇有名气的学者。嘉祐初年（1056年），张载自关中来到都城汴京，设教坛讲授《易经》，听者云集，轰动一时。在与前来请教的二程兄弟会面后，自叹弗如，遂撤座辍讲，回到关中。自嘉祐二年（1057年）至熙宁三年（1070年），曾历任地方和中央一些官职。后辞职回乡，隐居横渠镇，"终日危坐一室，左右简编，俯而读，仰而思，有得则识之，或中夜起坐，取烛以书。其志道精思，未始须臾息，亦未尝须臾忘也"②。至熙宁九年（1076年），张载将其毕生研究心得编成《正蒙》一书，集中地阐述了他的理学思想。

从学术特点上看，张载之学历来有"气学"之称。他的气学思想可以归纳为相互关联的三个方面的内容。

第一，从"太极无形、气为本体"的角度论证了"天人一气"、"万物一体"的气本体论。张载认为："太虚无形，气之本体。其聚其散，变化之客形尔。""太虚不能无气，气不能不聚为万物，万物不能不散而为太虚。"③ 也就是说，"太极"虽然是无形无状、无边无际、看不见、摸不着的，但并不意味着一无所有，四大皆空，而是充满了"气"。气既具有万事万物的客观实在性，又不等同于具体的某一种事物；气既是构成万事万物的材料，又不因万事万物的消失而损灭，万物有生有灭，而构成万物的"气"却是只有聚散而无损灭的。所以，无论从哪一个角度看，世界的本原都不是"虚无"的。气"聚"则形成天、地、人和万事万物，气"散"则无形、无状、无物。所谓"太极无形"、"无极而太极"只是因为气处于散的状态，而不是什么也没有。张载以此

①《宋史·张载传》，北京，中华书局，1985年点校本。
② 吕大临：《横渠先生行状》，见《张载集》，第383页，北京，中华书局，1978年点校本。
③ 张载：《正蒙·太和篇》，见《张载集》，第7页，北京，中华书局，1978年点校本。

批判了玄学的"有生于无"的观点，也批判了佛教"以山河大地为见病"的虚无主义哲学，进而也就明确地把周、邵创立的"无极而太极"的宇宙本体引向了"太极无形，气为本体"。

随着"太极无形、气为本体"的确立，周敦颐、邵雍"太极——阴阳——五行——万物"的宇宙万物的生成模式，在张载这里也就明确地演化为"气生万物"的宇宙生成论了。万物由气而生，也就意味着气为万物之本，所以，张载又进一步提出了"万象皆气"的气本体论和"万物一气"、"天人一气"的宇宙统一论。这样，张载就完成了气学的唯物主义宇宙观的总体建构。这个成就，对理学主题的确立和其理论的展开，有着最为重大的奠基意义。从最直接意义上说，理学是儒学的复兴和振起，而它的复兴和振起又是在玄学、佛学的冲击和刺激下发生的。佛老哲学的共同特点就是否定现实世界的客观真实性，认为"一切皆空"、"一切皆无"。这种哲学在抚平人生的烦恼和苦闷，为滚滚红尘中芸芸众生提供精神解脱方面有很大的作用，但不能不同入世有为的儒家文化发生冲突。理学以振兴儒学道统自居，在其创立期间，必须推出一种足以与佛老虚无主义哲学相抗衡的儒家宇宙观。张载气本体论的提出，正完成了这一关键的任务。

第二，从"天人一气"、"万物一体"的气本体论出发，提出了"天下一家"的社会观。张载在一篇名叫《西铭》的铭文中这样认为："乾称父，坤称母，予兹藐焉，乃混然中处。故天地之塞，吾其体；天地之帅，吾其性。民吾同胞，物吾与也。大君者，吾父母宗子；其大臣，宗子之家相也。尊高年，所以长其长；慈幼弱，所以幼吾幼。圣合其德，贤其秀也。凡天下之疲癃残疾、惸独孤寡，皆吾兄弟之颠连而无告者也。"[①] 这段话，集中体现了张载以宇宙观解释人生、论证纲常的特色。在张载看来，由于宇宙万物都统一于气，所以每个人与他人、与万事万物也就都是互为联系的一个整体中的一部分。如果把"天"比作父亲，把"地"比作母亲，那么天下所有人都是同胞兄妹，天下万事万物都是我们的朋友，帝王君主只不过是这个大家庭的嫡长子，百官臣僚是大家庭的管家，等等。张载的这些说法，其用意并不在于为封建等级制社会罩

---

① 张载：《正蒙·乾称篇》，见《张载集》，第62页，北京，中华书局，1978年点校本。

上一层和谐温情的面纱，而是在哲学层次上思考如何消除人与人之间的疏离和隔膜。事实上，儒家先圣孔子早就提出过"仁者爱人"的方法，来消除人与人之间的疏离和隔阂，达到彼此沟通，但问题在于孔子并没有阐明仁者为什么应该爱人，人与人之间为什么应该有爱心，人与人之间的隔膜和疏离为什么可以消除。张载《西铭》的意义，就在于它从哲学本体论的角度回答了孔子没有解决的问题。因为人生来是一气的，所以尊敬高年长者、抚育孤幼弱小都是每个人对这个宇宙大家庭应尽的神圣义务。十分明显，张载这种平等博爱观念，不仅仅是来自对孔子"仁者爱人"观念的继承，更是在对它进行新的哲学论证基础上形成的一种更为深邃、更为博大、因而也就更具有说服力和感染力的崭新意境。这一意境的确立，使宋代新儒学足以与佛教的"普度众生"相抗衡。正因为如此，《西铭》被理学各派，尤其是程朱理学奉为圭臬，张载也因此而一直享有"理学之宗祖"的崇高声誉。

第三，从"天人一气"、"万物一体"的气本体论出发，提出了"天地之性"和"气质之性"的心性伦理观。所谓"气质之性"是指气积聚为形质后而具有的特性，主要是指人的禀性；"天地之性"是指每个人都具有的一种与天地、万物共有的本性。在张载看来，"天地之性"虽然是人的共有本性，但它并不是对具体的"气质之性"的抽象和概括，而是一个独立于"气质之性"之外，不以"气质之性"的存在与否为转移的"自在之物"。如果没有人的形质，"天地之性"就以一种看不见、摸不着的"太虚"状态存在着；如果有人的形质，"天地之性"就通过"气质之性"显现出来，表现为仁义礼智信等等。他进而认为，一个人"天地之性"的多少与"气质之性"的清浊成正比例关系。圣人"气质"最"清"，故"天地之性"充实完满。而一般人"气质"不好，故"天地之性"很难显现。所以，人生的任务就是要"变化气质"，使"气质之性"由"浊"变"清"，这样才能显现出"天地之性"。可以看出，"天地之性"、"气质之性"的理论，同样显示出张载用气本体论的宇宙观解释纲常伦理、论证人生的学术特点。

张载的气学思想，基本上就是由上述相互联系的三个方面构成的。与邵雍"象数学"的"论天不论人"相比，张载的"气学"无疑是大大前进了一步。他既论"天"，更论"人"，标志着宋代理学已经由宇宙本体论的研究进入直接的对社会政治、伦理、人性、生死等问题的全面探讨，一个更为博大、圆满、成熟的理学思想体系已经形成。

从整个理学思想前后发展的序列看，张载理论的最大贡献就是在周敦颐、邵雍的基础上，用物质性的"气"对抽象的、无形无状的"太极"作了唯物主义的明确规定，从而在肯定现实世界客观真实性的问题上与佛老的虚无主义哲学划清了界限，进而也就迈出了肯定现实伦理纲常客观实在性的第一步。另一方面，他又异常自觉地以气本体论来论证社会，解释人生，提出了"天人一气"、"民胞物与"、"天地之性"和"气质之性"等问题，力图把宇宙观、社会观、伦理观融为一体。正是由于这两方面的贡献，我们说张载的气学已经明确地进入了理学的主题。

然而，从气本体论向理学主题的迈入，却又是那样的步履维艰。张载提出的"气质之性"和"天地之性"，虽然是从"天人一气"的气本体论中推论而出的，但"天地之性"并不是对"气质之性"的概括和抽象，而是独立存在于"气质之性"以外，这样，作为道德精神范畴上的"天地之性"就取得了同物质性的"太虚之气"一样的最高本体的地位，其结果必然是最终否定了气本体论，二者并未能真正融为一体。同样，《西铭》中的"天人一气"、"民胞物与"也只是说明了人皆禀气而生，故应平等互爱的问题，却无法论证人的富贵贫贱和现实的等级制度的合理性，他的气本体论与政治伦理观也就不能融为一体。这样，要解决这两个"融为一体"的问题，即完全进入理学主题，只能是对气本体加以改造。"以理为本"的二程洛学的兴盛，就是在这种背景下发生的。

（三）理学主题的确立：一枝独秀的程门理学

程门理学的创始人为程颢、程颐兄弟。程颢（1032～1085年），字伯淳，世称明道先生；程颐（1033～1107年），字正叔，世称伊川先生。二程出身于一个长期延绵不衰的名宦世家，从小就受到良好的教育。十五六岁时，师从周敦颐学习《周易》，"遂厌科举之习，慨然有求道之志。未知其要，泛滥于诸家，出入于老、释者几十年，返求诸《六经》而后得之"①。经过数十年的苦

---

① 程颐：《明道先生行状》，见《二程集》，第638页，北京，中华书局，1981年点校本。

心探索，终于构建出一个以"天理"为核心的完整的理学体系。

总体上说，二程的思想体系大致可以归纳为三个环节。第一步，从张载的"气生万物"中引出"气依据什么而生万物"的问题，进而得出"气依据理而生万物"的认识，确立了"一物皆有一理"、"万物皆有理"的理本体论。第二步，从"一物皆有一理"、"万物皆有理"，推出"万理之间"又有一个共同的、最为根本的本体之理——"天理"。第三步，在"天理"的基础上提出了"一理"（天理）与"万理"的关系——"理一分殊，体用无间"，使纲常伦理与宇宙本体由此达到了完美的交融。

第一，"一物皆有一理"、"万物皆有理"。

如前所述，张载的贡献在于指出"太极无形，以气为体"，用"气"对抽象的"太极"作了唯物主义的规定，形成了"气生万物"的唯物主义气一元论。但张载也忽视了一个重要的问题，即"气"是怎样运动变化而生出万事万物的。张载虽然偶尔也承认气是按一定的内在规律而生出万物，但他更重视的则是神，认为气变化生成万物时神奇妙伟，似无规律可循。这就留下了一个很大的漏洞。因为世间万事万物虽然纷纭复杂，千姿万态，但同一类事物总是相似的。二程正是由此出发，指出："凡眼前无非是物，物物皆有理。如火之所以热，水之所以寒，至于君臣父子间皆是理。"[1] 所以，如果说气的聚散变化产生万事万物的话，那么"理"正是决定着气的聚散变化的最终依据。"理"比"气"更根本，更具有决定意义。在"道"（理）与"阴阳之气"的关系上，《易经》中的"一阴一阳之谓道"历来被解释为"气"的一阴一阳的运动是道，而程颐认为："离了阴阳更无道。所以阴阳者，是道也。阴阳，气也。气是形而下者，道是形而上者。"[2] 这就是说，"道"虽然离不开阴阳二气，但与阴阳二气却是层次不同的两个范畴，有"形而上者"与"形而下者"之别。所以，"气"的一阴一阳本身不会是"道"（理），而只有"所以阴阳者"，即作为"气"的一阴一阳的运动依据者才是"道"。"气"的一阴一阳、聚散变化，乃

---

[1] 程颢、程颐：《河南程氏遗书》卷十九，见《二程集》，第 247 页，北京，中华书局，1981年点校本。

[2] 程颢、程颐：《河南程氏遗书》卷十五，见《二程集》，第 162 页，北京，中华书局，1981年点校本。

是由于有支配其如此运动的规律和根据（道）。"道"作为阴阳开合的"所以然"，虽然不脱离阴阳而存在，但它始终起主导的作用。二程对"一阴一阳之谓道"的解释，在全新意义上把《易经》中这个古老命题规定为"理与气"的关系，确立了理气关系中"理"的本体地位与决定地位。随着这一步的确立，"天下事皆可以理照，有物必有则，一物须有一理"①、"万物皆有理"② 的思想则成为二程思想体系的逻辑起点，成为其超越象数派和气学派的第一个阶梯。

第二，"天下一理而已"。

既然"万物皆有理"、"一物须有一理"，那么，"理"也就应是千差万别的事物的"共性"或共同的本质所在。万事之间必然具有一个共同的"理"，万理之间也必然具有一个共同的理，这一个共同的理就是"天理"。对此，二程这样表述："天下只有一个理"③，"理则天下只是一个理"④。这样，"天理"就成了宇宙间万事万物、自然界和人类社会中共同的唯一本体。对此，二程曾十分自豪地宣称："吾学虽有所受，天理二字却是自家体贴出来。"⑤ 事实的确如此，尽管"天理"作为一个道德伦理范畴早已有之，但它被明确规定为自然界和人类社会的共同最高本体，确实是从二程开始的。

由于"天理"的"体贴出来"，程门理学也就具有了一种卓越不凡的理论态势。因为在此之前，无论是周、邵的"太极"，还是张载的"气"，都是一个局限性较大的范畴。就"太极"本义而言，"太"有"最"、"最极限"之意，"极"是房屋最高处。若不加引申和特别的规定，"太极"尚缺乏作为万事万物共同本质的那种抽象思辨的意义。周敦颐认识到这一点，故以"无极"来形容、规定"太极"的性质——"无极而太极"。尽管如此，"太极"与"有形"之间仍然存在着剪不断、理还乱的纠葛。同样，张载的"气"也必须作特别的规定，才能与各种具体物质形态的气区别开来。与周、邵、张的"无极"、

---

①③ 程颢、程颐：《河南程氏遗书》卷十八，见《二程集》，第193、196页，北京，中华书局，1981年点校本。

② 程颢、程颐：《河南程氏遗书》卷十一，见《二程集》，第123页，北京，中华书局，1981年点校本。

④ 程颢、程颐：《河南程氏遗书》卷二上，见《二程集》，第38页，北京，中华书局，1981年点校本。

⑤ 程颢、程颐：《河南程氏遗书》卷十二，见《二程集》，第424页，北京，中华书局，1981年点校本。

"气"之类的范畴相比，二程的"天理"则无论在语义上，还是在内涵上，都是一个极富思辨色彩的抽象概念，与实有之物、具体之事没有任何直接的关联。二程对此颇为得意，把自己体贴出来的"理"与张载所言的"气"作了一番比较，得出这样的结论："心所感通者，只是理也。……若言涉于形声之类，则是气也。"① 这就是说，理只有在抽象思维中才能把握，而气则未脱出有形有声的范围，二者有着理论层次上的差别。因为"天理"、"气"、"太极"是程、张、周、邵各家体系中的核心范畴，所以，这种理论层次上的差别，就使得程门理学具有一种独标新义的理论气势。

进而论之，有关天地、万物之类的探讨，并非理学的主旨，而对儒家伦理纲常进行哲学的、本体论的解释和论证，才是理学的真谛之所在。从这个意义上说，"天理"这一范畴与"气"、"太极"之类的范畴相比，不但具有抽象思辨的深度，无疑还具有丰富的伦理纲常色彩，它既是一个本体范畴，更是一个价值范畴，与理学的基本主旨相吻合。事实上，理学作为一股新时代的新思潮，必须要有与之相适应的新的核心范畴。沿用旧概念和范畴，不利于新的思想体系的充分展开。所以，二程对"天理"范畴的"拈出"和"体贴"，就不单是一种概念形式的革命，它将有力地促成理学体系的展开和成熟。

第三，"理一分殊，体用无间"。

按照二程的理论，"万物皆有理"，自然界和人类社会又有一个共同的最高本体"天理"，那么，天理与万物之间存在什么样的关系呢？为回答这个问题，二程进而推出"理一分殊，体用无间"的思想。"理一"指天理只有一个，"分殊"指这唯一的天理可以从不同的角度、不同的方面分别表现在万事万物中，体现为万事万物之理。但这种"分别表现"或"体现"，并不是"化整为零"，而是以"体用无间"的方式分别表现或体现的。所谓"体"是本体，"用"是本体的具体表现，"无间"指体、用之间无本质的差别，如水是"体"，波浪是水的表现形式（"用"），这也就意味着波浪同时也必然是水。从"理一分殊，体用无间"看，天理只有一个，但它却可以从不同角度、不同方面、不同方式体现在万事万物中。按照二程的说法，就是"在天为命，在义为理，在人为性，

---

① 程颢、程颐：《河南程氏遗书》卷二下，见《二程集》，第56页，北京，中华书局，1981年点校本。

周敦颐

邵雍

张载

陆九渊

程颢

程颐

151

朱熹

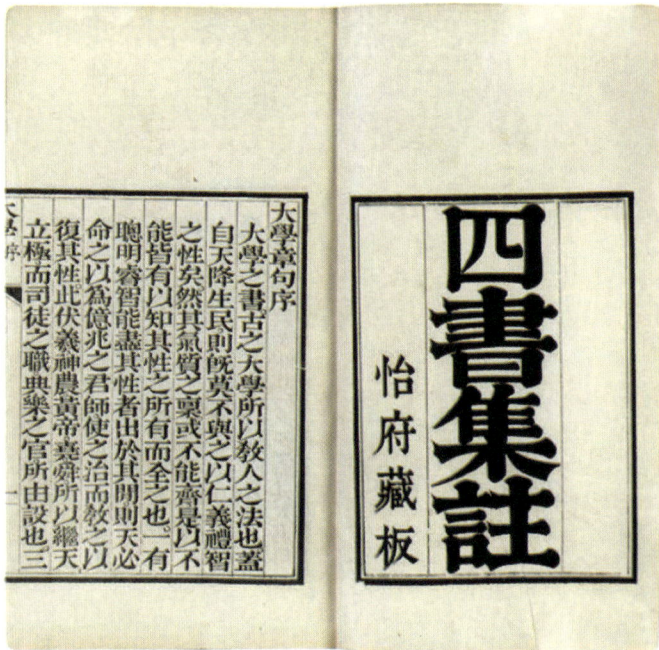

四书集注

大學章句序

大學之書古之大學所以教人之法也蓋
自天降生民則旣莫不與之以仁義禮智
之性矣然其氣質之稟或不能齊是以不
能皆有以知其性之所有而全之也一有
聰明睿智能盡其性者出於其間則天必
命之以為億兆之君師使之治而教之以
復其性此伏羲神農黃帝堯舜所以繼天
立極而司徒之職典樂之官所由設也三

四書集註

怡府藏板

主于身为心，其实一也"①，或者是"自理言之谓之天，自禀受言之谓之性，自存诸人言之谓之心"②。

"理一分殊，体用无间"，是程门理学的重心和精髓，这一命题具有非同寻常的意义。

首先，它明确地显示出程门理学的客观唯心主义性质。从"理一分殊"的规定中可以看出，"天理"独立地凌驾于客观物质世界之上，可以分别降临体现于万事万物之中："在天为命，在义为理，在人为性，主于身为心。"因而，天理成了派生万事万物的根源。其唯心主义的性质是至为明显的。正是从这个理论出发，二程明确地宣称："天理云者……不为尧存，不为桀亡。人得之者，故大行不加，穷居不损。这上头来，更怎么说得存亡加减？是佗元无少欠，百理具备。"③"理则天下只是一理，故推至四海而准，须是质诸天地，考诸三五不易之理。"④ 可见，天理只是一个普遍的、至上的、超然于客观物质世界之外、凌驾于万事万物之上的绝对的精神本体，它的存在不但与客观物质世界无关，甚至也与人的主观意志无关。这进一步显现出其客观唯心主义的性质。

其次，为封建政治、伦理纲常提供了一个精微的哲学本体论的依据。从"理一分殊"看，三纲五常和封建政治都不过是"天理"的不同表现；从"体用无间"看，天理是"本体"，三纲五常是"用"，而体用又是不可分的，三纲五常等等也就是"天理"了。正因为如此，二程认为："上下之分，尊卑之义，理之当也"⑤，即等级制度就是天理；"天之生物也，有长有短，有大有小。君子得其大矣，安可使小者亦大乎？天理如此，岂可逆哉！"⑥ 即剥削制度就是天理；"父子君臣，天下之定理，无所逃于天地之间"⑦，"男女有尊卑之序，

---

① 程颢、程颐：《河南程氏遗书》卷十八，见《二程集》，第 204 页，北京，中华书局，1981 年点校本。
② 程颢、程颐：《河南程氏遗书》卷二十二，见《二程集》，第 296～297 页，北京，中华书局，1981 年点校本。
③④ 程颢、程颐：《河南程氏遗书》卷二上，见《二程集》，第 31、38 页，北京，中华书局，1981 年点校本。
⑤ 程颢、程颐：《周易程氏传》卷一，见《二程集》，第 749 页，北京，中华书局，1981 年点校本。
⑥ 程颢、程颐：《河南程氏遗书》卷十一，见《二程集》，第 125 页，北京，中华书局，1981 年点校本。
⑦ 程颢、程颐：《河南程氏遗书》卷五，见《二程集》，第 77 页，北京，中华书局，1981 年点校本。

夫妇有倡随之礼，此常理也"①，即君臣父子之义、夫妇之礼就是天理。总之，"天理"可以从不同角度、不同方面体现于等级剥削制度之中，体现于三纲五常之中。这样，剥削制度、三纲五常本身也就成了"天理"，具有了同宇宙万物的本体同等的永恒意义。它们的存在终于得到了哲学本体论的依据。这是程门理学最为成功的理论贡献。此前的周、邵、张等理学大师，或偏于知天而疏于知人，对纲常伦理重视不够，或碍于本体论与伦理观的"分为二体"而不能融会贯通，都不能象程门理学这样圆融而成熟地制造出一个精致的哲学基础。程门理学这一成功的理论贡献，标志着从周、邵、张到二程，理学已经明确完成了它的主题设计，这是程门理学能够一枝独秀，率先在理学各派中占据理论主导地位的主要原因。当然，这一成功的理论贡献也造成了程门理学和朱熹理学后来在政治上的优势。程朱理学之所以独步宋元，盛极一时，成为统治阶级的官方正统哲学，原因正在于此。

最后，"理一分殊，体用无间"理论的提出，将恪守纲常与追求天人合一、物我交融的精神自由境界融为一体，并规范化地指出了达到这一境界的方法。

从"理一分殊"的理论看，无论是物之理还是事之理，无论是自然界之理还是人类社会之理，无论是天之理还是人之理，在本质上都是相通的、统一的，分殊而理一。用二程的话说，就是"天人一理"，"内外一致"，"物我一理，才明彼，即晓此"②。所以，要达到"天人合一"、"物我交融"这样一种精神上的解脱和自由，既不需要象老庄玄学那样"越名教而任自然"，也不需要象佛禅那样离家出世，抛君弃父，甚至也不需要隐逸于江湖山林，只需要在日常生活中积累道德行为，认清和发扬人所以为人之理，就能够达到"天人合一"、"物我交融"的境界。在二程看来，玄学讲"越名教而任自然"，这正是不通之处。"名教"就是"自然"，"自然"就是"名教"，纲常名教与自然本来就是一体的，又何"越"之有！由此可以看出，理学与庄玄佛禅在追求精神自由、精神解脱方面有着重大的不同：庄玄佛禅主张超越纲常名教，撇开社会正

① 程颢、程颐：《周易程氏传》卷四，见《二程集》，第979页，北京，中华书局，1981年点校本。
② 程颢、程颐：《河南程氏遗书》卷十八，见《二程集》，第188页，北京，中华书局，1981年点校本。

常的伦理秩序，放弃社会责任感和使命感，在所谓自然的本来状态中寻求精神的解脱；理学则不但不否定纲常名教的客观现实性和从事社会事业的必要性，而且认为通过对纲常名教的学习体认、领会，通过治国平天下的事业，人们同样可以达到天人合一、物我交融的自由境界，因为"理一分殊，体用无间"，在本质上它们是相同的、相通的。二程的这种富有理学新意的境界观，既有明显的维护伦理纲常的政治作用，同时又为俗常生活中的士大夫们营造了一种"不离日用"即可达到解脱和自由的生活方式。

与此相辅相成，二程还规范化地提出了一套达到这种境界的方法，这就是通过对道德伦理知识的学习、积累，逐渐提高完善个人的道德理性，从而突破感性欲望对人的限制、束缚，达到精神上的自由。具体而言，这些方法是由这样几个命题构成，即："格物致知"、"格物穷理"，"明天理，灭人欲"。

"格物致知"、"格物穷理"就是在日常的应事接物中学习、掌握和积累道德认识。二程认为：

> 格，致也，如"祖考来格"之格。凡一物上须有一理，须是穷致其理。穷理亦多端：或读书，讲明义理；或论古今人物，别其是非；或应接事物，而处其当，皆穷理也①。

> 或问："格物须物物格之，还只格一物而万理皆知？"曰："怎生便会该贯？若人格一物便通众理，虽颜子亦不敢如此道。须是今日格一件，明日又格一件，积习既多，然后脱然自有贯通处"。②

> 求一理而通万殊，虽颜子不敢谓能也。夫积习既久则脱然有贯通，所以然者，万物一理故也。③

正是"理一分殊"的理论派生了"格物穷理"的方法。"分殊"决定了诸如"今日格一物，明日格一物"、"读书论古"、"应事接物"等等"日常积累"的必要性；而"理一"又决定了豁然贯通的可能性。老庄玄禅讲求精神解脱和自由，大都偏重于个体的直觉领悟，偏重于豁然贯通，而二程则通过"格物穷

①② 程颢、程颐：《河南程氏遗书》卷十八，见《二程集》，第 188 页，北京，中华书局，1981 年点校本。

③ 程颢、程颐：《河南程氏粹言》卷一，见《二程集》，第 1191 页，北京，中华书局，1981 年点校本。

理"、"格物致知"等理性主义的阐述，给人以遵循学习的普遍规范。与周、邵、张相比，"方法"的问题在二程的思想中已占有突出的地位了。

"明天理，灭人欲"也是二程所重视的方法之一。在二程看来，"人心，私欲，故危殆。道心，天理，故精微。灭私欲，则天理明矣"①。所谓"明天理"，也就是"穷理""致知"。也就是说，随着道德理性的积累，精神境界的提高，人们就会以高尚的情操对待饮食男女之类的感情欲望，以宽广的胸怀对待个人利益，摆脱欲望和私利的束缚，"明天理，灭私欲"，"人欲尽处，天理流行"。这样，就会获得彻底的精神上的解脱和自由，达观、从容地对待人生，"不以物喜，不以己悲"，"富贵贫贱，无不悠然自得"。就二程的本意而言，"灭私欲"主要是要求摆脱物欲、私欲的束缚，而不是真正的"灭欲"。但二程的困难之处在于无法从理论上和实践上恰当地将"物欲"和"物欲的束缚"区别开来，所以无论是在他们的理论阐述中，还是从理论的实际影响看，都不能不走向极端道德主义和禁欲主义的一端，以至成为理学思想中糟粕最多，因而后来招致的批评也最多的问题。

总结"理一分殊"的三点意义，可以清楚地看出二程对理学主题的深入。周敦颐、邵雍的"无极太极"说，还只是对理学主题的确立吹响的前奏；张载用物质性的"气"对"太极"作了唯物主义的规定，这实际上是要通过对感性现实世界的肯定，进而肯定现实生活中的纲常伦理。二程以客观唯心主义之"理"代替了张载的唯物主义之"气"，这固然是对张载的否定，但也是一种发展。它正是在张载肯定这个感性现实世界自身的基础上，"百尺竿头，更进一步"，发展为肯定现实生活中的封建世间秩序——"父子君臣，天下之理，无所逃于天地间"。于是，三纲五常得到了更为直接、更为明白无碍的本体论的论证，恪守纲常与天人合一、物我一体的精神境界在"天人一理"的基础上统一在一起：名教就是自然，自然就是名教，而且，从书本上学习名教，从应事接物中掌握名教，用名教指导自己的言行，克制自己的欲望，正是达到"天人合一"、"物我一体"的精神境界的方法。理学主题就是通过理本体论的提出，通过纲常名教的本体地位的确立，通过纲常名教与精神自由的关系的论证，而

---

① 程颢、程颐：《河南程氏遗书》卷二十四，见《二程集》，第312页，北京，中华书局，1981年点校本。

一步一步地走向深入，终于首先在二程的学说中获得了完整的、体系化的形态。这是北宋理学发展到二程时期的一种逻辑结果。

经过二程的苦心经营，至北宋后期，程门理学已经是蔚为大观，气象非凡，成为具有全国影响的第一大学术流派。南宋初年，程门理学通过众多弟子传入蜀、楚、吴、浙、闽等地，其中最值得称道的是被称为"程门龙象"的谢良佐和杨时。谢良佐将程门理学传播于湖湘一带，开创了南宋理学的"湖湘学"一派；杨时学成回闽后，将程门理学传入东南，"遂为南渡洛学大宗"。此后，杨时传于罗从彦，罗从彦则传于李侗，李侗又传于朱熹，终于创立了独步宋元数百年之久的程朱理学。

三、如日中天的朱熹理学

朱熹（1130～1200 年），字元晦，祖籍徽州婺源，生于福建尤溪城外的毓秀峰下。其父朱松是一个二三流的诗人，也是理学的信奉者。在他和友人胡原仲、刘致中、刘彦冲的教育和熏陶下，少年时代的朱熹励志苦学，涉猎广博，除了儒家经典外，"禅、道、文章、楚辞、诗、兵法，事事要学"①。绍兴十八年（1148 年），朱熹考中进士，赋闲三年后，才被授为泉州同安县主簿。此后，朱熹先后在湖南、福建、江西、浙江、广西等地为官，并一度在中央担任过枢密院编修官、秘书省秘书郎、焕章阁待制兼侍讲。但真正计算起来，朱熹在这 50 年间，"任于外者仅九考，立朝才四十日"②。他主要是作为一个儒家学者在当时享有盛名的。

朱熹的学问，大致由三大部分构成。一是"杂学"，即前面所说的百家诸子、佛老异端以及天文、地理、律历、兵书、诗、文、书、法，几乎无所不究，无所不通，尤其是对所谓佛老异端曾有过极大的兴趣。他不止一次地直言："我于释氏之说，盖尝师其人，尊其道，求之亦切至矣。"对道教经典，他也下过许多研读的功夫，甚至托名"空同道士邹䜣"为《周易·参同契》作注。二是儒学。主要是对先秦以来儒家经典的整理和解释。他早年着力于

① 黄宗羲：《宋元学案》卷四十八，北京，中华书局，1986 年点校本。
② 《宋史·朱熹传》，北京，中华书局，1985 年点校本。

《语》、《孟》，晚年尤用功于《学》、《庸》，精心编撰出《四书章句集注》。此外，他还注释《诗经》、刊误《孝经》、订定《小学》、集注《楚辞》，"凡《诗》、《书》、六艺之文，与夫孔孟之遗言，颠错于秦火、支离于汉儒、幽沉于魏晋六朝者"，皆"极深研几，探赜索隐"，对传统儒家典籍进行了一次广泛而系统的整理和研究。三是理学。朱熹除了早年跟随刘彦冲等三先生学习程氏理学外，24岁时拜李侗为师，逐渐掌握理学的真味。据朱熹的私淑弟子魏了翁称："朱文公先生始以强志博见，凌论历空。自受学延平李子，退然如将弗性，于是敛华就实，返博归约。迨其蓄久而思浑，资深而行熟，则贯精规，合内外，群献之精蕴，百家之异旨，毫分缕析，如视诸掌。"[1] 朱熹不仅撰写了《伊洛渊源录》、《近思录》，对北宋以来的理学发展作了系统的研究和整理，而且编著了《河南程氏遗书》、《太极图》、《通书》、《西铭解》、《周易本义》和《易学启蒙》等书，继承和发展了周、邵、张、程的理学思想。正因为如此，才使得他在构建庞大的理学体系时，以二程学说的基本思想为中心，改造了周敦颐的宇宙图式，吸收了张载的气化思想，融合了邵雍的象数易学，成为由北宋理学几条支流汇合而成的澎湃大江[2]。"海纳百川，有容乃大"，朱熹之所以能成为中国古代影响最大的思想家之一和理学的"万世宗师"，正是以中国古代人类的全部优秀文化为背景的。

（一）海纳百川：朱熹对宋代理学的全面总结和发展

如前所述，二程在周、邵、张思想的基础上，逻辑地确立了理气关系中"理"的本体地位，进而提出"凡事皆有理"、"万物皆有理"的思想，构建起一座宏伟的理本体论的理学大厦，但也随之引发了需要解答的新问题。首先是理与气的关系问题。二程认为理决定着气而产生万物，但是，理是在什么层次上决定着气的，在什么顺序上决定气产生万物的，对此，二程都没有作出明确的回答。其次是物为什么会有千差万别的问题。既然气是按照一定的规律产生万事万物，凡是人都有人之所以为人的基本特征，那么，为什么人与人之间却又有千差万别呢？如有圣人，有小人，有男人，有女人，有富人，有穷人，形

---

① 魏了翁：《鹤山大全文集》卷五十四，《朱文正公年谱序》，《四部丛刊》本。
② 参考陈来：《朱熹哲学研究》，北京，中国社会科学出版社，1986年版。

形色色，不一而足。这种千差万别是怎样造成的，二程对此也较少回答和探讨。而朱熹则汲取了周、邵、张的思想，在这两方面创造性地完善和发展了二程的思想。

1. "理本气具"。在理气关系上，朱熹依据二程的"理决定着气而产生万事万物"的思想，提出了"理本气具"的思想。他认为："天地之间有理有气。理也者，形而上之道也，生物之本也；气也者，形而下之器也，生物之具也。所以人物之生必禀此理然后有性，必禀此气然后有形。"① 也就是说，理是物之所以为物的根本，气是物之所以成物的材料。这就把二程的"理决定气而生物"的观点进一步规范化、理论化了。同时，"理本气具"也隐含了"理与气"之间在层次上的高低问题。正是由此出发，朱熹又明确地提出了"太极生阴阳，理生气"② 的思想："理"等于"太极"，"气"等于"阴阳"，"太极生阴阳"等于"理生气"。这一命题的根本意义，就在于明确规定了理气在层次上的高低。正是随着这一命题的确立，张载的"太极无形，气为本体"的观点才被明确否定，理是唯一本体的理本体论得以最终确立。

理与气的这种层次上的高低，尤其是"理生气"的命题，已经明白无误地将理气谁先谁后的问题显示出来。于是，"理先气后"的命题也就随之产生：

> 或问理在先，气在后，曰：理与气本无先后之可言。但推上去时，却如理在先，气在后相似。③

> 要之，也先有理。只是不可说是今日有是理，明日却有是气，也须有先后。且如万一山河大地都陷了，毕竟理却只在这里。④

> 有是理，后生是气。⑤

> 未有天地之先，毕竟是先有此理。⑥

理先气后，只是抽象思维意义即哲学推理意义的理先气后，并不是实际上的理先气后。从现实世界的万事万物看，理为物之本，气为生物之具，有本有具才能有物。所以从万事万物形成的角度看，就只能说理不离气，气不离理，"理气相互依傍"，缺一不可。

---

① 朱熹：《朱文公文集》卷五十八，《答黄道夫一》，《四部丛刊》本。
② 朱熹：《太极图说解》，《周敦颐集》上卷二，北京，中华书局，1990 年点校本。
③④⑤⑥ 黎靖德编：《朱子语类》卷一，《理气上》，第 1 页，北京，中华书局，1986 年点校本。

若论本原，即有理然后有气……若论禀赋，则有是气而后理随之以具。①

所谓理与气，此绝是二物，但在物上看，则二者浑沦不可分开，各在一处。②

无是气，则是理亦无挂搭处。③

理搭在阴阳上，如人跨马相似。④

把"理本气具"、"理高气低"、"理先气后"、"理气互相依傍"联系在一起，可以看出朱熹的理论是清晰和圆融的。在朱熹看来，现实世界中并无独存的理，也无独存的气，二者互为依存，所以说"理气本无先后"，"理气互为依傍"。但从本体论的角度上考虑，就"须说先有理"了。所以，"理先气后"，并不是今天先有理、明天才有气的这种世俗的先后观，而是真正哲学上的、逻辑上的、思辨上的理先气后。从朱熹对理气关系的全面论述中，不难看出其高度的哲理思辨色彩。无论从它的思想内涵还是表现形式上看，"理先气后"，都已经与现代哲学中的"基本问题"——精神与物质何者为宇宙本原、何者为第一性的问题——极为接近了。

2. 气化说。随着理气关系中"理"的惟一本体地位的确立，朱熹也就放心大胆地汲取和改造张载的气学思想，建立起一套系统化的气化学说：气只是一气，但气却是始终在翻滚运动，在运动到最大状态时，将它名之曰阳，运动到最小的状态时，将其名之曰阴，于是就有了所谓的阴阳二气。其实并不存在二气，只是一气的不同运动状态。当运动到最大状态即阳的时候，阳之气就凝集成了木、火两个元素；当运动到最小状态即阴的时候，就产生了金和水两个元素，这四者之间再加上"土"，就成了所谓的"五行"。土是特别元素，它处在金木水火四个元素当中，象卤水点豆腐似的，有了土，金木水火就能成形显现，否则就不能成形。五行一旦被一步搭配，万事万物就会产生。五种元素搭配的比例不全相同，因而人、物、人与人、物与物也就各有不同。例如，"木"

① 朱熹：《朱文公文集》卷五十九，《答赵致道一》，《四部丛刊》本。
② 朱熹：《朱文公文集》卷四十六，《答刘文叔》，《四部丛刊》本。
③ 黎靖德编：《朱子语类》卷一，《理气上》，第3页，北京，中华书局，1986年点校本。
④ 黎靖德编：《朱子语类》卷九十四，《周子之书·太极图》，第2374页，北京，中华书局，1986年点校本。

气较多的人会有仁爱之心，对人像春天般的温暖，但若木气太多，也可能仁爱过分，以至于爱憎不明；"火"气较多的人则很有礼貌，但火气过多，则又可能会虚伪或繁文缛节等等。时间也是一物，木若为优势则春，火若为优势则夏，金若为优势则秋，水若为优势则冬等等。总之，宇宙万物的生成和万事万物形形色色的不同，都被朱熹系统化地表述出来。

朱熹的"气化说"，并不仅仅在于构造了一个整齐的"阴阳——五行——万物"的模式，还包括了对天地人等一些具体事物的生生灭灭所作的推测。

一是天地气化说。朱熹认为："天地初间只是阴阳之气。这一个气运行，磨来磨去，磨得急了，便拶出许多渣滓。里面无处出，便结成个地在中央。气之清者便为天，为日月，为星辰，只在外，常周环运转。地便只在中央不动，不是在下。"① 朱熹还猜测说，天地形成时，由于阴阳二气的激烈运动、磨擦，轻清的甩得远，升为天空星辰，粗重的留在中央形成地，最初它们都是软的，后来才变硬："初间极软，后来方凝得硬。"② 这个说法似乎与现代地球由岩浆状态凝固而成相类似。

二是"人种"气化说。所谓"人种"，就是指最初的第一代人。朱熹认为："天地之初，如何讨个人种？自是气蒸。结成两个人后，方生许多万物……那两个人……是自然变化出来。"③ "只是一个阴阳五行之气，滚在天地中，精英者为人，渣滓者为物。"④ 这种说法虽然与人由生物进化而来的科学观点相违背，但与神仙造人说相比，似乎包含一定的进步因素。

三是大化流行、沧海桑田说。"大化流行"是指宇宙无始无终，"沧海桑田"是指大地新陈代谢，周而复始。在朱熹看来，宇宙间充塞着翻滚着的运动不止的气，既无始，又无终。就在这无始无终的过程中，"气"变化凝聚而有天地万物，万物又散而为"气"。气散则物灭，故万物有生有灭，天地也有生有灭。但所谓的灭不过是散而为气。在散而为气的同时，无始无终的宇宙之气却又在同时生出新天新地。这就叫"方生方死"，如同大海变成桑田的同时，

———————————

①② 黎靖德编：《朱子语类》卷一，《理气上》，第 6、7 页，北京，中华书局，1986 年点校本。

③ 黎靖德编：《朱子语类》卷九十四，《周子之书·太极图》，第 2380 页，北京，中华书局，1986 年点校本。

④ 黎靖德编：《朱子语类》卷十四，《大学一·序》，第 259 页，北京，中华书局，1986 年点校本。

桑田又变成了海，这种变化是在同一过程中进行的。

3. "理一分殊"。由于"理气关系"和"气化说"的确立，程门理学的精髓——"理一分殊"在朱熹这里发生了新的变化。二程的"理一分殊"是指天理只有一个，但却可以从不同侧面、不同角度表现在万事万物中。而朱熹的"理一分殊"则强调"理无差别，气化则各异"。朱熹认为："本只是一太极，而万物各有禀受，又自各全具一太极尔。如月在天，只一而已，及散在江湖，则随处可见，不可谓月已分也。"① 这就是说，理是宇宙间的唯一最高本体，因而也是万事万物的唯一本源，所以万事万物中所包含的只能是这一个完整的理，如同一轮明月，可以完整地映印在江湖山川之中。"一即一切，一切即一"，"理就是万理，万理中各有一个完整的理"，这之间并无差别。而之所以有"分殊"，并不是"理"表现的侧面、方式不同，而是因为万事万物"气化"的不同。人得"气"之精英，故"理"就显现得清晰完全，物得"气"之粗浊，故"理"就显得不完全。所谓完全不完全，不是因为"理"的多少，而只是"气化"不同的缘故。这就如同千江万川，水质清澈者，月亮映印得清晰，而水质混浊者，映印得就模糊。这与月亮本身并无关系，而是水质的问题，这就叫"性本同，只气禀异"②。对人而言，也是如此。理决定了人之所以为人之本，人人相同，这叫"人同此理"；气构成了每个人不同的形状、禀性，这叫"气质各异"。"只是一个道理，有张三有李四，李四不可为张三，张三不可为李四"。③

朱熹对"理一分殊"的这一新解释具有重要的意义。第一，把宇宙之理与人性（人之所以为人之理）完全贯通，等同为一。小程提出的"人性即理"的命题，经过朱熹才完全得以确立。第二，传统儒学的"性善论"得到了本体论的确证。自孟子以来，性善论成为儒学的主流认识。但人为什么具有天生的善的本性呢？这是一个没有论证的问题。朱熹的贡献就在于提出了论证："性即理"，人"性"本来就是天理的派生物，是宇宙天地之理在人身上的完整体现。

---

① 黎靖德编：《朱子语类》卷九十四，《周子之书·通书》，第 2409 页，北京，中华书局，1986 年点校本。

② 黎靖德编：《朱子语类》卷四，《性理一》，第 58 页，北京，中华书局，1986 年点校本。

③ 黎靖德编：《朱子语类》卷五，《性理三》，第 102 页，北京，中华书局，1986 年点校本。

由于"这个理在天地时，只是善，无有不善者。生物得来，方始名曰性"①，所以，"性则纯是善底"②的命题便告成立。第三，"恶"的产生得到了合理的说明。性善论的一个最大缺陷是无法说明"恶"是如何产生的。"人之初，性本善"，如果每一个人生下来都是"善"的，就应该形成一个纯善无恶的社会环境。既然如此，生来性善的人又怎么会在良好的社会环境中变成恶呢？这就是传统儒家性善论的窘迫之处。朱熹的"气化"而"分殊"说正好解决了这个问题：人禀天理而生，故人从本性上都是善的，但光有理，没有气，人还不能成为有形有状、活生生的人，所以，理伴随着气才有现实的人。所谓"恶"就是在这一过程中产生的。其具体途径有三个。其一，五行之气搭配不当而产生恶，如火气优则刚正，但火气过多，便会冷酷残暴等等。其二，人一旦因气化而有形有状，就有了你我之异、人己之分，于是产生了"私"，私则为恶。其三，有形就有血肉之身，于是有饮食男女之欲，欲而不当则流于恶。所以，人生的根本任务就是要突破个体的限制，不要在"躯壳上起念"，这样，人之所以为人之理才能完整、圆满、充分地表现出来。而完整的、圆满的"人之所以为人之理"又正是与宇宙本体之理、天地万物之理完全同等的。达到了这一步，也就达到了与天地万物融为一体这样一种自由博大的精神境界，即朱熹所说："盖见夫人欲尽处，天理流行，随处充满，无少欠阙。故其动静之际，从容如此。……而其胸次悠然，直与天地万物上下同流。"③

这样，朱熹通过理气关系和气化说研究了万事万物和人的产生、人在自然界的地位，论证了"理——气——人（物）——理"这一哲学伦理结构的前半部分（理——气——人）；又通过"理一分殊"阐明了这一结构的后半部分（人——理），即突破人身的诸种限制向天地万物之理归复。"理——气——人（物）——理"的哲学伦理结构得以确立，以宇宙自然观论证道德纲常的理学主题也已成熟。儒学的哲理化至此基本完成。

但是，需要指出的是，理学在理论上走向成熟和完善的同时，它的政治化、庸常化的倾向也在日益加强。按照朱熹的理论，"理一分殊"就是天理完整地体现在万事万物之中，那么，现实政治制度、等级制度、封建纲常等也就

①② 黎靖德编：《朱子语类》卷五，《性理二》，北京，中华书局，1986年点校本。
③ 朱熹：《四书章句集注》，《论语集注》卷六《先进篇》，北京，中华书局，1983年点校本。

是宇宙本体之"天理"的直接体现。"所谓天理，复为何物？仁义礼智岂不是天理？君臣、父子、兄弟、夫妇、朋友岂不是天理？"① "亲亲之杀，尊贤之等，皆天理也"②。如此直白浅近地将"天理"与现实政治关系、纲常关系搓揉在一起的言论可谓不胜枚举，这正是理学政治化、庸常化倾向逐渐强化的一个显著标志，预示着理学自身由一种相对独立的社会意识而逐步地成为一种封建统治阶级的思想。正因为如此，程朱理学才较为容易地为社会、为统治阶级所理解和认可，逐渐成为统治阶级的官方哲学。

（二）独尊一统：朱熹理学的政治化和朱门理学的兴盛

尽管朱熹理学具有明显的政治化、庸常化色彩，但在朱熹有生之年，理学的命运十分坎坷。由于统治阶层内部的矛盾，理学在所谓"道学之禁"和"伪学之禁"的打击下始终在低谷中徘徊。直到理宗登位后，理学的命运才开始好转。宝庆三年（1227 年），朝廷下诏将朱熹的《四书集注》颁行于天下。不久，又追封朱熹为"太师"、"徽国公"。淳祐元年（1241 年），又下诏"以周、张、二程及熹从祀孔子庙"③。程朱理学的统治地位已初步确立。

朱熹一生著述、讲学，弟子众多，满门才俊，仅《宋元学案》收录者就达百余人。在他们的传承推扬下，程朱理学遂呈蒸蒸日上之势。

总的来说，朱门弟子们在弘扬理学方面作出了如下三方面的贡献：

第一，著书立说，大力宣扬理学思想。朱熹弟子陈淳，著《北溪字义》，用朱熹理学的观点，对中国传统文化中的常用范畴和概念，如道、理、气、心、性、义、利等等进行了详细的标准化的解释，成为后人准确地领会和掌握朱熹理学的一部工具书。蔡沈遵照朱熹的遗嘱，以十年之功而完成《书集传》，实际上是协助朱熹占领了《四书》、《五经》中的最后一块空白，完整地确立了程朱理学在儒学经典解释方面的权威。此书全文 6 卷，数百年来在文化学术界产生了很大的影响。元朝仁宗皇庆年间（1312～1314 年），此书与朱熹的《四书集注》、《周易本义》、《诗集传》和胡安国的《春秋传》等，被列为科举考试

---

① 朱熹：《朱文公文集》卷五十九，《答吴斗南书》，《四部丛刊》本。
② 朱熹：《四书章句集注》，《中庸集句》，北京，中华书局，1983 年点校本。
③ 《宋史·朱熹传》，北京，中华书局，1985 年点校本。

的必读教材。

第二，开门办学，广泛传播程朱理学。朱熹弟子或在朝为官，或隐居山林，但无论身居何职、身处何地，都积极兴建书院或精舍，宣讲理学，培养生徒。如朱熹的学生兼女婿黄榦知汉阳军时，"即郡治后凤栖山为居，馆四方士，立周、程、游、朱四先生祠"。晚年回到故乡福建闽县（今福州市），从学弟子日渐增多，甚至有从巴蜀、江、湖等地千里迢迢而来。黄榦白天忙于编礼著书，"夜与之讲论经理，亹亹不倦，借邻寺以处之，朝夕往来，质疑请益如熹时"①。朱熹的另一个得意门生李燔，在担任白鹿洞书院堂长期间，"学者云集，讲学之盛，它郡无与比"②，大有当年朱熹在此讲学时的兴盛气象。张洽主持白鹿洞书院时，"选好学之士日与讲说，而汰其不率教者"③。朱熹私淑弟子魏了翁，因与宰相史弥远不合，遂解官回到邛州蒲江，"筑室白鹤山下，以所闻于辅广、李燔者开门授徒，士争负笈从之。由是蜀人尽知义理之学"④。正是由于他们的传承推扬，朱熹理学才在南宋晚期和元代放射出灿烂的光芒。

第三，撰文上疏，力争朱学的学术地位。嘉定十四年（1221年），"庆元学禁"刚刚解除，黄榦就为朱熹写了一篇《行状》，全面论述了朱熹的学问、道德和地位。他认为，朱熹"自筮仕至属纩五十年间，历事四朝，仕于外者仅九考，立于朝者四十日，道之难行也如此。然绍道统，立人极，为万世宗师，则不以用舍为加损也"⑤。明确地把朱熹推崇为"万世宗师"。他又说："道之正统，待人而后传。自周以来，任传道之责，得统之正者不过数人，而能使斯道章章较著者，一二人而止耳。由孔子而后，周、程、张子继其绝，至先生而始著。"⑥ 黄榦的这段评论，后来被元朝史官采入《宋史·朱熹传》中，成为千古定论。

如果说黄榦的《朱子行状》吹响了"庆元学禁"后理学全面复兴的号角，那么，真德秀和魏了翁则是借助自身的政治优势复兴理学的两员主将。真、魏二人虽然没有直接受学于朱熹，但与朱熹理学有着某种学脉上的联系和情感上

---

① 《宋史·黄榦传》，北京，中华书局，1985年点校本。
② 《宋史·李燔传》，北京，中华书局，1985年点校本。
③ 《宋史·张洽传》，北京，中华书局，1985年点校本。
④ 《宋史·魏了翁传》，北京，中华书局，1985年点校本。
⑤⑥ 黄榦：《勉斋集》卷三十六，《文公朱先生行状》，四库全书本。

的亲近，因而一直推崇朱学。真德秀在为理宗皇帝讲解经书时，往往援引朱熹的注释，使理宗对朱熹理学有所感悟；魏了翁则奋然上疏，要求朝廷对理学加以肯定和褒奖。在他们和其他朝臣的共同努力下，程朱理学思想终于取得了"正宗"、"正学"的地位。

四、象山心学和朱陆分争

朱熹理学政治化、庸常化倾向的加强，不但使其自身越来越失去应有的理论品格，失去向前发展的生机和活力，而且激起了理学内部其他派别的反对和异议。陆九渊的心学就是在这种背景下产生的。

陆九渊（1139～1193年），字子静，自号存斋，江西抚州金溪（今江西临川）人。因曾在江西贵溪象山讲学，又自号象山居士，故人们一般称其为象山先生，称其学说为"象山心学"。

陆九渊出身于一个显宦大族中。优裕的家庭环境使他既不必为衣食住行之类的事情操劳奔波，也没有科举入仕、光宗耀祖的压力，因此，青少年时期的陆九渊就开始注重心境的探求和意绪的体验。史载他幼时平居无事，"常自洒扫林下，宴坐终日"[1]。专注于心灵的探求，使少年时的陆九渊就已经具有非同寻常的哲学辨别能力。他曾经对人说："闻人诵伊川语，自觉若伤我者。"又说："伊川之言，奚为与孔子、孟子之言不类？近见其间多有不是处。"[2] 这种能力大概既得自于他的天赋，又与学无师承有一定的关系。

陆九渊34岁考中进士后，曾担任隆兴府靖安县主簿、建宁府崇安县主簿，后来调到中央担任国子正和敕令所删定官。淳熙十三年（1186年），改任主管台州道崇观，还乡闲居，筑舍讲学。绍熙二年（1191年），出知荆门军，政绩显著，一年半后不幸病逝。

陆九渊一生的主要成就，不是他作为一名政府官员所作出的若干为人称道的政绩，而是他作为一位学术大师在开创学派和讲学活动方面所做出的重要贡献。

---

① 《陆九渊集》卷三十六，《年谱》，第481页，北京，中华书局，1980年点校本。
② 《宋史·陆九渊传》，中华书局，1985年点校本。

（一）陆九渊的心学思想

首先，在宇宙本体论上，陆九渊提出"宇宙便是吾心，吾心便是宇宙"的心本体论思想。在陆九渊看来，天地可以被感知，但无边无垠、无始无终的宇宙是不能被感知的。既然如此，又怎么能够肯定它的存在呢？结论只能是"吾心"感觉到它的时候，无穷的宇宙才有了存在的意义。如果没有"吾心"去体认它，它的无穷又有什么存在的意义呢？因此，"心"就是这个无穷的宇宙的本体，充塞宇宙的万物之理完全存在并发自心中。沿着这个思路，陆九渊进而认为："宇宙便是吾心，吾心即是宇宙。东海有圣人出焉，其心同也，其理同也；西海有圣人出焉，其心同也，其理同也；南海北海有圣人出焉，此心此理亦莫不同也。"① 那么，"心"与"理"究竟是什么关系呢？陆九渊在其书信中如是说："心，一心也；理，一理也。至当归一，精义无二。此心此理，实不容有二。"②"人皆有是心，心皆具是理，心即理也。"③ 至此，陆九渊心学体系中"心即宇宙"、"心即理"这两个最重要的命题也就产生了。

其次，在认识论上，陆九渊提出了"发明本心"、"收拾精神，自作主宰"的思想。既然"心即宇宙"、"心即理"，那么，无论对宇宙万物的认识，或者是对万物之理和人之所以为人之理的认识，无非是一个认识本心的过程。如陆九渊所说："义理之在人心，实天之所与而不可泯灭焉者也。彼其受蒙蔽于物而至于悖理违义，盖亦弗思焉耳。诚能反而思之，则是非取舍盖有隐然而动、判然而明、决然无疑者焉。"④ 可见，"发明本心"就是要求人们通过良心的发掘而建立起道德自觉意识。为实现这个目标，就必须自主、自立，不要被外在事物所迷惑，"正坐拱手，收拾精神，自作主宰"⑤。只有这样，才能认识本心、保持本心，真正达到圣人的思想境界。

最后，在方法论上，陆九渊提出了"简易工夫"的治学修身的方法。在他看来，人人都有一颗天生的道德伦理之心，这与人的读书与否并无关系。而且

---

① 《陆九渊集》卷三十六，《年谱》，第 483 页，北京，中华书局，1980 年点校本。
② 《陆九渊集》卷一，《与曾宅之》，第 5 页，北京，中华书局，1980 年点校本。
③ 《陆九渊集》卷十一，《与李宰》，第 149 页，北京，中华书局，1980 年点校本。
④ 《陆九渊集》卷三十二，《思而得之》，第 376 页，北京，中华书局，1980 年点校本。
⑤ 《陆九渊集》卷三十五，《语录下》，第 455 页，北京，中华书局，1980 年点校本。

从事实上看，儒者、士大夫的道德水准或道德人格未必高于园圃老农，目不识丁者亦不乏顶天立地之人，人格的高低同读书与否并无必然联系。所以，为学之道的关键并不是让人读书识字，而是应该以一种更为直截了当的方式唤醒人的那颗道德伦理之心，使人在道德人格上自醒、自尊、自立、自律，"不识一个字，亦须还我堂堂地做个人"①。这种直截了当的方式，他称之为"简易工夫"。可以看出，陆九渊的"简易工夫"与一般的道德修养过程并不相合，没有一定的规范性和可操作性，以至于与禅宗的"顿悟"说、禅宗的传法方式毫无二致，蒙上了一层非理性的、神秘主义的色彩。

（二）朱陆分争

从陆九渊的思想体系中可以看出，陆九渊的宇宙本体论、认识论和方法论都与朱熹的理学思想有着深刻的矛盾和冲突。于是，朱陆双方的争论也就不可避免了。

鹅湖之辩。淳熙二年（1175 年）初夏，吕祖谦和朱熹编定《近思录》后，相偕前往信州铅山鹅湖寺游览。吕祖谦试图通过朱陆二人的聚会论学，以达到学术上的去异存同。于是，他向陆九渊及其兄陆九龄发出邀请，同时还请来了当地一些知名学者和政界名流共同与会。

据参加这次讨论会的陆九渊的弟子朱亨道记载："鹅湖之会，论及教人。元晦之意，欲令人泛观博览，而后归之约。二陆之意，欲先发明人之本心，而后使之博览。朱以陆之教人为太简，陆以朱之教人为支离，彼此颇不合。"②可见，鹅湖之会实际上是朱陆之间对方法论问题的一场辩论，辩论的主旨是通过什么样的途径提高个人的道德境界。陆九渊向来倡导自己的"简易工夫"，认为朱熹的"读书穷理"、"格物致知"，尤其是"今日格一物，明日格一物"的方法过于繁琐支离，不得要领。而朱熹则针锋相对，指责陆九渊"尽废讲学而专务践履。于践履中要人提撕省察，悟得本心，此为病之大者"③。双方各执一词，唇枪舌剑，互不相让，最终只能是不欢而散。鹅湖之会，是一次没有

---

① 《陆九渊集》卷三十五，《语录下》，第 447 页，北京，中华书局，1980 年点校本。
② 《陆九渊集》卷三十六，《年谱》，第 491 页，北京，中华书局，1980 年点校本。
③ 朱熹：《朱文公文集》卷三十一，《答张敬夫》之十八，《四部丛刊》本。

赢家的辩论，但是在辩论双方各自抓住了一部分真理，而又互不相让的情况下，能言善辩者无疑又易占上风，而成为事实上的赢家。所以关于鹅湖之会，朱熹及其门人后来对此很少提及，而陆九渊和陆门弟子却津津乐道，再三言及，以为平生得意之笔。

"无极"之争。朱、陆之间的"无极"之争，基本上是通过书信往来、以笔战的方式进行的，实际上是朱陆之间在宇宙生成论上的一场争论。在朱熹看来，理是宇宙间的惟一最高本体，"太极"只是"理"的另一种名称。他认为，太极"即两仪四象八卦之理，具于三者之先而蕴于三者之内也。圣人之意，正以其究竟至极，无名可名，故特谓之太极"①。由于担心人们误解太极为有形之物，所以才在"太极"前面加上形容词"无极"。而陆九渊把"太极"解释为《中庸》所说的"中也者，天下之大本也"的"中"。他认为，"盖极者，中也，言无极则是犹言无中也，是奚可哉?"② 所以，在"太极"前面加上"无极"二字，"正是叠床上之床"，不但毫无修饰作用，反而会导致"无理"、"无中"，"则君不君、臣不臣、父不父、子不子矣"③。这场争论最终也没有取得一致的意见。

《曹立之墓表》之争。曹立之，饶州余干人，原系陆九渊的弟子，后来归附朱熹门下。此人寿命较短，只活了 37 岁。朱熹在为他所作墓表中，对他叛离陆门、循序穷理的行为大加称赞。这使得本来就有点尴尬的陆九渊十分恼火，于是致书朱熹，指责他"叙履历，亦有未得实处"④。陆门弟子也纷纷口诛笔伐，"厉色忿词，如对仇敌"⑤。这场争论，表面上看是关于人物评价之争，实质上仍然是朱、陆二人治学方法论之争的延续。

《荆国王文公祠堂记》之争。淳熙十五年（1188 年）正月，陆九渊应抚州郡守钱伯同之请，为重修王安石祠堂撰写一篇记文。在这篇名叫《荆国王文公祠堂记》的文章中，陆九渊对王安石大加褒扬："英特迈往，不肖于流俗声色利达之习，介然无毫毛得以入于其心，洁白之操寒于冰霜，公之质也；扫俗学

---

① 朱熹：《朱文公文集》卷三十六，《答陆子静》之五，《四部丛刊》本。
②《陆九渊集》卷二，《与朱元晦》之一，第 23 页，北京，中华书局，1980 年点校本。
③《陆九渊集》卷二，《与朱元晦》之二，第 28 页，北京，中华书局，1980 年点校本。
④《陆九渊集》卷七，《与朱元晦》，第 94 页，北京，中华书局，1980 年点校本。
⑤ 朱熹：《朱文公文集》卷五十四，《答诸葛诚之》之一，《四部丛刊》本。

之凡陋，振弊法之因循，道术必为孔孟，勋绩必为伊周，公之志也。"① 并且认为熙宁变法之际，反对派极尽诋訾之言，导致王安石意气用事，走向极端，因此，"新法之罪，诸君子固分之矣"②。陆九渊的这篇论文，触痛了程氏洛党集团后辈内心深处的隐伤，遭到以朱熹为首的程朱理学集团的强烈抗议和回击。朱熹在给他的弟子刘公度的信中，认为陆九渊的评论"皆学问偏枯、见识昏暗之故，而私意又从而激之"③。在他的带领下，朱门弟子频频对陆文加以批驳，"妄肆指议"。但由于没有任何理论优势，这场兼有政治和学术双重色彩的争辩不久也便告罢。

由上述可见，朱、陆二人除了在宇宙生成论和方法论上发生争论外，还对人物评价问题屡有争执。对于人物评价的争论，并未给朱、陆二学增添多少色彩，因而没有太大的理论价值。但对于宇宙生成论和方法论的争论，则直接深化了朱学和陆学的主题，在南宋理学的天幕中留下了两道缤纷绚丽的彩虹。

那么，朱陆之争的根本分歧究竟何在呢？冯友兰先生在《中国哲学简史》中曾精辟地指出："朱熹赞同程颐说的'性即理'，陆九渊的回答却是'心即理'。两句话只有一字之差，可是其中存在着两个学派的根本分歧。"④ 事实的确如此。朱熹主张"性即理"，即人性是宇宙本体之理；陆九渊主张"心即理"，此"心"并非指血肉器官，而是指人的"心绪"，即思想、情感、良心。如此看来，"心即理"与"性即理"并没有本质区别，"天理（宇宙本体之理）＝纲常伦理＝人性"，这是朱学和陆学思想的共同点。二者的分歧发生在对"人性"的理解上。所谓"人性"，就是指人类真善美的本性。但这种本性的表现形式有这样两种状态：一种是出于对道德规范的敬畏而表现出人性；一种是出于对道德规范的自觉而表现出人性。朱陆的分歧就在于各执一端，朱强调前者，陆强调后者。所以，朱熹基本上主张"天理＝纲常伦理＝敬畏于道德规范时的人性"，简化为"性即理"；陆基本上主张"天理＝纲常伦理＝自觉于道德良心时的人性"，简化为"心即理"。于是就有了所谓"性即理"和"心即理"

---

①② 《陆九渊集》卷十九，《荆国王文公祠堂记》，第233页，北京，中华书局，1980年点校本。

③ 朱熹：《朱文公文集》卷五十三，《答刘公度》之二，《四部丛刊》本。

④ 冯友兰：《中国哲学简史》，第263页，北京大学出版社，1996年版。

的根本分歧。

由于这一分歧，朱熹对纲常伦理也就不能不强调它的外在规范性、权威性和制约性，相应地，对宇宙本体也就不能不强调它的不以人的主观意识为转移的"客观性"，进而形成了一个庞大的所谓客观唯心主义的哲学伦理体系。陆九渊则不同，他强调纲常伦理关系中的人的主体能动性、自觉性和意志的自由性，相应地，对宇宙本体也就不能不从主观意识、主观精神的角度去加以规定，进而形成了一个庞大的所谓主观唯心主义的哲学伦理体系。明乎此，对于朱陆之间的争论也就容易理解了。

（三）陆学式微

绍熙三年十二月十四日（1193年元月8日），陆九渊在荆门因操劳过度而不幸病逝，象山心学和朱熹理学双峰并峙的局面陡然发生变化。面对朱学咄咄逼人之势，象山心学只有招架之功，已无反击之力，很快土崩瓦解，最终形成了朱学独尊一统的格局。象山心学何以如此迅速地衰落下去呢？总的来说，有四个主要原因：

第一，象山心学学无师承，根基不深，与朱熹理学承继周、邵、张、程，源远流长，根基深厚相比，本来就有底气不足之处。它之所以能够飚然而起，蔚为大观，除了它的确抓住了朱学的不足之处以外，更主要的则是由于陆九渊的个人才能，尤其是他那杰出的演讲才能所造成的巨大感染力和吸引力。然而，这也恰恰隐伏了象山心学衰败的契机——陆九渊的英年早逝，也就不能不给这一学派造成某种根本性的动摇。可以说，陆九渊的早逝，是象山心学衰败的一个直接原因。

第二，陆九渊平生抱着"尧舜之时，有何书可读"、"是非自在人心，与著书与否有何关系"的态度，不著书立说，只凭口授心传，使陆门后学缺乏可以守持的文字资料，这也是陆学不能传之久远的原因。再加上陆学由"发明本心"而走向"简易工夫"，由"简易工夫"而陷入神秘主义色彩的禅宗顿悟说，越来越无规范性和可操作性，时间一长，其短处就超过了长处，也就不能不走向衰败。

第三，陆九渊弟子虽多，但大都属于平庸浅薄之辈，缺乏开拓创新、弘扬师说的锐气和魄力，因而无法挽救象山心学日趋衰败的命运。从地域分布上看，陆门弟子主要有两个群体：以傅梦泉、邓约礼、傅子云为首的"槐堂诸儒"长期追随陆九渊，对陆学门派的维护远胜于对心学理论的阐发，这自然无助于象山心学的发扬光大；以杨简、袁燮、舒璘、沈焕等"甬上四先生"为代表的浙东学派，折服于陆氏的本心之说，偏重于发扬心学的义蕴。然而，陆九渊高妙玄远的思想又非他们的禀资所能完全理解和掌握，于是，他们不约而同地寻求一条使陆学趋于平实、具体、易于接受的学术道路。在这种情况下，当年遭陆九渊猛烈抨击的"格物致知"、"读书穷理"之类的治学修身原则，开始为"甬上四先生"所接受，陆学开始悄悄地向朱学靠拢。这也是象山心学衰落的一个重要原因。

第四，象山心学的衰落，还有其最根本的社会原因。象山心学的精神实质是提倡一种主体的自觉、心灵的自由和个性的自由："人孰无心，道不外索"，"收拾精神，自作主宰"，"不识一个字，亦须还我堂堂地做个人"，"六经注我，我注六经"，"尧舜之时，有何书可读"，凡此种种，都隐含着一种心灵自由之外无道德权威可言，个性自由之外无文化价值可言，我就是我自己的主宰，不应该受任何书本、任何文字、任何权威说教的束缚等思想。这种思想只有在封建制度进一步解体，新的生产关系、新的市民阶层出现的情况下才能得到广泛的共鸣，而南宋显然还缺乏这种社会土壤。

五、理学北传和朱陆合流

（一）理学北传

元朝统一全国，结束了长期以来"南北不通，程朱之书不及于北"① 的局面，使本来兴盛于南部地区的理学迅速地传播到北方地区，与北方地区零星存在的伊洛之学汇合交融，共同构成了元代理学张大、兴盛的局面。

正如学者研究指出，早在赵复北上之前，北方局部地区就已经受到程朱理

---

① 黄宗羲：《宋元学案》卷九十，《鲁斋书院》，北京，中华书局，1986 年点校本。

学的浸润①。赵复北上，更是加大了理学在北方地区传播的力度，动摇了传统的章句注疏之学在北方地区的垄断地位，为后来理学成为钦定官学奠定了基础。

赵复，字仁甫，湖北德安人，故学者称其为江汉先生。端平二年（1235年），元兵攻陷德安，恰巧姚枢奉诏前往军中搜求儒道释医和占卜之士，于是将赵复送往燕京。次年，杨惟中、姚枢等人在燕京创建太极书院，邀请赵复至书院讲学，"学子从者百余人"②。据《元史·赵复传》记载："（赵）复以周、程而后，其书广博，学者未能贯通，乃原羲、农、尧、舜所以继天立极，孔子、颜、孟所以垂世立教，周、程、张、朱氏所以发明绍续者，作《传道图》，而以书目条列于后；别著《伊洛发挥》，以标其宗旨。朱子门人，散在四方，则以见诸登载与得诸传闻者，共五十有三人，作《师友图》，以寓私淑之志。又取伊尹、颜渊言行，作《希贤录》，使学者知所向慕，然后求端用力之方备矣。"③ 在赵复的传习引导下，北方官员士大夫姚枢、许衡、郝经、刘因、窦默、梁枢、赵或等人，渐得理学的奥义。尤其是许衡和刘因，与南方的吴澄，合称元代三大理学家，对元代理学的发展作出了卓越的贡献。故黄宗羲在《宋元学案》中给予了高度的评价："有元之学者，鲁斋（许衡）、静修（刘因）、草庐（吴澄）三人耳。草庐后至，鲁斋、静修，盖元之所藉以立国者也。"④

许衡（1209～1281年），字平仲，金朝河内（今河南沁阳）人。刘因(1247～1293年)，字梦吉，保定容城（今河北徐水）人。许衡曾师从姚枢研习理学，而姚枢又是从赵复那里深得理学的奥义，所以许衡称得上是赵复的再传弟子。刘因研习理学，一方面得益于家庭教育，其父刘述"刻意问学，遂性理之说"⑤，自然对刘因产生一定的影响；另一方面得益于南宋理学的北传。所以，刘因的理学思想庞杂广博，对周、邵、程、张、朱、吕等理学思想皆有所继承。他曾经评论道："邵，至大也；周，至精也；程，至正也；朱子，极其大，尽其精，而贯之以正也。"⑥ 能够具有如此远见卓识，自然与他出入于

---

① 参阅姚大力：《金末元初理学在北方的传播》，见《元史论丛》第二辑，北京，中华书局，1983年版。

②《元史·赵复传》，北京，中华书局，1976年点校本。

③《元史·赵复传》，北京，中华书局，1976年点校本。

④ 黄宗羲：《宋元学案》卷九十一，《静修学案》，北京，中华书局，1986年点校本。

⑤⑥《元史·刘因传》，北京，中华书局，1976年点校本。

诸家各派有一定的关系。

在理学传播方面，许衡和刘因由于各自的地位和身份不同，传授的方式和对象也就互不相同。许衡由应试中选而踏入仕途后，先后担任京兆提学、国子祭酒、左丞等官职，因此，他主要是通过官方正式途径来普及和推广理学。至元八年（1271 年），他担任国子祭酒期间，曾以门下弟子王梓、刘季伟、韩思永、耶律有尚、吕端善、姚燧、高凝、白栋、苏郁、姚燉、孙安、刘安中等十二人"分处各斋，以为斋长"①，大力宣讲儒家经典和程朱理学。刘因由于不肯仕元，基本上是以一个民间学者的身份来传授理学，"家居教授，师道尊严，弟子造其门者，随材器教之，皆有成就"②，培养出乌冲、郝庸、安熙、李贞、梁泰等一批出色的弟子。

在赵复、许衡、刘因等人的共同努力下，理学在北方地区得到推广和普及。至大德年间（1297～1307 年），北方地区上至公卿大夫，下至乡邑儒士，"例皆讲读，全谓精诣理极，不可加尚"③。不仅如此，程朱理学还被朝廷钦定为官学。皇庆二年（1313 年）十一月，元政府颁布了一份关于科举考试的诏书，其中规定："蒙古、色目人，……经问五条，《大学》、《论语》、《孟子》、《中庸》内设问，用朱氏章句集注。……汉人、南人，……明经经疑二问，《大学》、《论语》、《孟子》、《中庸》内出题，并用朱氏章句集注……经义一道，各治一经，《诗》以朱氏为主，《尚书》以蔡氏为主，《周易》以程氏、朱氏为主……《春秋》许用《三传》及胡氏《传》。"④ 至此，程朱理学的官学地位正式确立。这是理学发展史上一件具有深远影响的大事。正如岛田虔次教授所说，这一事件表明"朱子学在这个时候，一方面已经普及到了科举考试也不得不把它作为科目而采用的程度；另一方面，由于成为科举的科目，就开始显示出压倒的权威"⑤。的确如此，由于科举考试以程朱理学为准绳，那么，只有学习程朱理学，才能参加科举考试，求得一官半职，因此，朱学的正宗地位也就取

---

① 《元史·许衡传》，北京，中华书局，1976 年点校本。
② 《元史·刘因传》，北京，中华书局，1976 年点校本。
③ 王恽：《秋涧先生大全集》卷四十三，《义斋先生书书家训题辞》，《四部丛刊》本。
④ 《元史·选举一》，北京，中华书局，1976 年点校本。
⑤ （日）岛田虔次：《朱子学与阳明学》，第 79 页，西安，陕西师范大学出版社，1986 年版。

得了整个社会的普遍认同，"讲诵授受，必以是为则，而天下之学皆朱子之书"①。

程朱理学被钦定为官学，又直接影响了元代官修的《宋史》。该书的发凡体例、评断史事、裁量人物，均以程朱理学作为理论依据和是非标准②。欧阳玄在《进〈宋史〉表》中说："矧先儒性命之说，资圣代表章之功，先理致而后文辞。崇道德而黜功利。书法以之而矜式，彝伦赖是以匡扶。"③ 将编修《宋史》的指导思想和取舍标准交代得十分清楚。故清人在评价《宋史》时说，此书"大旨以表章道学为宗，余事皆不甚措意"④。如果说读书做官、"学而优则仕"是学人士子生前最大理想的话，那么千古流芳、名垂青史则又是他们死后最大的愿望。《宋史》以程朱理学作为评断史事、裁量人物的标准，更是有力地促成了学子士人对程朱理学的认同。

程朱理学通过"钦定"而成为"唯我独尊"的官学后，又通过"科举"、"青史"等诸种环节渗透到社会当中，溶化到读书人的血液中：

> 《尚书集注纂疏》，元陈栎撰，……每条之下，必以朱子之说冠于诸家之前，……自序称：圣朝科举兴行，诸经、《四书》一以朱子为宗⑤。

> 《尚书纂传》，元王天与撰，……其大旨则以朱子为宗，而以真德秀说为羽翼⑥。

> 《周易订疑》，元董养性撰，……其说皆以朱子为宗，不容一字之出入⑦。

> 《诗经疏义》，元朱公迁撰，……其说墨守朱子，不逾尺寸⑧。

---

① 虞集：《道园学古录》卷三十六，《考亭书院重建文公祠堂记》，《四部丛刊》本。
② 参见卢钟锋：《元代理学与〈宋史·道学传〉的学术特色》，载《史学史研究》1990 年第 3 期。
③ 欧阳玄：《圭斋文集》卷十三，《进〈宋史〉表》，《四部丛刊》本。
④ 《钦定四库全书总目》卷四十六，《正史类二·宋史》，第 635 页，北京，中华书局，1997 年整理本。
⑤⑥ 《钦定四库全书总目》卷十二，《经部十二·书类二》，第 150、153 页，北京，中华书局，1997 年整理本。
⑦ 《钦定四库全书总目》卷七，《经部七·易类存目一》，第 75 页，北京，中华书局，1997 年整理本。
⑧ 《钦定四库全书总目》卷十六，《经部十六·诗类二》，第 200 页，北京，中华书局，1997 年整理本。

凡此种种，均表明程朱理学已经内化为元代学子士人的思想观念和行为准则，获得了广泛而强烈的社会效应。

（二）朱陆合流

从思想层面上看，元代理学有一个非常明显的迹象，即朱、陆二学之间壁垒森严的门户隔阂逐渐被打破，朱、陆两派弟子相互汲取对方的思想精华，弥补和完善各自的理学体系，在理学内部出现了"朱陆合流"的趋势。

"朱陆合流"并不是偶然产生的，而是理学发展的必然结果。自南宋淳熙二年（1175年）朱陆"鹅湖之会"以来，朱、陆两家围绕着"道问学"还是"尊德性"这个主题，展开了一场持久而激烈的争论。正是在朱陆异同之辩的过程中，两家学术的利弊得失完全暴露出来：朱熹的"道问学"，无粗浮空疏、师心自用之弊，但有繁琐支离之病，缺乏涵养本原工夫；陆九渊的"尊德性"，有"明本体"之功，但有失之太简、流于狂禅之虞。这就为折衷朱陆、和会两家的学术异同创造了有利的思想条件。而两家学术宗旨的一致性，即"同植纲常，同扶名教，同宗孔孟"①，则又使朱陆合流有了共同的思想基础。

自朱熹和陆九渊两位理学大师相继去世后，朱、陆二学的发展逐渐偏离了原来的轨道。朱门后学中，有由朱子的"泛观博览"而"流为训诂之学"者，有虽专事义理之学但却不墨守师说，甚至"抵牾朱子"者。陆门后学中，有由陆子的"发明本心"而"流于狂禅"者，有虽传习陆子心学却将朱、吕、陆之学"一以贯之"者。可以说，朱陆后学们大都偏离了朱陆二人的最初学旨而"误入歧途"，从而导致各自学统都有难以为继之忧。为了摆脱这种困境，朱陆后学们需要在反思自身、和会异同中寻找一条发展之路。"朱陆合流"就是在这种背景下产生的。

大致说来，"朱陆合流"是朱、陆门人在相互兼综、双向对流中自觉实现的：或"由朱入陆"，如吴澄、许衡、徐霆、胡长孺等；或"由陆入朱"，如史蒙卿、郑玉等。他们在坚持各自学派的许多观点的同时，大胆地汲取对方的思想精华，从而形成了"和齐斟酌"而"不名一师"的学术风格。正如《宋明理

---

① 黄宗羲：《宋元学案》卷五十八，《象山学案·百家案语》，北京，中华书局，1986年点校本。

学史》所指出："史蒙卿、郑玉是以陆学的本心论，兼取朱学致知、笃实的下学功夫。而吴澄、许衡等人，是以朱学兼取陆学的本心论，他们不仅持有朱学致知笃实的工夫，而且也还保持朱学的理气论与理欲之辩。"[1]

为便于了解朱陆合流的具体情形，这里各选取一位朱、陆后学的思想加以介绍。

吴澄（1249～1333 年）是元代理学三大师之一。他生于抚州崇仁，十六岁时拜黄榦弟子程若庸为师，称得上是正宗的朱学传人。但实际上，他是一位"和会朱陆"的典型人物，以至于《宋元学案》对他无法准确地定位。那么，吴澄的理学思想中究竟如何"和会"、"兼综"朱陆两家之说呢？首先，在心、性、理关系上，吴澄继承朱熹的性理和气质学说，认为天理（即太极）是宇宙的本体，体现在人性上就是人的天地之性，天地之性是湛然纯善的。由于气质之性有清浊之分，故人有圣愚和善恶之别。如何去恶从善、恢复天地之性呢？吴澄并没有遵循朱熹"格物穷理"的办法，而是借助于陆九渊的心学理论，主张从自身去发现善端。他认为："道在天地间，古今如一，人人同得，智愚贤不肖，无丰啬焉，能反之于身，则知天之与我者，我固有之，不待外求也；扩而充之，不待增益也。"[2] 十分明显，吴澄承继了陆九渊"明心以穷理"的方法。在知行关系上，吴澄主张"知行兼该"，两者统一于心，知就是行，行只不过是知的体现。对于德性之知和闻见之知，他同样认为"内外合一"而"具于心"。他这种知行观明显地不同于朱熹的"论先后，知为先；论轻重，行为重"[3] 的观点。所以说，朱陆两家理学，经吴澄的"和会"，开后来王阳明"致良知"、"知行合一"理论之先声。

与吴澄"由朱入陆"相反，郑玉（1298～1358 年）则是在坚持陆学心本体论的前提下，兼取朱学格物致知、笃实邃密的治学方法。如在获得天理的方法上，他虽然主张"反观自悟"，但这种"反观自悟"不是陆九渊所说的"直指本心"，而是"潜心于圣贤之书"。他甚至提出"道外无文，外圣贤之道而为

---

① 侯外庐等主编：《宋明理学史》上册，第762页，北京，人民出版社，1984年版。
② 吴澄：《草庐吴文正公全集》卷十，《象山先生语录序》，清乾隆五十一年万氏刻本。
③ 黎靖德编：《朱子语类》卷九，《学三·论知行》，第148页，北京，中华书局，1986年点校本。

文，非吾所谓文；文外无道，外六经而求道，非吾所谓道"① 的观点，与陆九渊"六经注我，我注六经"的说法大相径庭。

类似于吴澄、郑玉这样"和会朱陆"的理学家，在元代还有很多。可以说，朱陆合流是元代理学发展的最显著特征。那么，这在理学史上具有什么样的意义呢？我们认为，元代理学中的朱陆合流，是南宋以来理学发展的必然结果，顺应了宋明理学由支离繁琐到简易直截的发展趋势，为明代阳明心学的产生做好了充分的理论准备。正如《宋明理学史》所说："元代的朱陆合流，是对明代王学起了直接间接的孕育作用。"② 事实的确如此。如果对阳明心学某些思想细加推究，不难发现它并不是直接承继象山心学的远绪，象山心学与阳明心学之间还有许多不可逾越的沟壑，而元代的朱陆合流，正好为这两支心学的接轨铺平了道路。

六、理学在社会文化史上的意义

理学是对传统儒学进行变革而形成的一种新的儒学形态。它的产生，对中华民族的思维结构、精神风貌和价值观念等等都具有深远意义和影响。

第一，从理论思维上看，"由知天而知人"这一理学主题的渐次确立，大大促进了对宇宙自然问题的探讨，突破了"唯圣人不求知天"、"于天地万物不务说其所以然"的学术传统，使儒学脱下了质朴平淡的政治外衣，而迈入了抽象思辨的哲学王国。

宋代理学大师朱熹对秦汉以来儒学发展变化的轨迹作了一个精辟的概括："秦汉以来，道不明于天下而士不知所以为学，言天者遗人而无用，语人者不及天而无本。……宋兴，……有濂溪先生者作，然后天理明而道学之传复续。盖有以阐夫太极阴阳五行之奥，而天下之为中正仁义者得以知其所自来。言圣学之有要，而下学者知胜私复礼之可以驯致于上达；明天下之有本，而言治者知诚心端身之可以举而措之于天下。"③ 在朱熹看来，宋代以前的思想家分两

---

① 黄宗羲：《宋元学案》卷九十四，《师山学案》，北京，中华书局，1986 年点校本。
② 侯外庐等主编：《宋明理学史》上册，第 766 页，北京，人民出版社，1984 年版。
③ 朱熹：《朱文公文集》卷七十九，《韶州州学濂溪先生祠记》，《四部丛刊》本。

部分，一部分"言天而遗人"，即只重视宇宙自然观的探讨，而忽略人伦纲常问题，这是指玄佛释道而言的；另一部分人则"语人不及天"，即只重视人伦纲常，而不重视宇宙自然问题的研究，结果找不到人伦纲常根自何处，本自何方，即"语人不及天而无本"，这实际上是对传统儒学"知人不知天"的批评。而自宋代理学开山周濂溪先生以后，情况为之一变。对太极、阴阳、五行等等宇宙奥妙的阐述，正是为了知晓"中正仁义"即人伦纲常来自何处。宇宙之理既明，孔孟之道也就得到了根本性的发扬。因此，可以说，两宋理学就是围绕着"由知天而知人"这一新儒学的主题而展开的一场"寻根运动"——阐明人伦纲常、孔孟之教、先王之治等等在宇宙间有其必然的根由，正根自于、本自于那永恒的宇宙，"人之理"即"天之理"。尽管从表面上看，两宋理学的确如后来清代的朴学家所严厉批判的那样，是"因理气而言天，因天而言及天之先，辗转相推，而太极、无极之辩生焉"，"舍人事而论天，又舍共睹共闻之天而论耳目不及之天"，似乎是背叛了传统儒学，但正是对这玄而又玄的问题的探讨，才改变了早期儒学那种质朴平淡的形态，使其对人生的解释具有了某种透彻了悟的哲理思辨性。从这一意义上说，理学是儒学的哲理化，是一门真正的哲学。

第二，从社会影响上看，随着"由知天而知人"这一新主题的确立，理学更为确切、更为透彻地论证了封建纲常的永恒性、合理性，具有无可置疑的官方哲学的性质；另一方面，这种主题之下的理学，又悄悄孕育了一种与封建纲常相抗衡的理性精神，并成为明清时期人文启蒙思想的逻辑先导。

关于第一方面的意义，本章第一部分已有较为详细的论述，此不赘言。这里着重谈一下第二方面的意义。

就在理学家竭力把封建制度、封建纲常论证为永恒不变的最高本体的同时，却又悄悄地孕育了一种否定封建制度、封建纲常的因素。这一点，最突出地表现在"理的高标一格"上。朱熹所说"未有君臣，先有君臣之理；未有父子，先有父子之理"，其目的当然是为了把君臣父子之理论证成永恒的、千古不变的。但是，就是在这种论证下，君臣父子之理隐然取得了超越现实君臣父子关系的品格——"理"先于现实的君臣父子关系而存在，"理"也就必然高于现实的君臣父子关系，"理"也就必然尊于现实的君臣父子关系。现实中个别、具体的政治势力可以有生有灭，变化不定，而"理"或"天理"却是永恒的、万古不变的。正如二程所说："天理云者……不为尧存，不为桀亡。""天理"并不受具体政治的左右，它有独立的、超越的品格。无论具体政治是好是坏，"天理"却永远高于现实具体政治，永远尊于现实具体政治。正是在这种理论的规定和影响下，"理尊于势（现实政治）"才成为宋代以后中国知识分子的一种普遍的信念：

> 故天地间惟理与势为最尊。虽然，理又尊之尊也。庙堂之上言理，则天子不得以势相夺。即夺焉，而理则常伸于天下万世。……此儒者之所不辞，而敢于任斯道之南面也。①

这种"理尊于势"的观念，春秋战国时期就已经萌芽，如荀子有"从道不从君"的说法。但只有宋代理学将"理"（或"道"）论证成与天地同体的宇宙本体后，它在天地间的"至尊"地位才得以确立，"理尊于势"才逐渐成为中国知识分子优秀品格的一部分。它不但使中国知识分子崇尚气节、刚直不阿的传统精神得到了进一步的强化，而且在一定的历史条件下，它又会成为封建社会后期知识分子摆脱封建之"势"的束缚，追求个性自由、个性解放、追求真理的一种精神动力。虽然明清之际兴起的反封建的早期启蒙思想曾对程朱理学、陆王心学等展开过猛烈的抨击，但历史地看，程朱理学中"理的高标一格"和陆王的"心的超越万物"（超越万物隐含了对封建纲常和现实政治的超越），恰恰是反封建的追求个性自由和解放的启蒙思想的一种逻辑先导。

第三，从人生观方面看，理学比传统儒学具有更为强大的穿透力和说服力，对中国人民的民族气节和人生境界产生了巨大的影响。

理学"由知天而知人"，从宇宙本体论的高度论证了人性、人伦与宇宙天地之理的相通和统一，这就把人伦道德高扬到了与天地共存、与日月同辉的高度，"杀身成仁"、"舍生取义"等观念成为一种普遍认同的价值体系。在理学家看来，"仁"、"义"是天理的外在体现，为"仁"、"义"而献身，不是死而是生，是获得了与天地共存、与宇宙共存的永恒生命，是"死而不亡"。正是由于理学的这种理论上的努力，才使"仗义死节"的儒学口号变成了中华民族的价值信仰，才使得南宋灭亡之际涌现出一大批象文天祥、谢枋得、黄震这样

---

① 吕坤：《呻吟语》卷一，长春，吉林文史出版社，2001年版。

的舍生取义之士，才出现"海上浮尸犹十万"的悲壮场面。

不仅如此，理学还给人们带来了一种新的人生境界。秦汉以来，"孔颜乐处"是传统儒家苦苦思索的一个问题。这个问题在宋代理学家那里有了一个最有说服力的答案。在宋代理学家看来，圣人与天地万物为一体，自然"胸次悠然，直与天地万物上下同流"①，生死贫贱和穷达苦乐已经变得微不足道。有了这种超脱的人生境界，就会坦然，达观，超然地对待生死苦乐，"不为外物所动"，也就有了"胸次悠然"的孔颜乐处。这也就是理学家经常提及的：圣人与天地万物上下同流，何死生之有，何苦乐之有；"大世界不享，却要占个小蹊小径子；大人不做，却要为小儿态! 可惜!"② 的确，达到了大境界，就不会有"小家子气"和"小儿态"。而这种境界在"知人而不知天"的传统儒学那里是很难营造出来的，只有在"由知天而知人"的理学主题下才会有这种大境界的提升。

① 朱熹：《四书章句集注》，《论语集注》卷六，《先进篇》，北京，中华书局，1983 年点校本。
② 陆九渊：《陆九渊集》卷三十五，《语录下》，第 499 页，北京，中华书局，1980 年点校本。

第四章

璀璨夺目的宋元文学

　　双峰并峙的宋词和元曲构成了宋元文学的璀璨气象，深刻蕴含和展示了这一时期社会历史文化变迁的精神本质。诚如王国维所言："凡一代有一代之文学，楚之骚，汉之赋，六代之骈语，唐之诗，宋之词，元之曲，皆所谓一代之文学，而后世莫能继焉者也。"① 宋代的古文运动和诗歌发展，元曲的辉煌，同样以其独特的文化品格，构成了中国文学史上的新变与转折。

---

① 王国维：《宋元戏曲史·自序》，上海古籍出版社，1998年版。

一、盛极一时的宋词

词是我国古典诗苑中的一朵奇葩，至宋代而臻极致，号为"一代之胜"，与唐诗、元曲相提并称。

（一）词学概论

词是在五、七言律诗和民歌的基础上，与乐曲配合而形成的一种依谱填词、长短句押韵的诗体。"依谱填词"和长短句押韵是词在形式上有别于诗的两大特点，故词在文献中又被记载为"曲子词"、"曲子"、"倚声"或"长短句"。又因词是从五、七言诗中脱胎而出，故又被称为"诗余"。

词的起源甚早，有人认为古已有之，即"自有诗而长短句即寓焉"①。也有人认为词源于古乐府，认为"古歌变为古乐府，古乐府变为今曲子，其本一也"②。但作为一种有别于诗的文学体裁，词则始于隋唐，大盛于两宋，并成为宋代标志性的文学形式。

词本是与音乐相配和的诗，因此每首词都有"曲调"，即"词牌"，如《蝶恋花》、《沁园春》、《念奴娇》等。据学者统计，词有 820 多种词牌，同一词牌又有"变体"，共计 2300 余体。按音乐节拍长短，则分为令、引、近、慢四种。按篇幅之大小，则有所谓"小令"、"中调"、"长调"之分。清人有"五十八字以内为小令，五十九字至九十字为中调，九十一字以外为长调"的说法，虽过于绝对刻板，但涯略大致可见。

就美学特征而言，历来有"词善言情"、"诗庄词媚"的说法。就是说，诗是以庄重宏伟的所谓阳刚之美为基本美学特征的，而词则是以婉丽妩媚的所谓阴柔之美为其美学特征的。词作为一种新兴的诗体，除了外在形式应与诗有所区别之外，还应该有不同于诗的美学特点，以显示出其独立于文学之林的价值，这一点，在词的早期发展中尤为必要。所以，唐末五代宋初的作家也就自觉不自觉地对词作了基本规定：在词作中，着重写一些花间月下的景致、酒余

---

① 朱彝尊、汪森：《词综·序》，见《词综》，上海古籍出版社，1978 年版。
② 王灼：《碧鸡漫志》卷一，文渊阁《四库全书》本。

梦后的意绪，以及男欢女爱的情趣等，抒发的是心灵深处细腻委婉的感觉，表现出所谓言情、媚婉、隽永、蕴藉的美学特征。

当然，这只是就其基本特征而言的，而基本特征之外的"另类"、"别格"，以及基本特征之中的参差不一，又构成了宋代词坛上精彩纷呈的不同流派：

> 词体大略有二：一体婉约，一体豪放。婉约者欲其词情蕴藉，豪放者欲其气象恢宏。盖亦存乎其人。如秦少游之作，多是婉约；苏子瞻之作，多是豪放。大抵词体以婉约为正。故东坡称少游为"今之词手"，后山评东坡词"如教坊雷大使舞，虽极天下之工，要非本色"。①

> 宋名家词最盛，体非一格，苏、辛之雄放豪宕，秦柳之妩媚风流，判然分途，各极其妙。而姜白石、张叔夏辈，以冲澹秀洁，得词之中正。②

> 词自晚唐五代以来，以清切婉丽为宗。至柳永而一变，如诗家之有白居易；至轼而又一变，如诗家之有韩愈，遂开南宋辛弃疾等一派。寻源溯流，不能不谓之别格，然谓之不工则不可。故至今日，尚与花间一派并行而不能偏废。③

正是因为有了上述种种不同的艺术风格，宋词被后人分成所谓的豪放派、婉约派，以及花间派、格律派、风雅派等不同词派。

（二）宋词的发展脉络

五代宋初，小令词已趋于成熟。五代词有两个中心，一在西蜀，一在南唐。西蜀词人即是人们所熟知的"花间派"，此派虽早兴，但南唐词成就尤高，代表词人为南唐中主李璟、后主李煜和冯延巳（或作延嗣）。李璟词作不多，词风不事雕琢，凄婉疏隽，哀而不伤，韵致别具。李煜的词更是以质取胜，在《南唐二主词》中仅著录 34 首。他的词大体以 975 年宋灭南唐为界，分为前后两期：前期词多写富丽的宫廷生活，才情蕴藉而又多愁善感；入宋后，其词一洗宫体之艳风，重在写身世经历和生活实感，遂多家国之慨，把词引入了歌咏人生之途。王国维《人间词话》评曰："词至李后主而眼界始大，感慨遂深，

---

① 张綖：《诗余图谱·凡例附识》，明末毛氏汲古阁刻词苑英华本。
② 高佑釲：《陈其年湖海楼词序》记顾咸三语，见《四部备要集部·湖海楼词集》。
③ 《钦定四库全书总目》卷一百九十八，《东坡词》，北京，中华书局，1997 年整理本。

遂变令工之词而为士大夫之词。"冯延巳（903～960年）是五代词中大家，他不但首开南唐词派，而且其影响还远及于宋初，他的词集《阳春集》是我国历史上第一部词人专集。其词大都情致缠绵，清华俊朗。王国维称其词"堂庑特大，开北宋一代风气"①。

北宋初年，词的体裁与风格仍然依五代之旧，内容也多以歌情为主。其代表人物有晏殊、晏几道父子以及欧阳修、范仲淹等。晏氏父子被合称为"二晏"，在宋初词坛颇有影响。晏殊有《珠玉集》行世，其词语言婉丽，颇受五代冯延巳的影响，但已经基本脱去了冯词中浓重的脂粉气，文字也更凝炼。晏几道有《小山集》传世，其词语言自然清新，风格细腻曲折，并善于选择一些富有特征的形象或场景表现缠绵伤感的情思，情调感伤，凄楚动人，富有忧患意识，词风近于李煜，而在婉字上用力更有过之，艺术成就和艺术技巧均超越晏殊。

宋初对后世词风产生重要影响的还有欧阳修和范仲淹。欧阳修的词虽同晏殊一样，也深受花间派尤其是冯延巳的影响，多以秀逸的字句抒发旖旎情怀，但他的《六一词》更以清远俊逸见长，风格清新婉丽，意境深永，并不时流露出放旷气息，在作词的题材与体式上也别开生面，并开始作慢词，这都对后来词家产生了重要影响。所以《〈宋六十一家词选〉例言》称其"疏隽开子瞻，深婉开少游"。范仲淹是北宋著名的政治家，并曾多年镇守边关，具有丰富的生活经历。他的词作不多，流传到现在的只有五首，但他把边塞诗的内容带进了词的领域，使词具有了较多的社会内容和开阔的风格，表现出了高旷深沉的意境和苍凉悲壮的情调，为豪放词开了先河。范氏之后，王安石也能一洗五代旧习，表现出高远豪迈的风格欧阳修、范仲淹虽都是偶尔填词，留下的词作也很少，但他们词中苍凉激越的情调，对宋词的发展产生了重要的影响。

此外，林逋、张升、宋祁、寇准等人都有著名词作行世。

经过这一时期的发展，词调慢慢变长，宋初词坛小令为主的阶段也基本结束了。

真正使宋词从形式到内容都完成全面转变，并将词推上一个全新发展阶段的是北宋的两大词人柳永和苏轼。

---

① 王国维：《人间词话》，第5页，上海古籍出版社，1998年版。

柳永，字耆卿，原名三变，福建崇安人，生卒年不详，大致与晏殊、欧阳修等人同时。他为人放荡不羁，青少年时因流连坊曲，故虽以文采名于世，却为高层统治者所弃，终生在政治上不得志。曾经有人在仁宗面前举荐他，仁宗批了四个字："且去填词。"故自称为"奉旨填词柳三变"。他长期浪迹市井，把自己一腔不平的闷气和市民阶层的真情实感都以细腻的笔法反映在他的作品之中，因而他的词流传最广，很为人所喜爱。"凡有井水饮处，即能歌柳词"，他是白居易以后最受欢迎的一位出身于封建士大夫的词人。

柳永是北宋第一个专力写词的作家。他深明音律，既熟悉前人旧曲，又遍习宋代新声。他在宋词上的贡献，主要在于他以新鲜通俗的语言、铺叙白描的手法，发展完善了长调慢词，并用这种新体真实地反映了当时的都市文明和市民生活，扩大了词的容量，丰富了词的表现力，在内容、形式和技巧上都使词的发展达到了一个新的高峰，对宋代的婉约派和豪放派词家都产生了重要影响。他的作品不仅长于铺叙，构思细密，布局完整，层次分明，而且通俗流利，极富音乐性。柳永的词现存者近200首，都收在他的《乐章集》中，造诣最高的是抒写离人思妇和羁旅行役的作品，代表作如《雨霖铃》：

> 寒蝉凄切。对长亭晚，骤雨初歇。都门帐饮无绪，留恋处，兰舟催发。执手相看泪眼，竟无语凝噎。念去去，千里烟波，暮霭沉沉楚天阔。多情自古伤离别，更那堪、冷落清秋节！今宵酒醒何处？杨柳岸，晓风残月。此去经年，应是良辰好景虚设。便纵有千种风情，更与何人说？

另外，如《八声甘州》、《夜半乐》等也都是不朽的名篇。当然，柳永的词所表现出来的思想倾向是比较复杂的，词主要内容反映的仍大都是封建社会中部分知识分子怀才不遇、宦途潦倒后的悲愤和不满情绪，但也表达了其对于功名利禄的某种淡漠和对正统观念的背离和疏远。同时，他又从一个失意文人的角度描写了处于当时社会最底层的妓女们的生活，并以某种男女平等的意识对她们表示了一定的同情心，这在扩大词的题材范围和丰富词的社会内容方面无疑是有积极意义的。但是，他的词也充分表现了庸俗落后的一面。他的词中表现的对功名的漠视和对现实的激愤之情，也往往是一种个人宦途失意后的无可奈何的自我解脱，他没有他的前辈陶潜那种出污泥而不染的高洁，展示给人们的更多的是颓废和玩世不恭。而在反映妓女生活的词作中，有不少关于歌妓声色的庸俗描写，有的甚至不堪入目。这一切虽难掩柳词在艺术上的成就，但我们在肯定其艺术成就的同时，也不能忽视柳词的这些负面影响。

与柳永同时而齐名的张先（990～1078年），词风介于晏、欧与柳永之间，有词集《安陆集》（通称《张子野词》）行世。他的词还是主要以小令著称，长于言情、追求韵味和朦胧。但他又如同柳永，撷取时调新声而创作了一些慢词长调。这类词在内容上触及了市井生活，写法上有更多的铺叙和夸张，特别是对物象和心理上某种细节的细微刻画，更显得突出；不过在词的层次结构等方面，尚不够细密，显示出长调慢词在初兴时的不成熟特点。《白雨斋词话》说张先词"有含蓄处，亦有发越处，但含蓄不似温、韦，发越亦不似豪苏、腻柳。"此语道出了张先的词"适得其中"的特点，反映了词风由小令向长调慢词的转变。

北宋词坛另一影响巨大的作家是苏轼。苏轼（1037～1101年），字子瞻，号东坡居士，眉州眉山（今四川）人。他出生在一个富有文学传统的家庭里，在父母的悉心教导和自己的刻苦钻研之下，他20岁时已经成为"博通经史，属文昌数千言"的作家。苏轼具有多方面的文艺才能，在诗、词、散文、书画等方面都有着极高的成就，他以丰富、广泛的创作实践完成了北宋的诗文革新运动。

苏轼在我国词史上有着特殊的地位，他在词方面的成就甚至超过了他的诗文。苏轼是以诗文革新运动的精神来填词的，他在柳永发展慢词的基础上进一步开拓了词的意境。从他现存的300多首词中可以看出，他把能够用来写的题材和主题，如怀古、感旧、记游、说理等，都写入词里，把歌者之词变成了诗人之词，使得词在柳永之后，又出现了一种更为彻底的变革，成为一种可以独立发展的新诗体。所以刘辰翁说："词至东坡，倾荡磊落，如诗，如文，如天地奇观。"[①]

苏轼的词具有浪漫主义的艺术特征，词风豪迈奔放，富于幻想，意境雄浑博大，语言风格独特。他经常以散文的笔调来写"慢词"，自由挥洒，只要能恰当地表达他的思想感情，任何词语都可入词，不会为了迁就声情而改变文情，从而摆脱了音律所加于词的束缚，使词体得到了彻底的解放，为词的发展

---

① 刘辰翁：《辛稼轩词序》，见《须溪集》卷六，《四库全书》本。

开辟了更广阔的途径。王灼《碧鸡漫志》卷二称其"指出向上一路，新天下耳目，弄笔者始知自振"。他的这种风格也因而被人们概括地称之为"豪放"。在苏词中最能表现其豪放词风的代表作是《念奴娇·赤壁怀古》：

> 大江东去，浪淘尽、千古风流人物。故垒西边，人道是三国周郎赤壁。乱石崩云，惊涛裂岸，卷起千堆雪。江山如画，一时多少豪杰。遥想公瑾当年，小乔初嫁了，雄姿英发。羽扇纶巾，谈笑间、樯橹灰飞烟灭。
>
> 故国神游，多情应笑我，早生华发。人间如梦，一樽还酹江月。

以及《水调歌头》：

> 明月几时有？把酒问青天。不知天上宫阙，今夕是何年。我欲乘风归去，又恐琼楼玉宇，高处不胜寒。起舞弄清影，何似在人间！转朱阁，低绮户，照无眠。不应有恨，何事长向别时圆？人有悲欢离合，月有阴晴圆缺，此事古难全。但愿人长久，千里共婵娟。

苏轼不仅开创了豪放一派的词风，对传统的婉约派的发展也有新的贡献。他在继承欧阳修和张先等人的基础上，提升了婉约派词的格调，扩大了词中所反映的生活面，使之不限于儿女私情，或写乡村，或写山林，或发议论，或抒襟怀，各尽其妙。另外，在关于男女恋情描写这一词中最普遍的题材上，苏轼也开辟了一些新的意境。如他的《水龙吟·咏杨花》和《洞仙歌》等，几乎都可被视作散文诗。而他的《蝶恋花》、《江城子》都把爱情写得缠绵悱恻，荡气回肠，取得了很高的艺术成就。总之，苏轼词的风格是多种多样的，他既开创了豪放词，为南宋以辛弃疾为代表的爱国词人开辟了道路，又发展了婉约词，使婉约词在真挚、细腻的描写之中，更增添了凝重、淳厚的风格。

柳永、苏轼以后，北宋词坛可谓人才辈出，但随着慢词长调的进一步盛行，词中铺叙的成分也增多。而要使词长期维持诗的趣味，就不能不从骈俪着手，于是又出现了词的赋化倾向。柳永的词中已有运用赋法写作的（如著名的《望海潮》），而苏轼、秦观几个时期的浪漫主义高峰过去之后，宋词在词句精炼及写作技巧上更臻成熟，并逐渐形成典雅的风格。这其中最有代表性的人物就是大晟词人周邦彦，而秦观、黄庭坚、贺铸等人则在其中起了一个承上启下的作用。

在北宋后期的词坛上，黄庭坚（字鲁直，号山谷道人，著有《山谷词》）

和贺铸（字方回，有《东山词》传世）在宋词的发展上都有一定贡献。尤其是贺铸的小词，情思缠绵、组织工丽，在词的题材、风格上曾做过多方面的探索，词风也时而富艳精工，时而幽忧悲壮，很有特点。

秦观（1049～1100年），字少游，号淮海居士，著有《淮海集》。作为"苏门四学士"之一，他在诗、文、词、赋等方面均有所成就，而尤以词最为后世称道。他的词数量不多，保存下来的仅有90首左右，但不论是长调还是小令，都达到了很高的艺术水平。不过他的词既没有继承苏词的豪放风格，也没有苏词那样丰富的内容，而是走了柳永婉约一派的路子。秦观词反映的现实面是很狭窄的，几乎很少触及国计民生，只是抒写自己的情愁爱欲和飘零生涯。从他的词中我们看到的就是一个才气过人、多愁善感又缺乏反抗意志、只会在流放生涯中追忆旧欢残梦并渴望美好生活的知识分子形象。

秦词在艺术上有很高的成就。虽然秦观在词中歌唱的仍是"情"与"愁"这些古老的主题，但他去掉了柳词中庸俗猥亵的情趣，创造了许多优美的艺术形象，传达出真挚而纯洁的感情，并发展了词的技巧。他善于以长调宛转铺叙，即景抒情，尤其擅长通过凄迷的景色和宛转的语言表达感伤情绪，并将强烈的主观感情注入其中，更增添了作品的感染力。他绝少用典，语言自然清新，流畅而不松散，典雅而不费解，词风在苏轼、柳永之外又别具一格，对稍后的周邦彦、李清照等产生了直接影响。如人们熟悉的《鹊桥仙》、《鹧鸪天》等都是传诵千古的名篇。

北宋后期词坛有一个盛极一时的人物，就是周邦彦。周邦彦（1056～1121年），字美成，号清真居士，钱塘（今杭州）人，有词集《片玉词》（又名《清真下班集》）行世。他妙解音律，能自度曲，创制了不少新声，尤以长调慢词见长。在词风上他继承了宋初以来婉约派词家的长处，拓展了比兴与寄托的艺术手段，形成了典雅清丽的风格。他和贺铸一样，善于从前代诗人的作品中拣选自己所需要的语言材料以供驱使。在表现方法上，他擅长将不同的时间和空间、不同的人和事，通过复杂曲折的想象和联想结合起来，从而表达自己宛转含蓄的情思，在艺术技巧上达到了近乎完美的程度。虽然所写的是词中习见的别绪离愁，但其艺术构思却往往能将人引入一个新的境界，而且音节和谐，结构严谨，格律精细，浑厚和雅，"无一点市井气"，被后世作为典范。他也因之被后人视为"格律派"的大家、"词家之正宗"①、"词中老杜"（王观堂语）、宋词的"集大成者"（周济语）。这说明他在宋词由浪漫抒情走向规范严谨的过程中所起的推动作用是相当大的。事实上，宋词的发展，经过柳永、苏轼两次大的创制，已经门径大开，汪洋恣肆。周邦彦的出现，正可以起到一定的收束作用，为肆意的词坛提供了一定的规范。《白雨斋词话》说："词至美成，乃有大宗，前收苏、秦之始，后开姜史之始。"这是合乎实际情况的。

但是，周邦彦的词作有着生活面狭窄、思想内容单薄的弱点，更缺乏苏轼词中那种豪迈奔放之气。他的词虽与秦观、柳永一样，多以写个人情愁为主题，但既少了柳词中的市民情趣，也没有了秦观词中那种对异性的真挚而纯洁的感情，而只是迎合了一般士大夫阶层寄情风月的爱好而已。因此我们在承认其对宋词发展的贡献的同时，也应看到其思想内容上薄弱的一面。

南北宋之交的大词家，当首推李清照。她的创作生涯横跨承平的北宋末年与动荡的南宋初年。与她有着相同经历的，还有张元干、朱敦儒等词人。时代剧变使得他们前后的词风都有所变化，而其中以李清照所创造的艺术风格在两宋词派中占有重要位置。

李清照（1084～约1151年），号易安居士，山东济南人，生长在士大夫家庭之中，父亲李格非以文章受知于苏轼。李清照少年时即有诗名，十八岁时嫁宰相之子、太学生赵明诚，即《金石录》作者。靖康之难，仓皇南渡，不久丈夫即病故。从此，李清照境遇孤苦，凄凉悲惨，余生只能依靠典卖赵明诚遗留下来的文物度日。李清照在文学上有多方面的成就，但最擅长的还是词。曾有词集《漱玉集》刊行，已失传，现存的辑录本收其作品70多首。她的词以靖康之乱为界，可分为前后两个时期。前期的词主要描写她少女、少妇时期悠闲风雅的生活情趣，代表作有《如梦令·常记溪亭日暮》、《醉花阴》、《一剪梅》、《凤凰台上忆吹箫》等。南渡之后，李清照连续遭遇国破、家亡、夫死的苦难，过着长期流亡的生活。她的词虽然在风格上仍然保持了早期那种朴素自然的特征，但也达到了前所未有的深度，她将一腔家国之痛、身世之悲都汇于词章中，颇为动人。如《声声慢》：

---

① 戈载：《宋七家词选》卷七，道光十七年翠微花馆刊本。

寻寻觅觅，冷冷清清，凄凄惨惨戚戚。乍暖还寒时候，最难将息。三杯两盏淡酒，怎敌他晚来风急？雁过也，正伤心，却是旧时相识。满地黄花堆积，憔悴损，如今有谁堪摘！守着窗儿，独自怎生得黑！梧桐更兼细雨，到黄昏，点点滴滴。这次第，怎一个愁字了得！

这是一字一泪的千秋绝唱。

李清照是我国文学史上最杰出的女作家之一。她没有传统社会一般妇女的自卑感，不仅敢于利用当时的各种文学形式表达自己的思想感情，而且还以一种无畏的气概写出了宋人最早的一篇论词专文——《李易安词论》，对她以前的词坛作了总结，并提出了自己对词的认识，对后代词坛，尤其是对婉约派传统风格的进一步发挥起到了积极作用。李清照是公认的正宗"婉约派"词人，她的词主要是沿婉约派词家的方向发展的，但语言明白如话，较少粉饰，又创意出奇，流转如珠，富有声调美，后期作品还兼有豪放派之长。这使她的词在两宋词坛上独树一帜，被称为"易安体"，对当时和后世都产生了较大影响。

然而，可能由于她总是囿于"词别是一家"，是"诗之余"，因而不能像诗那样可以有无所不包的广阔题材的传统观念。她的词没有也不可能有像辛弃疾那样宏大的视野，即使是南渡后，虽然饱尝外敌入侵、国家残破、个人颠沛流离之苦，她词中所表现出的也仍只是个人的沉痛之情，很少有像她在诗歌作品中那样表现出明显而强烈的爱国思想的作品，这不能不说是一个遗憾。但另一方面，真实地抒写个人的悲惨身世和苦闷心情，也正是当时国破家亡、身受重重压迫的妇女处境的反映，因而带有不少时代和社会的因素，从这个角度讲，她的词作就决不是个人的无病呻吟了。

词到南宋发展到了高峰。这一时期，宋词的发展基本上沿着两条主线运行：一是沿着苏轼注重思想内容的"诗人词"方向发展的豪放派，代表人物首推辛弃疾；一是沿着周邦彦专门讲究格律、音节等形式之美的路子发展的婉约派，代表人物是姜夔。

南渡初期，特别是嘉定和议之前，爱国主义成为社会的主旋律。当时的爱国词人冲破了大晟乐府专崇格律的束缚，上承北宋苏轼豪放的词风，下开辛弃疾爱国词派的先河，代表人物有岳飞、张元干、张孝祥等。其中岳飞的《满江红·写怀》、张孝祥《六州歌头》都是传颂千古的名作。在南宋的爱国主义词人中，最著名的就是辛弃疾。

辛弃疾（1140～1207年），字幼安，号稼轩，山东历城人。他是一位富有传奇色彩的爱国主义英雄人物，21岁时就参加了山东耿京的抗金起义军。耿京被害后，他率数十骑径入敌营，擒斩义军的叛徒，带义军投奔南宋。辛弃疾南渡之后，一直站在抗金的第一线，上万言书，主张对金抗战，恢复中原。然而他抗金的政见与军事主张，却得不到南宋腐朽政权的支持与重视，只好把自己的一腔爱国爱民的雄图和壮志难酬的悲愤寄托在词章之中。辛弃疾的词雄奇阔大，豪迈奔放，笔力沉郁，慷慨悲壮，宣泄出一股苍凉之气，开创了一代新词风，与苏轼并称"苏辛"。但与苏轼不同的是，辛弃疾在文学创作上是以词作为主要表现形式的。他的词现存600多首，是宋代词人中词作最多的一家。其作品经过后人的整理后，大部分收在词集《稼轩长短句》之中。

辛词不仅在数量上超过他的前辈和同时代的作家，在思想内容与艺术成就上也是丰富多彩、别开生面。在辛词中，爱国思想和战斗精神贯串始终，壮怀激烈的爱国主义感情时时透过他的词句喷薄而出，如《菩萨蛮·书江西造口壁》一首：

> 郁孤台下清江水，中间多少行人泪。西北望长安，可怜无数山。青山遮不住，毕竟东流去。江晚正愁余，山深闻鹧鸪。

一字一句可以说都是爱国者的血和泪。而他自己最喜爱的一首代表作《永遇乐·京口北固亭怀古》，更是情调激越，充满了鼓舞人心的爱国激情：

> 千古江山，英雄无觅，孙仲谋处。舞榭歌台，风流总被，雨打风吹去。斜阳草树，寻常巷陌，人道寄奴曾住。想当年，金戈铁马，气吞万里如虎。元嘉草草，封狼居胥，赢得仓皇北顾。四十三年，望中犹记，烽火扬州路。可堪回首，佛狸祠下，一片神鸦社鼓。凭谁问，廉颇老矣，尚能饭否？

在艺术风格上，辛词也达到了一个新的高峰。这首先表现在他对雄奇阔大的意境的创造和比兴手法的运用上，这与他远大的政治抱负和强烈的爱国热情是一脉相承的。其次是他的语言风格独特，在突破散文、诗、词等不同样式的语言界限上，辛弃疾比苏轼更为大胆。无论是诗、散文、群经、诸子以至佛典，他都能信手拈来，填入词中。最难得的是这些风格差异显著的材料在经他融铸成篇后，竟能妙出天然，毫无拼凑的痕迹，大大丰富了词的表现手法和语言技巧。另外，辛词内容非常广泛。苏轼是以诗为词，而对辛弃疾来说，凡是可以写进其他文学样式的内容，无一不可写进词里。词至辛弃疾才达到了冲破一切藩篱的境界。与广泛的内容相适应的是风格的多样化。辛词虽以慷慨雄奇、沉郁苍凉、豪放悲壮为主流，但委婉缠绵、回肠荡气、高朗空灵、清雅平淡之篇也不少，而且都达到了相当高的水准。在这类词中，我们更能领略到他摧刚为柔、刚柔相济、婉约中见豪放的过人之处。刘克庄说："（辛）公所作大声鞺鞳，小声铿锵，横绝六合，扫空万古，自有苍生以来所无。其秾纤绵密者，亦不在小晏、秦郎之下。"[1] 很中肯地评估了辛词的成就。

辛弃疾在词的发展史上是一位划时代的作家，他的艺术实践给词坛带来了深远影响，开辟了词的发展的一个新时代。虽然他与苏轼并称"苏辛"，但世人对他词的成就的推许远远胜过苏轼："苏、辛并称，东坡天趣独到处，殆成绝诣，而若不经意，完璧甚少。稼轩则沉着痛快，有辙可循，南宋诸公，无不传其衣钵，固未可同年而语也。"[2] 辛词的成就不仅影响了南宋的爱国词坛，对后世也产生了重要影响，正如《四库全书总目提要》所说的："其词慷慨纵横，有不可一世之概，于倚声家为变调，而异军特起，能于剪红刻翠之外，屹然别立一宗，迄今不废。"

在辛弃疾同时或稍后的时代里，受其影响的爱国词人有 50 多家，最著名的如陆游、陈亮、刘过、刘克庄、戴复古、文天祥、刘辰翁等。他们的词风都受到辛弃疾的影响，形成了南宋中叶以后声势浩大的爱国词派。

陆游主要是以诗闻名于世的，但他不仅能诗，还擅长填词。他的词作不多，现存的有 100 多首。陆游的词大多为飘逸、婉丽之作，不似他的诗歌那样豪放雄浑。但其中不少篇章仍然充满着爱国主义激情，如《诉衷情》：

> 当年万里觅封侯，匹马戍梁州。关河梦断何处？尘暗旧貂裘。胡未灭，鬓先秋，泪空流。此生谁料，心在天山，身老沧州！

其中充满了国耻尚在、壮志未酬的无限悲愤。陆游的词在当时颇受推重，刘克庄认为："放翁长短句，稼轩不能过，飘逸高妙者，与陈简斋、朱希真相颉颃；

---

① 刘克庄：《辛稼轩集序》，见《稼轩词编年笺注》，上海古籍出版社，1993 年版。
② 周济：《宋四家词选·目录序论》，北京，中华书局，1985 年版。

流丽绵密者，欲出晏叔原、贺方回之上。"① 冯煦对他的评价更高："剑南屏除纤艳，独往独来，其遒峭沉郁之概，求之有宋诸家，无可方比。"②

以姜夔为首的风雅词派是南宋后期左右词坛的一个重要词派。姜夔（约1155～1221年），字尧章，号白石道人，江西鄱阳人。他早岁孤贫，往来长江中下游及江淮间，视野较开阔，写出了一些较有现实内容的词。但中年后豪门清客的色彩越来越浓厚，反映在他的作品中，则是专于研词练句，选色揣声，内容不免空洞。在政治上姜夔是一个失意者，生活上也始终是寄人篱下。在涉及国家和民族的大是大非问题上，他也能站在正义的一面。但他既不能以匡时济世为己任，又不愿趋炎附势，于是走上了一个有所不为的高人雅士的道路。姜夔在文学艺术上是一个多面手，而以词的成就最大。生前曾有词集《白石道人歌曲》行世，现存词作仅84首，近人夏承焘将其全部收入《姜白石词编年笺校》中。姜夔的词主要继承了北宋周邦彦的词法，又受到李清照协律论的影响，恪守歌词必须合乐的准则，力求保持雅正婉约的传统格调。因此，他的词音节谐美，精于格律，咏物和抒情结合得较好，而且善于营造意境，清人说他的词"精深华妙，尤善自度新腔，故音节文采并冠绝一时"③。在语言上他吸收了晚唐诗人与当时江西派诗人的手法，善用清刚峭拔、瘦硬凝炼的语言表达缠绵婉转的情思，并适当吸收了豪放词的一些风格，一改柳、周词中绮靡软媚之病，不媚不艳，即使写爱情，也从来不用华丽的语言，而出之以淡雅疏宕的笔触，使婉约词展现出一种冷艳清丽的风貌。

姜夔的词受到时人和后世的一致推重。《艺概》认为他的词与辛弃疾的词各有千秋："白石才子之词，稼轩豪杰之词。"清人朱彝尊更是认为"词莫善于姜夔"。其中虽不无过誉之嫌，但姜夔这种重视艺术技巧而又在一定程度上抒发了家国兴亡之感的创作实践，的确为婉约词在南宋的发展打开了新局面。姜词一出，当时的词人即纷纷效法："鄱阳姜夔出，句琢字炼，归于醇雅。于是史达祖、高观国羽翼之，张辑、吴文英师之于前，赵以夫、蒋捷、周密、陈允

---

① 刘克庄：《后村诗话续集》卷四，北京，中华书局，1983年版。
② 冯煦：《宋六十一家词选·例言》，见龙榆生：《唐宋名家词选》，上海古籍出版社，1978年版。
③《钦定四库全书总目》卷一百九十八，《白石道人歌曲》，北京，中华书局，1997年整理本。

衡、王沂孙、张炎、张翥效之于后，譬之于乐，舞佾至于九变，而词之能事毕矣"①。形成了一个颇具影响的姜夔词派，或称"风雅词派"。当时的姜派词人大致可分为两组：一是活动在宁宗时期或稍后的一群，主要有史达祖、高观国、卢祖皋、张辑和吴文英等；另一是宋末元初的遗民词人，如蒋捷、陈允平、周密、王沂孙和张炎等。在这些姜派词人中，又以王沂孙、吴文英、周密和张炎影响最大，被周济称为"南宋四家"。

吴文英（约1212～1272年），字君特，号梦窗，晚年别号觉翁，四明（今浙江宁波）人。有《梦窗词》行世，现存词作三百四十一首，以感旧怀人及伤怀古之作为多。吴文英是继姜夔之后与之并峙于南宋婉约派中的代表作家，他的词主要师承周邦彦与姜夔，但又勇于创新，别开生面。他特别讲究音律和修辞，善于用典和隐括唐诗句意。在手法上，打破了传统的层次结构方式，句法前后交叉，转换自由，时空跨度很长，跳跃性也很大，其在宋代词坛上别具一格，对后世也有重要影响。

周密（约1232～1308年），字公谨，号草窗，其先济南人，从曾祖起迁居湖州。有《草窗词》行世，并曾选录南宋词人作品，编为《绝妙好词》。周密词今存152首，词风受姜夔影响，与吴文英的词相近，所以后人合称之为"二窗"。《宋四家词选》称："草窗最近梦窗，但梦窗思沉力厚，草窗则貌合耳，若其缕新斗冶，固自绝伦。"

张炎（约1248～1322年），字叔夏，号玉田，晚号乐笑翁。有词集《山中白云洞》行世，现存词302首，内容以抒发身世之感、亡国之痛为主。张炎的词学标榜清空，其词笔墨疏宕，意趣高远，清虚俊爽，凄怆缠绵，与姜夔最为接近，他的《山中白云词》也因之与《白石道人歌曲》合称为"双白词"。清人更推重他的词，说他"所作往往苍凉激楚，即景抒情，备写其身世盛衰之感，非徒以剪红刻翠为工。至其研究声律，尤得神解，……宋元之间，亦可谓江东独秀矣"②。

张炎是宋词三百年发展的殿军，他不仅是一个著名的词人，而且还是一个出色的词论家，他以他的创作和理论为南宋姜派词人作了一个总结。此后，随

---

① 朱彝尊、汪森：《词综·序》，见《词综》，上海古籍出版社，1978年版。
② 《钦定四库全书总目》卷一百九十九，《山中白云词》，北京，中华书局，1997年整理本。

着词乐的消亡，词便日益明显地仅以格律抒情诗的形式在文坛流行，并在进入元朝后日渐式微，逐渐为新兴的文学体裁——元曲所取代。

（三）宋词的时代精神

宋代进入封建社会盛极而衰的时期，在商品经济的冲击下，封建制度在政治、经济、人身占有关系等方面对人民的束缚难以为继，社会结构呈现出变动不居的状况。因此，人们的政治、经济、人身自由等方面的自主意识得到增强，价值观念和人格模式也发生了变化。宋词，这种以抒写主观心绪为特征的抒情文学样式，对这一转折时期的社会心态作了多层次、多侧面的反映，记录了不同时期、不同阶级和阶层的人们的心声。虽然它很少直接而完整地描写现实，但在词人的心灵抒发中却跳荡着时代的脉搏。我们可以从中总结出这样一种时代精神：随着中国传统社会的结构性变化和新的社会因素的出现，文学领域里涌现出一股要求个性解放和人格独立、追求个人价值实现和世俗幸福的进步思潮。从宋词、元曲、宋元话本小说到明代中叶市民文学，直到批判现实主义的高峰《红楼梦》，这股进步思潮以一浪高过一浪的势头，冲垮了以言志、载道为特征的正统文学的堤坝，汇合成宋元明清时期进步文学发展的主流。宋词作为这股潮流的第一道冲击波，毋庸置疑地具有值得充分肯定的社会意义和思想意义。

概括地讲，宋词中反对封建束缚、要求个性解放的时代精神，在世界观方面表现为价值观念的转变和对独立人格的追求；在伦理观方面表现为男女平等意识和妇女解放意识的加强；在审美观念中表现为对世俗生活和主观情感真实描写的崇尚。

中国封建社会知识分子的传统群体人格模式是一种他主他律的依附人格，即在思想上依傍古人，政治上委身皇权，视科举或入仕为正途，视辅助帝王治国平天下为最高理想。这种人格既缺乏向外施展的多元途径，又缺乏向内开拓的创新精神。在宋代"贫富无定势，田宅无定主"的变动不居的社会中，知识分子的人格模式也发生了变化，增添了自主自律的新因素，即不依傍外来的精神权威和现实的政治势力，在真理的认同上具有独特的价值判断能力，并依据自己的内心准则自由行动，在职业选择上具有多元化特点。

这种价值观念和人格模式的变化，反映在宋词里，就是两个相反相成的方面：其一是鄙弃修齐治平理想及其外化形式——功名利禄，或在商品经济发达的情况下追求红尘中的享乐，由庙堂而青楼，走世俗化道路，或向往隐逸生活，逃脱封建统治的罗网；其二是赤裸裸地追求功名富贵，这是市民求富意识渗透的结果。如向来以"浪子"面目出现的柳永之词，即自信地表达了对这种生活方式的肯定和追求：

> 黄金榜上，偶失龙头望。明代暂遗贤，如何向？未遂风云便，争不恣狂荡？何须论得丧。才子词人，自是白衣卿相。烟花巷陌，依约丹青屏障。幸有意中人，堪寻访。且恁偎红倚翠，风流事，平生畅。青春都一饷。忍把浮名，换了浅斟低唱！

这首《鹤冲天》是柳永青年时代科举落第后的作品。"才子词人，自是白衣卿相"，体现了一种新的价值取向。这种取向既不是"学而优则仕"的官本位，也不是传统儒家的伦理本位、道德本位，而是以人的聪明才智和个人价值为本位，带有鲜明的人本主义启蒙色彩。"忍把浮名，换了浅斟低唱"，体现了自我设计、自我实现的崭新观念。虽然柳永由于时代的局限性而不可能全面否定功名，但这首词里流露出来的对功名富贵的轻蔑和揶揄，正说明功名在作者心目中只不过是人格主体实现的一个方面或一条途径，而不是最高层次或全部意义上的实现。在功不成名不就的情况下，浅斟低唱也不失为一种可取的补偿和安慰。柳永中年时期曾历经多年的漫游干谒和羁宦漂泊，最后一事无成。他通过沉痛的反思，从世界观的高度重新肯定了早年鄙弃功名富贵、追求世俗享乐的人生原则，大胆肯定了人的生活权利和生存快乐。这在他的《春花回》、《尾犯》、《轮台子》（其一、其二）等词篇中都有充分反映。

两宋士大夫厌薄功名富贵、追求个性解放的思想还有另一种表现形态，即向往渔樵隐逸或绝尘飞升，这与沉溺歌筵舞席、浪迹平巷里曲的方式是相辅相成、互为补充的。如果说前代隐士如陶渊明、阮籍等人的隐逸只是政治性退避，是为了逃避频繁的改朝换代和残酷的政治清洗而装出的一幅轻视世事、洒脱不凡的风度，其内心却更加强烈地执着于世俗人生，那么，宋代词人所表达的隐逸却是一种社会性的退避。在这个封建社会已经不可挽回地衰落的时代，他们表达了对整个社会的彻底怀疑。以苏轼为例，他的词作中充满了"人生如梦"(《念奴娇·赤壁怀古》)的感慨:"身外傥来都是梦"(《十拍子》),"休言万事转头空,未转头时皆梦"(《西江月》),"巫峡梦,至今空有,乱山屏簇"(《满江红》),"世事一场大梦,人生几度新凉"(《西江月》),"君臣一梦,今古空名"(《行香子》),"叹隙中驹,石中火,梦中身"(《行香子》)。……总之,是"万事到头都是梦","须著人间比梦间"(《南乡子》)!特别是《永遇乐·彭城夜宿燕子楼梦盼盼》的下阕:"天涯倦客,山中归路,望断故园心眼。燕子楼空,佳人何在,空锁楼中燕。古今如梦,何曾梦觉,但有旧欢新怨。异时对,黄楼夜景,为余浩叹。"俯仰今古,放眼宇宙,对世间的纷纷扰扰到底有何目的和意义这个根本问题作了否定的回答,表现出企求解脱的强烈愿望。苏轼虽然一生并未退隐,也从未真正"归田",但他通过词作所表达的人生空漠之感,却比任何前人口头或事实上的退隐、归田、遁世都更为深刻和沉重。这是对整个传统政治的退避,是社会性退避,而超越了"一为黄雀哀,涕下谁能攀"(阮籍)、"荣华诚足贵,亦复可怜伤"(陶潜)的政治性退避阶段。这种隐逸观念对传统政治功利主义和极端道德主义具有强大的破坏作用。

与厌薄功名富贵的思想相反相成的,是宋词中对功名富贵的赤裸裸的追求。它反映了建立在小农经济基础上的封闭稳定的社会结构和纲常礼教受到商品经济冲击后,人们受激发而产生的一种追求金钱财富的精神。钱钟书先生曾经指出:"放翁诗中功名之念,多于君国之思。"这句评论对陆游的词也同样适用。词人四十几岁时曾在川陕前线效力:"当年万里觅封侯,匹马戍梁州。"(《诉衷情》)后来虽老境蹉跎,功名无望,仍这样鼓励自己:"黄阁紫枢,筑坛开府,莫怕功名欠人做。"(《感皇恩》)"封侯事在,功名不信由天!"(《汉宫春》)辛弃疾也在词中唱道:"明年金印如斗大,貂蝉却自兜鍪出。"(《满江红》)"算平戎万里,功名本是、真儒事,公知否?"(《水龙吟》)"记功名,万里要吾身,佳眠食!"(《满江红》)"真须腰下添金印,莫教头上久貂蝉。向人间,长富贵,地行仙。"(《最高楼》)这里只是略举一二。宋词中强烈追求功名富贵的思想,与传统儒家的以理节欲观、宋代理学家的理欲对立观都是背道而驰的,显示了一种新的价值取向,代表了市民阶层这一新兴力量对政治经济地位的渴求,具有时代意义。

秦汉以来,随着封建制度日渐强化和儒家思想"正统"地位日渐巩固,封建礼教加强了对人们特别是女性的束缚，男尊女卑的观念意识得以强化，男女爱情、女性的一些权利在日常生活中受到了不应受到的蔑视和冷遇，爱情在文学作品中的地盘也渐渐变小、变窄了。在汉魏六朝和晚唐时期，表现爱情意识的文学潮流虽几度兴起，但规模不大，作品所反映出的爱情内容也很单薄。宋代由于社会结构变化、工商业经济发展，爱情意识成为一种社会思潮。词作为一种"适合的"新的文学形式积极地反映了这一社会意识，并以一种初步的男女平等互爱的平等精神构成新的文学素质，体现了新的伦理道德观念。

体现这种变化的首先是一种新的题材在词作中的出现——男忆女。如韦庄的二首联章体《女冠子》：

四月十七，正是去年今日，别君时。忍泪佯低面，含羞半敛眉。不知魂已断，空有梦相随。除却天边月，没人知。

昨夜夜半，枕上分明梦见，语多时。依旧桃花面，频低柳叶眉。半羞还半喜，欲去又依依。觉来知是梦，不胜悲。

前写女忆男，以前的文学作品相似的思女闺怨的题材很多。但后首写男忆女，这在以前就极为少见，而宋代的词作中，这种男忆女的题材却很多。如小晏的《临江仙》：

梦后楼台高锁，酒醒帘幕低垂。去年春恨却来时，落花人独立，微雨燕双飞。记得小蘋初见，两重心字罗衣。琵琶弦上说相思，当时明月在，曾照彩云归。

再如柳永的《夜半乐》下阕：

到此因念，绣阁轻抛，浪萍难驻。叹后约，丁宁竟何据。惨离怀，空恨岁晚归期阻。凝泪眼，杳杳神京路。断鸿声远长天暮。

这些"男忆女"的词，不仅填补了空白，更反映了词的新文学精神，具有进步意义和初步人文主义色彩。

其次，宋代许多词人（如苏轼、柳永、秦观等）在词体中表达了对所怀恋、爱慕的女性的真挚爱情，更在这种爱情中加入了社会人文的因素，这在柳永的词中显得尤为突出。比如："能染翰，千里寄，小诗长简。"（《凤衔怀》）"偏能做，文人谈笑。"（《两同心》）"属和新词多俊格。"（《惜春郎》）"文谈闲雅，歌喉清丽，举措好精神。"（《少年游》其五）"星眸顾指精神峭。"（《木兰花》其四）"为妙手，俊格聪明。"（《八六子》）"天然俏，自来奸黠，最奇绝。"（《小镇西》）"从来娇纵多猜讶。"（《洞仙歌》）以往诗文描述对女性的爱情，往往重写女性的外在美，而在这些词句中，引发词人对女性产生爱情的条件，与其说是她们的外在美，不如说是她们具有丰富的文学艺术才能和快乐好强的性格。这样，爱情便加入了更多的社会人文因素，女性作为更社会化的人而受到尊重，在社会人文方面体现出了一种平等精神。由于受历史和阶级局限性的影响，这种新精神对当时的词人而言贯彻得并不彻底，比如同是柳永，在他的词作中就常有视女性为"尤物"的观念。但总的说来，在当时的历史条件下，在作品中能够表达出对女性的平等意识，还是难能可贵的。

与这种男女平等意识相辅出现的是女性的独立、解放意识。这主要体现在女性对爱情积极果敢的追求上。例如：

> 一场寂寞凭谁诉。算前言，总轻负。早知恁地难拼，悔不当时留住。其奈风流端正外，更别有、系人心处。一日不思量，也攒眉千度。[1]

> 也拟疏狂图一醉，对酒当歌，强乐还无味。衣带渐宽终不悔，为伊消得人憔悴。[2]

词作中的女性都沉浸在自己的情感世界里，执著无悔，表现出对爱情坚定不移的执著精神和积极果敢的性格。而这种精神和性格，即便是在古乐府中也很少见，特别是唐代闺怨诗所表现的美丽女性多是静止的、被动的，与此正相反。宋代妇女对爱情的执著精神和积极果敢的性格，反映出她们在社会生活中独立意识和解放意识的加强。她们大胆、积极地追求自己的权利，展现了新的女性对生命的愿望和对礼教的突破，极富人性色彩。而这种精神意识之所以能够产生，是与宋代工商业经济迅速发展、市民阶层壮大以及许多妇女注重通过文学艺术或其他途径来提高自身素质和社会地位等多种因素息息相关的。虽然这类女性在宋代女性中所占比例并不大，而且也多集中在市民阶层中，但由此却让人们真切地感受到了某种妇女解放的脚步。

---

① 柳永：《昼夜乐》其一后阕，见薛瑞生校注《乐章集校注》，北京，中华书局，1994 年版。
② 柳永：《凤栖梧》其二后阕，见薛瑞生校注《乐章集校注》，北京，中华书局，1994 年版。

中国古代文学十分强调"载道"、"言志"（志是与礼教有关的志），排斥和轻视男女恋情，比如《左传·昭公元年》就曾说："耽于女乐，惑从丧志。"然而男女相悦是人类生活中必不可少的又是最美好的一部分感情，"食色，性也"，"饮食男女，人之大欲存焉"。男女恋情既是不可缺少的，却又受到排斥和轻视，这就在中国古代文学史上造成了一种不正常的状况。《诗经·国风》中写男女情事的作品，往往被歪曲地解释为比喻君臣遇合。屈原作《离骚》，明明是写君臣遇合，却偏要寄托于男女情事。对爱情的表现或是受到压抑，或是十分隐晦地曲折地出现，体现出被长久深藏却又时时隐约显露的审美心理。而梁陈君臣的宫体诗所写男女之事，则不免有些堕落，有些过分，有些心理变态。晚唐李商隐那些艳美幽约的爱情诗，却也要掩盖地加上"无题"的标题，令后人参详起来大费周折。

到了词的时代，由于词是小技，可以不受或少受礼教的束缚而畅快淋漓地吐露人们心中对爱情的企盼渴求，可以暂时地排除外界干扰，尽情描写自己被恋情激起的幽约心态，终于可以脱去载道言志的外衣，真而且深地表现人的本性之一——男女恋情了。比如"甘作一生拼，尽君今日欢"（牛峤），"换我心为你心，始知相忆深"（顾琼），"衣带渐宽终不悔，为伊消得人憔悴"（柳永），"许多烦恼，只为当时，一晌留情"（周邦彦）。如果说当时的文人雅士在审美上还讲究"温柔敦厚"，而将词情写得委婉含蓄、雅正淳厚，那么以柳永为代表的接近世俗的词人则少了这些讲究，而将男女情事写得淋漓酣畅。他们已经把"情"作为一种具有独立审美价值的东西全力进行表现，用直抒胸臆的手法尽情吐露，但求淋漓酣畅，透彻明白，通俗易懂，在美学上表现出了"曲尽人意"、"肆意畅情"的特征。这是对传统文学题材的开拓。尽管有人一味指责词的艳情和狭隘，但这种狭隘恰恰是拓宽，是扩张，因为它触及了一个被封闭被禁锢的领域，并在这个领域中尽情发掘，作出了巨大贡献。

词之"肆意畅情"还带来了"从俗"的特点，即"旖旎近情，使人易入"，"骫骳从俗，天下咏之"。其要点即在于宋词中较多地融入了市民群众的思想意识，体现了一种世俗化的生活理想和"以俗为美"的审美意向。比如柳永的《定风波》就是以代言体写闺怨的名篇，词中女主人公的"无那！恨薄情一去，音书无个"，"悔当初、不把雕鞍锁"，表现出了一种平等意识和浓烈的市民色彩，而"针线闲拈伴伊坐"的生活理想，"免使年少光阴虚过"的爱情至上，都与士大夫的思想意识相去甚远。明言直说、毫不遮掩、淋漓畅快的表达方式，也大异于"好色而不淫"、"怨悱而不乱"的传统。"暖酥消，腻云嚲"之类富于感官印象却情趣不高的用语，和合篇的俚言俗语，更与以雅为尚的审美趣味截然不同。但柳永正是以这种"近俗"的词本真实描写了当时市井中歌者的悲欢，写出了她们的身世和内心情感，为沦落风尘的妇女们倾诉心曲，所以他的词中便有一种前所少见的世俗社会的"人情味"，因而"流俗人尤喜道之"①。这种"以俗为美"的审美意识，表现出了词人完全、透明的精神人格，它为宋代词苑带来"市民文学"的新气息和新作风，也为后来的金、元曲子开启了先声，其意义是不可抹杀的。

二、宋代的古文运动

宋代的古文运动是我国古代散文发展的一个重要阶段，在中国文学尤其是散文发展史上占有重要地位。

（一）古文运动的缘起

"古文"是和"骈文"相对立的概念。它的特征是散行单句，不拘格式，不同于骈文讲究排偶、辞藻、音律和典故。这在文体上恢复了先秦两汉文章的传统，所以称为"古文"。唐中叶韩愈、柳宗元等人提倡这种文体，以反对六朝以来的浮艳文风，他们相互支持，彼此呼应，结合成一个新的文人集团，大力从事"古文"的宣传和写作，渐渐形成一种社会风尚，这就是所谓的"古文运动"。这个运动主要是文风、文体和文学语言的改革运动，在文章的演变上有着划时代的意义，对文学、特别是文学散文的发展，产生了直接的影响。

我国的散文有着光辉的历史，先秦时期，散文发展就达到了一个高峰。当时成就最突出的是历史散文和哲理散文。先秦历史散文的最高成就是《左传》，哲理散文以《论语》、《孟子》、《庄子》、《荀子》、《韩非子》等诸子散文为代

---

① 徐度：《却扫编》卷下，《四库全书》本。

表。到两汉时，政论散文和史传散文成就卓著。魏晋时期，散文开始从哲学和史学著作中独立出来，成为一种独立的文体，从而更具有艺术特质，抒情色彩越来越浓，遣词造句更为讲究，体裁也愈加多样化，但是骈偶化倾向日益明显，并在西晋以后形成了散文中的一个新门类——骈体文。此后，骈文充斥文坛，以致到南朝时，优秀的散文作品已经十分罕见了，一直到唐代中期以前，形式主义文风泛滥文坛。中唐时期，以韩愈、柳宗元为首掀起的"古文运动"，不仅有力地打击了风靡 300 多年的绮丽柔弱的文风，而且从实践、理论、内容、形式上都形成了散文的优良传统，直接启示了北宋的文学革新运动。韩、柳之后，古文运动趋于衰微。晚唐、五代时期，骈俪之风再度弥漫整个文坛。

（二）宋初散文变革的先导

宋初统一帝国的建立，把历史推向了一个新阶段。然而在文学方面，却不是随着改朝换代而突然发生同步变化的，它有一个从因习旧章到变革创新的渐进过程。自太祖、太宗到真宗时期，诗、文、词、赋仍然继承着晚唐五代的风格，作品大都讲究艺术形式，而很少反映社会现实。这种局面，引起了一些有志推陈出新的作家的不满。他们提出了改革文风的主张，并从事创作实践，从而成为北宋诗文革新运动的先驱者。

宋初首先起来反对五代绮靡文风的，是梁周翰和柳开诸人。《宋史·梁周翰传》载："五代以来，文体卑弱，周翰与高锡、柳开、范杲习尚淳古，齐名友善，当时有高、梁、柳、范之称。"他们积极提倡韩、柳的古文，以韩愈的继承者自命，是北宋古文运动复兴的先驱者，其中用力最勤的是柳开。

柳开（947～1000 年），字仲涂，大名（在今河北省）人。他少年时代便仰慕韩愈和柳宗元，因此给自己取名肩愈，字绍元，表示要肩负韩愈的使命，继承柳宗元的事业。后来又改名为开，字仲涂，《补亡先生传》称其意是"将开古圣贤之道于时也，将开今人之耳目使聪明也，必欲开之为其涂矣，使古今由于吾也"。柳开竭力反对五代以来的华靡文风。他认为，学必宗经。他提倡古文推尊韩愈的出发点，就是要恢复儒家的道统，明道垂教。但是，他的文章既没有韩文那样的气势磅礴，也没有柳文那样的辞句精洁、说理透辟，而且由于他过分地强调了道对文的决定意义，导致了他的古文作品"词涩言苦"，使人难以诵读，所以他的复古倡议并没有产生重大影响。

在宋初复兴古文的潮流中，王禹偁开辟了另一条可行的道路，在理论和实践两方面都有较大的贡献。他也主张以韩、柳为榜样，改革诗文之弊，但他不赞成"语艰意奥"。他在《再答张扶书》中提倡"远师六经，近师吏部（韩愈），使句之易道，义之易晓"。在文与道的关系上，他不仅主张文以传道，而且还提出文以明心的主张。他反对形式主义的骈体文，但并不一概排斥排偶的语言结构。他提出"传道而明心"的两点论，不排斥自由抒写个人的情怀，使古文摆脱了单纯说教和词涩言苦的局面。这是宋代散文发展的正确方向。他从理论和实践两个方面为欧、苏等人的诗文革新奠定了良好的基础。

然而，当时的绮靡文风并不是一下子就能扭转过来的。在柳开、王禹偁相继去世以后，西昆派的骈文再度流行起来。当时提倡复古反骈的穆修等人，只能鼓吹明道致用、尊韩重散的理论，在创作上却没有什么成绩，难以与西昆派抗衡，仍然无法扭转当时的文风。当时，直接从理论上进行批判，给西昆派以严厉抨击的是仁宗时的道学家石介。他站在卫道者的立场上，痛斥西昆派"蠹伤圣人之道"，不能明道致用，要求文学为儒家之道服务。但他只能对浮艳的文风起到摧陷廓清的作用，却没有能力从事创作。所以，新文风的建立，就不能不有待于后来的欧阳修、苏舜钦等人了。

（三）欧阳修、苏轼等人的贡献

欧阳修（1007～1072 年），字永叔，号醉翁，晚年又号六一居士，江西庐陵（今江西吉安）人。以进士历官枢密副使、参知政事。但其成就主要表现在文学方面。欧阳修是当时的文坛盟主，也是当时古文运动的领袖，他领导并完成了中国历史上第二次古文运动——宋代的古文运动，最终确立了散体文的正宗地位。虽然两次古文运动的性质并不完全相同，韩、柳倡导的第一次古文运动——唐代古文运动是复西汉、先秦之古，而宋代的第二次古文运动则是复韩、柳之古，但其古文运动的理论是一脉相承的。欧阳修关于复古革新的理论上承王禹偁，下开苏轼。与王禹偁一样，他为文推重韩愈，而不象柳开、石介一样一味地推崇韩愈的道统。在文与道的关系上，他反对"舍近取远，务高言而鲜事实"的危言空论，在强调师法儒家六经的前提下，更强调"六经之所载，皆人事之切于世者"，这就把儒家的道与现实生活联系了起来，从而阐明了自己认为文学应为现实政治服务的观点。作为一个文道并重论者，他认识到文与道密不可分的关系，主张重道以充文，强调内容可以决定形式，同时又指出"言之无文，行而不远"，强调艺术表现的重要性，使文学摆脱了道统的附庸的地位。

在语言艺术方面，欧阳修主张学习韩愈"文从字顺"的一面，反对他"怪怪奇奇"的一面。他强调自然为文，明白晓畅。在古文的写作技巧方面，欧阳修提出了"简而有法"的主张。简是指对题材的取舍剪裁，要意深言简，有高度的概括力；法是指艺术技巧，即要写得生动形象，于含蓄中寓有褒贬。这种"简而有法"的理论，对宋代古文运动的发展起到了一定的指导作用。

欧阳修在中国散文史上具有崇高的地位，他不仅有革新的理论，更主要的是有大量的创作实践。他的散文作品内容极其丰富，情文并茂，说理畅达，无论叙事、议论、抒情还是状物写景，技巧都很高。他的《朋党论》和《与高司谏书》是具有强烈战斗性和严密逻辑性的政论文，言词锋利，爱憎鲜明，理直气壮，痛快淋漓。《祭石曼卿文》哀悼亡友，感情悲凉，语言却遒劲挺拔。《泷冈阡表》感念父母教诲之恩，率意写来，不事藻饰，而动人悲思。《醉翁亭记》文笔旋转跳脱，清新圆熟，写景与抒情水乳交融，化为一体，是游记体的新创。《秋声赋》是一篇诗意浓郁的散体赋。其所著《新五代史》，讲究春秋笔法，文字简洁，《五代史》传论中亦不乏佳作，如《宦者传论》、《伶官传论》等，可与《史记》论赞相颉颃。欧阳修在提倡古文的同时，对古今的文体也进行了改造和创新，如发展了赋这一古老的文学体裁，创立了文赋这一新的赋体；改造了骈体文，成为新型骈体文"宋四六"的著名作家。他还善于发现人才，当时的著名散文作家如曾巩、王安石和"三苏"等都是在他的举荐和影响下成为散文大家的。

继欧阳修之后，王安石、苏洵、苏轼、苏辙、曾巩等人也都蔚为古文的宗匠。他们在与骈文的斗争中使宋代古文的内容和技巧均更加成熟，对后代的散文创作产生了巨大的影响。后人把他们同唐韩愈、柳宗元合称为"唐宋古文八大家"。

王安石（1021～1086 年），字介甫，晚年自号半山老人，抚州临川（今属江西）人，是一位政治改革家、思想家、文学家。在政治上，王安石是"熙宁变法"的发动者和主持者；在文学上，诗、文均卓然一时，独具风格。王安石对文学的见解也偏重于重道崇经，强调文学的实际功能，要求文学应为变法革新服务，要"有补于世"。但他也与欧阳修一样，认为内容重于形式，但并不否认应当讲求形式；肯定艺术技巧必须服从思想内容，同时又不能只注意思想内容。这种文学主张，对于进一步推动诗文革新运动起到了良好的作用。王安石的散文，数量丰富，结构谨严，析理透辟，斩钉截铁。在新古文运动中，他是直接继承欧阳修的大家。他的政论文，具有独创的见解和细密的论证，既是杰出的政论，又是优秀的散文。另有一些书札、短论和记叙文，则更富有情韵。

王安石的散文是以议论说理见长的。作为一位杰出的政治家，他对社会现象往往具有深刻的观察和高超的见解，这不独表现在他的政治措施上，也表现在他的文学创作上；不独表现在政治性的作品中，也表现在叙述性的乃至于抒情性的作品中。如《游褒禅山记》，寓议论于叙述之中，借记游来说理，是文章中的创格。在他的散文中，我们很少看到他将心力用在人物形象的塑造和自然景物的描绘方面，但却时时会接触到精警的、说服力很强的议论，显示了他刚强不屈、热情救世的精神面貌。和这种内在的特性相适应，王安石的语言是简练的，风格是峭刻的，笔力是雄健的。近代政论家如梁启超、严复等人，都受了他较深的影响。

苏洵、苏轼、苏辙父子三人，后人称之为"三苏"。他们都是在欧阳修的提携下从事文学活动的，也都是北宋古文运动的主将，对宋代古文运动的发展和完成都做出了重要的贡献。

苏洵（1009～1066 年），字明允，眉州眉山（今四川眉山）人。他是苏轼、苏辙兄弟的父亲，"为人聪明，辨智过人"，27 岁才发愤读书，"遂通六经、百家之说，下笔顷刻数千言"。他 48 岁到汴京拜见欧阳修，献上自己的论文 22 篇，"书既出，而公卿士大夫争传之"。他因欧阳修推荐，曾任秘书省校书郎、霸州天安县主簿。苏洵是一个有政治抱负的人，写有不少论政治和军事的文章，如《权书》十篇及《衡论》等文，颇有所建树。他为文根柢纵横家，长于议论，自述自己的文学修养是："取《论语》、《孟子》、韩子及其他圣人贤人之文。"所写《上枢密韩太尉书》，劝韩琦诛戮骄兵悍将肃军，文笔犀利；《管仲论》纵横捭阖、辞锋颖锐，确有睥睨纵横策士之风。曾巩评析他的写作特点是"指事析理，引物托喻，侈能尽之约，远能见之近，大能使之微，小能使之著，烦能不乱，肆能不流"，确非过誉。有《嘉祐集》传世。

苏轼（1037～1101 年），苏洵的长子，人称长公，是北宋中后期的文学大家。他上承王禹偁、欧阳修的现实主义作风，下开苏门四学士和六君子等人才辈出的局面，成为欧阳修之后北宋文坛更为杰出的文坛领袖。苏轼具有多方面的文艺才能，他在骈散文、诗、词、歌、赋及书画等各方面均有丰硕的成就。他以丰富而广泛的创作实践，完成了北宋的诗文革新运动，并把这种革新精神扩展到歌词的领域，一改晚唐五代以来的婉约词风，影响极为深远。苏轼少年时代在父亲的指导下，"好贾谊、陆贽书，论古今治乱，不为空言"，后又受欧阳修的影响。在艺术技巧上，他上宗《庄子》，并吸收了佛教禅宗说法的方式，在题材、意境等方面都达到了非常广阔和成熟的程度。他曾自言生平无快意事，惟作文章，意之所到，则笔力曲折，无不尽意，黄庭坚更是赞他"嬉笑怒骂皆成文章"。他的散文气势纵横驰骋，豪放自然，结构变化多姿，浩瀚无涯，人称"韩（愈）潮苏海"。正是他所具有的这种无所不可的高度表现力，使他的文章达到了难以企及的成就，也使他继欧阳修之后大力推动并最终完成了宋代的古文运动。

苏轼是宋代最著名的散文作家，散文各体无所不精，尤其善于运用一些浅显、生动、贴切、形象的比喻来阐明深刻的哲理，表达细微曲折的思想感情。《思治论》、《续朋党论》、《留侯论》等政论和史论语言明快，气势雄浑，援古证今，说理透辟；《放鹤亭记》、《喜雨亭记》、《凌虚台记》、《超然台记》、《石钟山记》和《清风阁记》等叙事记游之文，在传统的以记事写景为主的基础上，加入大量的议论和抒情，阐发哲理，变以景动人为情景交融，以意取胜，令人耳目一新；前后《赤壁赋》等赋体文继承欧阳修《秋声赋》等文赋的艺术传统，在写作技巧上则又向前推进了一大步，成为我国古代散体赋中最出色的作品。书札、序跋和杂文等或记友情，或写襟怀，夹叙夹议，挥洒自如，也都达到了当时的最高成就。《上梅直讲书》、《答谢民师书》等写得词采英拔；传记文《方山子传》、《郭仲恕画赞》写得神采飞扬，呼之欲出。他的创作实践乃是宋代散文的最高峰。苏轼的作品现收在《东坡全集》中。

苏辙（1039～1112年），字子由，号颍滨遗老，是苏洵的次子，人称次公。与其兄同年中进士，历官尚书右丞、门下侍郎。他的政治经历与政治思想与苏轼基本相同。在文学上，苏辙受父兄以及欧阳修的影响，亦善古文，据《苏文定公谥议》说："公少年擢两科，与其父兄皆以文名世，而公之文汪洋澹泊，深醇温粹，似其为人，文忠（苏轼）尝称之，以为实胜己。其所为诗、骚、铭、颂、记、论、谟，与夫代言之作，率大过人。""其所学所有，皆本原乎家传"。其代表性的作品如《黄州快哉亭记》，气势十足，寓意深刻；《武昌九曲亭记》也写得极有风致，创作手法与欧阳修、苏轼可谓一脉相承。苏轼在《答张文潜书》中曾评论他的作品说："其文如其为人，故汪汪澹泊，有一唱三叹之声，而其秀杰之气终不可没。"这确非溢美之词。有《栾城集》行世。

苏氏一门在文学创作上都有才名，特别是在散文方面，用力最勒，成绩也最显著，而其中又以苏轼的造诣最高，后世所谓的苏文，大都是就苏轼的文章来说的。三苏的文学见解大致是相同的，即强调为文要"有为而作"，反对无病呻吟。在文与道的关系上，苏轼有自己独特的见解：他同意韩愈、欧阳修所提倡的"文以载道"的观点，但更重视文学的艺术特征。如果说欧阳修强调的是文道并重，那么苏轼则是讲先文后道。基于这种见解，他就更强调艺术风格的多样化和生动性。除三苏外，苏门子弟中也不乏才俊之士，如苏轼的三个儿子苏迈、苏迨和苏过都善为文，其中又以幼子苏过成就较高，被时人称为"小坡"。苏氏一门的影响是很大的，当时人就有所谓"人传元祐之学，家有眉山之书"的说法。南宋时，苏文盛行，不熟苏文者甚至会影响到科名。明清时期，苏文的名声更高，明人甚至称"古今之文，至东坡先生无余能矣"，可见其影响之深。

曾巩（1019～1079年），字子固，南丰（今江西南丰）人。他出身于仕宦世家，少年时即博学能文，得到欧阳修的赏识，是欧阳修的得意门生。他是欧阳修倡导的新古文运动的积极追随者，从理论到实践，他都是沿着欧阳修开辟的道路前进的。他的文章平易坚实，论证委曲周详，风格简炼厚重，布局完整谨严，节奏舒缓安雅，长于说理而短于抒情，即使为记叙之文，也不叙事而说理，很为王安石、苏轼等人所推许。《宋史》本传说他的文章"上下驰骋，愈出而愈工。本原六经，斟酌于司马迁、韩愈，一时工作文词者，鲜能过也"。"立言于欧阳修、王安石间，纡徐而不烦，简奥而不晦，卓然自成一家"。他的《唐论》、《墨池记》、《筠州学记》、《先大夫集后序》等均是被人们称颂一时的名篇。曾巩一直被人们视为欧阳修的正宗传人，宋人晁公武在其《郡斋读书志》卷四中就说过："欧公门下士多为世显人，议者独以子固为得其传，犹学浮屠者所谓嫡嗣云。"明代的归有光、王慎中等以及清朝桐城派的古文"义法"，多继承于曾巩。曾巩现存的著述，均收在《元丰类稿》中。

宋代的古文运动，通过欧阳修、王安石、"三苏"、曾巩等人的努力，取得了重大的成就。唐代韩、柳倡导的第一次古文运动，虽然取得很大成绩，他们的不少文章也做到了文从字顺，成为后来文人学习的典范，但他们本身也还没有完全摆脱汉魏以来辞赋家的习气，部分篇章过分追求字句雄奇精炼，甚至近于生涩。经过欧阳修、苏轼等人的努力之后，终于彻底扫清了绮靡晦涩的文风，使散文走上了平易畅达、反映现实的道路，并最终取得了中国第二次古文运动的彻底成功。其意义十分深远，它不仅影响到宋代，对后来明清散文的发展也产生了积极而深远的影响。

（四）古文运动的文化品格

更为重要的是，宋初的古文运动并不是一次单纯的文学活动。从精神实质和文化品格上看，它与当时儒学的复兴和理学的产生实为一树两枝，一源两途。关于这一点，陈植锷先生的《北宋文化史述论》，程千帆、吴新雷先生的《两宋文学史》，许总先生的《宋明理学与中国文学》等均有深刻而明确的论述。综合各家所论，大致可以得出这样的结论。

文学复古与儒学复兴两途一源，极为明晰。当然，宋代古文运动源自唐代中期以韩愈、柳宗元为代表的唐代古文运动，并由此构成一个完整的文学复古思潮。但是，与唐代儒学系统崩坏于晚唐一样，自晚唐经五代直至宋初，古文衰落，文风绮艳轻靡，唐宋古文运动实际上出现了一个长达百年的巨大断裂，而宋代古文运动是在新的历史条件下，对唐代古文运动的承传接续，显然也就带有了新的内涵与性质。如柳开早年学习韩、柳，但他为古文的真正目的是"为立身行道，必大出于人上"（《再与韩洎书》），认为要成为"宋之夫子"，必须进而"备六经之阙，辞训典正，与孔子之言合而为一"（《补亡先生传》），因此舍韩文而直接以六经为法。《东郊野夫传》就称他"所著文章与韩渐异，取六经为式"。这种重道轻文的态度，实际上正体现了宋代理学的一个基本观念，正是因此，柳开被后来的理学家奉为复古明道的先驱人物。而王禹偁的"读尧、舜、周、孔之书，师轲、雄、韩、柳之文"，也同样清楚地表明了古文运动与道统说之间密不可分的关系，表明了古文运动在儒学复兴中的重要作用。宋代古文运动确立于欧阳修。在宋代政治文化一体化进程中，欧阳修主张将复兴古道与政治改革实践结合起来，通过政治革新完成文风的变革，并对韩愈的明道观念进行修正，赋予行道者以天下为忧的责任感，以之作为复古的根本目的。在文学传统渊源上，欧阳修比其前辈的观念更为通达，为文诸体皆工，富于创新，改变了一味因循韩、柳之旧习，促使北宋古文六大家相续而起极盛局面的形成，为整个宋代文学史的新变特质奠定了基调。

三、宋元诗歌的成就

诗以唐为最盛。两宋与金、元的诗歌也各有其风格。但是，过去宋诗往往被人们忽视，这一方面是由于宋诗的成就和唐诗相比不免稍显逊色；另一方面，一种新的诗体——词在宋代得到蓬勃发展，相形之下也使宋诗失色不少。其实，宋代诗歌是宋代文学史上最具有新变性质的领域，宋诗不仅是唐诗的继续和发展，而且有它不可忽视的新成就。就数量而言，宋代诗人很多，大诗人也不少。就技巧而言，宋诗较唐诗更为精细。就其内容来说，宋诗较唐诗更为广阔，而且有新的开拓和发展。其原因，一是由于当时的阶级矛盾异常尖锐，导致了揭露社会弊病、反映人民疾苦的现实主义诗歌比较发达，产生了许多杰出的现实主义诗人；二是由于宋元时期的民族矛盾一直异常尖锐，异族的威胁更是伴随着整个赵宋王朝，人民反对异族统治者的斗争，促进了爱国主义诗歌的繁荣；三是受理学的影响，诗歌也出现了哲理化倾向，哲理诗盛极一时。而哲理诗的兴盛，则又是宋诗中最不同于前人而最具独特风格的特点。

（一）宋初诗风与王禹偁的创新

北宋初期的诗风，大体上沿袭中晚唐五代浮靡诗风的余波，格律日趋细密，形式日益僵化。当时社会上流行的是所谓的白体诗，多为应酬消遣的唱和之作，内容上是留连光景，形式上是依次押韵，风格上则平易清雅，不求雄浑典丽，但缺乏深刻的思想内涵，成就不高。宋初最值得称道的诗人是王禹偁，他是首先出来提倡杜甫白居易的现实主义传统的宋代诗人。王禹偁（954～1001 年），字元之，济州钜野（今山东巨野）人。他出身农民家庭，艰苦贫寒的生活砥砺了他的志向，为他后来认识社会、走上现实主义创作道路打下了基础。他是个有胆有识、刚直不阿的人，做官以后关心人民疾苦，对封建统治者的腐朽没落深为不满。他做诗也是从学习元和体开始的，但他的诗歌敢于面对现实，反映民间疾苦，突破了元和体的范围，开始自觉地用白居易新乐府的精神创作了大量反映现实、爱国爱民的作品。如他的《对雪》一诗，一方面反映人民的徭役之苦，一方面又抒发自己忧国忧民的情怀，并对自己"不耕一亩田，不持一只矢"而过着清闲温饱的生活极感惭愧，对守卫边塞、饱受辛苦的士兵深表同情。《感流亡》一诗，用无限同情的笔调，描写了贫苦农民流离失所的痛苦，并由此想到自己无功受禄，心中十分不安，将自己的命运和人民的命运联系在了一起。他的一些抒情和写景小诗，也清新生动，很有特色。如《杏花》、《村行》等，在写景咏物之中仍隐寓着作者浓浓的去国怀乡的忧思。后人对他的诗评价颇高，说他"为杜诗于人所不为之时"，"独开有宋风气"①。但他一个人并不能扭转宋初诗坛浮靡的文风，当时不仅以寇准、潘阆、魏野、"九僧"及林逋等人为首的推崇贾岛的所谓晚唐派充斥诗坛，而且不久以后，内容空虚、徒具形式的西昆体也渐渐风靡起来。

西昆体，因杨亿编辑的《西昆酬唱集》一书而得名，成为一派。其代表人物是杨亿、刘筠和钱惟演。西昆体是宋初唱和诗风发展到顶点的必然产物。西昆派中都是典型的御用文人，他们的诗大都是歌舞升平和官场声色的描写，一味歌功颂德、粉饰太平。在诗学传统上，他们基本上专工律诗，写作方法上以从历代文献中"掇其芳润"为能，写作风格上则片面追求李商隐艺术上的雕采巧丽，用典贴切，属对工巧，音节和谐，而扬弃了其真实深刻的内容。创作面十分狭窄，内容空虚，思想贫乏，基本上没有什么价值可言。虽然西昆派的作

---

① 吴之振：《宋诗钞·小畜集钞序》，北京，中华书局，1986 年版。

家中也偶有内容充实、同情人民的作品问世，如杨亿的《民牛多疫死》，但这仅仅属凤毛麟角。不过西昆体在当时的影响是很大的，而且直到仁宗后期还盛行不衰。

（二）北宋中叶的新诗风

北宋中叶，在欧阳修等人的倡导下，文学界掀起了诗文革新运动。诗文革新与当时的政治变革有密切的关系，而且诗文革新的主要精神也是经世致用，针砭时弊，积极发挥诗文为国为民的社会作用。这一运动直接影响了诗风的革新，切实扭转了宋初西昆派的浮靡诗风。

欧阳修是北宋中期的文坛领袖，也是著名的诗人。他关心国事、同情人民、奖励后学、重视人才，早年参加了范仲淹为首发起的政治革新运动，是当时著名的进步政治家。他的政治经历对他的文学活动影响很大。他倡导的诗文革新运动，荡涤了西昆派的形式主义文风，注重诗歌的思想内容，写出了许多反映社会现实的诗篇。同时，他还特别注意到韩愈诗歌内容的广阔性和以文为诗的传统，并加以发扬，使宋诗趋向平易畅达，趋向散文化、议论化，逐渐显露出了自己的创作个性与时代特征，形成了与唐诗不同的风格，卓然与唐诗并峙而媲美，使北宋中期的文坛出现一派兴旺景象，并产生了一批重要作家和优秀作品。如与他一道从事诗文革新的朋友苏舜钦、石延年和梅尧臣等，为他识拔和举荐的王安石、曾巩、苏轼等人，都是其中的佼佼者。

欧阳修主张作诗内容要充实，语言要平易，要能传达人民的情感，反映人民的疾苦，要充分发挥诗歌的讽谕劝戒作用，坚决反对怪诞奇涩和无病呻吟。他的诗基本都能做到这一点。如他的《食糟民》一诗，把"日饮官酒诚可乐"的官吏同"釜无糜粥度冬春"的贫民进行对比，深刻揭示了社会的不合理现象；《边户》一诗谴责了宋朝统治者对异族统治者的卑躬屈膝，给人民带来了无穷的灾难：那些边界地区的人民常常被杀伤，还要"两地供赋租"，而且"不敢界河渔"！欧阳修反对文学作品脱离现实，但并不否定其艺术技巧，譬如对西昆体，他在指出其脱离现实之弊的同时，对其中的佳句则赞美有加。他的作品在反映社会现实的同时，艺术技巧也很高。欧诗的风格往往因体而异，近体诗富于情韵，清新自然，摆脱了西昆派的雕琢之弊，而重返唐贤之境，尤其接近大历诸子。他的古体诗成就更高，他学韩愈，也学李白，并受到梅尧臣的某些影响。其五言古诗用韵变化较少，七言古诗善于随情感变化而调换韵脚。而长篇巨制则往往能熔铸叙事、写景、咏物、抒情为一炉。他写得比较多的是抒情诗和赠答诗。这些诗主要是写个人感慨，但其中有不少是独具匠心的作品。例如《戏答元珍》："春风疑不到天涯，二月山城未见花。残雪压枝犹有桔，冻雷惊笋欲抽芽。夜闻归雁生乡思，病入新年感物华。曾是洛阳花下客，野芳虽晚不须嗟。"这是他被贬为夷陵县令时写的，表现他不畏权势、坚持斗争的思想感情，写得含蓄凝炼，耐人寻味。两篇咏王昭君的《明妃曲》，以流畅平易的语言，写世态人情，有叙述，有议论，含意深远，显示了欧诗的面目，也开了宋代以文为诗、以议论入诗的风气。欧阳修的主要精力在散文上，他在诗词上的创作成就虽然很大，但总体来看不及他的散文。

与欧阳修一起，对北宋诗风革新起主要作用的是梅尧臣。梅尧臣（1002～1060 年），字圣俞，宣城（在今安徽省）人，人称宛陵先生。他出身于农家，一生穷困不得志，将全部精力都倾注在了诗歌创作上，成了著名的"穷而后工"的诗人。梅尧臣在政治上也是倾向于以范仲淹为首的进步力量的，虽屡试不第，但他仍关心国事，极愿为国效力。为抗击西夏入侵，他还曾专门钻研过《孙子兵法》。梅尧臣是当时诗文革新运动中不多的专力于诗的作家之一，现存2800 多首诗。他的诗深微淡远，风格多变，"意新语工，得前人所未道者"[1]。在内容上，他主张继承白居易新乐府运动的精神，学习《诗经》的美刺和《春秋》的褒贬，来发挥诗歌的社会教化作用。他兼工今体诗和古体诗，尤擅长五言诗，其中五言律诗被方回推许为宋人中第一。[2] 他创作的大量反映现实、愤世嫉俗的政治诗，大都是以五言古体写成的。欧阳修很欣赏他的诗，认为他的诗歌创作取得成就的原因是由于他生活穷苦，接近下层人民，看到了广阔的现实。如《田家语》一诗，以农民口气申诉了北宋时期广大农民在民族的、阶级的双重压迫之下的多灾多难，以致倾家荡产、无法生活下去。又如《汝坟贫女》一诗描写了一户贫苦人家的悲剧：这一家只剩下老父弱女相依为命，可是横暴的官吏却把老人抓去应征，结果惨死在寒雨之中，可怜的女孩只能"拊膺

---

① 陈书良：《唐宋八大家名作精选》，第 258 页，贵阳，贵州民族出版社，1996 年版。
② 参见方回：《瀛奎律髓》卷二三，上海古籍出版社，1993 年版。

呼苍天，生死将奈向！"梅尧臣不愧为现实主义诗人，他的诗歌尖锐地揭露了阶级的对立和贫富的悬殊，大胆地指斥地主、官僚乃至整个宋朝统治的残暴、骄奢和昏庸。"陶尽门前土，屋上无片瓦。十指不沾泥，鳞鳞居大厦。"这首《陶者》对劳者不获、获者不劳的不合理现象表示了强烈的愤慨。而《猛虎行》、《啄木》等则对腐朽的统治者进行了猛烈的抨击。梅尧臣风格平淡、含意深远的诗风，不仅纠正了西昆派的浮靡诗风，而且也适当纠正了当时诗歌过分议论化、散文化的偏向，对宋代的诗风产生了重要影响，刘克庄甚至将他誉为宋诗的"开山祖师"[1]。但是梅尧臣的诗所反映的社会现实只是初步的，还远不够深广，其诗歌的斗争性也不及与他同时代的苏舜钦。

苏舜钦（1008～1048年），字子美，开封人。他少年即慷慨有大志，与穆修、石延年等一道提倡古文。在政治上积极追随范仲淹、欧阳修，力主改革。他曾经做过小官，因为议论朝政，"道人之所难言"，被罢官。苏舜钦诗文兼治，但在诗上贡献更大，与梅尧臣并称苏梅。但与梅诗的闲淡委婉不同，他的诗粗犷豪放，指斥时弊痛快淋漓，略无隐讳。如《城南感怀呈永叔》一诗，描写了天灾人祸、连年饥馑的惨状："十有七八死，当路横其尸。犬彘咋其骨，乌鸢啄其皮。"可是那些当权者却"高位厌粱肉，坐论搀云霓"。再如《吴越大旱》、《己卯冬大寒有感》等篇，都痛斥了统治者的昏聩。《庆州败》一诗更是无情揭露了统治者及边防将帅在异族侵犯面前的腐败无能："守者沮气陷者苦，尽由主将之所为。"《吾闻》、《有客》等篇则表现出作者强烈的爱国感情。除反映重大政治事件和社会问题的五、七言古诗外，苏舜钦还写了许多写景抒情诗，也都意境阔大，富有强烈的感情色彩，表现出了其愤世嫉俗而寄情山水的思想倾向。所以《宋史》本传称他"时发愤懑于歌诗，其体豪放，往往惊人"。

（三）王安石、苏轼对宋诗的贡献

经过欧阳修、苏舜钦和梅尧臣等人的共同努力，终于树立了宋诗的新诗风。但他们毕竟是开创者，在艺术上还不够成熟，在思想深度和广度上也有待于进一步开拓。最终使宋诗趋于成熟并达到一个新的高度的是王安石和苏轼。

---

① 参见刘克庄：《后村诗话·前集》卷二，北京，中华书局，1983年版。

王安石是唐宋八大散文作家之一，散文成就很高。他的诗歌创作与他的散文一样都长于议论，但所反映的社会生活和诗人的内心世界更为丰富和形象，成就也在他的散文之上。他的诗继承了忧国忧民的现实主义传统，风格豪放，思想深刻，艺术性高，并具有浓厚的政治色彩。如《河北民》写统治者搜刮人民血汗输送敌国，反映了百姓们遭受阶级剥削和民族压迫的双重苦难。其他如《兼并》、《收盐》、《感事》、《发廪》等也都批判了贪官污吏，表达了诗人对民生疾苦的关切。除了政治诗以外，王安石不少咏史和怀古的诗篇也大都寄托了他远大的政治抱负和批判精神。如《商鞅》、《张良》、《范增》、《杜甫画像》等都抒发了作者崇高的政治感情，《桃源行》更是抒发了作者"虽有父子无君臣"的美好社会理想。在这类诗歌中最著名的还是他的《明妃曲》二首。

其一：明妃初出汉宫时，泪湿春风鬓脚垂。低徊顾影无颜色，尚得君王不自持。归来却怪丹青手，入眼平生未曾有。意态由来画不成，当时枉杀毛延寿。一去心知更不归，可怜著尽汉宫衣。寄声欲问塞南事，只有年年鸿雁飞。家人万里传消息，好在毡城莫相忆。君不见，咫尺长门闭阿娇，人生失意无南北。

其二：明妃初嫁与胡儿，毡车百两皆胡姬。含情欲说独无处，传语琵琶心自知。黄金杆拨春风手，弹看飞鸿劝胡酒。汉宫侍女暗垂泪，沙上行人却回首："汉恩自浅胡自深，人生乐在相知心。"可怜青冢已芜没，尚有哀弦留至今。

这二首诗，不仅勾画出昭君这位绝代佳人的形象和她独去异域、怀念故国的凄苦心情，更为深刻的是，诗中道出了妇女受压迫、被蹂躏的不合理的现实；同时也流露出作者怀才不遇的感伤。这二首诗在当时影响很大，欧阳修、司马光、刘敞、梅尧臣、曾巩等著名文人都纷纷写了和篇。晚年推行变法失败后，他隐居金陵，流连山水，咏诗学佛，诗的内容和风格也都起了很大的变化。这时虽然也偶有一些流露"烈士暮年，壮心不已"的作品，但创作更多的是描写山光水色的抒情小诗和禅理诗，并着重对诗歌的艺术锤炼，写出了不少名作。如《泊船瓜洲》是其中著名的一首："京口瓜洲一水间，钟山只隔数重山。春风又绿江南岸，明月何时照我还。"第三句"春风又绿江南岸"里用一个"绿"字把春天的景象有声有色地活画出来。据说经过反复锤炼，诗人才最后选定了"绿"字。此外如《书湖阴先生壁》、《江上》等都是传颂千古的名篇。

王安石的诗现存 1500 多首，其中绝句功力尤高。他的绝句观察细致、修辞巧妙、意境清新，抒情时善于将精警的议论和生动的形象巧妙地融合为一体，为后人所效法。曾季狸《艇斋诗话》称"荆公绝句妙天下"，认为"绝句之妙，唐则杜牧之，本朝则荆公，此二人而已"。张邦基《墨庄漫录》卷六也说："七言绝句，唐人之作往往皆妙，顷时王荆公多喜为之，极为清婉，无以加焉。"这些评价都是很有道理的。严羽《沧浪诗话》也因此专列有王荆公体。但王诗早年作品有议论过多的缺点，而且他喜造硬语，押险韵，好用典故，并过于讲求对仗，有时不免伤巧，对后世也产生了不良影响。

北宋时期最伟大的诗人是苏轼。苏轼是个全才，在诗、词、散文等方面都成就非凡，但比之散文和词，苏诗的题材更为广阔，风格也更多样。他强调"诗须要有为而作"①，重视文学的社会作用，主张作诗应"缘诗人之义，托事以讽，庶几有补于国"②，反对无病呻吟。他的创作原则是重视生活实践，并善于向前代诗人学习。他对《诗经》、《楚辞》以下的古典诗歌都作过精深研究，尤其对李白、杜甫、韩愈、柳宗元等人多所效法，晚年更爱陶诗。像他的前辈梅尧臣一样，苏轼将写诗当作了日常的功课，至老不辍。他一生共留下了诗作数千首，这些诗的内容，也和他一生的生活过程及思想变化一样，是非常复杂的。

苏轼虽然不同意王安石的变法主张，在政治上比较保守，但他比较关心人民疾苦，不仅在各地做官时办了不少对人民有益的事情，而且创作了不少反映民间疾苦、谴责官吏贪鄙、关心国家命运的作品，尤其在后期的贬谪生活中，因为与人民群众多所接触，写出了一些著名的抨击时政，揭露封建统治集团的丑恶面目，关心百姓疾苦的诗作。他对一些残害人民的官僚权贵，深恶痛绝，诗中对其攻击不遗余力。如他的著名诗篇《荔枝叹》，以满腔义愤控诉了唐玄宗和杨贵妃为了满足个人私欲劳民伤财的罪恶："宫中美人一破颜，惊尘溅血

---

① 苏轼：《东坡题跋》卷二，《题柳子厚诗二则》，第 98 页，上海远东出版社，1996 年点校本。
② 苏轼：《东坡题跋》附录一，苏辙《栾城集墓志铭》，第 377 页，上海远东出版社，1996 年点校本。

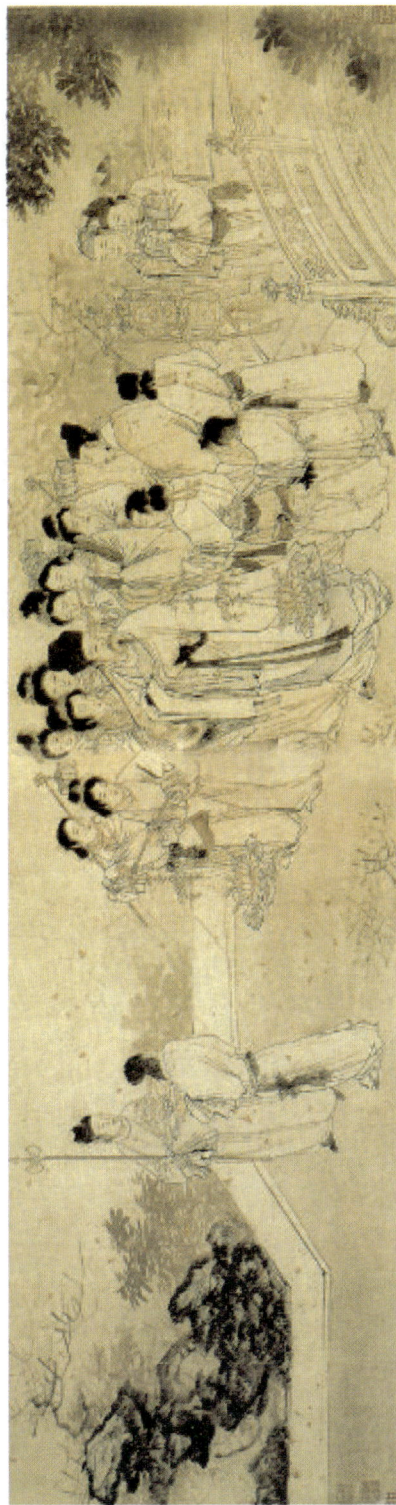

《苏轼回翰林院图》
明 张路 绘
纵31.8厘米 横121.6厘米

217

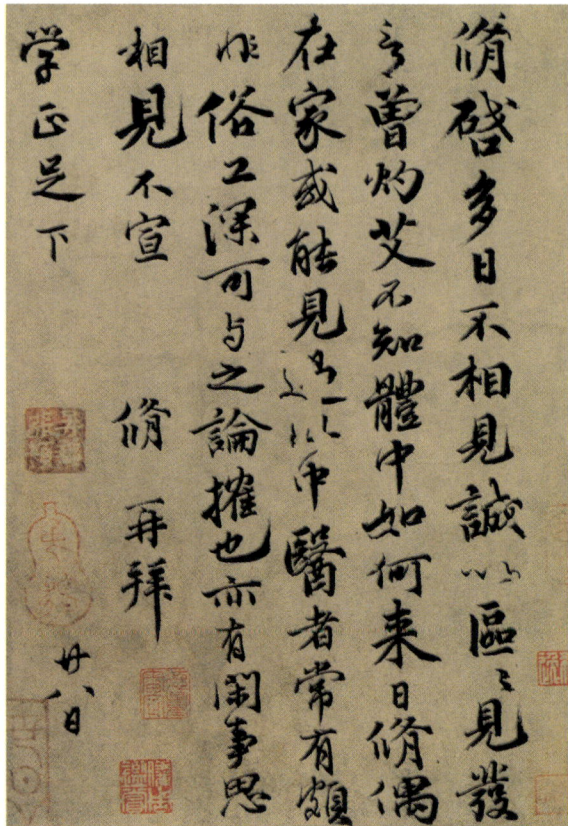

《灼艾帖》
北宋　欧阳修
纵25厘米　横18厘米
北京故宫博物院藏

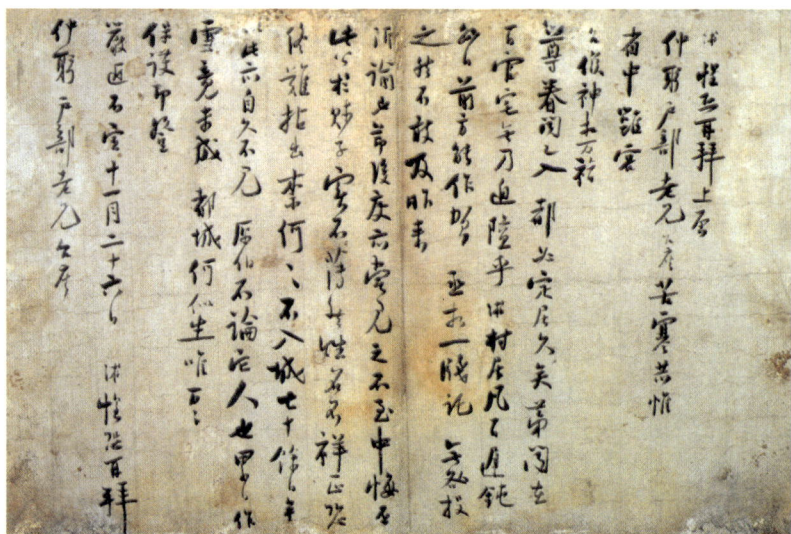

《苦寒帖》
南宋　陆游
纵31.8厘米　横48.3厘米
北京故宫博物院藏

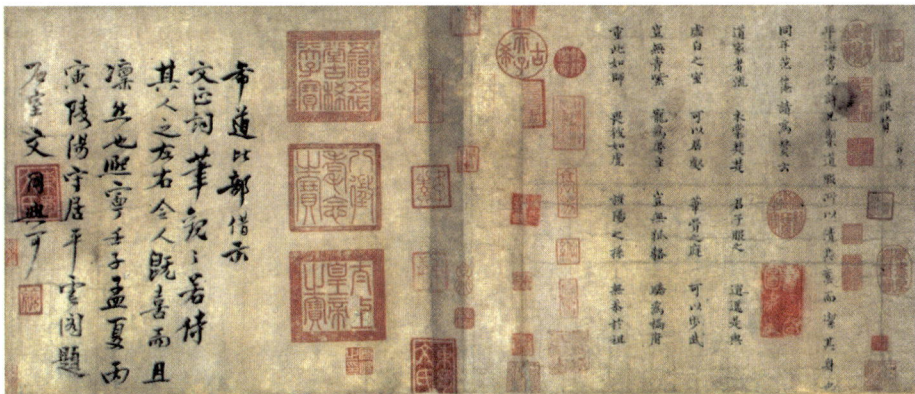

《道服赞》
北宋 范仲淹
纵34.8厘米 横47.9厘米
北京故宫博物院藏

《诸上座帖》
北宋 黄庭坚
纵33厘米 横729.5厘米
北京故宫博物院藏

关汉卿

山西运城元墓杂剧壁画

流千载!"诗歌抒发了广大人民"至今欲食林甫肉"的深仇大恨。诗人引古论今，虽然表面说的是唐明皇、杨贵妃、李林甫，实际上抨击的是用人民血汗来"争荣买宠"的当朝官僚权贵。《许州西湖》、《吴中田妇叹》等都是这方面的代表作。《元修菜》、《秧马歌》、《河复》等诗篇则表现了他对人民生活和生产的关心。另外要求为国破敌、重视民族团结和关心国家命运等情感都在他的诗中有所反映。

在苏轼的诗作中数量最多影响最大的还是那些抒发个人感慨和描写自然景物的诗。这些诗想象丰富、气势奔放、变化无穷、流畅自然，富于浪漫主义色彩。如《游金山寺》这首诗把怀念故乡的深情和仕途的坎坷以及景物的神奇融为一体：

> 我家江水初发源，宦游直送江入海。闻道潮头一丈高，天寒尚有沙痕在。中泠南畔石盘陀，古来出没随涛波。试登绝顶望乡国，江南江北青山多。羁愁畏晚寻归楫，山僧苦留看落日；微风万顷靴纹细，断霞半空鱼尾赤。是时江月初生魄，二更月落天深黑。江心似有炬火明，飞焰照山栖鸟惊。怅然归卧心莫识，非鬼非人竟何物？江山如此不归山，江神见怪惊我顽。我谢江神岂得已，有田不归如江水。

从长江的到海不回暗伤自己的宦游不归，给读者一种深沉豪迈的感觉。其他如《安国寺寻春》、《新城道中》等都是此类的名篇。苏轼的一些绝句小诗写得言浅意深，耐人寻味，并且富于哲理性和情趣。如《题西林壁》："横看成岭侧成峰，远近高低各不同。不识庐山真面目，只缘身在此山中。"又如《饮湖上初晴后雨》："水光潋滟晴方好，山色空濛雨亦奇。欲把西湖比西子，淡妆浓抹总相宜。"这些诗句不仅画出了姿态万千的自然景色，而且道出了微妙精深的生活哲理，既给人以美的享受，又给人以思想的启迪。有人甚至认为这种充满理趣的小诗正是宋诗的特征。

苏轼诗的艺术成就向来为人们推重，他才高学博，各体诗无所不能，而七言诗的成就更大。他的七律比之唐人更为明快、动荡；七言古体诗风格豪迈，想象丰富，波澜壮阔。他善于学习借鉴前人，又富于独创性，并最终完成了宋诗的艺术革新。明人袁宏道认为苏诗兼有李杜之长，"卓绝千古"，"无一字不佳者"。清人赵翼也评价说："以文为诗，自昌黎始，至东坡益大放厥词，别开生面，成一代之大观。今试平心读之，大概才思横溢，角处生春，胸中书卷繁富，又足以供其左旋右抽，无不如志。其尤不可及者，天生健笔一枝，爽如哀梨，快如并剪，有必达之隐，无难显之情。此所以继李、杜后为一大家也。"① 就苏诗的艺术成就而言，其评价是比较切合实际的。

苏轼在宋代文坛的影响极大。当时所谓"苏门四学士"黄庭坚、秦观、晁补之、张耒等在诗歌上都有相当造诣，很受苏轼称许，其中尤以黄庭坚的诗名最大。黄庭坚（1045～1105 年），字鲁直，洪州分宁（今江西修水）人。他一生仕途坎坷，苦心钻研诗的技巧，在语言、意境、格律以及表现方式各方面都有所创新，形成了以生新瘦硬为特征的风格，给人以耳目一新之感，为时人所效法。后来便形成了以他为首的江西诗派，俨然与苏轼分庭抗礼，前人论宋诗，也每以苏黄并称。单纯从艺术风格上讲，苏诗气象阔大，如长江大河，风起涛涌，自成奇观；黄诗气象森严，如危峰千尺，拔地而起，使人望而生畏，在艺术上各自创造了不同的境界。但黄庭坚诗的艺术成就毕竟不能与苏轼相比，虽然他始终倡导学习杜甫，却片面强调杜诗在格律字句等形式上的特点，而丢弃了杜诗丰富的社会内容和现实主义精神。另外，陈师道、张耒等也是江西诗派的代表人物，他们和江西诗派的其他作者一样，单纯地把前人的文学遗产当作创作的源泉，一味强调读书用典，追求文字技巧，提出所谓"无一字无来处"、"点铁成金"、"脱胎换骨"之类的主张，讲求生涩、奇僻的风格，结果是虽然摆脱了西昆体的形式主义，却又走上了新的形式主义的道路。不过江西诗派的影响是很深远的，它是宋代诗坛势力最大的一个派别，一直到宋末元初，前后 200 多年间长盛不衰，其影响甚至波及清代的福建诗派。但是大凡有成就的诗人都突破了它的清规戒律，开辟了新的创作道路。

（四）陆游与南宋的爱国诗

公元 1127 年，北宋王朝被女真贵族建立的金朝灭亡，开始了偏安一隅的南宋王朝。由于中原沦陷，国破家亡，人民爱国热情高涨，地主阶级中的有识之士也发出了强烈的爱国呼声。而南宋最高统治者及部分投降派大臣，却只希

---

① 赵翼：《瓯北诗话》卷五，第 56 页，北京，人民文学出版社，1983 年版。

望通过屈膝求和，苟且偷安，这样和战之争就取代了北宋以来的新旧党争。诗人们包括江西诗派的诗人也突破了北宋江西诗派的形式主义诗风，汲取杜甫诗歌的爱国主义精神，写出了许多抗敌报国的战斗篇章。南宋最伟大的爱国主义诗人是陆游。

陆游（1125～1210年），字务观，号放翁，越州山阴（今浙江绍兴）人。他生当民族矛盾最尖锐的时代，亲眼看到了女真统治者对中原人民踩躏残杀和祖国的分裂，品尝了国破家亡、颠沛流离的痛苦。惨痛的经历和环境的熏陶，使他早年就树立了抗敌报国的壮志；中年从军、做官的生活又大大丰富了他写作的内容；晚年生活贫困，使他进一步接近了劳动人民。因此，忧国忧民、献身报国就成了他诗歌的中心内容。而对残暴凶狠的入侵者的憎恶，对腐败误国的统治者的怨恨，对山河破碎的祖国和水深火热中的人民的热爱和同情，以及决心收复国土、为国立功的志愿，都自始至终贯穿在陆游的诗篇之中，从而使他成为我国历史上继屈原、杜甫之后最为杰出的爱国诗人。

陆游也是一个多产作家，在诗、词、散文等方面均有相当造诣，而诗的成就尤为显著，他自称"六十年间万首诗"，现存于他的《剑南诗稿》中的尚有9300多首。他的诗，内容很丰富，差不多触及到南宋前期社会生活的各个方面，而其中占最重要地位的还是其爱国主义诗篇。陆游从不同的角度渲染了爱国主义这一主题，如他的名作《金错刀行》："黄金错刀白玉装，夜穿窗扉出光芒。丈夫五十功未立，提刀独立顾八荒。京华结交尽奇士，意气相期共生死。千年史策耻无名，一片丹心报天子。尔来从军天汉滨，南山晓雪玉嶙峋。呜呼！楚虽三户能亡秦，岂有堂堂中国空无人！"这首诗风格豪放，感情强烈，气壮山河。它抒发的不是个人感慨，而是铭心刻骨地牢记着国家和人民的命运，字里行间闪耀着爱祖国爱人民的赤胆忠心。像这样的名篇很多，如《关山月》、《长歌行》、《书愤》等等。他的诗中不仅寄寓了自己深沉的爱国感情，也表达了人民群众的爱国热情和心愿，把自己的感情和广大劳苦群众的感情融成一片，具有高度的人民性。如《追忆征西幕中旧事》四首中的二首：

忆昨王师戍陇回，遗民日夜望行台。不论夹道壶浆满，洛笋河鲂次第来。

关辅遗民意可伤，蜡封三寸绢书黄。亦知虏法如秦酷，列圣恩深不忍忘。

绝句《夜读范致能〈揽辔录〉》："公卿有党排宗泽，帷幄无人用岳飞。遗老不应知此恨，亦逢汉节解沾衣。"《秋夜将晓》："三万里河东入海，五千仞岳上摩天。遗民泪尽胡尘里，南望王师又一年！"也都反映了这样的感情。当然，他恢复中原的雄心壮志，由于统治者的无能和苟且偷安，在当时是难以实现的，这就不能不使他产生一种强烈而深沉的悲愤情绪，这一切在他的诗中也充分地表现出来。如《书愤》："早岁那知世事艰，中原北望气如山。楼船夜雪瓜洲渡，铁马秋风大散关。塞上长城空自许，镜中衰鬓已先斑。《出师》一表真名世，千载谁堪伯仲间。"就是表现作者恢复中原壮志未酬的悲愤激昂之情的名篇。更可贵的是陆游的爱国热情始终饱满，至老不衰。他73岁时写的《书志》一诗中，就表达了他死后也肝心不化，变成金铁，"铸为上方"，"万里静妖孽"的报国复仇的决心。他在86岁高龄去世时，写下了他的绝笔诗《示儿》："死去原知万事空，但悲不见九州同。王师北定中原日，家祭无忘告乃翁。"说明诗人直到临死时，心中还洋溢着爱国主义激情。这种爱国情怀，直到今天还感染着我们。

作为一个杰出的爱国主义诗人，陆游还创作了不少有关农村生活的诗篇。这其中有反映劳动人民疾苦、揭露剥削阶级的残酷剥削的，如《农家叹》、《书叹》等；有描绘农村朴实自然、清新活泼的乡村景物和农家生活的，如《游山西村》："莫笑农家腊酒浑，丰年留客足鸡豚。山重水复疑无路，柳暗花明又一村。箫鼓追随春社近，衣冠简朴古风存。从今若许闲乘月，拄杖无时夜扣门。"充分表达了作者对生活的热爱。此外，陆游还写过几首感情诚挚、缠绵悱恻的爱情诗，在爱情题材极为少见的宋诗中格外受人重视。

陆游的诗歌不仅内容丰富，艺术造诣也很高。这与他注重生活实践、善于向前人学习创作的观念是分不开的。作为一个杰出的爱国诗人，他的诗歌的基本特征是现实主义。他始终关怀国家民族的命运，他的诗也相当全面地反映了他那个时代的社会面貌，这种强烈的现实主义精神很接近于杜甫，因此有人曾以"诗史"许之。但陆游的诗又具有不同于杜甫诗的特点，这种差别主要体现在表现手法的差异上。陆游的诗很少对客观现实生活作具体的铺叙、细致的刻画，而以抒发个人的主观感受为主。他善于把大量的现实内容压缩在一首诗中表现出来，像杜甫的"三吏"、"三别"那样的叙事诗在陆诗中是绝对没有的，甚至像白居易那样夹叙夹议的讽刺诗也很少见。因此陆诗的抒情性和概括性特别强，而叙事性较弱，这也在一定程度上反映了两宋诗坛"以才学为诗，以议论为诗"的时代风尚。但是，陆游诗的浪漫主义也是很浓厚的。由于现实与理想的矛盾和对理想追求的强烈，他的诗中既有着丰富而瑰丽的想象，又有奇特的夸张，所以也有人称其为"小李白"。但他的浪漫主义又不同于李白，他所追求的理想是北定中原，恢复国土，由于这种理想是扎根于现实之中，和广大人民的愿望一致，因而就更悲壮奔放，也更具有感染力。

在体裁方面，陆诗也几乎无体不备，且各体俱工，而运用得最多、也最有成就的当数近体诗，其中七律成就尤为突出，为后人多所推重。如沈德潜在《说诗晬语》（卷下）中说："放翁七言律对仗工整，使事熨贴，当时无与比埒。"洪亮吉等人在《瓶水斋诗话》中甚至将其誉为七律的集大成者。在语言风格上，陆诗又以晓畅平易精炼自然著称，清空一气，明白如话。刘熙载在《艺概》中评价说："诗能于易处见工，便觉亲切有味，白香山、陆放翁擅场在此。"这是很切合实际的。陆诗的影响相当深远，从南宋到清末，学陆诗者络绎不绝，尤其是其爱国主题，历来为人所重。近人梁启超先生《读陆放翁集》诗说："诗界千年靡靡风，兵魂销尽国魂空。集中什九从军乐，亘古男儿一放翁。"正是对陆诗爱国主题的最好评价。

陆游的好友杨万里和范成大，也是南宋的两位著名诗人。杨万里（1127～1206年），字廷秀，号诚斋，江西吉水人。他一生写了两万多首诗，是我国历史上写诗最多的作家，但现在只留下4千多首。他早年也是从江西派入手，但与江西派的绝大多数诗人不同，他写诗勇于摆脱清规戒律，自出机杼，主张"不听陈言只听天"，不再刻意从书本文字上翻新出奇，而是直接从自然景物中吸收题材。而对于自然，他又观察细致入微，领会深刻，描写生动逼真，因此他的诗风新鲜活泼，多用民间语言，通俗风趣，想象新颖，独具一格，被人称为"杨诚斋体"。最能体现其诗歌艺术特色的是描写自然景物的诗篇。例如《小池》一诗："泉眼无声惜细流，树阴照水爱晴柔。小荷才露尖尖角，早有蜻蜓立上头。"又如《宿新市徐公店》一诗："篱落疏疏一径深，树头花落未成荫。儿童急走追黄蝶，飞入菜花无处寻。"这些诗将日常生活中的平凡景物，溶化在自己的感情里，充满了生活气息，素为后人所称道。但是，除艺术风格外，杨万里与江西诗派其他诗人的区别就很小了。他虽然与范成大都是廉洁正直的士大夫，也都推崇杜甫，但他的诗大都是"斧藻江山，追逐风月"，很少反映社会现实。他也写过一些具有爱国思想和有关人民生活的作品，但在数量和思想深度上，不仅难及陆游，也不如范成大。另外，他在创作实践中又太过于信赖那种信手拈来、脱口而出的即兴式手法，对于被描写的对象缺乏深刻的观察和体会，因而他写诗虽多，但描绘的艺术形象往往只停留在对文艺材料的摹写上，而没有达到高度的艺术概括。这就使他的诗无论是在思想性上还是在艺术性上都没有达到一个更高的层次，很少概括性很高而激动人心的惊人之作。

范成大（1126～1193年），字致能，别号石湖居士，吴县（今江苏苏州吴县）人。他是一个爱国者，正直而富有正义感。与杨万里不同，他写诗比较注意反映社会现实，也比较关心人民疾苦。范诗在风格上注意学习白居易、张籍的新乐府传统的现实主义精神，同时还吸收了北宋和唐人七绝的一些优点，不仅语言平易浅显，且更为华美，也更有韵味。他擅长写农村生活，被称为田园诗人。他的代表作是晚年退隐石湖后写成的《四时田园杂兴》60首，描写了田园优美的景色和农民日常生活，歌颂了劳动人民的质朴。如"昼出耘田夜绩麻，村庄儿女各当家。童孙未解供耕织，也傍桑阴学种瓜"。再如"新筑场泥镜面平，家家打稻趁霜晴。笑歌声里轻雷动，一夜连枷响到明"。诗人观察细致，用语精炼，写出了劳动生活的诗情画意。其中有些诗篇则深刻揭露了封建剥削制度的残酷，如"采菱辛苦废犁锄，血指流丹鬼质枯。无力买田聊种水，近来湖面亦收租"。如《催租行》等诗揭露了地主和官吏对农民的残酷剥削和勒索。另外他使金时所作的72首七绝，不仅表现了黍离之悲，而且对南宋统治者的无能进行了讽刺和谴责，并传达了中原沦陷区人民的爱国愿望，无论是思想性还是艺术性上都达到了一个很高的水平。

南宋后期还出现过所谓四灵派和江湖派诗人，这些人因为山河破碎，无所作为，用写诗来消遣岁月，成就不高。其中较为出色的是江湖派中的刘克庄、戴复古和方岳等人，他们在一定程度上继承了陆游、辛弃疾的现实主义精神，写出了一些反映现实社会生活的作品。

公元 1234 年蒙古族灭金，南宋王朝面临更大的威胁，1279 年终于为蒙古所灭。南宋王朝在全国人民的抗敌斗争中涌现出一批爱国诗人，文天祥就是其中的杰出代表。

文天祥（1236～1282 年），字履善，又字宋瑞，号文山，庐陵（今江西吉安）人，是我国历史上伟大的爱国主义诗人。他一生坚持抗元斗争，直到兵败被俘，英勇就义。《过零丁洋》诗是他被俘后写的："辛苦遭逢起一经，干戈寥落四周星。山河破碎风飘絮，身世浮沉雨打萍。惶恐滩头说惶恐，零丁洋里叹零丁。人生自古谁无死，留取丹心照汗青！"表现了大义凛然、视死如归的崇高民族气节。文天祥的爱国诗歌可以分为两个方面：一是激昂奋发，忠肝义胆，为了爱国主义理想，不惜牺牲生命的；另一是悲凉沉痛，写自己遭遇挫折时的思想感情的。最能深刻全面地表现他的忠义情怀和英雄气概的是《正气歌》。此诗是他在元都燕京（今北京）监牢里写的，也是他爱国诗篇的代表作。诗中大力地颂扬了历史上忠臣义士的高风亮节，深刻体现了他们无私无畏的道德力量，同时抒发了诗人坚贞不屈的民族气节和炽烈的爱国主义精神。全诗笔墨淋漓、感情强烈，充分表现出诗人的英雄性格和刚强意志，读来令人深为感动。

除文天祥外，当时作为他的诗侣和战友的谢枋得、谢翱、林景熙、郑思肖以及汪元量等都写出了不少爱国篇章。这些不朽的爱国诗篇在我国文学史上放射着璀璨的光辉。

（五）辽、金、元的诗人和诗

辽、金和西夏都是当时和宋王朝并立的少数民族政权，但它们在文学艺术方面的发展水平却很不均衡。相比较而言，辽比西夏的成就要高一些，金比辽的成就高，但总体看来，有影响的诗人不多。

元朝的版图空前扩大，打通了欧亚交通，海运发达，贸易扩大，城市繁荣。在这样的历史条件下文学出现了新局面，但作为传统文字形式的诗歌和唐宋相比，显得黯然失色，一种新的文学形式——戏剧，却大放异彩。元代杂剧是元代文学的丰碑。

元代诗歌包括诗词、散曲和民谣。诗词作家不少，但因袭模拟的居多，内容贫乏，成就不高。散曲是元代诗歌的一支奇葩，产生了许多优秀作品。元代的民歌、民谣质朴豪放，富于反抗精神，也有不少好作品。

元代初年的重要诗人有元好问。元好问（1190～1257年），字裕之，号遗山，鲜卑族人。他主要生活在金朝，蒙古族灭金后，他继续生活了20多年。元好问是我国诗歌史上难得的少数民族诗人之一。他从小受到较好的文化教养，7岁就能写诗。他生活在社会极度动荡的时代，饱尝颠沛流离、国破家亡之苦。蒙古族灭金后，他严守民族气节，在家乡埋头著述。现存文集40卷，诗歌1300多首。元好问有自己的一套诗歌理论，主张诗歌要刚健雄壮、淳朴自然，反对浮华艳丽、雕琢用典。元好问是个现实主义诗人，也是一个爱国主义者，他奋笔写下了许多爱国主义诗篇，如反映人民抗击蒙古族侵略者的诗篇《过晋阳故城书事》："君不见系舟山头龙角秃，白塔一摧城覆没。薛王出降民不降，屋瓦乱飞如箭镞。"借历史故事斥责了统治者的懦弱无能，歌颂了人民的英勇不屈。再如《壬辰十二月车驾东狩后即事》："惨淡龙蛇日斗争，干戈直欲尽生灵。高原水出山河改，战地风来草木腥。精卫有冤填瀚海，包胥无泪哭秦庭。并州豪杰今谁在？莫拟分军下井陉。"古朴苍劲、峻拔有力，洋溢着悲壮之情。他的诗不仅内容丰富，气势豪迈，艺术成就也很高。郝经在《遗山先生墓志铭》中称其"巧缛而不见斧凿，新丽而绝去浮靡"。尤其以七言古体诗的成就最高，感情真挚深沉，被人称颂有杜甫遗风，后人评价很高。

元初较有成就的诗人还有刘因、方回、张翥等人。他们受元好问的影响较深，作品反映了苦难社会的某些侧面，抒发了诗人的愤慨，如方回的《苦雨行》写出了人民的苦难和贫富的悬殊，这些诗具有一定的社会意义。

元代中期以后，诗歌稍有繁荣，诗人虞集、杨载、范梈、揭奚斯被称为四大家。其实他们的作品大多模仿前人，内容也比较空泛，多数是吟咏山水、互相酬答之作。但也有部分诗歌反映了民间疾苦，描写了地方风俗，形式也比较朴实，有可取之处。这一时期比较有特色的诗人是萨都剌。萨都剌字天锡，蒙古族诗人，在当时颇负盛名。他能诗能词，可说是蒙古族诗人中的佼佼者。他那些描绘北方民族生活和北国风光的诗作，格调清新可喜。如《上京即事》："牛羊散漫落日下，野草生香乳酪甜。卷地朔风沙似雪，家家行帐下毡帘。"萨都刺还留下了不少优秀词章，例如《念奴娇·登石头城》就是一篇佳作："石头城上，望天低吴楚，眼空无物。指点六朝形胜地，惟有青山如壁。蔽日旌旗，连云樯舻，白骨纷如雪。一江南北，消磨多少豪杰。寂寞避暑离宫，东风辇路，芳草年年发。落日无人松径里，鬼火高低明灭。歌舞尊前，繁华镜里，暗换青青发。伤心千古，秦淮一片明月。"诗人登高远眺，面对着沧桑世态，怀古伤今，胸中充满不胜凄凉之感。这首词艺术上达到了很高的水平。

元末诗坛上较有名的诗人有杨维桢、倪瓒、王冕等人，其中王冕的成就最高。王冕字元章，自号煮石山农。为人耿介，一身傲骨，不与世俗同流合污，寄身山野间。他在《秋怀十二首》中把自己比作一棵生得不是地方的青松，以感慨自己的生不逢时："青松生崇冈，土浅松低徊。顾兹岁寒质，岂匪梁栋材？无奈牛羊牧，鄙贱蒿与莱。唯有溪上风，清声寄余哀。"王冕的诗歌中最有价值的是那些反映人民痛苦的作品，《冀州道中》一诗展现了一幅元末社会荒芜悲凉的图景："城郭类村坞，雨雪苦载涂。从薄聚冻禽，狐狸啸枯株，……程程望烟火，道旁少人居，小米无得买，浊醪元得沽。"《伤亭户》一诗描写了劳动人民在元代统治者的残酷剥削压迫下的悲惨遭遇："课额日以增，官吏日以酷……灶下无尺草，瓮中无粒粟。且夕不可度，久世亦何福。……天明风启门，僵尸挂荒屋。"王冕敢于大胆揭露统治者的骄奢腐化，指斥统治者的凶横残忍，《虾蟆山》一诗把元代统治者比作"古昔曾偷太仓粟，三百余年耗中国"的虾蟆精，并且愤怒地喊道："如今是蟆处处有，天官何不夷其族！"王冕同情人民，他的诗句表达了人民的愿望，抒发了自己的抱负："安得壮士挽天河，一洗烦郁清九区，坐令尔辈皆安居。""我愿扫开万里云，日有光明天尺五。"这种关心人民、热爱人民的思想感情是很可贵的。王冕的诗歌语言质朴自然，与一般元诗的典丽、雕琢的风格很不相同。他的古诗、律诗和绝句都写得比较好，在一定程度上继承了杜甫、白居易的现实主义传统。但是从总体来说，元代诗词成就不高，在元代诗坛上放出光彩的是散曲。

元代诗歌中不可忽视的另一个方面是民间歌谣。由于有些作品的时代难于确定，个别的可能属于宋代的歌谣，也只好在这里一起介绍。元代民间歌谣大多流失，现存的只有100首左右。这些歌谣题材广泛、内容丰富，反映了社会生活的各个方面。我们从歌谣中可以看到当时尖锐的阶级矛盾和民族矛盾，看到社会的贫富悬殊和人与人的不平等。"月子弯弯照九州，几家欢乐几家愁。几家夫妇同罗帐，几家飘散在他州。"这首民谣唱出了流浪人的痛苦和哀愁，充满着凄凉之感。"赤日炎炎似火烧，野田禾稻半枯焦。农夫心内如汤煮，公子王孙把扇摇。"这首歌谣鲜明生动地揭示了阶级的对立，对统治阶级发出了严厉的斥责和愤怒的抗议。有一些歌谣直接歌颂农民起义，更是充满着反抗精神和战斗激情。"天高皇帝远，民少相公多。一日三遍打，不反待如何。""满城都是火，府官四散躲。城里无一人，红军府上坐。"据说这些民歌在当时广为传播，不仅唱在起义农民的嘴上，而且还写在战旗上插在墙头，成为鼓舞人民英勇斗争的战歌。下面一首歌谣更加气势磅礴、大义凛然："天遣魔军杀不平，不平人杀不平人，不平人杀不平者，杀尽不平方太平。"人民群众不仅能够在歌谣中对统治者发出愤怒的斥责，而且善于讽刺和嘲笑。下面一首歌谣辛辣地讽刺了封建官僚的腐败："九重丹诏颁恩至，万两黄金奉使来。奉使来时，惊天动地；奉使去时，乌天黑地。官吏来时添一重。"皇帝派出钦差大臣到各地查访贪官污吏，其实他们都是一丘之貉，皇帝的钦差大臣走到哪里，只会给那里的百姓带来更大的灾难。

总之，元代民间歌谣继承了《诗经·国风》和乐府民歌的优良传统，在元代诗坛上占有重要地位。

（六）宋元诗歌的时代精神

英国人安诺德说过："一个时代最完美、最确切的解释，必须向当时的诗歌中去探求，因为诗歌乃是人类心力的精华所构成的。"这就是说，一个时代的诗歌必定代表或反映着那一时代所特有的时代精神。

宋代诗歌虽不及唐代诗歌成就辉煌，但也具有自己的独特的风格，即崇尚理意，情思深微，气力收敛，意态隽永，更多瘦劲清冷之美，而少富贵华丽之态。这从政治经济方面讲，应该与宋代国势之盛远不及唐，而且外患频仍有关。当时宋王朝重用文士，虽然鲜有悍兵骄将跋扈之祸，国内清晏，但却因之形成积弱积贫的局面也是不争的事实。从思想文化领域讲，这种独特风貌的形成，又与宋代儒学的复兴运动紧密相关。本来中国古代文人诗至唐代已达高峰，而宋诗在唐诗集大成之后，又开辟出古典诗史的新纪元，无疑体现了尤为强烈的创新精神。从社会价值体系看，宋诗固以议论化特征表达对政治社会问题的看法和见解，但从思想文化精神看，宋诗更重要的特征显然在于随着哲学思辨能力的增强而形成的哲理化。宋代诗人往往集学者、诗人于一身，本身就是对其哲学造诣与人文修养的说明。正因为置身于浓厚的人文文化氛围，宋诗中的宏肆议论与深邃理趣大多发自生活情怀，从而表现出人文化、世俗化与理性化的根本的文化性格。如果说唐诗主要是通过自然意象表现积极进取、高昂向上的时代精神与思想风貌，那么宋诗就主要是通过人文意象表现对现实的关注与人生的思考，这种人文情怀恰恰可以视为被"近世化"文化进程所涵孕。因此，在具有"近世化"色彩的宋代文化史上，宋诗与理学恰呈一种互释关系。两者在各自的演进过程中形成互相渗透、互为影响的势态也就是历史发展的必然了。

四、独树一帜的元曲

元曲不是单一的文学形式，它包括剧曲和散曲两类。剧曲亦即元代戏曲，当时称为杂剧，就文体而论，它实际是一种诗剧，是继唐代声诗和宋人歌词之后新兴的音乐文学；散曲为诗歌，是一种新的格律诗形式。

（一）元杂剧的兴起

元杂剧是北方的一种有浓厚地域性的新兴文学形式，也是一种具有独特民族风格的戏曲艺术形式。

元杂剧是一种成熟的戏剧，它是在金院本和诸宫调的直接影响之下，融合各种表演艺术形式而成的一种完整的戏剧形式，并在唐宋以来话本、词曲、讲唱文学的基础上创造了韵文和散文结合的、结构完整的成熟的文学剧本。这比之宋杂剧已经起了质的变化。元代的杂剧已经有了一套严格的体制：它的剧本主要由曲词和宾白组成，在结构上一般是四折为一本，演绎一个完整的故事，只有个别的有一本五折、六折（如《赵氏孤儿》）或多本（如《西厢记》有五本二十一折）连演的。折是音乐组织的单元，也是故事情节发展的自然段落，它不受时间、地点的限制，每一折都可包括较多的场次，相当于现在的"幕"。

有的杂剧另加"楔子",它们的篇幅一般比较短小,位置也不固定,一般在第一折的前面演出,对故事的由来作简单的介绍,这一种"楔子"相当于现在的"序幕";另一种"楔子"是在折与折之间演出的,作用类似于现在的"过场戏"。每本杂剧的末尾都有两句、四句或八句诗句,用以结束全剧情节,概括全剧内容,称作"题目正名"。

根据规定,杂剧在每折戏里,只能限用同一宫调的曲牌组成的一套曲子,不能换调;曲文也只能用一个韵脚。宫调下有许多单个的曲子称为只曲。每个只曲有一个专有名称,不同曲调的只曲连缀到一起,就成为套曲,称为一折或一段。除了曲词联缀必须以同一宫调为前提外,只曲在套曲中的排列次序也有一定的规则。不过,宫调限得很死,同一宫调内的每一支只曲却可长短随意,曲调各异,而且在节奏上也有变化,这样便可使韵律不致流于死板。乐曲大都是吸收宋金词、大曲、诸宫调的成果而成的,同时也吸收了不少民间曲子和其他民族的一些音乐成果。戏的角色分旦、末两大类,男主角称"正末",女主角称"正旦"。演出时一本戏都由"正旦"或"正末"独唱,其他角色只有说白,不能唱。由"旦"主唱的称"旦本"戏,由"末"主唱的称"末本"戏。随着戏曲内容的充实和发展,杂剧角色的分工更趋细密,除了上述的描写正面人物的主角正末、正旦之外,视剧情发展又出现了副末、贴旦、搽旦、净、孤、卜儿、孛老、徕儿等配角名称,借以表现各种不同类型的人物。

元杂剧的曲词是在诗、词和民间说唱文学的基础上形成的新诗体。它有严格的韵律限制,以符合演唱的要求,但又大都本色自然并有着强烈的感情色彩。内容以抒情为主,同时也在重要的场次的关目中起渲染气氛和连贯剧情的作用。宾白是配合唱词的说话,由白话和韵语组成,是唐代以来的"变文"词的综合和高度发展,它又分为对白和独白。对白和现在话剧的对话相类,独白兼有叙述的性质,在情节的发展和人物的塑造上起着重要作用。但元杂剧中的宾白因为接受了唐、宋以来杂剧的传统,插科打诨较多,无论悲剧还是喜剧都如此,使杂剧更富有幽默感。另外,剧本还规定了主要动作表情和舞台效果,称为"科"或"科范"。

与世界各民族的戏剧形成一样,我国的戏曲艺术也经历了一个漫长的发展过程。根据文献记载,早在原始社会就已经出现了反映农牧业生产的歌舞,以后各个不同的历史时期的许多表演艺术如先秦歌舞、汉魏百戏、隋唐戏弄、宋代的诸色伎艺等，都有戏曲艺术的萌芽和因素。尤其是唐宋时期，中国古代的各种艺术都获得了高度发展，直接推动了戏曲的诞生。如隋唐时期形成的"燕乐"，是宋元戏曲乐调分配的主要依据；唐代的"软舞"、"健舞"则对杂剧表演艺术有直接影响；而当时盛行的参军戏对戏曲的插科打诨等有很大影响。与此同时，变文、市人小说、以及文人传奇小说的产生和流行，都对后来戏曲的形成起了积极的推动作用。

北宋时期，在唐代参军戏的基础上逐渐发展起来了一些杂剧。宋杂剧在最初是含有故事内容的各种声乐伎艺综合演出的总称。由于它在开创阶段比较混杂，故称之为杂剧。从北宋演进到南宋，由于当时宋、金政权南北对峙，宋杂剧也随之出现分化。在北方金统治区，它变名为院本，院本即当时行院（金人称倡优居住之处为"行院"）演剧所用的脚本，后来发展成了金元杂剧。在南宋统治区则发展成为宋元南戏。宋代的杂剧分艳段、正杂剧、杂扮三部分。艳段类似话本的"入话"；正杂剧共有两段，演出完整的故事；杂扮则多为调笑性质的段子。演员一般为4至5人一场。院本的体裁和宋代杂剧差不多。宋杂剧和金院本都没有剧本流传下来，从文献记载来看，它们都已具备了戏剧的雏形。

另外，宋金的说唱文学对元杂剧的产生也有重要影响。宋金的说唱文学主要有鼓子词、词话、诸宫调等，其中诸宫调的故事内容比唐变文更丰富、乐曲组织也更多样，而且初步注意了说白和歌曲的分工，直接导致以曲白结合表演故事的元杂剧的产生。北宋傀儡戏和影戏等则对表演艺术产生了重要影响。这样，传奇小说和话本小说等为戏曲准备了故事内容和人物形象；说唱诸宫调的乐曲组织和曲白结合形式直接影响了戏曲的体制；各种队舞使戏曲的舞蹈身段和扮相更加美化；傀儡戏、影戏又给戏曲的舞蹈动作和脸谱以影响。构成戏曲艺术的各种因素的发展不仅使戏曲表演艺术渐趋成熟，同时也为产生优秀的文学剧本准备了条件，从而为元杂剧和南戏的产生奠定了坚实的艺术基础。

元代杂剧的形成不仅是我国历史上各种表演艺术发展的结果，同时也是时代的产物，它的兴盛还有重要的社会原因。宋元时期，正是民族矛盾十分尖锐的时期，尤其是元代，不仅民族矛盾尖锐，阶级矛盾也十分尖锐。金灭北宋、元灭南宋的过程，同时也是北方人民反抗女真贵族、蒙古贵族的过程。人民反抗民族压迫和阶级压迫的艰苦斗争，要求有战斗性和群众性较强的文艺形式加以表现，而杂剧则恰恰是一种很易为人们接受的形式。同时，在社会状况发生重大变化的情况下，文人阶层也发生了分化。尤其是元初，民族矛盾的尖锐和科举制度的废除，使中下层文人的进身之路被堵死。除极少数外，大多数文人和广大人民同样受到残酷的迫害，部分文人便走向下层，和民间艺人结合，组成书会，从事杂剧创作，从而使民间艺术和文人的才能得到了很好的结合，对元杂剧的产生起了重大的推进作用。

另外，宋金元时城市经济的发展也为杂剧的兴盛准备了充裕的物质条件，元朝的大一统局面又为各民族之间的文化交流提供了便利，这些无疑都为元杂剧的发展和兴盛创造了条件。

（二）元杂剧的发展和成就

元代是我国戏曲史上的黄金时代，杂剧的成就尤其辉煌。当时有姓名可考的剧作家达 200 余人，见于书面记载的剧目 700 多种，现存约 150 多种。元代杂剧作家的创作活动大致可以分为前后两个时期，前期约为宪宗元年至成宗大德年间，当时杂剧活跃的地域是在北方的政治、文化中心大都和有悠久文化传统的平阳、东平、彰德等地。这一时期的杂剧作家和人民群众保持着不同程度的联系，比较熟悉人民的生活。他们的作品大都具有深刻的思想内容和强烈的生活气息，真实地反映了当时的社会现实，并且塑造了一系列下层被压迫者的形象，歌颂了他们勇敢不屈的反抗斗争。在艺术方法上，现实主义成为时代的主流，而少数优秀作品的现实主义又往往是和浪漫主义结合在一起的。杂剧的语言是以北方民间口语为基础写成的，并且吸收了民间文艺营养，具有质朴自然、生动泼辣的特点。部分作家还吸收了诗词里富有表现力的词汇与句法，使语言更加优美。同时，这一时期杂剧的创作和舞台演出结合得十分紧密，杂剧作家充分掌握了舞台艺术的特点，集中概括了生活中的各种矛盾，构成了动人的戏剧冲突。杂剧作家们的这些成就不仅直接丰富了当时的戏曲表演，而且影响了后来的戏曲创作。在这一时期，最具代表性的作家有关汉卿、马致远、白朴和王实甫等。

从元成宗大德年间开始，杂剧创作活动的中心逐渐由大都向临安转移，并在以杭州为中心的江浙一带发展，元代杂剧的发展进入后期阶段。进入后期以后，创作的繁荣局面随即也开始趋向于衰微。这个时期，虽然作家还不断出现，作品也产生不少，但是总的成就已经远不如前期了。除少数几个作家例如郑光祖、宫天挺、秦简夫等人的作品还表现出一些特色、有一定的成就而外，大多数作家的作品都很平庸。总的来看，这个时期的创作情况是：作家脱离现实的倾向日益严重，他们更多地是从历史故事中找创作题材；反映现实生活和斗争、暴露社会黑暗和罪恶的作品愈来愈少，而宣扬封建伦理道德和山林隐逸、神仙道化思想的作品日益增多；在艺术上也形成了单纯追求词藻典丽和工巧的形式主义倾向，并且有所发展。后期杂剧所表现的这些缺点，发展到明初更为严重突出，成为杂剧发展的末流。

1. 前期作家及其作品。在元代前期的杂剧作家中，最著名的、成就最大的是关汉卿，同时王实甫的《西厢记》也在戏剧史上占有相当重要的地位。

关汉卿，名不详，以字行，号已斋叟，大都（今北京）人，约生于金末，卒于元成宗大德年间。他"生而倜傥，博学能文，滑稽多智，蕴藉风流，为一时之冠"①，在元代的杂剧作家中是最杰出的一位。关汉卿的创作活动开始得较早，他和同时代著名的剧作家杨显之、散曲作家王和卿及杂剧演员朱帘秀等都有交往。他不仅写剧本，还常常亲自登台演出。关汉卿具有伟大的创作天才、丰富的想象力和百折不挠的斗争性格。在他自己所写的一支自叙性的散曲《不伏老》中说："我是个蒸不烂、煮不熟、捶不扁、炒不爆、响当当一粒铜豌豆。……你便落了我牙，歪了我嘴，瘸了我腿，折了我手，天赐与的这几般几歹症候，尚兀自不肯休。"活脱脱地画出了一位敢于斗争、敢于胜利的老作家的形象。

关汉卿是一个多产作家，据记载，他一生共创作了60多个剧本，可惜大多数已经失传，现存世的只有《窦娥冤》、《救风尘》、《望江亭》、《调风月》、《拜月亭》和《单刀会》等十多种与一些散曲。他的作品从思想内容上看，大致可分为三类：第一类是歌颂人民的反抗斗争、揭露社会黑暗和统治者的残

---

① 熊梦祥：《析津志·名宦传》，见北京图书馆善本组辑《析津志辑佚》。

暴、反映当时尖锐的阶级矛盾的作品，如著名的《窦娥冤》以及《蝴蝶梦》、《鲁斋郎》等；第二类主要是描写下层妇女的生活和斗争，突出她们在斗争中的勇敢和机智，其中以《救风尘》最有代表性，此外还有《金线池》、《谢天香》、《诈妮子》等，《望江亭》、《拜月亭》也可归于此类；第三类是歌颂历史英雄的杂剧，以《单刀会》的成就最为突出，此外还有《西蜀梦》、《哭存孝》等。其中最典型的代表作首推《窦娥冤》。

《窦娥冤》（全名《感天动地窦娥冤》），描写的是一个 3 岁丧母的女孩子窦娥，父亲窦天章因为家贫，为债户所逼，又要上京赶考，无法，遂将 7 岁的女儿送给蔡婆婆为童养媳，17 岁便成了寡妇。蔡婆婆是一个放高利贷为生的寡妇。一次蔡婆婆出外索债，赛卢医谋财害命，企图勒死她，为地痞张驴儿父子撞见，蔡婆婆得以不死。这两个地痞就借口是蔡婆婆的救命恩人，搬到蔡婆婆家住，并想分别占有这两代婆媳寡妇，终于侵占了蔡婆婆，但窦娥始终不屈。后来，张驴儿想毒死蔡婆婆，结果却毒死了自己的父亲，他便借此讹诈窦娥，说是被窦娥所害，逼她顺从自己。窦娥为了捍卫自己的贞洁，宁可"官休"，希望"明如镜、清如水"的父母官为自己伸冤。但太守桃杌接受了张的贿赂，反将窦娥屈打成招，定了毒死公公的大逆不道之罪，并被处死。

关汉卿在这本戏中竭尽最深刻揭露和讽刺的手法。如在窦娥被处决的时候，就公开地喊出："天地也，做得个怕硬欺软，却原来也这般顺水推船。地也，你不分好歹何为地！天也，你错勘贤愚枉作天！哎，只落得两泪涟涟。"这就是社会？这就是公理？另外太守桃杌看见张驴儿二人前来告状，便认为是衣食父母前来，也极尽讽刺之能事。

《救风尘》是一部杰出的喜剧，剧中的主角妓女赵盼儿是一个机智、老练而富有义气的妇女形象。她曾经有过幻想，憧憬着同一个知心的男人过自由幸福的生活，终于在残酷的现实里一次又一次地破灭了。长期的风尘生活使她看透了纨绔子弟们的惯用伎俩，并对他们保持高度的警惕。因此，当她的义妹宋引章被周舍诱嫁落入虎口后，她挺身而出，抓住了周舍喜新厌旧、酷好女色的弱点，安排下周密的计划，以其人之道还治其人之身，用同样的手段救出了义妹，并制服了这个流氓，从而收到了大快人心的喜剧效果。

《单刀会》是一部描写历史上英雄人物的作品，他通过关羽接受东吴鲁肃的邀请渡江赴宴的情节，歌颂了关羽的智勇双全、刚毅豪迈的英雄气概。全剧结构单纯，手法简练，文词豪壮，情调激昂。而作者对于关羽忠于汉室行为的歌颂，也是作者爱国思想的反映，体现了作者的民族感情。

关汉卿的杂剧反映了广阔的社会生活，揭示了社会各方面的矛盾冲突，对当时社会生活中带有本质意义的一些问题，反映得尤为深刻集中。他不仅写出了人民的苦难，还写出了他们身上固有的战斗精神，这种战斗的现实主义精神，使他的创作闪烁着理想的光辉。特别是《窦娥冤》的第三折，通过浪漫主义的情节，把窦娥的反抗精神写得惊天动地，给观众留下了深刻的印象。关汉卿塑造典型人物的成就也是非常突出的，他笔下的人物大多数个性鲜明、血肉饱满，在我国古典戏剧作家中还没有一个人能象他那样塑造出如此众多而鲜明的人物形象。他还善于把人物放到强烈的戏剧冲突中去揭示他们的性格特征，通过细致深入地心理描写来刻画人物的内心世界。作为一个曾"躬践排场，面敷粉墨"的"当行"戏剧家，关汉卿在杂剧的场面安排和关目处理上都很有特点。在场面安排上紧凑集中，富有典型性，一切和主题思想关系不大的描写都被省却了，而只突出那些和主题思想密切相关、具有典型意义的事件，因此，他通常只要通过两三个人物，几个重要的场面，就能展现出当时社会的重要侧面。在关目处理上，关汉卿一方面能从不同的人物处境出发展开冲突，引向高潮，一方面又变化多端，使人不能预测剧情的发展，使戏剧更有吸引力。另外，关汉卿驾驭语言的能力惊人，他的戏剧词汇的丰富和语法的变化，在元代杂剧里也是首屈一指的。由于他善于从当时民间文学中汲取语言素材，同时又善于向古典文学名著学习，从而形成了他"文而不文，俗而不俗"的语言风格。总之，关汉卿的作品，是现实主义与浪漫主义相结合的文学艺术的一个高峰，他的创作大大丰富了中国古典文学的宝库。

王实甫，名德信，大都人。有关他生平的资料很少，根据仅有的一些零星记载推断，他做过官，但仕途并不得意。王实甫是一位富有才华的作家，而且是一位相当熟悉当时勾栏生活的剧作家。《录鬼簿》中共记录了他13种杂剧，除《西厢记》外，流传到现在的还有《丽春堂》、《破窑记》两种，以及《芙蓉亭》、《贩茶船》的各一折曲文，但成就都不高。在他的杂剧作品中，以《西厢记》最为出色，它是以爱情为题材的杂剧的高峰，堪称元代杂剧的一项辉煌成就。

《西厢记》是在金董解元《西厢记诸宫调》的基础上改编而成的。全剧共分五本二十一折，叙述了张生和崔莺莺的爱情故事。作者以同情封建叛逆者的态度，描写崔、张的爱情多次遭到老夫人的阻挠和破坏，从而揭露了封建礼教对青年自由幸福的摧残，并通过他们的美满结合，赞美了青年男女对爱情的渴望和追求。全剧故事情节并不复杂，剧中人物也不多，但作者通过事件的发展和人物之间的冲突，大胆地描写了张生和崔莺莺追求爱情自由的过程，歌颂了崔、张为自由结合而勇敢地反对封建礼教的行为，具有明显的反封建色彩。所以《西厢记》成了数百年在封建礼教束缚下的青年男女追求爱情幸福的赞歌。

《西厢记》在艺术上取得了很大的成就。首先在体裁上它一改元杂剧四折一本的惯例，分为五本二十一折，这在当时堪称为一大创举。而且其中不少场合还改变了由一个主角独唱到底的方式，采取了合唱和对唱的方式，这也是对杂剧创作的一大贡献。其次在结构上，全剧篇幅虽长，但结构严谨，场次洗练，每一折都是整体的有机组成部分，自然贴切，俨如一气呵成。其三，在塑造人物方面，《西厢记》也取得了成功。在王实甫笔下，莺莺、红娘、张生和老夫人都是概括性很强而又个性十分鲜明的人物，已成为公认的典型，这在爱情剧中是了不起的成就。作者善于通过矛盾和冲突来刻画人物的性格和心理变化，使人物的性格特征更加鲜明，既加强了作品的戏剧性，又适合舞台演出的要求。另外，《西厢记》作为一部大型的诗剧，它的文辞优美，诗意浓厚，语言风格清丽，这在中国古典戏曲中是比较罕见的。

除关汉卿和王实甫外，前期杂剧作家中比较著名的还有马致远、白朴、康进之、高文秀、纪君祥、石君宝等。

马致远，号东篱，一说又字千里，大都（今北京）人。他是一位"姓名香贯满梨园"的著名作家，又是"元贞书会"的重要人物，也是通常所说的"元曲四大家"之一。马致远在早年就开始杂剧创作，一直到晚年仍笔耕不止。他一生所作杂剧有十余种，目前流传下来的有 7 种，其中以《汉宫秋》最为著名。《汉宫秋》全名《破幽梦孤雁汉宫秋》，是元人杂剧中优秀的作品之一，描写的是西汉元帝时王昭君出塞和亲的故事。作者突破了前人作品的窠臼，不拘泥于史实细节，大胆创作，既描写了汉元帝对王昭君的爱情，同时又突出了王昭君对祖国的感情。在蒙族统治下的元代，《汉宫秋》所表现出来的爱国思想具有强烈的现实主义色彩。

除《汉宫秋》外，马致远的其他杂剧作品多表现出一种道家的虚无思想，提倡修道登仙的宗教迷信，一向为人们所诟病。其实这除了他个人的思想原因外，还与当时道教的兴盛有很大的关系。

白朴，字仁甫、太素，号兰谷先生，也是"元曲四大家"之一。自小聪明颖悟，幼年遭遇家国之难，对其生活道路有很大影响。一生无意仕途，一方面"放浪形骸"，"玩世滑稽"，另一方面在词作中慨叹历代兴亡，寄托自己的故国之情。他一生共写了16个杂剧，流传下来的只有5种，大部分写男女的爱情故事，其代表作是《墙头马上》和《梧桐雨》（全名《唐明皇秋夜梧桐雨》）。《墙头马上》是白朴最出色的作品，也是元代杂剧中四大爱情剧之一。它通过一对青年男女的爱情故事，极力宣扬男女自由结合的合理性，表现了一种要求婚姻自主的民主思想倾向。《梧桐雨》描写的是唐玄宗与杨贵妃的故事。在艺术风格上，白朴的戏剧作品描写冲突比较充分，并通过冲突展现了人物鲜明独特的个性，对人物的内心刻画也比较成功。但是，《梧桐雨》在思想性上是难以与《墙头马上》相媲美的。

康进之，棣州（今山东惠民）人。他的《李逵负荆》是现存元人水浒戏中最优秀的作品。作者写梁山环境与人物性格，既按照生活本身的逻辑，概括了现实的素材，同时赋予人物与环境以理想的色彩。

高文秀，东平（今山东东平）人。他也是个多产作家，有"小汉卿"之称。他编的水浒戏最多，现仅存《双献功》一种。杂剧《渑池会》则是他的另一代表作。

此外，纪君祥的《赵氏孤儿》、尚仲贤的《单鞭夺槊》和《柳毅传书》、杨显之的《潇湘雨》、石君宝的《秋胡戏妻》、李好古的《张生煮盐》、李行道的《灰阑记》、武汉臣的《生金阁》、孟汉卿的《魔合罗》、郑廷玉的《看钱奴》、戴善夫的《风光好》、女真族作家李直夫的《虎头牌》以及无名氏的《昊天塔》、《赚蒯通》，都是元代前期杂剧的优秀作品。

2. 后期杂剧作家及其作品。元代后期杂剧作家有姓名可考者有20多人，有作品流传下来的有十多人，他们绝大多数是南方人。在后期的剧作家中，除了郑光祖、宫天挺、秦简夫、乔吉等人的个别作品有相当成就外，大都缺乏前期杂剧的战斗性和现实性，在艺术上也缺少动人的力量。

郑光祖，字德辉，平阳（今山西临汾）人。他是元代后期杂剧作家中最为著名的作家，《录鬼簿》称他"为人方直，不妄与人交，名香天下，声振闺阁"，是深受观众和演员欢迎的一位剧作家，"伶伦辈称郑老先生者，皆知为德辉也"。他共创作了18种杂剧，大部分今已佚，现存的只有8种。他的杂剧大部分取材于历史故事，而其中又以爱情剧最为优秀。《倩女离魂》是其代表作，也是元后期杂剧中最优秀的作品。

《倩女离魂》取材于唐陈玄祐传奇小说《离魂记》，描写张倩女思恋王文举，因而魂离肉体与他结合的故事。剧本着重表现了张倩女追求婚姻自由的强烈愿望，富有浪漫主义色彩。在思想性上，该剧成功地塑造了大胆反抗封建礼教、热烈追求幸福生活的倩女形象。在艺术技巧上，作者善于细致地表达人物的内心世界，而且语言华丽流畅，很有艺术感染力，使《倩女离魂》成为具有独特成就的爱情剧，对后来汤显祖的《牡丹亭》有相当大的影响。郑光祖的历史剧数量虽多，但缺乏显著的艺术特色，大都成就不高。值得一提的是郑光祖的《醉思乡王粲登楼》。它是根据王粲的《登楼赋》虚构而成的，在王粲落魄荆州登楼作赋的场面中，抒发了游子飘零、怀才不遇的感情，特别容易引起封建时代失意文人的共鸣。明清以来，许多写文人轶事的杂剧，有不少是受他的影响。但是，郑光祖杂剧的主要特征是情致凄婉、词曲清丽，而思想倾向则不很鲜明，生活气息也不够浓烈。王国维把他比作词中的秦观，是有一定道理的。

宫天挺，字大用，大名（今河北大名）人。他也是一位失意文人，《录鬼簿》说他"历学官，除钓台书院山长，为权豪所中，事获辨明亦不见用，卒于常州"。他写有6种杂剧，今存有《死生交范张鸡黍》、《严子陵垂钓七里滩》2种。宫天挺受马致远影响较大，杂剧风格也与马氏相近。他的《范张鸡黍》通过写后汉范式与张劭愤恨奸臣当道，不苟仕进的故事，歌颂了朋友的真情，抒发了对现实的不满，含有以古喻今的意味。《七里滩》则通过严子陵轻视功名富贵的隐士生活，表现对现实政治的消极态度。这一点已成为元后期杂剧作家创作中的一个比较普遍的现象。

秦简夫，大都人，生平不详。曾寓居杭州，现存有杂剧《东堂老劝破家子弟》、《宜秋山赵礼让肥》和《晋陶母剪发待宾》3种，其中《东堂老》是他的代表作。剧本通过写一个屡教不改的败家子从败家到幡然悔悟、重振家业的过程，向人们揭示了"执迷人难劝，临危人自省"这一带有普遍意义的经验教训，因此影响很大。剧本结构严谨，关目紧凑，冲突鲜明，曲辞本色自然，生动真实，感人至深。前人称秦简夫是元代后期关派杂剧的重要作家，从艺术性上看，是很有道理的。但如就思想性而言，他和关汉卿是没有多少共同之处的。

在元后期的剧作家中，值得一提的还有乔吉。现存他的杂剧作品有《两世姻缘》、《扬州梦》和《金钱记》3种，都是写才子佳人的风流韵事。虽然从剧情的曲折变化、曲词的清丽和语言的华美上看，都属佳作，但从思想性上看不仅没有多少价值，而且暴露出了作者思想的庸俗。但是由于他的杂剧描写很适合封建文人的口味，在艺术性上也有一定成就，因此，封建文人们对他的杂剧的评价一直是比较高的。

此外，元后期其他杂剧作家还有萧德祥、朱凯、王晔、金仁杰、范康等人，他们的杂剧作品无论是艺术性还是思想性都没有多少成就可言。

（三）元代的散曲

1. 散曲概说。散曲在元代是韵文的新兴样式，是韵文在形式上的进一步发展。它主要是在金代的"俗谣俚曲"的基础上，同时吸收民间和其他一些少数民族乐曲成长起来的。最初主要是在市民中间流传，称为"街市小令"或"叶儿"，由于它当时主要流传于北方，故又称北曲。到元末明初时，南方又兴起一种以江浙一带的南方语音为用韵标准的散曲，与南戏并行，称"南曲"，明以后写散曲者多遵循南曲格律。

散曲分小令和套曲两种主要形式。小令是独立的只曲，也是散曲的基本单位，主要是从民间小曲变化来的，其中有少数脱胎于诗词，句调长短不齐，且有一定的腔格。但小令和诗词不同，它自立韵部，用韵是按当时北方话的语音为标准，但用韵比词更加密了，几乎每句都要押韵，而且平、上、去三声互叶。有时作家为了表现稍为丰富的内容，一支小令容纳不了，就再增加一两支小令来写，称"带过曲"，但它们的组合要用同一宫调，使音调和谐，不能任意拼凑。"带过曲"最多不能超过三支，它属于小令的变体。用同一小令填多首歌词的称"重头小令"。但是，没有双调或三叠以上的调，而且可以在本调之外加衬字。衬字加在句首和句子的两个词组之间，句尾不能加，用在句子中间的大都是虚字。衬字的设立，不受格律限制，这样，既可以增加语言的生动性，又可以在保持曲调腔格的基础上更加自由灵活地表达作品的思想内容。

套曲亦称套数，是由两支以上的宫调相同的只曲联缀而成的组曲。套曲融合并发展了唐宋以来的大曲、鼓子词、传踏、诸宫调和赚词的联缀方式。它的组合变化要按一定的顺序，一般都是前有小曲，后有尾声，中间用的曲子可多可少，但要一韵到底，不能换韵。小令和套曲互相推动，小令丰富了套曲的曲调，套曲则给小令提供了体制上灵活变化的技巧。但是小令短小精悍，使用方便，所以元代的散曲无论是质量还是数量，小令都居主要地位。

散曲的形成经历了一个漫长的过程。宋、金对峙前期是它由萌芽进入发展的阶段，金代作家董解元和金末作家元好问都曾从事过散曲的创作。散曲和汉乐府、唐宋词一样，都是和音乐发展密切相关的。乐府、词和散曲都有一定的宫调，宫、商、角、变徵、徵、羽、变宫七声中任何一声为主均可构成调式，凡以宫声为主的调式称"宫"，以其他六声为主的叫"调"，合称"宫调"。大曲和词的歌词写作不标明调式，但散曲要在曲牌前标明调式。散曲的语言特征是双音词、多音词多，口语化强，所以近人也有称其为白话诗的。

散曲在元代十分盛行，在元代短短90余年的时间里，据不完全统计，留下名字的散曲作家有200人左右，另外还有不少佚名作家。现存的金元散曲大多数是歌唱山林隐逸和描写男女风情的作品，只有少数作品直接触及到了当时的社会现实问题，反映了人民的疾苦，也揭露了元代统治的残暴。另有一些写景咏物的小令，清丽生动，有一定的艺术价值。

2. 元散曲的发展和成就。元代散曲的发展大致可以分作前后两期。前期作家的活动中心在大都，当时的作品与民间歌曲比较接近，风格一般比较质朴自然，并有较多的社会内容。后期的活动中心在临安，这时的作品逐渐丧失了朴素自然的特色，内容离现实也越来越远。

在元代前期散曲作家中，最有代表性的是卢挚。

卢挚，字处道，又字莘老，号疏斋，涿郡（今河北涿县）人。他在散曲和诗文上均有成就，但散曲与诗文的风格大不相同。他的诗文比较典雅含蓄，而散曲则自然活泼，多用口语描述农村风光，清新爽朗，给人以耳目一新的感觉。他的散曲以怀古题材的较多，寓有深刻的兴衰感慨。

除卢挚外，当时有影响的散曲作家还有王和卿和张养浩。王和卿是著名杂剧作家关汉卿的朋友，他的散曲多采取夸张的手段和活泼的语言，杂以诙谐趣味的风格，读来很有韵味。张养浩的作品多关心人民的疾苦，对现实也颇有揭露。但是这个时期的散曲作家绝大多数是位高官显的知识分子，无论在思想性和艺术性上都没有突出成就。在这一时期，真正代表散曲创作成就的是那些兼作散曲的杂剧作家，如关汉卿、白朴、马致远等。

关汉卿的散曲现存小令 50 多首，套数 14 套，成就虽不如杂剧，但也有独到之处。关汉卿的散曲中描写男女恋情的最多，他既善于大刀阔斧地表现她们奔放的感情和率直的行动，又善于精雕细琢地刻画她们的心理状态，表达出她们心灵深处的隐微波动。另外一些抒写离愁别恨的小令也真切动人。如〔南吕四块玉〕《别情》："自送别，心难舍，一点相思几时绝。凭阑袖拂杨花雪，溪又斜，山又遮，人去也。"写离别后的思念凄婉动人，具有较强的艺术感染力。他的散曲代表作还有〔南吕一枝花〕《不伏老》套，在这首套数中，用生动的比喻和泼辣的语言，描写一个书会才人的生活道路，表现出了他坚韧、顽强的性格，同时流露出作者及时行乐的思想和滑稽、放诞的作风。

白朴的散曲现存 16 首小令和 4 个套曲。其中有的咏唱男女恋情，有的感叹人生无常，也有的描写自然景色，文字清丽。就思想境界来说，虽然不是很高，却很少当时散曲中容易犯的轻佻、庸俗的毛病。他的名作是描写"闺怨"的套曲〔仙吕点绛唇〕《金凤钗分》，如其中的支曲〔混江龙〕："断人肠处，无边残照水边霞。枯荷宿鹭，远树栖鸦。败叶纷纷拥砌石，修竹珊珊扫窗纱。黄昏近，愁生砧杵，怨入琵琶"。写得清丽，很有感染力。

在元代散曲作家中，马致远是最有影响的一家。他现存辑本《东篱乐府》一卷，计小令 104 首，套数 17 套，是元代前期散曲作家中留下作品最多的一位。他的散曲内容主要包括三类：一是抒发怀才不遇的悲哀和对隐逸生活的歌颂；二是对自然景物的描写；三是咏唱男女恋情。最能表现他的思想感情和生活面貌的，是〔双调夜行船〕《秋思》。作品抒发了对现实的激愤和对功名富贵的鄙视，虽然其主要内容带有浓厚的消极厌世情绪和超然物外及时行乐的思想，但是在艺术上是很成功的。它不是抽象的论道，而是通过抒写主人公在特定情景里的爱恶来表现，具有鲜明的形象性，语言也颇精炼流畅。

马致远描写自然景物的散曲成就也很高，最能代表他的风格的是被前人称许为"秋思之祖"的〔天净沙〕："枯藤老树昏鸦，小桥流水人家，古道西风瘦马。夕阳西下，断肠人在天涯。"描写旅途中秋天傍晚的景物，烘托出一个萧瑟苍凉的意境，确实是"深得唐人绝句妙境"之作。

马致远的〔般涉调耍孩儿〕《借马》也是他的名篇之一。这个套曲把一个爱马若狂的人遇上别人向他借马时的种种心情刻画得细致入微，写来既夸张，又真实，描写中有诙谐，有讽刺，惟妙惟肖，在他的散曲中别具一格。

从总体来看，马致远的散曲风格豪放洒脱，语言本色清俊，带有较多的封建文人的气息，是散曲由俚曲向雅化过渡的产物，尤其是一些描写景物和叹世的作品，显示了他独特的艺术风格。另外，马致远在开拓散曲的题材和内容上也有一定贡献。

散曲发展到后期，语言越来越典雅，但大多数作品的内容远离现实，逐渐丧失了前期散曲作家朴素自然的特色。这方面的代表作家是张可久和乔吉。

张可久，字小山，庆元（今浙江鄞县）人。他一生仕途不太得志，便纵情声色，放浪山水，晚年久居西湖。他专力于散曲，特别致力于小令，作品流传到今天的有小令750多首，套曲7套，在元代散曲作家中作品数量可谓首屈一指。他的散曲创作专以炼句为工，对仗巧妙，且多撷取诗词名句，失掉了散曲的质朴本色。他的套曲《湖上晚归》最为后人激赏。这个套曲运用比拟的手法，勾勒西湖的黄昏景色，一方面大量熔铸前人名句，一方面精心雕镂独创俊语，创造出一种恬静的气氛和清劲的风格，因而被明人誉为"千古绝唱"。但是，他过分追求文字技巧，以诗词作法谱曲，脱离了散曲的特有风格。

乔吉，字梦符，号笙鹤翁，又号惺惺道人，太原人，流寓杭州。他一生潦倒，因而寄情诗酒，思想颓废，这在他的散曲中表现得十分清楚。作为一个专业的散曲作家，他也有其独特的艺术风格。像张可久一样，他也讲究字斟句酌，以清丽为归，但与张可久不同的是，他并不刻意求精，而是多少继承了前一时期散曲作家的质朴和大胆，雅俗兼备，以出奇制胜。如他的〔水仙子〕《重观瀑布》："天机织罢月梭闲，石壁高垂雪练寒，冰丝带雨悬霄汉，几千年晒未干。露华凉人怯衣单，似白虹饮涧，玉龙下山，晴雪飞滩。"遣词清异，意境壮丽，颇有独到之处。

不过，在张可久和乔吉的散曲里，让人们感受到的基本都是啸傲湖山、嘲弄风月、不问是非、随处消闲寻乐的情绪，虽然其中也偶然有怀古伤今、或托物寓意、流露出对现实不满的作品，但整体而言，充斥其中的主要还是浓厚的帮闲情味和青楼调笑作风。

后期比较重要的散曲作家还有睢景臣和刘时中。

睢景臣（1275～1320 年），一名舜臣，江苏扬州人。他写过杂剧，但都已亡佚，散曲也只保存下来套数 3 套和断句 4 句。其代表作是套数《高祖还乡》，钟嗣成《录鬼簿》称"维扬诸公俱作《高祖还乡》套数，惟公〈哨遍〉制作新奇，诸公者皆出其下"。这套散曲所以能超越同侪，制作新奇是一个原因。而作者利用这个题材，大胆地抒发个人见解，有意地进行讽刺，通过对刘邦富贵贫贱的生活变化的描写，扯下了封建社会最高统治者"神圣尊严"的虚伪面纱，在客观效果上起到了积极作用，则是另一个原因。

刘时中，江西南昌人，生平不详。他的作品只保存下来题为《上高监司》的两套"端正好"。一套长达 34 调，写当时钞法和库藏的积弊，一套 15 调，陈述饥荒。陈述饥荒的一套不但描写了灾民的悲惨遭遇，而且愤怒地斥责了富豪奸商趁火打劫的罪行，展现了元代社会严重的阶级压榨。陈述钞法的一套，详细地叙述了库藏的积弊和吏役狼狈为奸的情形。刘时中虽不是最重要的散曲作家，但他留下的这两套散曲却是元散曲中最富有现实内容的作品，曲中直接涉及当时社会上重大的政治经济问题，这种及时反映现实的作品在元代的散曲里几乎是绝无仅有的。由于作品内容的性质起了变化，于是在形式上也就突破了陈规，其陈述饥荒的套曲长达 15 调，这在元曲中是很罕见的。

总之，这个时期的散曲作家多是些潦倒文人，和前期散曲作家情况大不相同的是，他们很少兼写杂剧，散曲作品也多是追求声律格调，俨然继承了前期"名公"的衣钵，而又更加端谨。他们热衷于搜罗诗词陈句，功力较深，风格却不高。作品的思想内容贫乏，不管是徜徉山林，还是沉湎酒色，流露出来的总不外调子低沉的消极情绪。在韵文领域里，散曲像一个未老先衰的人，刚到青春之年便失去了活力。这在元代后期的散曲创作里表现得相当充分。

（四）元曲的时代精神

从时代精神的角度考察，元曲的兴盛应该与当时盛行的文化质疑精神有关。元朝在政治上、经济上以及文化政策上的黑暗和压抑引起的最深层的反响，就是激发了一股强烈的文化质疑精神的产生。这种质疑弥漫于元代文化的诸多领域之中，其中最为彰显又最能代表"一代精神"者，则莫过于"一代文学"的元杂剧。正如论者已经指出的那样，在蒙古贵族的歧视政策下，"沉抑"下层社会的儒生士子，心灵深处郁结着深沉的悲愤与不平。这种深郁的思想"情结"，急切寻觅着排遣渠道，杂剧的独特艺术特征、系统的情节展现、直观的生活真实呈示以及对内在情意抒发的注重，使得艺术家们有可能淋漓尽致地渲泄内心巨大的郁闷。诸多因素的相互推引，造成关汉卿、马致远等人以极大的热情投身于杂剧创作，"以其有用之才，而一寓之乎声歌之中，以舒其拂郁感慨之怀"。特定的历史文化环境孕育了元杂剧的诞生，而元杂剧又以丰美的和声弹奏出时代的精神魂魄。余秋雨在《中国戏剧文化史》中指出，元杂剧在精神上有两大主调：第一主调是倾吐整体性的郁闷和愤怒；第二主调是讴歌非正统的美好追求。其断论颇为精到。在关汉卿的名作《窦娥冤》中，元杂剧的第一主调有特别高亢的奏鸣。……窦娥深切感受到的是一种整体的黑暗，她不由得在绝望中迸发出惊天动地的呼喊："天地也，只合把清浊分辨，可怎生糊突了盗跖颜渊：为善的受贫穷更命短，造恶的享富贵又寿延。天地也，做得个怕硬欺软，却原来也这般顺水推船！地也，你不分好歹何为地？天也，你错勘贤愚枉做天！"这是窦娥的，也是关汉卿的呼喊！它倾发的，是13世纪中国人民整体性的郁闷和愤怒之情。

元杂剧中所倾发的这种"郁闷和愤怒之情"，虽然是由现实环境的无边黑暗所激发，但却超越了对现实环境的揭露和控诉，而表现出一种更为深刻的文化质疑。所以，《窦娥冤》中所传达的又不仅仅是"十三世纪中国人民整体性的郁闷和愤怒之情"，这其中更包含了对"自古衙门朝南开，就中无个不冤哉"的"千古愤懑"！同样，元代的其他文化领域，如邓牧的《伯牙琴》中，异族极端黑暗的政治所引发的并不是对往昔儒家政治、汉家威仪的美好回忆，而是对古今一切帝制、吏治的彻底否定。张养浩《潼关怀古》中所倾吐的也不仅仅是"亡，百姓苦"，而是"兴亡百姓皆苦"。甚至，蒙古政权蛮横地废止科举、践蔑儒学所引发的也不是单纯的"亡国亡种"之忧，而是对"亡国亡种"的内在文化原因的思索，于是有了对包括科举、理学等等内容在内的整个汉儒文化的深刻反思：

以学术误天下者，皆科举程文之士，儒者亦无辞以自解矣！

记诵章句、训诂、注疏之学也，圣经一言，而训释百言、千万言，愈博而愈不知其要，劳苦终身而心无所得，何功之有？

弥漫于元杂剧、散曲、哲学思想等诸多文化领域中的这种深刻的文化质疑，正是元文化的精神所在，是当时那种"最低劣野蛮"的社会环境锤打锻造出的"最为高贵"的文化魂魄。这一时代的精神与魂魄在血脉上与宋代文化恰相沟通，如同"一江春水"般波涛相连。当然，与宋代那种较为文明、较为理性的社会环境所造就的自由、净朗的文化发展空间不同，元代文化毕竟是在一个相对落后和野蛮的社会环境中发展的，因而其深刻的文化质疑更多地表现为对郁闷的倾吐和愤懑，而少有宋人质疑时那种"六经注我，我注六经"的自主、自足、自豪，所以宋代文化是质疑伴随着建设，而元代文化更多的是质疑后的困惑。

第五章
绚丽多姿的宋元艺术

一、不拘一格的绘画艺术

中国绘画艺术有着悠久的历史和辉煌的成就，而五代宋元时期更是绘画艺术的全面繁荣时期。虽然从唐末藩镇割剧开始，国家又走向分裂，并相继出现五代十国，但绘画艺术的发展却并没有停止，而且随着国家的重新走向统一，绘画艺术更加繁荣起来。五代时期绘画盛行的地区，主要在中原、西蜀和南唐所辖地。西蜀和南唐都建立了画院，山水、花鸟画成熟，出现了一批对后世有极大影响的画家。北宋统一后，绘画得到了进一步发展，画院兴盛，文人画兴起，虽然由于世俗趣味的进一步抬头，使各种绘画作品缺乏了唐朝绘画作品的那种华丽与豪放，但在写实技巧上却达到了古代绘画艺术的巅峰，创作中逐渐讲求洗练，追求诗意，形成了细腻典雅的风格。大量的工艺美术品作为商品供应社会，把讲求实用和优美的造型装饰成功地结合起来，取得了可喜的成就。不同作品之间的相互交流渗透，不仅使技巧日益完善和提高，也反映了宫廷、士大夫和市民等多方面的要求和审美时尚。这一时期传世的作品较多，寺观等壁画也有所成就。

（一）人物画的成就

我国的人物画以唐朝为最盛，并出现了像吴道子那样被誉为"百代画圣"的人物画名家。五代宋元时期人物画又取得了新的发展，当时的人物画广阔地反映了社会生活，但表现贵族生活的绘画仍占相当比重，尤以画院作品最为突出。

1. 五代的人物画

五代的人物画以周文矩和顾闳中成就最大。周文矩擅长人物、山水、楼观和仕女。他在衣纹描绘上吸收了李煜书法的"战笔描"即颤抖的笔法，从而形成自己的风格。作品有《宫中图》、《重屏会棋图》、《琉璃堂人物图》等。《重屏会棋图》描绘南唐中主李璟和他的兄弟们下棋，形象传神，反映了当时肖像画的水平；衣纹作战笔，是其画法特点。《琉璃堂人物图》描写文人士大夫的诗酒活动，各有神态。

顾闳中唯一的存世作品是《韩熙载夜宴图》（今藏故宫博物院）。据记载，此画是奉南唐后主李煜之命而作。全画分为听乐、观舞、休息、清吹、送别5个场景，描写韩熙载在国势日衰的情势下，广蓄歌妓，借夜宴欢饮以逃避宰相职责的情形，客观上反映了当时贵族的腐朽生活。由于作者技术的高超，对韩熙载的刻画，能通过形象而揭示出内心的矛盾与痛苦；所画其他人物也都各有特点，生动传神。该画线描的工整精细、严谨有法，设色的绚丽清雅、丰富协调，都达到这一时期的最高水平。

2. 两宋的人物画

北宋的人物画家以文人画家李公麟最为著名。李公麟字伯时，舒州（今属安徽）人。熙宁三年（1070年）中进士，曾为中书门下省删定官，元符三年（1100年）辞官回家，隐居龙眠山，自号龙眠居士。他富有文学修养，博学多才，在绘画上造诣尤深，早年以画马著名于世，后来把主要精力用于画佛道宗教画和人物故事画，在人物画上最负盛名。他创作的题材广泛多样，重视对生活的观察。所画人物，能于不同阶层中区分地域和种族的特征和情态，敢于突破前人定式。他往往以白描形式作画，以优美而富于表现力的线条刻画形象而不设色，显得雅致素朴，别具一格。

南宋时期，由于赵宋政权退避江南，民族矛盾尖锐，长年与北方的辽、金政权处于敌对状态，这时画家们的人物画常常是通过历史题材反映人民收复失土的愿望。较著名的画家有李唐、李嵩、刘松年、梁楷等人。李唐和刘松年都是著名的山水画家，但在人物画上也造诣匪浅。李唐画有《采薇图》，通过对伯夷、叔齐在首阳山中采薇时稍事休息的描写和人物面部表情的刻画，表现出他们宁肯饿死、不愿投降的刚毅不屈精神，以歌颂伯夷、叔齐不食周粟饿死于首阳山的气节，讥讽朝廷中的投降派。李嵩曾根据南宋民间流行的梁山泊英雄好汉的传说，画出宋江等36人的形象，实际是一曲为反抗封建统治者的英雄们唱的赞歌。又有陈居中的《文姬归汉图》、宫素然的《明妃出塞图》，隐喻少数民族的入侵给中原人民带来的悲痛。刘松年的《中兴四将图》画的是刘琦、韩世忠、张浚、岳飞四位抗金名将，是为岳飞恢复名誉而作。还有《便桥见虏图》，画唐太宗在渭河便桥上斥退突厥颉利可汗的故事，借以讽刺南宋统治者对女真族屈服称臣的丑态。此外，无名氏画家留下的《折槛图》、《却坐图》、《锁谏图》等，都是以表彰贤臣、斥责权奸为主题的。

梁楷是宁宗时的宫廷画家，性情疏野，画风豪放，善以简括的笔墨作画。他画的《李白竹吟图》，仅洒脱的几笔就勾画出诗人的气质，具有生动传神之妙，展现出早期写意画的风貌。

3. 元代的人物画和肖像画

从总的趋向来看，元代的人物画不及宋，更远不及唐之盛，其原因是多方面的。一方面大规模的宗教寺庙建筑势头在减弱，墓室建筑也不注重壁画，社会的需求不如唐宋那么迫切；另一方面文人画的兴起逐渐成为画坛主流，文人画家们表达自己思想的方式，多借重于山水、花鸟以怡情适性，而不重视人物画。元初的文人画大家赵孟頫、钱选等尚能画人物，但仅止玩赏小幅而已，之后的"元四家"只是作点景人物。以人物擅长的元代人物画家有任仁发、刘贯道、颜晖、张渥、王振朋、刘元、卫九鼎、叶可观等。

任仁发，字子明，号月山，松江（今属上海市）人。曾任都水监，指挥疏浚黄河及吴淞江河道，治水有方，并有著作，是一名水利专家，后官至浙东道宣慰副使。吏事之余，擅长画人物、鞍马。作品有《张果见明皇图》、《二马图》（故宫博物院藏）等。前者画八仙之一的张果老在见唐玄宗李隆基时表演法术的故事。张果老紫袍高冠，形同鹤瘦，唐玄宗黄袍幞头，雍容华贵。两人相对而坐，一瘦一胖，一喜一惊，对比强烈，富有戏剧性。后者画肥瘦两匹马，作者自跋云："予吏事之余，偶图肥瘠二马，肥者骨骼权奇，縶一索而立峻坡，虽有厌饫刍豆之荣，宁无羊肠踏蹶之患？瘠者皮毛剥落，啮枯草而立霜风，虽有终身摈斥之状，而无晨驰夜秣之劳，甚矣哉！物情之不类如此，世之士大夫，廉滥不同，而肥瘠系焉。能瘠一身而肥一国，不失其为廉；苟肥一己而瘠万民，岂不贻污滥之耳欤？按图索骥，得不愧于心乎？"作者寓寄，针砭时弊，入木三分。

刘贯道，字仲贤，中山（今河北定县）人，曾任宫廷肖像画师。作品仅存《消夏图》，画一士大夫仰卧榻上，旁置阮咸，仕女侍立，环境幽雅。此图疑为长卷中的一部分，表现的是魏晋时代的文人闲逸放达的生活，人物刻画准确生动，是元代人物画中的杰作。

颜晖，字秋月，庐陵（今江西吉安）人。画得元仁宗赏识，赐号孤云处士。他长于界画，精细入毫端，自成一派。作品有《阿房宫图》、《金明池龙舟图》等。人物善白描，师法李公麟。所绘《伯牙鼓琴图》（故宫博物院藏），画伯牙挥弦自如，子期听曲入神，各臻其妙，而线描流利劲健，加以淡墨渲染，别具特色。

张渥，字叔厚，号贞期生，祖籍淮南，居杭州。人物擅白描，承继李公麟法。作《九歌图》多本，取屈原《九歌》为题材，一诗一画，并附以屈原肖像"招魂"一段。线条流利潇洒，一点一画，细致入微，受到历代收藏家重视。

元代虽不设画院，但有时集中画家为宫廷作画，其中重要任务是为帝王后妃画肖像。据记载，刘贯道、叶可观、叶清支、礼霍孙等，都曾为元帝后画过肖像。今存《元帝后肖像》图册（故宫博物院藏），线条粗犷，造型很具有蒙古民族特征，可谓神形毕肖。这些作品都没有留下作者名字。

元代有作品存世的著名肖像画家是王绎，字思善，号痴绝生。其先睦州（今浙江建德）人，迁居杭州。早岁为秀才，以画肖像知名。所画肖像，与对象"无毫发异"，"非惟貌人之形似，抑且得人之神气"。著有《写像秘诀》一篇，提出画肖像，除了注意对象的轮廓形态特征外，还要注意对象在活动中的神态特征，等待对方在"叫啸谈话之间，本真性情发现，我则静而求之"。他的这篇论文，为我国第一篇肖像画创作专论。作品有《杨竹西小像》（故宫博物院藏）。杨竹西，名谦，松江人，一生不仕。画家将他画成身着宽袍，手持竹杖，徜徉于山水之间（背景松石土坡为倪瓒画），像是一个悠游林下的高士。衣纹粗壮简洁，以突出人物面部。面部以淡墨勾勒，略加皴擦渲染，使之具阴阳凹凸之形，而表情有林泉叫啸自得之神。手法新颖，技巧熟练，与传统民间肖像画不同，是我国肖像画史上极重要的作品。

（二）山水画的新发展

山水画是在隋唐才发展成为独立画科的。当时宫廷屏壁常用山水画装饰，技巧上也由古拙而日趋成熟，并涌现出了不少著名的山水画家，如隋代的展子虔、唐代的李思训、李昭道父子、王维等。从五代开始，山水画出现了一个质的飞跃，并取代人物画一跃而成为中国画的主流。

1. 荆、关、董、巨对山水画的贡献。五代是中国山水画发展的重要时期，水墨山水画就是在这一时期确立的。当时的画家深入自然，创造了不同的笔法，出现了南北两大派别，代表画家有荆浩、关仝、董源、巨然。荆浩（号洪谷子），沁水（今属山西）人。唐末隐居太行山，潜心研究山水画，善画北方地区的崇山峻岭，层峦叠嶂，沿袭唐代水墨山水画法而有新的创造。他曾认为吴道子有笔无墨，项容有墨无笔，自己则采二家之长。画法在勾斫之中有皴有染，用笔带方而讲究笔势。如他的作品《匡庐图》（台北故宫博物院藏），为全景式构图，气势雄伟。他曾著《笔法记》一文，着重"图真"，提出"六要"，总结用笔方法"四势"和"二病"，其著的《画山水诀》一卷，总结了画山水的经验，其中如"丈山尺树，寸马豆人，远水无波，远人无目"等，都很符合自然规律，对于山水画的创作和美学研究都是很有价值的见解。

关仝，长安（今属陕西）人，山水学荆浩，多描写关中一带风景，尤喜绘

《富山春居图》
元 黄公望
纵31.8厘米 横51.4厘米
浙江省博物馆藏

《柳鸦芦雁图》
北宋　赵佶
纵34厘米　横223.2厘米
上海博物馆藏

《采薇图》
南宋　李唐
纵27.2厘米×横90.5厘米
北京故宫博物院藏

254

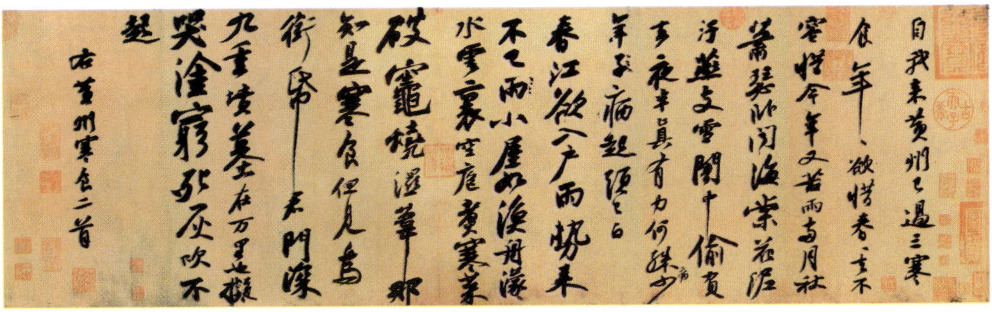

《黄州寒食帖》
北宋　苏轼
纵33.5厘米　横118厘米
台北故宫博物院藏

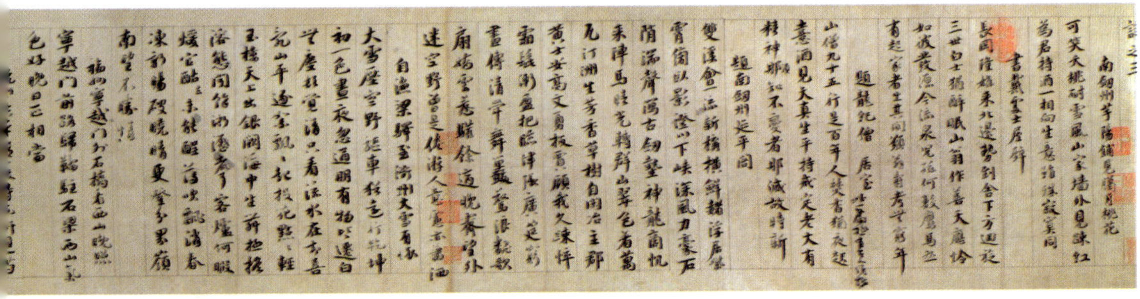

《自书诗》
北宋　蔡襄
纵28.2厘米　横221.2厘米
北京故宫博物院藏

《蜀素帖》
北宋　米芾
纵29.7厘米　横284.3厘米
台北故宫博物院藏

《洛神赋》
元　赵孟頫
纵29.7厘米　横284.3厘米
台北故宫博物院藏

秋山寒林、林居野渡。所绘山河，用笔简练而气势壮阔，石体坚凝，山峰峭拔，杂木丰茂，有枝无干，被认为"笔愈简而气愈壮，景愈少而意愈长"。如现存传为关仝作品的《关山行旅图》（台北故宫博物院藏），勾笔粗壮雄健，境界宏大。

荆浩和关仝长期深入自然山川，成功地描绘了黄河两岸雄壮的山水景色，为表现大自然的雄伟之美开创了新风格，把山水画的思想内容提到了新高度。

董源，字叔达，钟陵（今江西进贤西北）人，南唐中主时任北苑副使。他善画江南风景，尤长于描绘秋岚远景，结景平远，山峦浑厚，林木苍茂，烟雾迷蒙。用笔长、圆，称为"披麻皴"和"点子皴"。作品有《潇湘图》（故宫博物院藏）、《夏景山水待渡图》（辽宁省博物院藏）、《夏山图》、《龙宿效民图》（台北故宫博物院藏）等。

巨然，江宁（今江苏南京市）人，开元寺和尚，山水师法董源。用长披麻皴画山，以破笔焦墨点苔。所画山水为水深林密、烟云流润。作品有《秋山问道图》（台北故宫博物院藏）等。

董源和巨然创立了山水画的另一种新风格。他们成功地对江南秀丽山水的描绘和在绘画技法上的创新，成为别具一格的江南画派，受到元明以来文人画家的推崇和摹仿，比荆、关影响更大。

2. 北宋的山水画成就。在北宋的山水画中，荆、关画派占有绝对优势。

五代宋初的李成以画平远寒林著名。他是唐王朝宗室，有文学才能，抑郁不得志，好饮酒和游历，善画山水，能表现出山川地势和季节气候的多样变化。他绘山林薮泽，平远险易，气象萧疏，境界清远，萦带曲折，一一吐自胸臆而写之笔下。尤喜作寒林雪景，笔势锋利简洁，有"惜墨如金"之誉，颇受人们欢迎。但他的作品到宋时就很少，今有与王晓合作的《读碑窠石图》（画中人马为王晓所作）可供参考。

范宽是华原（今陕西耀县）人。宋仁宗在位早期尚在。他的山水画受李成影响，也曾师法荆、关。他长期生活在终南、太华一带，所作多关陕地区雄奇壮美、高峻浑厚的大山景色，山石坚劲，气势逼人。喜作正面主峰，用笔浓重粗壮而短，称为"雨点皴"或"芝麻皴"。作品有《溪山行旅图》、《雪山萧寺图》等（均藏台北故宫博物院）。尤其是他的《溪山行旅图》，一直被视为中古山水画中的不朽之作。

李成、关仝、范宽在宋初被认为是并立的三大家，评价为"三家鼎峙，百代标程"的人物。关仝的峭拔、李成的旷远和范宽的雄杰，代表了宋初山水画北方风格的不同气派。

北宋中后期的郭熙也是山水画名家，他的山水画和他的《林泉高致集》对后世产生了重要影响。郭熙是河南温县人，是北宋中后期卓越的山水画家和绘画理论家。宋神宗时召入宫廷，为当时宫殿、官署画了大量山水壁画。他的山水曾受李成的影响，技巧熟练。他有深厚的文学修养，能作大幅山水画，重视通过对四时朝暮风雨晦明的细致刻画来创造优美动人的意境，画作具有更强烈的艺术感染力。作品有《早春》、《关山春雪》（台北故宫博物院藏）、《窠石平远》（故宫博物院藏）和《幽谷》（上海博物院藏）等图。郭熙的绘画理论，集中在由他儿子郭思辑录的《林泉高致集》一书中。全书共六节，前四节阐述画理画法，强调山水画创作要深入自然，进行研究，从对比的角度去观察体验山水的四时、朝暮、阴晴、远近、高低等等不同变化，并把这些变化通过画家的提炼概括创造出富有理想和感情的意境，进而创造出富有理想和意境的山水画作品。在具体技法上提出了山水画的"三远"（平远、高远、深远）取景法。同时强调画家要有丰富的修养和严肃的创作态度。《林泉高致集》是我国第一部系统而完整地阐述山水画创作规律的理论著作，具有较高的理论水平和重要的美学价值，在美学发展史上具有重要意义。

3. 南宋山水画四大家。南宋时期的山水画在继承北宋的基础上，以追求表现内容的单纯、手法的洗练、形象的突出为目的，创造出了新的风格。他们的画风趋向简括，用笔取景更加提炼。南宋时期的重要山水画家主要集中在画院，其代表画家有李唐、刘松年、马远、夏圭，称为"南宋四家"。

李唐，字希古，河阳（今河南孟县）人。徽宗时画院老画师，汴京陷落，逃亡至杭州卖画为生，后受高宗赏识入画院，授以待诏。善画山水人物，他的山水画突破全景式构图，多取近景，简练突出，重视意境创造，作品风格雄伟有气势。在绘画技法上，他先施墨色，再著青绿。代表作品《万壑松风图》（台北故宫博物院藏），画高岭飞泉，万松深壑，用大斧劈皴，墨色浓重，气势雄伟厚重，开创了南宋新风，对后世山水画的发展也产生了重要影响。

刘松年，杭州人，孝宗、光宗、宁宗时的画院画家。其师张敦礼师法李唐，因而他的山水画继承了李唐风格而有所创造。他善于把人物和山水结合起来，代表作品有《四景山水图》（故宫博物院藏），描绘杭州近郊贵族别墅四季风光，笔法细密严谨，富有享乐的庄园情趣。他还画过《耕织图》，受到皇帝的赏识。

马远，字遥父，号钦山，钱塘（今浙江杭州）人，为光宗、宁宗时画院待诏。其先祖及父兄都曾是画院画家。马远继承家学，擅画山水，取法李唐而能出新意，下笔遒劲严整。绘山石，多以带水笔作大斧劈皴，显得方硬多棱角；绘树干用焦墨，常为横斜曲折之态。所绘风光，多为"一角"、"半边"之景，谓"残山剩水"，构图别具一格，形象鲜明而意趣无穷，使人玩味不尽；在形象和意境创造上有很高水平，有"马一角"之称，有人认为这是对南宋朝廷偏安一隅的讽刺。后人把他与夏圭并称"马夏"。存世作品有《踏歌》、《华灯侍宴》等图。

夏圭，字禹玉，钱塘人。宁宗时为画院待诏。擅长山水人物，喜用秃笔带水作大斧劈皴，笔法苍老而墨汁淋漓。绘楼阁不用界尺，信手而成。所绘景物亦多取"半边"、"一角"之景，有"夏半边"之称，与马远齐名。存世作品有《溪山清远》、《江山佳胜》等图。

此外，宋元时期文人的山水画更达到了很高水平。

（三）五代宋元的花鸟画

花鸟画从唐代开始成为一个独立的画种，当时出现过一些比较有名的花鸟画家，如薛稷、边鸾、刁光胤等。他们的画风细致富丽，具有贵族情调。从五代开始，花鸟画的发展出现了一个飞跃，并形成了以徐熙和黄筌为代表的、在艺术风格上不同的两大花鸟画流派。

徐熙，金陵（今南京）人，性淡泊，所画花鸟多为"汀花野竹，水鸟渊鱼"，"蔬菜茎苗，亦入图画"。其画法"落笔颇重，中略施丹粉"，是一种以勾勒为主的淡彩画法，有"落墨花"之称。他自由挥写田园花果虫鸟的形象，题材内容与画法都表现出文人士大夫情趣，故有"徐熙野逸"之评。

黄筌，成都人，西蜀的宫廷画家。他对于山水、竹石和人物画无所不能，尤擅长花鸟画，多画宫廷中的珍禽瑞兽、奇花怪石，以供帝王贵族玩赏。他的花鸟画都根源于写生，其画法先用细劲线条勾出轮廓，然后敷以重彩，工细精整，富丽堂皇，且生动逼真，故有"黄家富贵"之称。传世作品有《写生珍禽图》（故宫博物院藏）。徐黄二体对后世花鸟画的发展产生了深远的影响。

北宋是花鸟画发展取得重大成就的时代。北宋的花鸟画是从徐、黄二家发展来的，但在北宋前期，宫廷中主要是黄筌体系的花鸟画占统治地位。宋太祖赵匡胤、太宗赵光义都非常欣赏黄家作品，曾命黄筌之子负责搜访天下名画，诠定品目，黄家画法一时成为宫廷绘画的标准。徐熙之孙徐崇嗣继承祖法，在宫廷中受到排斥，只好改变画风向诸黄学习，创造了"没骨画"。从北宋中期开始，黄氏的"富贵"和徐氏的"野逸"画风逐渐趋于融合，花鸟画的发展也达到了一个全新的高度。

宋代的花鸟画家注重对花鸟草虫等描摹对象的深入观察和体验，以使描摹对象更为逼真。他们重视师法自然，观察细致入微，创作精密不苟。如北宋的花鸟画名家赵昌长于写生，他每日在朝露未干时绕栏观察花卉情态，对景执笔调色，因而所画对象形象生动，被认为达到了"与花传神"的境地。作品有《四喜图》（台北故宫博物院藏）、《写生夹蝶图》（故宫博物院藏）。另一花鸟画家易元吉，善画猿猴獐鹿。他曾深入荆湖深山，对野生动物作观察研究，又于家中建庭苑，养育野禽，对之写生。所以他的作品真实生动，在艺术上超出了前人的成就，被认为"徐熙以后一人而已"。传世作品有《聚猿图》等。神宗时花鸟画家崔白，以画带有野情野趣的败荷凫雁著名。他特别善于表现季节气候变化中花鸟的运动和变化，生动而无雕琢痕迹，作品有《寒雀图》（故宫博物院藏）、《禽兔图》（台北故宫博物院藏）等。

北宋末年的宋徽宗赵佶，虽在政治上昏庸无能，但在院体花鸟画的发展中却占有重要地位。他的作品在艺术上严格地要求写实，讲究法度，注意巧妙的构思，大多以宫苑中的奇花异鸟为描绘对象，精妙入微，形神兼备，是典型的院体花鸟。

宋代的画院中聚集了不少花鸟画高手，如林椿、李迪、吴炳等人。文人士大夫画家创作的花卉画以墨竹、墨梅、墨兰及水仙等为主，在中国花鸟画中也占有十分重要的地位。到了元代，随着文人画的进一步兴盛，花鸟画也相应地得到了发展，尤其是花卉画的发展在花鸟画中呈现出一枝独秀的格局。当时所有的文人画家几乎无一例外都涉足过花卉画，并出现了一些画梅、兰、竹、菊等花卉的名家。

（四）宋元时期的文人画

文人画是相对于当时的工匠（职业画家）画而言的，它是指由文人士大夫创作的表现其思想感情和审美趣味的绘画。文人从事绘画活动，虽然由来已久，但真正形成潮流并逐渐发展成一种新的画风则是在北宋中后期，而到元代，文人画已经达到一个高峰。一般来讲，文人画不像宫廷和市民绘画那样写实，它着重主观意趣的表现，不作雕琢，不假繁饰，注重笔墨，画面上题写诗文，使书法、文学、绘画熔为一体；思想内容以超然物外为高，题材上多描绘山水、梅兰竹石及花卉，人物画很少，表现市井生活的风俗画更为少见。文人画在不同的时期有不同的特色，宋元二代，文人画越来越占有重要地位。

1. 李公麟、苏轼的文人画。文人画是在北宋中期开始形成潮流的，当时重要的文人画家有燕肃、王诜、李公麟、苏轼、文同、米芾等。

李公麟博学工诗，善鉴别古器物，尤精于画人物鞍马山水等。他创作的题材广泛多样，重视对生活的观察。所画人物，能于不同阶层中区分地域和种族的特征和情态，敢于突破前人定式。他是北宋最卓越的现实主义艺术大师。他把过去只是作为壁画粉本的"白画"加以精炼提高，确立了"白描"在绘画中的独立地位。传世作品有《五马图》（今在日本）、《临韦偃牧放图》（故宫博物院藏），均为杰作。另有传为他作的《免冑图》（今在台湾）、《维摩演教图》（故宫博物院藏），也是值得注意的作品。

苏轼是北宋文学家、书法家，同时也善画枯木竹石。他在绘画方面的主要贡献在于推进了文人画的发展，并在文人画的理论方面提出了一系列的见解，大体可归纳为以下几点：（1）确定文人画的地位高出于工匠画。他很推崇吴道子，但更推崇王维。正式提出"文人画"的概念。（2）强调艺术形象创造的主观感受，以便达到于象外求意。有"论画以形似，见与儿童邻"、"摩诘得之于象外，有如仙翮谢笼樊"等诗句。（3）提倡绘画表现的诗歌意趣。如说："味摩诘之诗，诗中有画；味摩诘之画，画中有诗。""古来画师非俗士，摹写物象略与诗人同。"如此等等，都对后世绘画有极大影响。苏轼有作品《枯木怪石图》（今在日本）存世。

与苏轼同时对文人画作出重大贡献的画家还有文同和米芾等。

文同，字与可，四川永泰人，诗人兼画家。善画墨竹，因出知湖州（今浙江吴兴），所画墨竹及后来学他画法的，称为"湖州竹派"。他曾深入竹林，作仔细观察研究，先有成竹在胸，然后进行创作。有《墨竹图》两幅存世。

米芾，字元章，居襄阳，后定居润州（今江苏镇江）。精于鉴藏古书画和善书法，在绘画上，根据江南烟云风雨变化的特点，用水墨大笔触的方法来表现。这一方法为他儿子米友仁（字元晖）所继承和发挥，世称"米氏云山"。阔笔浓墨皴法，被称为"米点皴"或"落茄皴"。米芾画已无存，存世《溪山雨霁》等图乃后人所作。米友仁作品有《潇湘奇观图》等。

王诜，字晋卿，神宗时为驸马都尉。与苏轼、米芾、黄庭坚等文人往来密切，善画山水，继承李成、郭熙画法。有《渔村小雪图》、《烟江迭嶂图》等作品传世。

2. 元前期文人画的发展。元代前期，文人画得到了进一步的发展。在当时的文人画家中，一部分是身居高位的馆阁士大夫，如赵孟頫、高克恭、李衎等；一部分则是隐逸文人，如钱选、郑思肖、龚开等。其倡导者则首推钱选和赵孟頫。

钱选和赵孟頫同为湖州著名文人，两人有很好的友谊，曾在一起讨论绘画，但两人的政治观点和处世态度有所不同。钱在宋时为乡贡进士，入元隐居不仕；赵为宋宗室，入元应诏入都，受到元世祖忽必烈的重视，由兵部郎中官至翰林学士承旨，"荣际五朝，名满四海"，而在士大夫间，颇有微词。

钱选，字舜举，号玉潭。工诗，善画人物、山水、花卉。讲求作画要有"士气"。按他的解释，所谓"士气"即是"隶体"，也就是说非"行家"的"外行画"。用他的追求来考察其作品风格，在严谨精细之中，包含着清丽古拙，并富有装饰趣味，而内容则多描写田园隐居生活。如《浮玉山居图》（上海博物馆藏）、《幽居图》（故宫博物院藏）等。人物画有《柴桑翁像》，花鸟画有《花鸟三段卷》（天津艺术博物馆藏）。

赵孟頫字子昂，号松雪，水精宫道人等。他诗文书画均有很深的造诣。绘画上于佛道、人物、鞍马、山水、竹石皆精，提倡"作画贵有古意，若无古意，虽工无益"，实际上是反对南宋以来的画院画风，推崇唐人的笔墨。他曾说"宋画人物不及唐人远甚，予刻意学唐人，殆欲尽去宋人笔墨"。此外，他还特别注重在绘画的笔墨中追求书法的运笔趣味，在《疏竹秀石图》后曾自题诗云："石如飞白木如籀，写竹还应八法通。若也有人能会此，须知书画本来同。"他的这些主张和观点，对当时和后世影响都很大。

赵孟𫖯的绘画创作实践，是在复古旗帜下的革新和创造。在贯彻"古意"的创作实践中，赵孟𫖯的人物画有唐代人物的造型和笔法古拙的特点，如《浴马图》（故宫博物院藏）、《红衣罗汉图》（辽宁省博物院藏）。他的山水画有两种风格，一种青绿着色，是对隋唐以来的青绿法的继承，如《秋郊饮马图》（故宫博物院藏）；另一种浅绛着色，是对五代董源、巨然的水墨法的继承，如《水村图》（故宫博物院藏）。有时则二者兼而用之，如《鹊华秋色图》（台北故宫博物院藏）。此图是他画给朋友周密的。周为齐（今山东）人，所以画的是济南郊区鹊山和华不住山。两山遥遥相对，中间平原洲渚，红树芦获，以及茅屋舟罟，行人往来。画法仿董源，以墨笔浇绛为主，略施青绿，造型与用笔古拙，有创新之意。赵孟𫖯的墨笔画，多画枯木竹石幽兰，运笔畅快如写字，富有生气，是苏轼、文同以来文人画家题材和技巧的直接继承和发扬。

赵孟𫖯夫人管道升，字仲姬，世称管夫人，善画墨竹，有《墨竹卷》（故宫博物院藏）等作品传于世。次子赵雍，字仲穆，书画均能继承家学。孙赵麟，字彦征，官浙江行省检校，能画人马山水，然不及乃父乃祖。今美国大都会博物馆收藏有赵氏一门祖孙三代所画的《人马图》。

3. 元代文人画四大家。在元代文人画发展的高潮中，在江浙地区出现了被后人称为"元四大家"的黄公望、吴镇、倪瓒、王蒙。他们都专长于水墨山水，兼善竹石，在艺术上不同程度地受赵孟𫖯的影响，成就很大。明中叶以后，他们的声誉越来越高，作品成为学画者的楷模。

黄公望，字子久，号一峰道人、大痴道人，常熟（另说松江、富春）人。中年时，曾充任"浙西宪吏"等小官，因事曾两次被捕入狱，几乎丧命，以后便无意吏事，加入全真教为道士，抱着"坐看鸟争林"的生活态度隐居起来，卖卜江湖间，以诗酒自娱，并从事山水画创作。他的山水画继承了董源、巨然的传统，融汇荆浩、关仝笔法，注重观察自然，直接从中吸收创作素材和感情营养。在他的《山水诀》中说："皮袋中置描笔在内，或于好景处，见树有怪异，便当模写记之。"著名的作品有《九峰雪霁图》（故宫博物院藏），以简洁的笔法，描写大雪覆盖下的群山，千岩万壑，一片洁净，意境非常深远。《富春山居图》（台北故宫博物院藏）是他晚年的精心力作，描写富春江一带的初秋景色，峰峦坡石，起伏绵延，云水树木，秀润有致，其间村落倚山，亭台临水，钓艇浮空，步步转移，引人入胜，而笔法娴熟，变化多端。清人王原祁评价说："想其吮毫挥笔时，神与心会，心与气合，行乎不得行，止乎不得止。绝无求工求奇之意，而工处奇处斐然于笔墨之外，几百年来，神彩焕然。"此图曾被火烧，抢救出重新装裱时，将首段裁下另成一卷，名《剩山图》，今藏浙江省博物馆。

吴镇，字仲圭，号梅花道人等，浙江嘉兴人。博学多识，家境贫寒，隐居乡里，曾以卖卜为生。传说他曾与另一知名画家盛懋比邻而居，上盛家求画者门庭若市，而他家则冷冷清清。夫人嘲笑他，他说20年后再看。可见他家虽贫，却不以画媚世。吴镇所追求的是一种新的文人画风格。他的山水画和墨竹画，在继承巨然和文同的技法上，突出笔墨的厚实潇洒效果，沉郁莽苍，有所谓"林下之风"。喜作渔父一类题材，无论直幅或横卷，在水阔天空的江面上，或一舟独钓，或数舟群栖，渔人们总是悠闲自得，非真得鱼。傍岸芦花，远处沙洲，坡石群山，随意点染，境界开阔，表达出"放歌荡漾芦花风"、"一叶风随万里身"的避世思想。吴镇传世作品有《渔父图》卷和轴、《草亭诗思图》、《墨竹卷》。

倪瓒，字元镇，号云林子、荆蛮民等，无锡人。家殷实，为无锡大族，青少年时，闭户读书，喜好书画。于家筑阁，藏古今图书字画于其间。中晚年受佛教禅学和道教玄学影响，深感财产田庐之累，将其分散予戚友，扁舟只身，漂荡于五湖三泖间。由于长期生活在太湖及松江一带，多取眼前景色作为画稿，并吸取董源画法，作品清新简洁。近处三五株杂树，或加以翠竹茅亭，中景是平静开阔的湖面，远处坡岸小山。倪瓒的构图，总是在此中求变化，着笔不多，利落明快，在稚朴单纯中，追求静谧雅淡清新的美感。在绘画理论上，倪瓒主张作画以抒写"胸中逸气"达到"自娱"，曾说："仆之所谓画者，不过逸笔草草，不求形似，聊以自娱也。"又说："余之竹，聊以写胸中逸气。"其为人有"洁癖"。当时的士大夫们十分钦慕他，称之为"高士"。到了明代，江南人家以有无其作品为清浊，可见其影响。今存世作品较多，故宫博物院藏有《六君子图》、中国美术馆藏有《鹤林图》等。

王蒙，字叔明，号黄鹤山樵，浙江吴兴人。元末曾作过"理问"的小官吏，后弃官隐居黄鹤山（今浙江余杭县境）中。明朝建立后，出山任山东泰安知州，不久因胡惟庸案无辜受牵连，瘐死狱中。王蒙是赵孟頫的外孙，受外祖父及舅父影响，从小喜好绘画，及长，又与黄公望相交研习。长期的隐居生活，使他对自然山水有着深入的观察与体验，逐渐形成了自己独特的艺术风格和精湛的技巧。《青卞隐居图》描绘吴兴卞山，千岸万壑，林木幽深。其用笔畅快淋漓，密而不塞，墨法干湿并重，虚中有实，表现出郁郁苍苍、蔚然深秀的自然山水的磅礴气势，被董其昌誉为"天下第一"。《太白山图》长卷，用尖细干笔，画崇山峻岭，一望茂密的松林杂树。丛林中萧寺隐现，层层殿阁，深邃幽远，别具匠心。王蒙的其他著名作品还有《葛稚川移居图》、《夏山高隐图》等等。

元四家虽然都是继承董源、巨然的笔墨技巧，作品也都是表达士大夫的隐逸思想，但是由于他们长期生活在自然山水中，重视师法自然，在依据各自的生活环境和直接的感受来创作山水画时，能创造出各自不同的艺术风格和笔墨技法技巧，因而使他们的作品丰富多彩，将中国山水画推向了一个新的发展高峰。

4. 墨竹与墨梅名家。自北宋以来，由于文人们的偏爱，梅、兰、竹、菊逐渐成为文人画的专有题材，在元代文人画发展高潮中，涌现了一批专家，其突出代表有：

李衎，字仲宾，号息斋，大都（今北京）人。官至吏部尚书、集贤殿大学士。曾经出使交趾（今越南）。以画竹石知名，初学王庭筠，后追学文同。他曾深入竹乡，对各种品类的竹进行了仔细的观察，著有《画竹谱》、《墨竹谱》、《竹态谱》数篇，专门论述竹的生态及表现方法。他的作品，一种为双勾填彩的"画竹"，如《沐雨竹图》（故宫博物院藏）、《纡竹图》（广东省博物馆藏）等；另一种为墨竹，如《四清图》（故宫博物院藏）。无论哪种画法，他所追求表达的是竹的"清而真"，既要画出竹的真实生动，又要体现自己的思想感情。

高克恭，字彦敬，号房山，其先西域人（或云回族），官至刑部尚书。工画水墨山水，融汇董源和米氏的画法以作江南风景，别有姿致。善墨竹，笔法厚重。与李衎不同，他的竹，在形态上更多主观意象。作品有《云横秀岭图》、《春山晴雨图》、《墨竹坡石图》等。

柯九思，字敬仲，号丹丘生，台州仙居人，官至奎章阁鉴书博士。长于诗文，精鉴古书画及器物。绘画以墨竹著称，师法文同而有独创。画竹叶，以浓墨为面，淡墨为背，又吸收草书笔法写枝干，更重主观意象而能表现出竹的晴雨风雪、荣枯稚老的种种生态，作品有《双竹图》等。

前文介绍的王冕，以画墨梅见长，继承杨无咎画法，繁花密枝，极尽生意，经常寓意寄托着自己的思想。《墨梅图》卷（故宫博物院藏）画梅花一枝，以湿墨写干，淡墨点花，极其挺劲秀逸，生气勃勃，其卜题诗云："吾家洗砚池头树，朵朵花开淡墨痕。不要人夸颜色好，只留清气满乾坤。"诗画相辉，珠联璧合。

郑思肖，号所南，能诗善画，宋亡后隐居苏州，常在绘画中抒发怀念宋朝之情，他画墨兰疏花简叶，不求其工，又不画根和土，隐寓土已被夺去，画中的题诗也常流露出愤懑情绪。

（五）赵佶和宋代的院体画

宋代继承南唐和西蜀的做法，在宫廷中设置了翰林图画院，集中了当时大批的优秀画家，为宫廷创作服务。到宋徽宗、宋高宗时期，画院最为兴盛，并有一整套制度。当时画院也开科取士，分为佛道、人物、山水、鸟兽、花竹、屋木六科，试题往往摘古人诗句为题目。考取后按出身分为"士流"与"杂流"，授以不同等级职称，有画学生、供奉、祗候、待诏、艺学、画学正等名目，再通过考核，予以提升。特别恩宠者赐"绯紫"和"佩鱼"，有的还授以朝官衔。画院画家的创作，主要为宫廷服务，受皇帝支配控制；画稿需经审查，才能正式创作。

宋徽宗赵佶在位期间（1100～1126年），是中国古代画院的高峰时代。赵佶本人也是出色的画家，善画花鸟和山水，在未即位前就以书画知名，即位以后他大大扩充了五代以来即已有之的画院，并兴办画学，搜访名迹，使画院出现了空前的繁荣。他的作品很多，如《四禽图》、《雪江归棹图》、《柳鸦图》、《祥龙石图》，特别是《腊梅山禽图》、《芙蓉锦鸡图》、《听琴图》等作品，画法工细，设色浓丽，技巧精熟，被认为是其亲笔。他还擅长书法，创有"瘦金体"。赵佶自己是画家，对画院画师经常进行指导，他的喜好与他对绘画的某些见解，对画院创作风格有着支配作用。他还命臣下整理记录了当时宫廷的古今书画收藏，编辑成《宣和书谱》、《宣和画谱》，是官修的重要书画史论著作。

当时的画院聚集了全国许多著名的画家，张择端和王希孟就是其中的佼佼者。分别以创作的《清明上河图》和《千里江山图》（两图均藏故宫博物院）而成为我国历史上不朽的画家。

张择端，字正道，东武（山东诸城）人。原为士人，游学京师，后习绘画，入画院为翰林待诏。工界画，尤长于画舟车、市桥、郭径，自成一家。作品有《西湖争标图》、《清明上河图》，被称作神品。《清明上河图》，绢本，淡着色，以全景式的构图、严谨精细的笔法，描绘了北宋都城汴梁汴河沿岸及东角子门内外市区的风貌。全画可分为三段，首段为市郊农村风光；中段以"虹桥"（正名上土桥）为中心，画出汴河及两岸车船运输交通、手工业和商业贸易的繁忙景象；后段则是城门内外纵横交错的街道，商店鳞次栉比，车马轿驼往来熙攘。作者以写实的手法、高超的技巧，集中概括、生动有趣地再现了北宋都市社会生活的各个方面，令人百看不厌，不但是一幅杰出的绘画作品，而且还具有历史的文献价值。

王希孟，徽宗时期画院学生，曾得到徽宗赵佶的亲自指授，天才颖悟，进步很快。但寿命不长，作品仅只留下《千里江山图》一件。据图后蔡京题跋，王希孟创作此图时，年仅18岁。《千里江山图》，绢本，青绿设色，描写江南自然景色，峰峦冈岭，江湖河港，境界空阔，气势宏伟。其间丛树竹林，楼台庄院，舟楫桥亭，以及各种人物往来活动，繁密不可胜记。整个色调，以暖色赭石衬托出石青、石绿，统一和谐而绚丽夺目，给人以辽阔大地雄伟壮丽的鲜明印象。艺术技巧上，作者主要继承了传统的"青绿法"，适当吸收了董源、巨然的笔法，灵活地将郭熙的"三远"取景构图融为一体，因而极富变化。

《千里江山图》不但代表了北宋宫廷山水画创作的最高成就，而且也是中国山水画史上罕见的长篇巨制。

另外宋元时期的风俗画在当时画坛上也占有一席之地。当时的风俗画更多地反映城乡生活情状。著名画家张择端的《清明上河图》一向被视为风俗画中的巨幅杰作，其他还有表现山路运输的《盘车图》，有表现贫困农村的李唐的《村医图》和王居正的《纺车图》，有表现少数民族猎手的佚名的《番骑猎归图》，有描绘牧童生活的阎次平的《牧牛图》等优秀作品。李嵩善画货郎题材，描绘货郎走村串巷，招来妇女儿童，引来阵阵欢乐。

风俗画还包括节令画，以民间风俗和吉祥用语为主要内容。苏汉臣擅长画婴戏一类题材，有《婴戏图》、《秋庭婴戏图》、《五瑞图》等作品传世。无名氏作品《百子嬉春图》、《村童闹学图》、《大傩图》等，取材于民间风俗活动，色彩艳丽，富有情趣，具有今天年画的性质。当时的汴梁和临安，每逢年节，市场上均有门神、桃符、钟馗、虎头一类书画出售。

（六）墓室壁画与寺庙壁画

壁画是指直接画在墙面上的绘画。按其用途和绘制地点，大致可分为殿堂壁画、寺庙（观）壁画、石窟壁画和墓室壁画。殿堂壁画和墓室壁画在我国起源较早，石窟和寺庙壁画则是随着佛教的传入及其在我国的兴盛而发展起来的。宋元时期，石窟和寺庙壁画已大大不如前代兴盛，但仍取得了一定的成就。

五代两宋的石窟开凿活动集中于四川、陕北地区，中原地区则趋于消沉。但这一时期的寺观建造仍具相当规模，其中雕塑的神佛形象更多地具有人的气质而带有世俗化的倾向。现存山东长清灵岩寺的40尊罗汉宛如生活中的高僧，而又各具不同的性格气质；山西太原晋祠的侍女像则是纯真美丽各守职事的少女；大足石窟中观音菩萨也反映了那一时代理想女性的形貌和风采。巩县北宋皇陵前的石人石兽具有一定的写实水平，但已缺少唐代那样恢宏的气势。

陶俑陪葬的习俗在宋以后已不大流行，宋金有的墓室以砖雕装饰，其中戏曲人物生动有趣。作为陈设和儿童玩具的小型玩赏性的泥塑、瓷塑因与广大群众的精神生活有密切的联系而颇受欢迎。当时苏州、杭州等地盛产泥人，镇江地区的宋墓出土一套泥娃，上盖有苏州匠师的印记，形象可爱，栩栩如生，显示出民间艺术健康朴素的风貌。

不过，在契丹族建立的辽国，契丹贵族仍继承唐代遗风，在墓室建造中，仍然喜欢制作壁画，企图保持生前的显赫地位与享乐生活。今辽墓壁画发现有多处，如辽宁白塔子之北的庆陵、内蒙库伦旗一号辽墓、法库叶茂台辽墓、以及张家口宣化和北京永定门外西马场辽墓等。

庆陵是辽兴宗耶律宗真的墓葬，墓内甬道及主室均有壁画绘制，最突出的是主室四壁所画的《四季山水图》。崇山峻岭中，云彩飞扬，群鹿出现，一派辽阔的北方景象。其表现手法，以墨线为主，略施晕染，稚拙淳朴，较多地保留了唐代的画风。哲里木盟一号辽墓壁画，其规模气派，可追唐章怀、懿德太子墓。甬道两壁的《出行图》与《归来图》，队伍壮观，除了契丹族随从外，亦有汉族官员，描绘出墓主人生前的地位显赫，再现了契丹贵族的真实生活历史。两墓的壁画是最可信的辽代绘画史料，对于研究契丹族的生活历史以及与汉族的文化艺术交流都极其珍贵。

元代著名画家中，曾经参与壁画创作的有唐棣、王渊等。唐棣，字子华，归安（今浙江吴兴）人。画近学赵孟頫，远宗李成、郭熙。今存作品有《霜浦归渔图》（台北故宫博物院藏）等。王渊，字若水，号澹轩，杭州人。曾从赵孟頫学画，人物、山水、花鸟兼善，今存作品有《花竹禽雀图》（故宫博物院藏）等。公元1328年，在南京的怀王图帖睦尔（元文宗）继承帝位后，下诏将他在南京的王府改建为集庆龙翔寺，寺成召名工塑像和绘制壁画，唐棣和王渊都曾应召参与壁画创作，得到元文宗的嘉奖。该寺早已不存。被保存下来的元代寺庙壁画，今有敦煌莫高窟、山西稷县兴化寺、洪洞县广胜寺和永济县永乐宫等。广胜寺《太行散乐忠都秀在此作场》壁画，是珍贵的元代戏曲形象资料。兴化寺《七佛图》今在故宫博物院保存。永乐宫因黄河三门峡水利工程，今迁芮城龙泉村。永济永乐镇是传说八仙之一的吕洞宾故乡，唐时建有吕公祠，后累经重建并改祠为观。今所见之观为元代重建（1294年完工），主要建筑有三清殿、纯阳殿和重阳殿。三清殿为主殿，画《朝元图》，即朝拜道教最高神元始天尊。壁画中八个主像，皆作冕旒帝王装束，其他为仙曹、玉女、香官、使者、力士、五星四渎、三官（天、地、水）等，分三至四层排列。各类人物的刻画，神态生动，丰富多彩，不惟从服饰、肥瘦等外形方面进行区别，而且兼有不同的内心活动等神情描写。如主像的庄严肃穆、玉女的温文尔雅、真人的翩翩欲仙，无不真切动人。其他人物表情，有的慈颜悦目，有的怒目眦张，有的安逸祥和，有的英姿飒爽，各尽其妙。而人物之间，顾盼有情，衣带飘举，勾联有致，色彩绚丽，前后呼应，使整个壁画联成一片，如一气呵成，气势磅礴。现在见于记载的壁画画家有李时、朱玉等。此外，在雕塑方面，元代也取得了一定成就。如当时的雕塑名手刘元就是一个学贯中西的人物，他塑的"西天梵相"神思妙合，号称绝艺。

（七）辽、金的绘画

辽、金都是由少数民族贵族建立的政权，它们先后和宋对立。在立国期间，受汉民族文化的影响，出现了不少知名的少数民族画家和汉族画家。辽、金、元都没有正式的图画院，却有类似机构组织画家创作，为宫廷服务。如辽的"翰林院"，金的"秘书监"下属"书局"，"少府监"下属"图画署"，元的"祇应司"下属"画局"等，并出现了一批知名的画家。辽、金知名画家主要有：

陈升，字及之，辽圣宗时任翰林待诏，曾奉命画《南征得胜图》。传世有《便桥会盟图》（故宫博物院藏），描绘唐太宗李世民与突厥可汗颉利在长安城外便桥相会订盟的故事。

肖融，辽画家，擅长山水花鸟。生平竭力吸收中原画家之长，每有使臣到宋，必委托收购名画，作为范本临摹学习。曾创作有《平沙落日》、《关山鼓角》、《秋原讲武》等描写塞外风光的作品，惜不存世。

王庭筠，字子端，号黄华老人，河东人。金大定十六年（1176 年）进士，官至翰林修撰，能诗善书，绘画长于山水、枯木竹石。存世作品有《幽竹枯槎图》（日本藤井有邻馆藏），以水墨作枯树一株、竹一枝，笔法苍辣，受苏轼、米芾的影响。

赵霖，金熙宗时人，生平不详，作品有《六骏图》（故宫博物院藏）。此画临摹自唐太宗昭陵前石刻的六匹骏马，与石刻原样相较，既能保持浑厚朴拙的风味，又能将其具体化。表现了作者的想象力和创造才能。

武元直，字善夫，金章宗明昌（1190～1196 年）时名士，能画。今台湾故宫藏朱锐《赤壁图》，经鉴定家考订为武元直作。画江流有声，断岸千尺，一小舟漂荡江中，正是苏轼词意。另有赵秉文（闲闲老人）纸本书苏轼词原装此图后，今亦存世。

二、风格多样的书法艺术

书法是一门独特的艺术，也是一种综合性的艺术。中国的书法艺术历史悠久，源远流长。中国是书法艺术的故乡，书法艺术不仅在中国，而且在世界，尤其在东方的影响都相当深远。

汉字书法的历史，可以上溯到 6000 多年以前的仰韶文化时期，以后从甲骨文、金文到秦篆、汉隶，书法艺术之形式日益丰富多彩。到东晋时，我国的书法艺术已经进入了空前繁荣的时代，当时不仅各种书体已经具备，为以后书法艺术的发展奠定了基础，而且开创了以晋为代表的平和含蓄的韵味。论书者曾经高度概括由晋至清各代的书法特点，即晋人尚韵，唐人尚法，宋人尚意，元人尚态，明人尚趣，清人尚朴。高度概括地揭示了中国书法艺术深邃、博大、精微、丰富的内涵。

唐代是我国书法艺术的重要发展期，尤其是楷书和草书艺术达到一个很高的境界，出现了像颜真卿、怀素、张旭等著名的书法艺术大师，形成了刚劲雄强、以法取胜的风格。五代宋元的书法在唐人的基础上又有新的发展，他们一扫唐人法度森严、气魄雄强的风格，大胆创造，开创了以意取胜的宋代书风。五代书法以杨凝之为代表与颜真卿并称"颜杨"。杨擅长行草，他的行草既融冶欧阳询、颜真卿的风格，又得力于"二王"，变化多姿，趣韵俱足，被苏轼称为"有二王颜柳之余"。但因为他不愿意在纸上写字，多在粉墙上作书，所以书迹传世的很少，只有《神仙起居法帖》、《韭花帖》、《夏热帖》等数种。五代宋初的僧梦瑛，书法也颇有名声，其风格在颜、柳之间，而用笔极为劲秀。

最能显示宋代书法艺术特点的是行书，而代表宋代书法成就的主要是北宋的"四大家"：苏轼、黄庭坚、米芾、蔡襄（一说蔡京）。

作为宋四家之首的苏轼是一位大师级人物，他诗、文、书、画均造诣非凡，号称"四绝"。苏轼的书法继承晋唐名家，他师法古人，又不囿于一家，而是在博采众长的基础上自出机杼。他曾自言："我书意造本无法，点画信手烦推求。"黄庭坚评价他"本朝善书者当推为第一"。苏轼对杜甫"书贵瘦硬方通神"的说法颇有异议，他说："短长肥瘠各有态，玉环飞燕谁敢憎。"并自评其书法是"端庄杂流离，刚健含婀娜"。苏字肉丰骨劲，笔圆韵胜，多以侧意取姿，其根本虽出自颜真卿，但也兼取法于刘宋的王僧虔。他的境界高，眼界也高，曾说过"笔成冢，墨成池，不及羲之即献之；笔秃千管，墨磨万铤，不作张芝作索靖"。他用高标准严格要求自己，取法乎上而得其中，这也是他在各方面能取得非凡成就的原因。苏轼的书法作品有法书大楷《丰乐亭记》、《醉翁亭记》和行书《西楼帖》、《中山松醪赋》、《祭黄几道文》等，而在历史上最负盛名的还是他的行书作品《黄州寒食诗帖》。这幅字布局精到自然，错落有致，运笔举重若轻，随心所欲，颇具沉雄稳健之风，又不乏天真灵动之气，笔酣墨饱，神完气足，婀娜多姿，巧妙地将诗情、画意、书境三者融为一体，是苏字的代表作。被后人誉为继王羲之《兰亭序》（天下第一行书）、颜真卿《祭侄帖》（天下第二行书）之后的"天下第三行书"，堪称行书史上的里程碑。

黄庭坚，是苏门四学士之一，诗文奇崛放纵，书法卓然名家。根据其自述，在书法上，他初以周越为师，二十年无大成，后得苏才翁（舜元）、苏子美（舜钦）书观之，乃得古人笔意。其后又得张长史、僧怀素墨迹，乃窥得书法之妙。黄庭坚的字风神俊拔，豪宕中富有韵致。其作品传世者主要有行书《松风阁诗》、《苏轼寒食诗跋》、《伏波神祠诗》和草书《李太白忆旧游诗》、《花气诗帖》等。黄庭坚的作品不仅字独成一家，在章法格局及布白上也匠心独具。宋四家主要是以行书名世的，黄庭坚的行书用笔沉着痛快，结体舒展大度，气魄宏大，气宇轩昂，的确无愧于名家称号。但除行书外，黄庭坚的草书也颇有过人之处。后世很多书法名家对其草书倾慕不已，元人赵孟頫说："黄太史书，得张长史圆劲飞动之意，望之如高人胜士，令人敬叹。"明人王世贞更是将其狂草比为怀素。山谷书法愈到晚年成就愈高，明人沈周甚至将其誉为草圣，他在黄氏的《李太白忆旧游诗帖》跋语中说："山谷书法晚年大得藏真三昧，此笔力恍惚，出神入鬼，谓之草圣宜焉。"王澍在《论书剩语》中更是发出"山谷老人书多用掣笔，亦其有习气，然超超之著，比于东坡，则格律清迥矣，故当在东坡之上"的感叹。

米芾也是宋四家之一，在书画上均有不凡成就。他自幼即刻苦力学颜、柳、欧、褚、段诸家，各种书体无不研摩。徽宗时他曾奉诏以《黄庭》法作《千文》，后为画院书画博士，得窥内府秘藏墨宝，博览约取，脱离前人樊笼，形成自己的独特书风。他特别致力于探究二王书法，于王献之更能入木三分。他为人狂放不羁，违世异俗，往往做出不合常理之事，因此有"米颠"之称。他的书法作品也追求自然天真的艺术风格，主张"心既贮之，随意落笔，皆得自然，备其古雅"，所以受到时人的一致好评。苏轼说"米书超逸入神"，"如风樯阵马，沉着痛快，当与钟、王并行"。黄庭坚也称"元章书如快剑斫阵，强弩射千里，书家笔势，亦穷于此"。孙觌说"其书亦类其人，超逸绝尘，不践陈迹，每出新意于法度之中，而绝出笔墨畦径之外，真一代之奇迹也"。米芾书法兼善众体，但造诣最高、最富创新精神的当推行书。清人郑燮在他的《论书》行书轴中说米芾的书法"神出鬼没，不知何处起，何处落，其颠放殆天授，非人力不能学不敢学，东坡以谓超妙入神，岂不信然？"他的字笔力遒劲，体格雄奇，笔画多变，纵横捭阖，自然潇洒，爽朗俊逸，神采动人。米氏的作品特多，曾自言"平生写过麻笺十万，流布天下"，因而流传到现在的也不少，著名的如《苕溪诗》、《蜀素帖》、《虹县诗帖》、《箧中帖》等，汇刻有《宝晋斋法帖》。在米氏书法作品中，小楷并不为世所重，但董其昌谙通米氏书法，他不仅认为米芾书法"宋朝第一，毕竟出东坡之上"，而且特别推重米氏的小楷。他在《容台别集》卷三中说："米海岳行草书传于世间，与晋人几争道驰矣。顾其平生所自负为小楷，贵重不肯多写，以故罕见其迹。""米芾贵其小楷，云不轻为人写。惟跋古帖与前贤墨迹用之，所谓狮子捉象，必全其力。"可见其小楷的水平也是很高的。

蔡襄，字君谟，兴化仙游（今福建仙游）人。其书初学王羲之，后习颜真卿、柳公权。在宋四家中，苏轼、黄庭坚、米芾都是以行草、行楷见长，而蔡襄除擅长行书外，别具一格，独长于楷书，同时还精于隶书、草书。欧阳修认为苏子美兄弟之后，蔡襄的书法独步当时，笔有师法，行书第一，小楷第二，草书第三。他尤善于以散笔作草书，谓之散草或曰飞草，自成一家，受到当时一些著名书法家的好评。黄庭坚称其"渴墨帖仿佛似晋宋间人书"。苏东坡则云"君谟书天资既高，积学深至，心手相应，变态无穷，遂为本朝第一"。蔡字取法多家，容德兼备，兼有王字之秀逸和颜字之浑厚、端严，笔致精研，体势娇娆。他主张学书之要，唯取神气为佳，若只是一味模仿，虽形似而无精神，就失去了书法的价值。传世作品有《自书诗帖》、《暑热帖》、《山居帖》、《入春帖》、《山堂诗帖》等20多种。其中楷书《昼锦堂记》（俗称《白衲碑》）、《洛阳桥碑》（《万安桥碑》），用笔及结体均以颜体为主，并参入褚、虞诸家笔意，端秀匀朗，是楷书中的精品。

北宋书坛除宋四家外，最值得一提的是亡国之君宋徽宗赵佶。前面我们已经说过，赵佶是个杰出的书画家，他在位25年，虽然荒淫昏庸，并最终导致身虏国亡，客死他乡，但在中国书画史上的地位却是不可抹煞的。他的书法自成一家，号称"瘦金书"，是在薛稷书法的瘦劲及黄庭坚书法的舒展的基础上进一步瘦削而成的。据《书史会要》称："（徽宗）行、草、正书笔势劲逸，初学薛稷，变其法度，自号'瘦金书'，要是意度天成，非可以陈迹求也。"他的楷书笔画纤细，刚挺有力，结体疏密大小相映成趣；草书渗入画家技法，突破了书法用笔"无往不收"的樊篱，用笔挥洒自如，轻灵迅捷，似乎于漫不经意之处信手点画，大小、放收、相间、斜正、粗重、细劲恰到好处，给人以无声的节奏感和飞动劲逸的美感。他的字虽瘦，但不因瘦而致枯瘠，所书能于瘦中寓腴润，蕴秀丽。杜甫曾有"书贵瘦硬方通神"之语，虽曾受到苏东坡的质疑，但用来评价赵佶的书法，则是非常中肯的。

南宋时期书家成就较大的是张即之。张即之，字温夫，和州（今安徽和县）人。他出身名门，自幼浸淫书道，初学欧、褚，转师米芾，再参以晋唐经书，加上其思想很受禅宗的影响，因而他的书法能够达至一种独特的艺术境界，在南宋后期影响甚大。《宋史》称："即之以能书闻天下，金人尤宝其翰墨。"他喜作擘窠大字，所书丰碑巨制，散流江左，人极爱之。他作大字如写小楷，笔意兼行，虽骨格硬，而意度调和。他的行楷注重笔画轻重对比和结字的虚实，起落多变而归于平正。作品有《金刚般若波罗密经》、《李伯嘉墓志》、《汪氏报本庵记》等。

元代书法处于一个复古期，当时书家多主张恢复晋唐书风，其中成就最大者就是赵孟頫。赵孟頫，字子昂，号松雪道人。赵氏诗、文、书、画、乐律皆极精善，而以书法名声最大。他的书法，篆籀分隶真行草书无不冠绝古今。元人杨载在《翰林学士赵公状》中曾揭示赵氏的书学渊源："公性善书，专以古人为法。篆则法《石鼓》《诅楚》；隶则法梁鹄、钟繇；行草则法逸少、献之；不杂以近体。"禅者遂初在《题赵孟𫖯书翰十帖》中称赵氏："正书小字妙得《黄庭》、《乐毅》、《兰亭》笔意。及皇庆、延祐，行收能到羲、献处。晚年大字出入李北海（邕）、苏灵芝规矩，盖是习众善而成一家者。"赵氏虽兼善各体书法，但最拿手的却是小楷。元人鲜于枢曾评说："子昂篆、隶、真、行、颠草为当代第一，小楷又为子昂诸书第一。"在我国书法史上，赵氏既是力倡复古者，又是改革者。由于他的书法上宗汉晋，从秦篆汉隶中参悟出了新的笔意和笔法，又排除了颜真卿的影响，兼用偏锋，恢复了东晋唐初的书法风格，笔致丰润，结体匀美，独成一家。传世作品很多，主要有《老子道德经》、《仇锷墓志铭》、《玄妙观重修三门记》、《胆巴碑》等。

元代与赵氏齐名的书法家还有鲜于枢等人，当时的一些著名文人画家也大都是名书法家，在书法上造诣很深。

三、异彩纷呈的音乐舞蹈

宋朝建立之后，全国一度出现了相对安定的状态，政治、经济、文化都得到了很大的发展。当时全国出现了一些手工业和商业城市，如北宋的都城汴京（今开封）、成都、临安（今杭州）、广州、泉州等都是人口众多、商业发达的城市。公元 1127 年，宋朝被北方的金朝逼迫，迁都临安，历史上称它为南宋。南宋偏安江左，经济继续发展，临安等地的商业日益兴盛。这种社会状况为音乐的发展提供了条件。

（一）丰富多彩的音乐

宋元时期的音乐发展，与前代相比具有鲜明的时代特征，这主要表现在音乐从官府向民间的转移。众所周知，唐代以前，搜集整理和传播民间音乐的工作主要掌握在官府艺人手里。自北宋起，搜集整理民间音乐的事业已经从官府艺人手里转移到民间艺人手里。无论是在汴京或临安，民间艺人已经自动组成了自己的团体，有了固定的表演场所，叫做"瓦子"或"瓦肆"。这一方面说明当时音乐已经很普及，单单是官府艺人已经不能满足社会的需要；另一方面也说明民间音乐的成就已经达到了一个相当的水平。另外，民间艺人生活在社会底层，能直接反映人民的生活，及时汲取人民创造的音乐成果。而且他们不像官府艺人那样会受到种种限制，为了谋生或爱好，他们善于也敢于创新，从而能始终保持、提高创作和表演的能力。

当时北宋政府也沿用前代的作法设立教坊，但规模远不及唐代。据记载，宋时的教坊初分为4部，但内容不详，可能是指坐落、法曲部、鼓笛部（立部）和龟兹部而言；后又以艺人职务分为13部，包括筚篥部、大鼓部、拍板色、笛色、琵琶色、舞旋色、歌板色、杂剧色、参军色等。南宋迁都临安之后，教坊则有时设置，有时撤销，已经成了一种可有可无的东西了，朝廷有事就临时招集市上艺人表演。

在南宋和金朝南北对峙的时候，金朝的都城中都（今北京）是北方的文化中心，这里也聚集着大批的民间职业艺人。他们随时吸收民间的音乐和戏剧成就，进行创造和再创作，对于乐舞、戏剧以及文学的发展，做出了重要贡献。

元世祖灭南宋后，把南宋朝廷的乐工、乐器运到元朝都城大都（今北京），因此元代的音乐仍以中原和江南地区的民间音乐为主。当时由于一些民族的迁徙流动，北方和西部诸民族的音乐不断地传入中原地区，丰富了中原音乐的内容；而大批的外国人迁入中国，带来了他们的音乐文化，又使中国音乐增添了新的血液。

1. 宋元时期主要的音乐形式。当时的乐曲，在旋律、曲式和组合方面，都有较大的发展变化，因而配合乐曲的歌词也呈现出多种形式。

词调和散曲。词流行于晚唐五代，而大盛于两宋。宋时，由于新乐曲不断地增加，旧乐曲有的消失了，有的经过发展变化，又获得新的生命，所以宋代的词调增加了很多。但保留下来的作品大都出于文人之手，民间曲词很少。词的乐谱流传下来的有南宋初词人姜夔的17首乐谱，都是工尺谱，其中14首是他的自度曲。

金元时期的"散曲"分为两种：一是小令，它配合"只曲"（单曲）；另一是套数，它配合由同一宫调的若干只曲所组成的套曲。

大曲词。宋代大曲的规模继承了唐代，没有什么变化。大曲的一般结构分为12遍，各有专名。遍名"皆各由其拍法而定"，可作拍名观。大曲都配舞，舞蹈由鼓点指挥。这些遍名中可能有些是鼓点的名称，表示敲击的方法及节奏特点，如大曲中的"衮"。西安历史悠久的"鼓乐"中，就有"滚击"的手法，鼓曲中又有《往里滚》、《往外滚》的名目，此"滚"字不知是否和唐宋大曲的"衮"字有关。大曲的每一遍中也往往包含几小段。

唐代流传下来的大曲《伊州》歌词，包括"歌第一"至"第五"五遍，"入破第一"至"第五"五遍，每遍歌词都是五言或七言绝句，其中有些是诗人的作品。"歌"大致指中序，"入破"大致指"入破"以下各遍。现存南宋大曲词有三套，即董颖《道调薄媚》（西子词）、曾布《水调歌头》（冯燕传）、史浩《采莲》（寿乡词），分别描述美女西施、侠客冯燕的生平故事以及对仙境寿乡的想象。每套大曲中各遍曲词的格律不同，可见各遍乐曲的曲式不一。大曲本来都有舞蹈，当歌唱故事时，原来的舞蹈已不适用，大概只用大曲的音乐。在大曲的基础上又产生了队舞，如宋朝教坊的"小儿舞队"和"女弟子舞队"。队舞有音乐、舞蹈、唱词和朗诵，场面很大。至元代，也有队舞，称为"乐队"。

鼓子词。其格式为［散文］＋［词］＋［散文］＋［词］……。它是在唐代变文基础上发展起来的一种叙事文学体裁，是用诗歌和散文相间的形式叙述故事。如北宋赵德璘的《商调蝶恋花》，用同一词调《蝶恋花》重复填写了12首词，咏述《会真记》中张生与莺莺的恋爱故事。这种用许多首曲词前后连贯合叙一事的歌舞剧曲，已经具有了后代戏剧的雏形，也是金元时期套数杂剧的鼻祖。

唱赚。唱赚是组曲形式，它分两类：有引子、尾声的都为缠令；引子后只以两腔互迎、循环兼用者为缠达。

缠达（转踏、传踏）的格式为：［引子］＋［甲曲］＋［乙曲］＋［甲曲］＋［乙曲］……。现在看到的几种宋人《调笑转踏》，都没有引子，格式是诗词兼用。引子可能是器乐曲，不填词，一诗一词，构成一组。词调都是《调笑令》，诗都是七言八句。大概唱诗时都用固定的吟诵调，无须注明。

缠令的格式为：［引子］＋［甲曲］＋［乙曲］＋［丙曲］＋［丁曲］

……。金董解元《西厢记诸宫调》采用了许多缠令曲式，但在唱词中没有引子。如《侍香金童缠令》包括乐曲《侍香金童》、《双声叠韵》、《出队子》和《尾》各段。

诸宫调。其格式为：甲调（甲曲＋乙曲……）＋乙调（甲曲＋乙曲……）＋丙调（甲曲＋乙曲……），是北宋神宗（1068～1085 年）时民间艺人孔三传创作的一种大型说唱形式。它不只用同一宫调中许多不同的曲调组成套数，而且把许多不同宫调的只曲和套数编缀到一起来铺叙一个长篇故事，波澜起伏，组合严密。乐谱的音节既多变化，文字也以韵文和散文相间使用，是一种结构复杂的乐曲组形式。诸宫调当时在金统治的区域内流行特别广泛，金人编写的诸宫调流传到现在的有《刘知远诸宫调》和《西厢记诸宫调》。《西厢记诸宫调》就用了 14 个宫单调、151 支基本乐曲。所用乐曲可以分为三类：（1）只曲，极少；（2）单曲，加尾；（3）缠令。缠令最短的也包含两支乐曲和一支尾声。每类乐曲属于一个宫调，而各类乐曲的宫调或同或不同。诸宫调是根据剧情的发展变化而设计音乐布局的，根据整体布局安排乐曲，再根据乐曲而填写唱词。

杂剧。宋元杂剧是从参军戏发展而来的。据现在掌握的材料，唐代就已有参军戏和杂剧。1987 年在浙江黄岩灵石寺发现北宋乾德三年（965 年）制作的戏剧人物雕砖，刻画的人物形象似参军戏表演。这时的黄岩仍在吴越国统治之下。可见至迟在五代时期，这一带已有普遍的戏剧活动。

宋代的音乐艺术取得的成就比唐代更为丰硕，再经进一步综合运用，水到渠成，自然产生了比较成熟的戏剧。北宋戏剧如何演唱，文献记载不详，但根据有关文物可以得到初步的了解。如 1973 年在河南洛宁县上村两座相邻的古墓中出土砖雕 8 块，上面刻画的形象有社火杂剧表演、杂剧表演、乐队演奏，所用乐器有筚篥、杖鼓、单面鼓。这批宋金遗物反映出当时杂剧演出的部分情况。

南宋宫廷中扮演的杂剧，"或一场两段"或"一场三段"。"先做寻常熟事一段，名曰'艳段'；次做正杂剧，通名为两段"。扮演的角色，"每四人或五人为一场"，各有分工。虽然没有剧本流传下来，但这种杂剧应当属于戏剧范畴。南宋周密《武林旧事》卷十记载了"官本杂剧段数"280 本的名目。就这些名目看，多半是和唐宋大曲等结合的，如《莺莺六幺》大概就是用《六幺》大曲的曲调演唱崔莺莺的爱情故事。所谓"段数"，当时指杂剧中的一段而非全本。"段数"中有诸宫调两本，即《诸宫调霸王》和《诸宫调卦册儿》，虽然为数不多，可见在南方杂剧已经开始尝试用诸宫调曲式表演故事，打破了同时只用一个宫调的大曲或其他曲式的局限。这是一项难度较大的演奏和歌唱艺术的进展。

元陶宗仪《南村辍耕录》卷二十五记载金元院本有 690 本的名目。院本和杂剧相似，是金元戏曲的一种称谓。宋室南迁以后，南北戏曲的发展有了显著分歧，也有会合之处。南宋"段数"和金元院本，凡标明所用乐曲的，当然有音乐配合；而没有标明乐曲的，大概多数并不与乐曲结合，只有说白的很少。

元杂剧也称"北杂剧"，它是在宋杂剧、金院本、诸宫调等艺术形式的基础上逐渐产生发展的，也采用了一些传统乐曲，而采用最多的则是当时以大都为中心的北方流行歌曲。元杂剧是多层次的多种曲式的综合体。

南戏。南戏原来是歌舞小戏，也称"温州杂剧"，它是北宋末、南宋初在宋杂剧和诸宫调影响之下，在温州民间乐舞活动中渐渐萌生发展起来的。它采用了以温州为中心的南方民间乐曲和歌谣，不受杂剧形式的局限，表现出蓬蓬勃勃的生命力。起初南戏主要盛行于江浙一带，元朝统一之后传入北方，并逐渐采用南北合套的方式，更加丰富了其音乐内涵。南北戏曲的频繁交流，互相促进，终于使宋元时期的戏剧艺术达到了一个新的高峰。

2. 宋元时期的中外音乐交流。宋元时期，中外音乐文化的交流不如隋唐时期活跃，但并未中断。如北宋末期，中国曾派乐工前往朝鲜宫廷赠送《大晟雅乐》及燕乐的乐器、乐谱和歌词，并派乐工前往传授声律。又如越南黎朝龙钲王在位时（1005～1009 年），很宠信宋朝优人守忠。越南在陈朝时（12～15世纪），盛行一种集体舞蹈，所用歌词有《庄周梦蝶》、白居易的《母别子》诗等，所用乐曲有《降黄龙》、《宴瑶池》等，都是从中国传过去的。宋人从越南得到了在中国久已失传的杖鼓曲《黄帝炎》。元代初年，中国优人李元吉在越南"做古传戏"，有《西王母献仙桃》等传，角色 12 人，"著锦袍绣衣，击鼓吹箫，弹筝抚掌"，"更出迭入为戏"。这正是元杂剧的表演形式。

大约 10 世纪上半期，突厥人和回鹘人建立了哈拉汗王朝，辖区包括今中亚巴尔喀什湖以东、以南地区及今新疆西部。其政治中心有两个，一是中亚楚河流域的巴拉沙衮，一是新疆的喀什噶尔。哈拉汗王朝信奉伊斯兰教，因此，阿拉伯文化，其中包括音乐，逐步传入新疆。这个王朝大约在12世纪初年灭亡。

哈拉汗王朝有个出生在巴拉沙衮的音乐家法拉比（870～950年），经学者考证，或认为他是突厥人，或认为他是回鹘人。法拉比用阿拉伯文撰写《音乐全书》等著作多种，他的乐律学理论构成了波斯、阿拉伯的典型乐系。阿拉伯音乐受到波斯和龟兹音乐的影响。

随着伊斯兰教传入新疆的阿拉伯和波斯音乐，对以后的新疆音乐影响较大。阿拉伯有一种讲故事或讲道的文学体裁，称为"木卡姆"，先传入新疆，大概在13世纪后期传入内地。元朝于至元十七年（1280年）设置"天乐署"，"管领汉人、回回、河西三色红乐"。这里所说的"回回"即指新疆一带的回族人。回回乐曲中有《马黑某当当》。《马黑某》可能即"木卡姆"大曲。木卡姆这个名称虽然出于阿拉伯语，但它在内容和形式方面，在新疆得到了很大的发展。

在元代，宴乐时用的是汉、回回、西夏的乐队同陈并奏，同时又有几种新乐器经由新疆传入内地：如从波斯传入的弹拨乐器"火不思"，或写作"浑不似"，是突厥语的音译；也有流行于波斯和阿拉伯一带的唢呐；另有"七十二弦琴"，即坎农，来自印度，一说来自"报达国"（在阿拉伯东部）；经过中国音乐家改进的由阿拉伯传来的早期的管风琴即兴隆笙；还有胡琴、箜篌、琵琶等。其中风琴、火不思、胡琴等都是第一次在中国出现。元代还出现了不少精通音律的音乐家，而元曲的兴盛，和当时音乐的发展交流是分不开的。

（二）由盛而衰的舞蹈

舞蹈在中国有悠久的历史。它曾经是中华民族社会生活不可分离的一部分，与音乐、诗歌等艺术形态三位一体，构成辉煌的华夏文明。

我们的祖先早在原始社会时期就已经开始了舞蹈的创造活动，经过历代人的努力，到唐代时，中国古代的舞蹈达到了一个高峰。宋代是中国舞蹈由盛而衰的转折期。这种衰落的主要原因在于，宋元戏曲的兴起对舞蹈形成一定的冲击，作为表现人体动态美的舞蹈艺术，逐渐失去独立表演的地位，舞蹈的一些表演形式被戏曲吸收，成为戏曲的组成部分。由于宋代城镇商品经济的繁荣，都市人口的聚集，表现人物故事情节的戏曲更适应市民生活的需求。娱乐节目的商品化，促使舞蹈依附戏曲；戏曲也按照自己的要求选择、改编和创作舞蹈，用舞蹈叙事，从而使独立的舞蹈形式纳入综合化、情节化的轨道。队舞本是把大曲、诗歌、朗诵、舞蹈结合一起的舞蹈形式，这在唐代并不多见，到宋代崛起成为一种新兴的艺术样式，并形成一定的格局，成为戏曲的先导。舞蹈向综合化、情节化发展，要求舞者不仅善舞，还要工于唱曲、诵诗、念白、要弄各种舞器和道具，以便刻画人物形象，表现故事情节。这就相应地冲淡了舞蹈艺术的独立意义，所以戏曲兴起的过程，也是独立舞蹈衰落的过程。活跃在宋代舞台上的舞蹈节目如《降黄龙舞》，表演前蜀妓女灼灼的恋爱故事；《南吕薄媚舞》叙述书生郑六途遇妖狐的传奇，都受到人们的欢迎。这类节目，不仅使观众观赏舞艺，更重要的是在用婉转曲折的故事打动人心。从敦煌壁画保留的宋代舞姿看来，娟秀瘦削的身态，取代了唐代饱满丰腴的体形，动作也有程式之感，接近戏曲的身段。

元代舞蹈一方面保持蒙古族舞蹈的传统，有浓厚的宗教色彩，《查玛舞》（跳神）在民间代代相传，宫廷的《十六魔舞》充满了神秘的气氛；另一方面又沿着宋代舞的发展趋势，继续向戏曲靠拢。在宋元的市井勾栏中，很少看到盛唐那样气势壮阔、精美绝伦的舞蹈，这说明古代舞蹈艺术已经走过它的黄金时代。

舞蹈在封建社会后期的衰落，还表现在自娱性舞蹈活动的衰微。汉族自古就有酷爱歌舞的传统，但是后来在绝大多数人中，像先秦和汉唐那样即兴起舞的时尚几乎丧失，这与宋明理学对人们思想的禁锢有关。宋代的理学发展到明清成为统治思想，它宣传存天理、灭人欲，压抑人们的身心，把自然生发的情感、欲望灭绝在萌动之中。舞蹈本是表现情感的艺术形态，是激发人们生活情趣的艺术，情之所至，手之舞之，足之蹈之，是情感冲动的自然表现，当然也就成为理学抑制的对象。后来的清王朝又多次下令禁绝小戏和歌舞，更加速了舞蹈的衰落。一直到"五四"运动之前，舞蹈只是依附于戏剧而存在，已经很难见到有独立的舞蹈表演了。

第六章
继往开来的宋元史学

　　宋元时期，历史学在前人的基础上向前迈进了一大步，所取得的成就也远远超出前代。这期间，不仅史学著作大量涌现，而且在史学的思想深度、史书体裁和编纂方法的创新以及史料的博赡等方面都显示出了与前代史学不同的特点，尤其是在大型通史和当代史的编修上，取得了更为显著的成就，使宋元时期成为我国封建史学的重要发展时期。

一、宋元史学的发展特点

　　宋元史学最鲜明的特点就是注重"通变"，从而促使通史特别发达。

　　自汉代司马迁创立纪传体通史之后，直到唐朝，除了南朝梁武帝时曾编修过一部通史外，其余史著，无论是纪传体还是编年体，无一不是断代为史。从唐代开始，随着封建政治、经济的高度发展和各种制度的变化，明辨思想逐渐深入人心，不仅统治者"欲览前王之得失，为在身之龟镜"①，史家们也倡议并尝试"酌古之要，通今之宜"。而要探索王朝兴衰之由，寻求历史演变之迹，只有贯通古今的通史才能做到。与此同时，这一时期史学的发展本身也提出了"通"的要求。在唐代，先是刘知几为了总结以往史书编纂的经验，分析其得失，以指导今后史书的修撰，写了《史通》一书，从理论上阐述了"通"的要求；随之，杜佑又汇通各朝典章制度，集于一书，开创了典章制度通史的先河，为史学发展开辟了一条新途径。但是唐代虽已开始重视通史，通史著作却仍如凤毛麟角。

到了宋元时期，通史思想已几乎成了史家们的共识，如欲"鉴前世之兴衰，考当今之得失"、"穷探治乱之迹"的司马光，力图做到"贯五帝、三王而通为一家"的郑樵，着眼于"推寻变通张弛之故"的马端临等，莫不以"会通"相标榜，并身体力行之。他们的目的，就是要通过对历史进行贯通古今的考察，以"通变"思想回答社会历史发展提出的课题。而他们编纂的几部以"通"字命名的巨著，也对后世史学发展产生了重要影响，并几乎成为中国封建史学的代表作：北宋司马光的《资治通鉴》是编年体的通史，虽然它只是一部政治史，但并不影响它成为编年体这一史书体裁的代表作；南宋郑樵的《通志》使纪传体通史在司马迁之后再现史坛，并有所创新；元代马端临的《文献通考》继杜佑《通典》之后，又把典章制度史的编纂推进了一大步；南宋袁枢的《通鉴纪事本末》不仅使纪事本末体跃居史坛，为历史书籍的编纂开辟了新途径，而且是独立于纪传、编年之外的另一体裁的通史名著。可以说这些不同史体的通史著作与主张会通明辨的史学思想，已经成为宋元史学发展的主流。

宋元史学发展的另一特点是史书体裁的创新和发展。

众所周知，在唐朝以前，中国传统的史书体裁主要为纪传和编年两种。从唐代杜佑编纂《通典》开创了典章制度专史这一史书编纂的新体裁后，到宋元时期，一方面典章制度史这一体裁继续发展，并涌现出了一批与《通典》性质相近，但是专记一朝一代典章制度的会要体史书；另一方面，又不断有新的史

---

① 《册府元龟》卷五百五十四，《国史部·恩奖》，《四库全书》本。

书体裁出现。前面已提到的南宋袁枢创立的纪事本末体，为史书的编纂开辟了又一种新的形式，并同编年、纪传二体并列，成为封建史学的三大史书体裁之一。这种形式能删繁就简，更加灵活、更加集中地反映重大历史事件的来龙去脉，弥补纪传、编年二体之不足。南宋的朱熹也改编《通鉴》，撰成《通鉴纲目》一书，创立了纲目体。

与此同时，一些传统的史书体裁也有了一些新的发展。自《史记》、《汉书》以来，纪传体一直在史书编写中处于独尊地位，尤其是断代的纪传体史书，但体例和内容鲜有创新。郑樵的《通志》不仅重拾司马迁"究天人之际，通古今之变"的通史传统，而且在体例和内容上均有所创新，其中二十略和二十略中所涉及的氏族、六书、七音、昆虫草木等古代文化史方面的内容，足以补前人之未备，对后代也产生了重要影响。而作为古老的史书编纂体裁的编年体，自司马迁创立纪传体之后，便失去了昔日的尊宠，但司马光编纂《资治通鉴》采用的正是这被长期冷落的编年体裁。在具体编纂过程中，他努力汲取纪传体的长处，避免编年体的缺陷，每遇重大历史事件，采取相对集中叙述的方法，同时注意发挥编年体史书更容易看出时代的发展与变化，更便于比较各种制度的沿革废置及利弊得失的优点，使古老的编年体焕发了青春，对后世产生了深远的影响。

另外，宋元时期舆地与方志的编写体例也渐趋完备，内容日益丰富，对后世影响较大。当时，不仅志书大量出现，而且内容包罗很广，举凡舆图、疆域、山川、名胜、建置、职官、赋税、物产、乡里、风俗、人物、方伎、金石、艺文、灾异等等，无不赅备于一编。

宋元史学的第三个特点是史学研究范围不断扩大，研究方法也有所创新。

这一时期，除各种体裁的通史、断代史、实录、国史等备受关注外，史论、史考及目录校雠等也颇发达，尤其是金石学这一史学新园地的开辟，直接把历史研究的范围从古代文献扩大到古金石器物。

宋元时的史论著作十分丰富，作者组成也十分复杂，不仅历史学家写史论，理学家、文学家也乐此不疲。这时的史论，在内容和风格上也很有特点：它一方面继承了传统史学把褒贬人物、惩恶劝善、探讨治乱成败当作史学第一要义的做法；另一方面又受理学言心讲性、重视伦理道德的内向自省的影响，不再把治乱兴替的终极原因归结于具体的政治与军事，而是归结为伦理道德，尤其是君主个人的修养和行为，人为地把史评的范围缩小到了对君主个人的劝惩褒贬方面。与此同时，"尊王攘夷"思想、"正统论"和历史循环论也再度充斥史坛。虽然随着理学与反理学的斗争，宋元史论中也出现了力图以历史为借鉴，把史学引向探讨经济、政治、军事等实际问题的流派，但从总体上说，宋元时期的史论仍是以史论的理学化为主流。

比史论成就更大的是史考。宋元间的史考相当发达和精密，这一方面与当时的疑古之风有关，另一方面与印刷术的发展和史学自身的发达紧密相关。源于唐代中期的疑古之风，到宋更加兴盛，并直接影响到史学。怀疑必会引起思索，思索便需要考据，从而形成了注重史料考辨的风气。当时，出现了不少有水平的考史专著，其中尤以北宋吴缜的《新唐书纠谬》、《五代史记纂误》，南宋王应麟的《汉制考》、《汉书艺文志考证》、《通鉴地理通释》等最为突出。吴缜对唐五代史实的考辨有不少是很准确精当的，同时他在书中还提出了不少史书编纂学上的问题，对史考的方法之一——本校法也有所发展。南宋王应麟则冲出了考订一书的局限，开辟了更为广阔的史考领域。他从经书注疏及字书中寻找史料考订典制，大规模地考证山川形势、军事地理及史志目录等都是前无古人的，在研究方法和考订形式上也都更为科学和进步。

在各种考史方法中，最值得一提的是金石学领域的开辟。我国古代学者对金石古器物进行研究，并用它作为考证古史的资料由来已久，但在宋人之前，用金石资料考史基本属于无意识的偶然为之。从宋代学者开始，金石资料才被大量地引入了史学考证领域，并在史学领域开辟了一个新园地——金石学。当时学者从事金石古器物搜集和研究工作的人很多，在社会上形成了一种竞相研究金石学的风气。他们的考订工作也进行得很细致，并取得了很大的成绩。当时金石学的成就主要表现在三个方面：一是对古器物及古器物拓本的搜集，如吕大临的《考古图》、《续考古图》，王黼的《宣和博古图》等；二是对古器物的考订及金石文字的考释，如郑樵的《石鼓文考》，洪适的《隶释》、《隶续》，薛尚功的《历代钟鼎彝器款识法帖》等；三是以古器物及金石文字来考订历史记载，如欧阳修的《集古录》和赵明诚的《金石录》都是这方面的代表作。他们认为，"史牒出于后人之手，不能无失，而刻辞当时所立，可信不疑"，因此搜集了大量的商周铜器铭文及碑刻，并用它们纠正了不少史书上的错误。宋人较大规模地采用金石资料考史的举动，可算是正式开启了以金石证史领域的大门。它不仅为史考开辟了新途径和可靠的资料来源，也促进了金石学自身的发展，使宋元金石学在古器物鉴定及文字考释方面都有了重大进步。

除专门撰写史考专著外，史家们还将史实考证和辨伪直接列入史书编纂的程序之中。同时，在笔记、文集、注疏之中考史的内容也屡见不鲜。甚至还有不少理学家也加入到考史者的行列中。

宋元史学的第四个特点是整理、编纂当代史之风非常盛行，而且成就显著。

宋元政府都设有专门的史官，分别撰修实录、国史、会要等书。除元顺帝因国亡而未及编写《实录》外，其余宋元各位君主都有实录。同时史馆中设专人根据档案、实录等编纂当朝会要。据记载，宋会要总卷数达 2200 多卷，可惜已佚，现仅存《宋会要辑稿》约 500 卷，是清人从《永乐大典》中辑出的。元朝也曾编过类似会要的鸿篇巨制——《经世大典》，根据现存的序录来看，其内容比会要还要繁富，可惜已佚。宋元时期这种政府设专门官编修本朝会要的举动，在此前是不曾有过的。

除官修的当代史外，宋元时期私家编写的当代史的数量之大、卷帙之多都是空前的。其中比较有名的是李焘的《续资治通鉴长编》、李心传的《建炎以来系年要录》、徐梦莘《三朝北盟会编》三种，此外还有徐度的《国纪》，王称的《东都事略》，熊克的《九朝通略》、《中兴小纪》，李丙的《丁未录》等等。但由于当代史的内容都涉及当时的社会现实，很容易遭统治者的忌恨，因而多次受到摧残和禁毁。如宋嘉泰二年（1202 年）就曾有好事者上奏，建议将私修的当代史"下史官考订，或有裨于公议，乞即存留，不许刊行，其余悉皆禁绝，违者坐之"。乾道八年（1172 年）秋，"命诸道帅宪司察都邑书坊所鬻书，凡事干国体者，悉令焚弃"[①]。在这种情况下，私修的当代史亡佚的很多，流传至今而又比较重要的，已经为数不多了。

宋元史学的第五个特点是少数民族史的编纂有重大发展。

---

① 李心传：《建炎以来朝野杂记》甲集卷六《嘉泰禁私史》条，上海，商务印书馆，1937 年版。

我国的少数民族史学和少数民族史的编著,魏晋南北朝时期曾出现过一次盛况,宋元时期在此基础上又有了重大发展。这一时期由于契丹、女真、蒙古等少数民族进入中原,由局部地区发展为统一政权,并建立了辽、金、元等皇朝,对少数民族史学的发展起到了重大的推动作用。这三个少数民族政权都有完备的修史制度,并仿汉族政权设立了史馆、史官等,负责实录、国史等的修撰。这时出现的有关少数民族的历史著述,不仅数量多,水平也很高,在不少方面完全可与汉族史的编写水平相媲美。其史学思想也很有特点,同时还出现了用蒙古文、藏文等少数民族文字编写的民族史专著。这些著述有的是各少数民族自己写的,有的是汉人写的。其内容则有全面记述各民族情况的,有专记某一地区各民族情况的,有专记一个民族情况的,还有只记一个历史阶段的民族情况的,而其中又以有关契丹、党项、女真、蒙古、藏族等民族的著述最多。在这些有关少数民族史的著述中,最重要的有元叶隆礼的《契丹国志》,托名宇文懋昭的《大金国志》,蒙、汉两种文字的《元朝秘史》,刘温润的《西夏须知》,洪皓的《松漠纪闻》,周去非的《岭外代答》等。总之,这一时期的少数民族史学已经发展成为中国史学的一个重要的组成部分。

宋元史学的第六个特点是私人修史兴盛。

宋元时期,私人修史得到了空前的发展,私修史书大量涌现。其中比较重要的有典志体史书马端临的《文献通考》,会要体的有王溥的《唐会要》、《五代会要》,编年体的有李焘的《续资治通鉴长编》、李心传的《建炎以来系年要录》、徐梦莘的《三朝北盟会编》,纪传体的有郑樵的《通志》、欧阳修的《新五代史》,纪事本末体的有袁枢的《通鉴纪事本末》,纲目体的有朱熹的《资治通鉴纲目》,历史地理类有乐史的《太平寰宇记》等。这些私修史书不拘一格,题材多样,从各个不同侧面表现着社会历史的结构和内容,不仅丰富了史学的内容,创新了体裁,而且表现出了更多的进步思想。

二、史馆与官修史书

(一) 史馆的设置与分工

我国的官修史书起源较早。在唐代以前,奉敕修撰史书的情况已经比较常见，而且政府大都设有专人掌修国史。但这些史书基本上都是众手分纂，一人裁成，名为官修，实同私撰。

我国由政府专门开设史馆，以宰相领衔集合众人共同编撰前朝国史的制度，是从北齐开始的。隋唐时期，承北齐之制，设立史馆，扩大编制，从此，由政府专门设置史馆，并指令宰相监修国史的修史制度，就成了历朝修史的一种定制。从客观上看，由国家出资、政府出面组织人员修撰史书，应该是史书修撰上的一大进步。它不仅可以有效地利用国家的藏书、档案等，而且将一大批史学家们组织到一起，让他们各展所长，通力合作，可以极大限度地减少史书编纂的主观色彩，集思广益，对提高史书的编写质量乃至史学的发展都是十分有益的。但是，这种制度毕竟是一种国家垄断史书编写的形式，在国家政治相对清明、思想开放的情况下，其积极作用的确能够表现出来。譬如在唐初，政治比较清明，思想也比较开放，史馆曾吸引了一批具有史才和史识的大臣和史学家，并在短时期内就编成了 8 部史书。但是随着时间的推移和封建统治的日益黑暗，史馆的种种弊端也逐渐暴露了出来。

宋元时期，国家史馆规模不断扩大，史官体制也日益健全，由史馆编纂实录、国史的修史制度更加完善。宋代的史馆中专设有起居院、日历所、实录院、编修院、玉牒所、会要所等。起居院掌修起居注，日历所主撰日历，实录院、会要所分别掌修实录和会要，编修院（后改名国史馆）掌修国史。史官各有专职，分工明确。此外还有时政记，由中书省、枢密院分撰。元代日历所渐废，由翰林院兼掌国史修撰。从中唐开始，新君即位，都要命史官根据前一代皇帝的"起居注"、"时政记"、"日历"以及史馆征集的各色史料和臣僚名状等，汇编成"实录"，然后再根据实录修撰"国史"。"实录"为编年体，如同"国史"的长编。根据宋、辽、金时期的记载考察，"国史"多是纪传体，更近于其后所修的"正史"。这样，从搜集史料、记录史事到编纂"实录"、撰修"国史"，逐渐形成一套完备的制度。

但是，历代的"国史"（纪传体）很不完备，而各帝王的"实录"则较完备。"实录"按时间顺序记事，年经月纬，每一事都较详细地叙其原委。凡各种政治设施、军事行动、经济措施、自然灾祥、社会情况等都有详细记载；对于诏诰敕制、重要案牍等全文记录；在人物的记述上，每当大臣卒时，则综述

司马光

《资治通鉴》 清代影刻本

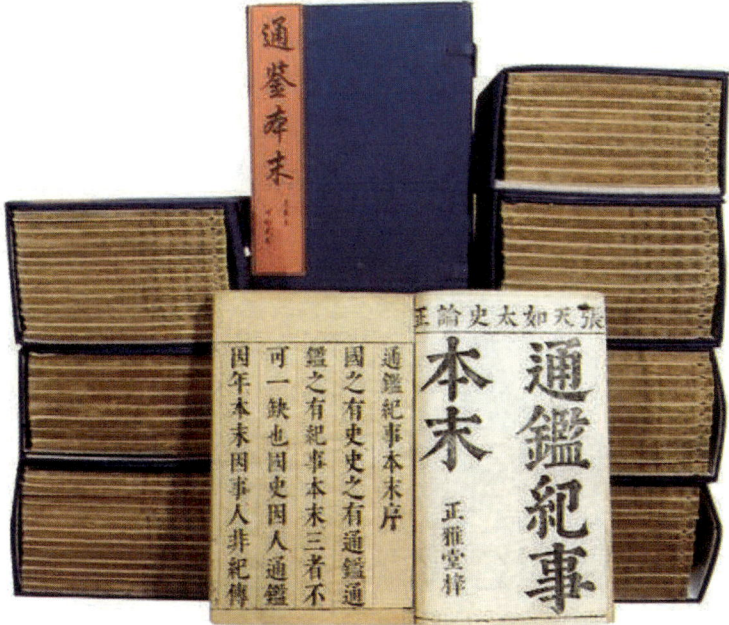

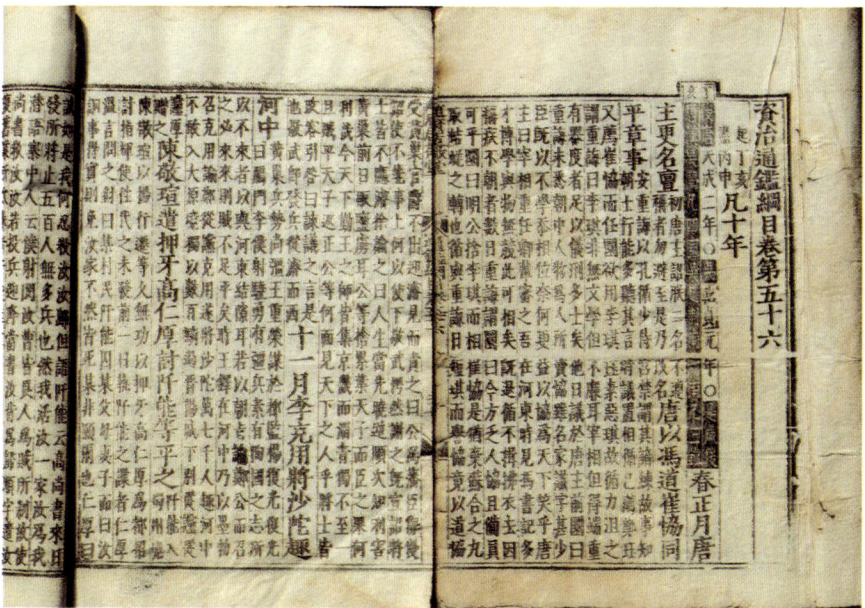

通志總目錄
氏族略第一
氏族序
氏族目錄
以國為氏
以郡國為氏
以邑為氏
以鄉為氏
以亭為氏
以地為氏
以姓為氏
以字為氏
以名為氏
以族為氏
以次為氏
夷狄大姓

氏族略第一
　宋右迪功郎夾漈鄭樵著
　明御史少岳陳宗夔校
氏族序
臣謹按司馬遷曰書班固曰志東觀曰記華嶠曰
典張勃曰錄何法盛曰說諸史通謂之志然志者
古史之名今改曰略者舉其大綱云
氏族序
自隋唐而上官有簿狀家有譜系官之選舉必由於
簿狀家之婚姻必由於譜系歷代有閣譜局置郎
令史以掌之　仍用博通古今之儒知撰譜事先百官

《通志》　明嘉靖年間刻本

太平廣記卷一
　神仙一

天都黃　晟曉峰氏校刊

老子
黃安　　木公　廣成子
老子　　盂岐　廣成子

老子者名重耳字伯陽楚國苦縣曲仁里人也其母感大
流星而有娠雖受氣天然見於李家猶以李為姓或云老
子先天地生或云天之精魄蓋神靈之屬或云母懷之七
十二年乃生生時剖母左腋而出生而白首故謂之老子
或云其母無夫老子是母家之姓或云老子之母適至李
樹下而生老子生而能言指李樹曰以此為我姓或云上
三皇時為玄中法師下三皇時為金闕帝君伏羲時為鬱
華子神農時為九靈老子祝融時為廣壽子黃帝時為廣

《太平广记》　清代精刻本

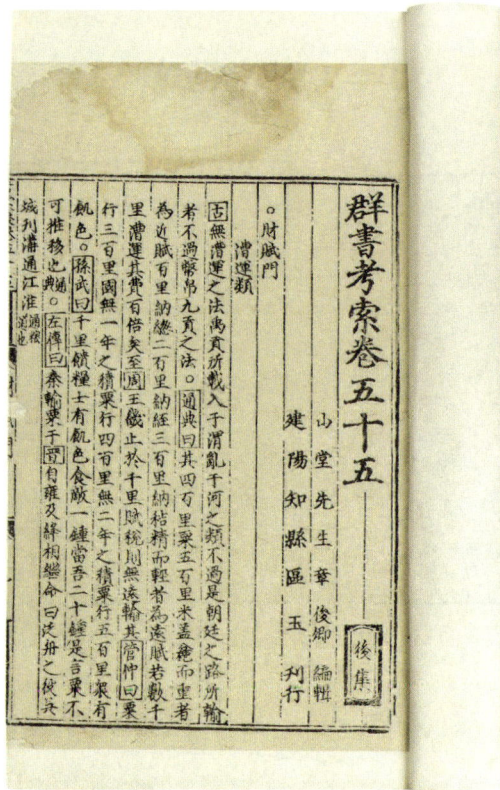

《山堂考索》（《群书考索》）

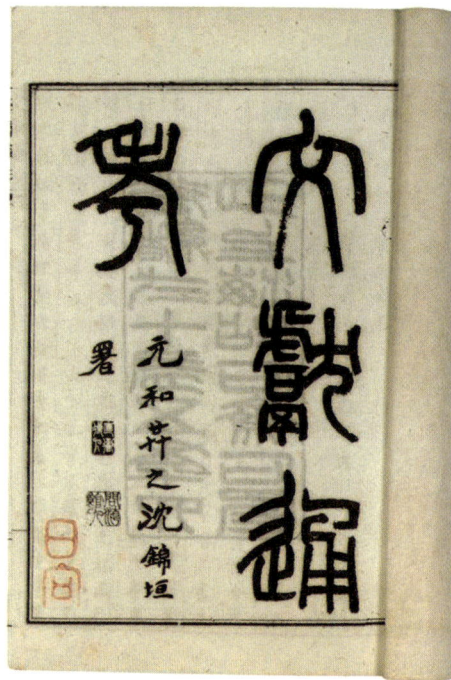

《文献通考》 清光绪年间刻本

292

其毕生行事，叙其历官、品德、行为、成败，不载其奏议，不叙其裔，一般只写个人小传，关系密切者亦有二人合书的，构成"实录"中另一有机部分——人物传记。在人物传末，往往以当时舆论作结，但无论、赞。尽管其中有不少曲笔讳饰的成分，但因有可靠的档案作依据，史料价值仍比一般记载为高。不过，从严格意义上来说，实录还算不上是正式的史学著作，而只是一种史料的汇编。它作为一代帝王的史料总汇，卷帙浩繁，仅有钞本存于宫中，非入史馆者无法观看。目前，宋朝"实录"只有钱若水所修《太宗实录》尚存 20 卷（二六至三五、四一至四五、七六至八〇），余皆失传。辽、金、元三朝的"实录"俱已不传。

（二）官修史书的成就

史官制度、记注制度、修史制度的日趋完备，为各朝续修纪传体前代"正史"提供了充分的条件。宋元时朝，每一新建的皇朝都十分重视利用前朝的"实录"、"国史"等史料，修撰前代史，计成《旧五代史》、《新唐书》、《辽史》、《金史》、《宋史》等五部官修"正史"。

《旧五代史》150 卷，薛居正纂。北宋统一后，就着手编修五代的历史。先是建隆年间范质负责这一工作，但当时只是将五代的实录编到一起，称为《五代通录》。北宋开宝六年（973 年）四月，便命薛居正监修《梁》《唐》《晋》《汉》《周》书，参与修撰者有卢多逊等 7 人，至次年闰十月书成。原称《五代史》，也称《梁唐晋汉周书》，后来欧阳修的《五代史》编成后，为了区别，便称此书为《旧五代史》，欧阳修的《五代史》为《新五代史》。从性质上说，《旧五代史》与《旧唐书》有很多相似之处，主要是直录旧史及实录而成，曲笔回护之处较多。欧氏《新五代史》问世后，两书并行。金章宗泰和七年（1207 年）诏令学者专用《新五代史》以后，《旧五代史》逐渐散佚。清乾隆年间，邵晋涵等从《永乐大典》和其他 100 多种史籍中辑集原文，成今本《旧五代史》。从史料价值来看，《新五代史》虽然叙事明晰，文笔简练，在史料考订上也胜出旧史较多，但材料删削过多，在史料的保存和史料的丰富性上《旧五代史》则要胜出《新五代史》很多。

《新唐书》225 卷，欧阳修、宋祁等纂。后晋天福年间，张昭远等 9 人曾奉诏修唐史，编成《唐书》200卷。由于成书仓促，编纂粗糙，书中重复错讹之处随处可见。北宋庆历四年（1044年）贾昌朝创议重撰，从庆历五年设局，到嘉祐五年（1060年）七月成书，历时17年。其间人事数易，终其业的刊修官是宋祁（996～1061年）、欧阳修（1007～1072年）。在分工上，宋祁专门修列传，欧阳修负责修本纪、志、表，并负责刊定列传之文。此书成后，社会上便有两种《唐书》并行，为了区别，便有了《新唐书》和《旧唐书》之称。《新唐书》采用的史料比《旧唐书》要丰富得多，体例上也比较严谨，并且有不少创新，但由于过于追求文采和所谓的《春秋》笔法，虽然做到了"文省于旧"和"事增于前"，但犯了以辞害意的毛病。尤其是"列传"多用笼统之词，史料删削也不尽合理，因此在保存原始材料方面反不如《旧唐书》。

《宋史》、《辽史》、《金史》是元朝翰林国史院组织史局修撰的。三史的修撰，颇有一番周折。据史载，元世祖中统二年（1261年）便议欲修辽、金二史，宋亡后，又议修宋、辽、金三史。仁宗、文宗时亦曾屡诏修撰，但因对宋、辽、金谁为正统争论未决，修史问题遂一拖再拖，直至元顺帝时方决定"各为正统"，遂再次下诏修撰宋、辽、金三史。以脱脱（1315～1356年）为右丞相都总裁官，总领其事。同为三史总裁官者4人：铁木儿塔识、贺惟一、张起岩、欧阳玄。另有《辽史》总裁官吕思诚、揭傒斯，并修纂官4人、提调官14人；《金史》总裁官揭傒斯、李好文、杨宗瑞、王沂，并修纂官6人、提调官20人；《宋史》总裁官李好文、王沂、杨宗瑞，并史官23人、提调官23人。其中欧阳玄（1274～1358年）乃修三史的主要人物，"发凡举例"，初稿修定，以至论、赞、表、奏，都为其"属笔"。至正三年（1343年）三月开局，次年三月《辽史》成，十一月《金史》成，到五年（1345年）十月《宋史》亦成。

《宋史》496卷，脱脱等撰。记事起宋太祖建隆元年（960年）至卫王祥兴二年（1279年），共320年间的史事。篇幅繁富，为"二十四史"中篇幅最大的一部，尤其是其中的《礼志》，有28卷之多，相当于"二十四史"中其他各史《礼志》的总和。《宋史》的编纂，所用时间极短，自至正三年三月诏修，至五年十月书成，仅用两年半的时间。其成书如此之快，除了由于两宋史官制度特别完备，公私著述和史料特别丰富外，另一个原因就是当时的元政权已处于风雨飘摇之中，编写工作不能旷日持久地拖下去，只能草草成篇。既没有对史料进行认真的考证、鉴别和适当的筛选、剪裁，书成后又没有仔细审订，因而不仅繁芜庞杂，结构不合理，书中重复、矛盾、错谬之处更是不胜枚举，向来为史家所讥评。当然，尽管《宋史》存在种种不尽如人意之处，但它记载宋朝的历史比较系统详备，仍是我们今天研究宋代历史的相当重要的资料，而且在体例上也有一定的创新，如《道学传》的设立和志的丰富等，为我们现在的研究提供了一定的方便，这些都是不能轻易否定的。

《辽史》116 卷，脱脱等撰。记载了契丹贵族在我国北方所建的辽政权 200 多年的历史。《辽史》向称粗疏，不仅内容较为贫乏，在传目设置、史料编排上也均存在不少弊病，因而被不少史家评为"正史"中的最下乘之作。这固然是有辽朝史料原本就比较缺乏的客观原因，但与修史者草草成篇（《辽史》仅用 11 个月就编纂成书）、没有对史料进行订补和考证有很大关系。当然，《辽史》也不是一无是处，首先，在史料价值方面，它是今存的比较系统而完备地记载辽政权兴亡过程的独一无二的史著，尤其是其所依据的底本——耶律俨的《辽实录》和金陈大任的《辽史》都已失传，它就显得更为重要。其次，在编纂方面也有可采之处，如作者不拘泥于前史例目，新立了《营卫》、《兵卫》就很值得称道。另外，《辽史》最后一卷所设的《国语解》，对书中用契丹语记载的官制、宫卫、部族、地理等都作了注释，为人们阅读提供了方便，也是一大创举。这都是值得肯定的。

《金史》135 卷，脱脱等撰。记载了女真贵族在我国北方建立的金政权 120 年的历史。《金史》虽亦为脱脱主持修撰，实际负责人亦与《辽史》一样，是揭傒斯。历代对《金史》的评价与《宋史》、《辽史》二史不同，认为它不仅在宋、辽、金三史中是最好的，甚至比明代修的《元史》也胜上一筹。这一方面是金与宋一样，在开国之初就注意编撰起居注和实录等，并完好无损地转到元人手里，同时当时的一些有关金史的私人著作也为《金史》编撰提供了重要的参考，再加以编纂者用心，使这部史书无论在史料整理、文笔叙述还是在编纂体例方面，都是比较成功的。它的表志系统而完备，在体例上也有创新。如模仿《魏书》，在"本纪"部分先列一篇《世纪》；追记金太祖阿骨打的先世，最后又列一篇《世纪补》，叙述后来所追认的几个皇帝的事迹。当然，《金史》中错、讹、重、误之处也不少，在应用中必须加以注意。

这5部"正史"虽然沿袭着《史记》、《汉书》开创的体例，但也不是一成不变的。它们随着历史的变化而有所变化，表现在体例上即有新的扩充。第一，恢复立表。自《后汉书》至《旧五代史》均无表。《新唐书》恢复立表以后，各"正史"都不再缺少年表世系，而且还有一定的创新。《辽史》八表最称精细，使"一代之事迹亦略备"①。《金史》立《交聘表》反映当时复杂的外交关系，可"识其通好"、"兵争之岁"的"大指"。第二，重视书志。《旧五代史》首创《选举志》。《新唐书》又增《仪卫志》、《兵志》，把志扩大为13项。《辽史》更创《营卫志》。《金史》又将志扩为14项，共39卷，几乎占到全书篇幅的三分之一，尤其是其中的《河渠》、《兵》、《食货》、《选举》、《百官》五志，颇能表现金的社会特征。《宋史》书志则达到了15项，共163卷，占全书总卷数的三分之一，详细地反映了当时政治、经济、军事、文化等各个方面的概貌。第三，《食货志》有新的发展。自《旧唐书·食货志》把序文和志文内容有机结合、分项标目以后，各史均都效法。辽、金、宋三史《食货志》的内容日趋丰富，结构愈益统一、整齐。《金史·食货志》首次创造性地把"户口"独立成篇，放在首位，并为元、明二史所仿效。《食货志》编纂的革新，反映着这一时期封建经济发展的一些特点。第四，列传扩充。《新唐书》类传增创，较《旧唐书》多公主、卓行、藩镇、奸臣、叛臣、逆臣六类。《宋史》类传多达20余个，《道学传》与《儒学传》分立，区别外国与蛮夷，立《周三臣传》等，都是根据历史的具体情况而作。第五，本纪内容有所变化。《旧五代史》的本纪，"除授沿革，巨细毕书"，使重要史实能较系统、完整地反映出来。《辽史》本纪内容更为丰富，其九帝纪多达30卷。《金史》于本纪之前创立《世纪》1卷，追述金太祖阿骨打以前的史事；又于本纪之末立《世纪补》1卷，分别记述熙宗、世宗、章宗三帝之父的事迹。这种创例，为后来的《元史》所仿效。另外，《辽史》、《金史》均附《国语解》，颇便于阅读。总之，宋元时期，官修纪传体"正史"的体制是越来越趋完备了，当然这种情况已称不上推陈出新，只是表明官修史书更加趋于规范化和程式化而已。

---

① 赵翼：《廿二史答记》卷二七，《辽史立表最善》条，北京，商务印书馆，1958年版。

（三）官修史书的政治思想特点

众所周知，历史是为现实服务的，历史不仅可以"考论得失，究尽变通"，而且可以"惩恶劝善"、"贻鉴将来"①。这也就是历代统治者重视修史的主要原因。宋元时《旧五代史》等5部官修前代史的修撰，既是这种思想的延续，同时又具有鲜明的时代特征。在很大程度上讲，当时的官修史书已成为当权者进行权利争斗和加强思想控制的工具。

1. 曲笔讳饰愈益严重。我国历代统治者之所以都比较重视史书的修撰，一方面是担心重蹈前代政权的覆辙，希望从中寻找鉴戒，另一方面则是为了加强思想统治。宋元时期，随着封建社会转至后期，阶级斗争、政治斗争更加复杂、激烈，史书在斗争中所起的作用越来越受到最高统治集团的重视，他们对史书的控制也愈加严密，尤其是官修史书，几乎完全被统治集团控制和利用，成了他们的斗争工具。

从宋太祖赵匡胤开始，便一改"自古人君皆不自阅史"的惯例，每部史书修成，立即披阅，并发表评论，如宋代史料中常有"昨日观新史"云云②。欧阳修说："今撰述既成，必录本进呈。"③可见，当时新史修成，必须进呈人君亲自审阅，已经成了一种惯例。统治者重视修史，固然可以给史书编纂提供很多有利条件，在一定程度上促进史书的编纂工作，但同时也会产生相当大的消极作用。由于统治者将史书作为进行政治斗争、加强思想统治的工具，所以对于一些不利于统治者的史书和史料便肆意摧残，甚至干脆禁毁。尤其是一些秉笔直书、如实反映历史事实的私家著述，命运就更糟。据李心传记载："近岁私史益多，郡国皆锓本，人竞传之。嘉泰二年（1202年）春，言者因奏禁私史，且请取李文简《续通鉴长编》、王季平《东都事略》、熊子复《九朝通略》、李丙《丁未录》及诸家传等书，下史官考订，或有裨于公议，乞即存留，不许刊行，其余悉皆禁绝，违者坐之。"乾道八年（1172年）秋，又"命诸道帅宪

---

① 宋敏求：《唐大诏令集》卷八十一，北京，商务印书馆，1959年。
② 李焘：《续资治通鉴长编》卷十五，北京，中华书局，1985年版。
③《欧阳文忠公集》卷一百零八，《奏议集》十二《论史馆旧历状》，上海书店，1989年涵芬楼影印本。

司察都邑书坊所鬻书，凡事干国体者，悉令焚弃"①。这样，一方面使大量宝贵的史料和史书被毁掉，另一方面则直接导致了史学界曲笔讳饰之风的盛行。当时修撰的"实录"、"国史"也多着眼于为当权者粉饰，甚至为此屡易其稿，以致在当时就出现了人们对史事都"各信所传，不考诸实录、正（国）史，纷错难信"的情况，特别是一些重大事件"家自为说"②，更令人莫知孰是。这些反映在 5 部官修正史中，就是宋初修史取鉴的思想一般还能较好地贯彻，到后来便鉴戒思想锐减，曲笔讳饰日重了。《旧五代史》尚能总结前代的一些经验教训。如对后周世宗，注意其"留心政事，朝夕不倦，摘伏辨奸，多得其理"等为政经验③；鉴于五代"方镇太重"、"诸侯跋扈"，宋太祖于黄袍加身之后逐渐释去军事将领的兵权，《旧五代史》则强调"拥强兵莅重镇者，得不以为鉴乎"④ 等。是后修史，便一味着眼于讳饰，以史为鉴的修史原则也就渐渐丢掉了，最后竟然发出"宁可亡人之国，不可亡人之史"⑤ 的哀鸣，不惜为亡国的皇朝粉饰！

2. 伦理道德观念和忠君思想不断强化。我国史学历来就有寓褒贬、别是非、明善恶的传统，自中唐以后更形加剧，极大地限制了史学的健康发展。在宋元官修的 5 部正史中，《旧五代史》多取鉴而少褒贬，伦理色彩尚相对较弱。宋、元之世，随着理学（亦称道学）的兴盛并统治着整个意识形态领域，理学成了判断是非的唯一标准。如修撰《新唐书》的欧阳修就是一个道学先生，他著史刻意效法所谓"春秋笔法"，重点放在褒贬上，"本纪严而词约，多取《春秋》遗意"⑥。修辽、金、宋三史都任总裁官的 4 人中，除贺惟一不详外，铁木儿塔积、张起岩、欧阳玄等 3 人对"宋儒道学源委"都"深所研究"。其修史原则是，遵循"先儒性命之说"，"先理致而后文辞，崇道德而黜功利，书法

① 李心传：《建炎以来朝野杂记》甲集卷六《嘉泰禁私史》条，上海，商务印书馆，1937 年版。

② 马端临：《文献通考》卷一百九十三，《经籍考》二十《续通鉴长编举要》条下引李焘隆兴元年《进长编奏状》，北京，中华书局，1986 年版。

③《旧五代史》卷一百十九，《周书·世宗纪》，北京，中华书局，1976 年点校本。

④《旧五代史》卷九十八，《晋书·列传第十三》，北京，中华书局，1976 年点校本。

⑤ 苏天爵：《国朝名臣事略》卷十二，《内翰王文康公》，《四库丛刊》本。

⑥《欧阳文忠公文集·附录》卷三，《四库丛刊》本。

以之而矜式，彝伦赖是以匡扶"①。因此，《宋史》"大旨以表彰道学为宗"②，创立了《道学传》以"推崇程朱之学"③，宣扬"父子君臣，天下之定理"。辽、金、宋三史"凡例"强调："前代尽心死节之臣，皆合立传，不须避忌"。《金史》、《宋史》都扩大了《忠义传》，前者4卷，后者多达10卷，极力宣扬忠君思想。《辽史》更立《奸臣传》2卷、《逆臣传》3卷，占整个列传的九分之一，强调"天尊地卑"、"贵贱位矣"和"君臣之分定"，要用孔子作《春秋》之意，"以寓王法"④。伦理道德观念的强化，又是同"天命论"巧妙地结合在一起的。朱熹提出"天理合一"，把"天"的道德属性更加系统化、精致化。"天理人伦"成为封建社会后期衡量历史功过、判断是非曲直、评价人物短长的最高准则。所以，这几部"正史"都谈到"天"，只是各史谈人事与谈"天道"的分量和程度不同而已。其趋势是，越往后，天命论与伦理道德色彩越浓厚。

3. 夷夏正统之辨越加突出。从五代开始，沙陀、契丹、党项、女真、蒙古等民族，作为封建社会后期中华民族的重要成员，曾先后以征服者的面目出现，建立过各自的政权。宋、辽对峙时，北宋实行"虚外守内"的政策，一味向契丹求和，所以尚不大提夷夏之辨。《旧五代史》也只把十国写入《世袭列传》、《僭伪列传》，以表示其正统观念；而对各少数民族政权，则统称"外国"。

到了南宋，随着理学的兴盛，辨夷夏、别正统的观念变得突出了。元朝论正统者更多，其中不少专为辽、金、宋三史而发。自中统二年（1261年）至天历年间（1328～1330年），曾屡诏修辽、金、宋三史，都因三史义例难定，迟迟不能成书。所谓三史义例，实质就是一个谁为正统的问题，也关系到元朝的继统问题。当时，一派主张以宋为正，当立帝纪；辽、金僭窃，当入载记（详见杨维桢《正统辨》等）。一派主张辽、金为北史，宋太祖至靖康（即北宋）为宋史，建炎以后（即南宋）为南史（详见修端《辨辽金宋正统》）。还有

---

① 欧阳玄：《进〈宋史〉表》，见氏著《圭斋文集》卷一，《四部丛刊》本。
② 《四库全书总目提要》卷四十六，《史部·正史类》，北京，中华书局，1997年版。
③ 钱大昕：《廿二史考异》卷八十一，北京，商务印书馆，1958年版。
④ 《辽史·逆臣传序》，北京，中华书局，1974年点校本。

一种主张，认为正统不在辽、金，也不在宋，"适类于魏、蜀、吴、东晋、后魏之际，是非难明"，元不承辽、金，也不承宋，乃合三国而承之，"而复正其统"。最后才确定"三国各与正统，各系其年号"①。这个问题争论了 80 多年，足见夷夏正统之辨在这一时期的政治和史学中举足轻重的地位了。正因为此，三史各以其本国"实录"、"国史"为依据，记事矛盾、脱节之处颇多。如女真建国之前本为辽的部属，《辽史》多记其事，《金史》则竭力回避，略而不叙。又如南宋向金称臣投降之事，《宋史》多回护掩饰之词，《金史》则明确写道："金人岂爱宋人而为和哉！"这是因为"金不能奄有四海，而宋人以尊称与之"的缘故②。辽、宋之间亦如是："大抵交战则讳言败，请和则讳言先。两朝修国史时固已各自争雄如此耳"③。可见夷夏正统之辨的观念在封建社会后期官修"正史"中是何等的严重！

三、几部划时代的通史著作

（一）《资治通鉴》与编年体史书的新发展

1.《资治通鉴》及其相关著作。《资治通鉴》294 卷，司马光等撰。全书按朝代分为 16 纪，叙述了从周威烈王二十三年（前 403 年）到后周世宗显德六年（公元 959 年），共计 1362 年的史事。

司马光（1019～1086 年），字君实，陕州夏县（今山西夏县）人。他学识渊博，尤其酷爱历史，"自幼至老，嗜之不厌"④。《通鉴》是他奉诏修撰的，因此，他编写《通鉴》拥有很多有利的条件。首先得到了宋英宗和神宗的支持，为他特设了史局，并诏许他自选助手，政府收藏的图书也对他们全部开放，从而为《通鉴》的顺利编撰创造了有利条件。

实际上司马光欲编纂一部通史是蓄志已久，而且在受诏之前就早已开始了

---

① 权衡：《庚申外史》卷上，郑州，中州古籍出版社，1991 年版。
②《金史·交聘表》序，北京，中华书局，1975 年点校本。
③ 赵翼：《陔余丛考》卷十三，北京，中华书局，1963 年版。
④ 司马光：《进〈资治通鉴〉表》，见《宋文鉴》卷六十五，《四部丛刊》本。

编纂工作。仁宗嘉祐年间他就着手编写过一部"上自周威烈王二十三年，尽周世宗显德六年"的大事年表，名为《历年图》，共7卷，于历代治乱兴衰之迹，采猎经史，作了扼要的记载，在治平元年（1064年）进呈给英宗。接着，又在此基础上仿《左传》体裁，写成8卷编年史，取名《通志》，起自三家分晋，止于秦二世三年，"于七国兴亡之迹，大略可见"①，实际上就是今本《通鉴》中的周、秦二纪。进呈英宗后深得赞赏，这才有了奉诏编写之事，但当时只称为"编次历代君臣事迹"。治平四年（1067年）宋神宗即位后，司马光奉旨进读其书，神宗以其"鉴于往事，有资于治道，赐名曰《资治通鉴》，且为序其造端立意之由"②。至于编写的目的，大致有两个方面：一是深感史书繁多，"诸生历年莫能竟其篇第，毕世不暇举其大略"，但却没有一部简明系统的通史著作；二是为统治者提供一部教科书，以作治国施政的借鉴。这也就如他在《进〈资治通鉴〉表》中所说的："每患迁、固以来，文字繁多，自布衣之士，读之不遍，况于人主，日有万机，何暇周览！臣常不自揆，欲删削冗长，举撮机要，专取关国家盛衰，系生民休戚，善可为法，恶可为戒者，为编年一书，使先后有伦，精粗不杂。"

《通鉴》从奉诏设馆到最后成书，前后共用了19年的时间。其中司马光的三位主要助手刘恕、刘攽、范祖禹功不可没。这三人都是当时第一流的史学家，而且各有专长，由他们负责《通鉴》的丛目和长编的编写工作。具体分工是：刘攽负责两汉部分；刘恕负责魏晋南北朝至隋和五代十国两部分；范祖禹负责唐史部分。司马光主持全局，并负责最后的剪裁熔铸，杀青定稿。三名助手中，刘恕对全书的"通部义例"、编修断限等方面也出力颇多，"实系全局副手"③。在编纂程序上，先由三位助手按照司马光的要求广泛搜集资料，按年代顺序把它们组织起来，编成"丛目"；然后依时间顺序写成"长编"，"长编"实即在"丛目"的基础上初步整理加工而成的初稿，它的编写原则仍是"宁失于繁，毋失于略"；最后由司马光一手笔削成书。因此，《通鉴》虽出众人之手，结构上却浑然一体，而且繁简得宜，文字优美，语言生动，如出一人之

---

① 司马光：《进〈通志〉表》，见氏著《温国文正公文集》卷五十七，《四部丛刊》本。
② 胡三省：《新注〈资治通鉴〉序》，见《元文类》卷三十二，《四部丛刊》本。
③ 全祖望：《通鉴分修诸子考》，见氏著《鲒埼亭集外编》卷四十，清嘉庆十六年刻本。

手。

司马光撰成《通鉴》后，自知卷帙繁富，阅读不易，乃另撰《资治通鉴目录》30卷，以收提纲挈领之效。为补目录太略之弊，又折中编成《通鉴举要历》80卷，《通鉴节文》60卷。另编《通鉴考异》30卷，表明对史料的甄别去取之由；《通鉴释例》1卷，记述修书凡例以及与编书助手刘恕等人的往来书札，以与《通鉴》本书相发明。

《通鉴》是我国封建社会一部优秀的编年体通史。成书后，不仅受到统治者的重视，也受到学者们的普遍推重。南宋学者王应麟甚至说"自有书契以来，未有如《通鉴》者"。清人也对它推崇备至，《四库全书总目提要》称："其书网罗宏富，体大思精，为前古之所未有。"学者王鸣盛更认为《通鉴》是"天地间必不可无之书，亦学者必不可不读之书"①。《通鉴》之所以受到人们如此推重，首先是因为它材料丰富，考证精详。《通鉴》的基本史料虽然来自十七史，但同时又博采群书，不遗巨细。按司马光自己的说法，他为了写《通鉴》，"遍阅旧史，旁采小说，简牍盈积，浩如渊海"②。据初步统计，正史之外，《通鉴》所用的杂史诸书在320种以上。而且所征引的材料，都下功夫进行过考证，比较可靠，往往一事参考三四种资料纂成。尤其值得注意的是，《通鉴》"所引之书，已半亡佚"，其史料价值就更加珍贵。同时，《通鉴》虽然以叙述历代重大政治、军事事件为主，但因为其宗旨是"专取关国家兴衰，系生民休戚，善可为法，恶可为戒者"，所以除政治、军事事件之外，对于有关国计民生的政治经济制度沿革、礼乐兵刑制度的演化、各民族之间的往来、社会习俗与风气变迁以及天文历数、思想文化等都有所选择地作了适当的记载。正如胡三省所说："温公作《通鉴》，不特纪治乱之迹而已，至于礼乐、历数、天文、地理，尤致其详。"③ 其次是《通鉴》在历史编纂学上也做出了巨大贡献。众所周知，编年体史书虽兴起很早，但自纪传体史书盛行，并取得了"正史"的地位后，编年体史书便落到了辅佐的地位。在《通鉴》编写过程中，司马光注意吸收纪传体的长处，避免编年体的弊病，广泛运用追叙和并叙的方

① 王鸣盛：《十七史商榷》卷一百。
② 司马光：《进〈资治通鉴〉表》，见《宋文鉴》卷六十五，《四部丛刊》本。
③《资治通鉴》卷二百一十二注。

法，每遇重大历史事件，必交代其前因后果，扩大了编年史记事的范围，既较好地显示出了史事的演进趋势，也弥补了编年体事以年隔的短处，从而使编年体这一古老的史书体裁重新焕发了青春，开辟了编年体史书的新纪元。

当然，我们也应该看到，司马光编纂《通鉴》虽然在多方面都取得了巨大成功，但他的政治思想却是比较保守的，这一点在《通鉴》有关借古讽今的议论中可以看得很清楚。如宋神宗和王安石主张变法图强，为司马光所反对，在写到智伯灭亡之事时，他便乘机发表了一篇《才德论》，暗示宋代主张变法者都是有才无德的人。又如神宗时对西夏用兵，原有收复失地、巩固国防的作用，并非宋统治者无故生事，司马光则持反对态度。在写到唐朝和吐蕃争夺维州之事时，便批评了当时主战的李德裕等，以暗斥宋朝的主战派。胡三省在《通鉴音注序》中说："其忠愤感慨不能自于言者，则智伯才德之论，樊英名实之说，唐太宗君臣之议乐，李德裕、牛僧孺争夺维州之类是也。"在《通鉴》全书中，这类文笔所占的篇幅虽然不多，但反映出司马光历史观的局限性。

2. 胡三省与《资治通鉴音注》。《通鉴》成书后，由于其影响巨大，不少人曾为其作过注释，如刘安世作《音义》10 卷。其中影响最大、价值最高的则是胡三省的《通鉴注》。

胡三省（1230～1302 年），字身之，天台（今浙江台州境内）人，与马端临的时代略相当。他生当我国历史上民族矛盾非常尖锐的时期，是一个很有民族气节的知识分子。宋亡后，一生隐居著述，不仕于元。他的著作流传于后世者，惟有《资治通鉴注》一书。

胡三省从青少年起就爱好《资治通鉴》，并立志为它作注。宋亡前，他曾模仿唐陆德明撰《经典释文》的方法，作 97 卷的《资治通鉴广注》，并"著论十篇，自周迄五代，略叙兴亡大致"，可惜在战乱中全部散失。乱定后，他还乡复购他本，为之作注，并"始以《考异》及所注者散入《通鉴》各文之下，历法、天文则随《日录》所书而附注焉"。胡氏《通鉴注》工程巨大，注成后又反复修改润色，先后经营达 30 年之久，一直工作到逝世为止，毕生精力，萃于是书。从数量上看，《通鉴》294 卷，约 300 万字，胡氏《通鉴注》的数量与正文数量差不多。从内容上看，也相当全面而细致，涉及的范围也很广泛。"凡纪事之本末，地名之同异，州县之建置离合，制度之沿革损益，悉疏其所以然，若《释文》之舛谬，悉改而正之"。甚至少数民族的来历，邻国的情况，山川的发源，草木虫鱼的名状等等，都应有尽有。而且，前人注解古籍，多为随文释义，胡氏之注在随文释音义之外，更有观点，有议论，有校勘，有考证，并多作思想性的发挥，以表达其史学见解。其《自序》云："世之论者，率曰经以载道，史以记事，史与经不可同日语也。夫道无不在，散于事为之间，因事之得失成效，可以知道之万事无弊，史可少欤！"其说虽未能完全脱离以史从经的传统观念，而于重经轻史之世俗谬说，则作了有力的批驳。其注文多作含意深远的发挥。如《周纪》周赧王五十三年，秦兵攻韩，赵受韩之上党，注云："秦有天天下之心，使赵不受上党，而秦得之，亦必据上党而攻赵，故赵之祸不在于受上党，而在于用赵括"。又如《兵晋纪》六开运二年，杜威在恒州有粟十余万斛，晋朝欲籍没之，威大怒乃止。注云："杜威恒州之粟，岂非前者表献之数乎？使其出于表献之外，亦掊克军民所积者耳，举而籍之，夫何过？朝廷之法不行于贵近。第能虐贫下以供调度，国非其国矣！"又后晋为契丹所灭，注云："臣妾之辱，惟晋、宋为然，呜呼痛哉！"又云："亡国之耻，言之者为之痛心，矧见之者乎，此程正叔所谓真知者也"。其忧国忧民之心，昭昭于纸上。近人陈垣先生《通鉴胡注表微》对胡注进行了专门研究，特别对胡氏的治学态度与爱国思想给以大力彰扬，是很有道理的。

3.《资治通鉴》影响下宋元重要的编年体史书。自《资治通鉴》成书后，因其体例严谨，组织精密，条理清楚，详略得宜，言简事明，被作史者奉为圭臬，编年体史书也因此得到了振兴。在《通鉴》影响下，宋元时期产生了许多编年体的历史著作，其中比较著名的有李焘的《续资治通鉴长编》、李心传的《建炎以来系年要录》、徐梦莘的《三朝北盟会编》、无名氏的《宋史全文续资治通鉴长编》等。

《续资治通鉴长编》，南宋李焘撰。李焘（1115～1184 年），字仁甫，号巽岩，眉州丹棱（今四川境内）人。《续资治通鉴长编》是他费 40 年精力写成的代表作。原书正文 980 卷，另有《目录》5 卷，《举要》68 卷，《修换事目》10 卷，共 1063 卷，专记北宋九朝 168 年之事。其著书目的即在接续《通鉴》终止于五代之意，"义例悉用（司马光）先所创立"（李焘《进续资治通鉴长编表》），李焘谦称之为"长编"，以当初稿，不足与《通鉴》并列。此书的价值，首先在于史料的真切丰富，所引用之书，仅可考者就有 400 种之多，而且这些书今天大都已经亡佚；其次在于编纂方法严密，记事注明出处，并胪列异同，考订精详。

《建炎以来系年要录》200 卷，李心传（1164～1243 年）撰。此书亦用《通鉴》体裁，接续李焘之《长编》，详记高宗一朝之事，记事比长编更为详细，但详而不芜，《四库全书总目提要》称其"虽取法李焘，而精审较胜"，"在宋人诸野史中，最足以资考证"。但此二书因卷帙较大，流传困难，后世失传。清乾隆年间，据《永乐大典》辑录成书，《长编》重编为 520 卷，其中有数处残缺，《要录》亦已非本来面目，称为憾事。

《三朝北盟会编》250 卷，徐梦莘（1126～1207 年）撰。此书记徽宗、钦宗及高宗三朝与金和战之事，始于政和七年（1117 年）宋与女真自登州泛海结盟，至绍兴三十二年（1162 年）金主亮南侵败盟为止，共计 46 年之事。虽依年纪事，但每事先列提纲，其下广泛地征引有关的记载，故保存直接史料最多，为其一大特点。惟所谓直接史料，未必为符合事实真相者，所以对此类资料须作细致的分析批判，方可免为所误。

《宋史全文续资治通鉴长编》，宋元之间无名氏撰，简称《宋史全文》。内容自太祖至理宗，编为 36 卷，度宗至广王，编为 2 卷，别题"宋季朝事实"。此书为最早以编年体记述两宋史实的史书，宁宗以前为主要部分，以节录或集合几部性质相近的史书而成，大致北宋部分为取自李焘《长编》，南宋高宗、孝宗二朝取自留正《中兴圣政草》及无名氏《中兴两朝编年纳目》，光宗、宁宗两朝取自刘时举《续宋中兴编年资治通鉴》，理宗以下方为编者所缀辑。元刊本书前有题语云："名公所编，前宋已盛行于世。"似为南宋学者于宋亡后所编定。其书不仅叙事较详，更多引述名家的评议，如吕中、留正等，亦有不具名者，一般的标为"讲义"。宋代讲学之风盛行，称为"讲义"者，应为书院中所用的教材，虽出于封建统治者的立场编写而成，但其中颇有发人深省者。

宋元时以编年体形式著书的还有很多，如熊克的《中兴小纪》、刘时举的《续宋编年资治通鉴》、无名氏的《宋季三朝政要》等。此外，司马光在世时，刘恕著成《通鉴外传》10 卷，起包牺氏，终于周威烈王二十二年，全用《通鉴》的编写形式，本拟作《通鉴前纪》与《后纪》二书，以补《通鉴》的前后部分，其《后纪》未成，故改称《前纪》为《外纪》。此后，续前、续后之书都有，如元金履祥的《资治通鉴前编》等。其中可注意者为胡宏的《皇王大纪》80卷，始自盘古，终于周赧王之末，表明了南宋时人对于上古历史的看法。盘古的传说，在魏晋时期已有记载，但在古代史中没有他的正式地位。刘恕作《通鉴外纪》，始于包牺氏，比起司马迁的《五帝本纪》来，不过多了包牺和神农二人。《皇王大纪》始把盘古氏作为开天辟地之君，而以三皇五帝继其后，这一套伪古史系统，居然为世人所接受。这在史学史上，也是一件不可忽视的事情。

（二）《通鉴纪事本末》与《资治通鉴纲目》

1. 《通鉴纪事本末》与纪事本末体的创立。《通鉴纪事本末》为南宋袁枢所作。袁枢（1130～1205年），字机仲，建安（今福建建瓯）人。他为人正直，《宋史》本传称，枢为国史院编修官，章淳的子孙以其祖在国史列为"奸相"，以同乡关系，请枢为改写佳传，枢说："子厚（章淳之字）为相，负国欺君，吾为史官，书法不隐，宁负乡人，不可负天下后世公议。""枢常喜诵司马光《资治通鉴》，苦其浩博，乃区别其事而贯通之，号《通鉴纪事本末》。"他把《通鉴》全书内容，区分门类，以类排纂，综括1362年史迹，分隶239目，另有附录66事，总计大小305件重要事情，始自三家分晋，终于周世宗征淮南，每事一篇，自为起讫，故名"本末"。其书编纂于宋孝宗乾道九年（1173年），至次年三月完成，前后不过一年时间。《通鉴纪事本末》的史实全取自《通鉴》，文字也是一字不改，但将分年叙述之事，汇列为239个专题，每题之下，各依时间顺序，直录《通鉴》原文，编为42卷。重点在其标目，分卷的意义不大，故后世重刻者即改为以篇为卷，而为239卷。

《通鉴纪事本末》编成后，颇为世人所重。淳熙三年（1174年），参知政事龚茂良上奏于朝，孝宗即命摹印10部，以赐太子和江上诸帅，命熟读之，曰："治道尽在是矣。"当时的著名学者朱熹、杨万里、吕祖谦都为其撰写了序跋并赞许有加。后代史家更是对其赞赏备至，明人张溥认为："国之有史，史之有《通鉴》，《通鉴》之有《纪事本末》，三者不可缺一也。"清人章学诚则从史体演变发展的角度说："本末之为体也，因事命篇，不为常格，非深知古今大体，天下经纬，不能网罗隐括，无遗无滥。文省于纪传，事豁于编年，决断去取，体圆用神，斯真《尚书》之遗也。"① 其实纪事本末体也是既有优点，又有缺点的。在唐代以前，史书体裁只有纪传和编年二种，杜佑撰成《通典》后，增加了典志体，并衍生了会要体，长期以来却仍以编年、纪传二体为大宗。但这几种史体各有优点，也各有其重大缺陷：编年体以年为经，"或一事而隔越数卷，首尾难稽"；纪传体以人为主，"或一事而复见数篇，宾主莫辨"②。也就是说，编年体从时间上割裂了史实的完整性；纪传体为综合型的，于时间、事类、人物各方面都能顾及，而又产生了本身多重复和脱节的缺点；而典志体分类记事，纵的方面每类之事自成系统，而从横的方面割裂了史实的完整性。北宋司马光撰《通鉴》时，虽曾作了很大努力，对编年体的缺点作了一定的弥补和改进，使编年体重新复兴起来，但编年体"事以年隔，年以事析，遭其初莫绎其终，揽其终莫志其初"③ 的弊病并没有从根本上得以改变。袁枢的《通鉴纪事本末》虽是全部抄录《通鉴》而成，其至连一句话都没添，但它很好地保持了事件的完整性，组织系统也更为精密明晰，既弥补了编年体与纪传体的缺点，同时还不失其优点，从而在编年、纪传之外，又创立了一种新的史学体裁。从此，纪事本末体便与编年体、纪传体并行，成为中国封建史学的三大体裁之一，这在史书编纂学中，的确是一项很有意义的发明创造。但是它记事既为专题所限，凡不足立为专题者，书中便无法容纳，因此在容纳史实方面，纪事本末体就相形见绌了。另外，它的材料全部来自《通鉴》，而且由于体裁所限，《通鉴》中大量史料价值非常重要的材料如经济、文化等方面的材料，因无适当的题目可以归纳，只好舍弃，在史料价值上并没有多少可取之处。

袁枢的《通鉴纪事本末》之后，宋元时还有不少本末体的史书出现，较著名的如南宋杨仲良的《皇朝通鉴长编纪事本末》、章冲的《春秋左传事类始末》等。

2. 《资治通鉴纲目》与宋元时的纲目体史书。《资治通鉴纲目》59卷，南

---

① 章学诚：《文史通义》内篇一，《书教》，民国嘉业堂章氏遗书本。
②《四库全书总目提要》卷四十九，《史部·纪事本末类》，北京，中华书局，1997年版。
③ 杨万里：《通鉴纪事本末·序》，见《通鉴纪事本末》卷首，北京，中华书局，1964年版。

宋朱熹与弟子赵师渊等撰。朱熹，宋代理学的集大成者，也是中国古代唯心主义哲学集大成的人物。根据该书自序，他编写这部书的动因大致有两方面：一是因为司马光的《资治通鉴》部头太大，内容太详，读者难以得其要领；二是《通鉴》的封建正统思想还不够强，所用《春秋》笔法也不完备，需要按照儒家的纲常名教思想来重新编排。因此他亲自动手，仿所谓《春秋》笔法制订凡例。此书起讫，一依《通鉴》之旧，体裁亦仍取编年的形式，从《通鉴》中节取事实，而每事皆分为纲要与细目二部分，故称为纲目体。纲为提要，顶格大书，模仿《春秋》；其下以分注的形式详叙细节，犹如《左传》。"纲"为朱熹亲自编定，"目"由其门人赵师渊主笔。纲目体比单纯的编年叙事，有眉目清醒之便，是编年体史书的一个重要发展，后世通俗性史书，多用此体编写。《三朝北盟会编》已属此种形式，但《会编》以辑录史料为主，内容力求丰富。朱熹主编的《纲目》，则以封建统治者所需要的记事与评论为主，内容重在简要。由于此书重在书法，意在褒贬，因而正统观念特别强烈。每论一事，皆以"凡"字发之，以模仿《左传》的"五十发凡"。其序文云："岁周于上而天道明矣，统正于下而人道定矣，大纲概举而监式昭矣，众目毕张而几微著矣。"所谓统正于下，即历代争论不休的正统问题。从这一精神出发，他把《通鉴》所记之史事，凡是不符合正统观念的，一律予以改定。如关于三国时的继统问题，从战国时邹衍提出了五德终始说开始，历代皆以合乎五德之运者为得正统，汉代的文人为此引起争论，最后由光武帝依据谶书与当时流行的说法定为火德。魏朝建立时，按照火生土的原则，以土德自居。晋朝建立时，又以土生金的原则，以金德自居。可是魏时三国并立，未能统一全中国，晋虽短期统一，但不久又失去了主要的中原地区，他们的正统地位受到了怀疑。东晋时习凿齿著《汉晋春秋》，以蜀汉代魏，表示晋为直承于汉，虽偏安在江淮之南，依然不失其正统。司马光编《通鉴》时，采取了回避的态度，他说："正闰之际，非所敢知，但据其功业之实而言之。"实际上他是承认魏为正统，不同意习凿齿的意见。到朱熹编《纲目》时，宋政权失去了中原地区，与东晋时的形势相似，所以他主张蜀汉为正统；又唐武后改国号为周，《纲目》则纪唐中宗之年，而书帝在某地，以模仿《春秋》书鲁昭公为三桓逐出鲁国后，寓居乾侯之例等。

《通鉴纲目》撰成于孝宗乾道八年（1172年），总篇幅仅为《通鉴》原书的五分之一左右，由于属抄撮《通鉴》而成，基本无史料价值可言。但因为此体确有简明之便，又自成一体，所以《通鉴纲目》成书之后，不仅受统治者赏识，也受到世人重视，后人用此体著书者也不少。如南宋理宗时，陈均著《皇朝编年举要备要》，举要为纲，备要为目，原为二部分立，共48卷。后人以举要合于备要，改为30卷，所记为北宋九朝之事，故亦称《宋九朝编年备要》。又无名氏撰《中兴两朝编年纲目》10余卷，记高宗、孝宗二朝之事。又无名氏撰《两朝纲目备要》16卷，记光宗、宁宗二朝之事。三书内容相续，南宋时人曾合刻之，为记载宋代历史的通行之书。宋元间金履祥著《资治通鉴前编》18卷和《举要》3卷，断自唐尧，下至战国，以接《资治通鉴》，意在代替刘恕的《通鉴外纪》。后人刻书时，以《举要》之文为纲，散入正文中，遂成为纲目体的形式。其后有陈桱著《通鉴续编》24卷，实为"通鉴纲目续编"，始于盘古氏，到高辛氏为第一卷，以接金氏之《前编》；以唐及五代时期契丹之事为第二卷，以补《通鉴》之所未备；其下22卷，皆记两宋之事，至于帝昺之亡。这都是在《通鉴纲目》影响下写成的重要史书。

（三）郑樵与《通志》

《通志》200卷，郑樵撰。郑樵（1104～1162年），字渔仲，福建莆田人，居县内之夹漈山，学者尊称为夹漈先生。以博学著称，读书为其惟一嗜好，毕生"力学著书"，著作很多，自称："山林三十年，著书千卷。"可惜大部分都已失传。《通志》是他的最后一部著作，也是他的代表性作品。由于他的学问基础深厚，又有许多已成的著作，编撰起来速度很快，全书200卷，从绍兴三十年至三十一年（1160～1161年），用了不到两年的时间便完成了。其书全仿司马迁的《史记》，也是一部纪传体通史。全书组成部分如下：帝纪18卷，后妃传2卷，世谱年谱4卷，略20篇52卷，周同姓世家1卷，宗室传8卷，周异姓世家2卷，列传98卷，载记8卷，四夷传7卷，共为纪、谱（表）、略（志）、世家、列传、载记等六种形式。而书前的《总序》，是一篇绝妙的史学论文，主要阐述了他的广博和会通理论，《通志》就是按照他的这一理论编撰的。可能由于时间迫促，结果其所谓的"通"，实际上只做到了唐代以前各史书的精略总括，而未能以各史书提供的素材，重行铸炼成为一部完整的新书。所以《通志》成书后，很少得到好评。直到清代，才有学者为其翻案，称《通志》"卓识名理，独见别裁。古人不能任其先声，后代不能出其规范。虽事实无殊旧录，而辨名正物，诸子之意寓于史裁"①。梁启超更将郑樵与刘知几、章学诚并称。

的确，即使以我们现在的眼光来看，《通志》的纪传部分也无多少可称道之处，其体裁也没有什么创新之处，但最能体现《通志》价值的是其中的"二十略"。"二十略"的性质与《通典》相近，后人常以二十略单独刊行。二十略之分目为：《氏族略》6卷，《六书略》5卷，《七音略》2卷，《天文略》2卷，《地理略》1卷，《都邑略》1卷，《礼略》4卷，《谥略》1卷，《器服略》2卷，《乐略》2卷，《职官略》7卷，《选举略》2卷，《刑法略》1卷，《食货略》2卷，《艺文略》8卷，《校雠略》1卷，《图谱略》1卷，《金石略》1卷，《灾祥略》1卷，《昆虫草木略》2卷。郑樵本人于《二十略》自负甚高，他说："凡二十略，百代之宪章，学者之能事，尽于此矣。其五略，汉唐诸儒所得而闻，其十五略，汉唐诸儒所不得而闻也。""而以《礼》、《职官》、《选举》、《刑法》、《食货》等五略，虽本前人之典，亦非诸史之文也。"② 这些话在一般人看来近于狂妄，因为各略之文多出于各史之志，其中《礼》、《器服》、《职官》、《选举》、《刑法》、《食货》等略，更多为录自《通典》者。但郑樵说这些话有他自己的理由，在《总序》中他说："夫学术超诣，本乎心识，如人入海，一入一深。臣之二十略，皆臣自有所得，不用旧史之文。纪传者，编年纪事之实迹，自有成规，不为智而增，不为愚而减，故于纪传即其旧文从而损益。"所谓"学术超诣，本乎心识"，说明他有很强的自信心，从而制定了各部分内容的取舍。就《二十略》而言，《氏族略》区分姓氏的由来，得32类，多发前人所未发。《艺文略》区分图书为13大类，并首先使用三级分类法，都是很有创见的。《校雠略》提出了有关目录学的重要理论，如著录图书，不限于现有者，而应包括无者，以便明其源流，并便于寻求亡书。《灾祥略》驳斥了五行灾异之说，称之为欺天欺人的妖妄之学。《天文略》特取丹元子《步天歌》，他说：

---

① 章学诚：《文史通义·申郑》，《丛书集成初编》本。
② 郑樵：《通志·总序》，上海，商务印书馆，1935年版。

"《步天歌》句中有图，言下见象，或约或丰，无余无失，又不言休祥，是深知天者。"又说："时素秋无月，清天如水，长诵一句，凝目一星，不三数夜，一天星斗在胸中矣。"这是很切合实际的。我们如果有兴趣，在空旷之地，朗晴之夜，用这个方法，不难很快尽识满天星斗。可见，梁启超先生评价《通志》说"然仅《二十略》，固自足以不朽"① 是符合实际情况的。

不过在那个时代，他无法完全脱离书本的影响，以致受到了较大的局限。如辨别伪书伪事为郑樵所重视，而《校雠略》说："孔安国《舜典》，不出于汉而出于晋；《连山》之《易》，不出于隋而出于唐，应知书籍之亡者，皆校雠之官失职矣。"实则并非校雠之官失职，而为郑氏未能辨别晚出者原为伪书之故。又如与社会经济发展最有关系的《食货略》仅有2卷，未免简略过甚。《总序》又说："自书契以来，立言者虽多，惟仲尼以天纵之圣，故总诗、书、礼、乐而会于一手，然后能同天下之文，贯二帝三王而通为一家，然后能极古今之变，是以其道光明百世之上，百世之下不能及。"又说："然大著述者，必深于博雅，而尽见天下之书，然后无遗恨。"可见郑樵认为他是以读书之多而通晓了仲尼之道的，也就是他所谓的"心识"，或"自有所得"。他既有此自信，所以口气很大。其实所谓仲尼之道不过是一些"幻影"，经不住事实的考验，所以世人对他的非议，并非无的放矢。但长期以来，史学发展偏重于形式，尤其断代为史，远失史之本义，郑樵所作者虽不足以挽正其失，所指出者，可谓切中时弊，在史学史上应予以较高的评价。

（四）马端临与《文献通考》

《文献通考》，元初马端临撰。马端临（约1254～1324年），字贵与，江西乐平人，他是南宋后期宰相马延鸾的仲子。延鸾曾任史官，家中藏书很多，端临随其父家居。宋亡后，不肯出仕于元，中间曾受地方官之聘，出任过慈湖书院、柯山书院山长、教授，及台州路学校教授等学职，但其主要时间皆在家乡隐居著书。他编撰《文献通考》，用时20余年，至元成宗大德十一年（1307年）全书方告成。仁宗延祐五年（1318年），为道士王寿衍荐于朝。至治二年

---

① 梁启超：《中国历史研究法》，第29页，上海师范大学出版社，1995年版。

（1322 年），官家为之刊行，至泰定元年刊成，马氏被邀亲校，得以流传。

马端临在《通考·自序》中称其著书目的，一方面是为续补杜佑《通典》天宝以后的事迹，另一方面则是由于《通鉴》"详于理乱兴衰，而略于典章经制"，为配合司马光的《资治通鉴》，遂有本书的著述。其材料来源大致有二：一是旧籍，二是当时学者的议论和朝臣的奏疏。《通考》的编纂方法，大体上是将原始材料先按门类排列，然后依时代顺序一条一条地记载，查阅起来比较方便。全书有总序一篇，每一门类又各有小序，阐明设立这一门类的意图，并简略叙述该门所载内容发展演变的过程。《通考》全书共分为 24 门，其标目与卷数如下：《田赋考》7 卷，《钱币考》2 卷，《户口考》2 卷，《职役考》2 卷，《征榷考》6 卷，《市籴考》2 卷，《土贡考》1 卷，《国用考》5 卷，《选举考》12 卷，《学校考》7 卷，《职官考》21 卷，《郊社考》23 卷，《宗庙考》15 卷，《王礼考》22 卷，《乐考》21 卷，《兵考》13 卷，《刑考》12 卷，《经籍考》76 卷，《帝系考》10 卷，《封建考》18 卷，《象纬考》17 卷，《物异考》20 卷，《舆地考》9 卷，《四裔考》25 卷。自《经籍》至《物异》等 5 门，为《通典》所未有者，此外 19 门，皆为《通典》的原目或子目。如《田赋》至《国有》等 8 门原在《食货典》中，《选举》、《学校》2 门原在《选举典》中，《郊社》、《宗庙》、《王礼》3 门原在《礼典》中，其余《职官》《乐》《兵》《刑》《舆地》《四裔》等门，基本上与《通典》相同。《通考》就其体例与内容言，实为《通典》之扩大与续作，但又不全是为续《通典》而作。它的内容也是起自上古，而终于南宋宁宗嘉定年间。所载内容范围也远比《通典》来得广泛，编纂方法也不尽相同。它包括了更多的正史书志门类，而所分的节目比《通典》也更加精密。书中之取材，中唐以前，以《通典》为基础，而作适当的补充。中唐以后，则全是马氏广收博采的结果，尤以宋代部分更为丰富。当时《宋史》尚未成书，而马氏所见到的宋代史料最富，故其中多出于《宋史》以外的资料。取材广博，网罗宏富，可以作为《通考》的另一个特点。此外《通典》首列《食货典》，说明杜佑对于国家经济民生的重视，马氏因之而扩展为 8 门之多，使其比重更为增大。《通典》之《礼典》100 卷，居全书之半，《通考》则《郊社考》等 3 门共为 60 卷，不及全书五分之一。《兵考》详考古今兵制的沿革，纠正了《兵典》只叙用兵方法的偏差，这些都是《通考》的优点所在。

马端临为古代优秀的史学家之一。杜佑所创立的新史书体裁，即以事类为中心叙述历史发展的典志体，郑樵所极力倡导的广博与会通之义，马端临都在实践中予以发展。所用者虽为旧史料，而予以重新组织，表达了新的看法，其中有许多是到今天还很受重视的。如商鞅变法和杨炎实行两税法，对于古代封建社会的发展都有很大的推动作用，马氏对这两个人虽持否定态度，却明确指出其在历史上的重要意义。又如在混乱的五代时期，参加过唐末农民起义的张全义，对恢复洛阳一带的经济生产起过有利的作用，欧阳修在《五代史记》中仅略记数语，马氏在《通考》中则详记其事，并加按语云："全义本出'群盗'，乃能劝农力本，生聚教诲，使荒墟为富实。观其规划，虽五季之君号为有志于民者，所不如也。贤哉！"作了有力的颂扬。又如南宋初年占据湖南的农民军首领马友，在潭州行税酒法，人民感觉很方便，孝宗时，统治者改行榷酒法（官家专卖），为人民所反对，马氏作按语云："县官惟务榷利，而便民之事乃愧于一'剧盗'，何耶？"以"县官"与"剧盗"对比，说明马氏的史学思想是有积极开放的一面的。另外，在史料价值上，它采摘繁富，折衷至当，所存史料远胜过《通典》，尤其是所载宋制，更多为《宋史》各志所未备，其史料价值就更高。

当然，这部书虽有许多优点，其消极面也不少。如商鞅开阡陌与杨炎行两税法都被否定，而采用朱熹《开阡陌辩》之言以评之："商君以其急刻之心，行苟且之政。""杨炎疾浮户之弊，而隳破租庸以为两税。"其结果，"盖一时之害虽除，而千古圣贤传授精微之意，于此尽矣"。所谓"千古圣贤传授精微之意"原是一种幻想，其结论自然落空。其次因全书规模宏大，某些部门便容易失于疏略。如《职官考》全录《通典·职官典》之文，五代部分叙事寥寥。《经籍考》内容虽丰富，而主要依据晁公武的《郡斋读书志》与陈振孙的《直斋书录解题》，有较大的局限性。《舆地考》多本于《舆地广记》，无甚订补，亦失之于陋。就典志体史书而言，《通典》以精密见称，《通考》则以博通为长，各有独到之处，故二书同为代表性的著作。

以上所列举各书，《资治通鉴》、《通志》、《文献通考》，皆以"通"字名其书，此非偶然巧合，实为历史不容分割之义已为当时多数人所认识，这的确是古代史学的一大进步。

四、大型类书的编纂

类书是一种采辑群书、并将各种材料分类汇编以供检查之用的书籍。就其性质而言，它属于一种工具书，但其内容和形式都较为特殊，它兼有百科全书和资料汇编两者的性质，实际上就是百科全书和资料汇编的综合体，所以有人也将类书称为我国古代分类式的百科全书。类书并不属于正式史书的范畴，按传统的四部分类法，它是被归在子部的，而且它的最初出现、发展一直到宋元时期的繁荣，也与史学的发展无直接的关系。类书的直接作用就是备查，统治者之所以重视编纂类书，主要是为了便于皇帝阅览有关治乱兴衰、君臣得失的事迹，作为施政的借鉴；而一些士大夫之所以积极自编类书，则是为了科举应试之用。就今天的眼光来看，类书在史学上的地位是不可低估的。它的出现不仅反映了当时学术发展的一个侧面以及当时社会的文风、学风等等，更重要的是这些类书中都不同程度地保存了大量已经失传的古籍资料，对于后人辑佚和校勘古代史书、订正古代史料提供了有利条件。

据今人考察，我国类书可能在秦汉时已经萌芽，但目前学术界公认的我国第一部类书，是三国时代魏文帝曹丕令手下儒臣编纂的《皇览》一书。《皇览》之后，历代帝王相继仿效，到了隋唐时期，类书的编纂越来越多起来，比较重要的有虞世南任隋秘书郎时所编的《北堂书钞》173 卷，唐高祖武德七年（624 年）命欧阳询等编辑的《艺文类聚》100 卷，太宗贞观年间命高士廉等编辑的《文思博要》1200 卷，高宗显庆、龙朔年间命许敬宗等编辑的《东殿新书》200 卷，圣历年间武则天命张昌宗、宋之问等编辑的《三教珠英》1300 卷，玄宗时命徐坚等人编辑的《初学记》30 卷等十数种，此外，还有包括唐代著名诗人白居易自编的《白氏六帖》在内的私人编纂的几种类书。但这些类书大都早已亡佚，流传到今天的只有《艺文类聚》、《初学记》和《白氏六帖》三种。

两宋时期类书编制出现了一个新高潮。这一时期的类书不仅数量多，分类也更细化，有供一般检查用的，有供诗文取材用的，有专为科举用的，有为幼童启蒙用的，还有备家常日用的。自宋开国到太宗时，统一事业已接近完成，政治比较稳定，经济上也出现了繁荣景象，赵光义为了点缀升平，夸耀文治之盛，不惜人力物力和财力，连续编纂了以百科知识为范围的《太平御览》1000卷、以小说故事为范围的《太平广记》500卷和以词章为范围的《文苑英华》1000卷三部大型类书，加上他的儿子宋真宗赵恒时编的以政事历史为范围的《册府元龟》1000卷，合称为宋代四大类书。此外，尚有晏殊等人编的《天和殿御览》和《类要》、苏颂等编的《迩英要览》、范师道编的《国史类要》等，但除宋初的四大类书外，其他大都已经亡佚。宋代士大夫自编的类书也不少，至今尚存且比较著名的有王应麟的《玉海》、吴淑的《事类赋》、无名氏的《锦绣万花谷》、祝穆等的《事文类聚》、章如愚编吕中增广的《山堂考索》、谢维新的《古今合璧事类备要》、江少虞的《皇朝类苑》、高承的《事物纪原》、孔传的《后六帖》、陈景沂的《全芳备祖》、陈元靓的《事类广记》、叶廷珪的《海录碎事》、潘自牧的《记纂渊海》以及《重广会史》和宋元之际阴时夫的《韵府群玉》等十几种。金、元两朝类书的编纂较少，而且大都亡佚。金章宗泰和四年（1204年）曾命完颜纲等编辑《编类陈言文学》20卷，分类辑录有关宫廷、大臣以及省台六部故事。元文宗时也曾编纂过《经世大典》880卷，但此书是依照唐宋会要体例而编成的。前者已经不传，后者亦大部分散佚。从目前存世的宋元时期的类书看，史料价值最高的还应推宋初四大类书中的《太平御览》、《册府元龟》以及私人编纂的《玉海》和《山堂考索》等。

《太平御览》是宋初李昉等人奉诏编辑的。宋太平兴国二年（977年），宋太宗命李昉等人把前代的《修文殿御览》、《艺文类聚》、《文思博要》和其他各书，分门编为1000卷，到太平兴国八年（983年）完成，原称《太平总类》，因书成后，宋太宗曾按日阅览过全书，故改名《太平御览》。全书分为55部，部下再分类，共计5474类，其分类原则与编排方法大抵是以天、地、人、事、物为序，每类下面再按经、史、子、集顺序编排。这是一部百科全书性质的类书，内容涉及天文、地理、人事等各个方面。书中征引的古籍相当丰富，引书达2579种之多，其中十之七八都已亡佚，今存者不过十之二三，是现存类书中保存五代以前文献、古籍最多的一种类书，而且引书比较完整，多录整篇整段文字。清代阮元序鲍刻《太平御览》曾云："存《御览》一书，即存秦汉以来佚书千余种矣。"其价值之高，于此可见一斑。

《册府元龟》是宋真宗景德年间编纂而成的。宋真宗赵恒继位后，继续了其父编修大型类书的事业，景德二年（1005 年）他命王钦若、杨亿等人从各史书中摘要辑录历代名臣事迹，汇编到一起，至大中祥符六年（1013 年）成书。在编纂过程中，真宗亲自审阅了全稿，书成后又亲自作序，取名《册府元龟》。全书原有正文 1000 卷，目录 10 卷，音义 10 卷，现音义已佚。《册府元龟》是一部具有政事历史百科全书性质的类书，是一部大型的史料分类汇编。它专门辑录自上古到五代的历代君臣事迹，按事类、人物分门编撰，全书共设 31 部，每部前有"总序"，详述本部事迹的沿革；部下又分为 1104 门，每门有"小序"，议论本门内容；小序之后即罗列历代人物事迹，各门材料按年代先后排列。选用的材料以"正史"为主，兼采经部和子部书，但对杂史和笔记小说等则不收录。它的卷数虽与《太平御览》一样，但篇幅却比《太平御览》还多一倍，几乎概括了全部十七史的内容，其中采唐五代各朝实录尤多，所以记唐五代史实更为详细，还保存了大量的诏令、奏议等。该书的编辑，本为皇帝读书览古服务，但同时也为我们留下了丰富的史料，特别是它所依据的史书，都是北宋以前的古本。因此，我们可以利用它的引文来弥补现存史书的缺漏，或订正今本的讹误。但需要指出的是，《册府元龟》所引用的书籍和文献资料都不注明出处，这不能不说是一大遗憾。

除《太平御览》和《册府元龟》外，在宋代个人编纂的类书中，也有不少史料价值较高的，其中史料价值最高的还应推南宋王应麟编的《玉海》和南宋章如愚的《山堂考索》二书。

《玉海》本是一部供科场应试用的类书，它是作者王应麟为应试博学宏词科而编纂的，共 200 卷。此书分类与一般类书不同，其中多录典章制度和文献，经史子集、百家传记无不悉备，保存了不少早已散佚的史料。由于作者多次任史官，有机会取材于实录、国史、日历、会要等，因而所述宋代史实，大都为后世史志所不详，十分珍贵，是宋史研究中不可多得的很有价值的参考资料。书中记事，大致按年代先后顺序排列，不像一般类书那样仅仅分类抄录材料，而多用提要、概述的形式简述事实，遇有不同说法还常常略作考证。体例近于《通典》一类的政书，同时包括了涉及文史方面的多方面知识，又具有一般类书的作用，所以被人们称为"天下奇书"，《四库全书总目提要》更称"其贯串奥博，唐宋诸大类书未有能过之者"。

《山堂考索》是一部专门详于宋朝时政的类书，也称《群书考索》，是章如愚罢官后编成的。此书原为 100 卷，后来曾经过吕中的增广，元明刻本编为前集 66 卷，后集 65 卷，续集 56 卷，别集 25 卷，共计 212 卷。全书共分 52 门，由于四集非作于一人一时，所以不仅体例繁杂，内容也有不少重复和自相矛盾之处。但该书收集资料丰富，保存了不少自先秦到宋代的史料，尤详于宋朝时政，考据也颇有心得。引书则整段摘录原文，并一一注明出处，颇便于参考。

第七章

宋元时期的语言文字

　　宋元时期语言文字学的成就，一方面表现为传统音韵训诂学的发展。虽然宋儒治学疑古蔑经，标新出奇，带有不达古音、望文生训的弊端，但却大大搅活了音韵训诂领域，激发了文化界对这一领域的广泛关注，并由此影响和开启了后来清代的音韵训诂学。另一方面，由于各民族之间的交往日益频繁，尤其是在元代大一统的政治格局下，各民族之间的文化交往与日俱增，因而民族文字的创制、不同语言的翻译以及语言的统一和规范化的研究等，都呈现出空前繁荣的局面。

一、小学的变革与发展

小学的概念在不同的历史时期有着不同的具体内容。汉代刘歆父子用小学指称文字之学，《隋书·经籍志》将文字、音韵一并归于小学，《旧唐书·经籍志》又将训诂类书籍归于小学。从宋代开始，人们便明确地以小学来指称文字、音韵、训诂之学了。

文字、音韵、训诂之学在我国由来已久。文字学包括"字书之学"与"偏旁之学"，着重研究字形；音韵学专论字音；训诂学专论字义。宋人则将三者统归之于小学，也就是说小学研究的核心是形音义三者及其相互关系，但它的落脚点是研究古代文字。宋元时期，正是小学的一个转折期。当时理学盛行，小学与前代相比，稍有逊色，同时又面临着是停滞不前还是另找新路的选择。具体表现为一方面是训诂学的中衰，一方面又是文字学的中兴，在音韵学的研究上也出现了好古与尊今的两极，并相应地取得了十分可观的成就。从时代划分来看，小学在宋元时期呈现出逐级下降的发展趋势。相对而言，北宋比较发达，《说文》的校注，《切韵》的增订，古文字学及古音学的开创，均在北宋。南宋时理学盛行，以谈名物训诂为主的雅学中断，"六书"之学代替了《说文》研究。但是元曲的兴起又给小学研究以新的刺激，推动了小学的发展。

（一）文字学的复兴

关于《说文》的研究。宋元时期的文字学研究，首推徐铉、徐锴兄弟，他们因对《说文》的研究校订而名垂青史。东汉许慎的《说文解字》是我国的第一部字典，它为文字学的发展开辟了广阔的道路。后世治文字之学者，多以《说文解字》为宗。但除魏晋南北朝时吕忱作《字林》、顾野王作了一部《玉篇》30卷以外，没有多大发展。徐铉（916～991年）校订了《说文解字》，即所谓的《说文解字》"大徐本"，不仅对全书传写上的讹误、脱漏等作了认真的补订，给所收的文字全部加上反切注音，还新补了19字于正文中，又以经典相承和时已通用的、原为《说文解字》所不载的402字附于正文之后，将《说文解字》之学推进了一步。其弟徐锴（920～974年）又作了《说文解字系传》40卷，即所谓"小徐本"。内分《通释》30卷，《部叙》2卷，《通论》3卷，

《祛妄》《类聚》《错综》《疑义》《系述》各1卷。二徐是我国文字学的宗师，他们研究《说文解字》的主要成就大致如下：一是发明许（慎）旨，订正其所不及；二是旁推交通，创发新义，成一家之言；三是标举"六书三耦"之说，开启研讨造字理论的风气。徐锴的《说文系传》继往开来，从理论上和实践上奠定了许学的基础；徐铉校订《说文》，使学有所本。他们一起成为恢复《说文》、振兴许学的功臣，为后来研究《说文解字》的极盛状况开了先河。当然二徐对《说文》的研究也有不少缺点，他们的通病就是私改形声字。但总起来说是瑕不掩瑜的。

"六书"之学的兴盛。《说文》经过二徐努力，作为专门学科开始发展起来了。但到南宋时，文字研究的中心发生了变化，这就是从《说文》到"六书"的转变。"六书"之学本起于先秦，但许氏《说文》之后，"六书"之学渐渐式微。到南宋时这种情况出现了转机，表现最为突出的则是当时关于"六书"问题的讨论。徐锴曾提出"六书三耦"之说，此后，治文字学者关于六书理论的争论日益激烈。六书中象形、会意、指事、形声四书多能尊重许说，只在具体字的归类上小有分歧，但其中关于转注、假借二书却分歧很大。徐锴提出一字数用为假借，一字数义为转注，成为"义转派"的先驱。宋张有《复古编》以一字而异声别义者为转注，同声别义者为假借，又开"声转派"的先河。郑樵《六书略》又以为假借不离音义，大类可分有义之借和无义之借，从字形结构上分别类属，转注别声与义，故有建类主义、建类主声、互体别声、互体别义四种，则成"形转派"的鼻祖。凡此种种，虽未必尽合许慎六书本旨，却别开了文字学研究的新局面。

六书理论研究的直接成果则是产生了一系列打破《说文》部居、按照对六书新认识编撰的字书，这也是许学发展的又一表现，这些字书可称之为《说文》的变例或六书派字书。如郑樵的《六书略》、戴侗的《六书故》、元代杨桓的《六书统》和《六书溯源》、周伯琦的《说文字原》和《六书正伪》等。这些著作虽多为后代学者所鄙薄，但也有很有价值的，如戴侗的《六书故》。此书是戴侗穷30年功夫写成的，它虽在编纂体例上存在深刻的矛盾之处，但在考释文字的方法上却有不少真知灼见。如用金文作证，用新意来解说文字；词条明确地列出本义和借义的义项；明确运用声转等术语；找出"六书"与"因文求义"、"因声求义"之间的对应关系等。他一一衡量"六书"与声音的关系，得出了"夫文，生于声者也。有声而后形之以文。义与声俱立，非生于文也"的结论，并发出了"夫文字之用莫博于谐声，莫变乎假借。因文以求义而不知因声以求义，吾未见其能尽文字之情也"①的感慨。唐兰先生在《中国文字学》中曾说过："（戴侗）对于文字的见解，是许慎之后唯一的值得在文字学史上推举的。"

当时与六书派字书分庭抗礼的有主张因形求义的所谓创新派字书。创新派字书以王安石的《字说》、王子韶的《右文说》为代表，他们大胆创新，对传统六书进行变革。王安石的《字说》完全荡弃六书，不管文字原来是取形声还是转注、假借，一切都说以会意，认为文字的一点一画、一形一声都有意义，出于自然。王子韶的《右文说》则一改前人看形声字都以为字义在形旁的习惯，认为字义起于字音，形声字声旁兼有意义。也就是说，《右文说》是从形声字声符中系统地推求字义的，仍属于以字形说义的范围。从文字学的角度看，王安石的《字说》违背造字规律，任情发挥，而《右文说》则在一定程度上揭示了转注造字的真谛以及同源字命名取意的特点，由一字一义的研究发展为对形声字系统的推求，其文字学上的价值似乎要高一些。但《右文说》以为形声字皆有义，又走向了另一极端，并未完全达到以声求义的目的。不过创新派字书在当时的影响是相当大的，尤其是《右文说》对后世的由声音贯串训诂开了先河。

在宋元字书中，也有严格按照《说文》的体例而编撰的字书，最著名的就是《类篇》。全书共收 31319 字，重文 21846，共 53165 字。它以《说文》为本，继承了《说文》、《玉篇》的系统而稍加改变，以讲音义为主而兼探讨字原，阐明古今字体变化，体例谨严，引证简明，有较高的实用价值，对后世影响很大。

古文字学的开创。"古文字"一词，最初见于《汉书·郊祀志》"张敞好古文字"一语。这里所说的古文字，一是指战国时通行于六国的文字，一是指铜器款识里的文字。汉代小篆而外，有所谓"伪古文"，亦即所谓"孔壁书"的文字，许慎《说文解字》中间或附有一二字，曹魏《正始三体石经》则每字皆

---

① 戴侗：《六书故·六书通释》，《四库全书》本。

有古文。汉魏以降，又不断有竹简、石鼓、金石文字出土，古文字也逐渐引起世人重视。但是宋人对于金石文字的研究开始并不是一种有意识的活动。他们收集铜器铭文的谱录，先是出于好奇，继而逐渐进行研究。从现存文献看，人们认识金文就是从宋朝开始的，而考释古文字的第一人应推北宋学者吕大临。

吕大临（1046～1092年），字与叔，蓝田人。他将平日自己传摹图写的铜器铭文编次成书，名《考古图》，并作了释文。他从金文与小篆的比较入手概括出考释古文的基本方法，并用这些方法考释出数百个字。《考古图释文》是古文字学的第一本书，它从基本纲领及基本方法上为古文字研究开辟了一条新的道路。此外，还有刘敞的《先秦古物记》、欧阳修的《集古录》、王黼的《博古图录》、赵明诚的《古器物铭》等。薛尚功著《历史钟鼎彝器款识法帖》20卷，著录历代彝器510件，除摹录文字外，并加考释，更是给后人提供了大量的资料。

宋人娄机撰《汉隶字源》6卷，分考碑、分韵、辨字、碑目等部分，录有汉碑309种，魏晋碑31种，各记其时间地点及书写人姓名。洪适又著《隶释》、《隶续》。洪书是从汉代碑版上一字一字撷录下来，并注明了出处，不但每一个字皆有根据，而且可以作为汉碑内容的索引。此二人专门从事汉隶研究，在宋代文字学研究中可谓独辟蹊径。

（二）音韵之学的分化

宋元时期的音韵之学在我国古代音韵学史上占有非常重要的地位。当时音韵学一度与文字学取得了同步的进展。在北宋，一是发展"今音学"，编定《广韵》，一是重振《说文》之学，作《中原音韵》。后者有"六书"学代表作《六书故》，二者几乎是同时兴起，相关变异，而成就较高的音韵学向文字学渗透，又逐步同训诂学沟通，更是值得关注的学术动向。

1.《广韵》的编纂。宋代曾官修《广韵》三种，现存的是宋陈彭年、丘雍等人第二次奉敕修订本，全名《大宋重修广韵》。全书分206韵，收字2万6千多，反映了我国中古时期的语音情况，是研究古汉语音韵的重要依据。由《切韵》扩充编成《广韵》，是宋元音韵学上的一件大事。自从《切韵》散失、仅存残卷以后，《广韵》的历史地位就更高了。黄侃《与友人论治小学书》提出："音韵之学，必以《广韵》为宗，其与《说文》之在字书轻重略等。"①《广韵》的成书，凝聚着唐宋学者的心血。从《切韵》的写成（601 年）到《广韵》的编定（1011 年），前后经历了 410 年。其间对《切韵》的改进作出较大贡献的，主要有唐德州司户参军长孙讷言的笺注（677 年），有唐衢州信安县尉王仁煦的增字刊误（706 年），有唐陈州司法孙缅的重为刊定，改名《唐韵》（751 年），后又有音韵学家李舟改变《切韵》的韵部次序，更为宋人重修《广韵》所本。但《广韵》的反切，还是依据《切韵》的，因此从《广韵》里大体上可以考见《切韵》的反切。

与《切韵》相比，《广韵》的韵部分得更细了，把原来的 193 韵扩展为 206 韵。但书的宗旨，仍一似《切韵》，兼顾审音与作诗检韵两者。审音必须从严，作诗不妨求通，因而《广韵》韵目下注以"同用"、"独用"字样。这些注文，当出于邱雍等人之手。《玉海》卷四十五就说："景德四年，龙图待制戚纶等，承诏详定考试声韵。纶等以殿中丞丘雍所定《广韵》同用、独用例，及新定条例参正。"②

《广韵》5 卷，按四声分部。平声字多，分上下两卷：上平 28 韵，下平 29 韵，实为 57 韵。上、去、入三声各一卷：上声 55 韵，去声 60 韵，入声 34 韵。全书共 206 韵。《广韵》立 206 韵目，虽然繁琐，却很重要。因为这些韵目都已成为中古汉语韵母的代表字，离开这些韵目，就无法考求中古汉语的韵母系统。

2. 韵部的合并。宋、金学者认为《广韵》分韵过细，不便掌握，就一再对可以合并的韵部，尽可能合并。合并的结果是演变成近代的诗韵。

宋景祐四年（1037 年），丁度等人以丘雍的《韵略》（实为《广韵》的略本）为基础，改并《广韵》注明"独用"之韵 13 处，成《礼部韵略》。"礼部"管科举取士，《礼部韵略》自是科举作诗叶韵的官书。继而金崇庆元年（1212 年），韩道昭编定《五音集韵》，把《广韵》206 韵并为 160 韵，开了合并《广韵》韵部的先例。大约与《五音集韵》同时或者稍后一些，金人毛麾编成《平水韵》。后起的《平水韵》有两种。一种为 106 韵：平声 30 韵，上声 29 韵，

---

① 黄侃：《与友人论治小学书》，载《唯是学报》第三册，1920 年。
② 王应麟：《玉海》，《四库全书》本。

去声 30 韵，入声 17 韵。即是把宋代《礼部韵略》注明"同用"之韵尽行并合，又把原注明"独用"的上声"迥""拯"及去声"径""证"也各并为一部。如金正大六年（1229 年）王文郁的《平水新刊礼部韵略》（简称《平水韵》），成为元、明、清以来"近体诗"押韵的依据，也是明《洪武正韵》和清《佩文诗韵》的祖本。正大八年（1231 年）张天锡的《草书韵会》、宋末元初阴时夫编的类书《韵府群玉》亦依 106 韵编次。另一种为 107 韵，只有上声"迥""拯"不并而已。如宋淳祐十二年（蒙古宪宗二年，1252 年）刘渊的《壬子新刊礼部韵略》即是，但刘书今已不传。元初熊忠的《古今韵会举要》也按刘渊韵目编次。特别是 106 韵，更为人们所乐用，成了元明清作近体诗者押韵的依据。元代周德清的《中原音韵》彻底推翻了旧韵书的束缚，它根据元代北曲用韵，分 19 部，46 个韵母，用以作曲子的押脚。是书首倡"平分阴阳，入派三声"之说，反映了元代北方话的语音实况，是北音学的奠基之作，也是研究近代以北音为主的普通话语音的重要资料，甚至可以说现代语言语音的规范化，也溯源于此书。

此外，丁度等人还撰有《集韵》10 卷，仍分 206 韵，收字则多至 53525 字，是我国收字最多的一部韵书。

3. 古音研究的开端。古音学研究是以《广韵》为阶梯进入先秦西汉古音的探索的。古音学的可贵之处在于：透过汉字，发现本音。这就与现代语言学的观点有些接近了。但古音学的开创，却走了"之"字形的道路。

早在汉代，经学大师郑玄已明白语音的古今差别。戴震《声韵考》指出："郑康成笺《毛诗》云：古声镇、真、尘同。又注他经，言古者声某某同，古读某为某之类，不一而足。是古音之说，汉儒明知之，非后人创议也。"郑玄弟子刘熙《释名释车》也说过："车，古者曰车，声如居，言行所以居人也；今曰车，车，舍也，行者所处若车舍也。"郑、刘都知语音的古今流变。但六朝以降，经学衰微，古音失传，文人学士读《诗经》，每逢韵语不协之处，竟不知这出于古今音的变异，反而以当时语音为本，去改读古音以求韵脚和谐。这种做法，"六朝人谓之'协句'。颜师古注《汉书》谓之'合韵'"。如《诗·邶风·燕燕》："燕燕于飞，下上其音。之子于归，远送于南。瞻望勿及，实劳我心。"沈重《毛诗音》于"南"字下注："协句，宜乃林反。"强读"南"字

《千字文》残卷　徐铉
纵27.7厘米　横90.5厘米
黑龙江省博物馆藏

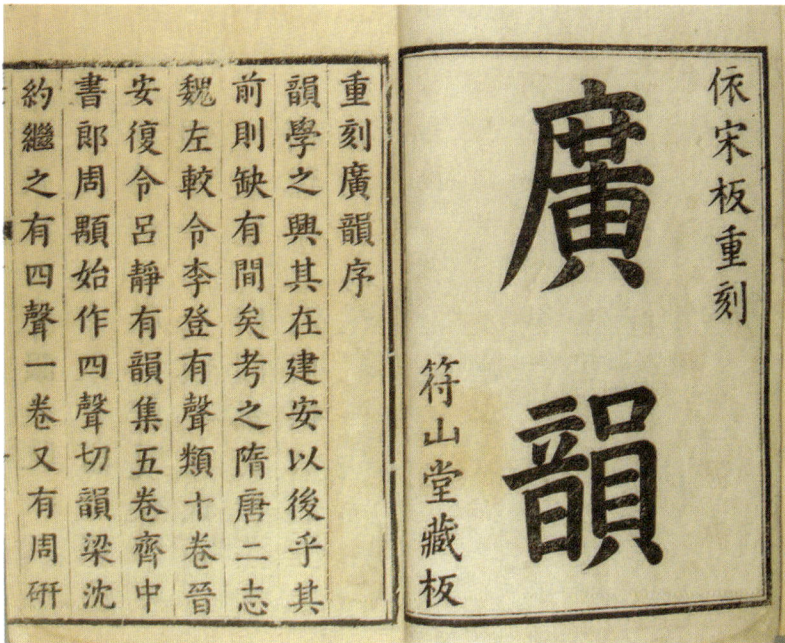

《廣韻》

依宋板重刻

廣韻

符山堂藏板

重刻廣韻序

韻學之興其在建安以後乎其
前則缺有間矣考之隋唐二志
魏左較令李登有聲類十卷晉
安復令呂靜有韻集五卷齊中
書郎周顒始作四聲切韻梁沈
約繼之有四聲一卷又有周研

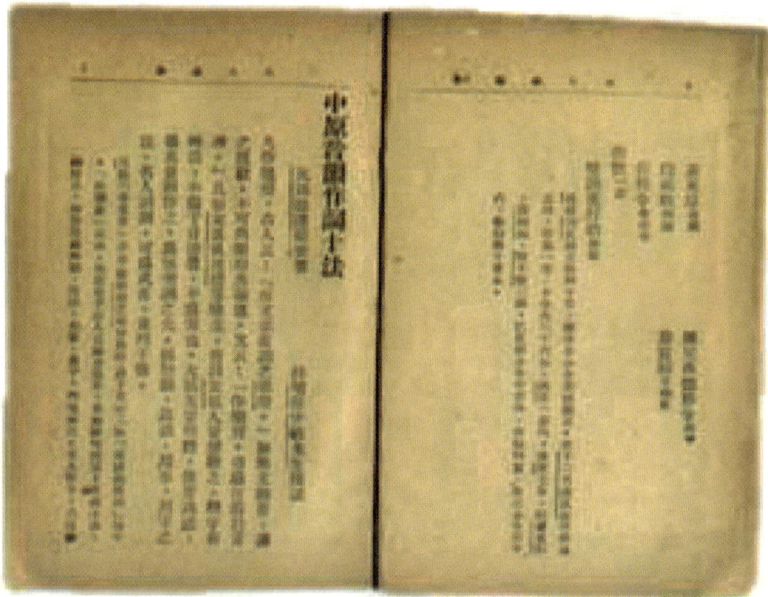

《中原音韻》

辽 《道宗皇帝契丹文哀册》
辽宁省博物馆藏

乃林切，来与"音""心"叶韵。陆德明《经典释文·毛诗音义》虽引沈说，但也自有主意，特加说明："今谓古人韵缓不烦改字。"意谓古人用韵较宽，不象后世那么苛细。

这是个很好的意见，唐人不重视，以致开了改经叶韵的恶习。开元十四年（726年），唐玄宗读《尚书·洪范》"无偏无颇，遵王之义"，以为"颇"、"义"不押韵，就改"颇"为"陂"来协读。直到宋宣和六年（1124年），徽宗诏《洪范》复从旧文，仍用"颇"字。这一改正，当与北宋学者的古音探索有关。

宣和进士吴棫受到陆德明"古人韵缓不烦改字"一语的启发，提出了古音韵部通转之说。他研究《诗经》、《楚辞》，按照《广韵》的韵目，把古代韵文的韵脚字统摄起来，在韵目下注明"古通某"、"古转声通某"、"古通某或转入某"之类字样，写了《毛诗叶补音》、《楚辞释音》、《韵补》等书。只有《韵补》一书今存。他没有给古韵分部，后人依他所注明的通转来归类，才得出古韵九部（东、支、鱼、真、先、萧、歌、阳、尤）。他的同乡亲戚徐蒇为《韵补》作序，肯定古韵文"无不字顺音叶"，这便划清了古韵通转说与六朝"协句"说的界限。徐还提出"音韵之正，本诸字之谐声"一语，开了清人从文字的谐声偏旁考求古本音的途径。

（三）训诂学的转折

宋元时期，是中国封建社会由积弱到衰败的时期，也是中国历史上民族矛盾和阶级矛盾都十分尖锐的时期。当时理学盛行，流风所播，这一时期的经学训诂，好务高远精微之论，而少扎实深厚之功。概而言之，大致表现出以下一些特点：

疑古蔑经，标新立异，开拓新境界，是当时训诂学最显著的特点。汉唐诸儒好古崇实，轻信寡疑，一言一义，立说必有师承，即使与古义相违，也能实事求是，因端发挥。宋元诸儒一反隋唐以来因循守旧的风习，不法古人，标新立异，创新多于守旧。二徐研究《说文》，原意在祛妄复古，却为研究许书开辟了新径，蔚成专门。王安石以政治家兼学者，才高学博，锐意改革，其《三经新义》多借古喻今，议论风发。《字说》随意立说，不遵六书，虽不免虚妄，却开启一代风气。《右文说》以谐声字声中有义，类聚群分，有助于词汇系统和字族字源的研讨，流波至于近代。至于增定《广韵》，制定《集韵》以来，韵书代有新制，此虽无关训诂宏旨，也可见当时学术创新成就之一斑，并非如清人所说的无可称道。

长于议论，重视规律的探讨，是宋元训诂学的又一特色。汉代训诂学长于求实，短于务虚，文简而义奥，义例多而不明。义疏学兴起，虽有义理之阐发，要皆泥守古注，始终在汉儒训诂范围里盘桓，很少新的理论建树。宋代诸儒中的有识之士，不甘株守成就，意欲直接从经书中寻讨义理，自由发挥切合时务的见解，所以长于议论，重视理论方法和规律的探讨。以字学理论而言，徐锴的"六书三耦"说，在六书理论中自成一家，至今还是研究文字结构发展的重要参考书。他对许书体例的见解，关于词义变化和词汇变化规律的研究，乃至传注《说文》的方法，都给其后研究六书和《说文》的人以重要影响。关于语言内部音义关系的理论，魏晋以后很少有人深究。"古文"说以谐声字声符有义，尽管拘泥形体，还不完全是从语言角度研究音义关系。但这一问题的提出，是因声求义的训诂方法的开端。只是这些重要问题的探索，在理学盛行之际，独唱而寡和，不成系统，未成风气罢了。

宋儒好求义理，研讨规律，往往好作奇想，连类而及，治学博杂而少专精，这也是有别汉唐诸儒终生守一经、白首而后能言的特点。宋明学者中有才学的人，往往是通人和杂家。如王安石、陆佃、郑樵、朱熹等，都出入佛、老，参观百氏，雅俗杂糅，著述繁多而少专精。郑樵以博学睥睨当世，其《通志》洋洋 200 卷，真知灼识，曾不多见。博大必难期于精深，势必疏略歧异，得一遗十。这一点连朱熹也不能免。

宋明学者旨在穷理尽性，学无律例，不轨家法，所以每创一说，或先后互歧；每立一言，或游骑无归。他们疑古创新而语无佐证，往往陷入虚妄。如《易》有"十翼"，《汉书·艺文志》明文记载，而欧阳修则疑"十翼"之名始于后世。元儒俞玉吾甚至说"序卦"、"杂卦"之名始于唐韩康伯，置先代史籍于不顾。又如苏辙、欧阳修等疑《周官》，司马光、李觏、冯休等疑《孟子》，朱熹疑《诗序》，孙觉、张载排斥《春秋》三传，立说偏颇，殆成风气。于真者既疑其为伪，于伪者反信其为真；疑其不当疑，信其不当信。本末倒置，去取失据，大抵由排斥汉唐、疏于考证所致。

宋儒不达古音，舍声求义，以今充古，穿凿附会，也是宋元训诂学的一个特点。二徐已昧于形声相从之例，执今音以绳古音，谐声多改为会意。至王安石作《字说》，偏执会意，语多牵合。陆佃、郑樵又奉《字说》为圭臬，由是舍声说字，代之以形说字，以意说字。戴侗以后，字学家变乱古文，随心造字，随心作解，字义训诂，遂注凿空。这种风气，直接影响了经书注释。朱熹的训诂卓然一家，仍沾染宋儒风气，不求甚解。如《孟子·梁惠王章句》"为长者折枝"，赵岐注"折枝"为"解罢枝"。"枝"即"四肢"，"罢"与"疲"古字通用，"解罢枝"就是松动疲劳的肢体。"折枝"本是古语，朱熹弃古注不用，却解为"折断树枝"。看似明白易晓，实际望文生训。

以上特点反映到训诂学中，表现出来的就不仅是雅学的中衰，而且还有文字学、音韵学向训诂学的渗透。如当时曾盛极一时的王安石的《字说》和王子韶的《右文说》，都带有训诂学的影子。所以唐兰先生说："二王的文字学，按实是训诂池。"宋代关于《尔雅》的研究也往往与王安石的《字说》有关。如陆佃的《尔雅新义》、《埤雅》，虽博极群书，而且注重调查，对所举动植物的形状、习性等均有较为切实的描述，但其间也多引王安石的《字说》，以自然现象比附社会现象，进行封建政治说教。

在宋元时期的雅学研究中，值得一提的是南宋罗愿的《尔雅翼》。此书一反宋人那种牵强附会、滥用礼教套语的不良文风，同时又吸收了陆佃等人对《尔雅》研究的优点，也更加注重调查研究，因而取得了较高的成就。《尔雅翼》的精华在辨别类似之物。王应麟《尔雅翼后序》称赞它"即物精思，体用相涵，本末靡遗"。此后，随着理学的盛行，雅学中断，直到明末方以智撰《通雅》，雅学才重新兴盛起来。

另外，值得一提的是宋元时期汉语语法研究方面的进步，其主要标志就是研究虚字专著的出现。小学家将字分为虚实大约始于唐初孔颖达，到二徐研究整理《说文》时渐见分晓。当时人们将虚词称为语助，宋代语助越来越受重视，南宋的陈骙更是把运用虚字与写好文章联系到一起。又经过一段时间的发展，元代初年，中国第一本虚字专著——《语助》就出现了。《语助》，元代初年卢以纬作。全书共计66个条目，分析单音虚字和复音虚字共120多个。全书以辨析字义的差异见长，不少条目发前人之所未发，同时还开启了以口语解释文言虚字的先例。《语助》虽属草创之作，但它是从训诂学、辞章学里分离出来的独立进行虚字规律研究的第一本书，为汉语语法学的创立开了先河。

总之，宋元时期的训诂学是这一特定历史条件下的学术，既不同于汉唐，也有别于清代。它突破了传统训诂学的束缚，作了大胆的探索，所开拓的新领域的实际收获虽说不多，但足以开启心智，昭示来人，以踵成其说。清代的音韵学、《说文》学、《尔雅》学、考据学、校勘学、辑佚学，乃至金石学、古文字学等等，无不因宋明诸儒开端而光大其业。若没有宋儒的疑古创新精神，汉代训诂学中的许多重要课题很可能仍旧沉埋无闻，清代学者就无从"借他山之石以为错"了。可以说，正是在汉唐训诂学实事求是、无征不信的学风和宋元训诂学创新精神的浇灌下，才出现了后来清代学术的全面复兴，产生了清代训诂学这朵艺苑奇葩。

当然，尽管宋明时期的训诂学有所创新，有所发现，有所前进，但是实际成就不大，它的发现又多是当时尚未佐证而经后代学者论定了的。如古音学、音义理论和方法、六书理论等等，当时仅发其端。而此间大量的训诂著述是理学的产物，或受理学影响很大，并非严格意义上正文字、辨音读、考名物、以语言解释语言的训诂学著作。因此我们说，宋明训诂是中国训诂学史上的重要环节，但是它处于中衰的阶段。

二、民族文字的创制

宋元时期，契丹、党项、女真、蒙古等民族逐鹿中原，先后建立了辽（907～1125 年）、夏（1038～1227 年）、金（1115～1234 年）、元（1271～1368 年）等王朝。与魏晋南北朝时的少数民族不同，他们在建立王朝之前，并没有与汉族杂居；建立王朝以后，也采取了与北魏不同的政策。他们反对本族人学习汉语，主张使用本民族的语言，并相应地创制了本民族的文字。这应该是民族自觉的表征。

（一）契丹文字的创立

在当时并立的几个王朝中，契丹族建立的辽国建国最早。契丹是我国古代北方的一个游牧民族，契丹族首领耶律阿保机统一各部后于公元 907 年自立为皇帝，国号契丹。王溥《五代会要》卷二十九说："契丹本无文纪，唯刻木为信，汉人之陷番者以隶书之半加减，撰为胡书。"契丹王朝建立后，曾参照汉字先后创制了两种不同类型的文字：契丹大字和契丹小字。这是我国东北少数民族创制文字的先声。根据《辽史》卷 2 记载："（神册）五年春正月己丑，始制契丹大字。……九月……壬寅，大字成，诏颁行之。""回鹘使至，无能通其语者，太祖曰：'迭剌聪敏可使。'遣迓之。相从二旬，能习其言语，书因制契丹小字，数少而该贯。"① 契丹文字行用于我国北方近 300 年，直到金章宗明吕二年（1191 年）十二月"诏罢契丹字"，以后便渐渐失传。据史书记载，契丹字通行时，曾用来撰写和翻译过很多书籍，可惜也都已亡佚。今天所见除《燕北录》所录符牌上的 5 个契丹字之外，其他全为金石文字，而且这些金石铭文又大部分是本世纪被发现的，其中比较重要的有《郎君行记》碑、《静安寺碑》、《故太师铭石记》、《萧孝忠墓志》、《耶律延宁墓志》、《北大王墓志》、《萧令公墓志》（残石）、《故耶律氏铭石》、《萧仲恭墓志》、《许王墓志》、《耶律仁先墓志》等。

以上资料，到底哪些是契丹大字哪些是契丹小字，有不少还在争论之中。从现在掌握的材料看，由于契丹语音已失，现保存下来的语言文字材料又极少，解读起来难度很大。尤其是契丹大字，由于资料较少，而且不是拼音文字，解读起来难度就更大，直到目前为止，进展不大。对于契丹小字的研究，比起契丹大字来要深入得多。目前所说的对契丹字的研究，主要就是指小字。现在已经初步确定了 378 个原字的字形，并已拟出 140 多个原字的音值，解读出 300 多条词语。

（二）西夏文字的创立

西夏是以我国古代党项族为主体建立的封建王朝，国号大夏。其地域包括今宁夏、甘肃大部、陕西北部、内蒙古自治区西部和青海北部，首府兴庆（今宁夏银川市）。境内除党项族外，还有汉、藏、契丹、回鹘等族。西夏立国凡

---

① 《辽史·皇子表》，北京，中华书局，1974 年点校本。

190 年，共传 10 代帝王。前期与北宋、辽并立，后与南宋、金鼎足，公元 1227 年为蒙古所灭。此后，党项族历元、明而渐同化于其他民族之中。

西夏文创制于西夏建国前夕，即第一代皇帝李元昊时期。当时称为番书或番文，后世始称之为西夏文。据《宋史·夏国传》载："元昊自制番书，命野利仁荣演绎之，成 12 卷，字形体方整类八分，而画颇重复。"① 根据目前的了解，西夏文也属于表意文字体系，计有 6000 余字。它形体方整，结构复杂，与汉字形体相仿，也由点、横、竖、撇、捺、拐、提等基本笔画组成，也有楷书、行书、草书、篆书等之分。其构字方法也吸收了汉字"六书"的某些原则，但由于它是仿汉字而创的，因此象形字、指事字极少，而以类似汉字中的会意字、形声字为主体，这两种字约占所有西夏字的 80％左右。西夏文字虽是仿汉字而成，但也有其独创的构字方式。

西夏文字从构成上看可分为单纯字和合体字两大类。单纯字笔画较少，这些字构成新字的机会较多，是组成文字的基础。它又可分为两种：一种多记录常用词，有其固有的字义。另一种为借词、地名、人名或佛经真言注音，造字时常以其部分或整体与其他字合成新字——音意合成字，在新字中起标音作用。合体字包括合成字和互换字两类：合成字一般是由两个字组成一个字，它又可分为会意合成、音意合成、音兼意合成、间接音意合成、反切合成、长音字合成等数种。互换字是把一个字中的两个部位交换位置组成新字。新组成的字和原来的字往往在字义上有密切的关系，它们常连起来共同组成一个词或词组。这类字在西夏文中占有相当比重，也是西夏文构字中的一个特殊类别。

与汉字相比较，西夏文有不少鲜明的特点。从字形上来看，西夏文字比汉字更为繁复，大部分在十画以上，而且斜笔较多。在文字构成上会意字较多，音意合成字比汉字形声字少，类似拼音构字法的反切上下字合成为西夏文所特有，左右互换字比较丰富。西夏文没有汉字那样明显的偏旁体系，音意合成字的表意部分也不表形，但大多与组成它的表音字同音。用西夏文记录的语言为西夏王朝主体民族党项羌的语言，当时党项人自称"名"语，汉人称其为"番"语，亦即我们所谓的西夏语。

----

① 《宋史·夏国传》，北京，中华书局，1985 年点校本。

西夏文创制后，西夏统治者即大力推行。史载"元昊既制番书，尊为国字，凡国中艺文诰牒尽易番书"。当时西夏与各王朝、地方政权间的往来，都使用西夏文字。西夏文使用范围较大，使用时间也较长，不仅在整个西夏时期推行使用，西夏灭亡后的一个很长时期内仍有一些地方继续使用西夏文字，前后使用了近 500 年的时间。当时西夏文和西夏语的研究也达到了相当高的水平，编印出了多种不同类型的西夏文字典、辞书，其中不仅有以声分类和以韵分类的大型字典，还有西夏文—汉文双解语字辞典等。所以现在西夏文字虽已成死文字，但保存至今的文献相当丰富，包括法律、历史、文学、医学、字辞典、佛经、金石文字及官私文书、译自汉文的典籍等，总计不下数百万字。

（三）女真文字的创立

女真文字是金太祖阿骨打天辅三年（1119 年）以契丹、汉字为基础加减变化其笔画、或取其音、或取其义制成的。据《金史》卷七十三记载："希尹乃依仿汉人楷字，因契丹字制度，合本国语，制女真字。"另据记载，女真文字也有大与小的区别。大字为完颜希尹所制，于金太祖天辅三年颁行；小字创于熙宗时，于天眷元年（1138 年）颁行，皇统五年（1145 年）初用。到金章宗明昌二年（1191 年）下诏停用契丹大字，应该是女真文字完全取代契丹大字的象征。女真文字曾在中国北方部分地区推行、使用达 5 个世纪之久。但随着金亡元兴，蒙古字逐渐成为女真族的书面文字，到明朝中叶，女真人反而不懂金太祖、金熙宗时所创的本民族文字了。据《明英宗实录》卷一一三载：明正统九年（1444 年），女真族出身的玄城卫指挥上奏明英宗，"臣等四十卫无识女真字者，乞自后敕文之类第用达达字"，达达字即指蒙古字。但女真口语与蒙古字之间有颇多矛盾之处没法解决。到努尔哈赤之时，女真族从东北重新崛起，皇太极继位后，民族名称也由"女真"改为"满洲"。在民族统一过程中进一步发现，女真语与蒙古文之间的矛盾已直接影响到了满族共同体的形成，于是在明万历二十七年（1599 年），清太祖努尔哈赤命额尔德尼和噶盖创制满文："以蒙古文字合我国之语音，联缀成句。"[1] 清太宗将国号"金"改为

---

[1]《清太祖高皇帝实录》卷三，北京，中华书局，1986 年影印本。

"清"后，又命达海改进满文，就成了现在的"因音而立字，合字而成语"的新满文，从此女真文字逐渐散佚。目前传世的女真文字只有一种，到底是大字还是小字尚有待证实。

女真文字的研究解读虽然迄今仍没有取得突破性进展，但它与契丹文的状况不一样。契丹文的现存资料很少，且基本都是后来发现的，而现已发现的女真文的金石刻、墨书题记及书面材料等都是早就存在的，有的甚至在宋、明人的著作中已有著录，只是长久以来没有被人们注意而已。直到19世纪因为"女真学"的抬头，女真文的材料才被人们寻找出来进行研究。在这些材料中，金石铭文占有相当重要的地位。

在女真文的金石刻中，占有重要地位的又是石刻，这主要包含碑文和摩崖石刻。因为石刻字数较多，有的且有汉字对照，易于解读，著名的如《女真进士题名碑》、《大金得胜陀颂碑》、《奴儿干都司永宁寺碑》、《朝鲜北表郡女真国书摩崖》、《朝鲜庆源郡女真国书碑》、《奥屯良弼钱饮碑》、《奥屯舜卿诗碑》、《昭勇大将军同知雄州节度使墓碣》等。印、镜铭文等也有不少发现，只是因为它的文字少，价值也难以与金石刻相比。墨书题记方面则有内蒙古自治区呼和浩特东部白塔上女真字题壁、科右中旗都尔基公社毛都营子屯女真墨书题记以及《女真字文书》残页等。

此外，明代解读女真文字的工具书《女真译语》的发现对女真文字的研究解读有重要意义。《女真译语》是明朝所编《华夷译语》的一部分。明朝编《华夷译语》原为处理属部、属国进贡、封官等公文之用，前后共编辑了3次。最初明太祖洪武十五年（1382年）编的《华夷译语》只有蒙古字的《鞑靼译语》一种。明成祖永乐五年（1407年）设立"四夷馆"。这时明朝版图已扩大，遂分蒙古、女真、西番、西天、回回、百夷、高昌、缅甸八馆，隶翰林院，取举人、监生年少者入翰林院习"夷"字，称为译字生，以通事为教师。各馆都编有《译语》以为译字生学习和翻译往来公文之用。各馆《译语》大体上都分为"杂字"和"来文"两部分。"杂字"专辑语汇，除以汉义对照外，并以汉字注写读音。"来文"则移录当时进贡表文，"夷"汉字对照。其中的《女真馆译语》（简称《女真译语》），便成为解读女真文各种资料的工具书。其后，明朝会同馆又编了一种《华夷译语》，只有语汇，没有来文；语汇又只有汉字写音，没有原文。编辑的目的是为通事口译所用。其中也有《女真译语》，对研究女真文字也有参考作用。

（四）蒙古文字的创立

1. 回鹘式蒙古文的创制。蒙古族创制文字，走的是与契丹、党项、女真不同的道路。蒙古族本是一个游牧民族，原来也并无文字。据南宋人赵珙《蒙鞑备录》等书记载，蒙古族在使用文字之前，"凡发命令，遣使往来，止是刻指以记之"，"行于鞑人本国者，则只用小木，长三四寸，刻之四角。小木即古木契也"。公元 1204 年，成吉思汗征服乃蛮部以后，开始用回鹘字母拼写蒙古语，后人称这种文字为回鹘式蒙古文。这在《元史·塔塔统阿传》中有明确记载："塔塔统阿，畏兀（即回鹘，今作维吾尔）人也。性聪慧，善言论，深通本国文字。乃蛮大扬可汗尊之为傅，掌其金印及钱谷。太祖（成吉思汗）西征，乃蛮国亡，塔塔统阿怀印逃去，俄就擒。帝（成吉思汗）诘之曰：'大扬人民疆土悉归于我矣，汝负印何之？'对曰：'臣职也，将以死守，欲求故主授之耳，安敢有他！'帝曰：'忠孝人也！'问是印何用，对曰：'出纳钱谷，委任人才，一切事皆用之，以为信验耳。'帝善之，命居左右。是后凡有制旨，始用印章，仍命掌之。帝曰：汝深知本国文字乎？塔塔统阿悉以所蕴对，称旨，遂命教太子诸王以畏儿字书国言。"[①]

回鹘式蒙古文是一种拼音文字，字母来源于回鹘文，有表示元音的，也有表示辅音的。蒙古语同回鹘语关系比较密切，它们不但在类型上同属粘着语，而且彼此有大量的共同成分，尤其在语音系统上很接近。这也可能是蒙古文借鉴回鹘文的一个重要原因。但是，回鹘式蒙古文与回鹘文毕竟是两种不同的文字，各有自己的特点，在某些字母的使用上两者也有明显的不同。书写时，元音字母一般都和辅音字母结合得很紧，笔画连在一起，一气呵成，尤其是以词为书写单位的观念也更为明确。回鹘式蒙古文本身的发展大体上可以划分为两个阶段。第一阶段，回鹘式蒙古文字母的笔画结构、基本拼写规则、书写体势都同回鹘文相似。第二阶段，回鹘式蒙古文发展为两个支派，一支是通常所说

---

① 《元史·塔塔统阿传》，北京，中华书局，1976 年点校本。

的蒙古文，一支是托忒文。托忒文只在新疆蒙古族中使用。蒙古文通行区域很广，为我国蒙古族中的大多数人所使用。这两种文字在字母的笔画结构上、拼写规则上都同回鹘文有所区别，文字的外貌也发生了明显变化。元仁宗时，僧人却吉翰斯尔在精研蒙、藏、回鹘文的基础上，对回鹘式蒙古文进行了进一步的变革，使之更适合蒙古族的语言特征。他编写的《蒙文启蒙》，奠定了蒙古文字的正字法，也为后来满文的创制打下了基础。经过这次脱胎换骨的改造之后，蒙古文的民族特点更为突出，已经与今天仍在使用的蒙古文字相差无几。后来经过明末清初的进一步发展，回鹘式蒙古文就发展成为现代仍在使用的蒙古文了。

蒙古族自从使用回鹘字母拼写自己的语言以来，迄今已经有 700 多年的历史。这中间蒙古族还使用过所谓的蒙古新字，因其创制者为元朝国师八思巴，故又称八思巴字。

2. 蒙古新字的创制。"蒙古新字"是元世祖忽必烈特命国师八思巴创制的一种拼音文字，最初被忽必烈命名为"蒙古新字"，不久即改名为"蒙古字"，元末明初被称为"国书"或"国字"，近代学术界则通称为"八思巴字"、"八思巴蒙古字"或"方体字"。其创制者八思巴（1235～1280 年）是西藏喇嘛教萨迦派的第五祖，原名罗追坚赞，八思巴是他的尊号，即藏语"圣者"的音译。"中统元年（1260 年），（元）世祖即位，尊为国师，授以玉印，命制蒙古新字，字成上之。其字仅千余，其母凡四十有一"。至元六年（1269 年）二月，诏以新制蒙古字颁行天下。诏书明确说明了蒙古新字的创制原委，规定了新文字的名称、用途、性质和地位。"朕惟字以书言，言以纪事，此古今之通制。我国家肇基朔方，俗尚简古，未遑制作。凡使用文字，因用汉楷及畏兀字以达本朝之言。考诸辽金以及遐方诸国，例各有字。今文治浸兴，而字书有阙，于一代制度，实为未备。故特命国师八思巴创为蒙古新字。译写一切文字，期于顺言达事而已。自今以往，凡有玺书颁降者，并用蒙古新字，仍各以其国字副之"①。应该说忽必烈所以命制八思巴字，完全是出于政治上文治的需要，是将其作为国书来颁行的。至元八年（1271 年）正月，忽必烈又下诏，

---

① 《元史·八思巴传》，北京，中华书局，1976 年点校本。

"今后不得将蒙古字道作新字"，进一步确立了八思巴字的国书地位。所以《元史》等一些史籍都直接称八思巴字为"蒙古国书"、"蒙古国字"或"元国书"、"元国字"。

八思巴字也是一种拼音文字。关于它的来源，元人陶宗仪等说它"采诸梵文"，事实上它的直接来源应该是藏文而不是梵文。八思巴文的字母表是在藏文字母的基础上组成的，它的大多数字母跟藏文字母几乎完全相同，只有个别字母例外。据专家研究考证，八思巴字原字母表有 41 个字母，后来为了适应具体语言而在原字母表基础上又增补了一部分新字母。从目前所见资料看，八思巴字母一共出现 56 个。八思巴字母的体式常见的有正体（楷体）和篆体两种，正体应用较广，篆体主要用于元朝官方印章和碑额。此外，还有双钩体和草体，但都不多见。八思巴文的正体与藏文正体字母基本相同，但更为方正，所以八思巴字又称"方体字"。八思巴字的篆体字母是在正体字母的基础上演化而来的，虽然笔画曲折回转，看起来很复杂，但基本结构完全受相对的正体字母的约束，笔画要素也只有直线和直线转折两种。八思巴字的篆书是直接仿汉字篆书而来的，它的结构形式跟随汉字的"九叠篆"及契丹、女真字的篆体十分相似，具有整齐、对称、均匀、饱满的艺术特点，是一种很美观的艺术字。

作为一种拼音文字，八思巴字的字母体系中也有辅音和元音的区别，每个字母分别表示一个音素。其拼写方法文献中只有一些简略的记载。陶宗仪《书史会要》说："切韵多本梵法，或一母独立一字或二三母凑成一字。"《元史·八思巴传》也称："其相关纽而成字者，则有韵关之法；其以二合、三合、四合而成字者，则有语韵之法。而大要则以谐声为宗。"这都揭示了八思巴字的大致拼写方法。

八思巴字颁行以后，蒙古朝廷不遗余力地大加推广使用，先后颁布一系列诏令强制性地推行八思巴字。如规定原来使用回鹘式蒙古文的，一律改成"国字"。至元十二年（1275 年），分置"蒙古翰林院"专掌蒙古文字，规定随朝当值官员限百日习熟蒙古字。又在各路设"蒙古字学"，"遣百官子弟入学"，培养新文字人才，并以"免一身差役"或"酌量授以官职"来鼓励人们学好新创文字。但是，由于这种文字是蒙古朝廷为自己在政治上的需要而创制的，在群众中没有基础，同时，这种文字又是"译写一切文字"的特殊文字，字的拼写方法是以平衡、折衷多种语言对象为原则制订的，对每一种具体语言并不完全适合，在某些方面不同程度地脱离了具体对象的特点，而且作为八思巴字的主要书写对象的蒙古、汉、藏诸语言，当时都有自己通用的文字，并且这些文字对各语言和方言的适应能力也远胜过八思巴字，因此，尽管蒙古朝廷竭力推行八思巴字，但仍然只限于官方狭小范围内通行，始终没有能得到广泛的推行。最后随着元朝的灭亡，这种文字也就被废弃，成为一种死文字了。

三、文化典籍的翻译和语言的规范化

（一）文化典籍的翻译

宋元时期，汉外文互译有了新的发展。这个时期，由于汉族政权与几个少数民族政权并立，给汉外文互译提供了前所未有的客观环境和有利条件。如，契丹建立的辽国，其皇帝大多通晓汉文，有的还精通汉文化，成为汉文外译的承担者。例如《辽史·义宗传》载，义宗"工辽、汉文章，尝译《阴符经》"。又如辽圣宗，通音律，善绘画，尤喜吟诗，制御曲百余首，还亲自用契丹文译白居易的《讽谏集》，诏诸臣读之①。他还有"乐天诗集是吾师"的诗句。此外，被译成契丹文的还有兴宗重熙中萧韩家奴译的《五代史》、《贞观政要》和《通历》，以及耶律庶成译的《方脉书》等。

辽为金所灭后，辽贵族耶律大石建立了西辽。由于西辽统治者的提倡，汉语是西辽的官方语言，汉文为西辽公文所通用。西辽政权存在一个世纪，对汉文化向西方的传播起了重要作用。不过，当时汉文书籍在西辽的流通和汉文外译的具体情况尚缺乏记载。

继辽而兴起的金也大量吸收汉文化。当时在金境内通行汉语、契丹语和女真语。尤其是女真文字颁行后，除用为官方往来文书外，还用以翻译大量汉文经史著作，供女真族学校使用。金世宗大定年间设译经所。"二十三年九月

---

① 据叶隆礼：《契丹国志》，上海古籍出版社，1985 年点校本。

……译经所进所译《易》、《书》、《论语》、《孟子》、《老子》、《扬子》、《文中子》、《刘子》及《新唐书》"[1] 和《贞观政要》等 15 种汉文典籍，并用印本形式颁行，仅《孝经》一次就分赐 1000 部。

西夏也大力提倡汉文化，据《宋史·夏国传》载，西夏国主元昊命人用西夏文翻译《孝经》、《尔雅》、《四言杂字》、《论语》、《孟子》，以至《孙子兵法》、《六韬》、《黄石公三略》等。翻译的范围比辽、金文译汉更广。西夏翻译的最大工程为将汉文《大藏》译为西夏文《大藏》3620 余卷。西夏与辽、金一样，崇尚佛教，从第一代皇帝元昊始，就开始翻译《大藏经》，西夏文佛经除译自汉文外，还有一部分译自藏文。

元朝是在宋、辽、金的基础上建立的蒙古族政权，版图极为辽阔，是当时世界上最强大最富庶的国家之一，为汉文化的传播和中外文化交流开辟了空前广阔的空间。元世祖即位后，积极标榜文治，建立典章制度，设学校，提倡尊孔读经。学校有国子学和地方学，此外又特设蒙古与回回国子学。这些学校，除传授汉文经籍外，还"以蒙古字译写《通鉴节要》，颁行各路，俾肄习之"。文宗天历二年（1329 年），又立艺文监，专以"国语"译儒书及儒书之合校雠者。

元代以他种文字翻译的汉文图书比西夏和金更多。20 世纪初德国探险队在我国新疆吐鲁番地区的寺院中发现有 17 种文字书写的宗教文书，以佛经为主，还有基督教圣经、摩尼教圣诗、祈祷文等，另外，还有雕版印刷的佛经，分别用汉文、维吾尔文（回纥文）、蒙文、藏文、西夏文和梵文等 6 种文字。这些文书、经典都是 13 世纪和 14 世纪初的产品。值得注意的是，这些图书，不论是汉文、维吾尔文或梵文，都印有小字汉文书名和页码，说明这些都出于汉人的手艺。

蒙古族入主中原后，一边沿用汉字，一边提倡蒙古文。元世祖至元十六年（1279 年）又命八思巴创蒙古新字，名八思巴字，亦称国字，颁行全国，规定官方文书以蒙古字为正字，汉字为副本。天历二年立艺文监，专译汉文书籍，先后译出《尚书》、《孝经》、《贞观政要》、《百家姓》、《千字文》等多种，并雕

---

[1] 《金史·世宗纪》，北京，中华书局，1975 年点校本。

印颁行。

此外，在元代，《新唐书》和《资治通鉴》都有藏文译本，于泰定二年（1325 年）刻印。元代藏文图书规模最大的是藏文《大藏经》，元、明时通称《番藏》。藏文《大藏》中保存了不少印度已佚与没有汉译的佛教经典，具有很高的学术价值。

综上所述，在图书翻译方面，宋元时期与隋唐时期相比，有明显的特点。隋唐时期出现了大量的外文汉译现象，以佛经翻译为代表。而宋元时期的特点是，与外文汉译的同时，出现了大量的汉文外译的现象。这里所说的外译，主要是指我国境内少数民族文字。把汉文图书译成少数民族文字，对于汉文化的传播意义是非常大的。

（二）语言规范化的努力

中国是一个幅员辽阔的大国，各地语言差异很大，给文化交流和政治经济发展造成了极大的不便。历史上，不少王朝都曾试图进行统一语言文字的工作。如春秋战国时期，孔子就曾倡导过实行所谓的"雅言"；秦统一后，秦始皇更曾统一文字。两宋时期，由于辽、夏、金等异族政权与宋王朝各自独立，语言规范化难以进行。蒙古族入主中原以后，再次建立起了统一的、幅员辽阔的、多民族的大帝国，语言的规范化也再次被提上了议事日程。忽必烈命八思巴创制蒙古新字，并利用国家权力来强制推行这种新文字，除了政治上的原因外，就已经带有语言规范化的涵义。而元朝多元文化的发展，俗文化的盛行，元杂剧的繁荣，又推动了元代书面语的口语化。据明臧晋叔《元曲选·序二》记载："曲本词而不尽取材焉，如六经语、子史语、二藏语、稗官野乘语，无所不供其采掇，而要归断章取义，雅俗兼收，串合无痕，乃悦人耳。"[①] 可见，元曲本身也对语言的规范化起到了一定的推动作用。而这一时期出现的《中原音韵》就是这一方面的应时之作。

《中原音韵》，元人周德清著。周德清（1277～1365 年），字挺斋，高安人。书成于泰定元年（1324 年）。此书是依据当时北方的语音编成的，它废入

---

① 臧懋循：《元曲选》，石家庄，河北教育出版社，1994 年校注本。

声，创阴阳，归并旧韵为 19 部，其所定韵部，大半与今北京音相符，奠定了现代汉语普通话的基础。他在序言上说："言语一科：欲作乐府，必正言语；欲正言语，必宗中原之音。乐府之盛之备之难，莫如今时；……韵共守自然之音，字能通天下之语。"① 在《中原音韵》之外，周氏还编有《中原音韵正语作词起例》，它与《中原音韵》同时编成。在《正语作词起例》中，周氏列表把那些本非同音而往往被人误读为同音的字两两比较，使大家学习他所谓的"正音"，都是当时实行语言规范化的最好说明。《中原音韵》是在元曲基础上归纳出来的，它不仅为元曲创作提供了依据，同时也成了当时和以后进行语言规范化的范本。

---

① 周德清：《中原音韵》，四库全书本。

第八章

辉煌灿烂的科学技术

宋元时期，科学技术的发展进入了中国古代社会的巅峰阶段。天文、地理、数学、医学、建筑学、农业技术、手工业技术、军事技术等领域都取得了令人瞩目的成就。尤其是以火药、指南针、印刷术为代表的三大技术发明的出现，标志着宋元时期科学技术的发展已经由理论思辨性向技术实用性转变。这种转变，不仅推动了社会经济的繁荣，而且促进了文化教育事业的发展。

一、宋元时期科技发展的社会动因

宋元时期科学技术之所以能够取得一系列令人瞩目的成就，既与当时的政治环境、经济状况、人们的自然观和价值观有密切的因果关系，又离不开对汉唐以来科技成果的继承和对外来科技优秀成果的吸收。主要原因是：

第一，宋元统治者重视科技事业的发展，建立了一套完善的培养科技人才和奖励科技发明的机制，是宋元时期科技繁荣的重要条件。宋元科技的发展，在很大程度上要归功于统治者较为开明的科技政策和措施。主要表现：其一，设立科研机构，重视科技管理工作。宋元时期虽然没有现代意义上的纯科学研究机构，但一些部门实际上具有研究机构的职能。如宋代司天监和天文院就是观测和研究天文气象的专业机构，军器监担任着军事武器改进的重要任务，将作监负责国家各种建筑项目的设计、勘测和实施工作。元政府同样设立了集科学研究与科技管理为一体的科研机构，并给予其较高的政治地位。如太史院，掌天文历数之事，秩正二品；太医院，掌医事，制奉御药物，领各属医职，秩正二品[1]；广谊司，掌缮治戎器，秩正三品[2]。其二，鼓励发明创造，给予发明者一定的物质奖励或较高的政治地位。如北宋开宝三年（970年）五月，兵部令史冯继昇等进献火箭法，朝廷赐给衣物束帛。咸平元年（998年）六月，御前忠佐石归宋献木羽弩箭，朝廷除了增加其薪俸外，还补其子为东西班侍[3]。皇祐四年（1052年），郭谘因发明独辕冲阵无敌流星弩，被提拔为鄜延路钤辖。兵器之外，农业生产用具、交通运输工具等发明创造同样受到政府的嘉奖。如郭守敬完成《授时历》后，被元朝政府封为昭文馆大学士、知太史院事。其三，建立专门学校，培养科技人才。宋朝在中央设置算学、医学、武学等专科学校，元朝则在地方设置医学、阴阳学等专门学校，从全国各地选拔生员，分别学习天文、地理、数学、医学和军事知识，从而培养出一大批学有专长的科技人才。其四，重视选拔和任用各种优秀的科技人才。举凡有特殊才华者，不论其出身或资历如何，均得到政府的重用。如宋代精通天文、数学的赵修己、王处讷、王熙元、苗训、马韶、史序、周克明等皆受朝廷识拔而授官职；精通医术的赵自化、刘翰、王怀隐、钱乙等亦获加官或受禄。政府破格录用科技人才的种种举措，无疑产生了良好的示范效应，吸引了不少人投身于科技活动，自然有利于科学技术的发展。

第二，高度发展的社会经济，为宋元时期科技进步提供了雄厚的物质基

---

[1] 《元史·百官四》，北京，中华书局，1976年版。

[2] 《元史·百官六》，北京，中华书局，1976年点校本。

[3] 参见《宋史·兵十一》，北京，中华书局，1985年点校本。

础。宋元时期，社会经济虽然经历了繁荣——破敝——恢复的"V"字型的发展过程，但总体水平仍处在我国封建社会的高峰阶段。主要表现在：其一，汉族地区农业生产发展水平达到前所未有的高度，农业人口、耕地面积、亩产量均达到历史最高水平，农业生产商品化程度也大大提高。其二，手工业和商业贸易均获得了空前的发展，工商税收占国家财政收入的一半以上。其三，北方部分游牧地区在中原农耕文明的影响下，逐渐由单一的游牧经济结构发展为农、牧二元经济结构并存，经济效益明显提高。总之，社会经济的高度发展，使统治者能够增加科技投入，在一定程度上提供了科技发展所需要的人力和资金。

第三，宋元时期唯物自然观的发展和抽象思辨能力的活跃，为科技发展提供了思维上的启迪。宋元王朝对学术研究基本上持自由放任的政策，无论是对经济的解释还是对宇宙天体的探讨，都没有受到官方意识形态的限制和约束。各种流派的思想家从自己的思想体系出发，对人与自然以及自然界种种现象等命题进行了深入的探讨。如在宇宙理论方面，张载的贡献最为卓著，他不但提出物质性的"气"是宇宙万物的本源，而且认为"气"是处在不断聚散的运动过程中，"气聚，则离明得施（即可以感知，著者注）而有形；气不聚，则离明不得而无形"①。此外，李觏、胡瑗、王安石、陈亮、叶适、邓牧等思想家也对世界的物质性、天人关系、宇宙无限性等深奥命题提出了不少独特而理性的见解。这些认识，实际上就是一种科学思想的传播与发展，对宋元时期科技工作者产生了深刻的影响。如宋代科学家沈括正是从世界物质性的前提出发，对行星运动进行了深入研究，得出了行星运动的基本规律："五星行度，唯留逆之际最多差。自内而进者，其退必向外；自外而进者，其退必由内。其迹如循柳叶，两末锐，中间往还之道，相去甚远。故两末星行，成度稍迟，以其斜行故也；中间成度稍速，以其径绝也。"② 元代天文学家赵友钦在承认世界物质性和可知性的基础上，提出"大地在天体之内；天之两极如门枢轮辐，天旋一昼夜而周，两极不离其所，是故日出地晓，日没地昏"③。这些结论，显然与今日有关宇宙天体的理论比较接近。总之，宋元时期朴素的唯物自然观和方

---

① 张载：《张子全书》卷二，《正蒙·太和》，《四库全书》本。
② 沈括：《梦溪笔谈》卷八，《象数二》，《津逮秘书》本。
③ 赵友钦：《革象新书》卷四，《盖天舛理》，《四库全书》本。

法论的高涨，使汉唐以来"天人感应"学说的影响大大削弱，为人们从事科学研究和科技发明提供了正确的思维方式。

第四，士阶层活跃于科技领域，促进了宋元时期科技事业的发展。宋元时期，在实学思潮的影响和推动下，士大夫注重功利、讲究实用成为一种普遍的社会风气。不少士人不仅精通经籍、诗赋，还通晓天文、地理。如苏颂"自书契以来，经史九流百家之说，至于图纬、律吕、星官、算法、山经、本草，无所不通"①；沈括"博学善文，于天文、方志、律历、音乐、医药、卜算无所不通，皆有所论著"②。苏轼不仅在文学艺术方面卓有成就，还十分热衷于科技活动，对医药、酿酒、制墨、冶金、水利工程等问题均有所研究。此类事例，不胜枚举。显而易见，宋元时期天文仪器制造、天象观测、历法编制、药典编纂、水利工程建设、地理学著作编纂等等，无一不是在士人的积极参与下完成的。

第五，宋元科技高峰的形成，是汉唐以来科技知识累积的结果。在农业科技方面，宋元农具的改进和农田水利技术的发展，是对以往农业技术加以改良、突破而取得的。在天文仪器方面，宋代天文学家苏颂主持建造的水运仪象台，其设计原理直接来源于东汉张衡的浑仪理论；元代郭守敬设计的简仪，也是对古代的浑仪进行改革而创制的。在医药方面，宋元时期的《经史证类备急本草》、《政和本草》、《本草衍义》、《汤药本草》、《世医得效方》等医学名著，无一不是对历代流传下来的医药经典加以增补扩充、考订辨误而成的。在武器改良方面，火药的配制方法及爆炸原理，在唐初炼丹家孙思邈的《丹经内伏硫黄法》中早就提到过，经宋人研究和改进，火药才由炼丹方士的秘术演变为军事战争的武器。此外，指南针的发明完全得益于前代有关磁石指极性的理论，大型车船和海船的制造无疑受到唐代李皋轮桨船的启发。总之，宋元科技的发展并非无源之水、无本之木。汉唐时代的科技遗产，为宋元科技进步积累了丰富的知识和经验，直接促成了宋元科学技术的发展和进步。

第六，汲取外来科技的优秀成分，也是宋元时期科技兴盛的重要原因。宋元统治者对外来文化基本上采取兼容并蓄的政策，印度、阿拉伯等国某些先进

---

① 《宋史·苏颂传》，北京，中华书局，1985 年点校本。
② 《宋史·沈括传》，北京，中华书局，1985 年点校本。

的科学技术经商人、使者、僧侣介绍、引进后，直接被宋元科技工作者加以吸收和利用。以天文学为例，元代天文学家郭守敬在继承中国传统天文学的基础上，充分吸收阿拉伯天文学的精华。他所制作的《授时历》，参考了阿拉伯的"回回历"；他在恒星观测中编制星表，也是受撒马尔罕和马拉格天文台天文研究的启发；他所设计的天文仪器也是从马拉格天文台同类仪器中借鉴而来；他所造的中外闻名的简仪也是在阿拉伯天文学家已到中国、阿拉伯三角学传入中国后产生的①。正如李约瑟博士所说："郭守敬的工作虽说是显然具有独立性，但我们以后看到，那是在具有阿拉伯传统的天文学家参加之下，并且是在传入波斯马拉格天文台的模型或仪象图之后完成的。他的表（四丈长的圭表）自然是中国天文学的发展，但看来确实受到了阿拉伯仪器巨型化倾向的激励。"②此外，国外数学、医学、化学、建筑学的某些成就，同样滋补和充实了宋元科技的内涵。

二、宋元时期科技主要成就

（一）农业技术的高度发展

宋元时期，农业生产技术有了长足的发展，不仅表现为农业生产工具的改进、耕种技术和水利工程技术的显著提高，而且表现为农学著作的大量涌现。

1. 农业生产工具的改进。宋元政府十分重视农具的改进、创新和推广。与南北各地不同的耕作方式相适应，大量新型农具也相应出现。

在北方旱作农业区，从整地到收割的每一个环节，都出现了一批新型工具。如割荞麦用推镰，割麦用麦绰、麦钐。踏犁的出现，是这个时期农具改进的一个显著成就。它是一种以人力代替畜力的翻耕工具，四五个人用踏犁耕地，比用铁镢挖地的效率要高一倍。因此，推广使用踏犁，在一定程度上解决了北方地区耕牛不足的难题。

在南方耕作农业区，农具改进尤其显著。从《农书》记载上看，有用于稻

---

① 刘法林：《阿拉伯天文学对我国元朝天文学发展的影响》，载《史学月刊》1985年第6期。
② 李约瑟：《中国科学技术史》第四卷，第283页，北京，科学出版社，1975年版。

田中耕的耘耥，有割水稻用的铍，有开荒除草用的鐁刀。秧马的发明和使用，更是大大提高了插秧的速度。苏轼曾在《秧马歌行》中写道："予昔游武昌，见农夫皆骑秧马，以榆枣为腹欲其滑，以楸梧为背欲其轻，腹如小舟，昂其首尾，背如覆瓦，以便两髀，雀跃于泥中。系束藁其首以缚秧，日行千畦，较之伛偻而作者，劳佚相绝矣。"① 因其使用方便，节省人力，至南宋末期，江浙、两淮、川蜀、岭南等地也普遍使用。至元代，王祯在其《农书》中，详细记载了秧马的制作和使用方法，从而使秧马的推广范围进一步扩大。

灌溉工具的巨大进步，更显示了这个时期智农巧匠发明创新的精神。在江南一带，龙骨车和筒车被普遍应用。龙骨车又称踏车，是用一根横轴将若干活节木连接起来，再装入木槽中，利用人力踏转，将河水导入田中。因其起水快，搬运方便，随地可用，故而被广泛地用于南方各地。至元代，除了人力踏车外，还出现了牛转翻车和水转翻车，使用范围进一步扩大。筒车早在唐代就已经开始使用，北宋时加以改进，至熙宁八年（1075 年），终于创造出了自转水轮的简单装置，即在轮上安装 42 个筒管，利用水力转动，将水引到高远处。苏轼所说"翻翻联联衔尾鸦，荦荦确确蜕骨蛇"②，就是对筒车运转的逼真写照。到了元代，筒车被进一步改造为由上轮、下轮两部分组成，适宜于在地势陡峭的河岸上使用。

2. 耕作技术的改进。宋元时期，南方水田和北方旱地的耕作技术都有了很大提高。据宋代陈旉《农书》记载，南方水田地区已经盛行稻麦、稻豆、稻菜轮作复种的一年二熟制的耕作制度。在《农书》中，陈旉根据农民的经验和自身的实际观察，对整地、育苗、中耕除草技术、烤田、施肥等技术都作了科学的说明。

关于整地。在《耕耨之宜》篇中，陈旉认为应按旱田、晚田、丘陵、平原与低地等不同情况，分别采取不同措施。如水田冬耕时要"平耕而深浸"，这样才能使草死土肥。水田冬灌后，"要放水干涸，霜雪冻冱"，才能使"土壤苏碎"，起到培养水墒，防止病虫害的作用。

关于育苗。在《善其根苗》篇中，陈旉专门论述了稻秧的培育技术，包括

① 苏轼：《东坡全集·后集》卷四，《秧马歌行》，《四部备要》本。
② 苏轼：《东坡全集·后集》卷四，《四部备要》本。

"种之以时，择地得宜，用粪得理"三个部分，基本上是合乎科学的。

关于中耕除草技术。陈旉强调中耕可以使土壤松软，有利于稻根的生长。耘田时必须"先审度形势，自下及上，旋干旋耘"。

关于烤田。烤田的目的在于加快土壤中的空气流通，促进养分的分解和水稻根系的生长，增强对病虫害的抵抗能力，防止倒伏。烤田要和自下而上的耘田方法相结合，俟低处稻田耘耕完毕后，在稻田中间及四周开深沟放水，使其干涸至龟裂，再将高田蓄水灌入，如此依次向上进行。

关于施肥。陈旉认为，施肥是维持和提高地力的主要途径。《粪田之宜》篇专门论述了施肥的重要性及各种农作物施肥的分量、时间和方法等，对前代的某些成见有所纠正。

金元间成书的《韩氏直况》，则对旱地耕地技术作了科学的总结，认为深耕细耙可以提高耕作质量，减少耕种过程和土壤水分损耗，主张秋耕为主，以适应北方旱地的夏秋多雨、春旱多风的气候特点。

3. 水利工程技术的提高。宋元政府十分重视水利工程建设，在抗旱、排涝、治河、御海等方面都取得了不少技术性突破。总体来看，木兰陂灌溉工程、海塘加固工程、治黄工程等，集中体现了这一时期水利工程技术的长足进步。

木兰陂灌溉工程是一座有代表性的引、蓄、灌、排综合利用的大型水利工程。木兰陂位于今福建省莆田县西南五里的木兰溪上。早在治平元年（1064年），长乐县民女钱三娘就带领当地百姓筑陂，惜其未成而落水身亡。熙宁八年（1075年），在全国各地大规模兴修水利的热潮中，李宏应诏修筑，在僧人冯智的帮助下，历经9年，最终告成。施工时，将陂址选择在河流较宽的地段，采用"筏形基础"型式，在溪底铺设一道横跨两岸的石筏，然后在上面布墩。朝上游的半个陂墩，用9米的大石柱32根，嵌入溪底的岩石上，犬牙扣入，互相钩锁，熔生铁灌注固基，再以千斤巨石砌筑在石柱周围，起到加固作用。朝下游的半个陂墩，用断面0.9×0.9米、长2米的石条相连，其间用元宝形的铁锭相连，成为一个牢固的建筑整体。陂首则采用堰匣式结构，能把引、蓄、泄统一起来，既可备旱，又可排洪，收到了防洪、灌溉、航运、水产等多方面综合利用的效果。木兰陂非常坚固，900多年来一直发挥着重要的作用。

海塘加固工程。宋元时期，江、浙、闽沿海居民为抗御潮水灾害，大规模修建海塘，建筑技术水平不断提高。宋初，为提高海塘的抗冲刷能力，沿海居民改变过去的"石固木桩法"，采用筑柴塘的新技术，即用一层柴薪一层土，相间夯筑。后来又进一步由土塘发展为石塘，并采用"坡坨法"，将海塘修建为斜坡石级式，逐级内收，底宽顶窄，大大增加了塘身的稳固性。此外，还在塘基外部用竹笼装石作护坦，既能削弱波浪的冲击力，又能保护塘基不被海潮冲刷。

治黄工程。黄河泛滥是宋元时期主要的水患，仅北宋167年间，黄河就先后7次决口，造成了极大的损失。元代河患更加严重，大小决溢达200余次。为治理河患，宋元政府采用了疏浚、分流、筑堤、堵塞等方案，取得了一定的成效，并积累了大量的技术和经验。现就筑堤、制埽、堵口等技术分别加以介绍。

筑堤技术。防止河水泛滥，最基本的做法就是修筑堤岸。宋人根据长期摸索的经验，创立了正堤、缕堤、遥堤并用的多重堤防体系，有效地控制了河水泛滥的范围。

制埽技术。埽就是用绳子把树枝、石头等捆成圆柱形，用于堵口、筑堤和护岸。元人沙克什在其《河防通议》一书中，详细记载了制埽技术：在密布的绳索上铺一层榆木、柳条之类，再在其上铺碎石，并用粗大的竹索横贯其中，卷而束之，使之成为圆柱形的整体。每个大埽一般长30步，直径为3至10步左右。

堵口技术。堵塞决口是治河的一个重要环节，也称合龙。《河防通议》和《梦溪笔谈》均详细记载了用埽堵口的技术。元代贾鲁还创造了石船堤障水法：用27艘大船组成3道船堤，用铁锚固定船身，使之连成一体。船中装满草和石子，以板钉合，同时下沉，船堤上再加草埽3道。这种做法，堪称中国古代堵口技术的一个创举。

4. 农学著作的大量涌现。宋元时期，有关农业生产技术的著作层出不穷，比比皆是。

陈旉《农书》。陈旉是宋代著名的农学家，撰有《农书》一书，是现存最早论述南方水稻区域的农业生产技术和经营的农书。该书共 3 卷，上卷阐述了水稻、小麦的耕种技术，中卷介绍水牛，下卷专谈蚕桑。由于该书所记多为作者切身体会，因而在土地规划利用、土壤治理、肥料配制、水稻栽种技术等方面，提出不少独到的见解，反映了唐、宋时期水田耕作栽培技术的水平。

楼璹《耕织图》。楼璹系宋浙江鄞县人。在多次走访农夫蚕妇，对当时浙江地区农业生产深入了解后，他以绘图作诗的方式，对插秧、除草、收割等技术作了详细的介绍。该书图文并茂，通俗易懂，在普及和推广农业生产技术方面发挥过重要的作用。

《农桑辑要》。《农桑辑要》是元政府主持编纂的一部重要的农学著作，成书于元世祖至元十年（1273 年）。全书约 6 万字，分 7 卷 10 门，即"典训门"（农本观念的叙述）、"耕垦门"、"播种门"、"栽桑门"、"养蚕门"、"瓜菜门"、"果实门"、"竹木门"、"药草门"（包括染料、药材、特种作物）和"孳畜门"。全书主要材料辑自其他古代农书，因而保留了大量古代农书的珍贵资料。《农桑辑要》成书后，曾多次刊印、颁行，文宗至顺三年（1332 年）再版时印数竟达 1 万本，对指导当时农业生产起到了重要的作用。

王祯《农书》。王祯是元代著名的农学家，曾在安徽、江南等地做过地方官，通晓农业生产技术。该书综合了华北旱地耕作和江南水田耕作两方面的生产经验，是我国第一部全国性、系统性的农学著作。全书共 22 卷，分三部分："农桑通诀"全面系统地论述了农业生产中耕、耙、种、锄、粪、灌、牧等环节的问题，简要介绍了林、牧、副、渔等方面的技术和经验。"百谷谱"分类叙述了谷物、蔬菜、水果、竹木、药材等栽培技术和贮藏、利用的方法。"农器图谱"占全书五分之四篇幅，共附图 306 幅，绘制了汉唐以来尤其是宋元时期的各种农具、农业机械、灌溉工具、运输工具、纺织机械的样式。每幅图均附有文字说明，介绍各种器具的构造、来源和用法等。此书不仅对当时的农业生产有重要的指导作用，而且对近现代农业生产也具有较大的参考价值。

除了上述几部重要农学著作外，元代维吾尔族农学家鲁明善的《农桑衣食撮要》，也是一部价值颇大的综合性农书。该书仿照崔寔《四民月令》的体例，按月编纂各种农事活动，"简明易晓，使种艺敛藏之节，开卷了然"①，显然是一部指导性的农业专书。此外，宋元士人还编撰了各种经济作物和花卉草木的专业性农书，如宋代王灼的《糖霜谱》，秦观的《蚕书》，陶毂的《苑茗录》，蔡襄的《茶录》、《荔枝谱》，韩彦直的《橘谱》，僧赞宁的《笋谱》，张武仲的《芍药谱》，刘蒙的《菊谱》，王贵学的《兰谱》，吴辅的《竹谱》，陈翥的《桐谱》等等，分别记载了各种植物、动物的种植和养殖技术，反映出当时生产技术的最高水平。

（二）印刷工艺、指南针与其他工艺的技术革新

1. 印刷工艺的创新。雕版印刷始于隋唐，五代时有所发展，至宋代趋于鼎盛。不仅政府各级机构刻印书籍，书坊、私人也根据社会需要，大量刻印诗歌、韵书、小说和戏曲。汴京、成都、建安和杭州是当时刻版印书的四个中心，其刻工技术优良，纸墨装潢精美。宋版书由此而成为历代藏书家眼中的精品。

在雕版印刷发达的基础上，活字印刷术应运而生。据沈括《梦溪笔谈》卷十八记载，北宋庆历年间（1041～1048 年），平民毕昇发明了活字印刷术。其基本原理是：用胶泥制成薄如铜钱的泥活字，每字作为一印，用火烧硬，事先准备好一块铁板，将松香、蜡和纸灰等混合物敷于其上。印刷时，在铁板上放一个铁框，框中排满泥活字，然后放在火上加热，使混合物熔化，再用平板把字面压平，冷却后活字便固定在铁板上，即可刷墨印刷。印完后再次加热，取下活字，以备再用。为提高效率，一般使用两块铁板，一块用于印刷，一块用于排字，"更互用之，瞬息可就"。为防止字块重复出现，每个字都要刻有几个字块，最常用的"之""也"等字往往准备上 20 多个，至于偏僻字和生冷字，则可以现刻现烧现用。

至元代，王祯在泥活字印刷的基础上，进一步创造出木活字印刷。其法是"造板木作印盔，削竹片为行，雕板木为字，用小细锯镂开，各作一字，用小刀四面修之，比试大小高低一同，然后排字作行，削竹片夹之。盔字既满，用

---

① 纪昀等：《钦定四库全书总目》卷一百零二，《子部·农家类》，北京，中华书局，1997 年整理本。

木楔楔之，使坚牢，字皆不动，然后用墨刷印之"①。王祯还创造了活字版韵轮，亦称转轮排字架，将活字按韵分放在轮盘的特定部位，每韵每字都依次编好号码，登录成册。排版时，一人按册中号码唱字，一人坐在轮旁转轮取字，既提高了排版效率，又减轻了排字工的劳动强度，将活字印刷术提高到了一个新的水平。

除泥活字、木活字外，元代还创制出历史上最早的金属活字——锡活字，王祯《农书·造活字印书法》中，对锡活字的研制与使用作了详尽的介绍。

另外，元代印刷业还广泛采用了套版印刷和铜版印刷技术。套版印刷就是在一张纸上印几种颜色，最初印朱墨两色，如元顺帝至元六年（1340年）刊刻的《金刚经注》，就是用朱墨两色印刷而成的。铜版印刷主要用于印刷钞票和佛像。

总之，活字印刷术的发明，是人类印刷技术史上一件伟大的创举，对人类文化的保存和传播产生了无法估量的影响，有力地推动了人类文明的发展进程。

2. 造船技术的进步与航海罗盘的使用。宋元时期，随着航运事业的发展和军事战争的需要，造船业有了长足的进步和发展，造船技术十分先进。首先，船舶型制多种多样。官方船舶有暖船、浅底船、尖底船、双桅多桨船等；水军战舰有海鳅、双车、十棹、水哨马、水飞马、海鹘战船、飞虎战舰、车船战舰等；民间船型更是千形万状，不胜枚举。所有这些，标志着我国古代船型设计到宋元时期已经达到成熟阶段。其次，船体结构普遍采用隔舱技术，各舱严密分隔，互不相通，从而提高了船舶的抗沉性能。再次，普遍采用先做模型再造船的程序。政府常常将设计精确的船舶图纸下发至船厂，依样制作。一些船厂甚至先设计图纸，再制造出船舶模型，然后再依样造船。最后，船舶向巨型规模发展。北宋末年出使高丽的徐兢，在其著作《宣和奉使高丽图经》中称："客舟长十余丈，深三丈，阔二丈五尺，可载二千斛粟，以整木巨枋制成。甲板宽平，底尖如刃。……每船十橹，大桅高十丈，头桅高八丈，后有正柂，大小二等。碇石用绞车升降。……每船有水手六十人左右。"② 至于特制的神

---

① 王祯：《农书》卷二十二，《造活字印书法》，《四库全书》本。
② 徐兢：《宣和奉使高丽图经》卷三十四，《客舟》，《四库全书》本。

舟，其长度、宽度、深度及什物、日用、水手等往往是客舟的三倍。元代海船之大，更属罕见。1975 年在韩国木浦附近沟底发现的元代海船，船长约 95 英尺，宽 25 英尺，有 12 间船舱，载重可达 400 至 500 吨左右。

指南针的发明和使用，大大增强了宋元时期的航海能力。

早在战国时代，人们就已经发现磁石的指极性，并制造出简单的指南仪器——司南。宋代以来，磁石指极的功能更引起了普遍的关注，经宋人实验改进，司南逐渐发展成指南鱼和指南针。据曾公亮《武经总要》记载："用薄铁叶剪裁，长二寸，阔五分，首尾锐如鱼形，置炭火中烧之，候通赤，以铁铃铃鱼首出火，以尾正对子位，蘸水盆中，没尾数分则止，以密器收之。用时置水碗于无风处，平放鱼在水面令浮，其首常南向午也。"① 这显然是通过人工磁化铁片以制作指南针的一种方法。沈括在《梦溪笔谈》中，介绍了其他几种磁针的制作和装置方法："方家以磁石磨针锋，则能指南，然常微偏东，不全南也。水浮多荡摇。指爪及碗唇上皆可为之，运转尤速，但坚滑易坠，不若缕悬为最善。其法取新纩中独茧缕，以芥子许蜡缀于针腰，无风处悬之，则针常指南。"② 南宋陈元靓在《事林广记》中，也介绍了两种当时流行的指南针，即木刻指南鱼和木刻指南龟，均能自由转动，指示南方。

指南针发明后，很快发展成为罗盘并广泛应用于航海。北宋朱彧在描述海船航行时说："舟师识地理，夜则观星，昼则观日，阴晦观指南针。"③ 徐兢《宣和奉使高丽图经》也有类似的记载："惟视星斗前迈，若晦冥则用指南浮针，以揆南北。"到了元代，不论昼夜阴晴都用指南针导航了。

总之，指南针的应用，使人们获得了全天候航行的能力，促进了宋元时期航海业的进步和发展，对中外经济文化交流作出了重大贡献。

3. 冶金技术的突破：胆铜法的发明和推广。宋元时期，随着有色金属的大规模开采，冶金技术有了新的进步，其中最突出的技术创新就是胆铜法的发明和推广。胆铜法是湿法冶金的起源，分烹熬法和浸泡法两种。《梦溪笔谈》卷二十五载："信州铅山县有苦泉，流以为涧。挹其水熬之，则成胆矾，烹胆

---

① 曾公亮：《武经总要·前集》卷十五，《向导》，《四库全书本》。
② 沈括：《梦溪笔谈》卷二十四，《杂志一》，《津逮秘书》本。
③ 朱彧：《萍洲可谈》卷二，《四库全书》本。

矾则成铜。"这就是烹熬法。浸泡法就是"以生铁煅成薄片，排置胆水槽中，浸渍数日，铁片为胆水所薄，上生赤煤，取刮铁煤入炉，三炼成铜。大率用铁二斤四两，得铜一斤"①。用现代化学知识来讲，胆铜法就是将铁片放在胆矾溶液里，使胆矾中的铜离子被金属铁所置换而形成粉末状的金属铜。这种方法投资小、成本低，技术操作简单，且不受温度的影响，因而倍受重视，推广极快。到北宋末年，胆铜产量已占铜总产量的20％，南宋时胆铜产量有增无减，所占比重达85％，在一定程度上解决了宋代铜材紧缺的难题。

在炼银技术方面，从采矿到精炼形成了一套严密的程序。宋代赵彦卫《云麓漫钞》对此有所记载："取银之法，每石壁上有黑路乃银脉，随脉凿穴而入，甫容人身，深至数十丈，烛火自照，所取银矿皆碎石，用臼捣碎，再上磨，以绢罗细，然后以水淘，黄者即石，弃去；黑者乃银，用面糊团入铅，锻为大片，即入官库，俟两三日再煎成碎银。"②

4. 纺织技术的全面发展。宋元时期，新的纺织工具的出现，织造方法的改进，提花工艺的完善，棉织业的崛起等，显示出这一时期纺织技术的全面发展。

在纺织工具上，水转大纺车代替了手摇纺车和脚踏三锭纺车。这种纺车安装了32个锭子，利用水力做动力，加捻和卷绕可以同时进行，生产效率大大提高。这一时期，还出现了许多新的纺织工具。宋代楼璹的《耕织图》上所绘的大型提花机，有双经轴和十片综，结构完整，尺寸精密，说明宋代提花机已经相当完善。元代木工薛景石在其著作《梓人遗制》中，详细记载了元代丝织工具华机子（提花机）、立机子（立织机）、小布卧机子（用于织造丝麻织物的木机）、罗机子（专门织造罗类织物的木机）等机具，说明当时丝织工具非常先进。

织造技术也十分先进，织锦、缂丝、刺绣和印染等工艺相当发达。以织锦为例，北宋时彩锦的品种有40多种，南宋时发展到百余种，并且生产了在缎纹底上织造花纹图案的织锦缎。苏州宋锦、南京云锦、四川蜀锦以及元代的金锦都是闻名中外的丝织精品。在织锦时，能工巧匠们不仅能够根据不同需要运

---

① 《宋史·食货下二》，北京，中华书局，1985年点校本。
② 赵彦卫：《云麓漫钞》卷二，《四库全书》本。

用平纹、斜纹和缎纹，而且运用动物纹和植物纹，融绘画艺术于织锦之中，将实用价值与欣赏价值相结合，反映了当时织锦技术已达到高超的水平。元代织金锦技术更是独特精绝。织锦前，或将金制成金箔，贴于锦纸上，切成细小金条，或将金片包在棉线外加捻而成金钱，然后用这些金线作花纬或地纬织造金锦。当时流行的金锦有长安竹、天下乐、雕团、宜男、宝界地、方胜、狮团、象眼、八答韵、铁梗裹、荷花等十余种之多。

棉织业的迅速发展是宋元时期纺织业的一个重要成就。近人研究表明，宋元之际，棉花种植区域已由长江以南地区扩大到中原地区，棉织业也相应地有了较大的发展。在宋代生产实践的基础上，元代织棉技术已相当成熟。织棉工具有搅车、弹弓、弹椎、卷筵、纺车、织机等，轧、弹、纺、织等工序齐全。值得一提的是，元代纺织专家黄道婆对棉纺织技术的传播和改进多有贡献。她出生于松江府乌泥泾镇（今上海华泾镇），少时流落到海南岛，学习并掌握了黎族人民的纺织技术。返回原籍后，她悉心传授棉纺织技术，改进织棉工具，使当地棉纺织业迅速兴起，成为元代最大的棉纺织中心。

5.制瓷技术炉火纯青。宋元时期是我国陶瓷业的黄金时代，瓷窑遍布全国各地，形成了风格独特的八大窑系：即定窑系、耀州窑系、钧窑系、磁州窑系、龙泉窑系、景德镇窑系、越窑系和建窑系。它们各具特色，互映生辉，把宋元制瓷工艺技术推向辉煌的巅峰。

在窑炉结构上，宋代对窑炉的外部形状和内在结构都作了许多改进。如耀州窑、磁州窑、钧窑等为适应以煤作燃料，对传统的馒头窑进行改造，加深火膛，增大炉栅面积，以便达到节能、增效的目的。龙泉窑则依山建筑，窑膛庞大，一窑可置墩17排，每排容1300多件。窑炉中部呈弧形，以便降低火焰流速，既可以使热量被全部利用，又可使全窑温度均匀，从而提高了产品的质量。

在烧成技术上，火照的使用是宋元时期一个重要创新。火照又称照子，用与产品同质的材料做成，一是用来验证胎与釉的配方是否适合，二是借以掌握焙烧过程中窑内的火候。它的使用，表明我国陶瓷生产由经验型向实验科学型迈进了一大步。

在装烧方法上，宋代除了改进支钉烧法和仰烧法外，还创造了覆烧法。这种烧法摒弃了传统的单件对应的匣钵装烧形式，把盘碟器皿反扣装入支圈组合的匣钵中，可以最大限度地利用窑室空间，节省燃料，降低成本，因而被南北各地瓷窑广泛采用。

在施釉工艺上，宋代不仅把传统的青釉瓷推向高峰，而且在铜红釉和黑釉制作技术上取得了突破。在长期实践中，建窑和吉州窑把含磷的配料掺入黑褐釉中制成黑釉；钧窑将孔雀石（铜矿石）研成粉末加上草木灰配入乳浊釉中，推新出铜红釉等等，均属创新之举。与此同时，施釉工艺大有改进，如龙泉窑采用胎体素烧、多次施釉工艺；建窑和吉州窑则以多种色釉为底釉，再运用各种技法把其他釉施于底釉上；钧窑则采用分层挂釉的技术。施釉后的胎体经过焙烧，各显异彩，如定窑白瓷莹润素雅，建窑黑瓷浑厚凝重，龙泉青瓷可与碧玉、翡翠相媲美，钧窑瓷器青中带红，有如蓝天晚霞，均给人以种种美的享受。

在纹饰技术上，各大名窑更是各显神通，刻花、划花、印花、绣花、锥花、堆花、暗花、嵌花以及剪纸贴花等技法分别被不同的瓷窑采用，牡丹、莲花、梅花、花鸟、游鱼、婴戏等也成为装饰题材，从而使瓷器具有很高的欣赏价值。

6. 制盐工艺的改进。宋元时期，制盐技术也有了很大的改进，尤其是在井盐开采方面有了重要的突破。北宋庆历、皇祐年间（1041～1053 年），采盐工人发明了卓筒井开凿法。据《东坡志林》卷四记载，这种方法"用圜刃凿如碗大，深者数十丈，以巨竹去节，牝牡相衔为井，以隔横入淡水，则醎泉自上。又以竹之差小者出入井中为桶，无底而窍其上，悬熟皮数寸、出入水中，气自呼吸而启闭之，一筒致水数斗。凡筒井皆用机械"①。卓筒井的出现，简化了采盐的工艺程序，解除了盐工深井作业所面临的性命之忧，大大提高了采盐的生产效率，因而在四川地区得到普遍的推广。此外，据宋人描述，卓筒井技术还用于江中采盐："蜀江有醎泉，有能相度泉脉者，卓竹江心，谓之'卓筒井'。大率近年不啻千百井矣。每筒日产盐数百斤，其少者亦不下百十斤。"② 产量相当可观。

---

① 苏轼：《东坡志林》卷四，《筒井用水鞴法》，涵芬楼本。
② 范镇：《东斋记事》卷四，北京，中华书局，1980 年点校本。

7. 酿酒工艺：蒸馏技术的使用。宋元的酿酒技术在继承前代的基础上获得了很大的发展，不仅黄酒、果酒、配制酒等花色品种较前代有明显的增加，而且酿造技术有了重要的突破。

第一，在制曲酿酒工艺方面推陈出新，掌握了制作干酵和酒母的技术，并且创造性地使用加热方法煎酒杀菌。宋人朱肱在《北山酒经》中记述煮酒工序时说："凡煮酒，每斗入蜡二钱，竹叶五片，官局天南星九粒，化入酒中，如法封紧，置在甑中，然后发火。候甑箪上酒香透，酒溢出倒流，便揭取甑盖，取一瓶开看，酒滚即熟，便住火，良久方取下。"这种加热灭菌法据说比法国巴斯德灭菌法早几百年。

第二，广泛使用蒸馏技术，是酿酒工艺史上一个划时代的进步。在此之前，酒的制作多以自然发酵而成。至宋代，蒸馏技术不仅在中原和南方地区广泛使用，而且传播到北方金朝境内。1975年12月在河北省青龙县发掘的金代遗址中，发现一套由黄铜制成的烧酒锅，制作精巧，使用方便，表明当时已有较高的蒸馏技术[1]。元代的蒸馏工艺是沿着宋金的传统发展而来。元人朱德润在《轧赖机酒赋》中比较完整地记述了当时蒸馏酒的制作方法："观其酿器，鬲钥之机，酒候温凉之殊甑，一器而两，圈铛外环而中注，中实以酒，仍械合之无余少焉。火炽既盛，鼎沸为汤，包混沌于爵蒸，鼓元气于中央。熏陶渐渍，凝结如炀。渹渤若云，蒸而雨滴；霏微如雾，融而露瀼。中涵既竭于连燧，顶溜咸濡于四旁。乃泻之于金盘，盛之以瑶樽。"[2] 可见元代蒸馏酒制造技术已经相当完善和成熟，那种认为烧酒技术是13世纪通过蒙古人传入中国的说法，纯属荒诞不经之论。

（三）建筑学

1. 建筑技术的完善。宋元时期的建筑技术有了新的发展，其特点主要体现在木结构技术、砖结构技术、石结构技术三个方面。

木结构技术。木结构建筑技术是指以木材构成各种形式的梁架作为整个建

---

[1] 青龙县井丈子大队革委会、承德市避暑山庄管理处：《河北省青龙县出土金代铜烧酒锅》，载《文物》1976年第9期。

[2] 朱德润：《存复斋文集》卷三，《轧赖机酒赋》，《四部丛刊续编》本。

筑物承重结构的主体。宋元时期，木结构建筑技术出现了两种新的特点：在形式上，注重轻巧和变化；在技术上，力求标准、定型和规范化。现存的宋元时期的木结构建筑，如河北正定县隆兴寺摩尼殿、山西太原晋祠圣母殿、应县木塔、洪洞广胜寺等，都反映了这种新的趋势和特点。

与隋唐相比，宋代的木结构建筑多属于梁柱式结构系统的殿堂式和厅堂式，建筑造型富于变化，逐渐趋向柔和绚丽的建筑风格。在柱网设计方面，采用了减柱和移柱的技术。前者是指将殿堂内柱网中的柱子移向边角部位，以扩大殿堂中央部分的空间。后者是指将殿堂内柱网中的柱子减掉 2 至 4 根，扩大室内使用空间。此外，与隋唐时期相比，木构梁技术也更加完善，如使用"普拍枋"、"侧脚"和"生起"技术，增强整体建筑结构中柱框的刚度；使用拼合构件，以节约木材；减小斗拱结构在整体木构架结构中所占的比例，改变了唐代建筑整体造型头大身短的现象，使斗拱的装饰性能逐渐增强。

宋代木结构建筑技术的另一个突出成就是建筑构件标准的计量化和规范化。宋代建筑学家李诚在其著作《营造法式》中，总结出一套"变造用材制度"，认为"凡构屋之制，皆以材为祖。材有八等，度屋之大小因而用之"，"各以其材之广分为十五分，以十分为其厚。凡屋宇之高深，各物之短长，曲直举折之势，规矩绳墨之宜，皆以所用材之分以为制度"。不仅如此，他还强调"有定式而无定法"，根据客观需要来确定建筑构件如门窗、柱础的尺寸大小。这种理论，反映了宋代建筑技术向标准和定型方向发展，表明宋代建筑工程技术更加严密和完善。

辽金元木结构建筑基本上继承了宋代的建筑技术和风格，并有所发展和创新。辽代山西应县佛宫寺释迦塔，是我国现存最高的木结构建筑。木塔底层直径为 30.27 米，塔高 67.31 米，塔身八角九层，外观五层六檐，在主体构造和建筑造型上，均有所改进和突破。木塔建筑在一个八角形的砖筑台基上，内外槽柱及外廊前檐柱皆为双柱，用梁枋连接成筒形的框架。塔身由暗层和楼层交叠而成。暗层内用斜撑梁和短柱组成复梁式木架，形成一道平行桁架式圈梁。这种结构方式大大增加了整个塔身的稳定性，增强了抗风抗震的能力。所有这些都反映了辽代木结构建筑技术的高超与卓越。元代木结构建筑中，减柱和移柱技术在宋金基础上又有所创新。为弥补减柱和移柱所造成的结构上的弱点，

毕昇

宋朝的罗盘针（模型）

黄地朵云瑞花锦
北宋
残长52厘米　宽34厘米
南京博物院藏

花卉锦片
北宋
长54厘米　宽58厘米
新疆维吾尔自治区博物馆藏

龙泉窑弦纹耳瓶
南宋
高31.5厘米
北京故宫博物院藏

青花云龙纹象耳瓶
元
高63.6厘米
大英博物馆达尔德基金会藏

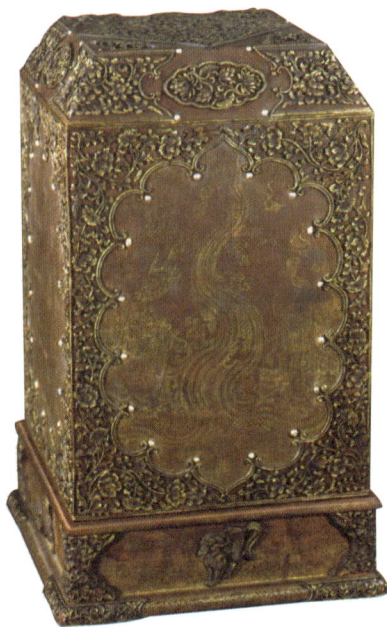

檀木描金舍利函
北宋
通高41.2厘米　底宽24.5厘米
浙江省博物馆藏

朱碧山造银槎
元
高18厘米　长20厘米　重616克
北京故宫博物院藏

元代工匠别出心裁，使用近似于桁架的大额来承担建筑物上部的重量。大额是用一根粗大的圆木，按面阔方向架设在柱头或檐柱、槽柱上，又在额上安放斗拱，这样额下就可以任意移动柱的位置。山西高平景德寺、洪洞广胜寺等都采取了这种技术措施。这无疑是木结构技术发展过程的一种创造。

砖结构技术。宋代砖结构技术也有了很大的发展，主要体现在砖塔的建造上。

宋代是我国砖塔技术发展的全盛时期，砖塔的外形、规模、结构都极有特色，砖塔平面大多采用八角形，外观式样以楼阁式为主，七八十米高的砖塔比比皆是。从现存宋代砖塔来看，当时有空筒式和实心式两种结构。空筒式砖塔又有多种形制，有把阶梯甬道布置在外墙之内，随外墙转折而转折的壁内折梯式；有在塔心柱内开辟登塔阶梯甬道的穿心式，如河北定州的开元寺塔；有穿过外壁开辟阶梯的穿壁式，如九江能仁寺塔；还有回廊式塔，梯阶在空心柱体中盘旋而上，甬道外侧的墙上开有窗口，用来采光或通风，如苏州大报恩寺塔。这些结构形式的变化均是宋代的新创造。实心塔则是全部用砖砌成的实心体，其建筑方法是先砌外壁，接着将内部填砖砌平，逐层升高，砖间多用白灰渗浆，内部全部用黄土泥浆。为了增加稳定性，塔身越往上体积越小，塔壁逐渐内收。为增加美感，还模仿木构外形，在塔身上砌出倚柱、梁枋、斗拱、门窗和浮雕等。

石结构技术。宋元时期是我国古代石结构技术的发展和提高阶段，出现了大量石塔、石幢、房屋和桥梁等石结构建筑。其中最能反映当时技术水平的，是桥梁的设计和建造。著名的桥梁有宋代泉州的洛阳桥和金代中都西南郊的卢沟桥。

洛阳桥位于福建泉州北 20 里洛阳江的入海口上。该桥于皇祐五年（1053年）四月兴建，到嘉祐四年（1059 年）十二月竣工，历时近 7 年。桥长 360丈，宽 1 丈 5 尺，计有 47 个桥孔。在建造技术上，洛阳桥有很多创新。建造桥基时，首创了所谓"筏形基础"的新型桥基，即在江底沿桥位纵轴线抛掷数万立方的大石块，筑成一条宽 20 多米、长 500 米的石堤，以此作为桥墩的基地。桥墩用条石垒砌而成，各石之间有⋈形石料作锁，上置生铁以联排石，使桥墩坚固。为解决桥基和桥墩的联结稳固问题，宋代工匠们又发明了"种蛎固基"方法，在桥基和桥墩上种殖海生软体动物牡蛎，"岁久延蔓相粘，基益胶固矣"①，原来比较松散的石块便联结成一个牢固的整体。在筑墩和架设桥梁时，则利用潮汐的涨落，控制运石船只的高低位置来完成石料的下卸、就位。洛阳桥的建成，反映了宋代桥梁建造技术的高超水平，为后来的造桥工程提供了丰富的经验。950 多年来，洛阳桥经历了无数次地震、海啸和台风的袭击，依然横跨于洛阳江上，发挥着沟通南北的重要作用。

卢沟桥是现存最古老的联拱式石桥。据《金史·河渠志》记载：大定二十八年（1188 年），"诏卢沟河使旅往来之津要，令建石桥。……明昌三年（1192 年）三月成"②。该桥有 11 个孔，宽 8 米，长 212.2 米，加上两端桥堍共长 265 米。在砌拱方式上，卢沟桥采用石块横向成列的横联拱，使桥面承载受力比较均匀，坚实稳固。卢沟桥造型美观，闻名中外，成为今天北京近郊的名胜佳景。

2. 喻皓《木经》与开宝寺塔。喻皓，浙东人，曾担任都料匠，十分精通木结构的建筑技术，著有《木经》3 卷，对当时房屋建造的技术和经验进行了总结。可惜其书早已佚失，《梦溪笔谈》中仅记载了喻皓关于建屋比例"三分法"的理论。他认为，"凡屋有三分：自梁以上为上分，地以上为中分，阶为下分"③，每"分"都有严格的建筑标准和要求。《木经》成书后，影响极广，成为当时木工建造的准则。欧阳修曾高度评价喻皓在建筑学上的贡献："国朝以来，木工一人而已，至今木工皆以喻都料为法。"④

开宝寺塔就是由喻皓亲自设计和负责建造的。该塔是一座楼阁式木塔（即开封市铁塔的前身），塔身八角 11 层，高 360 尺，历时 8 年建成，"在京师诸塔中最高，而制度甚精"⑤。木塔刚建成时，塔身略微向西北倾斜，人们觉得非常奇怪，喻皓解释说："京师地平无山，而多西北风，吹之百年，当正也。"⑥ 这个记载反映了喻皓建筑技术十分精湛，在建造木塔时，已经考虑到天文、地理等方面的因素，不愧为一代杰出的建筑学家。

---

① 方勺：《泊宅编》卷中，《稗海》本。
②《金史·河渠志》，北京，中华书局，1975 年点校本。
③ 沈括：《梦溪笔谈》卷十八，《技艺》，《津逮秘书》本。
④⑤⑥ 欧阳修：《归田录》卷一，涵芬楼本。

3. 李诫的《营造法式》和工程图学。李诫，字明仲，郑州官城县（今河南郑州）人，生年不详，卒于大观四年（1110年）。曾任将作监，主持过许多大型建筑工程工作。他根据自己多年的建筑实践，吸收前人的成功经验，于元符三年（1100年）撰出《营造法式》一书。

《营造法式》共34卷、357篇、3555条。第一、第二卷"总释"是对建筑学上通用名词和营建中人工、木料的计算方法加以介绍；第三至十五卷记载各种各样的建筑技术和方法；第十六到二十八卷是规定各种建筑工程工料的计算方法；第二十九至三十五卷则绘制出各种建筑物的图样，包括房屋仰视平面图、横剖面图、局部构件组合图、部件图、构件构造图、彩画、雕饰图、施工仪器图等多种，使人一目了然。《营造法式》一书，从制度、功限、投料、图样四个方面对宋代建筑技术作了全面的介绍，表明宋代建筑技术已经向标准化和定型化方向发展，标志着我国古代建筑设计和建筑技术发展到一个新的水平。

（四）医药学

宋元时期，医药学也有了显著的发展，呈现出与隋唐不同的特点。

第一，设立各种医疗机构。宋初设立翰林医官院，掌管宫廷和民间的医疗事务；设立太医局，主持医学教育；还在中央和地方设置御药院和尚药局。熙宁九年（1076年）创立太医局熟药所，配制和出售成药，以供民间之用，"崇宁二年增为五局，又增和剂二局，第以都城东、西、南、北壁卖药所为名"①。此外，还建立了以恤贫疗疾为宗旨的社会救济机构，如养济院、安济坊、福田院、慈幼局等。元代同样重视健全医疗机构，医官设置趋向规范化和系统化。中统元年（1260年），设立了最高医疗机构太医院，掌管全国医疗事务。至元九年（1272年）又设立医学提举司，统一管理各地医生的考核、选拔、医书的编审和药材的辨验。此后又设立御药院、御药局、典医署、广惠司、广济提举司等医疗机构，从事药物管理和治病救人工作。

第二，重视医药人才的选拔培养。北宋雍熙四年（987年），诏诸州选送医术人才，经太医署考试、评定，成绩优者为翰林学生。庆历四年（1044

① 周辉：《清波杂志》卷十二，《知不足斋丛书》刻本。

年），在范仲淹建议下，政府将太医局建为医学，培养医药专门人才。嘉祐五年（1060年），又规定太医局学生以120人额，"年十五以上方许投名充医生，虽在局听读及一周年，须候额内本科有阙，即选试收补"①。熙宁年间，医学教育渐趋规范化，分方脉科、针科和疡科，教师和教材均由官方任命和指定。至崇宁年间，北宋政府正式将医学纳入国家官学系统，并把"三舍法"推广到医学教学中，上舍、内舍、外舍共有300人，"中格高等，为尚药局医师以下职，余各以等补官，为本学博士、正、录及外州医学教授"②。政和五年（1115年），令诸州县仿照中央医学的学制和科目建立地方医学，从而使医学更加普及。金、元的医学教育均仿宋制。元政府早在中统三年（1262年）就在各地建立了医学学校，并相应地建立了一套医学科举取士的制度。

第三，医学分科更加细密。唐代中医只有医科、针灸科、按摩科、咒禁科4种。宋代已发展到大方脉科（内科）、风科、针灸科、小方脉科（儿科）、眼科、产科、口齿兼咽喉科、疮肿兼折疡科、金镞兼书禁科。到了元代，分科更加细致，增加至13科，即大方脉科、小方脉科、风科、针灸科、眼科、产科、口齿科、咽喉科、正骨科、金疮肿科、杂医科、祝由科、禁科等。分科越细，钻研越精，必然促进宋元医学的全面发展。

第四，医学著作大量涌现。首先，校订、整理了一大批前代医学文献。北宋之际，多次组织医学专家，对《黄帝内经》、《素问》、《难经》、《巢氏病源候论》、《脉经》、《针灸甲乙经》、《伤寒杂病论》、《金匮要略》、《千金要方》、《千金翼方》和《本草》等传世医典加以校定、刊行，为医学的普及化和民间化创造了条件。元代也十分重视医籍整理，如滑寿的《难经本义》，不仅对《难经》进行了考订、辨析，而且综合各家学说，对《难经》进行了释义和发挥。其次，编辑了大量的医学方书。宋政府十分重视整理前代方书，编撰了数部医方巨著。太平兴国中，编纂《神医普救方》1000卷；淳化三年（992年），编纂《太平圣惠方》100卷；大观年间，又编出简要本《太平惠民和济局方》5卷；政和年间，编纂出大部头《圣济经总录》200卷，可谓集宋代医学方书之大成。政府组织编写之外，民间医生和士大夫也十分留心搜集、编辑方书，如王

---

① 徐松辑：《宋会要辑稿》，《职官》二二之三六，北京，中华书局，1957年版。
② 《宋史·选举三》，北京，中华书局，1985年点校本。

衮的《博济方》、孙用和的《孙氏传家秘宝方》、苏轼、沈括的《苏沈良方》、王俣的《编类本草单方》、许叔微的《普济本事方》等，均是民间神药奇方的汇编。再次，产生了大量的医学专著。在药物学方面，宋代唐慎微的《经史证类备急本草》、寇宗奭的《本草衍义》、金代朱震亨的《本草衍义补遗》、张元素的《珍珠囊》，元代李杲的《药类法象》和《用药心法》、王好古的《汤液本草》等，对各种药材的性味、功效、鉴别等作了详细的说明。在病理学方面，有陈言的《三因极一病证方论》、张从政的《儒门事案》、刘完素的《素问玄机原病式》和《宣明论方》、李杲的《脾胃论》、朱震亨的《格致余论》等，从不同侧面丰富和发展了中医病理学理论。在医疗诊断方面，宋代高阳生的《脉诀》，元代戴起宗的《脉诀刊误》、滑寿的《诊家枢要》、杜本的《熬氏伤寒金镜录》等，分别对脉象和舌象进行了阐析。在针灸学方面，有王惟一的《铜人腧穴针灸图经》、滑寿的《十四经发挥》、王执中的《针灸资生经》等。在法医学方面，宋慈的《洗冤录》则是世界历史上第一部系统的法医学著作，在法医学史上占有重要的地位。此外，关于各科的专门性著作也大量涌现。在内科方面，有庞安时的《伤寒总病论》、朱肱的《南阳活人节》、刘完素的《伤寒直格》等；在外科方面，有陈自明的《外科精要》、李迅的《集验背疽方》、齐德之的《外科精义》；在妇科方面，有陈自明的《妇人大全良方》、杨子建的《十产论》；在小儿科方面，有钱乙的《小儿药证直诀》、刘昉的《幼幼新书》、陈文中的《小儿病源方论》、《小儿痘疹方论》等；在骨科方面，元代危州林的《世医得效方》称得上是一部骨科专论，其中关于使用曼陀罗花作麻醉剂的记载，与宋代窦材《扁鹊心书》中麻醉药"睡圣散"的制作原理基本一致，是世界外科学麻醉史上的最早记录。

第五，医学流派的形成。宋元时期，医学理论有了重大的发展，产生了以金元四大家为代表的四大医学学派，使我国传统的医药学体系更加丰富和完善。

金元四大家是指金代的刘完素、李杲、张从政和元代的朱震亨等四人，他们从不同的侧面继承和发展了《内经》的医学理论，形成了各自的病因病机学说和与之相应的治疗方法。刘完素深受当时流行的"运气学说"的影响，强调六气的外感作用，认为绝大多数疾病皆由火所致，所以治病应以降心火、益肾水为主，多用寒凉药物，故后世称之为"寒凉派"。张从政继承和发展了刘完素的医学思想，认为六气致病主要是邪气侵入人体的结果，主张治病应用汗、吐、下三法：凡风寒初感、邪在皮表者用汗法，风痰宿食在于胸膈上脘者用吐法，寒湿痼冷或热在下焦者用下法。后世称之为"攻下派"。李杲同样师承刘完素，但是他以《内经》理论为基础，认为"元气"是人生之本，脾胃是元气之源，疾病的产生主要是体内元气大伤的结果，故治病应以补脾胃之气为主。后世称之为"补土派"或"温补派"。朱震亨是刘完素的三传弟子，对刘完素的火热学说加以发展，认为人体内"阳常有余，阴常不足"[1]，阴精不足是各种疾病发生的最重要原因，因而主张以补阴为主，多用滋阴降火之剂。后世称其为"养阴派"或"滋阴派"。

以上各派的主张虽然有很大的片面性，但皆致力于致病原因及治疗方法的探讨，开创了中医学术的讨论、交流与争鸣，极大地推动了我国医学理论的发展。故清代四库馆臣认为，"医之门户分于金、元"，说明金元四大家及其学说在中国医学史上占有重要的地位。

第六，名医专家层出不穷。宋元时期宽松的社会环境，使医学、药学等进入了全面发展时期，涌现出一批医学人才，取得了较大的学术成就。如郝允，博陵人，素有"神医"之名，"于脉非独知已病，而能前知未病与死，近者顷刻，远者累年，至其日皆无失"[2]。无为军名医张济，善用针，"如孕妇因仆地而腹偏左，针右手指而正；久患脱肛，针顶心而愈；伤寒翻胃，呕哕累日食不下，针眼眦，立能食"[3]。针灸技术可谓出神入化。庞安时，蕲州蕲水人，对妇科病颇有研究。舒州桐城一民妇难产，七天后仍未分娩，百术无效。安时前往诊视，"令其家人以汤温其腰腹，自为上下抚摩。孕者觉肠胃微痛，呻吟间生一男子"。当众人问孕妇难产原因时，庞安时回答："儿已出胞，而一手误执母肠不复能脱，故非符药所能为。吾隔腹扪儿手所在，针其虎口，既痛即缩手，所以遽生。"[4] 在母体外居然能对胎儿虎口针灸，医术之精湛自然非同寻常。王克明，字彦昭，绍兴、乾道间名医，尤精于针灸。魏安行妻患风瘘，十年不起，"克明施针，而步履如初"。庐州守王安道风禁不语旬日，多方医治无

①《钦定四库全书总目》卷一百零三，《医家类》，北京，中华书局，1997年整理本。
②③ 邵博：《邵氏闻见后录》卷二十九，《津逮秘书》本。
④《宋史·方技下》，北京，中华书局，1985年点校本。

效，"克明令炽炭烧地，洒药，置安道于上，须臾而苏"①。类似这样的名家高手，在宋元时期不可胜计，其治病救人、起死回生的高超医术为我国的医药文化作出了重要的贡献。

（五）数学

中国古代以筹算为中心内容的传统数学，在宋元时期进入发展的最高峰，以贾宪、刘益、沈括、李冶、王恂、郭守敬、秦九韶、杨辉、朱世杰等为代表的数学名家在传统数学的基础上，创造了增乘开方、天元术、隙积术、会圆术、大衍求一术、四元术、内插法和垛积术等辉煌的成就。

数学人才群体的形成，是宋元数学发展的前提。据今人研究统计，宋元时期数学家共有 94 人，构成 4 个相对独立的特定的数学人才群体：一是北宋时期，以汴京为中心，楚衍为首，贾宪、刘益为代表的数学人才群体，这个群体以编修新历、研制新仪、创造"开方作法本源"和"增乘开方法"为主攻方向，为宋元数学高峰的到来奠定了坚实的基础；二是南宋时期，以长江下游为中心，秦九韶、杨辉为代表的数学人才群体，这个群体以高次方程的数值解法、"大衍求一术"、实用捷算法、纵横图及高阶等差级数为主攻方向，并在数学教育上做出了杰出的贡献；三是金元时期，以太行山两侧为中心，李冶为代表的数学人才群体，这个群体以运用天元术列高次方程的方法为主攻方向，推动了数学和天文学发展的进程；四是元大德年间，以北方燕京为中心，朱世杰为代表的数学群体，这个群体以四元术为主攻方向，将中国古代筹算系统发展至最高峰②。这些以不同的数学理论、算法为研究方向的人才群体，推动了宋元数学的高度发展，其中以贾宪、秦九韶、李冶、杨辉、朱世杰等成就最大，影响最深。

1. 贾宪与高次方程的数值解法。贾宪，大约生活在 11 世纪中叶，曾师从著名的天算学家楚衍研习数学，著有《黄帝九章算法细草》9 卷和《算法敩古集》2 卷，原书均已失传。经考证，杨辉《详解九章算法》照录了贾宪《黄帝九章算法细草》三分之二的内容③。

---

① 《宋史·方技下》，北京，中华书局，1985 年点校本。
② 佟建华：《宋元数学人才群体之探索》，载《自然科学史研究》第 16 卷第 3 期。
③ 郭书春：《贾宪〈黄帝九章算法细草〉初探》，载《自然科学史研究》1988 年第 7 期。

贾宪的最大成就是高次方程的数值解法。在杨辉的《详解九章算法纂类》中，载有"贾宪立成释锁平方法"、"增乘开平方法"、"贾宪立成释锁立方法"、"增乘开立方法"四则术文。立成释锁法与传统方法大致相同，而增乘开方法则是一项杰出的创造，用这种方法，既可求得任意高次展开式系数，也可进行任意高次幂的开方。贾宪还绘出了一个三角形系数阵图——开方作法本源图，列出各高次方程展开式的系数，并说明求这些系数的方法。此图比欧洲同类性质的"帕斯卡三角"要早 600 多年。贾宪的"增乘开方法"，经刘益继续研究，至南宋秦九韶时发展成为任意高次方程的数值解法——正负开方术。"贾宪三角"还成为杨辉、朱世杰解决垛积问题的重要工具。因此，可以说贾宪是宋元数学高峰的奠基者。

2. 秦九韶与《数书九章》。秦九韶（1202～1261 年），字道古，生于四川安岳县。其父秦季槱曾任南宋知州、秘书少监等职。秦九韶生性敏慧，豪宕不羁，对天文、数学、音律、营造等事无不精究。南宋绍定四年（1231 年）考中进士，历任县尉、通判、参议官、州守、司农寺丞等职。淳祐七年（1247年），著成《数书九章》。全书共 18 卷，分"大衍"、"天时"、"田赋"、"测望"、"赋役"、"钱谷"、"营建"、"军旅"、"市易"等九大类，每类用 9 个例题来说明解题方法和步骤。《数书九章》最重要的学术成就是关于高次方程的数值解法——"正负开方术"和联立一次同余式的解法——"大衍求一术"。在世界数学界，"大衍求一术"获得"中国剩余定理"之称，比西方解决同类问题的"高斯定理"要早出 500 年。"正负开方术"又被称为"秦九韶方法"，直到 572 年后，英国数学家霍纳才提出类似的算法。正是由于这些卓越的成就，秦九韶被 20 世纪美国科学史家萨顿称誉为"最伟大的数学家之一"。

3. 李冶与"天元术"。李冶（1192～1279 年），原名李治，号敬斋，河北真定人。平生不求仕进，隐居讲学，著有《测圆海镜》12 卷（1248 年写成）和《盖古演段》3 卷（1259 年写成）。前者是一部系统地论述一元高次方程式列方程的方法——天元术，后者是学习天元术的入门著作。

天元术与现代数学方程列法十分相似：首先，"立天元一为某某"，与现代"设 X 为某某"完全相同；其次，根据问题的条件列出两个相等的天元式，两式相减就得到一个天元开方式（高次方程式）；最后，用增乘开方法求得这个方程的正根。天元术的出现，解决了一元高次方程式列方程的问题，为后来多元高次方程组的解法奠定了基础。

4. 杨辉与乘除捷法。杨辉，字谦光，钱塘人，宋末元初杰出数学家。著有《详解九章算法》12 卷、《日用算法》2 卷、《乘除通变本末》3 卷、《田亩比类乘除捷法》2 卷、《续古摘奇算法》2 卷，大部分属于对古代数学著作的搜集与整理，保存了很多珍贵的研究中国传统数学的资料。

乘除捷法是适应人们快速运算的需要而产生的，其要点在于化乘、除法运算为加、减法运算，化多位数相乘除为一位数的连乘除。杨辉在《乘除通变本末》中，介绍了筹算乘除的各种运算法，其中著名的"九归捷法"与后世的珠算九归歌诀基本相似。乘除捷法由于杨辉的整理和研究而逐渐普及，故又被称为杨辉算法。

5. 朱世杰与"四元术"、"垛积术"。朱世杰，字汉卿，河北燕山人，生活于 13 世纪末到 14 世纪初，平生从事数学研究和数学教育，著作有《算学启蒙》3 卷和《四元玉鉴》3 卷。前者是一部实用算术的启蒙书，讲述从乘除法运算到开方、开元术，体系完整，通俗易懂；后者是讲述多元高次方程组解法和高阶等差数问题的，被萨顿称为"中世纪最杰出的数学著作之一"。

四元术是关于多元高次方程组的解法，用天、地、人、物作未知数，构成一个四元高次方程组。先用消去法，将四元四式消去一元后变成三元三式，再消去一元变为二元二式，再消去一元就得到一元方程式，然后用增乘开方法求正根。四元术的出现标志着中国古代筹算系统达到顶峰。

垛积术就是高阶等差级数求和问题。始于沈括的"隙积术"，经杨辉进一步丰富和发展，至朱世杰时遂告完备。朱世杰在《四元玉鉴》中，研究了三角垛和四角垛这两个基本的垛积系统，对垛积招差问题作了详细的研究，得出了高阶等差级数的求和公式，这与 400 年后英国数学家牛顿的公式完全相同。

（六）天文学

1. 天文仪器的改进和发明。宋元时期，除了对传统的浑仪、浑象、漏刻、圭表等进行仿制和改进外，还发明和创造了许多新的天文仪器。

水运仪象台是宋代新发明中最具有代表性的大型综合性天文仪器，由苏颂和韩公廉于元祐三年（1088 年）制成。这台仪器高 12 米，宽 7 米，由三部分组成：上层为浑仪，有一望筒，可以观测天体运行；中层为浑象，其球面上布列天体星宿的形状、位置，球外有经纬圈，设有"昼夜机"，使浑象转动与天体运动保持一致；下层为报时系统，由五层木阁组成，层层有门，至时、刻、更、筹推移之时，阁内就有木人出来报时。浑仪、浑象和木阁"三器一机，吻合躔度，最为奇巧"[①]。木阁后面装有漏壶和齿轮系统，漏壶引水升降，冲激机轮运转，带动整个仪器有序、协调地运转。

漏刻是一种计时仪器。宋代以前，为保持漏壶中水位稳定，大都采用多级漏壶。天圣八年（1030 年），燕肃发明了一种新型的漫流式漏壶——莲花漏。莲花漏分漏壶和箭壶两部分。漏壶由上、下两匮组成，下匮底部开孔，多余的水即由竹水筒流入减水盎中，合乎水位规定的水则由下匮流入箭壶中。箭壶的制作有严格的标准，"其制为四分之壶，参差置水器于上。刻木为四方之箭，箭四觚，面二十五刻，刻六十四面，百刻总六千分，以効日。凡四十八箭，一气一易，铸金莲、承箭。铜乌引水，下注金莲，浮箭而上"[②]。箭头所指的刻度，就是当时的时刻。莲花漏彻底解决了漏壶中水位稳定问题，大大提高了漏壶计量时间的准确度，在漏壶发展史上是一个杰出的创造。

简仪的设计和制造，是元代对浑仪进一步改进的结果。宋代浑仪已经出现了圆环过多、妨碍观测的弊病，沈括取消白道环，改变黄道环和赤道环的位置，无疑是简化和改进浑仪的一次尝试。元代天文学家郭守敬在这个基础上创制了简仪。简仪不但取消了白道环和黄道环，而且把地平坐标（由地平圈和地平经圈组成）和赤道坐标（由赤道圈和赤经圈组成）分成了两个独立的装置，使除了北极附近天区外，全部天空一览无余。

测量仪器的革新，计时仪器的改进，为宋代大规模的恒星位置测量创造了物质条件。

2. 恒星观测与星图的绘制。北宋时，政府多次组织大规模的观测恒星，从史料记载来看，至少进行过 7 次，即太平兴国年间（976～984 年），测二十八宿距度；大中祥符三年（1010 年），韩显符主持观测外官星位置；景祐年间

---

① 《宋史·天文一》，北京，中华书局，1985 年点校本。
② 吴居厚：《青箱杂记》卷九，《四库全书》本。

（1034～1038 年），杨惟德主持观测二十八宿距度及周天恒星；皇祐年间（1049～1053 年），周琮、于渊、舒易简等主持观测周天星官；元丰年间（1078～1085 年），再测二十八宿距度；绍圣二年（1095 年），礼部秘书省主持观测二十八宿距度；崇宁年间（1102～1106 年），姚舜辅主持测量二十八宿距度。其中最值得称道的是崇宁年间的观测，这次观测结果被记载在姚舜辅的《纪元历》中。据研究，这次测量最为精确，二十八宿距度误差绝对值平均只有 0.15°，取代了沿用 300 多年的唐代一行的观测数据。

元代郭守敬在至元十三年（1276 年）也进行了一次大规模的恒星位置测量工作，精确度比宋代提高一倍。郭守敬还对二十八宿中杂座诸星进行了测量，测出前人未命名的恒星 1000 多颗，使记录下来的恒星总数由 1464 增加到 2500 颗。而欧洲直到文艺复兴前才观测到 1022 颗，可见元代恒星位置观测水平之先进。

根据天文观测的结果，天文学家们绘制了大量的反映星宿排列位置的星图、星表。现存苏州文庙的石刻天文图，就是根据宋代元丰年间观测的结果绘制的。该图碑高 2.16 米，宽 1.08 米，上部绘一圆形星图，下部是说明文字，图上共刻星 1430 颗，以北极为中心，绘有 3 个同心圆（代表北极常显圈、南极恒隐圈和赤道）、28 条辐射线（表示二十八宿距度）、黄道和银河。这幅星图是世界上现存星数最多、时间最早的石刻星图，为人们了解和研究宋代天文观测状况提供了珍贵的资料。此外，1975 年考古工作者在河北宣化县一座 12 世纪初的辽国古墓中发现一幅彩色星宿图，该图直径 2.17 米，中央嵌一面直径 35 厘米的铜镜，镜周围绘有九瓣莲花，再外为二十八宿、北斗七星及十二宫在太空中的位置，还有太阳、月亮、五大行星等，星数达 268 颗，堪称为天文史上的一个奇观[①]。

3. 天文历法的变迁。随着天文观测工作的大规模开展，宋元时期历法修改工作也持续不断。据《宋史·律历志》记载，宋代共颁行过 19 部历法，还有多种未颁用的历法。频繁改历使得宋代历法渐趋精密和完善。如庆元五年（1199 年）杨忠辅制订的《统天历》，根据天文观测的实际结果，确定出节气、

---

① 夏鼐：《宣化辽墓壁画的星图》，载《文物》1975 年第 8 期，第 31～34 页。

合朔、月近地点与交点时刻需要增加的改正值，定出回归年长为 365.2425 日，与现行公历在 1582 年颁布时采用的数据完全相同，比现代所测数值只差 26 秒。

西夏主要行用宋朝历法，藏历的十二生肖纪年方式也曾被采用。

辽代最初使用后晋的《调元历》，后来行用辽朝贾俊修撰的《大明历》，实际上是对祖冲之《大明历》稍加改动而已。

金代有自创的历法，最初使用杨级编撰的《大明历》，大定二十年（1180 年）后行用赵知微修订的《重修大明历》，该历精确性很高，其回归年长为 365.24259 日，黄赤交角值与现代理论推算的数值也十分接近。

元代最初袭用金代《大明历》。至元十三年（1276 年），因《大明历》误差较大，郭守敬等奉诏着手改历。至元十七年（1280 年），推出新的历法《授时历》。该历已经和现代公历性质相同，颁行后沿用 400 年之久，是我国历史上使用时间最长的一部历法。

（七）地理学

宋元时期地理学的发展主要体现在地图绘制和地理专著编纂两个方面。

1. 各种地图的绘制。宋元时期，已经具备这样几个绘制地图的条件：一是宋元士人具有务实和进取精神，对探索自然有着浓厚的兴趣，常常深入实地，对地形、地貌进行测量、勘察。二是有了高水平的测量工具。《武经总要》中记载当时进行高程测量的水准仪，由水平衡、高度经纬仪、朝板、测量杆四部分组成，其观测原理与现代水准测量原理十分相似。指南针的推广应用，也为地理勘测工作提供了极大的方便。三是绘图技术有所创新。沈括在制作《守令图》时，吸收前人"鸟飞之数"的方法，"以二寸折百里为分率，又立准望、牙融、傍验、高下、方斜、迂直七法"，"分四至八到，为二十四至，以十二支、甲乙丙丁庚辛壬癸八干、乾坤艮巽四卦名之"[①]，其规模、精确度已超过前人。南宋初石刻《禹迹图》时，采用"计里划方"的方格网绘法，比例尺是每方折地百里，即 1：500 万左右，反映了当时地图制作已具有相当高的水平。

---

① 沈括：《梦溪笔谈·补笔谈》卷三，《杂志》，《津逮秘书》本。

宋代地图种类很多，有全国总图、边防时局图、山川形势图、水陆交通图和城市图等。出于国防军事的需要，宋代对边境地图尤其重视，仅西北边境的地图就绘制了《河西陇右图》、《鄜延边图》、《西界对境图》、《五路都对境图》、《祥符山川城寨图》、《泾原环庆两路州军山川城寨图》等，既有官方绘制的，又有私人自制的。在全国总图绘制方面，淳化四年（993 年）完成的《淳化天下图》是宋代第一幅规模巨大的全国总图，绘制时竟使用了 100 匹绢。熙宁六年（1073 年），赵彦若绘制的《十八路图》，也是一幅全国行政总图。元祐三年（1088 年），沈括绘制了一套《天下州县图》，即《守令图》，包括"大图一轴，高一丈二尺，广一丈；小图一轴，诸路图十八轴；并用黄绫装裱；副本二十轴，用紫绫装裱"①。时至今日，宋代地图大都佚失，残存者以石刻居多，主要有《华夷图》、《禹迹图》、《地理图》、《九域守令图》、《平江图》和《桂州城图》。

元代在地图绘制方面也有显著的成就。朱思本在总结前人成果和进行实地考察的基础上，采用传统的"计里画方"法，绘制出长宽七尺的《舆地图》，成为元、明、清三代绘制全国总图的范本。

值得一提的是，宋元时期还出现了地形模型图、彩色地图和地球仪。沈括奉使巡边时，"始为木图，写其山川道路"。该图受到神宗皇帝的重视，"乃诏边州皆为木图，藏于内府"②。这种木图，是我国立体地形模型图的滥觞。彩色地图的绘制，则发轫于元代。元政府在编纂《元一统志》时，曾在各路卷首附上彩色小地图，并在此基础上绘制了一部彩色大地图。元代西域人扎马鲁丁还制作了地球仪，"其制以木为圆球，七分为水，其色绿，三分为土地，其色白。画江河湖海，脉络贯串于其中。画作小方井，以计幅员之广袤、道里之远近"③，其海洋、陆地之比例、方格网线的使用，已接近现代地图的面貌。

2. 方志的编纂。宋元时期，方志编纂十分繁盛，地方志不仅完成了由隋唐以来的图、志并存到宋元时期有字无图的过渡，而且形成统一的格式和体例。在全国总志方面，有乐史编著的《太平寰宇记》、王存的《元丰九域志》、

---

① 沈括：《长兴集》卷十六，《进守令图》，《四库全书》本。
② 沈括：《梦溪笔谈》卷二十五，《杂志二》，《津逮秘书》本。
③ 《元史·天文一》，北京，中华书局，1976 年点校本。

欧阳忞的《舆地广记》、王象之的《舆地纪胜》、祝穆的《方舆胜览》、扎鲁马丁编纂的《大元一统志》。至于各州县的地方志，更是数量众多。据张国淦《中国古方志考》统计，宋代共修纂 1016 种方志，保存至今的还有 34 种，是研究宋代历史和地方志发展的重要资料。

《太平寰宇记》，北宋乐史撰，共 200 卷。此书以宋初疆域和四夷为叙述范围，在体例上继承了前代地理志书的基本内容，还创造性地增加了姓氏、人物、风俗、官爵、题咏、名胜、杂事等人文和经济内容，从而使单纯的地理志书发展为历史与地理相结合的方志。故清代四库馆臣评价说："盖地理之书，记载至是书而始详，体例亦自是而大变。"①

《元丰九域志》，10 卷，以王曾的《九域图》为蓝本，删去其中地图部分而成，是由图经演变为地方志的代表作。该书的特点在于详细记载了与行政管理、国计民生有关的内容，始于四京，次列二十三路，终于省废州军及化外、羁縻州，分路记载所属府州军监及其地理、户口、土贡、领县，每县又详列乡、镇、堡、寨与名山大川，文直事核，条理井然，是研究我国历史地理的重要参考文献。

《大元一统志》，是由元政府主持修纂的一部完备而丰富的全国性地理志书。该书 600 册，1300 卷，按诸州县史地分别编纂，分建置沿革、坊廓乡镇、里至山川、土产风俗、古迹人物、仙释等部分。该书在明代即已散佚，现存下来的部分残本和辑本，仍具有较高的学术价值。

（八）火药与军事技术

宋元时期，农耕民族与游牧民族之间长期的冲突与战争，推动了军事技术的提高和进步。一方面，火药火器广泛应用于军事领域，中国古代军事战争从此进入火器和冷兵器并用的时代；另一方面，各种冷兵器也继续向前发展，制作技术大有改进。

1. 火药的制造与火器的使用。火药是古代炼丹家发明的，至迟在 9 世纪初，含硝、硫、炭三种成分的火药已经制成。宋元时期，火药的配制逐渐向定

---

① 《钦定四库全书总目》卷六十八，《史部二十四·地理类一》，北京，中华书局，1997 年整理本。

量化、合理化方向发展。《武经总要》记载了毒药烟毬、蒺藜火毬、火炮火药等三种火药配方，不但增加了硝的含量，而且加进各种辅助性配料，强化了火药的爆炸效果。

宋代的火药武器大致可分为燃料性、爆炸性和管形火器三类。燃料性火器有火箭、火枪和火球三种，具有燃烧、毒气、杀伤、障碍、烟幕等不同作用。爆炸性火器经历了由纸弹、石弹到铁弹的发展过程。靖康元年（1126 年），宋军在汴京保卫战中，使用过威力较大的"霹雳炮"。绍兴三十一年（1161 年）采石水战时，霹雳炮再显神威，"其声如雷，纸裂而石灰散为烟雾，眯其人马之目"。但当时的霹雳炮还只是用纸、石灰和硫磺制成。13 世纪初，金、宋都开始以铁为外壳，造出威力更大的"震天雷"、"铁火炮"，爆炸时，"其声如雷，闻百里外，所蕺围半亩之上，火点著甲铁皆透"①。

管形火器也萌芽于宋金战争时期。绍兴二年（1132 年），宋将陈规驻守德安时，制作了一种"长竹竿火炮"，用巨竹做枪筒，内装火药，用以焚烧敌人的攻城器械"天桥"。开庆元年（1259 年），寿春府制造了"突火枪"，也用竹筒制成，内装火药和"子窠"，作战时点燃火药，先喷火焰，然后"子窠"发射出来，响声如炮。这种"子窠"，类似于后来的子弹。宋代管形火器的问世，为后来金属管形火器枪、炮的发明奠定了基础。

在宋代火器发展的基础上，元代创制了金属管形火器——火铳。火铳由尾銎、药室和铳膛三个部分构成，有手提式、远程式和近距离重炮式，发射原理与宋代突火枪基本一致。火铳的出现，是兵器制造技术的划时代的变革，从此，火器逐步取代冷兵器，并向近代枪炮方向发展。

2. 冷兵器的发展和改进。宋代冷兵器继承隋唐五代遗制，并吸收周边少数民族兵器的优点，不断加以改进和完善。按其种类，大致可分为长短兵器、抛射器、防护装备和攻战器具等。

宋代长兵器以枪为主，其次是大刀、钩竿和叉竿等杂式长兵器。短兵器除汉族传统的刀、剑、棒外，还有少数民族特色的蒺藜、蒜头、锏、鞭等，而每种兵器又有多种式样和名称。《武经总要》记载的刀就有 8 种，包括手刀、掉

---

① 《金史·赤盏合喜传》，北京，中华书局，1975 年点校本。

刀、屈刀、掩月刀、戟刀、眉尖刀、凤嘴刀和笔刀。枪有9种，包括双钩枪、单钩枪、环子枪、鸦颈枪、锥枪、梭枪、槌枪和大宁笔枪。

抛射兵器有弓箭、弩和砲。弓箭是最常用的常规兵器，形制变化不大，只是射程有所增加。熙宁初，李宏献神臂弓，"以檿为身，檀为弰，铁为镫子枪头，铜为马面牙发，麻绳扎丝为弦。弓之身三尺有二寸，弦长二尺有五寸，箭木羽长数寸，射三百四十余步，入榆木半笴"[1]。南宋初，韩世忠造出克敌弓，用来抵御敌骑冲突，"其发可至百步，其劲可穿重甲，最为利器"[2]。

弩实际上是重型远射的弓。《武经总要》中载有双弓床弩、大合蝉弩、小合蝉弩、双弓斗子弩、三弓弩、次三弓弩、手射弩及三弓斗子弩。这些弩多以绞车张发，射程最远可至1500米左右。

砲，亦称礮，是利用杠杆原理抛掷石弹的最重型的远射武器。《武经总要》中记载的砲有20多种，其中小型砲只需2人操作，可抛射半斤重的石弹；中型砲需40至100人操作，可抛射数斤至25斤的石弹，射程为50～80步；重型砲需用150至250人操作，可以把70～90斤重的石弹抛射到50步之外。

宋代攻守器械相当完备。根据《武经总要》记载，攻城器械有濠桥、折叠桥、飞梯、云梯、尖头木驴、木牛车、轒辒车、巢车、望楼车等，守城器械有各种滚木檑石、燕尾炬、木女头、塞门刀车、垂钟板和皮竹笆等。

宋代防护器具大多承袭前代，主要有盔甲和盾牌。盔甲的制作已十分完善，可根据不同兵种的需要，制造不同厚度、样式的盔甲。

辽、夏、金、元在冷兵器制造方面也有所成就。西夏甲胄"皆冷锻而成，坚滑光莹，非劲弩可入"[3]。西夏的神臂弓更是威力无比，"他器弗及"[4]。夏人剑制作精美，锋利无比，有"天下第一"之誉。元代的"回回砲"在性能和操作上都比宋砲有了较大的改进，只需几人操纵，即可发射150斤的石弹，射程和威力极大，所击无不摧陷，在元朝统一战争中发挥过重要的作用。

---

①②④《宋史·兵十一》，北京，中华书局，1985年点校本。

③ 李焘：《续资治通鉴长编》卷一百三十二，庆历元年五月甲戌条，北京，中华书局，1985年版。

第九章
宗教文化的兴盛

　　宋元时期，尤其是金元时期，是中国古代宗教文化最为兴盛的历史时期之一。这一方面与激烈的民族斗争和空前的社会灾难所造成的社会性的虚幻感有关；另一方面，与儒家伦理文化在金元之际的极度失重以及多元文化空间的形成有关。当然，游牧民族早期社会发展阶段对宗教的依赖和外国宗教文化的大规模传入，也都是该时期宗教文化兴盛的重要原因。

一、佛教的流行

（一）宋代佛教的传播

据学者们研究，世界三大宗教之一的佛教大约是在西汉末传入中国的。佛教传入中国以后，出于维护统治地位的目的，各时期的统治者大都大力提倡佛教，宣扬佛法。东汉初年，佛教已经颇有影响。后又经过三国两晋南北朝时期的发展，至隋唐时期，佛教发展到一个高潮。太宗即位，大兴译经事业，在各地遍建寺院，并支持玄奘等人西行求法。武则天、唐玄宗亦极重佛教。由于佛教传播日广，不能不有各种教理和维持体系以适应各阶层信徒的要求，同时由于寺院经济基础日益庞大，不得不用宗派形式加强信徒组织。唐代佛教形成了慈恩（或称法相、唯识）、律宗、贤首（或称华严、法界）、密宗、禅宗、净土六大宗派，加之隋时形成的天台宗、三论宗两派共成八派。国外僧人学成归国开教与中国僧人外出求法传教相结合使唐代佛教各派声播域外。到五代，后梁至后汉各代教政多袭唐代旧规，但对僧尼管理较严。至周世宗时，采取抑佛政策，沙汰佛教，禁止私度僧尼与烧身、炼指等眩惑世俗、残害肢体的做法，使佛教影响趋于衰微。

宋代佛教的传播和流行，由于受社会历史条件的影响，呈现出较之以往不同的特点，这就是宋代政局始终规范着佛教的发展。

佛教在宋代的发展是与宋代的政局紧密相连的。宋代立国以后，它外受强大的异族步步侵逼，内部阶级对抗日趋严重，这不可避免地促进了君主专制主义的加强。君主被视作国家的绝对权威，全国的军事、政治和经济权力皆集中于皇帝手中。与此相适应，社会意识也发生重大变化，一方面它强烈呼唤君主专制主义的加强，另一方面呼吁人们通过对个人生活基本需要的限制和自我的道德完善，求得国家的安定与强盛。结果，宋王朝的对内统治空前强大起来，而对外却越来越怯懦孱弱。佛教在宋代的发展，就是在这样一个大环境中进行的。

宋代立国，一反后周的抑佛政策，给佛教以适当的保护。宋代佛教政策的奠基者，是开国君主太祖和太宗两兄弟。宋太祖鉴于周世宗限佛敕给予佛教的打击，影响了许多地区民众的安定，于是下令停止毁佛，并普度行童8000人，以重开佛教作为稳定北方局势和取得南方吴越等奉佛诸国拥戴的重要措施。乾德三年（965年），沧州僧道圆游方天竺往返18年后，偕于阗使者回到京师，太祖在便殿召见，垂问西土风俗；次年，遣沙门僧人行勤等人前往西域求法。太宗时期，外国僧人大批来华，到景祐年间（1034~1038年）即有80余人。很明显，在宋初佛教是中央扩大对外联系的重要纽带。

也就是在这一时期，政府大力提倡雕版印经，并设立译经院。开宝四年（971年），国家敕令高品、张从信到益州开雕中国有史以来的第一部汉文木版印刷《大藏经》，总计653帙，6620余卷。刻经之风由此盛行。太平兴国七年（982年），宋太宗设立译经院，诏印僧法天、天息灾、施护和懂梵学的汉僧及朝廷官员等，共同组成严密的译经集团，进行由官方直接控制的译经活动。景祐二年（1034年）后，由于某些经文中存在"文义怪戾"之处，有"厌祖之词"，政府明令禁止再译类似经文，使译经活动逐渐消沉。截止到政和初年（1111年），前后共有译家15人，译佛籍284部，758卷。所有这些在一定程度上促进了佛教的传播。

此外，宋代僧尼的发展也以不危害中央集权的实力为前提。宋代僧尼在太宗时期有一个突发性发展，太平兴国元年（976年），一次普度行童17万人。宋真宗著《崇释论》，设想奉佛"十力"，辅俗"五常"，以达到劝善禁恶的目的。他在全国设戒坛72所，广度僧尼，到天禧五年（1021年），已有僧397615人，尼61240人，寺院近4万所，成为全宋史上佛教最发达的年代。此后，佛教的发展日渐受到限制。从景祐元年（1034年）起，僧尼数量开始下降，到神宗时期，全国僧尼只有224090人，减少了49%以上。由此可见，宋代佛教有一个适度发展的条件，这就是不容许过度膨胀或走向惑众邪途，也就是以不危害中央集权的实力为前提，这也是宋代开国以来对佛教发展定下的基本原则。宋太宗认为，浮屠之教"有裨政治"，必须"存其教"，但决不能像梁武帝那样沉溺其中，以至"舍身为寺奴，布发于地，令桑门践之"，丧失君主至高无上的权威地位。因而，他在扶植佛教的同时，屡诏约束寺院扩建，限定僧尼人数。

以后宋代的各代帝王基本沿袭了宋初的佛教政策，使佛教在国家政局的规约下得到适度的发展。只是到宋徽宗时，他崇奉道教，自号"教主道君皇帝"，诏称：佛教属于"胡教"，"虽不可废，而犹为中国礼仪之害，故不可不革"，强制僧尼改称道教名号，改僧尼寺院为道教宫观，改佛菩萨称谓为道教名号，给予佛教以较大的打击。但不久徽宗被俘下台，对佛教的波及由此终止。

南迁以后，政府注意对佛教的限制。宋高宗对佛教采取折衷态度，既不毁其教灭其徒，也不崇其教信其徒，而是"不使其大盛耳"。他采取的措施之一，是停止发放度牒，以稳定僧数，使既有的出家人自然减少；措施之二就是征收僧人的"免丁钱"，后又改为"清闲钱"，赋金数倍于一般丁口，以此限制寺院招收新人。这些措施一定程度上限制了佛教的发展，但也削弱了国家的财政收入。后来由于江南地区原有的雄厚的佛教信仰基础，同时由于国家财政对度牒的依赖，佛教的发展在南宋时也能保持一定的盛况。

总的来说，出于统一的王权需要，当政者往往施行相互矛盾的政策，从而使佛教在宋代保持了一个平稳发展的态势。

宋代佛教的派别也很杂，隋唐时期形成的佛教八大派别，在宋代都有程度不同的发展。但由于受王朝佛教政策和佛教世间化的影响，宋代佛教徒注重修持，因而禅、净二宗十分流行。

1. 宋代禅宗。由于禅寺经济的发展和大寺禅院的兴盛，禅僧同官府及士大夫的结交日益密切，大大推动了禅风的变化，其主要表现是从"不立文字"、"直指人心"的老传统向以阐扬禅机为核心、"不离文字"的"文字禅"转化。与此相应，编纂"灯录"和"语录"成为宋代禅宗的主要事业。这种表现于语录的文体，质朴而生动，粗鄙而隽永，雅俗可以共赏，对于加强知识阶层同劳动民众之间的思想联系有一定作用，在促进佛教教义的通俗化和普及化方面前进了一步。

2. 宋代的净土信仰。净土信仰与其他宗派强调自力修行、自力求证的教义不同，主张依他力与内力结合求取来世的解脱和幸福，即以念佛行业为内因，以弥陀愿力为外缘，内外相应往生净土。它的修持法门说到底是称名念佛，简单易行，便于吸引更众多的信徒，所以也叫"易行道"。

净土信仰到宋代有了新的发展。宋代的净土信仰遍及佛教各派，成为佛教发展的共同趋向。其中，禅与净土的结合、天台与净土的融会，又是这一共同趋向中的主流。宋代的整个净土信仰大致可分为"念佛净土"与"唯心净土"两种，其中以念佛净土更为盛行。与净土信仰的发展相适应，以净土念佛为活动内容的法社纷纷创立。法社的创立和参加者，僧俗都有。僧侣中既有禅宗的，也有其他各派的；俗家弟子中既有普通民众，也有官僚士大夫。这样规模宏大的法社，把佛教僧侣和社会各阶层联结起来，反过来又有效地促进了净土信仰的广泛传播。

宋代水陆道场之类的法会盛行，就是在净土结社的影响下，吸取中国的传统信仰和儒家观念的一个重要结果。它将超度亡灵、孝养父母、净土往生和现实利益合而为一，为世俗社会所普遍接受，流传至今。

(二) 宋代佛教由"出世"向"入世"转化

佛教发展到宋代，逐渐从泛泛地提倡救度众生转向实际地忠君爱国，从泛泛地主张三教调和转到依附儒家的基本观念。处在民族危亡多事之秋的佛教，其主流，与前代那种以避世为主的消极思潮相比，突出地表现了积极参与军政大事，谋求争取改变现实状况的意向，尽管其方式仍以宗教方式为主。这在理论和实践中都有明显的体现。

理论上，宋初延寿，曾力图改变唐末五代普遍流行于禅宗中的放任自然、不问是非的风气，提倡禅、教统一，提倡禅与净土统一，要求佛教回到世间，参与辅助王政。他在《万善同归集》中说："文殊以理印行，差别之义不亏；普贤以行严理，根本之门靡废。本末一际，凡圣同源；不坏俗而标真，不离真而立俗。"从而在理论上证明了僧尼参与世间生活的必要性。此后，克勤更直接地认为"佛法即是世法，世法即是佛法"。赞宁进一步提出"佛法据王法以立"的主张。这就为佛教的"入世"提供了理论依据。

同时，宋代初年，王朝制定以儒治国的方针，因而主动向儒学靠拢成为佛教发展的方向。宋儒与传统儒学相比，有一个突出的不同点，那就是强调忠孝节义。宋代佛教也吸取忠孝仁义作为自己新的教义。智圆说："士有履仁义、尽忠孝者之谓积善也。"换言之，佛教的善恶标准，就是忠孝仁义。契嵩的名著《辅教编》设有《孝论》12章，专门模拟儒家的《孝经》发明佛意。他认为佛教决不可离开"天下国家"大事和君臣父子等伦理规范而为一人之私服务，曾说："佛之道岂一人之私为乎？抑亦有意于天下国家矣！何尝不存其君臣父子邪？岂妨人所生养之道邪？"到了北宋末年，忠君爱国成了当时做人的最高标准，这在佛教中也有相应的反映。像两宋之际的禅宗领袖宗杲，用"忠义心"说来解释作为成佛基石的"菩提心"就很典型。他还自谓："予虽学佛者，然爱君忧国之心与忠义士大夫等，但力所不能而年运往矣。"

宋代佛学提倡"入世"并不限于口头空谈，在实践中也得到印证。庐山祖印衲禅师以知兵名闻当朝。靖康之耻，宗泽留守东京，命法道法师补宣教郎总管司，"参谋军事，为国行法，护佑军旅。师往淮颍，劝化豪右，出粮助国，军赖以济"，后南渡随驾陪议军国事。建炎三年（1129年），金兵陷杭、越、明诸州，众僧遍颂"保国安民"，振发"忧时保国"的士气。宗杲因参与张九成反秦桧和议被流放衡阳；著《禅林僧宝传》的僧惠洪，与当时反对蔡京、主张变革的张商英结交，终被流放朱崖。

宋代佛教引进"天下国家"和"忠君忧时"，在中国佛教发展史上，是具有里程碑意义的事件。一方面，它开辟了古代佛教爱国主义和民族主义的先河；另一方面也标志着沙门与王者抗礼的时代彻底结束。

此外，宋代佛教的"入世"还表现在僧侣垦荒和发展寺院经济上。宋代浩大的财政开支之所以能在异常困难中支撑下来，与不断开垦新的荒地和国家向寺院征收赋税以及鬻卖度牒等开源节流的措施有很大关系。僧侣是垦荒的重要力量之一，鬻牒又为寺院持续添加了劳动力，从而促进了寺院经济的发展。由于宋代城市繁荣，城乡手工业和商业发展，这也刺激了寺院经济同世俗社会的联系，使寺院生活与世俗生活在经济、政治上日益接近。一些农村和边远地区的僧侣，甚至可以娶妻生子，而俗以为常。

（三）辽金佛教的兴旺

两宋时期，与北宋直接对峙的主要是辽国；而在南宋时，与其处于长期对峙状态的则是金国。由于汉文化的影响，由于对汉文化的吸收和移植，辽金佛教的发展十分兴盛。

1. 辽代佛教。唐昭宗天复二年（902年），阿保机在龙化州建起辽地的第一座寺庙开教寺。契丹国建立后，佛教进一步受到重视。918年，阿保机"诏建孔子庙、佛寺、道观"。927 年，阿保机建天雄寺，安置由渤海国迁来的僧人。942 年，太宗耶律德光"奉菩萨堂，饭僧五万人"。圣宗耶律隆绪在位时，辽进入全盛时期，佛教的发展也由于王室贵族的支持而急剧膨胀。隆绪于释、道二教皆洞其旨，他大举佛事，每次饭僧逾万人；王室贵族也以巨额布施支持佛教的发展。据《辽史》记载，圣宗时期曾数次禁私度、滥度僧尼，乃至沙汰僧尼。这从反面表明，当时辽境内佛教的急剧发展，已到了国家难于控制的程度。此后，兴宗耶律宗真更受具足戒，并大量兴建寺塔，举行佛事供养，给僧侣极高的社会政治地位，"以致贵族望族化之，多舍男女为僧尼"。到道宗耶律洪基，辽代佛教达到鼎盛。据载，他曾一次饭僧 36 万，一日祝发 3 千，他还鼓励僧人搜集、注释佛典，自己也研习教义，尤擅华严教旨。

辽代王室贵族以巨额布施支持佛教的发展，直接影响平民对佛事的投资，由此形成的寺院经济和社团组织，迥异于江南。一方面，王室贵族以巨款施寺；另一方面，寺院领袖往往发动当地信徒组织所谓"千人邑社"，多方募集捐助，储备于寺。这种寺院经济主要依赖外部扶植，一时显得十分强大，但由于缺乏自力更生能力，极易受到破坏。但各种各样的社邑组织加速了佛教信仰在民间的传播。

辽代佛教诸派中以华严宗和密宗最为发达，五台山是这两个宗派的研习重镇，代表著作有上京开龙寺鲜演的《华严经谈玄抉择》和五台山金河寺道硕的《显密圆通成佛心要集》。《抉择》一书，表达了对当时禅、教互相排斥现象的不满，而以澄观、宗密两家的思想为指针，提倡禅、教融合。道硕的著作则进一步提倡显密统一。因而，从整个义学的角度看，辽代佛教更接近唐代佛教。

此外，辽代佛教的兴盛还表现在《契丹藏》的雕印成功。它始雕于兴宗（1031～1055），终于道宗（1055～1101），前后经过 30 余年，是继宋初《开宝藏》以后又一部完整的佛教大藏经。道宗以后，《契丹藏》的印本曾数度传入高丽。

2. 金代佛教。女真族受渤海国和高丽国的影响，在开国之前已有佛教流传，攻占辽、宋领地以后，全面吸收汉文化，其中包括佛教。阿骨打为厚葬开国元勋宗雄，建佛寺一所。金太宗完颜晟进一步将佛教引入王室，每年设法会饭僧，并常于内廷供奉佛像。他还曾为著名僧侣善祥、海慧等建造寺庙、佛塔。到熙宗完颜亶时，汉化速度进一步加快，他提倡尊孔读经，设立孔庙，同时优礼名僧海慧、悟铢等。

1153 年,由于海陵王志在灭宋,既轻视儒学,也限制佛教,使佛教一度遭受重击。到世宗完颜雍时,金进入全盛时期,重又尊孔崇儒,保护佛教。从 1162 到 1184 年间,他先后诏建了燕京大庆寿寺、辽阳清安禅寺、仰山栖隐寺等,并度僧若干。虽在即位之初,他曾因军费缺乏,出售度牒、紫衣、师号、寺额,但他对佛教注意管理,严禁民间私建寺庙。章宗完颜璟基本继承了世宗的政策。

与辽代相比,金代的佛教政策受宋王朝影响更深,思想上也更多地与宋地佛教接近,主流也是禅宗。《大金国志》对此进行了描述:浮图之教,虽贵戚望族,多舍男女为僧尼,惟禅多而律少。金代主要的佛教名士有万松行秀、李屏山、耶律楚材等。

金统治时期,又有一本重要刻本《大藏经》问世,这就是 1933 年在山西赵城县广胜寺发现的《赵城藏》。该藏由比丘尼崔法珍在山西解州天宁寺发起,大约开刻于熙宗皇统九年 (1149 年),至世宗大定十三年 (1173 年) 完工。

(四) 元代佛教的发展及特点

原分布于额尔古纳河流域的蒙古人,在成吉思汗的率领下,统一大漠南北,于 1206 年建立蒙古国。1260 年,忽必烈即帝位,1271 年定都大都,国号大元。1279 年元灭宋,征服全国,成为汉唐以来中国历史上版图最大的王朝。由于封建王朝对佛教的崇奉,元代佛教的发展与前代相比,呈现出自身的特点。

1. 政府大力扶植喇嘛教。喇嘛教为藏传佛教。从成吉思汗时起,蒙古统治者就试图把喇嘛教作为联系西藏上层的主要纽带。西藏归顺蒙古后,忽必烈特别支持萨迦派的发展。他在即位以前即已邀请西藏名僧八思巴东来,即位后奉为国师、帝师,命掌全国佛教兼统教区政教。这推动了喇嘛教在藏、蒙和北方部分汉民地区的传播,在大一统的国家内,空前密切了藏蒙、藏汉等各民族之间的思想文化交流,加强了西藏和中央政权的联系。

八思巴死后,其系僧人继续受到元朝各代帝王的宠信,尊为国师。终元之世,诸帝必先就帝师受戒而后登位。受此影响,喇嘛僧人在元代享有特别的政治经济特权。宣政院曾规定:"凡民殴西僧者,截其手;骂之者,断其舌。"喇嘛教上层实际上成了元代的一个特殊阶层。元统治者之所以大力扶植喇嘛教，最初的用意在于把它作为沟通西藏关系，羁縻边远居民的手段。事实上，信仰的成分甚少，主要是出于"因其俗而柔其人"的政治目的。另外，元王朝作为少数民族上层建立的政权，也有意使喇嘛教在控制汉族中起作用。

2. 元帝室崇奉佛教。元朝虽以藏传佛教——喇嘛教作为国教，但对佛教的其他派别，也不排斥，佛教的各种流派均为元朝历代帝室所崇尚。

元世祖忽必烈带头崇佛，他于"万机之暇，自持数珠，课诵、施食"。1261年建大乾元寺、龙光华严寺。1285年，"发诸卫军六千八百人，给护国寺修道"。他对佛事也很热心，1285年，他于西京普恩寺集全国僧侣4万人举行资戒会7日，并令帝师于各大寺庙做佛事19会。1287年，他令西藏僧侣在宫廷及万寿山、五台山等地举行佛事33会。忽必烈曾自述："自有天下，寺院田产，二税尽管蠲免之，并令缁侣安心办道。"这在宋辽是不曾有过的。

此后元代诸帝对待佛教，大都依世祖的范例办理。营造大寺院和大规模赐田赐钞的风气，在元朝几乎没有中断过，从而使两宋以来逐渐稳定、衰退的佛教，又有了新的高涨。至元二十八年（1291年），境内寺院达到4万2千余所。至元代中叶，僧侣总数达百万左右。由于帝室对佛教的多方庇护，一些寺院大量兼并土地，甚至公然侵夺公田、民户。元代寺院除经营土地外，也从事各种商业和手工业活动，并且比宋代还要活跃。

3. 白莲教与白云宗的流行。元代的佛教派别除作为国教的藏传佛教外，还存在汉地佛教。元代汉地佛教也以禅宗为主流，北方盛传曹洞宗，南方流行临济宗。由于元朝统治者对佛教的崇尚，传统的佛教派别大都得到较大的发展。除此而外，元代江南地区还流行起白莲教和白云宗等教团。

白莲教是在宋代结社念佛、净土信仰广泛发展的情况下产生的。它在初创时期是佛教的一个世俗化教派，但在后来则演化为民间秘密教团。

白莲教的早期形态是佛教白莲宗，为南宋初年江苏吴郡延祥院僧人茅子元所创。他慕东晋慧远莲社遗风，"劝人皈依三宝，受持五戒"，"念阿弥陀佛五声，以证五戒"，制定晨朝礼忏仪，劝人信仰西方净土。他建立"莲宗忏堂"，修持净业，自称"白莲导师"。他提倡吃斋念佛，不杀生，不饮酒，男女僧俗共同修持。因其断肉食菜，故又名白莲菜。白莲教的教义要求信徒把修心与修净土结合起来。因其教义的世俗化，故在民众中得到迅速的传播。绍兴初年（1131年），当局以"食菜事魔"的罪名将茅子元流配江州，三年被赦，并被宋高宗召见，赐给"劝修净业莲宗导师慈照宗主"的称号。茅子元死后，小茅阇黎等人继续倡导，使白莲宗盛行于南方。

元朝统一中国后，承认和支持白莲宗的活动，使之进入了兴盛时期，形成以庐山东林寺和淀山湖白莲堂为两大中心的广大活动范围。后来白莲宗与弥勒信仰相结合，演变成白莲教，带上了更多的反抗精神。弥勒在佛教里是一位未来佛，古代民间常借"弥勒出世"、"弥勒下凡"来组织民变队伍。白莲教又吸收了摩尼教义，崇尚光明，相信光明定能战胜黑暗。白莲教与民间信仰逐渐融合，群众基础日益广泛，逐渐成为下层人民反抗元廷统治的旗帜，并间或有武装反抗的行为发生，这使政府屡屡感到不安。武宗至大元年（1308年），诏令禁止白莲教。后由于庐山东林寺普度撰《庐山莲宗宝鉴》，解释了元白莲教正义，加上白莲教上层人物的积极活动，白莲教的合法地位在仁宗时一度得到恢复。而英宗即位后复又禁断，因而白莲教的下层转向了秘密发展。顺帝时期，政治腐败，民族与阶级矛盾激化，白莲教成了鼓动和组织农民反抗统治者的工具，并最终导致了元末农民的大起义。

白云宗，是北宋末年居杭州白云庵的沙门孔清觉，提倡菜食为主，吸引在家信众而建立的一个团体。白云宗不许娶妻，但强调信徒要耕稼自立。它有很多信徒，据说往往有以修忏念佛为名，男女混杂秽乱的情况，所以被视作"邪教"。到了元代，白云宗一度有较大发展，杭州南山普宁寺成为该宗中心。元仁宗延祐七年（1320年），白云宗遭到严禁。

综观宋元时期的佛教，国家政局规约着佛教的发展。由于这一时期政府政策的松动，佛教得到较广泛的传播。

二、两宋道教的发展

道教，是指在中国古代宗教信仰的基础上，沿袭方仙道、黄老道的某些宗教观念和修持方法而逐渐形成的以"道"为最高信仰，相信人通过某种实践、经过一定修炼就能长生不死、成为神仙的中国本民族的传统宗教。它尊老子为教主，奉老子的著作《道德经》为主要经典。它在创始之初主要流传于民间。魏晋以后，封建统治者出于某种需要对其扶植、利用，使流传于民间的道教逐渐上层化，并与儒家纲常名教相结合。在民间，则继续流传着通俗形式的道教，从中还演化出一些秘密宗教组织。

魏晋以后，由于封建统治者对道教采取崇奉扶持的政策，道教于初、盛唐时期发展到高峰。后受"安史之乱"和中、晚唐藩镇割据及五代十国分裂局面的影响，道教的发展趋于低落。到了宋元时期，道教的发展重又趋向高涨。

（一）北宋道教的高涨

北宋王朝建立后，中国大地结束了军阀割据，又归于统一。北宋封建统治者继承儒道佛并用和对道教的崇奉扶持政策，使道教的发展重又达到高潮。这除了表现在太宗、真宗甚嚣尘上的崇道活动以及徽宗改佛为道的千古闹剧之外，民间道教各派的兴起对道教的发展也产生了深远的影响。而这一切，与开国君主太祖和太宗两兄弟的奠基是分不开的。

宋太祖赵匡胤在夺取后周政权时，就曾利用符命为自己夺取政权制造舆论，特别是华山道士陈抟，积极帮助他争取群众；称帝以后，尽管尚在戎马倥偬的时日里，仍对道教的发展给予了极大的关注。太宗赵光义召见道教徒的活动更为频繁，并对黄白术等颇感兴趣。在他统治期间，道士陈抟、丁少微、王怀隐、陈利用、郭恕先、张契真、赵自然、紫通玄等人均曾受到尊崇。他还不断地兴建宫观，积极搜集道书。经过宋初太祖和太宗的大力扶持，五季"道教微弱，星弁霓襟，逃难解散，经籍亡逸，宫观摧毁"的局面，遂得以改观，道教逐渐恢复，并为它的发展奠定了基础。到了真宗赵恒时，这种崇道政策达到了高潮。

宋真宗在位时，赵宋王朝的内部统治已日益巩固，外部威胁也暂时得到缓和，这使他有较多的精力和财力来扶持道教。为了更好地利用道教为赵氏王朝服务，他仿效唐代宗祖老子为圣祖，采取前蜀王衍的方式，从道教中另创一个赵姓之神作为圣祖，重演唐皇室崇道的故事。与此相适应，真宗大规模兴修宫观，铸造玉皇、圣祖等神像，制订了与道教有关的许多节日，并且亲自制订了一些敬道的乐章，造作了一些道书。所有这一切，都和他利用道教来神化赵宋王朝的统治有关，而且是以天书下降、圣祖降临的神话闹剧为主要形式来开展的，这就为赵宋王朝抹上了一层神圣的光彩，从而使道教更好地为其统治服务。此外，宋真宗召见道徒的活动也特别频繁，或赠诗，或赠送钱物，或赐名封号，或授以官爵，或为之兴建道观，诸如此类，史不绝书，从而使道教的发展达到了高潮。

真宗赵恒大搞崇道活动、大修宫观的做法，促进了道教的传播，但也使"费造竞超，远近不胜其忧"。加上"自天禧以来，日侈一日"，遂使"国用不足"的财政困乏局面更为严重。真宗去世，仁宗赵祯继位，在崇道活动方面进行了一定的节制，但对开国以来的崇道政策并无任何根本性的改变，宫观的兴造仍照常进行，道场斋醮之事也很频繁，许多道士仍然受到宠信。这种情况一直延续到徽宗赵佶即位。

徽宗赵佶即位后，在崇道方面变本加厉，形成了北宋第二个崇道高潮。徽宗的崇道措施，主要表现在以下几个方面：编造"天神下降"的神话，并以道教教主自居，视佛教为"金狄之教"，道教为"正教"，"令天下归于正道"，从而使道教的地位大大提高，几乎成为国教；在国家财用匮乏的情况下，大兴宫观土木；热衷于为神仙人物加封赐号和制定道教节日；仿照朝廷官吏品秩，设立道官、道职；令天下郡县访晓道法、有道术的道士，对道士给以优宠；提倡学习道经，并设立道学制度和道学博士；编写道教历史；访求道经和编修《道藏》等。这些措施使道教的发展达到了空前的高潮。

北宋统治者的崇道，目的是为了巩固赵宋王朝的统治，然而正当徽宗崇道达到高潮的时候，金人已经兵临城下。事实证明，所谓的"世祚延永"不过是一句骗人的空话，所谓的"神霄宝轮"并不能镇四方之兵灾。不久，这位自称天上神霄帝君下凡的"教主道君皇帝"连同他的儿子钦宗及全家妇孺，俱被金人掳去。

北宋时期，就道教本身来看，符箓科教道法特别兴盛，不仅统治者重视和支持，每逢重要事情都要请道士设醮建斋做道场，而且作为一种制度固定下来，百姓也经常需要道士为他们做法事。总之，符箓科教道法适应社会各阶层的需要。符箓派最有影响的名山是龙虎山、茅山和阁皂山，合称"三山"。在这三山中，以龙虎山和茅山的影响为大，而茅山的势力居于首位。茅山宗的组织严密，传系清楚明白，高道众多，与统治者的关系最为密切，在政治、经济上享有种种特权。江西龙虎山张天师一系，唐代已见其活动踪迹，到北宋时，与北宋统治者的联系逐渐加强，宋真宗、仁宗、神宗、徽宗都曾诏张天师后嗣入朝。阁皂山虽为三山符箓之一，但没有出现十分杰出的道士，只是例行地为人设醮奏章，召神劾鬼而已。此外，这一时期，还出现了神霄派、天心派等新的派别，二派均为符箓道法的别派，前者侧重五雷符，后者重三光符、黑煞符、天罡大圣符。

在道教理论上，北宋时期高道倍出，许多著名道士如陈抟、贾善翔、张伯端、陈景元、张无梦等，从各方面发展了道教理论。有的对道教内丹理论的发展作出了贡献，促进了道教内丹术的渐次兴起；有的对儒家士大夫及其理学的建立，起了相当大的影响和作用。他们的思想，最显著的特点是注重精神内修，特别是自神宗时的张伯端所撰《悟真篇》传世之后，道教内丹学呈现出蓬勃发展之势。它不但成为道教修炼术的主流，其后的道教理论也多围绕内丹修炼而展开。

在道教修炼术方面，在唐代发展到极盛的外丹术，到北宋后便逐渐衰落。在外丹术衰落之时，内丹术却渐渐兴起。内丹是与外丹相对的一种内修方法，源于行气、导引、胎息等术，是以人的身体为鼎炉，以体内精、气、神为药物，通过一定的方法，使之体内结丹，从而使人长生不老。到北宋时，内丹术大大地向前发展了一步。陈抟、张伯端是内丹学的著名代表，他们阐述的"炼精化气"、"炼气化神"、"炼神还虚"功法，发展为道教内丹的至要修炼法。

综上所述，道教在北宋统治者的扶持崇信下，得到了恢复和发展。道教在北宋时期积淀的理论被以后的道士所继承，翻开了道教历史上的新篇章。北宋时道教的发展，为南宋、金、元修炼内丹的道派的兴起奠定了基础。

（二）南宋道教的发展

北宋于 1127 年的灭亡，统一的中国再度出现南北分裂的局面。偏安于江南的南宋王朝，其社会状况从总体上说，一直处于激烈的动荡之中，民族矛盾较为尖锐复杂，经济状况也不很景气，人民饱受战火之苦，也遭受苛捐杂税的严重压迫。在这种情况下，不仅统治者需要借助宗教之力来维护其社会秩序，在群众中也同样有渴求宗教的需要。

在这样的社会大背景下，南宋统治者对待道教的态度，基本上与北宋统治者一致。但有鉴于徽宗崇道亡国的教训，南宋朝廷从高宗赵构起，再未出现过象北宋真宗、徽宗利用道教神化皇权及崇道抑佛的极端行为。并且，南宋朝廷对道教的管理相当严格。建观、度道士出家皆由有司限定名额，并依北宋之制，设各级道官管理道教事务，大宫观的提举由近臣充当。然而，在面临金军不断南侵的生死存亡关头，为求保国延祚，消灾免难，高宗仓皇南渡后，就积极营建宫观，延揽羽流，并常去宫观参拜。此后南宋的各代皇帝皆继续奉行高宗时候的政策，并有加强崇道的趋势。如理宗赵昀在位时，在崇奖理学的同时，进一步加强崇道措施，给一些神仙人物和道派祖师加封；度宗在赵宋王朝已面临土崩瓦解的形势下，仍在宫中设内道场，给僧道大发度牒。

而在道教信仰上，南宋王朝与前代相比，有一个突出的特点，那就是把"崔府君"和"四圣真君"——北极紫微大帝管辖下的天蓬、天猷、翊圣、真武四将，作为皇室的保护神而加以禋祀。

南宋道教是以符箓派为主。符箓道教在南方民间流传甚广，而历代统治者对道教的利用也主要是在于其斋醮祈禳之术。符箓道派发展至南宋，门派众多，符法也五花八门，不过它们却分别与三大传统符箓道派有很深的关系。而旧有的龙虎山天师派、茅山上清派、阁皂山灵宝派三山符箓传统道派中，江西龙虎山天师派的影响变为最大，上清派退居其次，阁皂山灵宝派最次。南宋道教除以上三个传统道派外，其时自称独得异传而别立宗派者主要有：神霄派，此派以神霄雷法而得名，系从天师道演化而来；清微派，是宋元间在民间影响较大的一个派别，主要由上清派衍生而来；天心正法派，系由天师道衍化而来，以传天心正法而得名；东华派，是从灵宝派分化而来，以传东华灵宝斋法而得名；净明派，也是从灵宝派分化而来。这些符箓新派，都表现出南宋时期道教内丹丹法与符箓结合，吸收禅宗、附会儒学的普遍特色。这一特色在此时的传统符箓三大道派中也有一定的体现。

道教在南宋时期，总的来看，统治者的需要和扶植，使传统符箓道派更加兴盛，其道流得到统治者的赏识，特别是龙虎山天师派，成为符箓派的统领；内丹修炼虽未受到朝廷的提倡利用，然而在道教内部和社会上却较北宋更为盛行，使内丹学发展到一个新的阶段。

三、金元之际的太一道、真大道和正一道

在南方道派分化的同时，北方金人统治区也先后出现了一些由汉族士人创立的新的道派，主要有太一道、真大道、全真道三大派。由于金朝统治者对道教的尊崇，这些教派得到相当大的发展。

（一）太一道在北方的发展

太一道创教人系卫州人萧抱珍，创教时间大约在金初。太一教崇尚符箓，其所传太一三元法箓系由天师道的符箓秘法演化而来。该教模仿天师道秘传原则，维护一姓之承袭，太一道中，凡为"三元法箓"正传掌教人，都须改姓为萧，故嗣其教者的二祖韩道熙、三祖王志冲，均改为萧姓。

太一道所奉至上神灵为北宋东西太一宫正殿奉祀的五福太一。太一教本身关于教义的经籍文献尽失，但从一些残存的碑记中可以看出，太一教虽然以符水祈禳为主，但也看重内炼。太一道在金代共有四代掌门人，即一代祖萧抱珍、二代祖萧道熙、三代祖萧志冲、四代祖萧辅道。此四人为太一教的传播起了至关重要的作用，尤其是萧辅道，适逢金元之际，他受到忽必烈的赏识，为元初太一道的鼎盛奠定了基础。

太一道在金代经过了三代掌教，当四祖萧辅道于金末接任掌教不久，就进入了元代。

太一道与元室的关系，是从忽必烈开始的。元世祖忽必烈是一个具有雄才大略的人，很重视人才的收罗，凡有声名者，不论是儒生、道士、还是僧人，皆在他的罗致之列。忽必烈即位之前，就与萧辅道有往来，并给予了宠信，这标志着太一道正式得到了元室的承认。元宪宗二年（1252 年），忽必烈再次召见了萧辅道。同年，萧辅道辞世。继萧辅道执掌太一道的是五祖萧居寿。萧居寿也是一个非常能干的人，对太一道在元代的发展贡献颇大，受到元室的尊宠超过其师萧辅道。忽必烈即位后，对五祖萧居寿尊宠备至，眷顾频繁。至元十一年（1274 年），元世祖建太一广福万寿宫，命居寿居之，主领祠事。至元十

三年（1276年），赐萧居寿太一掌教宗师印。这个"宗师"的封号，在四祖受宠时也未得过，表明元室对太一道的褒宠有所提高。

在萧居寿的请求下，元世祖追赠其先祖，封赠其徒众。不仅如此，甚至连皇太子是否参与国政之类的大事，元世祖也先征求他的意见而后定夺。在萧居寿生前，元世祖曾数次亲临其所住之道宫，不断征召询问。至元十七年（1280年），萧居寿卒，元世祖派遣国家仪仗队哀仪护送，这实是把他奉为朝廷顾问，待之如高官显臣。

萧居寿死后，被称为六祖的萧全祐接替掌教人之位。萧全祐掌教后仍受元室尊宠，《洺水李君墓表》曰："今以学识清修，先赐号观妙大师，再加纯一真人，深为上及皇太子所眷顾焉。"由于元帝室的宠信，萧全祐掌教期间，对太一道的发展也贡献颇大。元室从经济上给予了太一道大量的支持，促进了太一道的发展。

萧全祐过世，七祖萧天祐掌教，太一道的发展逐渐趋于衰微。其后不见再有嗣教者，关于太一道活动的记载也无了踪迹。

总的看来，太一道在元代的发展，主要是在萧居寿和萧全祐掌教期间，其后趋向衰落。据一些材料推测，因太一道主修符箓斋醮，传"太一三元法箓之术"，接近张陵正一派，故其可能逐渐融入了正一道。

（二）真大道的发展与归流

真大道，初名大道，后加真字。创教人为沧州乐陵（今山东乐陵）人刘德仁。大道教宗旨，以老子《道德经》为本，它提倡自食其力，主张"少思寡欲"，不谈飞升化炼，长生久视，基本汇合了儒释道三教。这表明了它和早期符箓派道教有明显的不同，也与原来的丹鼎派道教有所区别。大道教的教旨与北宋诸道派无直接继承关系，是道教史上一家独具特色的教派。

大道教在其传教活动中，也善于召劾之术。刘德仁就以祈祷治病、驱役鬼神驰名。金代大道教主要在黄河以北传播，刘德仁去世后，弟子陈师正嗣教为二祖，三祖为张信真，四祖为毛希琮，从五祖郦希诚起，就进入了元代。大道教自毛希琮后，其教分为燕京天宝宫与玉虚观两派。天宝宫一派以郦希诚为五祖，玉虚观一派以李希安为五祖。郦希诚一派得到元皇室的支持，被尊为正

《朝元仙杖图》
北宋　吴宗元
纵57.8厘米　横789.5厘米
美国纽约王季迁藏

《红衣罗汉》
元　赵孟頫

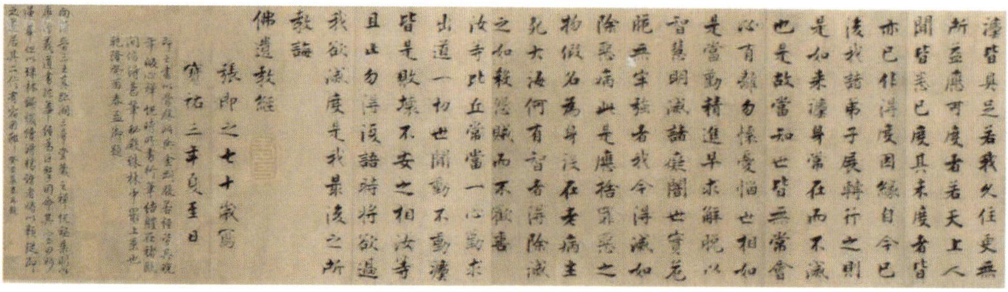

张即之《佛遗教经》

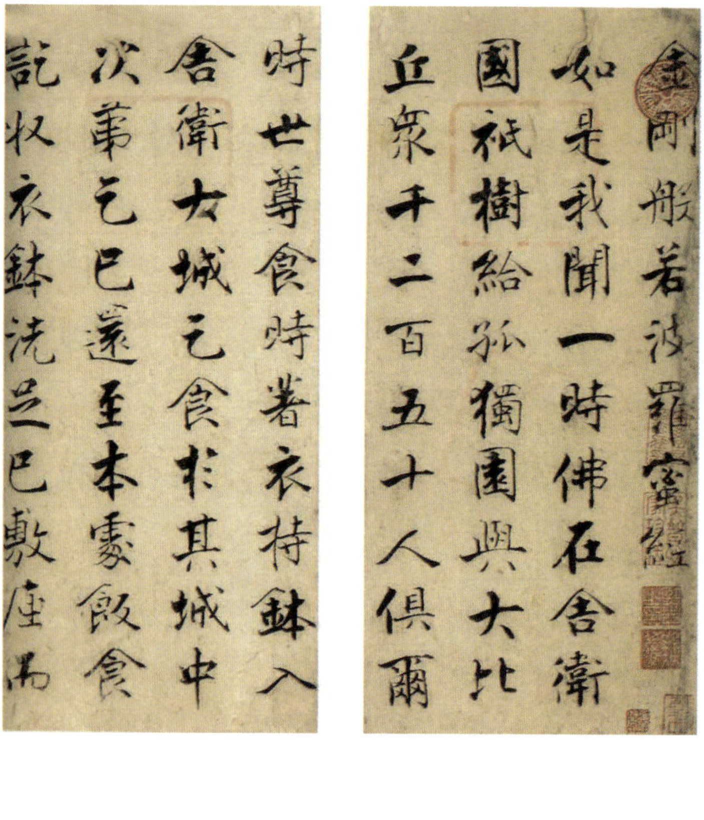

张即之《金刚经》

《三高游赏图》
南宋　梁楷
纵25.3厘米　横26厘米
北京故宫博物院藏

千手千眼观音
元
莫高窟3窟　北壁

龙泉窑八仙瓶
元
高19.9厘米
北京故宫博物院藏

青花观音像
元
高19.5厘米　座13.6×4.8厘米
杭州园林文物局藏

400

统。从郦希诚开始，大道教改称真大道教。

进入元朝后，郦希诚在与蒙元统治者建立关系前，就使大道教的影响传播到了陕西、山西、四川、河南、河北、山东等广大地区，宫观、教团组织也有很大的发展。郦希诚与蒙元统治者搭上关系，是在元宪宗时。郦希诚的传教活动，使得大道教迅速发展，在社会上影响大增，这引起了元室的注意。元宪宗即位的第四年（1254 年），特降玺书，将大道教改名为"真大道"，在中宫赐之冠服。此后，真大道处于元室的羽翼之下，呈向上发展的态势。真大道教的祖山是燕京天宝宫，从郦希诚始，天宝宫就成为大道教首脑机关所在地。

继郦希诚后嗣教的是六祖孙德福，元世祖忽必烈赐号"通玄真人"，命其统辖各路大道教，并赐铜章。此后嗣教的是七祖李德和和八祖岳德文。到此时，由于元统治者优宠各代掌教人，同时也由于各代掌教人致力于真大道的发展，使真大道的传播渐至高潮，到岳德文掌教时，真大道已传至全国各地。

八祖岳德文去世后，围绕掌教人问题，真大道内部出现了波折，后由张清志继任掌教，历经 5 年的波折方告结束。张清志嗣教，历经武宗、仁宗、英宗、泰定帝四朝，深受皇室的尊宠，更使教风日盛。

综上所述，真大道教入元以来，一直处于元室的羽翼之下，呈向上发展的趋势。然而，张清志于泰宝三年（1326 年）逝世后，真大道教也随之湮没无闻，很可能是融入了当时已成为全国道教两大中心之一的全真道。

（三）南方符箓道派的融合与正一道

进入元代，江南传统的"三山符箓"，除张天师龙虎宗及其支派玄教得到元统治者的优宠而兴盛外，茅山宗仍有传衍，但势力较弱，而在南宋时新兴的净明道以及神霄、清微、东华、天心诸派则继续流行，并最终融合于龙虎宗——正一道。

江西龙虎山张天师一系与元室的联系是从忽必烈开始的。忽必烈当政后，其注意力转向了南方。为了消灭南宋，统一中国，他对江南道教的争取工作也加紧进行。由于龙虎山张天师一系是江南最有势力的道派，故天师道特别受到了忽必烈的关注，对历代天师的尊宠更是无以复加。在宋代，宋皇室对传统三山符箓的恩宠几乎是不分轩轾，而到了元代，元室对龙虎山天师的礼遇则远远超乎其他二宗之上。如龙虎山第 36 代天师张宗演从元世祖那里获得了特殊恩宠：一是正式获得天师的头衔。虽说在这以前，民间及张陵后嗣自己都称其嗣教人为天师，但从未被官方承认过。二是获得主领江南道教的权力。此后，世祖授予张宗演天师头衔和主领江南道事就成为定制，被元代诸帝所承袭，直至元终。这样，龙虎宗逐渐成为南方道教的核心，其余符箓各派逐渐集合到它的周围，最后组成了道教发展末期的两大道派之一的正一道派。正一道形成的标志是元成宗大德八年（1304 年）敕封张陵第 38 代孙张与材为"正一教主，主领三山符箓"。

正一道具有这样一些特点：第一，以张陵后嗣为教主。第二，在组织上比较松散，具有联盟的性质。它是由龙虎宗、茅山宗、阁皂宗、太一道、净明道以及神霄、清微、东华、天心等新旧符箓各派组成，在正一教主的管理之下。它们有的以天师道为大宗主，而继续其原有的宗派传承，有的则因无人承传而彻底融入大宗。第三，《正一经》为共同奉持的主要经典。第四，宫观规模小，戒律也不严格，正一道士可以娶妻生子，不住道观，俗称"火居道士"。

综观元代道教的发展，与元统治者的态度息息相关。总的说来，元代统治者对道教是十分尊重的，只是尊重的重点前后略有不同。在灭南宋之前，主要是对北方的全真道、大道教和太一道等道派的大力争取和利用，尤以争取利用全真道最为突出。在灭南宋以后，其重点转为争取天师道。这种前后重点的不同，恰好说明了元代统治者对道教的崇奉，乃是建立在维护和巩固其统治的政治目的之上的。反过来，道教也在元统治者的崇奉下得到了很大的发展。元统一全国以后，天师道在北方得到迅速的传播，全真道在江南也有较大的发展，其他力量较弱的各道派则逐渐与天师道和全真道融合，从而形成了正一道与全真道两大派别。

四、基督教、伊斯兰教和犹太教等在中国的传播

宋元时期，除了佛、道两教得到较为充分的发展外，作为世界三大宗教之二的基督教和伊斯兰教也渗入中国并得到相当的发展和传播。

（一）基督教的东渐

基督教传入中国的确切年代，其说纷纭。然依可信史料，它的始初传入当在盛唐之初，时称"大秦景教"，简称"大秦教"或"景教"，属于基督教的聂斯托里派。贞观九年（635年），有聂斯托里派僧侣阿罗本等人来到中国，最初立足长安，继而在各地传播，教会称为景门。除武则天时有人一度攻击嘲笑景门而外，整个唐代基本上对之采取赞助态度。但是，基督教在华的传播不是一帆风顺的。至唐武宗崇道废佛时，景教也随之遇到挫难。会昌五年（845年），唐武宗下令废佛，而对当时大秦、穆护、祆三教，因系"外国之教"，认为其与儒道等"中华之风"及中国习俗格格不入，故与佛教同属外来夷教的景教一并遭禁，从而使景教在中原地区的传播失去了势头。但是，晚唐及宋，有大批景教教徒混迹蒙、疆一带，并未灭迹。逮及蒙古入主中原，景教势力即随之卷土重来。

元朝建立，基督教在华势力复盛。元时基督教入华有两个派别，其一为仍流行于蒙古、中亚诸地的景教，即聂斯托里派；其二为罗马天主教遣使来华布教，信徒遍及内蒙、陕西、山西、甘肃、河北、河南、山东、江苏、浙江、福建、广东、云南等地。元代统治者统称基督教两派为"十字教"，由于其信教者称为"也里可温"，故又称为"也里可温教"。

元代"十字教"的信奉者多为蒙古族人和来华的中亚人。它和佛教、伊斯兰教一样得到统治者的大力支持和提倡，享有较为优越的社会地位。元世祖忽必烈曾对马可·波罗说过："有人敬耶稣，有人拜佛，其他的人敬穆罕默德，我不晓得哪位最大，我便都敬他们，求他们庇佑我。"由于统治者的重视，元时基督教迅速发展起来。

景教一支，随蒙古族入主中国，元时在中原盛极一时。元世祖之母别吉太后、皇后乃马真氏和怯烈氏均为该教的信徒。在统治者的尊宠下，该教信徒发展迅速，元初大都地区仅聂斯托里派信徒即有3万多人。教堂遍布大江南北，不仅北方广布传道机构，在南方也遍设教寺，其中最负盛名的是马薛里吉思所建之镇江、杭州七寺。政府的扶持和提倡，使得景教教徒气焰十分嚣张，他们在各地凭借官方支持的优越地位，对儒、释、道诸教极尽排挤之能事。不过其势力毕竟太小，在各教互争高低的情况下，只能排在佛、道之下。

另外一支，即罗马天主教的入华，则始于元世祖至元三十一年（1294年）。此前，罗马教廷虽与蒙古国多有遣使往来，但只限于政治、经济和军事动机。1294年，罗马教皇尼古拉四世派遣约翰·孟德高维诺抵华传教。约翰是纯属为了传教而踏上中国领土的第一人。他在华活动34年，成为罗马天主教在华传教活动的开拓者和中西文化交流史上的一位重要使者。约翰在华克服了一系列困难，获得了元朝帝王的信任，被允准在华建堂三所，并用蒙文译出《新约圣经》和《旧约圣经·诗篇》。在约翰的努力下，天主教的教务逐渐发展起来，传教触角渐从元都向外地扩展，教徒几十年间发展到3万多人。约翰开辟了中世纪天主教在华的"黄金"时期。元朝末年，老一代入华传教士相继去世，罗马教廷又派若望、马里诺利到华传教，但当他们看到元廷政治腐败、民族矛盾尖锐，出现了社会大动荡的前兆，便不顾元顺帝的一再挽留，三年后即回国述职。以后罗马教廷虽多次向中国遣使，但无一人到达。元政府基于基督教两派在华的迅速发展，在全国设立了契丹、汪古、唐兀、泉州4个大主教区，分别司理景教与天主教事宜。元世祖至元二十六年（1289年），设立崇福寺，专司基督教事务。延祐二年（1315年）改司为院，"省并天下也里可温掌教司七十二所"。延祐七年（1320年）复改为司。从当时管理也里可温教的庞大机构中可以看出基督教之兴盛。元时在华的两派基督教，虽同属基督教，但两派并不团结，反而互相敌对、自相倾轧。约翰在写给欧洲的报告中曾诉及了这一情形，他说："聂斯托里派负基督信友之名，实则远违基督教义之实。彼等在此声气嚣张，不容彼派以外之基督信徒建立一小堂宇，亦不容彼派以外之教义。"两派的敌对，阻碍了基督教在华的传播，影响了其在华的生命力。

被元朝政府统称为"十字教"或"也里可温教"的基督教，虽然在元时得到较大的发展，然而，历史的发展再次对基督教在华的传播发起冲击。随着元朝的灭亡，在中国惨淡经营近百年的基督教再次退出中原。无论是景教一派的复燃，还是天主教一派的初传告捷，在当时都只能是昙花一现，随着元朝的兴盛而发展，又随着元朝的覆灭而湮没。其之所以如此，绝非基督教内部的教派之争，而主要在于，基督教是一种外域传来的宗教，它面对中国强大而日趋成熟的封建文化，如儒、释、道等，既不能取而胜之，却又未能与之融合或结成同盟，虽然在封建统治者实行宗教宽容政策时两度得到支持和利用，但它们只是在中国封建统治者的思想武器库里占据了一个次要的席位。当中国封建统治者由于内外矛盾而改变宗教政策时，基督教就失去了存在和发展的依靠。所以，偃旗息鼓、退出中原是它必然的命运。

（二）伊斯兰教的浸及

起于阿拉伯半岛的伊斯兰教，在唐时就借陆上与海上贸易的发展而逐渐渗入中国。至宋时，伊斯兰教借海上贸易之力得到进一步发展。伊斯兰教在华的传播与佛教等不同，它不是依靠教义的宣传、经典的流布获得传播和发展的，它的传播与发展主要依靠穆斯林的来华，穆斯林走到哪里，伊斯兰教就被带到哪里。因而，伊斯兰教在华普传的标志，就是回回遍天下这一局面的形成。

在宋代，由于我国中原地区和契丹、西夏连年交战，阿拉伯内部及波斯、中亚一带也不安宁，中西陆路交通处于阻断状况。所以伊斯兰教通过陆路传入中国是不现实的，海上传播就成为其浸及中原的主要方式。宋代海外贸易虽然在性质上仍是唐代市舶贸易的继续，但在通商的范围和贸易的数量上都大大超过了唐代。北宋时期，由于政治局面相对稳定，社会经济的发展为海外贸易提供了丰富的商品，故宋王室对海外贸易实行鼓励政策。在当时通商的 10 余国中，大食居于首位。进入南宋后，政府由于财政困难，故一切倚办海舶，甚至不惜以犒官赏爵作为手段来奖励招徕进行海上贸易，因而这时的海上贸易达到了历史上的鼎盛时期，与中国通商者达 50 余国。宋时，政府在广州、明州、杭州设有"市舶司"，泉州、温州、秀州、江阴、密州、澉浦设有"市舶务"或"市舶厂"，专司番货、海舶征榷、贸易之事。诸外商中，信仰伊斯兰教的阿拉伯商人占有最为重要的地位。他们在华活动仍如唐时多居"番坊"，但已渐与华人杂居。与伊斯兰教徒通婚不仅存在于民间，皇室官贵之中也时有所见。宋时不仅华人学堂皆允许诸番子弟入学，而且在广州、泉州还专门设置了"番学"。所有这些，都促进了伊斯兰教在中国的传播，为中国回族的形成打下了基础。

西北维吾尔族建立的喀拉汗王朝，大致与两宋同时。在此之前，维吾尔族信仰萨满教并转向佛教、以及摩尼教、景教，从 10 世纪中叶起，开始信仰伊斯兰教。维吾尔族在原有传统文化的基础上，吸收了汉族文化和阿拉伯文化，建立了新的伊斯兰文化，产生了许多积极的文明成果。

到元时，成吉思汗及其子孙先远征欧洲，吞并中亚，后挥师中国，建立了一个横跨欧亚两洲的庞大帝国。中西之间的陆路交通随着蒙古铁骑的自由驰骋而畅通无阻。西域各国的穆斯林沿着这条大开的交通线，随着蒙古军队大量涌入中国。他们给中国带来了西域文化，带来了中西文化与经济的交流，带来了有益于中国社会进步的民族新成分及民族融合。

伊斯兰教大规模入华时期开始了，中国伊斯兰教兴盛发达的黄金时代来临了。元代是阿拉伯、波斯和中亚穆斯林大量涌入、伊斯兰教广为传播的时期。元代将伊斯兰教徒称为"木速蛮"，即穆斯林的古译。来华的穆斯林散居我国各地，与汉、维吾尔、蒙古等族长期杂处，开始揭开了中国回族形成过程的序幕。元时来华的穆斯林除去商人，更多的是士兵和随军工匠。他们不仅沿边居住，而且深入内地。杭州一城，穆斯林竟占全城人口的 5％。根据马可·波罗、拔都他游记的描述，元时中国各地均有相当数量的人口信奉伊斯兰教，故有"元时回回遍天下"之说。

元代穆斯林的政治地位，无论是在法律上还是在事实上都比较优越。元时人口分为四等，即蒙古人、色目人、汉人和南人。所谓的色目人即广义的西域人，其中大部分是伊斯兰教徒。色目人虽位在蒙古人之下，然其权势几几相若，他们的地位在汉人之上。重要官职，除蒙古人外，以色目人居多。

为了对穆斯林进行教育，元时还特别设置了"回回国子学"、"回回国子监"以授阿拉伯文及波斯文，致使穆斯林在当时的科学和学术上也颇有声名。在各个领域出现了不少闻人，如一代名儒赡思，著名诗人萨都剌、丁鹤年，著名画家高克恭，历法家扎马鲁丁，火炮制造家阿老瓦丁、亦思马因等。

随着信奉伊斯兰教的人口数量不断增多，为了便于进行宗教活动，伊斯兰教礼拜寺也在各地纷纷修缮兴建。全国各地，凡穆斯林所到之处，均设有进行宗教活动的场所。

在西北新疆地区，蒙古进入以前，南疆大部分地区已经伊斯兰教化，该教逐渐推向北疆。成吉思汗进军新疆时，打着信教自由和保护伊斯兰教的旗号，受到新疆穆斯林的欢迎，因而蒙古军队十分顺利地进入并占有了新疆。此后的窝阔台汗继承成吉思汗的宗教政策，礼遇和保护新疆的穆斯林。但察合台掌管新疆后，对伊斯兰教有所侵犯。蒙哥汗继位后，恢复了成吉思汗兼容各种宗教的政策，受到新疆穆斯林的敬重。此后元朝的各代皇帝基本上沿袭了这种政策，从而使伊斯兰教在新疆地区得到更为迅速的发展。到16世纪，新疆全境除了北部瓦剌信奉喇嘛教外，全部信奉了伊斯兰教。

总之，来自大食、波斯和中亚各国的穆斯林，自唐代进入我国，历经唐、宋、元几代，长期与我国各民族杂居融合，至元时已初步在我国扎下根来，逐渐变侨居为永住，开始了中国回回族形成的过程。伴随着这个过程，伊斯兰教在中国也得到了进一步的传播和发展，并逐渐发展成为我国宗教现象中的一种。

（三）摩尼教、祆教和犹太教在民间的发展

摩尼教，为波斯人摩尼所创，流行于中亚及地中海沿岸。该教教义认为，宇宙间有明和暗二宗的斗争。初际天地未分，明暗各殊，势均力敌；中际暗来侵明；后际明暗各复本位。现时处于中际，人应助明斗暗。教徒则应制欲茹素，不饮酒，不祭祖，白衣白冠，死则裸葬。南北朝时，已有摩尼教传入中国西域一带。唐武则天时，有波斯摩尼教高僧拂多诞来到长安传教，中原汉地开始有了信奉者。然而到唐玄宗时，发布诏书，禁止汉人信奉摩尼教，只允许西域诸国侨民信奉，从而使摩尼教在华的传播受到遏制。宝应元年（762年），居于漠北的回鹘将摩尼教定为国教，凭借回鹘对唐的政治军事影响，摩尼教再次卷土重来，势力迅速浸及各地，成为当时外来诸教中仅次于佛教的一大宗教，其发展和影响达到了顶峰。到唐武宗时，由于回鹘破亡，摩尼教失去依凭，其与景教、祆教等一并衰落，转而发展成为一种秘密宗教在民间流行。

宋元时期，由于政府宗教政策的松动，摩尼教重又抬头，主要流行于福建两浙一带。此教被当时的上层视为异端。因其崇拜光明，反对黑暗，故宋代又称其为明教。其称尤流行于福建，他处也有习称摩尼或牟尼的。"吃菜事魔"是宋代统治者对摩尼教徒的贬称。摩尼本素食，摩音与魔同，故称摩尼教徒为"吃菜事魔"。但这时的摩尼教与以往有所不同。宋代的摩尼教，除其特有的教义教规外，吸取了一些道教和佛教的成分而形成了新的活动方式和教戒。它尊

张角为教主，敬摩尼为光明之神，崇拜日月，服色尚白，提倡素食裸葬，讲究团结互助。其断荤酒和不杀生等教戒近于佛教，其不事祖先和裸葬则异于华俗，其崇拜张角则近于道教，其不会宾客，素食谨行，则体现了民间的良风美俗。由于明教有互助互济、教民往来免费招待的教义，故对于贫困的农民有极大的吸引力，因而在民间流传较广，并常被民众作为组织起义的工具。这又成为导致其屡次遭禁的一大缘由。

北宋末年，摩尼教已具有相当规模，仅温州一处即有斋堂40余处。方腊起义以前，法禁尚宽，剿灭方腊之后，法禁趋严。然而到南宋时，南方明教活动仍方兴未艾。由于该教体现了民间相亲相友相助的精神和节俭淳朴的风尚，同时由于当时吏治的腐败，地方官作威作福，不断把民众推向明教，故明教发展愈禁愈烈。据史籍记载，南宋发生过5次"魔贼之乱"。明、清以后，明教又融合白莲教的成分而演变成斋教。

祆教自南北朝时传入中国，唐时曾在长安等地建立祠庙。唐武宗灭佛时，祆教也受到沉重打击，一度衰败，但不绝如缕。宋代有所恢复。两宋之际张邦基的《墨庄漫录》说："祆神出西域，盖胡神也，与大秦穆护教同入中国，俗以火教祀之。"当时宋都汴京有祆庙数处，香火颇盛，其庙祝一般是世继其职，其中汴京东北祆庙的庙祝自唐代以来，世继其职达200年之久。其他如江苏镇江等地也有祆庙。宋建隆元年（960年），太祖曾祭祆庙。在宋代正式颁布的神庙祭祀名单里，祆庙与昊天上帝、天齐仁圣帝庙、五龙堂、城隍庙、报恩寺、崇夏寺、报先寺等并列，说明当时祭祀祆庙已经成为官方祀礼的一项内容之一，而且已经中国化，祆神的地位也大大提高。一直到元明两代，祆教仍有所延续。

犹太教，即以色列教，是犹太人的民族宗教，因其不食牛羊腿筋而挑除，故又称"挑筋教"。它是起于中东地区的一种较为古老的宗教。该教奉耶和华为独一无二的真神，以《旧约圣经》为宗经，以摩西十戒为道德行为规范，以犹太会堂为聚会场所。公元70年，罗马摧毁耶路撒冷圣城，使犹太人成为"没有祖国"的民族而流散到世界各地。中国犹太人的活动，始于唐，盛于宋，其中以开封一地为最多。随着犹太人的来华，犹太教开始传入中国北方的开封一带。由于犹太教徒的风俗习惯与回族颇有相似之处，并且在诵经之时必戴蓝帽,故又被称为"蓝帽回回"。他们保持了犹太教的基本信仰和教义教诫,又汲取中国文化的营养,在习惯和语言上都有所改变。但宋时的犹太教基本上没有什么影响,犹太教民与中国人相安而处。

到元时,由于蒙古西征和中西方交通的开拓,又有大批犹太人来华,除开封以外,还分布于大都、西北、东南沿海地区。随着在华犹太人的增多,犹太教的影响渐增,常与基督教相提并论,被视为一大宗教。天历二年（1329年）,元朝政府在一道诏书中规定:"僧、道、也里可温、术忽、合失蛮为商者,仍旧制纳税。"这里的"术忽"即指犹太教徒。犹太人极善经商,故多富有,元廷视其为财政的重要来源,依制收其税款。元时也常将回回与犹太人混杂,把犹太教堂称为清真寺。随着元王朝的灭亡,犹太教逐渐衰落下去,教徒流散各地,或与汉族同化,或者归于回教,终致最后消失。

（四）宗教与宋元时期的中外文化交流

在宋元时期的中外文化交流中,宗教的作用功不可没。中国与阿拉伯世界的联系是靠中外穆斯林的往来建立起来的,文化的交流随着经贸交流而发展和扩大。宋时,伊斯兰教在中国得到较快的发展和传播,元时更是出现了"回回遍天下"的局面。阿拉伯世界的科学文化如天文、历法、建筑、医药、数学等,通过穆斯林传入中国,提高了中国的天文历法技能,推动了数学的发展。同时,他们也把中国的造纸术、印刷术、火药等传到阿拉伯世界及欧洲,对西亚和欧洲文明的发展起了推动作用。

元时基督教的发展,奠定了中国与欧美文化交流的基础。虽然基督教随着元朝的灭亡而一度销声匿迹,但它毕竟开启了沟通中国与欧美文化障隔的锁钥,对以后的宗教文化和科技文化的交流产生了深刻的影响。

五、全真教的创立和早期发展

全真教是产生发展于金元时期的一个最大的道教教派。其创始人王嚞（王中孚、王重阳,1112～1170年）于金正隆四年（1159年）宣称遇仙得授真诀,遂弃儒出家,悟道三年。后出陕西关中,直至黄海之滨的胶东半岛,先后收当地人马钰、丘处机等 7 人，即后来著名的"全真北七子"为徒，逐步在胶东的文登、宁海（今牟平）、福山、登州（今蓬莱）、莱州（掖县）建立"七宝会"、"金莲会"等一系列组织。王喆又在宁海自题所居庵为"全真堂"，至此全真教正式建立，并在山东一带有较大发展。

至蒙元前期，以成吉思汗召见丘处机并命丘"掌领天下道教"为契机，全真教在中国北方迅速发展。在丘处机及其两任掌教弟子尹志平、李志常的经营下，全真教大行天下，"虽十室之邑，必有一席之奉"，"设教者独全真家"①。元宪宗八年（1258 年）、元世祖至元十八年（1281 年）因佛道之争发生的两次焚毁道经事件，使全真教在政治上遭受一定打击，但它仍是北方最大的教派之一。元成宗即位后，弛焚经之禁，全真教迅速得以恢复并有进一步的发展，成为与正一教分统天下道教的两大道派之一。这种基本格局一直维持至现代。

全真教在金元之际的创立、发展和大行天下，有着深刻的社会历史背景和学术文化渊源。从社会历史背景看，它与本章开始所述的一系列社会原因有关；从学术文化渊源上看，全真教的出现，是中国儒释道三家文化互为消长、互为融合，以及道教学说不断变革发展的一个逻辑结果，尤其是唐宋以来，道教内丹派的兴起和儒释道三教合一的思想对全真教的教理、教义产生了直接的影响。全真教在基本理论方面大异于此前的道教派别，表现出所谓"非儒非释非道"的特点，故被称为"新道教"或"道教的改革派"②。全真教的这种改革，与佛教在唐代的禅宗化（中国化）、儒学在宋代的理学化（哲理化）有着类似的意义，意味着儒释道三教合一思想在道教思想体系中的完成，意味着中国传统道教理论最终的成熟和圆融。

（一）王喆创教和寓鲁布道

关于全真教的创立和其创始人王喆的情况，各类史料的记载较为一致，一般都将金正隆己卯（1158 年）年 47 岁的王喆于甘河镇遇仙作为全真教创立史上标志性事件。王自此开始离家修道，自号重阳子，人称王重阳。

所谓遇仙一类的说法，或只是一种藉口，或实有其事，只不过遭遇的是内

① 陈垣编纂：《道家金石略》，第 476 页，北京，文物出版社，1988 年版。
② 陈垣：《南宋初河北新道教考》，北京，中华书局，1962 年版。

丹派的高道。北宋以来道教内丹派的迅速崛起及其日渐通俗化的趋势是王喆创立全真教的重要背景。王喆创教的另一背景是他的居处咸阳与著名的道派楼观道的圣地终南山近在咫尺。楼观派早在魏晋时期已经形成，唐宋时达到鼎盛，无疑对周围地区有着重大的影响。从全真教的教理教义看确实与楼观道有着诸多相似相同之处，最明显的相同之处为双方均奉《老子》五千言为最高经典。

出家修行后，王喆先是在南时村作穴室居住，名之曰"活死人墓"，他在其中住了三年来验证内丹理论。内丹证成后，迁至刘蒋村结庵而居，一面继续修道，一面传道。这一时期王喆结识了和德瑾、李灵阳两个志同道合的伙伴，也收了史处厚、赵抱渊、严处常、姚铉等几位弟子。后来的"全真七子"把和、李两位列为自己的师辈，史、赵、严、姚几位虽拜师较早，其影响与地位始终也未能与"七真"齐肩。总起来说，王喆此时的传道是不成功的，其中明显的证据是，几年之后当王喆外出传道之时，史处厚等弟子无一人从行，虽说有老母在堂等等理由，实是信任未笃之故。

由于在关中地区的传教迟迟达不到预期效果，王喆于大定七年（1167 年）四月自焚其庵，决定外出传道。王喆一路东行，直至黄海之滨的胶东半岛，在短短三年时间中，王喆点化了后来被称为"海上七真"的七大高徒马钰、谭处端、刘处玄、丘处机、王处一、郝大通、孙不二，为日后教门大兴打下了坚实的人员基础。王喆初到山东，寓居马氏宅中，自题其庵曰"全真"，此为全真一词的首次提出，标志着全真教的正式创立。

王喆率七大弟子，往来于胶东各州县传教授徒，先后在各地建立了三教七宝会（文登）、三教金莲会（宁海）、三教三光会（福山）、三教玉华会（登州）、三教平等会（莱州）等全真教的群众性会社组织。这些组织对以后全真道的迅猛发展起了积极作用。

王喆选择山东的胶东半岛作为布教之地，并能迅速取得成功，是有深刻的背景原因的。

首先，在王喆外出传道之时，创教先于全真教的另外两个新道派太一教、大道教已取得金廷承认，在金统治腹地河南、河北地区已拥有相当势力。王喆要在河南、河北地区重立门户是十分困难的，想要有所作为只有选择宗教势力的空白地区，三面环海、地理形势相对封闭、与内地联系较少的胶东地区正是理想的选择。

其次，胶东半岛地区，自先秦秦汉以来就多神仙传说。《牟平县志》言：昆嵛沧溟之间，号称神仙窟宅。秦始皇的东游寻仙之举正是由此而来。这是由于先民们对自然认识能力的局限，尤其是对海洋及域外世界的隔膜所造成的。

唐宋以来，道教中有关此地的神仙传说更是屡见载籍，尤其是有关道教中著名女仙麻姑的传说。《太平寰宇记》云："大昆嵛在宁海，麻姑修道处。"《太平广记》载："（唐）玄宗长安大会道众，麻姑自昆嵛山三千里往赴之，帝见其衣冠异常，问其所之，对曰：'自东海。'复问来几何时，对曰：'卯兴而辰至。'"生于宋末又熟读典籍的王喆对胶东地区的仙迹当早有了解，浓厚的道教氛围有助于人们接受新的说教，这是王喆东来的又一原因。

第三，道家、道教与山东地方文化齐学素有渊源。齐学源于殷周时期的巫史之学。周代礼教文化特点是天神崇拜与祖神崇拜并行。晚周时史官失职，方技踵兴，与天神崇拜对应的天文观象之学在齐国流传甚广。齐学最终形成自己的地方文化特色得益于稷下学宫诸先生的汇集与归纳。稷下之学的代表人物慎到、田骈、接子、环渊诸人"皆学黄老道德之术，因发明序其指意"[1]，稷下之学的领袖人物，却是被后世称为阴阳家的邹衍。由稷下诸先生总结而成的齐学以黄老道家、阴阳家、五行家和神仙家思想为特色，其主流实为方士之学。有学者进一步指出，中国道教就是由齐学演变而来的[2]，可见齐学同道家、道教渊源之深。

至汉代齐学逐渐分化和演变，最后于魏晋时融合到中国文化的大系统中去。西汉以后，儒学在中国成为占统治地位的思想。不可否认，在齐地或多或少有着齐学的遗留，对民风、士风施以影响。这种影响对道教的传播是极为有利的。

（二）海上七真和全真教在北方的发展

大定十年（1170 年），王喆率门下谭、马、丘、刘四大弟子西归关中，途经汴梁时，偶感风寒，一病不起。虽说王喆生前传教只是在胶东一隅之地取得

---

[1]《史记》卷七十四，《孟子荀卿列传》，北京，中华书局，1982 年版。
[2] 胡孚琛：《齐学和道学》，载《世界宗教研究》1987 年第 2 期。

成功，但在其死后的不长时间内，全真教却大行天下，成为家喻户晓的教派。这主要得益于教门后继有人，这就是他在胶东半岛发展的 7 个弟子，即著名的"海上七真"——马钰、谭处端、刘处玄、丘处机、王处一、郝大通、孙不二。

"海上七真"与王喆有着诸多相同之处。首先他们都是富有的汉地士人，如马钰之家"甚富于赀，故号曰马半州"①，郝大通"家故饶财，为州真户"②。七真及其先祖多有施舍乡里的记载。同时他们都具有较高的文化素养。马钰兄弟 5 人，以仁、义、礼、智、信为名，号曰"五常"，其家学渊源可见一斑。丘处机"敏而强记，博而高才"③。全真七子个个能文善诗，均有著作遗世。正是由于他们的富有，使他们有能力周急济贫，在乡里拥有较强的号召力，他们的入教本身就是对全真教最好的宣传。王喆收服"海上七真"后，短时间内全真教风行胶东也是顺理成章之事。而"海上七真"较高的文化素养，使他们有能力有机会在士大夫阶层中传教，直至声达宫廷，取得皇室支持，成为风行天下的教派。较高的文化素养也使七真能在较高层面上构筑发展全真教理教义，这都使全真教具有持久的生命力，一直流传到今天。

在王喆死后的十余年里，全真七子及其门人的足迹几乎遍及金的南部地区，在社会各阶层中大力传布全真教，产生了广泛的社会影响。大定二十一年（1281 年），马钰东归山东时，"所到乡邑，垂髫戴白，歌舞于道路，出境迎迓，如凤凰景星，争先睹之为快"④。可见其受欢迎的程度。大定二十六年（1286 年），京兆统军夹谷公奉疏请丘处机归还刘蒋居住，为之重修王喆故居，初创全真教三大祖庭之一——大重阳万寿宫，自此"玄风愈振"⑤，大大提高了全真教在民间的声望。

由于全真教在民间有深厚的群众基础，其名声逐渐上达金廷。大定二十七年（1186 年），金世宗首召王处一至燕京，"就御果园建道院，给三品俸，敕充生辰醮高功主，赐冠简紫衣"⑥。王处一还山时，金世宗诏赐钱 20 万作为路费之用。次年，丘处机亦被"征赴京师"，并受命"主万春节醮事，职高功

---

① ④ ⑤《金莲正宗记·丹阳马真人》，《道藏》本。

② 李道谦：《甘水仙源录》卷二，《道藏》本。

③《金莲正宗记·长春丘真人》，《道藏》本。

⑥《牟平县志》，民国二十五年（1936 年）重修本。

懋"①。翌年，世宗又召王处一。王抵京时，世宗已崩，新即位的章宗即命王处一为世宗设醮求冥福。

金帝的一再征召，使全真道士"道价鸿起，名满四方"②，抬高了全真道士的身价，助长了全真教团在民间的发展。元好问《紫微观记》记述当时全真教传播的盛况时说："南际淮，北至朔漠，西向秦，东向海，山林城市，庐舍相望，什百为偶，甲乙授受，牢不可破。"

全真教及其他民间宗教的蓬勃发展，引起了金廷的忧虑，"惧其有张角斗米之变"③，几次下令禁绝之："明昌元年十一月，以惑众乱民，禁罢全真及五行毗卢。""明昌二年十月，禁以太一混元受箓私建庵室者。"④ 金廷怕的是汉人利用新道教及民间宗教进行反金活动。但全真教以柔弱为本、苦己利人的主张，有利于维护金廷统治、缓和社会矛盾的作用，已为一些上层统治人物所认识，有人出面奏请罢禁全真之令，得到金廷许可，因此全真教"已绝而复存，稍微而更炽"⑤。

承安二年（1197 年），章宗召见王处一，赐号"体玄大师"，并赐修真观一所；次年又召见刘处玄，赐其所居观额为"修真"，"官僚士庶，络绎相仍，户外之屦，无时不盈"⑥。全真教在民间的势力愈益扩大，金廷对它也愈益重视。泰和元年（1201 年）、三年（1203 年），王处一又两次被征召，参加为章宗祈嗣的"普天大醮"。泰和七年（1207 年），当时炙手可热的政治人物章宗元妃分赐王处一所居圣水玉虚观和丘处机所居栖霞太虚观道经各一藏。

承安二年（1197 年）以后，金朝再也没有对全真教加以限制，这样经过20 年的发展之后，全真教组织已具有相当的规模，它在鲁、豫、秦、冀等地，已有了相当深厚的群众基础。

---

① 姬志真：《云山集》，《道藏》本。
②《金莲正宗记·长春丘真人》，《道藏》本。
③⑤ 元好问：《紫微观记》，见氏著《遗山集》卷三十五，《四部丛刊》本。
④《金史》卷九，北京，中华书局，1975 年点校本。
⑥《金莲正宗记·长生刘真人》，《道藏》本。

六、全真教的鼎盛

（一）丘处机应召

金元易代之际，丘处机审时度势，把握时代，取得了蒙古最高统治者成吉思汗的支持，把全真教的发展推向鼎盛。

金末天下大乱，丘处机所居的山东地区成为金、蒙古、南宋三方角逐的战场。由于全真教有深厚的民间基础，对三方势力在中原的消长具有举足轻重的作用，执掌教门的丘处机就成为三方竞相聘召的对象。出于对教门兴旺的打算，丘处机多次拒绝了金、南宋的征召，决定与新兴的蒙古政权合作。

公元1219年，远在中亚的成吉思汗遣近侍刘仲禄聘召丘处机赴中亚，丘慨然应命，并于第二年正月率门下十八大弟子冒寒北上。丘处机一行，备尝艰难险阻，历时4年，行程万余里，于1222年终于到达大雪山成吉思汗行在。

丘处机与成吉思汗的正式论道共有三次，耶律楚材将三次论道的内容加以整理，编成《玄风庆会录》一书。据该书记载，丘处机与成吉思汗的论道主要包括以下几个方面的内容：

（1）论长生修炼之道。认为只要"去声色，以清静为娱；屏滋味，以恬淡为美。……去奢屏欲，固精守神"，就可以升天为仙。主张清心寡欲，行气炼阳才是修炼的根本途径。

（2）论帝王的修炼之道。认为帝王的修炼之道与常人不同，"陛下修行之法无他，当外修阴德，内固精神耳。恤民保众，使天下怀安则为外行，省欲保神为乎内行。"这就是说，帝王仅仅"省欲保神"、独善其身是不够的，还必须"外修阴德"，做到"恤民保众，使天下怀安"。

（3）论治理中原之策。丘处机认为久经战乱的中原当前急务为用人和赋税两件事。建议派遣精明能干熟悉中原情况的官员前去治理，并免除中原地区三年赋税，这样老百姓才能获得喘息的机会，也有利于蒙古在中原的长久统治。

丘处机所论博得成吉思汗大加赞赏，为全真教赢得了大量利益。丘处机的西行赴约成为全真教鼎盛的开端，1223年丘处机请准东归之时，成吉思汗下

诏 "俾掌管天下道门"①, 大小事务一听处置, 并蠲免了全真教徒的赋税。1224 年, 元廷请丘处机进住燕京太极宫。这是此前全真大师从未享受过的礼遇。

由于蒙古统治者的推崇, 全真教在社会上的影响力也是与日俱增。当时 "四方尊礼者云合"②, "士庶之托迹, 四方道侣之来归依者不啻千数, 宫中为之填咽"③, 就连 "旁门左户", 也 "靡不向风"④。丘处机还在燕京建立了 8 个会社组织 (平等、长春、灵宝、长生、真明、平安、消灾、万莲) 来扩大全真教的影响。全真教进入全盛阶段, 正如姬志真所云: "至于国朝隆兴, 长春真人起而应召之后, 玄风大振……古往今来, 未有如此之盛。"⑤

(二) 尹志平等人的经营

1227 年, 回到燕京短短三年, 丘处机病逝于长春宫, 他没有看到全真教鼎盛的最高峰。继任掌教的尹志平、李志常在蒙古统治者窝阔台汗的支持下, 继承了其师的事业, 做了大量的弘教工作, 使全真教继续向鼎盛期的巅峰迈进。在尹志平、李志常掌教期间, 全真教同蒙古汗廷继续保持着亲密的关系。1232 年, 元太宗窝阔台在顺天接见了尹志平, "赐坐论道, 慰谕者久之", "仍令皇后代祀香于长春宫, 赆赍优渥"⑥。这次会见是继丘处机万里赴约后, 全真教首同蒙古最高统治者间的又一次会晤, 为全真教此后 20 余年的繁荣打下了基础。1234 年, 皇后赐尹志平道经一藏, 并遣使予以慰问。1235 年, 全真教筑道院于和林, 影响达于蒙古统治的中心。

在这一阶段, 全真教不仅参加了祈天求福、祭祀岳渎等一系列重要的宗教活动, 还针对国家的治理, 为统治者出谋划策, 在一定程度上参与了国家的政治。早在 1229 年, 李志常就向窝阔台 "进《易》、《诗》、《书》、《道德》、《孝经》, 且具陈大义"⑦, 得窝阔台的嘉许。1233 年, 长春宫 "承诏即燕京教蒙

---

① 李道谦:《七真年谱》,《道藏》本。
②⑥⑦ 李道谦:《甘水仙源录》卷三,《道藏》本。
③ 李道谦:《甘水仙源录》卷十,《道藏》本。
④ 李道谦:《甘水仙源录》卷二,《道藏》本。
⑤ 姬志真:《云山集》,《道藏》本。

古贵官之子十有八人"①，担负起为蒙古政权培养治国人才的任务。蒙古大汗还数次召见李志常，"咨以治国保民之术"，表现出对全真教的重视和信任。

尹志平、李志常利用蒙古汗廷的支持，大力营造教门影响。1227年，为丘处机举行隆重的葬礼。易长春宫之东甲第为观，号曰白云，"为葬事张本"。"及至葬，大备其礼。四方来会之道俗逾万人，至有司卫之以甲兵"②。葬毕，"黄冠羽服与坐者数千人，奉道之众又复万余"③。1241年，全真教在终南祖庭会葬祖师王喆。此事前后经过五六年策划，由尹志平总其成，"葬祖师于白云堂，会送者万余人"④。这些活动的政治影响和宣传、组织作用是巨大的，起到了收拢人心、招徕信徒的效果。

在尹志平、李志常的苦心经营之下，全真教的影响力比丘处机时更上一层楼。对于全真教在这一阶段的发展，孟樊鳞在《十方重阳万寿宫记》中曾有这样的慨叹："呜呼，历观前代列辟重道尊教，未有如今日之盛，兴作之日，四方奔走，而原赴役者，从之如云。"可见全真道之势盛。

（三）全真教的鼎盛

全真教自蒙古入主中原后，直至元宪宗五年（1255年）的佛道论争，在丘处机、尹志平、李志常三位掌教的苦心经营下，经过30余年的发展，造就了"教门宏阐，古所未闻"的局面，达到了发展史上的巅峰。

全真教的鼎盛主要表现在以下三个方面：

1. 门徒众多，前所未有。丘处机西行归来，全真教利用元太祖旨令中有关保护全真教徒的条文，广收门徒，全真道的规模得以迅速扩大，"真风大煽，四方倾动，羡慕之心，确不可夺，而丘之所度门徒，布以天下，无处无之"⑤。在有关全真教的史料中，常有度弟子百余人、几百人、甚至千余人的记录，说明了全真教门庭的兴旺。

全真教徒的构成复杂，来源于社会各个阶层，有家世务农的普通百姓，有

---

① ② 李道谦：《甘水仙源录》卷九，《道藏》本。
③ 李志常：《长春真人西游记》。
④ 李道谦：《甘水仙源录》卷三，《道藏》本。
⑤ 陈垣编纂：《道家金石略》，第600页，北京，文物出版社，1988年版。

来自社会中层的官僚、武将之后，有世习儒业的儒生，也有来自名显乡郡的高门之后。普通民众慑于战乱，逃避赋税，争相入道。许多儒者也由于社会变乱等原因，加入到全真教中，如李志全少习进士业，"视富贵如探囊中物"，但后来"不意世变，干戈日寻"①，只好遁入全真教门。因重修道藏而留名史册的秦志安早年"趣尚高雅，"三举进士而不中，"取方外书读之"②，后遇宋道安得度入全真。个人先有仕途经历，后皈依全真教者也不乏其人，足以反映出全真教在当时社会中的流行状况，即已深入到社会各个阶层中。

全真教不仅在汉族民众各阶层中传播，也拥有少数民族信徒。

另外，女性信徒也为数不少，陈垣先生在《南宋初河北新道教考》一书中曾专辟"妇女之皈依"一节来介绍全真教对妇女的影响。全真教全盛期知名女冠有何守夷、訾慎、斡勒守坚、张守微、杨守和5人。她们并非仅仅关注自我修行，除何守夷外，均有业绩可查。訾慎，创立重阳庵。斡勒守坚，度女冠十数人，住持终南山唐玉真公主延生观，提点陕西女冠焚修事。张守微，重修泽州修真观。杨守和，创建彰德集真观。可见她们每个人背后都有众多的女道士，她们仅是其中的佼佼者，全真教在妇女中是有深厚的群众基础的。

全真教门素称多能文善诗之士。其知名教徒几乎皆有著作遗世，涉及内容颇为广泛，有诗赋集、教史辑录、修道文集、儒家经典和道家经典的解释，甚至还有道教音乐著作。在著述方面，没有哪个教派可以与全真教齐肩。

2. 大兴土木，广建宫观。全真教的三大祖庭，即永乐纯阳万寿宫、陕西重阳万寿宫、北京长春宫，都始建于这一阶段。其他小的宫观更是不可计数，1235年尹志平西游经营祖庭时，又兴复佑德、云台二观和太平、宗圣、太一、华清四宫，以羽翼祖庭。李志常掌教期间也致力于宫观建设，"修废补弊，不可殚记"③。全真教史中关于这一阶段全真道士经营宫庵的记载历历可见，甚至动辄有以百余区计者。《清虚大师把君道行录》载："师杖屦南归，向化者日众，如磁州之神霄、相州之清虚、林虑之天平、广宗之大同、燕教之洞真，皆以次而举其门第，诸方起建大小庵观二百余区。"《终南刘先生事迹》载："……由是道阶益隆，度门弟子数百人，建立庵观百有余所。"《神清观记》：

---

①② 李道谦：《甘水仙源录》卷八，《道藏》本。

③ 李道谦：《甘水仙源录》卷三，《道藏》本。

"云阳子偕耆宿官僚迎谒，（尹志平）至则憩于神清者月余，遂以其观归之，汾晋诸观归于真人（尹志平）者，神清其首者。"可见，全真教此时不仅创建新宫观，兴复旧宫观，还接受了道教其他教派投献的诸多宫观，在动辄百余区的业绩中，甚至有不少是乘机占据的佛教徒的庙产。

全真教全盛时，其宫观遍及河北、河南、山西、山东、陕西、甘肃等地区，达到了"虽十庐之聚，必有香火一席之奉"[①] 的程度。宫观是教门组织联络的枢纽、宗教活动的中心，其数目的扩张无疑是全真教兴盛的标志。

3. 重修道藏。金代编纂的道藏经板，在火灾中被焚，各地所存藏经又多毁于兵火。丘处机觐见元太祖返回燕京后遂有重修道藏之意，并将此事付与其徒宋德方承担。宋德方于 1237 年开始着手这项工作，以仅存于营州的《大金玄都宝藏》为底本，购求他处遗经，加以补缺、校对、纂辑而成，前后历时达八年之久。重修后的道藏，名曰《玄都宝藏》，共 7800 卷，比《大金玄都宝藏》多收 1400 卷。在修藏过程中，秦志安对本门大师的著作网开一面，纳入极多，这就使全真教的以文传道有了凭藉，全真教史、全真文集得以流传至今也赖于此次修藏。

重修道藏这一事件及其成功，说明全真教在道教各教派中取得了支配地位。全真教在创立后的相当长一段时间内，不被传统道教认可，处于边缘位置。重修道藏使全真教以道家正统继承者的面目出现。这次编藏乃是全真教以一门一派之力量进行的，在道教史上是第一次，也是仅有的一次，显示了全真教所拥有的实力。重修道藏，从人力、财力、政治背景各个方面显示了全真教的鼎盛。

（四）焚经、驰禁与全真教的复兴

元宪宗五年（1255 年），因佛道间的摩擦而直接导致的"焚经事件"是全真教发展史上的一个重大转折点，全真教由此而衰落，结束了它的鼎盛。

佛道之间的矛盾由来已久。早在"海上七真"传教时期，谭处端、王处一就同僧人有过不协，当时佛道间的矛盾尚没有达到水火不容的地步，所以没有

---

① 陈垣编纂：《道家金石略》，第 476 页，北京，文物出版社，1988 年版。

酿成教派间大的冲突。

自丘处机西行归来，全真教进入全盛时期，情况发生了变化。全真教借助蒙古汗廷的支持大力扩张势力，占据了大量因战乱而毁弃的佛教庙产及地产，全真教徒免役免税的特权也吸引不少僧众自动改寺为观，这些都大大刺激了佛教一方。最令僧徒们不能容忍的是全真教徒公然贬抑佛教，将释迦牟尼像塑在老子像之次，又大量刊行印发《老子化胡经》。佛道间的矛盾愈演愈烈，最后呈请蒙古汗廷裁决。

导致全真教受挫、道经被焚的主要原因是蒙元统治者政策的转变。丘处机西行归来，全真道发展迅猛，在社会各阶层中拥有很大的影响力，全真大师所到之处，甚至出现"原野道路设香花，望尘迎拜者日千万计，贡物山积"[1] 的情形，这引起了蒙古统治者的猜疑，害怕让其发展下去，会使自己的统治受到威胁。同时，蒙古在汉地的军政统治已渐趋于稳定，全真道在新旧王朝交替之际所起的安抚民众的特殊作用已成为过去，客观形势只需要它以一个普通宗教派别服务于皇朝，而不允许它再凌驾于其他教派之上。因此，蒙古统治者决定抑制全真教的发展，佛道间的争论正为此提供了一个契机。

元宪宗五年（1255 年），因为《化胡经》和《老子八十一化图》之争，全真教与佛教在御前展开了辩论，以李志常为首的全真教徒落败，汗廷勒令全真一方"烧毁伪经板，退还佛寺三十七处"[2]。这一令旨虽没有得到贯彻，但全真教已开始由盛转衰。

元宪宗八年（1258 年），在忽必烈主持下，佛道间又进行了一次空前规模的大辩论，参加辩论的佛、道徒共有 500 余人。蒙古汗廷早有定策，以张志敬为首的全真教一方被判失败。结果忽必烈下令道教一方焚毁经典 45 部，归还佛寺 237 所。全真教江河日下，处境艰难。

至元十八年（1281 年），忽必烈又重审了宪宗时发布的诏旨，彻底焚毁各路保留的《道藏》，最终是除老子《道德经》及有关斋醮祠祭的道书允许保存外，其他道经尤其是涉及到佛道关系的道书惨遭厄运。

在几次焚经期间，蒙元对全真教的政策出现过松动。如中统二年（1261

---

[1] 李道谦：《甘水仙源录》卷三，《道藏》本。
[2] 释祥迈：《至元辨伪录》，北京图书馆出版社，2002 年版。

年）忽必烈大量诏赠道士名号。至元元年（1264 年）又下诏加封全真祖师。至元二十八年（1291 年）又下过弛禁令："江之北南，道流儒宿，众择之。"允许信徒传教，"凡金箓科范，不涉释言者，在所听为"①。总的来说，从元宪宗五年（1255 年）的焚经，到元贞元年（1295 年）元成宗即位，全真教处于抑制时期，弛禁令也没有得到认真执行。

元贞元年（1295 年）元成宗即位，大弛全真之禁，宣布"梗其道者除之，取其业者还之"②，将被佛教徒侵占的道教宫观归还道教徒。成宗此举，标志着全真教的复兴。从成宗起，全真掌门人重获蒙元统治者的信任，累累受到加封。

尽管如此，复兴期的全真教同其鼎盛期已不可同日而语。首先，元室不再需要全真教充当治国保民的谋士，而是让它作为一普通宗教参与社会生活。其次，全真教内部人才凋零，其掌教人的才识和德行远逊于早期全真大师，故陈垣先生称后期贵盛为"末流之贵盛"③。

七、全真教的基本思想及理论建树

（一）基本思想

全真教的基本思想包括三教合一、返本归原，性命双修、先性后命，积功累行、功行双全三个方面。三教合一、返本归原为其基本指导理论；性命双修、先性后命为其修行宗旨；积功累行、功行双全为其具体修行门径。它们是互相联系，不可分割的。全真教的思想既是我国道教理论自身发展的逻辑结果，更是对唐宋以来我国思想界三教合一、凸现心性这一主流趋势的回应。全真理论的出现标志着我国道教理论的成熟化，全真教能够源远流长发展至今天，很大程度上得益于它的理论深度。

1. 三教合一，返本归原。全真道的三教合一始自祖师王喆，《全真教祖碑》说他"凡立会必以三教名之"，"劝人诵道德清静经、般若心经及孝经，云

---

①② 姚遂：《牧庵集》卷十一，《丛书集成初编》本。
③ 陈垣：《南宋初河北新道教考》卷一，北京，中华书局，1962 年点校本。

可以修证"。

三教合一的思想在我国酝酿已久，至迟在宋代就有人明确提出了这一说法，且成为我国思想界发展的一个趋势。儒、道、释是我国封建文化的三个基本思想流派，三家各自如何看待对方，封建国家如何处理它们之间的关系，成为中国封建文化发展史上的一个重大问题。魏晋南北朝隋唐时期，由于三教之间教义的差异和现实利益的争夺引起的矛盾、冲突时有发生，各教虽都有占据上风之时，但也时常遭受劫难，尤其是佛、道两家更是命运无常。这一切不仅对各教派的发展不利，也给各王朝的统治带来了不稳定因素。在长期的争斗中，为了使本门教派处于有利位置，赢得统治者的支持和更多民众的信服，各教派都在不断地完善自己的理论，其中一个重要方面就是吸取其他学派之长。统治者也认识到各学派对于维护统治都各有所长，不可偏废。基于上述理由和认识，三教关系逐渐从对立、排斥，走向融合、会通。宋代以来，三教融合已成为三教关系的主流，全真教"三教合一"口号的提出正是这一历史趋势的体现。全真教提倡的三教合一也有其自己的特点，那就是态度更加明确，从经典的推崇上敢于把《道德清净经》、《心经》、《孝经》三经并列，而不像儒、佛两家那样只是偷运别教的成分。

三教合一的原则在全真创教之初就已明确提出，这其中既有时代文化风气的原因，也有王喆个人生平经历的原因。王喆系儒生出身，谙熟儒家经典。中年以后，仕途失意，精神苦闷，隐居终南山修道，佛教经典也是他精神安慰剂之一，正是所谓"七年风害，悟彻《心经》无挂碍"[1]。他所隐居之地，与著名道派楼观道的圣地终南山近在咫尺，道教气氛浓厚，所以才有遇仙授秘诀之说。正由于他对儒、道、佛三家经典均有留心，因此当他初入山东传教时，就已"不主一相，不拘一教"，将儒、道、佛三家的根本经典都作为全真弟子的必读书。

王喆以道教为本位，从三教共同尊称的"道"这一范畴找到了"三教合一"的契机。王喆认为"三教合一"的基础就在于"道"，道在宇宙中应该是只有一个的，故三教可以相通。他在《金关玉锁诀》中说，三教者是随着演化

---

① 王喆：《重阳全真集》卷七，《道藏》本。

众生，皆不离于"道"，针对"今人各不晓其道"的情况，他指出："三教者如鼎三足，身同归一，无二无三。三教者不离真道也。"即"道"是三教统一的基础，在这个基础上，它们是平等的，不能分离的。《重阳全真集》中关于提倡"三教合一"的内容极多，如"儒门释户道相通，三教从来一祖风"，"义理显时何有异，妙玄通后更相加"，"云朋霞友每相亲，滑辣清光养气神。满座谈开三教语，一杯传透四时春"。无非是要大家打破门户之见，亲如一家。

王喆之后的全真道士们在理论上和实践上都继承了"三教合一"这一宗旨。他们在理论上更深入地吸取儒、佛两家有关心性的论述，在国家宗教生活中，不言儒佛两家之短，不惟我独尊。全真贵盛极点时的得意忘形是短暂的，焚经事件后，全真道士们又迅速冷静下来。生活在元代中期的全真高道陈致虚对三教合一又有了更新的理解和阐释，他认为"三教一家，实无二道"，"三教大圣必用此道，故名虽殊，而道则同也。是以天下无二道，圣人无两心"，"其分彼此者，乃是一个盲人鞭骑瞎马而与他人较胜负，岂不为明眼底所笑"[1]。他认为儒、道、佛三家是名殊道同，那种死守一家，批驳其余的做法是愚蠢可笑的。

全真教的大倡"三教合一"，为道教开辟了一个更有利的发展环境。宋金之际，儒佛两家已经完成了"三教合一"的融合，道教一派在理论上已处于落后状态，若不融合各派理论加紧自身理论建树，是很难再有所作为。全真教正是在此关头出现，很大程度上挽救了道教一方的颓势。

王喆的道教本位不是承载着前朝北宋的道教内容，而是返本归原，直指老庄，尤其是推崇老子，把《老子》作为全真教的根本理论。

道教自产生到王喆生活的时代，已经历了若干发展阶段。在每一发展阶段上，其理论各有特色，经典的推崇也各有不同。至元二十七年（1290 年）李鼎撰《大元重修古楼观宗圣宫记》对道教发展的各阶段做了精炼的概括："昔自玄元文始契遇于兹抉先天之机，辟众妙之门，二经授受而教行矣。世既下降，而传之者或异：一变而为秦汉之方药，再变而为魏晋之玄虚，三变而为隋唐之禳袷，其余曲学小数，不可殚记，使五千言之玄训，束之高阁，为无用之

---

① 陈致虚：《金丹大要》，《道藏》本。

具矣。"自老子发端的道教思想在发展过程中，逐渐迷失本原，趋于方术小数，越到后来越荒诞不经，给现实社会带来不好的影响。唐代流行的烧炼不仅不能使人长生不老，反而加速了人的死亡。北宋的亡国与宋徽宗的信道直接有关，道教面临着巨大的信任危机。王喆创教再也不能沿袭唐宋道教的内容，必须另起炉灶。

王喆立教之初就十分推崇老子五千言——《道德经》"遵隆太上五千方，大道无方妙不传。一气包含天地髓，四时斡运岁长玄。五行方阐阴阳位，三耀初分造化权。窈默昏冥非有说，自然秘密隐神仙"①，认为《道德经》一书概括了宇宙万物的生成法则，要学仙修道必须熟读之。他还认为一切修炼方法都是从老子思想中派生出来的，老子五千言是学仙修道的下手之处，"能下手，便晓这元元。为其得通三一法，都缘悟彻五千言，立起大根源"②。

王喆"返本归原"这一口号的提出，在道教发展史上有重要意义。元人对此已有认识："道家者流，其源出于老庄，后之人失其本旨，派而为方术，为符录，为烧炼，为章醮，派出所愈分而迷愈远，其来久矣。迨乎金季，重阳师君不阶师友，一悟绝人创立一家之教曰全真。其修持大略以识心见性、除情去欲、忍耻含垢、苦己利人为宗……老庄之道于是乎始合。"③ 全真教的贡献在于回归老庄，以道德性命之学取代此前的末流小技，为道教的发展找到一条光明的道路。唐宋时期，三教合一成为思想界的主流趋势，心性问题成为思想界讨论的主题，道教一方必须做出有力的回应，全真教承担了这一使命。

2. 性命双修，先性后命。道教的一个共同特点是以追求长生不老为目的，具体修持方法因教派而异因时代而异，可谓"杂而多端"④。简单区分，可以唐末五代为界划分为两个阶段，即此前的"以练形为上"阶段和此后的"性命双修"阶段。

在"以练形为上"阶段，人们将神仙理解为形体不坏，肉身不死，修炼的根本任务为练养形体，使之与日月同在，永驻人间。如葛洪认为，求仙修道的

---

①② 王喆：《重阳全真集》卷四，《道藏》本。
③ 李道谦：《甘水仙源录》卷三，《道藏》本。
④ 马端临：《文献通考》，杭州，浙江古籍出版社，2000 年点校本。

目的就在于保养形体，若肉体死亡就不能"食甘旨，服轻暖，通阴阳"①。没有了人间享受，这样的神仙毫无意义，所以只有肉体的长存，才是最重要的。

为使肉体长存，人们挖空心思，当他们看到金石不朽这一现象后，就想从金石中提取一些成分，人服用后也可以形体不朽，这就是外丹烧炼之术的起源。魏晋隋唐时期，烧炼黄白铅汞、服食金丹的风气十分流行，但限于当时科学发展的水平，合炼出的金丹往往有毒，对人体有害无益。服用金丹后中毒而亡的例子不胜枚举，唐代宪宗、穆宗、武宗、宣宗四帝皆因服用丹药中毒而死。历经实践，人们对金丹的性质及危害也渐有认识。南唐开国君主李昪因服用丹药而死，临死前告诫儿子李璟说："吾服金石欲延年，反以速死，汝宜视以为戒。"② 到唐末五代，外丹术逐渐衰落，内丹术代之而起。

内丹理论起源很早，与太平道、五斗米道的产生同时代的魏伯阳为其鼻祖。他在《周易参同契》一书中，对人体生命能量运动以及人体内部真气运行轨迹进行了全面描述。该书为道教内丹理论的最早著作。但内丹理论在相当长的时间内，没有成为道教主流的修炼方法，直到唐末五代以后，才逐渐取代以"练形"为目的的外丹术，成为道教的主要修炼方法。

内丹术对外丹术的批判和变革主要表现在两个方面。首先以性命双修的宗旨代替单纯练形的狭隘观念。内丹派认为，长生成仙必须从两个方面予以修炼，一是修命，使形体不变，长生不老；二是修性，使人的精神与道合一。只有性命双修，形神俱妙，才能成仙得道。其次，以人体自身所固有的精气神为主要的修炼目标，而不是借助于外在的金石使形体不变。内丹派认为，精气神是长生久视的根本，修炼的主要任务在于使精气内固不泄，心神虚静不乱。内修才能固本，外修只能为辅。

全真教在"性"与"命"的关系问题上，认为"性"重要于"命"，又明确提出了"先性后命"的修炼宗旨，强调内丹修炼必须以识心见性为先，将道德修养和精神修养提高到内丹修炼的首要地位。这是与它的第一个思想特征"三教合一，直指老庄"相符合的。道德修养一直是儒家讨论的主题，重视精神修炼、强调练心一直是佛教的重要标志。全真教把"性"置于"命"之前，

---

① 葛洪：《抱朴子·对俗》卷一，北京，中华书局，1985年点校本。
② 《南唐书·烈祖本纪》卷一，北京，中华书局，1985年点校本。

就等于把相当的概念"心"置于"形"之前，体现了它对儒、佛两家思想的吸取。

王喆强调"根者是性，命者是蒂也"、"宾者是命，主者是性也"①，明确区分了性与命的主次关系。丘处机认为，"吾宗唯贵见性，而水火配合其次也。……不如此便是外道，非吾徒也。"② 郝大通认为"性"与"命"的关系是体用关系，"夫吾道以开通为基，以见性为体，以养命为用"。"既不见性，安能养命"③，认为性在命前，不修性则无以养命。

全真教"性命双修，先性后命"的修行宗旨，将道教的宗教修行方式引向了心性修养的轨道。这其中也蕴含着对人的社会性的重视、对人的自然性的淡化，相对应的是王喆对道教传统神仙观念的改造。传统神仙观念认为只有形神结合，肉体不死者，才算是神仙。王喆深知这一神仙观念的虚妄性，但作为道教一旦放弃神仙观念就会失去号召力，于是王喆遂提出新的道教神仙观。他否定了人可以不死，肉体可以长生的说法："害风害风旧病发，寿命不过五十八。"④ 明确承认自己的生命是有限的："欲永不死而离凡世者，大愚不达道理也。"⑤ 只有愚蠢的人才去追求肉体长生。既然人终有死，何谓长生？王喆说："超离凡世，非身不死，而在心离凡世。"⑥ 即不以生死为意，超越人世间一切烦恼牵挂，则生死不能局限人，这样的人就算达到了长生。

长生就是要达到"五行不到处，父母未生时"⑦ 的境界。要达到这一境界，必须抛弃人世间的情欲、物欲，对一切毫无牵挂，对生死也不介意，而这一切是要通过艰苦世俗生活的磨炼来获得，从反面强调入世的重要性。这是全真教参与世俗生活的理论依据，所以全真教被称为实践性宗教。但全真教的入世观与儒家不同，儒家强调建功立业，死后留名，是对人生价值的无限关注；而全真教则是通过世俗生活来达到对世俗价值的漠视，对长生的追求。

3. 积功累行，功行双全。"性命双修，先性后命"的修行宗旨最重要的是

---

① 王喆：《重阳授丹阳二十四诀》，《道藏》本。
② 丘处机：《丘长春语录》，《道藏》本。
③ 郝大通：《太古集》，《道藏》本。
④ 王喆：《重阳全真集》卷四，《道藏》本。
⑤⑥ 王喆：《重阳立教十五论》，成都，四川人民出版社，1998 年版。
⑦ 李道谦：《甘水仙源录》卷一，《道藏》本。

要达到识心见性。如何达到识心见性，全真道又提出了积功累行、功行双全的修行门径。何谓真功、真行？马丹阳解释说，真功即是"于心地下功"，指个人的身心修炼之功，这最初是从佛教借鉴来的；真行就是"于教门用力，大起尘劳"，"常行方便，损己利他"，"常起慈悲，暗积功行"①，指传道弘法、济世利人的实践活动。总起来说，人既要通过自己的内省达到识心见性，又要广泛参与社会实践，提高自己的认识，克服私欲、贪欲等妨害人心性修养的成分。

早期道教以肉体长生为修炼目的，所以特别重视个人修炼。合炼丹药、服食导引等等都是以个人修炼方式进行，关心的只是自身生理的变化，很少关注他人生存状态，所以可以摒弃世事，独居山林。全真教则不然，它在很大程度上吸收了儒家积极入世、匡时济人和佛教慈悲为怀、普度众生的精神，抛弃了早期道教只重一己之修、不重社会活动的狭隘修行方式。王喆在创教之初，就明确提出全真道人必须"苦志多年"，"积功累行"②。他在回答马钰"何名为出家"时说："有功行修真之德者，为出家。"③ 他屡屡教导弟子们，修行之人不但要修真功，而且要有真行："开阐长生那门户，便下手修持，真功真行，真性昭著。"④ "修持锻炼，功行两双全。"⑤

在王喆的弟子当中，功行双全做得最好的要数丘处机。他对功行关系也多有论述："大抵修真慕道，须凭积功累行。若不苦志虔心，难以超凡入圣。或于教门用功，大起尘劳；或于心地下功，全抛世事。"⑥ 意思是若要修成正果，既要抛弃世事专心于个人身心的锻炼，又要弘扬宗教于尘世。为了扩大教门事业，为了磨炼心性，就不得不参与各种社会活动。在丘处机眼里，要参加的社会活动极为广泛，建宫盖观、印经造像、修桥筑路、戒杀放生、舍药施财、爱老怜贫、周济穷困等均包括在内。

---

① 马钰：《丹阳修真语录》，《道藏》本。
② 王喆：《重阳立教十五论》，成都，四川人民出版社，1998 年版。
③ 王喆：《重阳授丹阳二十四诀》，《道藏》本。
④ 王喆：《重阳全真集》卷五，《道藏》本。
⑤ 王喆：《重阳全真集》卷三，《道藏》本。
⑥ 玄全子：《真仙直指语录·寄西州道友书》，《道藏》本。

（二）理论建树

全真教以道教为本位对思想界"三教合一"趋势的回应，具有自身特色，对长期以来困扰社会、困扰思想界的一些问题提出了自己的解决方案。

1. 全真教对"生与死的关系"问题的回答较此前其他学派，更为合理，更为全面，更易于为人接受。传统道教贵生，无论其修炼方法多么不同，最终目的都是为了达到长生久视，形体不灭。它重视人的自然生命，促进了我国古代养生术的发展，但同时有忽视人的社会价值的一面，为长生不老，人可以不顾社会责任遁居山林，不问世事，甚至导致为保持自然生命而弃义尚生。再者，传统道家的长生观念有很大的虚妄性。随着时代的发展，科学的进步，人们认识到长生不死是不可能的，传统道家的长生观念逐渐丧失了吸引力。

儒家珍生，珍视人的社会价值和道德价值，主张在世俗社会中建功立业，"修身齐家治国平天下"，提倡立德、立功、立言三不朽。儒家对死后之事不予追究，主张顺其自然，"未知生，焉知死"，"子不语怪力乱神"。在社会责任和自然生命发生冲突时，主张"舍生取义"、"杀身成仁"。儒家对生命的社会意义的重视，对于鼓励人们为国家兴旺、为团体生存恪尽职守有重要意义。但儒家关于生死问题的看法也有不可避免的缺陷，一是求生畏死是人的本能，人人都对死亡心存恐惧，对死亡的归宿的追问存在于每一个人心中；二是儒家对自然生命的轻视不利于人类种族的繁衍和生存。

佛教主张无生，对人生采取绝对的否定态度，宣扬"诸法无我、诸行无常、涅槃寂静"的三法印学说，认为人在生死轮回中幻化无常，人生的知见、行为都是虚幻和罪业。这种对人生极度消极的态度与我国封建社会的主流思潮儒学格格不入。它之所以能赢得众多人的信仰，是因为他对人的身后事做出了较好的安排，大大消除了人们对死亡的恐惧。"泥洹不变，以化尽为宅，三界流动，以罪苦为场。化尽则因缘永息，流动则受苦无穷"①。肉体的死亡是人生苦难的最终解脱，涅槃是指肉体死亡，精神与佛性的统一，即达到西方极乐世界。

---

① 释慧远：《沙门不敬王者论》，《道藏》本。

传统道教、儒家、佛教对生死问题的认识和说教各有所长，各有所短。全真教融合三教，对生死这一人们关切的问题给出了自己超越三教的回答。全真教仍提倡长生，但它的长生概念已不同于传统道教，并非指"肉体不死"，而在于心性清静，与道合一。王喆认为，人的肉体由水、火、土、风四假聚合而成，称为"四假凡驱"，"胎生卵湿化生人，迷惑安知四假因。正是泥团为土块，聚为身体散为尘"①，这是对传统道教"肉体不变"的扬弃。而要达到心性清净，不仅需要传统道教抛弃世事的身心锻炼，还要积极参与社会活动，在社会实践中磨炼自己，除却不利的情欲，升华自己的道德。最理想境界"与道合一"中所谓的道是与佛教中提倡的"佛性"相对等的概念，"三教合一"的基础正在于"道"。

这样全真教既继承了传统道教中重视人、自然生命的成分，又继承了儒家积极入世、强调人的社会价值的成分，也继承了佛教中对人死后安排的说法，对生死关系的认识和解释达到了一个新的高度。

2. 全真教更大程度上解决了"出世"与"入世"的矛盾。传统道教具有强烈的出世倾向，但人毕竟不能完全脱离现实的社会而生存，因为有世俗的父母妻子之情不可割断，他的衣食住行离不开社会的供应，这样"出世"的作法不可避免地与社会对人的要求发生冲突，社会需要出世人承担社会责任，遵守社会规范。

道教面对的首要问题是如何解决与世俗伦理的矛盾。中国素称伦理社会，从殷周时期敬天法祖、忠孝事君到战国秦汉以后三纲五常观念的形成，都体现了这一特征。伦理名目虽多，概括起来不外两类，一是以孝亲为中心的家族伦理道德，一是以忠君为中心的社会政治伦理道德。在理论上如何给君亲定位，是道教不可回避的问题。

在对待君亲的态度上，道教创立之初就存在着矛盾的二重性。它一方面宣扬忠孝观念，道教首领深谙所处的社会环境不允许他们抛弃这个观念，另一方面又主张离俗入山，长生久视的目标要求必须摒弃人事独自炼养。道教理论的发展要求解决这一矛盾。在魏晋隋唐的三教论争中，不事君亲是道教遭受攻击

_____

① 王喆：《重阳全真集》卷二，《道藏》本。

的焦点。诸多因素相结合，迫使道教从理论上作出调整，调整的总趋势是强调出世与入世的统一，增强入世成分。

从隋唐开始，道教开始把世俗社会的伦理规范纳入自己的戒律条文中，严戒"不得叛逆君王"，"不得违戾父母师长"①。唐末五代以后，道教入世倾向更加突出，认为今日入山修炼是为了他日出山济世，著名道士陈抟甚至认为君王治天下也是一种修炼方式，而且比道士的长生久视更有意义。吕洞宾曾对钟离权说："岩（吕洞宾）之志异于先生，必须度尽天下众生，方上升未晚也。"② 这就把救世度人置于得道成仙之前了。

全真教以前的道教，虽在极力揉和"出世"与"入世"，但在理论根源上始终没有找到出世与入世的结合点，给人一种貌合神离的感觉。全真教提出了"性命双修，先性后命"的修行宗旨，又据这一宗旨提出了"积功累行，功行双全"的修持门径，从根本上解决了"出世与入世的关系"这一长期困扰道教界的问题。根据全真教的修持理论，参与世事是道教修炼中不可缺少的一部分，再也不是游离于道教之外，迫于压力不得不为的行为。出世为目的，入世为手段，入世为出世服务。

全真教这一理论突破，并没有因增加入世成分而丧失或降低道教本位，反而加强了全真教的道教本位，为此前道教的种种入世行为做出了很好的解释。这可以说是道教在"出世"、"入世"问题上的第一次主动出击，以自身成熟的理论，改变了以往在这一问题上的被动局面。

八、全真教的影响

作为当时最兴盛的道教教派，全真教拥有广泛的群众基础和深厚的文化底蕴，必然会对当时的社会政治生活和文化生活产生影响。全真教对金元社会的影响主要表现在救亡抚存和消除盗杀、促进蒙古汉化、社会文化领域的渗透三个方面。

---

① 张宇初：《道门十戒》，《道藏》本。
② 张国祥：《吕祖志》，《道藏》本。

（一）救亡抚存，消除盗杀

金元之交的战争给社会带来的极大灾难已如上文所述。全真教利用蒙古统治者的支持和信任，救亡扶存，极大限度地发挥了一个宗教团体的作用，丘处机东归之初所进行的招徕就是一个最典型的例子。丘处机的善行影响广泛，直到百年后修《元史》时，中原仍流传着他的故事。

全真教的救亡抚存不仅在金元之际战乱之时进行得卓有成效，入元以后在较安定的环境中仍发挥着这一职能。《程雪楼集》卷十八有《徐真人道行碑》，记录的是全真大师徐志根的事迹："河朔岁饥，民争褓负趋河南，无所归，师馆谷唯恐后，被掠者购而归之，明年秋成，或归或留，或愿入为道士，惟其欲。"这是发生在元世祖至元末年的事情，此时元早已一统天下。

元好问在赞扬全真道士李志源时说："全真家乐与过客饵，道院所在，至者如归。尝岁饥，资用乏绝，先生辟谷数旬，以供给来者，其先人后己类此。"① 这一段话实际上概括了全真道士救亡抚存、乐于助人这一特点。

全真教于当时的社会教化也大有助益。元好问在《修武清真观记》中哀叹社会风气之坏说："……幸乱乐祸，勇斗嗜杀，其势不自相鱼肉，举六合而墟之不止也。"同时又对全真之得人心与其之有助教化，赞不绝口："从是而后，黄冠之人，十分天下之二，声焰隆盛，鼓动海岳，虽凶暴骜悍，甚愚无闻知之徒，皆与之俱化。衔锋茹毒，迟迴顾盼，若有物掣之而不得逞，父不能召其子，兄不能克其弟，礼义无以制其本，刑罚无以惩其末。所谓全真家者，乃能捄之荡然大坏不收之后，杀心炽然，如大火聚，力为扑灭之，呜呼，岂非天耶！。"② 礼义和刑罚不能解决的问题，全真教可以轻而易举地予以解决，虽有夸张成分，但是可看出全真教对社会风气的改善影响之大。

全真教的教化不仅是针对"凶暴骜悍，甚愚无闻知之徒"，甚至达到汉地大小军阀。在金元之际，由于全真教广泛的群众基础和对上层士流的结纳，使它与北方汉地大小军阀的关系极为密切。元国子助教陈绎撰《重修集仙宫碑》有云："予闻全真之道，以真为宗，以朴为用，……。在金之季，中原板荡，

---

① 元好问：《元遗山集》卷三十一，太原，山西人民出版社，1990年版。
② 元好问：《元遗山集》卷三十五，太原，山西人民出版社，1990年版。

南宋屡弱，天下豪杰之士，无所适从，时则有若东平严公，以文绥鲁；益都李公，以武训齐。而重阳宗师长春真人，超然万物之表，独以无为之教，化有为之士，靖安东华，以待明主，而为天下式。"① 这些军阀自立山头，割据一方，表面上归顺蒙古，实际上在自己的统治区内握有生杀予夺的权力。全真教对他们施以影响，争取他们政策的转变，对一方民众的生存状况的改善有重要意义。

（二）蒙古汉化的导师

在蒙古入主中原最初的年代里，全真教利用蒙古统治者的信任，在同其频繁的接触过程中向蒙古传播儒家文化，大大促进了蒙古的汉化进程。

入主中原之初，对于处于游牧阶段的蒙古族来说，要接受以"儒"为核心的中原文化是相当困难的。蒙古族通过宗教作为中介解决了这个难题。

游牧文化系统中，虽没有"儒"这一概念，却具备原始宗教的概念。对宗教的尊重和利用成为蒙古族接受中原文化的先导，他们以自己文化系统中"告天的人"同中原文化中的"和尚"、"道士"相对应。尽管这种对应并不十分准确，但毕竟为蒙古接触了解中原文化提供了一个契合点。各类宗教领袖对蒙古文化的变迁起了重要作用，其中最成功的当属丘处机及其弟子们。

丘处机与成吉思汗论道时，在讲授养生之术的同时，也向成吉思汗初步传播了汉地文化。丘处机之后，全真教同蒙古汗廷建立了密切的联系，在接触过程中，身为宗教领袖的全真大师们的所言所行多以儒者形象出现。

李志常数次被"咨以治国保民之术"，他的回答纯粹是儒家的内容："自古圣君有爱民之心，则才德之士必应诚而至。"②

更有甚者，当王志坦被问及养生之术时，他竟对大汗的意图予以否定："此山林枯槁之士所宜，非天子之急务也。天子代天理物，当顺天心，与民兴利，则天降之福寿。"③ 可见他在蒙古大汗身边起到的是一个儒者的作用。

蒙古政权也把通常属于儒者的事务交与全真教办理，燕京长春宫承诏教授

---

① 陈垣：《南宋初河北新道教考》，北京，中华书局，1962年点校本。
② 李道谦：《甘水仙源录》卷三，《道藏》本。
③ 李道谦：《甘水仙源录》卷七，《道藏》本。

蒙古贵族子弟一事，就是明显的例子。

全真大师们多以"儒家者流"入道，有较高的儒学素养，有能力充当蒙古汉化的文化导师。全真大师对提高蒙古君臣对汉地文化的认识和对汉法的采用的确起了很大作用。这个作用最明显地发生在元初著名人物耶律楚材身上。

丘处机与成吉思汗论道之时，耶律楚材受命担任记录任务，这使他对丘处机所论以农业为主的中原文明的优越性、农副业生产对军国之用的重要性，有了超出蒙古统治集团内部一般人的认识。在此后一段时间内，身为佛教徒的耶律楚材，采取了联合全真教徒的态度，而在后来蒙古统治者内部发生"汉法"与"旧俗"之争时，耶律楚材正是坚持汉法的重要人物。

窝阔台汗时，一批守旧蒙古贵族认为"汉人无补于国，可悉空其人以为牧地"，主张以落后的蒙古旧俗来取代汉地先进的生产方式。耶律楚材则坚决反对这种倒退的做法，他所持的理由与丘处机的论道十分相似："陛下将南伐，军需宜有所资，诚均定中原地税、商税、盐、酒、铁冶、山泽之利，岁可得银五十万两、帛八万匹、粟四十余万石，足以供给，何谓无补哉?"① 耶律楚材之所以能够这样做，除了他较早地接受了汉文化的熏陶等原因之外，丘处机对他的影响也是不容忽视的。

在元初蒙古汉化过程中，中原儒道释三家人物都功不可没，他们所推荐的治国之术，冲击了大汗们旧有的部落本位思想，促进其更新。全真教更是利用近乎拥戴之臣的特殊地位，对蒙古大汗施以影响，当时人对它"老名而儒者行也"② 的概括正是从这个意义上而言的。从以后蒙古对全真教的大加抑制中，也可透视出元初其参与国家文化生活、政治生活之深。

（三）社会文化领域的渗透

全真教最持久、最广泛的影响表现在社会文化领域。我国宋元之际的文学，正处于以士人文学为主体转向以平民文学为主导的过渡阶段。在这一转折阶段的成果就是元代最主要的文学形式之一——元曲的产生。

元曲在语言形式、题材内容、思想观念各个方面都深受全真教的影响。

---

① 《元史》卷一百四十六，《耶律楚材传》，北京，中华书局，1975 年点校本。
② 李道谦：《甘水仙源录》卷七，《道藏》本。

全真教在吸收众多儒士的同时，对社会各阶层人士都大量收留，这样全真教的教化著述不得不采用"质而不俚，文而不华"① 的文风。如马钰教化著作《渐悟集》中一首《无梦令》：

> 妻妾儿孙一假，金玉珠珍二假，三假是荣华，幻化色身四假；知假、
> 知假，说破浮名五假。

其通俗之极，隐然有曲语的特色。元曲在以前的诸多文艺类型中，与词的关系最为密切。而经全真教刻意通俗化了的词，应当是词向元曲这一文学形式转化过程中最后一个环节。

全真教在题材内容方面给予元曲的影响主要表现在当时数目颇多的神仙道化剧中。在神仙道化剧中所出现的神仙形象，几乎全部与全真教存在一定的关系，或者是全真教的祖师和真人，如东华帝君、钟离权、吕洞宾、王重阳、马丹阳等人；或者虽未入全真的谱系，却深受全真教的崇奉，如庄子、陈抟、以及八仙中除钟、吕以外的诸仙。该类作品的情节大多根据全真教的一个传说或者拼凑几个传说构置而成，象《黄粱梦》、《岳阳楼》、《任风子》诸剧就是直接渊源于《纯阳帝君神化妙通记》和《金莲正宗记》等著名全真教典的记载。

元曲中还大量表现了全真教的思想观念和教规教律。如史樟的《庄周梦》中所表现的"百年随手过，万事转头空"的宇宙观，"躲人间是非"、忍无端耻辱、喜"惰懒偎慵"的人生观，都与全真教经典中的表述毫无二致。寓全真教义于情节之中最典型的例子是马致远的著名作品《黄粱梦》，该剧讲汉钟离为点化汲汲于功名的吕洞宾，使吕大睡了一场，梦中 18 年，经历了宦海沉浮、世态炎凉，终于大彻大悟，酒色财气俱去，遂与汉钟离学仙而去。酒色财气之戒，正是全真修行的最早下手之处。

全真教对文学的影响一直延续到明清。全真教思想对明清优秀小说如《红楼梦》、《封神演义》，都有或大或小、或明或暗的影响。

《红楼梦》的创作明显受到全真教思想的影响。如小说第一回中跛足道人所唱的《好了歌》，共四段，每段七言四句，第一句都作"世人都晓神仙好"，第二句分别为"惟有功名（金银、娇妻、儿孙）忘不了"，三四句以"总是一

---

① 陈垣：《南宋初河北新道教考》，北京，中华书局，1962 年点校本。

场空"作结。甄士隐为其作注解，用自度散曲的形式，具体描绘了当年的富贵风流和今日的衰败凄凉，通过强烈的对比，宣扬了全真教的看破酒色财气、人生如梦、及早出家修行的思想。在小说第五回中出现的《红楼梦仙曲》共 12支，在结构上是全书故事的大纲，表现的主题是不仅荣华富贵，就是纯洁的爱情也挽救不了贵族必然没落的命运，只有及早抽身，退出繁华场，才能救得自己的性与命。这是对全真教义极其形象的描述。

《封神演义》中所写的阐教和截教二派的斗争，实际上反映的是明代道教派别之间的矛盾，即全真和正一两派之争。作者站在阐教（全真道）的立场上，攻击占上风的截教（正一道）。

全真教的影响也深深地渗透到元代的书法绘画领域。著名书画家赵孟𫖯喜好道学，有大量作品以道教为体裁，道教内容的画迹有《玄元十一像》、《三教图》、《轩辕问道图》、《松石老子图》、《溪山仙馆图》，有关道教的书法作品有《松雪书道德经》、《道教碑》、《玄妙观重修三门记》。从这些作品的题目看，其内容几乎都深深地印着当时最流行道派——全真教的痕迹。

元代有许多身兼全真教徒的著名画家。如在"元代四大家"——吴镇、王蒙、黄公望、倪瓒中就有黄公望、倪瓒两人出家入全真教。全真教对他们的影响，无疑会在他们的画笔下表现出来。即使与全真教没有渊源的吴镇的创作也深受全真教的影响。他曾画过骷髅，并以《沁园春》词题其画，这一度被诧为怪事。但考察其词的内容，可以看出这一创作是深受当时流行的全真教的影响的。其《沁园春》云："古今多少风流，想蝇利蜗名谁到头，看昨日他非，今朝我是，三回拜相，两度封侯。采菊篱边，种瓜园内，都只到邙山土一丘。惺惺汉、皮囊扯破，便是骷髅。"[1] 这可说是全真教化诗的翻版。如谭处端《白骨诗》写道："生前造下无边罪，死后交谁替孽因，精血尽随情欲去，空遗骸骨卧荒丘。"[2] 吴镇《骷髅图》的出现决非偶然，而是有着深刻思想渊源的，这是全真教思想在社会上广泛流行、深入文人骨髓的结果。

---

[1] 吴镇：《梅花道人遗墨》，北京，商务印书馆，1983 年版。
[2] 陈垣编纂：《道家金石略》，第 432 页，北京，文物出版社，1988 年版。

第十章
异彩纷呈的民俗文化

　　宋元时期，经济发展和社会变迁所引发的价值观念、社会心态和生活理念的变化，对汉唐以来传统的民俗文化产生了极大冲击。与此同时，民族融合、宗教习俗和理学思潮等因素对这一时期的民俗文化也产生了深刻影响。在这些因素的共同作用下，宋元时期的服饰、饮食、居住、婚姻、丧葬和节日等习俗均发生了明显变化，种种有悖于传统礼制的变异现象大量涌现。这一切表明，宋元时期的民俗文化已经蕴含着若干自由化和理性化的色彩。

一、衣冠服饰的流变

宋元时期，随着棉花种植区域的扩大和纺织技术的进步，丝绸布料品种大大增加，服饰制度相应地发生了新的变化。另一方面，在多民族相互融合的过程中，以强调等级制度为核心的中原传统服饰制度逐渐北传，成为契丹、党项、女真和蒙古等族服饰制度的模板。汉人服饰也在异族情调的熏染下变得更加丰富多彩。

（一）等级森严的朝廷冠服

朝廷冠服，是严格地按官品高低来决定形制、颜色和式样的。《宋史·舆服志》载："天子之服"有 7 种，即大裘冕、衮冕、通天冠和绛纱袍、履袍、衫袍、窄袍、御阅服。除了御阅服是南宋皇帝巡阅时专用的戎服外，其余 6 种分别用于祀享、朝会、亲耕及视事、燕居等不同场合。百官服饰有祭服、朝服、公服和时服 4 种。其中祭服和朝服属于礼服。公服是品官的常服，"三品以上服紫，五品以上服朱，七品以上服绿，九品以上服青"。至元丰元年（1078 年），废去青色，四品以上服紫，六品以上服绯，九品以上服绿，这一制度一直沿用到南宋末年。公服的式样为"曲领大袖，下施横襕，束以革带、幞头、乌皮靴"①。至于腰带，也按品官高低决定其质地，三品以上服玉带，四品以上服金带，四品以下升朝官、内职诸军将校并服红鞓金涂银排方，其余官员服黑银方团胯及犀角带。时服是按岁时节令配发的服装，"岁遇端午、十月一日，文武群臣将校皆给焉"②。

皇后、后妃、命妇的服饰也有定制。据《宋史·舆服志》记载，后妃的服制有袆衣、朱衣、礼衣、鞠衣四种，分别用于朝谒、受册、祭祀、亲蚕等场合。命妇服饰也分为九等，"第一品，花钗九株，宝钿准花数，翟九等；第二品，花钗八株，翟八等"③，品位递减，衣冠也随之降等。

辽、夏、金、元的朝廷冠服制度基本上是仿照中原服饰制度建立起来的，同时又保留着本民族的某些特色。

辽朝服饰制度始定于辽太宗之际。其制规定："皇帝与南班汉官用汉服，

---

①②③《宋史》卷一百五十三，《舆服五》，北京，中华书局，1985 年点校本。

太后与北班契丹臣僚用国服。"① 国服就是契丹族传统的服饰，分紫服、朝服、公服、常服、田猎服和吊服 6 类。其中祭服、朝服、公服、吊服是属于特定场合中穿着的礼服；常服和田猎服虽是契丹族的日常服装，但同样等级森严。如常服，"贵者披貂裘，以紫黑色为贵，青次之。又有银鼠，尤洁白。贱者貂毛、羊、鼠、沙狐裘"；田猎服，"皇帝幅巾，擐甲戎装，以貂鼠或鹅项、鸭头为抒腰。蕃汉诸司使以上并戎装，衣皆左衽、黑绿色"②。辽朝汉服承袭中原旧制，也分祭服、朝服、公服和常服 4 类，同样根据官品高低决定其颜色和式样。随着契丹族不断走向深层汉化，汉服也逐渐成为契丹族官员的礼服，《辽史》所说，"乾亨以后，大礼虽北面三品以上亦用汉服；重熙以后，大礼并汉服矣"③，大致道出契丹族传统服饰变动的态势。

西夏服饰则是中原服饰和党项族传统服饰交融的产物。其制，"文资则幞头、靴笏、紫衣、绯衣；武职则冠金帖起云镂冠、银帖间金镂冠、黑漆冠，衣紫旋襕，金涂银束带，垂蹀躞，佩解结锥、短刀、弓矢韣，马乘鲵皮鞍，垂红缨，打跨钹拂。便服则紫皂地绣盘毬子花旋襕，束带"④。

金代服饰是参酌辽、宋制度而确立的。《金史·舆服志》记载，金代皇帝服饰由通天冠、绛纱袍、衮冕、偪舄组成，佩以镇圭、革带。皇后冠服有花株冠、袆衣、腰带、蔽膝、大小绶、玉佩、舄、袜等。文武百官服饰也有朝服、祭服、公服 3 种，其式样、颜色、装饰物皆各有定制，如朝服，"正一品：貂蝉笼巾，七梁额花冠，貂鼠立笔，银立笔，犀簪导，佩剑，绯罗大袖、绯罗裙、绯罗蔽膝各一，绯白罗大带，天下乐晕锦玉环绶一，白罗方心曲领、白纱中单、银褐勒帛各一，玉珠佩二，金涂银革带，乌皮履，白绫袜。正二品：七梁冠，银立笔，犀簪导，不佩剑，绯罗大袖，杂花晕锦玉环绶，余并同。正四品：五梁冠，银立笔，犀簪，白狮锦银环绶，珠佩，银革带，御史中丞则獬豸冠、青荷莲绶，余并同。正五品：四梁冠，簇四金雕锦铜环绶，银珠佩，余并同。正六品至七品：三梁冠，黄狮锦铜环绶，铜珠佩，铜束带，余并同"⑤。

元代服饰制度较为复杂，具有蒙古族服饰习俗和华夏服饰文化的兼容性，同样也有严格的等级规定。天子冕服由衮冕、衮龙服、裳、蔽膝、玉佩、大

① 《辽史》卷五十五，《仪卫志一》，北京，中华书局，1974 年点校本。
②③ 《辽史》卷五十六，《仪卫志二》，北京，中华书局，1974 年点校本。
④ 《宋史》卷四百八十五，《外国一·夏国传上》，北京，中华书局，1985 年点校本。
⑤ 《金史》卷四十三，《舆服中》，北京，中华书局，1975 年点校本。

带、玉环绶、红罗靴、履、袜等配成一套。百官冠服有公服、祭服两种，公服"制以罗，大袖，盘领，俱右衽。一品紫，大独科花，径五寸。二品小独科花，径三寸。三品散答花，径二寸，无枝叶。四品、五品小杂花，径一寸五分。六品、七品绯罗小杂花，径一寸。八品、九品绿罗，无文"。仁宗延祐元年（1314年），为杜绝"靡丽相尚，尊卑混淆"现象，元政府制定和颁布了服色等第制度，文武职官"除龙凤文外，一品、二品服浑金花，三品服金答子，四品、五品服云袖带襕，六品、七品服六花，八品、九品服四花。职事散官从一高。系腰，五品以下许用银，并减铁"①。朝廷命妇服饰同样遵循服色等第制度，一至三品命妇可穿浑金花衣服，用金珠宝玉首饰；四五品命妇穿金答子衣服，用金玉珍珠首饰；六品以下命妇只能穿销金和金纱答子服装，用金首饰，耳环用珠玉。

（二）限制中求变的民间衣着

民间衣着主要指非朝廷命官的士人、地主、商人和平民百姓的服装。宋元时期，无论是汉人政权还是少数民族政权，都对民间服饰有诸多严格的限制。为做到"闾阎之卑，不得与尊者同荣；倡优之贱，不得与贵者并丽"②，宋廷对民间服饰的限制可谓不遗余力。太平兴国七年（982年）规定，庶人百姓除了"服白"外，"流外官及贡举人、庶人通许服皂"。端拱二年（989年），诏令"县镇场务诸色公人并庶人、商贾、伎术、不系官伶人，只许服皂、白衣、铁、角带，不得服紫"。天圣三年（1025年），又诏令"在京士庶不得衣黑褐地白花衣服并蓝、黄、紫地撮晕花样，妇女不得将白色、褐色毛段并淡褐色匹帛制造衣服"③。西夏也是"民庶青绿，以别贵贱"④。金代规定"庶人止许服紬绸、绢布、毛褐、花纱、无纹素罗、丝锦"，"奴婢止许服紬绸、绢布、毛褐。倡优遇迎接、公筵承应，许暂服绘画之服，其私服与庶人同"⑤。元代规定：庶人"惟许服暗花苎丝绸绫罗毛毳"，"皂隶公使人，惟许服绸绢"，"娼家出入，止服皂褙子"⑥。可见，宋元时期庶人百姓对服饰的颜色、质料、式样的选择范围都极其有限，民间服饰因之也就不可能有较大的发展。

---

①⑥《元史》卷七十八，《舆服一》，北京，中华书局，1976年版。

②③《宋史》卷一百五十三，《舆服五》，北京，中华书局，1985年点校本。

④《宋史》卷四百八十五，《外国一·夏国传上》，北京，中华书局，1985年点校本。

⑤《金史》卷四十三《舆服下》，北京，中华书局，1975年点校本。

宋代民间服饰中，男子衣着主要有皂衫、袄、襦、褐、背子、布袍等，其质料一般以麻布为主。富裕之家则用丝织品制作衣服。民间妇女的服饰也十分简朴，上衣有襦、袄襦、衫、背子、半臂、背心、抹胸、肚兜等，下裳多穿裙和裤。在形形色色的服装中，背子是宋代最具特色的一种便装，贵贱男女皆可穿著，只不过妇女常将背子作为常服甚至礼服穿用，而男子只是用作衬服，很少穿在外面。背子的样式，据程大昌《演繁露》记载："状如单襦袷袄，特其裾加长，直垂至足。"领式有斜领、盘领、直领，左右腋下皆开长衩。起初，穿背子要用帛带束腰，徽宗以后较为自由，任其左、右两襟敞开，当时称做"不制衿"。

契丹、党项、女真和蒙古族普通百姓的衣着多保留本民族的传统服饰习俗。契丹的普通男性多穿长袍，式样是左衽、圆领、窄袖，颜色有灰绿、灰蓝、赭黄、黄绿等，纹样比较朴素。女真人的衣服以布、帛、皮为原料，"富人春夏多以纻丝绵绸为衫裳，亦间用细布；秋冬以貂鼠、青鼠、狐貂皮或羔皮为裘，或作纻丝四袖。贫者春夏并用布为衫裳，秋冬亦衣牛、马、猪、羊、猫、犬、鱼、蛇之皮，或獐、鹿皮为衫。裤袜皆以皮"①。契丹、女真普通女性衣着大致相似，"妇人服襜裙，多以黑紫，上编绣全枝花，周身六襞积。上衣谓之团衫，用黑紫或皂及绀，直领，左衽，掖缝，两傍复为双襞积，前拂地，后曳地尺余。带色用红黄，前双垂至下齐"②。

元代民间服饰五花八门，因民族、性别、地域不同而各有特色。南方汉人服饰基本上沿袭宋代遗制，这里不再赘述。北方蒙古族平民的衣着既保持本民族的特色，又汲取汉族服饰的精华。袍子是蒙古族男女通用的民族服装，式样为交领右衽，下垂过膝，用羊皮、棉麻葛布或丝绒织成，颜色为棕褐色。袍服之外，蒙古族男性衣着还有深衣、褡护、镶衫、布衫、汗衫，女性衣着有袄裙、襦衫、吊裤、裹衣等。

（三）新异百变的冠帽头饰

宋代男子日常首服主要有幞头、幅巾和帽子。幞头是最普遍的首服，上至

① 宇文懋昭：《大金国志》卷三十九，《男女冠服》，北京，中华书局，1986 年点校本。
② 《金史》卷四十三，《舆服下》，北京，中华书局，1975 年点校本。

帝王，下至庶人均常戴用。幞头的形制与前代明显不同，《宋史·舆服志》记载："幞头，一名折上巾。""国朝之制，君臣通服平脚，乘舆或服上曲焉。其初以藤织草巾子为里，纱为表，而涂以漆。后惟以漆为坚，去其藤里，前为一折，平施两脚，以铁为之。"沈括《梦溪笔谈》也记载："本朝幞头有直脚、局脚、交脚、朝天、顺风凡五等，唯直脚贵贱通服之。"① 除此之外，宋代幞头已由隋唐幞头单一黑色发展为多种色彩，甚至绘有各种金色丝线图案。不同职业的人往往戴不同形制的幞头，如吏人戴高脚幞头或曲脚幞头，仪卫戴黑漆圆顶无脚幞头，优伶人戴牛耳幞头，御龙直戴一脚指天一脚圈曲幞头，辇官戴双曲脚幞头，殿前班戴两脚屈曲向后花装幞头等等。

头巾原本为庶人所戴用，北宋时逐渐被社会各阶层接受，尤其是文人儒士多以裹巾为雅。当时，不但出现了以文人名字命名的东坡巾、黄山谷巾等，还出现了以纱葛材料为名的"幅巾"、"轮巾"、"云巾"等。南宋时，戴巾风气更加普遍，巾的形制也丰富多样。赵彦卫《云麓漫钞》云："巾之制，有圆顶、方顶、砖顶、琴顶，秦伯阳又以砖顶服去顶内之重纱，谓之四边净，外又有面袋等，则近于怪矣。"② 说明当时头巾不但流行极广，而且式样日新月异。

帽子是介于冠与巾之间的一种首服，形制有顶有檐。有以纱罗制成的京纱帽、翠纱帽、乌纱帽，也有用席藤制作的席帽。《梦粱录》中还记载有卷脚帽子、盖耳帽子、裹绿帽子等等。可见，宋代帽子也是多种多样，因时因地因人而各有不同。

宋代妇女首服更是丰富多彩。贵族妇女多戴头冠：皇后戴凤冠，以银为质，外饰龙凤珠花，并镶嵌各种宝石；皇妃、命妇多戴花钗冠，以花钗饰之；一般上层妇女则戴花冠，饰以金银珠翠，其式样是两侧垂悬饰物，顶部饰以金色朱雀，四周插有簪钗，前额插上白角梳子。宋廷对一般妇女的头冠多有限制，如端拱二年（989年），"妇人假髻并宜禁断，仍不得作高髻及高冠"。景祐三年（1036年），"臣庶之家，毋得采捕鹿胎制造冠子"，"非命妇之家，毋得以真珠装缀首饰、衣服，及项珠、缨络、耳坠、头𢄙、抹子之类"。皇祐元年（1049年），"诏妇人冠高毋得逾四寸，广毋得逾尺，梳长毋得逾四寸，仍

---

① 沈括：《梦溪笔谈》卷一，《故事一》，北京，中华书局，1985年点校本。
② 赵彦卫：《云麓漫钞》卷四，《四库全书》本。

禁以角为之"①。但事实上，上行下效，政府强制性干预往往收效甚微。

盖头的使用在宋代也非常普遍。盖头是妇女用来遮蔽面部的一种面饰，以正方五尺的紫罗制成。毛诩《吴门田家十咏》诗中吟道："田家少妇最风流，白角冠儿皂盖头。笑问旁人披得称，已遮日色又遮羞。"清楚地说明了盖头遮羞蔽日的作用。此外，盖头还被普遍用作婚礼中新娘的头饰。《梦粱录·嫁娶》记载，新婚之日，新娘戴着盖头，由男家双全女亲，"以秤或机杼挑盖头，方露花容"。这种习俗直到清末还十分流行。

契丹族男性髡发，戴毡帽或皮帽，达官贵人才能裹巾。女子多以布帛缠头，贵妇戴冠着帽，"年老者以皂纱笼髻如巾状，散缀玉钿于上，谓之玉逍遥"②。

党项族皆秃发，文官戴幞头，武官戴冠，一般百姓则戴毡帽、凉笠之类。

女真族男女皆以辫发为尚。朝官、命妇的首服与宋制相似，一般平民则戴头巾、凉笠和各种皮帽。

蒙古族首服较有特色，除帝王冠冕、朝臣幞头外，"冬帽夏笠"是蒙古族共同的首服，只不过其形制、质料与装饰品互有不同。妇女除了戴皮帽外，还戴一种较有特色的罟罟冠。罟罟译自蒙古语，亦译作顾姑、故姑、罟姑、姑姑、固姑、罟冠等。罟罟冠的形制，最初"用铁丝结成，形如竹夫人，长三尺许，用红青锦绣或珠金饰之，其上又有杖一枝，用红青绒饰之"③，后来变得更加华丽，多饰以金珠花朵，光彩炫目。由于这种冠比较高，出入庐帐时只能曲腰低首才能通过，因此，罟罟冠只能在蒙古族贵妇中流行，普通妇女和南方汉族妇女很少戴用。

（四）形制多样的鞋履

宋代鞋履有朝野之分。百官朝会时多着长统靴，政和年间（1111～1117年）改用中统履，到南宋乾道七年（1171年）又用靴，以黑革制成，统高八寸，靴上饰以彩色的边缝滚条，"服绿者饰以绿，服绯、紫者饰亦如之，仿古

---

① 《宋史》卷一百五十三，《舆服五》，北京，中华书局，1985年点校本。

② 《金史》卷四十三，《舆服下》，北京，中华书局，1975年点校本。

③ 赵珙：《蒙鞑备录》，《丛书集成初编》本。

随裳色之意"①。

鞋是宋代男女老少、贵族平民日常服饰中的必需品。鞋有革鞋、布鞋、棕鞋、蒲鞋等多种。男女鞋稍有不同，男鞋有圆头、方头、尖头之分，鞋帮中有一、两条梗。女鞋花样较多。江南妇女盛行缠足之风，所穿之鞋小而尖，上绣各种图案，有绣鞋、锦鞋、缎鞋、凤鞋、金镂鞋等名称。中原妇女因骑马乘驴，多以穿靴为主，行动起来比较方便。

辽、金、元时期，因民族、身份地位和季节的不同，履、舄、鞋、靴的穿着也就因人因时而异。在北方游牧地区，靴是最适用、最流行的服饰，质料和式样也多种多样，如元代常用的靴就有皮靴、毡靴、**鞨**靴、鹅顶靴、鸪嘴靴、云头靴、高丽式靴等。

（五）对流与碰撞：宋元时期服饰变化的基本特征

宋元时期，在多民族交汇与融合的历史背景中，服饰制度不可避免地相互渗透和影响。北方游牧民族的传统服饰逐渐传到中原内地，受到汉族士人百姓的青睐，汉族的某些服饰也传到北方草原游牧地区，在少数民族中走俏流行。服饰史上这种胡化与汉化对流，是宋元时期服饰变化的一个重要特征。另一方面，随着社会经济的高度发展，官僚、地主、商人乃至一般庶民百姓的经济实力大大增强，他们往往冲破封建政府的种种禁令，在服饰上做出种种"僭越"的举动，甚至对传统服饰制度提出公开的挑战，这是宋元时期服饰变化的又一个重要特征。

1. 汉化与胡化的对流。汉人服饰胡化现象，在北宋中期就初露端倪。庆历年间（1041～1048 年），东京城内"士庶仿效胡人衣装，裹番样头巾，著青绿，及乘骑番鞍辔，妇人多以铜绿兔褐之类为衣"②。针对这种现象，宋廷频频颁诏，加以禁止。徽宗时也多次下诏禁止穿戴契丹服如毡笠、钓墩之类者。金朝占领华北、中原地区后，强迫汉族改行女真衣着和发式，髡发、短巾、左衽一时成为新时尚。南宋使者范成大出使金国时，见到中原百姓，"久习胡俗，态度嗜好与之俱化。……最甚者衣装之类，其制尽为胡矣。自过淮已北皆然，

---

① 《宋史》卷一百五十三，《舆服五》，北京，中华书局，1985 年点校本。
② 徐松辑：《宋会要辑稿》，《舆服》四之六，北京，中华书局，1957 年影印本。

而京师尤甚。惟妇女之服不甚改，而戴冠者绝少，多绾髻，贵人家即用珠珑璁冒之，谓之方髻"①。元代统一全国后，虽然在服饰上没有颁布整齐划一的诏令，但汉族服饰胡化趋势有增无减，如袍服本是北方蒙古、女真传统服饰，至元代"汉人曰团衫，南人曰大衣，无贵贱皆如之"②。

契丹、党项、女真、蒙古族服饰汉化的现象更加突出，朝廷冠服在辽、夏、金、元四朝的相继确立，便是最好的说明。至于民间服饰，也同样出现汉化趋势。党项族早先"衣皮毛，事畜牧"，在接受中原服饰文化后才开始穿轻软华丽锦绮的服装。女真族由于大批迁入华北，服饰汉化趋势更加迅猛，如妇女头饰，"自灭辽侵宋，渐有文饰，妇人或裹逍遥巾，或裹头巾，随其所好"③。面对这股汹涌澎湃的汉化潮流，女真统治者再三颁布禁令，大定二十七年（1187年），"禁女直人不得改称汉姓，学南人衣装，犯者抵罪"④。泰和七年（1207年），"敕女直人不得改为汉姓及学南人装束"⑤。相比之下，元代统治者对民众服饰汉化问题持开放和理性的态度，"各从其便，于礼为宜"，只要不违背服饰制度就不加干涉。

2. 私欲与礼制的冲突。宋元时期，在服饰问题上还存在另一个明显的迹象：等级严格的服饰制度不再被恪守，士庶百姓的服饰超越"常规"、以下违上、以贱犯贵的现象十分严重。北宋初年，服饰僭越之风即已抬头。太平兴国年间（976～983年），李昉试图使服饰规范化，制定出一套尊卑有别的服饰制度，但效果很不理想。豪强富贾显富摆阔心态的膨胀和民众审美意识的增强，使宋廷服饰等级制度成为一纸空文。真宗时，"京师士庶，迩来渐事奢侈，衣服器玩多镕金为饰"⑥。仁宗时，"巾履靴笏，自公卿大臣以为朝服，而卒校胥史为制一等。其罗縠、绮纨、织文、绨绣，自人君至于庶人，同施均用"⑦。徽宗时，奢僭之风更加炽盛，"闾阎之卑，倡优之贱，男子服带犀玉，妇人涂饰金珠，尚多僭侈，未合古制"⑧。南宋初年，紫衫成为士大夫时髦服装后，

① 范成大：《揽辔录》，《丛书集成初编》本。
② 陶宗仪：《南村辍耕录》卷十一，《贤孝》，北京，中华书局，1980年点校本。
③ 宇文懋昭：《大金国志》卷三十九，《男女冠服》，北京，中华书局，1986年点校本。
④ 《金史》卷八，《世宗纪下》，北京，中华书局，1975年点校本。
⑤ 《金史》卷十二，《章宗纪四》，北京，中华书局，1975年点校本。
⑥ 李焘：《续资治通鉴长编》卷六十八，大中祥符元年二月乙巳，北京，中华书局，1980年点校本。
⑦ 黄淮、杨士奇：《历代名臣奏议》卷一百一十九，张方平《车服论》，《四库全书》本。
⑧ 《宋史》卷一百五十三，《舆服五》，北京，中华书局，1985年点样本。

社会各阶层竞相仿效，"公卿皂隶，下至闾阎贱夫，皆一律矣"①。面对这种种僭越之举，宋廷屡申禁令，如端拱二年（989 年），诏"其销金、泥金、真珠装缀衣服，除命妇许服外，余人并禁"②。大中祥符二年（1009 年），诏申禁镕金以饰器服。景祐二年（1035 年），禁市肆造作缕金为妇人首饰等物；三年，规定"非命妇之家，毋得以真珠装缀首饰、衣服，及项珠、缨络、耳坠、头䰂、抹子之类"③。类似这样的禁令，在宋代诏令中比比皆是，不胜枚举。

元代服饰同样存在"靡丽相尚，尊卑混淆"④ 的现象，如至元年间，儒士"衣服混然，无以异于常人者"，"娼妓之家，多与官员士庶同着衣服，不分贵贱"⑤。为杜绝这种现象，元政府制定了服色等第制度，对官员、命妇、儒生、庶人、娼妓的服饰加以明文规定，并宣布"服色等第，上得兼下，下不得僭上。违者，职官解见任，期年后降一等叙，余人决五十七下。违禁之物，付告捉人充赏。有司禁治不严，从监察御史、廉访司究治"⑥，建立了一个相互监督、逐级管理的机制。

二、饮食习俗

宋元时期，由于南北各地的自然条件和经济结构不同，各民族的生活方式互有差异，导致各地的饮食习俗不尽相同。总体上看，随着小麦种植面积的推广和中原居民的南移，面食在南方饮食结构中所占比重逐渐增加。与此同时，北方各游牧民族在汉化过程中，逐渐接受汉族的饮食习俗，其传统的食肉饮酪习俗发生了明显变化。

（一）主食

宋元时期南北各地的主食互有不同。大致来说，淮河以南地区以稻米为主，华北和中原地区以麦面为主，长城以北草原地区多食肉类。

---

① 赵彦卫：《云麓漫钞》卷四，《四库全书》本。
② 徐松辑：《宋会要辑稿》，《舆服》四之五，北京，中华书局，1957 年影印本。
③ 《宋史》卷一百五十三，《舆服五》，北京，中华书局，1985 年点校本。
④⑥ 《元史》卷七十八，《舆服一》，北京，中华书局，1976 年点校本。
⑤ 《元典章》卷二十九，《礼部二·服色》，台北，台湾故宫博物院，1976 年版。

1. 南方主食。南方水稻生产历史悠久。宋元时期，随着南方人口数量的增长，粮食需求量迅速增加，水稻种植面积也相应扩大，不仅平原、盆地地带尽被垦辟，就连山地、湖泊和圩塘也被开发利用。种植结构决定食物结构。在南方广大地区，米饭和粥是最普遍的主食，制作方法以蒸煮为主，或单纯用米制成，或杂以其他原料制成杂锦饭。据《武林旧事》记载，宋代临安城内，糯米制品就有糖糕、蜜糕、粟糕、糍糕、栗糕、乳糕、水团、麻团、豆团、汤团、粽子和米线等，粥类就有七宝素粥、五味粥、粟米粥、糖豆粥、糖粥和糕粥等品种。

这一时期，由于北方移民大量南迁，小麦在南方的种植面积逐渐扩大，南方面食也有了长足发展。如临安城内，包子、馒头、面条、馄饨、油饼等面食制品琳琅满目，各具风味，极大地满足了居民的消费需要。

2. 北方主食。北方向来以种植麦、粟为主，居民主食自然是面食制品。宋元时期，北方面食制作具有相当高的水平，品种丰富多样，"凡以面为食具者，皆谓之饼。故火烧而食者，呼为烧饼；水瀹而食者，呼为汤饼；笼蒸而食者，呼为蒸饼；而馒头谓之笼饼"①。《东京梦华录》记载北宋东京市场上出售的面食，汤饼有罨生面、软羊面、桐皮面、插肉面、大燠面、桐皮熟脍面、菜面、何娄头面等，烧饼有门油、菊花、宽焦、侧原、油碢、髓饼、新样满麻等品种，蒸饼有宿蒸饼、油蜜蒸饼，胡饼有茸割肉胡饼、白肉胡饼。此外饼类尚有油饼、糖饼、肉饼、环饼、天花饼等。包子有软羊诸色包子、猪羊荷包，馒头有羊肉小馒头、蟹黄馒头等。

北方地区米制食品也相当丰富。据《东京梦华录》记载，饭有羊饭、煎鱼饭、生熟烧饭、随饭、荷包白饭、社饭、水饭等。粥主要供早餐食用，种类也不少，如清明节吃"冬凌粥"，十二月初八吃"腊八粥"等。饭、粥之外，还有糯米制作的白团、五色水团、澄沙团子以及糍糕、粽子等。

燕蓟地区的食物结构与中原一带大致相同。辽、金统治期间，馒头、汤饼、烧饼、煎饼等面食不仅是当地汉人的主食，也成为内迁的契丹人、女真人的主食。元代北方地区仍以面食为主，而且品种、花样又有所增加。据忽思慧

---

① 黄朝英：《靖康缃素杂记》卷二，《汤饼》，《四库全书》本。

《饮膳正要》记载，面条有春盘面、经带面、山药面、羊皮面、秃秃麻食等20多种，包子有天花包子、蟹黄包子和藤花包子，饺饵（即饺子）有水晶角儿、撤列角儿和时萝角儿，烧饼有黑子烧饼和牛奶子烧饼，馒头有金馒头、鹿奶肪馒头、茄子馒头和剪花馒头等。此外，蒙古族的"稍麦"和"兜子"也传入华北地区。稍麦即现在的烧卖，其做法是以面做皮、以肉为馅，当顶作为花蕊。兜子是用淀粉皮制成，以羊肉、羊肚、羊尾子、山药、蘑菇、胡桃仁等作馅，制作精美，味道可口，实属北方面食中之佳品。

3. 北部草原地区主食。宋元时期，北部草原地区先后成为契丹、党项、女真和蒙古等族的活动场所。由于气候寒冷，无法种植五谷，当地居民多从事畜牧业和狩猎业，饮食结构以肉食为主，兼以少量面食。

契丹族基本上过着"马逐水草，人仰湩酪，挽强射生，以给日用"① 的生活，肉类和乳品是契丹人的主食。肉食来自饲养的牲畜和猎获的野兽、水禽，包括牛、羊、马、牛、骆驼、猪、鹿、熊、貉、兔、鱼、雁、天鹅等。在制作肉食时，契丹人使用濡、腊和制作肉糜等多种吃法。据出使辽朝的北宋使者路振描述，辽朝宴请时，"先荐骆糜，用杓而啖焉。熊肪、羊、豚、雉、兔之肉为濡肉，牛、鹿、雁、鹜、熊、貉之肉为腊肉，割之令方正，杂置大盘中"②。这种招待方式大概是契丹族的正式宴会。乳和乳制品是契丹人不可缺少的食品，乳粥、乳酪和乳饼都是较有民族特色的食品。

金代北部地区居民的饮食习俗与契丹族大致相似，仍然以肉类和面食为主，只是面食比例有所增加。马扩《茅斋自叙》载："自过咸州至混同江以北，不种谷黍，所种止稗子。"聚餐时，"人置稗饭一碗，加匕其上，列以韭、野蒜、长瓜，皆盐渍者。别以木楪盛猪、羊、鸡、鹿、兔、狼、麂、獐、狐狸、牛、驴、犬、马、鹅、雁、鱼、鸭、虾蟆等肉，或燔或烹或生脔，多芥蒜渍沃，续供列。各取佩刀脔切荐饭"。"自过嫔、辰州、东京以北，绝少麦面，每日各以射倒禽兽荐饭"③。

蒙古草原居民也以肉类和乳类制品为主要食品。"其食肉而不粒，猎而得

---

① 《辽史》卷五十九，《食货志上》，北京，中华书局，1974 年点校本。
② 路振：《乘轺录》，《丛书集成初编》本。
③ 徐梦莘：《三朝北盟会编》卷四，上海古籍出版社，1992 年点校本。

者曰兔、曰鹿、曰野豕、曰黄鼠、曰顽羊、曰黄羊、曰野马、曰河源之鱼，牧而庖者以羊为常，牛次之。非大宴，不刑马。火燎者十之九，鼎烹者十二三"①。乳类食物主要是由牛、马、羊、驼乳加工而成，如在稀粥中加上乳汁制成乳粥，是蒙古人的早餐食物。

（二）菜肴

宋元时期，华北、中原和南方各地的食物结构中，副食品菜肴占有相当大的比重。当时菜肴有肉食和菜蔬两大类。

在肉食方面，主要以羊肉和猪肉为主。北宋东京城内，羊肉的消费量十分惊人，上自皇室贵族，下至平民百姓，都喜食羊肉。羊肉的制作方法多种多样，据《东京梦华录》记载，羊肉食品有软羊、羊头签、炖羊、羊角子干脯、插肉拨刀炒羊、入炉羊、排炊羊、闹厅羊、虚汁垂丝羊、旋煎羊白肠、乳炊羊肫等等，煎、炒、爆、炖，各有特色。南宋时，羊肉在肉食消费中所占比重仍然很大。临安城内因北人萃集，羊肉消费量大增，羊肉制品也丰富多样，《梦粱录》记载的羊肉食品有蒸软羊、鼎蒸羊、羊四软、酒蒸羊、绣吹羊、千里羊等，烹饪方法较北宋多有创新。

猪肉在肉食中所占比重仅次于羊肉。为保证猪肉供应，东京城内出现一条杀猪巷，专事屠宰，"其杀猪羊作坊，每人担猪羊及车子上市，动即百数"②。临安城内外，"肉铺不知其几，皆装饰肉案，动器新丽。每日各铺悬挂成边猪，不下十余边"，"坝北修义坊，名曰肉市，巷内两街，皆是屠宰之家，每日不下宰数百口"③。猪肉制作具有很高的水平，甚至连"下脚料"作的内脏，也被烹制成美味可口的菜肴。如猪腰有焙腰子、盐酒腰子、脂蒸腰子、酿腰子、荔枝焙腰子和腰子假炒肺等烹制方法；猪肚有三色肚丝羹、银丝肚、肚丝签、虾鱼肚儿羹和假炙江瑶肚尖等食法；其他如猪肝、猪肺、猪血、猪蹄等经过加工，也都成为脍炙人口的菜肴。

除羊肉、猪肉外，肉食还有家禽类和水产类。以鸡、鸭、鹅等家禽动物制

---

① 彭大雅著、徐霆疏：《黑鞑事略》，《丛书集成初编》本。
② 孟元老：《东京梦华录》卷三，《天晓诸人入市》，《四库全书》本。
③ 吴自牧：《梦粱录》卷十六，《肉铺》，《学津讨原》本。

宋仁宗皇后像

元代皇后像（姑姑冠）

《货郎图》
南宋 李嵩
纵25.5厘米 横70.4厘米
北京故宫博物院藏

《清明上河图》（局部）
北宋 张择端
纵24.8厘米 横528.7厘米
北京故宫博物院藏

褐色印花褶裥罗裙
南宋
通长78厘米　下摆宽158厘米
福建博物院藏

龟背团花龙凤纹织金锦佛衣披肩
元
长43厘米　肩宽70厘米　飘带长42厘米
北京故宫博物院藏

作的菜肴，品种繁多，仅《东京梦华录》记载的就有炙鸡、脯鸡、爆鸡、鸡签、鹅鸭签、鹅鸭排蒸、酒蒸鸡等种类。鱼类制作的方法也多种多样，或清蒸，或油炙，或煮，或晒干，或制酱，满足了人们的不同口味。

菜蔬在食物构成中也占有一定的比重。当时南北通行的蔬菜主要有葱、韭、姜、蒜、薤、萝卜、茄子、夏菘（白菜）、黄芽、芥菜、生菜、葵菜、菠薐（菠菜）、莴苣、梢瓜、黄瓜、葫芦、冬瓜、瓠子、蕨菜、菌子（蘑菇）、山药等。此外，江淮以北还食用蔓菁、回鹘豆等，江淮以南有竹笋、茭白等。这一时期，菜蔬的制作已经向精细化、复合化方向发展，或单独煎炒、或荤素结合，色、香、味俱全。北方居民还腌渍各种新鲜蔬菜，以备冬季之用。东京市场上出售的腌菜就有咸菜、辣瓜儿、糟姜、辣萝卜和辣椒子姜等。

宋人对调味品的重要性有深刻的认识，因而在烹饪制作过程中普遍使用盐、酱、醋、糖、酒、生姜、胡椒、豆豉、茴香、桂皮等调味品。如浦江吴氏《中馈录》记述炒肉时，"用精肉切细薄片子，酱油洗净，入火烧红锅爆炒，去血水，微白即好。取出切成丝，再加酱瓜、糟萝卜、大蒜、砂仁、草果、花椒、桔丝、香油，拌炒肉丝。临食加醋和匀，食之甚美"。由于调味品具有改善菜肴味道的功能，在某些地区价格十分昂贵，如金代生姜"每两价至千二百金，人珍甚，不肯妄设。遇大宾至，缕切数丝，置楪中以为异品，不以杂之饮食中也"[1]。

（三）水果

宋元时期，果品在人们的饮食中也占有重要地位。因地理环境和气候条件的差异，南北水果种类也不尽相同。据《东京梦华录》载，当时产于北方的水果有桃、李、梨、杏、枣、石榴、林檎（沙果）、查子（山楂）、樱桃、李萏、甜瓜、榅桲等，其中枣有灵枣、牙枣、青州枣、葫芦枣、肉芽枣和亳州枣等品种，桃有金桃、卫州白桃、南京金桃和御桃等品种，梨有小鹅梨、水鹅梨、西京雪梨、河北鸭梨、夫梨、甘棠梨、凤栖梨和镇府浊梨等品种。南方水果比北方更加丰富。临安出产的水果有桔、梅、橙、桃、李、杏、柿、梨、枣、莲、瓜、藕、菱、林檎、枇杷、木瓜、樱桃、石榴、杨梅、葡萄、鸡头、银杏、栗

---

① 洪皓：《松漠纪闻》续卷，《学津讨原》本。

子、甘蔗等品种①。福州出产的水果有荔枝、龙眼、橄榄、柑橘、橙子、香橼子、杨梅、枇杷、甘蔗、蕉、枣、栗、葡萄、莲、鸡头、芰、樱、木瓜、瓜、柿、杏、石榴、梨、桃、李、林檎、胡桃、柰、杨桃、王坛子、茨菰、金斗、菩提果、新罗葛等②。在这些水果中，太原葡萄、河北鸭梨、福建荔枝等是当时众口交誉的名牌产品。

宋元时期，果品加工技术有了显著提高。蔡襄《荔枝谱》介绍了3种加工荔枝的技术：一是红盐，"以盐梅卤浸佛桑花为红浆，投荔枝渍之。曝干，色红而甘酸，可三四年不虫"。二是曝晒，"烈日干之，以核坚为止，畜之瓮中，密封百日，谓之出汗"。三是蜜煎，"剥生荔枝，榨出其浆，然后蜜煮之"③。东京市场上，除荔枝外，还有芭蕉干、枝头干、楂片、楂条、梨条、梨干、胶枣、枣圈、梨圈和桃圈等，蜜饯有党梅、樱桃煎、人面子和嘉庆子等。

北方少数民族地区，水果种类也相当丰富，主要有松子、胡桃、樱桃、枣、榛、蔳、桃、栗、梨等。西瓜的引进与推广，是契丹和女真族的一大贡献。西瓜原产西域，五代时契丹击败回纥，得到瓜籽，于是在上京一带试种，"以牛粪覆棚而种，大如中国冬瓜而味甘"④。金代西瓜种植区域已发展到燕京地区，洪皓使金返回时，将西瓜种籽带回南宋，西瓜种植区域进一步扩大到中原地区。

（四）饮料

茶、酒、汤是宋元时期最普通的饮料，在人们日常生活中占有重要的地位。

茶。宋元时期，茶叶基本上分为片茶和散茶两大类型。片茶又称为饼茶、团茶和蜡茶，以建州所产为极品，有龙茶、凤茶、京挺、的乳、石乳、白乳、头金、蜡面、头骨、次骨等十多种，制作非常精制，"择上等嫩芽细碾入箩，杂脑子诸香膏油，调剂如法，即作饼子，制样精巧。候干，仍以香膏油润饰

---

① 吴自牧：《梦粱录》卷十八，《物产》，《学津讨原》本。

② 梁克家：《淳熙三山志》卷四十一，见《宋元方志丛刊》第八册，北京，中华书局，1993年影印本。

③ 蔡襄：《荔枝谱》，《四库全书》本。

④ 叶隆礼：《契丹国志》卷二十五，《胡峤陷北记》，上海古籍出版社，1985年点校本。

之"①。蜡茶因制作精、产量少，非常昂贵，其中龙茶和凤茶堪称为茶中极品："茶之品，莫贵于龙、凤，谓之团茶，凡八饼重一斤。庆历中蔡君谟为福建路转运使，始造小片龙茶以进。其品绝精，谓之小团，凡二十饼重一斤，其价值金二两。然金可有而茶不可得。每因南郊致斋，中书、枢密院各赐一饼，四人分之。宫人往往缕金花于其上。盖其贵重如此"②。朝臣们偶尔得到御赐的龙凤茶，"以为奇玩，不敢自试，有嘉客，出而传玩"③。

建茶之外，虔、袁、饶、池、光、歙、潭、岳、辰、澧州、江陵府、兴国和临江军等地，"有仙芝、玉津、先春、绿芽之类二十六等，两浙及宣、江、鼎州又以上中下或第一至第五为号"④。

散茶即草茶，是将嫩叶锅炒杀青而成，"出淮南、归州、江南、荆湖，有龙溪、雨前、雨后之类十一等，江、浙又有以上中下或第一至第五为号"⑤。散茶多供民间消费。宋人作散茶时，用茉莉、木樨、玫瑰、蔷薇、兰蕙、橘花、栀子、木香、梅花等焙，创制出清香溢人的花茶。

宋元时期，饮茶、品茶已成为全社会各阶层的共同嗜好。"茶之为民用，等于米盐，不可一日以无"⑥。"上而王公贵人之所尚，下至小夫贱隶之所不可阙"⑦。南北各地城镇中都开设茶坊、茶楼和茶馆。南宋都城临安有名的茶肆就有九家。茶肆不仅整洁干净，还注重室内装饰，悬挂名人字画，插四时花卉。一些茶肆为招徕顾客，还雇请乐人弹奏乐曲，甚至雇养艺妓招待客人。民间饮茶之风也不减都市，"客至则啜茶"已成为约定俗成的待客礼仪。

宋元时期煮茶技艺也有了较大提高。唐末五代之际，饮茶之法有煎茶和点茶两种。煎茶始创于唐代陆羽，其法是先将饮茶碾碎成末，再以细箩筛之，放进优质清水中煎煮。煎茶时掌握好火候，待水初沸，水泡泛起若鱼眼和蟹目时，将茶末投入瓶中，稍后就可以饮用。点茶起于晚唐五代，其法与煎茶不同，事先将茶末置于茶盏中，注入少量沸水，将茶末调匀，再添加沸水，并用茶筅加以搅动，令泡沫泛起。宋元时期煮茶泡茶技艺更加成熟。在用水选择

---

①⑦ 王祯：《农书》卷十，《百谷谱集十》，《四库全书》本。
② 欧阳修：《归田录》卷二，北京，中华书局，1981年点校本。
③ 王辟之：《渑水燕谈录》卷八，北京，中华书局，1981年点校本。
④⑤《宋史》卷一百八十三，《食货下五》，北京，中华书局，1985年点校本。
⑥ 王安石：《临川先生文集》，《议茶法》，北京，中华书局，1959年版。

上，人们认识到水质对煮茶影响极大，所以"当取山泉之清洁者，其次则井水之常汲者为可用。若江河之水则鱼鳖之腥，泥泞之污，虽轻甘无取"①。在水温控制上，主张"以鱼目、蟹眼连绎迸跃为度"②。在饮茶器具上，多选择黑色瓷盏，与白色泡沫形成鲜明的色彩反差，给人以视觉上美的享受。

契丹、党项和女真等游牧民族以肉食为主，必须借助于茶叶来加快消化，因而对茶叶的需求量极大，在与宋朝进行榷场贸易时，"惟茶最为所欲之物"③。金代饮茶之风尤其盛行，"下上竞啜，农民尤甚，市井茶肆连属"④。大量饮茶导致金朝财政拮据，朝廷不得不多次颁布茶禁，只保留品官势家的饮茶权。这恐怕是历史上饮茶影响国计民生的极个别事例吧。

酒。酒是宋元时期重要的饮食消费品之一，在人们的日常生活中同样处于重要的地位。

宋代酒类品种有黄酒、果酒、配制酒和白酒四大类。黄酒是以大米、黄米等粮食作物为原料酿造而成的，有米酒、红酒、糟酒、羊羔酒、火迫酒、钓藤酒等品种。果酒是以各种水果为原料酿制而成的低度饮料酒，有葡萄酒、梨酒、荔枝酒、石榴酒、椰子酒、桔酒、黄柑酒、枣酒、蜜酒等品种。配制酒是将各种芳香原料或中药材加入成品酒中，通过浸泡、蒸馏等生产工艺调配而成。宋代配制酒的生产远远超过唐代，品种多达 82 个⑤。白酒也称烧酒，是通过蒸馏而酿造出的一种酒精含量较高的酒。

元代继承了宋代酿酒的工艺技术，除了酿造粮食酒、果实酒、配制酒外，还用马奶发酵制出颇有民族特色的马奶酒。马奶酒受到蒙古族和汉族的普遍喜爱，是官府宴会的必备饮料。

由于酿酒技术先进，宋代名酒层出不穷。据今人研究，宋代有名牌佳酿200 多种，其中四京府界有 59 种，河北东路 9 种，河北西路 25 种，陕西路 25种，淮南路 8 种，两浙路 71 种，江南东、西路 12 种，四川诸路 23 种，荆湖

---

① ② 赵佶：《大观茶论》，《说郛》本。

③ 李焘：《续资治通鉴长编》卷一百四十九，庆历四年五月甲申，北京，中华书局，1985 年点校本。

④ 《金史》卷四十九，《食货志四》，北京，中华书局，1975 年点校本。

⑤ 参阅李华瑞：《宋代酒的生产与征榷》，第 37～40 页，保定，河北大学出版社，1995 年版。

南、北路 5 种，福建路 1 种，广南东、西路 6 种，京东路 22 种，京西路 28 种①。

宋元时期，饮酒之风十分盛行，上至王公贵族、下至平民百姓都摆脱不了对酒的迷恋和嗜好。东京城内，大小酒店星罗棋布，最负盛名的大酒店有 72 个，其中白矾楼酒店，"乃京师酒肆之甲，饮徒常千余人"②。南宋临安城内，著名的大酒楼有 29 个，其中官方经营的有 11 个，私人经营的有 18 个，"歌管欢笑之声，每夕达旦，往往与朝天车马相接。虽风雨暑雪，不少减也"③。至于州县乡镇，酒店也是处处可见。

契丹、党项和女真等民族也先后掌握了酿酒技术。据文献记载，契丹人酿造的名酒有千秋万岁酒、菊花酒、茱萸酒、御容酒等，女真也有醨醁、鹅黄、金澜、九酝、琼酥等名酒。由于地处高寒地带，饮酒驱寒是这些游牧民族日常的生活习惯。此外，举凡重大节日、祭祀天地、婚嫁丧葬、将士出征、接待外国使者都要饮酒。无节制的狂喝滥饮，往往诱发出严重的社会问题。辽穆宗耶律璟、夏景宗元昊都因嗜酒成性而招致杀身之祸。金熙宗也是一个酒鬼，史载他"荒于酒，与近臣饮，或继以夜。宰相入谏，辄饮以酒"④。上行下效，社会各阶层饮酒之风炽盛，酒楼、酒肆不仅林立于喧闹的城市，而且漫延到僻静的山村，丝毫不逊于江南地区。山西繁峙县岩山寺有一组绘于大定七年（1167年）的金代壁画，上有一座酒楼，酒帘高挑着"野花攒地出，好酒透瓶香"的对联，依稀透露出金代北方乡村的酒文化风貌。

汤。宋代上自官府、下至民间都盛行一种特殊的饮食习俗，即以汤招待客人，"客至则啜茶，去则啜汤"⑤。这种汤并不是食肴中的肉汤和菜汤，而是一种用药材制成的饮料。"汤取药材甘香者屑之，或温或凉，未有不用甘草者。此俗遍天下"⑥。也有用蜜饯果品制作的汤，如武臣杨应诚对以药为汤的做法很不满意，"其家每客至，多以蜜渍橙木瓜之类为汤饮客"⑦。居家待客用汤之外，城市茶肆中同样供应各种汤水。如临安茶肆"四时卖奇茶异汤"，夜市中

---

① 参阅李华瑞：《宋代酒的生产和征榷》，第 81～92 页，保定，河北大学出版社，1995 年版。
② 周密：《齐东野语》卷十一，北京，中华书局，1983 年点校本。
③ 周密：《武林旧事》卷六，杭州，西湖书社，1981 年版。
④ 《金史》卷四，《熙宗纪》，北京，中华书局，1975 年点校本。
⑤⑥ 朱彧：《萍州可谈》卷一，《四库全书》本。
⑦ 《南窗纪谈》，《四库全书》本。

也有流动摊点，"点茶汤以便游观之人"①。饮汤习俗如此普遍，以致发展成为皇帝优待讲读官的一种礼仪。史载，真宗和仁宗曾多次用汤招待讲读官，开讲前"宣坐赐茶"，讲毕"宣坐赐汤"②。这种礼遇，自然非一般臣僚所能享受到。

元代继续保持这一习俗，汤水饮料更加丰富多彩。据《饮膳正要》卷二记载，元代汤类有荔枝汤、杏霜汤、枣姜汤、五味子汤、人参汤、仙术汤、木瓜汤、山药汤、白梅汤、四和汤、破气汤、桂浆、橘皮醒醒汤等。这些汤料或是粉剂，或成膏状，皆用开水冲泡，饮之不仅可以充饥解渴，还具有祛病延年、强身健体的功效。

三、居住习俗

宋元时期，南北各地出于受地理条件、经济条件、生活方式和传统习俗的影响，居住习俗呈现出较大的差异，这里仅选择几个有代表性的建筑加以介绍。

（一）庄严雄伟的北宋皇宫

作为帝王生活起居的场所，皇宫无疑是各种居住建筑中最高级、最豪华的一种。北宋皇宫又称大内，位于东京城中央而略偏西北，原来是唐代宣武军节度使治所，后经梁、晋、周三朝缮修整治，始具宫城规模和形状，但仍然十分简陋和狭窄。北宋建立后，赵匡胤于建隆三年（962年）下诏增修皇城，"命有司画洛阳宫殿，按图修之，皇居始壮丽矣"③。宫城周围5里，略呈方形，用高大的城墙与外界隔绝，共有7个门：南面有3个门，中门为宣德门，两侧为左、右掖门；东面有2个门，即东华门和祆门；西面有西华门；北面有拱宸门。7门之中，中门最华丽壮观，"门皆金钉朱漆，壁皆砖石间甃，镌镂龙凤飞云之状，莫非雕薨画栋，峻桷层榱，覆以琉璃瓦，曲尺朵楼，朱栏彩槛，下

---

① 吴自牧：《梦粱录》卷十六，《茶肆》，《学津讨原》本。
② 范镇：《东斋记事》卷一，北京，中华书局，1980年点校本。
③ 《宋史》卷八十五，《地理一》，北京，中华书局，1985年点校本。

列两阙亭相对，悉用朱红杈子"①。皇城内殿阁林立，布局齐整。东、西大街沟通东、西华门，将整个宫城分为南北两部分。南部以大庆殿和文德殿、政事堂、枢密院、馆阁为主体，是皇帝日常朝会、斋宿及文武百官办公的场所。北部东区为"禁中"，入口处凝晖殿戒备森严，"常列禁卫两重，时刻提警，出入甚严"②。学士院、皇城司、西方馆、兵器库、内藏库、六尚局、翰林天文局、皇太子宫等都集中在这一带。北部西区为一片殿阁建筑群，有紫宸殿、垂拱殿、皇仪殿、集英殿、需云殿、昇平楼、崇政殿、景福殿、延和殿、福宁殿、坤宁殿、柔仪殿、嘉庆殿等，是皇帝处理日常政务和后妃们居住之处，庆寿宫和宝慈宫分别为太皇太后、皇太后的居所。西北角为皇家后苑，是帝王后妃们宴游之处，既有豪华壮丽的殿宇廊屋，又有风光旖旎的苑囿沼池。

北宋初期，皇城装饰比较简朴。至大观年间（1107～1110年），宋徽宗惑于"丰亨豫大"之说，一改祖宗家法，穷奢极欲，大兴土木，建造和装饰宫殿，务尽华丽侈靡，使庄重肃穆的皇宫，又增添几分绮丽浮华之气。后苑之内，更是遍布珍禽怪石、奇花异木。蔡京所作"琼瑶错落密成林，桧竹交加午有阴。恩许尘凡时纵步，不知身在五云深"③ 一诗，道出了皇家宫城巍峨雄伟、华丽壮观的气象。

（二）富丽堂皇的官员府第

官员府第大多集中在城市之中。东京、洛阳、临安自然是士大夫们营造宅第的最佳城市。宋代对官员府第建筑有诸多严格规定，《宋史·舆服志》记载："私居，执政、亲王曰府，余官曰宅"、"六品以上宅舍，许作乌头门"④。官员府第大体上是按这个规定来设计和建造的。南宋人所画的《中兴祯应图》，向人们展示了宋代官员府第的大致面貌。图中宅第采用前堂后寝的建筑风格，厅堂与卧室之间用穿廊连成"工"字形，两侧建有耳房或偏院。另据研究，宋代官员宅第一般都采用四合院形式，高墙围成一个封闭性的庭院。大门由3间组成，中间一间为过道，以便车马通行，两旁为守门人居住的地方。院内有前

---

① ② 孟元老：《东京梦华录》卷一，《大内》，北京，中华书局，1982年点校本。

③ 王明清：《挥麈后录余话》卷一，《蔡元长保和殿曲燕记》，《津逮秘书》本。

④ 《宋史》卷一百五十四，《舆服六》，北京，中华书局，1985年点校本。

厅、穿廊、寝室、厢房、耳房等，整体布局形成"工"字形或"王"字形。

达官贵人的宅第还有园林等附设建筑。《东京梦华录》记载，"大抵都城左近，皆是园圃，百里之内，并无闲地"。私家园苑就有王太尉园、麦家园、王家园、李驸马园、王太宰园、蔡太师园、童太师园等。此外，散见于宋人笔记、文集中尚有范以园、赵普园、丁谓园、晏殊园、吕文穆园、晋王花园、李谦园、王黼园、李文和园等等。春暖花开之际，"粉墙细柳，斜笼绮陌。香轮暖辗，芳草如茵；骏骑骄嘶，香花如绣。莺啼芳树，燕舞晴空，红妆按乐于宝榭层楼，白面行歌近画桥流水"①，可谓春色怡人，美不胜收。南宋临安城内，达官贵戚更是竞相建造园林，数量之多甲天下，精巧别致更非东京园林所能比肩。如内侍蒋苑使在宅旁建一园圃，"亭台花木，最为富盛。每岁春月，放人游玩，堂宇内顿放买卖关扑，并体内庭规式，如龙船、闹竿、花篮、花工，用七宝珠翠，奇巧装结，花朵冠梳，并皆时样"，"桃林杏馆酒肆，装成乡落之景。数亩之地，观者如市"②。这还是档次较低的园林。临安城内最著名的园林有城北张功甫园、葛岭贾师道园和南山韩佗胄园 3 家。张氏之园占地极广，分东寺、南湖、西宅、北园 4 个部分，园中亭轩林立，繁花似锦，风光艳丽闻名全城。贾氏之园架廊叠石，幽渺透迤，有半湖园林之誉。韩氏园林则极尽营度之巧，堂皇华贵，清雅秀丽，为其他园林所不及。

（三）简朴的乡村民宅

宋代民间住宅因各地自然条件的差异，其形状和质料也各有不同，总体上看，都比较简陋。之所以如此，一方面受到官方种种制度的约束。如宋廷规定："凡民庶家，不得施重栱、藻井及五色文采为饰，仍不得四铺飞檐。庶人舍屋，许五架，门一间两厦而已。"③ 李焘《续资治通鉴长编》对此记载得更加详细："天下士庶之家，屋宇非邸店、楼阁临街市，毋得为四铺作及斗八。非品官毋得起门屋。非宫室、寺观毋得彩绘栋宇及间朱黑漆梁柱窗牖、雕镂柱

---

① 孟元老：《东京梦华录》卷六，《收灯都人出城探春》，北京，中华书局，1982 年点校本。
② 吴自牧：《梦粱录》卷十九，《园圃》，《学津讨原》本。
③《宋史》卷一百五十四，《舆服六》，北京，中华书局，1985 年点校本。

础。"① 另一方面受自身经济条件的限制。《袁氏世范》所说"起造屋宇，最人家至难事"②，就是从经济角度考虑的。宋代民居的规模和形制，可从王希孟的《千里江山图卷》中领略一二。图中绘有若干大、中、小型住宅，每个住宅各设篱障，不相联属。小型住宅非常简陋，只有一两栋房屋。大中型住宅则由门屋、厢房、前厅、穿廊、后寝构成，显然属于乡村富裕之家。图中村落布局也比较松散，缺乏统一规划。

南北乡村住宅互有差异，呈现出不同的特色。在长江中下游一带，一般百姓多住草房、茅舍，富裕人家则住瓦房。两广、云贵地区因气候炎热，空气潮湿，当地少数民族往往建造下部架空的干栏式住宅。这种住宅一般分为两层，上层供人生活起居，下层作为饲养牲畜或堆积杂物之用，两层之间有楼梯上下。周去非的《岭外代答》一书对此多有记载："深广之民，结棚以居，上设茅屋，下豢牛豕。栅上编竹为栈，不施椅桌床榻，唯有一牛皮为裀席，寝食于斯。"他认为，当地居民采用这种居住方式，是因为"地多虎狼，不如是，则人畜皆不得安"③。

西北地区，因气候干燥，降水稀少，一般百姓多住土屋。这种土屋由土墙、木椽、草筋构成，顶部用土覆盖。至于当地官员富豪则住瓦屋，贫穷潦倒者只好委身于窑洞了。

（四）别具风格的穹庐

在北方游牧地区，契丹、党项和蒙古族基本上以穹庐为居室，过着转徙无常、飘泊不定的生活。

早期的契丹人主要活动在潢河和土河一带，以游牧和渔猎为生，"草居野次，靡有定所"④，穹庐、车帐是其安身之所。与契丹族"东向拜日"的习俗有关，毡帐全部坐西朝东。直到十一世纪，尽管深受农耕文明的浸染，但大多数契丹人并未改变这种居住习俗。出使辽朝的宋朝使者们多次见到，这种穹帐

---

① 李焘：《续资治通鉴长编》卷一百一十九，景祐三年八月己酉，北京，中华书局，1985年点校本。

② 袁采：《袁氏世范》卷下，《起造宜以渐经营》，《四库全书》本。

③ 周去非：《岭外代答》卷四，《巢居》，上海远东出版社，1996年版。

④ 《辽史》卷三十二，《营卫志中》，北京，中华书局，1974年点校本。

不仅布满山谷草原，而且出现在上京城内。辽代皇帝捺钵时居住的行宫，同样是毡帐。据《辽史·营卫志》记载，这种毡帐以枪为硬寨，用毛绳连系，毡帐内木柱竹楄，彩绘韬柱，锦为壁衣，加绯绣额，再以黄布绣龙铺地。窗楄同样用毡制成，傅以黄油绢，基高尺余。两厢廊庑亦以毡覆盖。显而易见，这种毡帐与蒙古包极为相似。

蒙古包是蒙古人居住的穹庐的通俗说法。据曾出使蒙古的南宋使者彭大雅介绍，"穹庐有二样：燕京之制，用柳木为骨，止如南方罘罳，可以卷舒，面前开门，上如伞骨，顶开一窍，谓之天窗，皆以毡为衣，马上可载。草地之制，以柳木织成硬圈。径用毡挽定，不可卷舒。车上载行，水草尽则移"[1]。蒙古包呈圆形，一般高 3 米左右，直径 4 至 5 米，骨架用交错的木条和柳枝扎成。帐顶与四壁全用白毡覆盖，再用绳索固定在骨架上。帐顶中央留一圆形天窗，以便采光、排烟和通风，夜间或风雨雪天用毛毡盖上。蒙古包的门全部面向南方。包内地面皆铺地毯，中央留一块空地作为火塘。蒙古包大小不等，小者仅能容三五人，大者可容纳数百人。蒙古国时期可汗及诸王的帐幕甚至可容数千人，既宽敞又华贵，是蒙古贵族集会、宴饮的场所。

四、婚姻习俗

（一）宋代婚姻观念的变化

婚姻观念是人们对男女之间婚姻关系的基本态度和基本看法。一定时期的婚姻观念，是该时期婚姻行为和婚姻习俗的基本准则。宋代婚姻观念虽然恪守"上事宗庙、下继后世"的传统礼制，但随着社会经济的发展和人们思想观念的变化，婚姻观念也出现了一些新的特点。

1. 注重门第。唐末五代以来，随着门阀政治的崩溃，世族大家依靠门第垄断政权的局面彻底改观，而世家望族之间的门第婚姻也大为松动，所谓"婚姻不问阀阅"就是这种状况的一种简单写照。但是，在等级森严的封建社会，

---

① 彭大雅著、徐霆疏：《黑鞑事略》，《丛书集成初编》本。

婚姻毕竟是一种社会行为，牢牢地为社会环境、习俗观念所左右。所谓"婚姻不问阀阅"，并不是说不要求对方的家世和门第，只不过不再看重姻亲以往的历史——有没有累世簪缨、数十代不绝的悠久家世，而更看重姻亲现有的政治、社会地位。换句话说，可以不重姻亲在"历史上的"门第，但却不能不考虑其"近世"即目前的门第。显然，这仍旧是一种门第观念。所以，五代以来，尽管门阀政治下的那种门第婚姻有所松动变化，但婚姻当中的门第观念、家世观念、门当户对的原则仍占有支配地位，决定着婚姻的基本状况。在宋人笔记、文集中，门第婚姻的事例比比皆是。王明清《挥麈前录》中所载北宋宰相执政显要之家，排在前三名的吕夷简家族、韩亿家族、范仲淹家族，竟然全是"三槐王氏"的姻亲。个中原因即在于王旦"留意文雅及近世典章官族，志在崇奖名教"。临川王氏也是如此。王安石尚未发迹之前，王家在临川也算是一个二三流的望族，与当地另一望族吴氏"世通婚姻"。随着王氏家族政治地位、社会地位的迅速升腾，其姻亲关系也全是门第相当的高门望族。王安石的三个妹妹分别嫁给出身和才学俱优的张奎、朱明之、沈季长，两个女儿也分别嫁给著名的蒲城吴充家族和仙游蔡卞家族。此外，王家还同著名的南丰曾氏和富阳谢氏联姻，王安国、王安礼分别娶曾布之妹和谢绛之女。以姻亲关系为纽带、以王氏家族为核心的政治集团在北宋政坛上曾掀起一阵惊天动地的狂飙。北宋名臣钱惟演在儿女婚嫁问题上，也特别注重门第观念。其妹出嫁真宗刘皇后之兄，其子则分别娶仁宗郭皇后之妹和执政大臣丁谓之女，故有"三星之媾，多戚里之家；百两所迎，皆权要之子"① 的评价。

宋代帝王们同样重视门第观念，以主所尚，或为达官显贵之子，或为金榜题名之士。宗室婚姻也有诸多限制。治平年间（1064～1067 年）规定："婿家有二世食禄，即许娶宗室女。"熙宁十年（1077 年）又规定：皇族五服以外的远亲"不得与杂类之家婚嫁"；五服以内的近亲"不得与诸司胥吏出职、纳粟得官及进纳伎术、工商、杂类、恶逆之家子孙通婚"；而应"择三代有任州县官或殿直以上者"②。宋代帝王在给臣僚选择配偶时，同样考虑到双方的门第。如参知政事陈恕丧偶，太宗为其作媒，娶王克正之女，不仅仅是此女贤淑秀

---

① 苏东坡：《东坡志林》卷二，北京，中华书局，1981 年点校本。
② 《宋史》卷一百十五，《礼十八》，北京，中华书局，1985 年点校本。

慧，还在于王家系"江南旧族"①。

钟鸣鼎食之家崇尚门第，平民百姓娶妻嫁女也讲究门户相当。真宗时，嘉州豪右王蒙正欲将女儿嫁给刘皇后内侄，蒙正父亲坚决不肯，理由是"吾世为民，未尝有通婚戚里者"②，说明当时平民百姓存在不敢高攀名门的心理。可以说，在宋代社会，"门当户对，结为姻眷"是当时一以贯之的普遍的联姻原则。

2. 重才择偶。门阀政治的终结和科举官僚政治的兴起，是唐宋之际中国社会的一次重大变迁。隋唐开始的科举制度，到宋代已经完全确立。"取士不问家世"、"一切以（科举）程文为去留"的科举制度，已成为官吏选拔的主要途径。在这种相对宽松的社会环境中，"朝为田舍郎，暮登天子堂"已不再是虚无飘渺的神话传说。饱受寒窗之苦的儒生一旦金榜题名，不仅有一个美好的政治前程，而且在配偶选择上也具有一定的优越感。宋代官僚贵族正是看到了士人这种潜在的社会政治地位，不约而同地把前程远大的士人或新科进士作为选婿的对象。如《石林燕语》记载："王沂公初就殿试时，固已有盛名。李文靖公沆为相，适求婿，语其夫人曰：'吾得婿矣。'乃举公姓名曰：'此人今次不第，后亦当为公辅。'是时，吕文穆公家亦求姻于沂公。公闻文靖言，曰：'李公知我。'遂从李氏。"③ 王曾因才学德识优异而被李、吕两家同时选中。至于金榜题名的新科进士更是身价倍增。每逢科举考试发榜之日，达官贵族之家甚至出动车马，争相挑选进士为婿。如鄂州江夏人冯京，才学渊博，在乡试、省试和殿试中都名列第一，时有"冯三元"之称。冯京中状元时，尚未娶妻，外戚张尧佐凭借权势，"欲妻以女，拥至其家，束之以金带，曰：'此上意也。'顷之，宫中持酒肴来，直出奁具目示之。京笑不视，力辞"④。象冯京这样在权势和资财面前毫不动心者，大概与张尧佐声名狼藉有关。在一般情况下，新科进士们还是乐于成为达官贵人的东床佳婿，以便为自己仕途的发展增添一份实力。

---

① 魏泰：《东轩笔录》卷二，北京，中华书局，1983 年点校本。
② 李焘：《续资治通鉴长编》卷一百二十，景祐四年二月壬子，北京，中华书局，1985 年点校本。
③ 叶梦得：《石林燕语》卷九，北京，中华书局，1984 年点校本。
④ 《宋史》卷三百一十七，《冯京传》，北京，中华书局，1985 年点校本。

3. 讲求资财。宋代由于商品经济的发展，人们的思想观念和价值取向也发生了重大的变化。婚配择偶时讲求钱财，是一个非常普遍的社会现象。司马光曾这样描述："今世俗之贪鄙者，将娶妇，先问资装之厚薄。将嫁女，先问聘财之多少。至于立契约云：某物若干，某物若干，以求售某女者。"① 当时，上至朝廷命官，下至平民百姓，都毫不掩饰地把聘财、妆奁的多少作为婚姻能否成功的标准，全然置礼义廉耻于不顾。如仁宗时，吏部侍郎孙祖德"娶富人妻，以规有其财"②。哲宗时，右朝请郎知秀州王蘧看中一孀妇的百万家财，竟然"屈身为赘婿"③。此类事例，不胜枚举。至于寒门出身进士与富室联姻，在宋代更是屡见不鲜，乃至出现新科发榜时，富商巨室"厚捉钱以饵士人，使之俯就，一婿至千余缗"④ 的奇特现象。这种现象曾遭到一些大臣的强烈谴责。哲宗时丁骘在一份奏疏中指出："近年进士登科，娶妻论财，全乖礼义。衣冠之家，随所厚薄，则遣媒妁往返，甚于乞丐，小不如意，弃而之它。市井驵侩，出捐千金，则贸贸然而来，安以就之。名挂仕版，身被命服，不顾廉耻，自谓得计，玷辱恩命，亏损名节，莫甚于此。"⑤ 至于民间，婚姻论财的风气就更加普遍。"巴人娶妇，必责财于女氏，贫人至有老不得嫁者"⑥。福建地区"娶其妻，不顾门户，直求资财"⑦。

（二）宋代的婚俗礼仪

宋代，伴随着人们婚姻观念的更新，婚姻礼仪也出现了两个显著的变化：一是婚仪趋向简便，不再笃守古代礼制；二是出现了一些新的婚俗仪式，如相媳妇、坐花轿、喝交杯酒之类，为婚礼增添了更多的乐趣。

按照《仪礼》，古代婚礼要经过纳采、问名、纳吉、纳币（也称"纳征"）、请期、亲迎六道礼仪程序。在宋代，"六礼"的称谓有所改变，如称"纳吉"

---

① 司马光：《司马氏书仪》卷三，《婚仪》，《四库全书》本。
②《宋史》卷二百九十九，《孙祖德传》，北京，中华书局，1985 年点校本。
③ 李焘：《续资治通鉴长编》卷四百七十一，元祐七年三月丁酉，北京，中华书局，1993 年点校本。
④ 朱彧：《萍州可谈》卷一，《四库全书》本。
⑤ 吕祖谦：《宋文鉴》卷六十一，《请禁绝登科进士论财娶妻》，北京，中华书局，1992 年点校本。
⑥ 程颢、程颐：《河南程氏文集》卷四，《华阴侯先生墓志铭》，见《二程集》，第 504 页，北京，中华书局，1981 年点校本。
⑦ 吕祖谦：《宋文鉴》卷一百零八，《福州五戒》，北京，中华书局，1992 年点校本。

为"换草帖","纳币"为"纳成"等。某些程序或繁或简，皆因婚姻当事人的身份地位不同而异。除皇族宗室或官宦世家基本上按古礼行事外，平民百姓的婚姻礼仪比较自由、简便。下面分婚前和结婚两个阶段加以叙述。

1. 婚前礼仪。婚前礼仪主要有"过帖"、"相亲"、"议定礼"、"下彩礼"、"请期"、"铺房"等内容。

"过帖"，即交换婚书。帖有草帖、细帖之分。据《东京梦华录》记载，"凡娶媳妇，先起草帖子。两家允许，然后起细帖子，序三代名讳，议亲人有服亲田产官职之类"。女家细帖除这些内容外，还要开列房奁、首饰、金银、珠翠及随嫁田土房产等。经媒人交换细帖后，两家婚姻始有眉目。

"相亲"。宋代人们择偶观念较为宽泛，相亲就是这种宽泛的表现。在东京，男女两家互换定帖后，还有"相媳妇"的习俗，即"男家亲人或婆往女家，看中即以钗子插冠中，谓之'插钗子'；或不入意，即留一两端彩段，与之压惊，则此亲不谐矣"。南宋时，这种习俗史加普遍，往往由新人亲自出马，"择日备酒礼诣女家，或借园圃，或湖舫内，两亲相见，谓之相亲"①。中意与否，当场拍板。这一习俗，反映了宋代青年男女在择偶问题上已经有了一定程度的自由选择权。

"议定礼"，即古礼中的纳币。按照古代礼制的要求，纳币时应向女家送"玄纁束帛"之类，但宋代作了不少改革。如朱熹《家礼》中规定："币用色缯，贫富随宜，少不过两，多不逾十。今人更用钗钏羊酒果实之属，亦可。"②北宋东京盛行的做法是："檐许口酒，以络盛酒瓶，装以大花八朵、罗绢生色或银胜八枚。又以花红缴檐上，谓之缴檐红，与女家。女家以淡水二瓶，活鱼三五个，箸一双，悉送在元酒瓶内，谓之回鱼箸。"③临安的彩礼则比较奢华，"丰富之家，以珠翠、首饰、金器、销金裙褶，及缎匹茶饼，加以双羊牵送，以金瓶酒四樽或八樽，装以大花银方胜，红绿销金酒衣簇盖酒上，或以罗帛贴套花为酒衣，酒担以红彩缴之"④。女方收下礼物后，也回送一定的礼物。自此，男女双方的婚姻关系才正式确立。

---

① ③ 孟元老：《东京梦华录》卷五，《娶妇》，北京，中华书局，1982年点校本。
② 朱熹：《朱子家礼》卷三，《婚礼》，《四库全书》本。
④ 吴自牧：《梦粱录》卷二十，《嫁娶》，《学津讨原》本。

"下彩礼"，也叫送聘、定聘，是婚前给女家的聘礼，其品种和数量视贫富不同，各从其便。临安一带，富贵之家则送"三金"，即金钏、金镯、金帔坠；士宦之家也有送丝罗衣裙、珠翠首饰、彩缎匹帛、花茶果饼、羊、酒和官会银锭等物；下等人家只送织物一二匹、官会一二封和鹅酒茶饼而已。女家接受聘礼后，回报以绿紫罗双匹、彩色段匹、金玉文房玩具、珠翠女工等物。

"请期"，也叫"催妆"。即男家择好成亲的吉日并派人告诉女家，征求对方意见。女家答应后，男家送催妆花髻、销金盖头、画彩钱果等物品，女家则报以罗花幞头、绿袍、靴笏之类。催妆时间各地不同，中原地区多在亲迎前一日，而临安一带则在亲迎前三日进行。

"铺房"，此礼为宋代特有。亲迎前一日，女家派人往男家布置新房，张挂帐幔，铺设房奁器具和珠宝首饰等物，甚至以亲信妇人和从嫁女使看守新房，不让外人随便进出。

2. 结婚礼仪。结婚礼仪主要有"迎亲"、"撒豆谷"、"坐虚帐"、"挑盖头"、"交拜、撒帐"、"合髻、交杯"、"拜舅姑"、"拜家庙"等内容。

"亲迎"，即新郎亲往女家迎娶新娘。迎亲队伍除携带花瓶、花烛、香球、沙罗洗漱、妆合、照台、裙箱、衣匣、百结、青凉伞、交椅等，还需要备上毡车或花轿。新妇乘花轿也是宋代首创的习俗，到南宋时已经取代毡车而成为普遍使用的迎亲交通工具。新妇上轿后，女家必须赏给迎亲队伍一些利市钱酒，然后起轿，谓之"起檐子"。迎亲队伍回到男家门口时，从人、乐官、伎女及茶酒等人互念诗词，以求利市钱物花红等，谓之"栏门"。

撒豆谷。新娘走下花轿，有"阴阳人"或"克择官"手拿盛有谷、豆、铜钱、彩果等物的花斗，望门而撒，儿童争拾，谓之"撒豆谷"。据说这样做是为了避青羊、乌鸡和青牛三煞，消灾免难。

坐虚帐。新娘下轿后，由两名亲信女使扶侍，先跨过马鞍和秤，再过中门，进入一个悬挂着帐子的房间内稍事休息，谓之"坐虚帐"；或者直接进入新房，坐于床上，谓之"坐富贵"，一般是新郎坐于床右，新娘坐于左首。

挑盖头。新郎、新娘在礼官引导下，走进中堂，并立堂前，请男家双全女亲以秤或机杼挑起新娘盖头，露出花容，然后依次参拜前来贺禧的亲朋。拜毕再回洞房。其往返过程中，新郎、新娘相向而行，各挽一段绾有同心结的彩绢的一端，谓之"牵巾"。

交拜、撒帐。新郎、新娘回房后，分别立于东、西，在礼官主持下，相互交拜。新娘先拜，以四次为礼；新郎答拜，以两次为礼。交拜礼毕，双双坐于床上，礼官抛撒金钱、彩果，称为撒帐。

合髻、交杯。合髻又称结发。男左女右，各以一缕头发，与男女两家提供的匹缎、钗子、木梳、头须等物，合梳为髻，象征结发夫妻，白头到老。合髻后喝交杯酒，新郎、新娘互饮一盏。"饮讫，掷盏并花冠子于床下，盏一仰一合，俗云大吉"①。

拜舅姑，即新娘拜见公婆。一般是亲迎的次日，新妇早起，沐浴盛服，往拜公婆于堂上。新妇先把盛有枣、栗的小盒子献于公公，示"早自谨敬"之意；再把盛有腶修的小盒子献于婆婆，示"断断自修"之意。公婆则予以几句嘉勉。

拜家庙。亲迎二日后，新妇前往参拜男方的家庙。宋代俗礼中，拜先灵往往在亲迎之日新妇入门后即进行，只有拘守古礼之家才在三日后进行。

上述八个程序之外，按照俗礼还有"拜门"、"馈女"、"洗头"、"贺满月会亲"等礼。"拜门"是女婿在婚后三至七日内前去拜望岳父母，岳父母设宴款待，并有礼物相赠。"馈女"是指在婚后三日或九日内，女家送酒食果物之类给婿家。随后接回女儿，以冠花、缎匹、合食之类送归婿家，谓之"洗头"。婚后满一个月，女家送礼到男家，男家大摆宴席，款待亲家及亲眷，谓之"贺满月会亲"。至此，整个婚礼全部结束。

（三）北方民族婚俗

契丹、党项、女真和蒙古等民族的婚姻制度和习俗，与中原内地汉族的婚姻习俗截然不同，具有明显的原始性和民族性双重特色。

1. 同姓不婚。契丹早就实行外婚制。其祖先骑青牛、白马相遇的神话传说，是契丹族异姓为婚的最早痕迹。大贺氏联盟时期，契丹族内两大主要集团李氏和孙氏之间互相通婚，更是契丹人坚持异姓为婚的有力证据。遥辇氏部落

---

① 孟元老：《东京梦华录》卷五，《娶妇》，北京，中华书局，1982 年点校本。

联盟时期，契丹人照旧奉行"同姓可结交，异姓可结婚"① 的原则。辽代契丹人基本上分为耶律、肖二姓，两姓之间相互通婚。皇族婚姻范围更加严格，"王族惟与后族通婚"②。

党项族早期也实行氏族外婚制，"不婚同姓"③。西夏建国后，皇族拓跋氏仍然只与野利氏、没藏氏等党项豪族结为世婚集团。

女真族早期同样实行氏族外婚制，直到金朝建立后，仍三番五次地强调"同姓为婚者，杖而离之"④。至于统治集团之间仍然实行世婚制度，皇族完颜氏与徒单、唐括、蒲察、拿懒、仆散、纥石烈、乌林答、乌克论等九姓"世为姻婚，娶后尚主"⑤。

蒙古族早期的胞族外婚制，实际上只不过是同姓不婚的另一种说法。它不仅排除了本氏族内男女之间的通婚关系，而且禁止血缘较近的各氏族之间相互联姻。与成吉思汗黄金家族联姻的弘吉剌、塔塔儿、蔑儿乞惕、塔儿忽惕、克烈、乃蛮、汪古等部，都是迭儿列勒蒙古和突厥语族的氏族和部落。

2. 流行收继婚。收继婚是指妇女亡夫后内嫁，不分长幼顺序和辈分的一种特殊婚俗。它带有原始群婚制的遗风，对于刚刚迈进文明社会门槛的契丹、党项、女真、蒙古等民族来说，实行收继婚是阻止家族财产外流的一种有效手段，并不是什么大逆不道的事。

契丹族有"报寡嫂"、"妻后母"和"姊亡妹续"三种收继婚形式。宋朝文惟简《虏廷事实》对前两种形式这样记载："虏人风俗，取妇于家，而其夫身死，不令妇归宗，则兄弟侄皆得以聘之。有妻其继母者，与犬豕无异。"⑥ 姊亡妹续婚在辽代一度盛行，而且有法律保障，直到会同三年（940 年）才废除"姊亡妹续之法"。

党项、女真和蒙古等族同样存在收继婚习俗。史载，党项人"妻其庶母及

①《辽史》卷七十一，《后妃一》，北京，中华书局，1974 年点校本。
② 叶隆礼：《契丹国志》卷二十三，《族姓原始》，上海古籍出版社，1985 年点校本。
③《旧唐书》卷一百九十八，《党项传》，北京，中华书局，1975 年点校本。
④《金史》卷二，《太祖纪》，北京，中华书局，1975 年点校本。
⑤《金史》卷六十四，《后妃下》，北京，中华书局，1975 年点校本。
⑥ 文惟简：《虏廷事实》，《说郛》本。

伯叔母、嫂、子弟之妇，淫秽烝亵，诸夷中最为甚"①。女真族"父死则妻其母，兄死则妻其嫂，叔伯死则侄亦如之。故无论贵贱，人有数妻"②。蒙古族"父死则妻其从母，兄弟死则收其妻"③。

3. 自由婚恋。北方游牧民族的中下层人民受封建礼教的束缚较少，故择偶婚恋较为自由。如党项族，"凡育女稍长，靡由媒妁，暗有期会，家不之问。情之至者，必相挈奔逸于山岩掩映之处，并首而卧"④。西夏谚语中，"同日死，命不惜；同睡寝，仍照旧"⑤，也反映了党项族青年男女对性爱自由的渴望和追求。

女真族男女婚姻也有较大的自由，"其俗谓男女自媒，胜于纳币而昏者"⑥。贵族富家子弟常常在夜晚骑马携酒，戏饮于村郊野外，"妇女闻其至，多聚观之。间令侍坐，与之酒则饮，亦有起舞歌讴以侑觞者。邂逅相契，调谑往反，即载以归。妇之父母知亦不为之顾。留数岁有子，始具茶食酒数车归宁，谓之拜门，因执子婿之礼"⑦。《大金国志·婚姻》记载了女真女子主动求偶的情形，"女年及笄，行歌于途。其歌也，乃自叙家世、妇工、容色，以伸求侣之意。听者有遂娶欲纳之，即携而归。后方具礼偕来女家以告父母"。女真族的放偷习俗更是为青年男女相约私奔提供了极好机会。据洪皓《松漠纪闻》记载，金国"正月十六日，则纵偷一日为戏，妻女、宝货、车马为人所窃，皆不加刑"。每当此日，不少男性青年"先与室女私约，至期而窃去者，女愿留则听之"⑧。这实际上是男女自愿结合的一种特殊途径。

4. 别具一格的婚仪。在未受到汉族婚俗礼仪熏染以前，契丹、党项、女真、蒙古等民族的婚姻礼仪具有浓厚的本民族特色。《辽史·公主表》记载，"契丹故俗，凡婚燕之礼，推女子之可尊敬者坐于奥，谓之奥姑"。奥姑由男方家族中未出嫁的地位至尊的女性担任。新娘迎进男家，奥姑坐于西南正中，主

① 《旧唐书》卷一百九十八，《党项传》，北京，中华书局，1975 年点校本。
② 宇文懋昭：《大金国志》，《婚姻》，《丛书集成初编》本。
③ 《元史》卷一百八十七，《乌古孙良祯传》，北京，中华书局，1976 年点校本。
④ 张鉴：《西夏纪事本末》卷十，扬州，江苏广陵古籍刻印社，1992 年影印本。
⑤ 参阅霍平平、杨秀琴译：《西夏箴言集锦·十二字箴言》，载《民族艺林》1988 年第 1 期。
⑥⑦ 叶隆礼：《契丹国志》卷二十六，《诸蕃记》，上海古籍出版社，1985 年点校本。
⑧ 洪皓：《松漠纪闻》，《学津讨原》本。

持婚礼。送亲者拜奥姑，致词、敬酒、辞行时还要以礼物谢奥姑。这是契丹族婚礼中十分重要的仪式①。女真族的传统婚俗也较有特色。在举行婚礼时，男方及其亲属携带酒馔、马匹前往女家，"妇家无大小，皆坐炕上，婿党罗拜其下，谓之男下女"。礼毕，男方将带来的马匹陈列于前，供女方家长选择，女家一般选留十分之二三，并给予相应的回礼，"一马则报衣一袭"。结婚后，女婿还要在女家执仆隶役，"虽行酒进食，皆躬亲之，三年，然后以妇归"②。蒙古族婚俗中，男女双方一旦相互看中，通常要吃羊颈喉肉。因为羊颈喉肉坚韧耐嚼，食之意味着坚久不悔，百年合好。此外，蒙古族也流行男子婚后在女家生活一段时间，然后才携妻以归，这与女真族婚俗大致相似。

五、丧葬习俗

（一）宋代丧葬礼俗

与唐宋之际社会变迁相一致，儒家传统的丧葬制度也发生了重大变化。一方面，随着唐末五代"礼废乐坏"局面的形成，丧葬礼制出现了自由化和平民化的倾向，这种倾向发展到宋代，终于有了一个总结性的成果，即在官方礼典和私家礼书中，士庶丧葬礼仪有了一席之地。另一方面，在儒、释、道三教合流的文化背景下，佛教和道教的某些习俗渗透到宋代丧葬习俗中，使宋代丧葬习俗明显具有集大成的特征。

1. 丧葬礼仪。汉唐以来，以《周礼》、《仪礼》、《礼记》为核心的丧葬礼仪制度，一直是历代统治者恪守的金科玉律。北宋时，以"三礼"为蓝本，宋政府先后颁布了《开宝通礼》、《五礼新仪》等礼仪通典，但这些礼典过于正统，且与当时的社会现实相去甚远，除了皇帝、宗室和守旧官僚使用外，难以被士庶阶层接受。在这种情况下，《司马光书仪》和《朱子家礼》这两部具有广泛适应性的家庭礼仪著作相继问世，成为宋代士庶家庭礼仪的行动指南，其中的丧礼制度自然也被奉为丧葬礼仪的圭臬。

---

① 参阅程妮娜：《契丹婚制婚俗探析》，载《社会科学战线》1992 年第 1 期。
② 宇文懋昭：《大金国志》卷三十九，《婚姻》，北京，中华书局，1986 年点校本。

宋代的丧葬礼仪，无论是官方礼仪，还是民间礼仪，都有一套固定的程序。

皇帝丧葬礼仪以"三礼"为核心，兼取前代丧葬礼仪的部分内容和佛教、道教的某些仪式，主要仪式有 30 多项。即宣遗制、发哀、贺新皇帝即位，临，成立治丧、建陵机构，命大臣撰陵名、哀册文、谥册文，告哀外国，大殓成服，赐遗留物，诸军赏给，以日易月之小祥，逢七入临，请御正殿，掩攒宫，以日易月之大祥，禫，按行，卒哭，行香，外夷入吊，南郊奏告和请谥，启攒宫，三奠，发引，灵驾赴山陵，掩皇堂，虞祭，卒哭，祔庙，三年丧之小祥、大祥，禫除，建道场、寺院，可谓繁文缛节，名堂众多。士庶之家丧葬礼仪相对简单，包括初终，复，讣告，沐浴，袭，饭含，置灵座、魂帛、铭旌，小殓，大殓，成服，朝夕哭奠，治葬，迁柩，发引，下葬，反哭，虞祭，卒哭，祔等程序。

此外，在治丧期间，根据与死者的亲疏关系，生者分别穿斩衰、齐衰、大功、小功、缌麻五种丧服。服制越重，丧服的质地和式样也就越粗糙，表示哀痛之情越深。

2. 丧葬方式。宋代埋葬方式主要有土葬和火葬两种。

土葬是当时最普遍的埋葬方式，也是惟一合法的方式。宋代坟墓形制有严格的规定：一品官墓地周长九十步，坟高一丈八尺；二品官八十步，坟高一丈六尺；三品官七十步，坟高一丈四尺；四品官六十步，坟高一丈二尺；五品官五十步，坟高一丈；六品官四十步，坟高八尺；七品以下二十步，坟高八尺；庶人十八步，坟高六尺。从文献记载上看，宋代既有家族坟地，也有散乱的荒冢，还有各级地方政府建立的公共墓地。

丧葬的厚薄，主要取决于各地风俗与死者的身份地位、价值观念及家庭经济状况。一般来说，经济发达地区往往实行厚葬，贫困地区多以薄葬为主。如江浙地区"葬送费广"①，福建地区也是以尽力丰侈为孝，而河东地区"务从省俭"②。近年来考古发掘成果也表明，宋墓随葬品的多少与各地风俗和经济发展水平直接相关，如 1986 年在福州市北郊茶园村发掘的宋墓中，随葬品除

---

① 《宋史》卷一百二十五，《礼》二十八，北京，中华书局，1985 年点校本。
② 黄淮、杨士奇：《历代名臣奏议》卷一百一十六，《风俗》，《四库全书》本。

百多件丝织品外，还有许多珍贵的金银器、铜器、漆器等物①。江苏武进前南村宋墓除出土 1 副金钏、1 件金跳脱指环和 3 件鎏金桃形佩饰外，还有一大批银插、银光叉、铜镜、铜钱、瓷器、漆器和丝织品②。相比之下，河南、陕西地区的宋墓中随葬品就比较简单和廉价。

土葬之外，火葬在宋代也比较流行。宋初一份诏令中，称"近代以来，率多火葬，甚愆典礼"③，因而严申火葬之禁，但实际上收效甚微，火葬之风有增无减。北宋中期，河东地区"地狭人众，虽至亲之丧，悉皆焚弃"④。南宋初年，火葬风气更加炽盛，统治集团内部围绕这个问题展开了一场激烈的讨论。监登闻鼓院范同主张"饬守臣措置荒闲之地，使贫民得以收葬，少裨风化之美"；户部侍郎荣薿主张区别对待，"除豪富士族申严禁止外，贫下之民并客旅远方之人，若有死亡，姑从其便，候将来州县摽拨到荒闲之地，别行取旨"⑤。朝廷最终采取了荣薿的折衷方案。然而，在当时人多地狭、土地高度集中的情况下，州县摽拨土地谈何容易。因此，这个方案等于承认民间火葬的合法性，实际上助长了火葬风气，致使江浙地区不仅贫下之家"率以火化为便，相习成风"⑥，富裕之家同样"不办蕞尔之土以安厝，亦致焚如"⑦。宋代火葬之所以流行，从表象上看，似乎是由于死者家境贫困、无钱置棺买地所致，实际上，这是唐末五代以来社会变革和宗教世俗化带来的结果。唐末五代"礼废乐坏"的社会环境，使人们的价值观念和伦理准则均发生了很大变化，传统的"入土为安"的丧葬习俗自然受到了较大的冲击，加之当时佛教所谓只有火神才能引导死者灵魂至西方极乐世界的说教的影响，使火葬习俗很容易被人们接受。不仅平民百姓视火葬为常事，而且不少士大夫也摆脱了传统土葬观念的束缚，或托辞道远而火葬父母，或遗嘱他人焚尸篚骨，表现出敢于向传统挑战的大无畏精神。

3. 宗教习俗的介入。两宋时期，在儒、释、道三教融合的社会环境中，宗教的某些习俗逐渐渗透到儒家传统的丧葬礼仪中，成为宋代丧葬习俗的重要

---

① 《福建近十年的文物考古收获》，见《文物考古工作十年》，第 147 页，北京，文物出版社，1990 年版。

② 陈晶、陈丽华：《江苏武进前南村宋墓清理纪要》，载《考古》1986 年第 3 期。

③④⑤⑥ 《宋史》卷一百二十五，《礼》二十八，北京，中华书局，1985 年点校本。

⑦ 周辉：《清波杂志》卷十二，《火葬》，北京，中华书局，1994 年点校本。

内容。前述宋代皇帝丧礼中，逢七入临、行香、建道场、修寺院等仪式，就明显地属于佛教的仪式。民间丧葬礼俗中，修道场、撞钟及丧礼中某些细节，更是来源于佛教或道教的习俗。

佛教认为，人死后灵魂每隔7天经过一个阴司，遭受各种苦难和折磨，直到第七个7日才结束，因此，孝子贤孙们必须每隔7天就设斋祭奠，以减轻死者的罪孽和痛苦。道教也乘机附会其说，并宣称道士能代天肆赦，送魂登天。在这些说教的影响下，宋代持丧之家往往建造道场，"命僧道诵经，设斋作醮作佛事"[1]，贫穷之家邀请僧道数人，富裕之家则邀请数千人，念经超度亡灵。在宋代，这种习俗不仅盛行民间，甚至渗进皇家丧礼之中。如真宗死后，仁宗下诏"每七日于观音启圣院、开宝寺塔设斋会，中书、枢密院分往行香"[2]。英宗死后，神宗于熙宁元年（1068年）十二月二十六日下诏："将来大祥，令诸路、州、府、军、监各就寺观破系省钱，请僧道三七人，建道场七昼夜，罢散日设斋醮一事，各赐看经施利钱三十贯。道士少处只据人数设醮。"[3]

撞钟习俗在五代时就已存在。文莹《湘山野录》载，江南国主李昪生前因听信谗言，杀掉和州降卒千余人，死后遭受五木缧械囚禁之苦。他获知一个误入阴府的百姓将返回人间，便叮嘱此人转告嗣主李璟："凡寺观鸣钟当延之令永，吾受苦，惟闻钟则暂休，或能为吾造一钟尤善。"李璟得知此事后，就在清凉寺建造一座大钟，时时撞击，以助其父灵魂脱幽出厄[4]。这个故事虽系荒诞，但说明撞钟与建道场一样，可以减轻死者在阴府里遭受的痛苦。正是基于这个原因，宋代"用浮屠法击钟"的习俗十分流行。景德二年（1005年），鉴于"文武官亡殁，诸寺击钟未有定制"，北宋政府规定在京城内"自今大卿监、大将军、观察使、命妇郡夫人已上，即据状闻奏，许于天清、开宝二寺击钟，其声数旋俟进止，自余悉禁"[5]，从而将撞钟变成品官贵族才能享有的特权。

---

① 王栐：《燕翼诒谋录》卷三，北京，中华书局，1985年点校本。
② 徐松辑：《宋会要辑稿》，《礼》二九之二十，北京，中华书局，1957年影印本。
③ 徐松辑：《宋会要辑稿》，《礼》二九之五六，北京，中华书局，1957年影印本。
④ 文莹：《湘山野录》卷下，北京，中华书局，1984年点校本。
⑤ 《宋史》卷一百二十五，《礼》二十八，北京，中华书局，1985年点校本。

（二）北方各民族丧葬习俗

1. 契丹族丧葬习俗。契丹早期流行树葬和火葬。《契丹国志》载："父母死而悲哭者，以为不壮，但以其尸置于山树上，经三年后，乃收其骨而焚之。因酌酒而祝曰：'冬月时，向阳食；夏月时，向阴食；我若射猎时，使我多得猪鹿。'"①《旧唐书》卷一百九十九下《契丹传》记载的内容更加详细："其俗死者不得作冢墓，以马驾车送入大山，置之树上，亦无服纪。子孙死，父母晨夕哭之；父母死，子孙不哭。"由此看来，契丹早期的丧葬习俗是一种非常原始的葬俗。

契丹建国后，古老的树葬习俗逐渐被废弃，契丹族也进入土葬和火葬并行时期。

土葬是辽代契丹人最主要的葬式。随着契丹族汉化的加深，其墓葬形制、结构和风格等都发生了重要变化。即形制上由圆形、方形向多角形发展，构造上由砖砌单室墓向砖、石、木混合筑成的多室墓发展，随葬品由简单的生活用品向贵重的金属器皿和装饰品发展②。

契丹族还有一种比较奇特的葬俗，就是将尸体制成干尸，然后在各部位穿上铜丝网络，面部覆盖上金属面具。文惟简《虏廷事实》记载："其富贵之家，人有亡者，以刃破腹，取其肠胃涤之，实以香药盐矾，五彩缝之。又以尖苇筒刺于皮肤，沥其膏血且尽。以金银为面具，铜丝络其手足。"③ 经过药物处理后，尸体就变成一具不易腐烂的"木乃伊"。近年来，考古工作者在内蒙古赤峰地区、哲里木盟南部和辽宁省西部朝阳地区，发现了大量带有金属面具和铜丝网络的墓葬，证明这种特殊的葬俗在辽代契丹族中确实存在过。

火葬在辽代初期比较流行，且以平民百姓居多。辽代契丹人火葬习俗主要是其原始葬俗的遗留，与中原汉族受佛教影响而实行火葬的情况不同。

2. 党项族丧葬习俗。党项人主要葬俗有火葬、土葬两种方式。

火葬是党项人的传统葬俗。《旧唐书》卷一百九十八《党项传》记载，党

---

① 叶隆礼：《契丹国志》卷二十三，《国土风俗》，上海古籍出版社，1985 年点校本。
② 参阅冯继钦等：《契丹族文化史》，哈尔滨，黑龙江人民出版社，1994 年版。
③ 文惟简：《虏廷事实》，《说郛》本。

项"死则焚尸，名为火葬"。焚尸后再建坟墓，或者将骨灰埋于山洞或石穴之中。西夏建国后，党项的焚尸传统与佛教的火葬习俗融混为一，构成一种礼仪繁缛的丧葬仪式。《马可·波罗游记》中记载了沙州（今敦煌）一带的火葬仪式：焚尸前，死者的亲属在丧柩经过的路上建造一木屋，覆以金锦绸绢。当灵柩经过此屋时，屋中人在灵前呈献酒肉及其他食物。等到了焚尸场，亲属把预先准备好的纸人、纸马、纸骆驼、冥币与尸体一起焚烧。据说这样，死者在彼世就得到相等数量的奴婢、牲畜和钱财。

土葬是党项人汉化的结果。位于今贺兰山东部的西夏王陵是党项土葬墓的代表。其丧葬习俗基本上取法于宋朝葬俗，同时又保留了党项人传统的文化习俗。如陵台呈塔形；党项人以西为尊，故献殿、墓道、墓室和陵台都位于陵园偏西处；墓内有大量完整的幼羊、幼狗、铜牛、石马等随葬品。这些都是党项游牧民族独特葬俗的反映。

3. 女真族丧葬习俗。女真族早期以土葬为主，"死者埋之而无棺椁"[1]。金代中叶以后，随着社会经济的发展、汉化的加深和佛教的盛行，其埋葬习俗也发生了很大的变化，不仅从土葬发展到火葬，而且从原来简单的土坑墓发展到比较豪华的大型石室或砖室墓，从"无椁棺之具"发展到有木棺和石函等葬具。随葬品也由简单的马具、陶器、铁器发展到金银玉器和瓷器，官僚贵族的墓前也置有石碑和雕像[2]。

劓面是女真丧礼中一个较有特色的仪式。《大金国志·初兴风土》记载，女真人"其亲友死，则以刀劓额，血泪交下，谓之送血泪"。《金史》卷七十《撒改传》也记载：天辅五年（1121 年），撒改薨，"太祖往吊，乘白马，劓额哭之恸"。可见，劓面是女真人在极度悲痛时才做出的举动。随着女真族汉化程度的加深，劓面习俗逐渐废弃。

殉葬是早期女真丧礼的一项重要仪式。《大金国志·初兴风土》记载："贵者生焚所宠奴婢、所乘鞍马以殉之。"[3]用活人或牲畜殉葬，是原始社会后期普遍存在的习俗，对于处在文明社会边缘的女真族来说，存在这一习俗并不奇怪。女真建国后，殉葬品逐渐改用无生命的生产工具和生活用品。

---

①③ 宇文懋昭：《大金国志》卷三十九，《初兴风土》，北京，中华书局，1986 年点校本。

② 李健才：《金代女真墓葬的演变》，见《辽金史论集》第四辑，北京，文献出版社，1989 年版。

4. 蒙古族丧葬习俗。蒙古族的葬式有土葬、火葬和天葬。

蒙古人盛行土葬，但其土葬的方式与中原汉族截然不同，而是"刳木为棺"，不封不树。具体做法是："用梡木二片，凿空其中，类人形大小，合为棺。置遗体其中，加髹漆毕，则以黄金为圈。三圈定，送至其直北园寝之地，深埋之，则用万马蹴平。俟草青方解严，则已漫同平波，无复考志遗迹。"① 《元史·祭祀志》的记载也大致相同。

火葬和天葬是蒙古族接受喇嘛教后才出现的葬俗。火葬由喇嘛主持，将死者净身后用白绸或白布裹上，置放于坐棺中，运至喇嘛卜测的吉地，将死者与棺木一起烧掉。天葬的做法是：将死者用白布缠身，置于马车上，任其奔走颠簸。三日后家人沿着车辙寻找。如尸体被鸟兽食尽，则认为死者已升入天堂，皆大欢喜；反之，则认为死者生前罪孽深重，需请喇嘛念经超度。

在北方的契丹、女真和蒙古等族中，都流行"烧饭"习俗。《契丹国志》载，辽主"既死，则设大穹庐，铸金为像，朔、望、节、辰、忌日辄致祭。筑台高丈余，以盆焚食，谓之烧饭"②。《大金国志·初兴风土》记载女真族也有此俗，"其祭祀饮食之物尽焚之，谓之烧饭"。《元史·祭祀志》"国俗旧礼"条亦云："葬后，每日用羊二次烧饭以为祭，至四十九日而后已。"由此可见，烧饭是契丹、女真和蒙古族特有的丧葬礼俗，是指在安葬死者后，每逢朔、望、节辰和忌日焚烧酒食的祭祀仪式。明清之际，北迁的蒙古人继续保持这种习俗。时至今日，这种习俗仍然存在于蒙古族祭祖活动之中。

六、节日习俗

宋元时期的节日习俗基本上继承了汉唐的传统和习惯，并在社会发展和民族融合的时代背景中，增加了一些新的内容，具有了一些新的特征。

（一）宋元时期主要节日

1. 元旦。元旦，即正月初一。宋人吴自牧《梦粱录》卷一《正月》说：

---

① 叶子奇：《草木子》卷三下，《杂制篇》，北京，中华书局，1959 年点校本。
② 叶隆礼：《契丹国志》卷二十三，《建官制度》，上海古籍出版社，1985 年点校本。

"正月朔日，谓之元旦，俗呼为新年。"元旦是宋元时期最盛大隆重的节日。王安石《除日》诗云："爆竹声中一岁除，春风送暖入屠苏。千门万户曈曈日，总把新桃换旧符。"① 道出了宋代春节的传统习俗和热闹气氛。为迎接元旦，城市乡村家家洒扫门间，去尘秽，净庭户，挂桃符，贴年画。元旦凌晨，合家老小衣冠整洁，祭拜祖先，燃放鞭炮，然后走家串户，拜年贺岁。官员士大夫们倘若时间和精力有限，"不能亲至者，每以束刺签名于上，使一仆遍投之"②。城市内更是热闹非凡，"街坊以食物、动使、冠梳、领抹、缎匹、花朵、玩具等物沿门歌叫关扑。不论贫富，游玩琳宫梵宇，竟日不绝。家家饮宴，笑语喧哗"③。元旦佳节自然少不了饮酒助兴，"世俗皆饮屠苏酒，自幼及长"④。宫廷过年也十分隆重。朝廷于上午举行元旦大朝会，文武百官身着冠冕朝服，向皇帝进酒贺寿。诸州进奏使各执方物以献，诸外国正、副贺正使随班入贺。朝贺毕，皇帝就殿赐宴招待群臣。晚筵时，"用烟火，进市食，赏灯，并如元夕"⑤，把整个夜空点缀得绚丽多彩。

辽朝、金朝和元朝宫廷同样庆贺元旦，但各民族仍保留一些特殊的习俗。契丹族"正旦，国俗以糯饭和白羊髓为饼，丸之若拳，每帐赐四十九枚。戊夜，各于帐内窗中掷丸于外。数偶，动乐，饮宴。数奇，令巫十有二人鸣铃，执箭，绕帐歌呼，帐内爆盐垆中，烧地拍鼠，谓之惊鬼，居七日乃出"⑥。蒙古族尚白色，在元旦这天，上至帝王官员、下至平民百姓都穿白色服装，相互赠送白色礼物，连各地官府向皇帝进献的礼品也要配上白布。

2. 立春。立春是农耕社会的传统节日。立春之日，有敬芒神、击土牛的习俗。南宋时，临安府在立春前一天进献春牛（土牛）于禁庭，至立春日凌晨，皇帝亲临现场，内官用五色丝杖鞭牛，以示劝耕。尔后，赏赐宰执百官金银幡胜和各种春盘。春盘一般是用韭菜、羊角葱、水红萝卜等蔬菜拼制而成，

---

① 王安石：《临川先生文集》，《除日》，北京，中华书局，1959 年点校本。
② 周密：《癸辛杂记》，《送刺》，北京，中华书局，1988 年点校本。
③ 吴自牧：《梦粱录》卷一，《正月》，《学津讨原》本。
④ 赵彦卫：《云麓漫钞》卷五，《四库全书》本。
⑤ 周密：《武林旧事》卷二，《元正》，杭州，西湖书社，1981 年版。
⑥ 《辽史》卷五十三，《礼志六》，北京，中华书局，1974 年点校本。

"翠缕红丝，金鸡玉燕，备极精巧，每盘直万钱"①。各州县仿效京都的做法，由地方长官率僚佐用彩杖鞭春牛。鞭牛讫，府中大摆宴席。鞭碎的土牛分送给官宦之家，以兆丰稔。民间百姓在立春日普遍吃春饼和春盘，并制作春饼、春盘相互馈赠。

北方的辽、金、元三朝受汉地风俗的影响，也举行进鞭春牛活动，其程序和内容与汉族地区基本相同。

3. 元宵节。元宵节，又称上元节、元夕节、灯节。闹花灯、吃元宵是元宵节最主要的活动。宋代帝王们十分热衷于灯节活动。乾德五年（967年），将灯节由唐代的3夜增加到5夜，即从正月十四日延长到十八日。淳祐三年（1243年），又增加到6夜，即从十三日到十八日。元宵节期间，东京城内热闹异常，开封府在大内正对宣德楼搭起五彩山棚，上面画有神仙故事和市井人物，"彩山左右，以彩结文殊、普贤，跨狮子、白象，各于手指出水五道，其手摇动"②。山棚左、右门柱上用草把绑成游龙形状，用青幕遮笼，上面密置灯烛数万盏，望之蜿蜒如双龙飞走，甚是壮观。自灯山至宣德楼横向大街，全部用棘刺围绕，"内设两长竿，高数十丈，以缯彩结束，纸糊百戏人物，悬于竿上，风动宛如飞仙"③。相国寺中也是热闹非凡。大殿前设乐棚，诸军作乐。两廊有诗牌灯，上书"天碧银河欲下来，月华如水照楼台"及"火树银花台，星桥铁锁开"的诗句。其灯用木牌制成，雕镂成字，"以纱绢幂之于内，密燃其灯，相次排定，亦可爱赏"④。最热闹的九子母殿、东西塔院、惠林、智海和宝梵等处，竞陈灯烛，光彩争华，直至达旦。南宋临安城内，张灯、观灯风气丝毫不逊于东京。"一入新正，灯火日盛，皆修内司诸珰分主之，竞出新意，年异而岁不同。往往于复古、膺福、清燕、明华等殿张挂，及宣德门、梅堂、三闲台等处，临时取旨，起立鳌山"⑤。鳌山上挂满各地进献的花灯，如用五色琉璃制成的苏州灯，用白玉制成的福州灯，都是当时名牌花灯。新安所进"无骨灯"极为奇妙，"其法用绢囊贮粟为胎，因之烧缀，及成去粟，则混然玻

---

① 周密：《武林旧事》卷二，《立春》，杭州，西湖书社，1981年版。
②③ 孟元老：《东京梦华录》卷六，《元宵》，北京，中华书局，1982年点校本。
④ 孟元老：《东京梦华录》卷六，《十六日》，北京，中华书局，1982年点校本。
⑤ 周密：《武林旧事》卷二，《元夕》，杭州，西湖书社，1982年版。

璃球也"①。宫中也制作琉璃灯山，"其高五丈，人物皆用机关活动，结大彩楼贮之"。宣德门前的鳌山上更是灯火辉煌，"山灯凡数千百种，极其新巧，怪怪奇奇，无所不有"②。临安大街小巷，家家灯火，处处管弦，数十支舞队和傀儡戏穿梭于大街小巷，士庶百姓尽情游赏，通宵达旦。

除了张灯外，宋代元宵节还有吃元宵的习俗。《武林旧事·元夕》中记载的乳糖圆子和澄沙团子，也就是今天的元宵。但总体上看，宋代元宵还属于稀罕、珍贵之物，食用还不十分普及。

金朝和元朝也有元宵张灯结彩的习俗，但多流行于宫廷、城市和汉人居住区。

4. 寒食与清明。寒食节源自纪念春秋时晋国大臣介子推，因其死于清明前三日，故民间在这三天内禁火冷食。寒食节与清明节日期非常接近，人们常将二节合为一体。唐宋以降，清明节逐渐代替了寒食节，成为以祭祖扫墓为中心的全国性节日。

宋人一般在寒食节前一天准备好麦糕、枣糕、馓子和乳饼等食品，以供 3 天食用。寒食之日，东京居民"用面造枣䭅飞燕，柳条串之，插于门楣，谓之子推燕"③。南宋临安城内，也是家家以柳条插于门上，官宦人家还在柳条上加上枣䭅。不论官民士庶之家，子女未冠笄者，均在此日上头。

清明节的主要活动是扫墓。是日，"官员士庶，俱出郊省坟，以尽思时之敬"④。扫墓内容包括周胝封树，剪除荆草，焚香烧纸，呈献酒馔。临安南北两山之间，"车马纷然，而野祭者尤多，如大昭庆九曲等处，妇人泪妆素衣，提携儿女、酒壶、肴罍"⑤。祭祖扫墓往往与郊游踏青相结合，成为二者兼顾的户外娱乐活动。东京城外，"四野如市，往往就芳树之下，或园囿之间，罗列杯盘，互相劝酬。都城之歌儿舞女，遍满园亭，抵暮而归"⑥。南宋临安清明野游更是盛况空前，"宴于郊者，则就名园方圃、奇花异卉之处；宴于湖者，

① 周密：《武林旧事》卷二，《灯品》，杭州，西湖书社，1982 年版。
② 周密：《武林旧事》卷二，《元夕》，杭州，西湖书社，1982 年版。
③⑥ 孟元老：《东京梦华录》卷七，《清明节》，北京，中华书局，1982 年点校本。
④ 吴自牧：《梦粱录》卷二，《清明节》，《学津讨原》本。
⑤ 周密：《武林旧事》卷三，《祭扫》，杭州，西湖书社，1981 年版。

则彩舟画舫，款款撑驾，随处行乐"①。"慎终追远"的孝思早已被及时行乐的喧闹冲淡得一干二净。

元代清明节比较有特色。《析津志辑佚·风俗》载："清明寒食，宫廷于是节最为富丽。起立彩索秋千架，自有戏蹴秋千之服。金绣衣襦，香囊结带，双双对蹴。绮筵杂进，珍馔甲于常筵。中贵之家，其乐不减于宫阃。达官贵人，豪华第宅，悉以此为除被散怀之乐事。"清明节纯粹变成吃喝玩乐的节日，这可能是受蒙古族习俗的影响。

5. 端午。端午又名端阳、端五、端节、蒲节。相传战国时楚大夫屈原壮志难酬，于五月五日投汨罗江而死。人们为悼念他，以粽子投入水中，以免鱼龙水兽伤害屈原的身体。这种活动后来演化为端午节。至宋元时期，端午节吃粽子、饮雄黄酒、赛龙舟、在门上挂菖蒲和艾已经成为约定俗成的事，但南北各地习俗稍有差异。东京"自五月一日及端午节前一日，卖桃、柳、葵花、蒲叶、佛道艾，次日家家铺陈于门首，与粽子、五色水团、茶酒供养，又钉艾人于门上。士庶递相宴请"②。临安居民，"以青罗作赤口白舌帖子，与艾人并悬门楣，以为禳袪。道宫法院，多送佩带符箓。而市人门首，各设大盆，杂植艾蒲葵花，上挂五色纸钱，排钉果粽。虽贫者亦然"③。达官贵人还能得到皇帝赏赐的细葛、香罗、蒲丝、艾朵、彩团和巧粽之类。巧粽形状多样，有"楼阁、亭子、车儿诸般巧样"④。

契丹人也过端午节。"五月重五日，午时，采艾叶和绵著衣，七事以奉天子，北南臣僚各赐三事，君臣宴乐，渤海膳夫进艾糕。以五彩丝为索缠臂，谓之'合欢结'。又以彩丝宛转为人形簪之，谓之'长命缕'"⑤。女真人也非常重视端午节。大定二十四年（1184年）五月，金世宗因念及"本朝风俗重端午节"⑥，因而回到上京，与宗室父老欢聚宴饮，竟日乃罢。《金史》卷三十五《礼志》还记载，金朝在端午节行拜天之礼，礼毕，举行射柳和击球活动。元

① 吴自牧：《梦粱录》卷二，《清明节》，《学津讨原》本。
② 孟元老：《东京梦华录》卷八，《端午》，北京，中华书局，1982年点校本。
③ 周密：《武林旧事》卷三，《端午》，杭州，西湖书社，1981年版。
④ 无名氏：《西湖老人繁胜录》，涵芬楼本。
⑤ 《辽史》卷五十三，《礼志六》，北京，中华书局，1974年点校本。
⑥ 《金史》卷八《世宗纪下》，北京，中华书局，1975年点校本。

代无论南北各地都举行端午节庆活动，其中元朝宫廷的击球、射柳活动及大都城内的"赛关王会"活动颇具民族特色，其他内容基本上沿承宋代习俗。

6. 中秋。中秋节又名仲秋节、团圆节。《梦粱录》卷四《中秋》解释说："八月十五日中秋节。此日三秋恰半，故谓之中秋。此夜月色倍明于常时，又谓之月夕。"

宋人非常重视中秋节日。东京每逢中秋节，所有酒楼都要重新装饰门面，用彩绢扎成牌楼，出售新酒佳酿。大街两旁店铺里，螯蟹、石榴、梨子、栗、葡萄和橘子等新鲜食品琳琅满目，极大地满足了人们欢度佳节的需要。

中秋之夜，金风荐爽，丹桂飘香，引发了人们赏月的兴致和情趣。在东京开封，"中秋夜，贵家结饰台榭，民间争占酒楼玩月"①。临安城内，"王孙公子，富家巨室，莫不登危楼，临轩玩月。或开广榭，玳筵罗列，琴瑟铿锵，酌酒高歌，以卜竟夕之欢。至如铺席之家，亦登小小月台，安排家宴，团圆子女，以酬佳节。虽陋巷贫窭之人，解衣市酒，勉强迎欢，不肯虚度。此夜天街卖买，直至五鼓。玩月游人，婆娑于市，至晓不绝"②。浙江一带，还放羊皮小水灯数十万盏，浮满水面，灿若繁星，成为一时之胜景。

中秋吃月饼的习俗，在宋代已经存在。宋人吴自牧《梦粱录》所载食物中已有"月饼"一词。当时月饼有"荷叶"、"金花"、"芙蓉"等名称，制作方法比较精致。苏东坡有诗称赞："小饼如嚼月，中有酥与饴。"其形状和配料与今天月饼相差无几。

7. 重阳节。重阳节，又称重九节、九月九、茱萸节和菊花节。因《易经》定"九"为阳数，两九相重，故名重阳。汉代以来，重阳节登高、插茱萸、食糕、赏菊、饮菊花酒成为民间相沿不改的习俗。

重阳时节，秋高气爽，山清云淡。登高远眺，旖旎风光尽收眼底，令人心旷神怡，豪情满怀。宋人对重阳登高有浓厚的兴趣。这一天，东京居民"多出郊外登高，如仓王庙、四里桥、愁台、梁王城、砚台、毛驼冈、独乐冈等处宴聚"③。

---

① 孟元老：《东京梦华录》卷八，《中秋》，北京，中华书局，1982年点校本。
② 吴自牧：《梦粱录》卷四，《中秋》，《学津讨原》本。
③ 孟元老：《东京梦华录》卷八，《重阳》，北京，中华书局，1982年点校本。

插茱萸是重阳节习俗之一。宋人称茱萸为"辟邪翁",具有逐邪御寒的功效。因而重阳之日,城乡居民不但在头上、地上遍插茱萸,还将茱萸放入酒中饮用。

宋代有重阳节食菊糕的习俗。菊糕制作的方法因地而异。东京居民在节前一二日,"各以粉面蒸糕遗送,上插剪彩小旗,掺钉果实,如石榴子、栗子黄、银杏、松子肉之类。又以粉作狮子蛮王之状,置于糕上,谓之狮蛮"①。临安居民则制作菊糕,"以糖肉秫面杂糅为之,上缕肉丝鸭饼,缀以榴颗,标以彩旗"②。店肆"以糖面蒸糕,上以猪羊肉鸭子为丝簇钉,插小彩旗,名曰重阳糕"③。重阳节日,亲朋友邻往往互相赠送糕点,以祝愿对方"百事皆高"。

重阳节赏菊风气在宋代也非常浓厚。东京和临安城内,每逢重阳佳节,菊花开满园圃庭院,给秋风萧瑟的城市增添了一番美景。临安城内菊花品种有七八十种之多,"白黄色蕊若莲房者,名曰万龄菊,粉红色者名曰桃花菊,白而檀心者名曰木香菊,纯白且大者名曰喜容菊,黄色而圆者名曰金铃菊,白而大心黄者名曰金盏银台菊"④。赏菊是社会各阶层的共同爱好,不但宫廷、贵家在此日赏菊品花,"士庶之家,亦市一二株玩赏"⑤。酒肆甚至别出心裁,"以菊花缚成洞户",以迎合文人学士们饮酒赏菊的雅趣。

赏菊必咏菊。宋代文人墨士面对在飒飒秋风中挺立、开放的菊花,常常咏菊喻志,抒发情怀。如晏几道的《阮郎归》:"绿杯红袖趁重阳,人情似故乡。兰佩紫,菊簪黄,殷勤理旧狂。"⑥ 写出了簪菊豪饮的欢快心情。也有诗人借菊抒发忧思和哀怨。王安石的《咏菊》:"院落秋深数菊丛,缘花错莫两三蜂。蜜房岁晚能多少,酒盏重阳自不供。"⑦ 道出了仕途受挫的抑郁心情。李清照的《醉花阴·九日》:"薄雾浓云愁永昼,瑞脑消金兽。佳节又重阳,玉枕纱厨,半夜凉初透。东篱把酒黄昏后,有暗香盈袖。莫道不消魂,帘卷西风,人比黄花瘦。"⑧ 则表达了孤独凄凉的心情。

① 孟元老:《东京梦华录》卷八,《重阳》,北京,中华书局,1982年点校本。
②③ 周密:《武林旧事》卷三,《重九》,杭州,西湖书社,1981年版。
④⑤ 吴自牧:《梦粱录》卷五,《九月》,《学津讨原》本。
⑥ 晏几道:《小山词》,《阮郎归》,《四库全书》本。
⑦ 王安石:《临川先生文集》卷二十八,《咏菊二首》,北京,中华书局,1959年点校本。
⑧ 李清照:《漱玉集注》,《醉花阴·九日》,济南,山东人民出版社,1963年版。

契丹、女真和蒙古族受汉族的影响，也有过重阳节的习俗，但与中原内地习俗并不完全相同。契丹族"九月重九日，国主打围斗射虎，少者输重九一筵席。射罢，于地高处卓帐，与番、汉臣登高，饮菊花酒。出兔肝切生，以鹿舌酱拌食之"。"又以茱萸研酒，洒门户间辟恶。亦有入盐少许而饮之者"①。女真族也有重九出猎的习俗，汉化较深的女真贵族甚至模仿汉族儒士，在此日举行登高、赏菊、插茱萸活动。元代汉族地区基本上沿袭宋代重九节的习俗。北方蒙古族恰好在这一天举行洒马奶节，"洒白马湩，修时礼也。其什器皆用禾桦，不以金银为饰，尚质也"②。

8. 冬至。冬至也是我国古代一个隆重的节日，有亚岁、小年之称。《东京梦华录》卷10《冬至》称："十一月冬至，京师最重此节，虽至贫者，一年之间，积累假借，至此日更易新衣，备办饮食，享祀先祖。官放关扑，庆贺往来，一如年节。"南宋临安也非常重视冬至岁节，"三日之内，店肆皆罢市，垂帘饮博，谓之做节"③。冬至之日，朝廷举行大朝会，并如元旦礼仪。都城居民交相庆贺，馈送节仪。妇人小孩服饰华美，往来如云。其热闹气氛的确不亚于过年。

祭天、祭祖是冬至节官方民间的共同活动。据《梦粱录》记载，冬至这一天，太庙举行荐黍典礼，朝廷命宰执祭祀圜丘，车驾诣攒宫朝享。一般百姓则祭祀祖先，焚烧纸钱和纸衣。临安居民还前往岳祠、城隍庙烧香祈福。

馄饨是宋人冬至节的主要食品，祭祀祖先也不例外，故有"冬馄饨、年馎饦"之谚。富贵人家吃百味馄饨，即一个盘子中装十几种不同馅的馄饨，以满足不同的口味。

北方各游牧民族中，契丹族过冬至节颇有特色。《辽史》卷五十三《礼志六》记载："冬至日，国俗，屠白羊、白马、白雁，各取血和酒，天子望拜黑山。黑山在境北，俗谓国人魂魄，其神司之，犹中国之岱宗云。每岁是日，五京进纸造人马万余事，祭山而焚之。俗甚严畏，非祭不敢近山。"

以上所述的八种节日，仅仅是宋元时期众多节日的一部分。此外，还有中

---

① 叶隆礼：《契丹国志》卷二十七，《岁时杂记》，上海古籍出版社，1985年点校本。
② 张德辉：《纪行》，见王恽：《秋涧先生大全集》卷一百，《玉堂嘉话八》，《四部丛刊》本。
③ 周密：《武林旧事》卷三，《冬至》，杭州，西湖书社，1981年版。

和节（二月初一）、七夕节（七月初七）、中元节（七月十五）、腊八（十二月初八）、除夕和宋辽金各朝帝王们的圣节以及上巳日、人日、佛生日等宗教性纪念节日。这些节日展现了宋元时期民俗文化丰富多彩的面貌，显示了人们的聪明才智和审美情趣。

（二）宋元时期节日文化的特点

宋元时期，社会经济的发展，科学技术的进步，民族融合的加深，宗教习俗的影响，使这一时期的节日习俗出现了与前代截然不同的特点。

第一，在汉族与契丹、女真、蒙古等民族相互融合的历史大潮中，中原汉族的某些传统节日习俗逐渐北传，在一段时间的磨擦、揉合后，内化为各民族共同的习俗。其中最典型的事例莫过于金代元宵节张灯一事。女真族本来深居北地寒原，不谙汉族元夕张灯习俗。天会七年（1129 年），有个被俘虏到会宁府的中原僧人，在元宵节"以长竿引灯球，表而出之，以为戏"①。金太宗见到后非常惊讶，以为是天上星星。虽经左右臣僚再三解释，太宗仍然怀疑僧人以灯作暗号，"啸聚为乱"，于是杀死了这位中原文明的传播者。后来女真人深入燕地，才了解和接受了元夕张灯的习俗。天德三年（1151 年）正月，"初造灯山于宫中"②，欢庆佳节。大定二十七年（1187 年）正月，"元夕张灯，琉璃、珠璎、翠羽、飞仙之类不一，至有一灯金珠为饰者，都人男女盛饰观玩，至十八日而罢"③。与汉地习俗并无二致。

第二，随着社会经济的发展和人们文化素质的提高，不少传统节日的宗教迷信色彩逐渐减少，发展为礼仪性、娱乐性的文化活动。如燃放爆竹本来是一种驱鬼避邪的巫术，宋元时期已演变成辞旧迎新的仪式；元夕祭神灯火也演变为灯火艺术；寒食和清明节则由原来的祭祀扫墓发展为春游和踏青活动；中秋祭月演变为全家团圆、赏月食饼的娱乐活动。

第三，科学技术的发展，为人们的节庆活动增添了无穷的乐趣。如火药发明后，被广泛应用于制造爆竹和烟火。除单响"爆仗"外，宋人还制造出"鞭

---

① 宇文懋昭：《大金国志》卷十八，《世宗圣明皇帝下》，北京，中华书局，1986 年点校本。
②《金史》卷五，《海陵本纪》，北京，中华书局，1975 年点校本。
③ 宇文懋昭：《大金国志》卷十八，《世宗纪下》，北京，中华书局，1986 年点校本。

炮"，"内藏药线，一爇连百余不绝"①。雕版印刷技术也被用来印刷年画。1909 年发现的宋版"隋朝窈窕呈倾国之芳容"，是现存最早的木刻年画，画有王昭君、赵飞燕、班姬、绿珠四大美人，习称《四美图》。

第四，为体现皇权至高无上，宋、辽、金王朝都把帝王诞日列为"圣节"，从而使中国古代传统节日又增加了一个政治色彩浓厚的新节日。据史载，辽代"圣节"有辽太宗的天授节、辽景宗的天清节、辽圣宗的千龄节、辽兴宗的永寿节、辽道宗的天安节。宋代"圣节"有宋太祖的长春节、宋太宗的乾明节、宋真宗的承天节、宋仁宗的乾元节、宋英宗的寿圣节、宋神宗的同天节、宋哲宗的兴龙节、宋徽宗的天宁节、宋钦宗的乾龙节、宋高宗的天申节、宋孝宗的会庆节、宋光宗的重明节、宋理宗的天基节、宋度宗的乾会节、宋帝显的天瑞节。金代"圣节"有金太宗的天清节、金熙宗的万寿节、金世宗的万春节、金章宗的天寿节、卫绍王的万秋节、金宣宗的长春节、金哀宗的万年节。每逢新皇帝登位，新老"圣节"自然交替。圣节之日，文武百官、外国使臣依次上殿祝寿，各州郡也纷纷进献礼物，并在道观、寺院中行香祝寿。

① 周密：《武林旧事》卷三，《岁除》，杭州，西湖书社，1981 年版。

第十一章
宋元文化的
对外辐射与交流

　　宋元时期，绚丽、辉煌的汉文化以其丰富的内涵和巨大
的活力迅速向世界各地扩散，不仅对亚洲各国文化的兴盛作
出了重要贡献，而且对欧洲文明的发展进程产生了深远影
响。与此同时，在中外文化交流的过程中，作为"他山之
石"的异域文化因子也源源不断地传入中国，对中华文化的
发展起到了重要的补阙作用。

一、宋元文化对外辐射的途径

宋元文化的对外辐射和传播，主要是通过五种途径实现的。

（一）使节往来

宋元王朝都以开放、主动的姿态，积极发展与周边国家的外交关系，中外之间使节往来十分频繁。据粗略统计，北宋与高丽之间的使节往来达 80 多次，其中宋朝使节前往高丽有 24 次，高丽使臣赴宋有 60 多次。越南使节更是频繁入宋，自开宝六年（973 年）至淳祐十一年（1251 年），北部交趾先后入贡达 57 次，南部占城遣使入宋也将近 50 次。远在南洋群岛上的三佛齐也向宋朝遣派使节 30 余次。西亚地区的大食，从开宝元年（968 年）到乾道四年（1168 年）也遣使至宋近 50 次。

元朝与海外诸国的政治联系更加密切。高丽臣服于元朝后，基本上成为蒙元帝国的藩属。因此，除了数百次使节往来外，高丽国王还经常率领大批人马赴元亲朝。高丽忠宣王禅位后定居元朝，在大都设立万卷堂，成为收集汉文献典籍和结交元朝文人儒士的大本营。在东南亚地区，缅甸至少 13 次遣使至元，而元朝使者也 6 次进行回访；泰国在 13 世纪末与元朝正式建交，仅至元三十年（1293 年）至大德四年（1300 年）的 8 年时间中，泰可素王朝就 12 次遣使至元，元朝也 3 次遣使回访。麻喏巴歇王朝统一印尼后，也积极发展与元朝的邦交关系，在元成宗至元顺帝统治期间（1295～1368 年），曾 12 次遣使至元。泰定三年（1326 年），其国王札牙纳哥亲自来访，向元廷贡奉金文豹、白猴和白鹦鹉，受到元政府的隆重接待。次年回国时，元廷不但回赠了大量衣服和弓矢，而且派专门人员沿途护送出境。此外，欧洲各国也纷纷遣派使节赴元。早在蒙古乃马真后四年（1245 年），罗马教皇就委派柏朗嘉宾率领使团首次出使蒙古，试图规劝蒙古军队停止西征并皈依天主教。海迷失后元年（1249 年），法国国王路易九世也派遣教士安德烈隆主麦勒、约翰、吉约木三人带着丰厚的礼物，出使蒙古，受到海迷失后的隆重接待。蒙哥汗三年（1253 年），法国又派出方济各会修士鲁布鲁克为首的使团，辗转来到和林，受到蒙哥汗的接见。

尽管法国使团意在执行外交和传教的双重使命，但在沟通东西方文化交流方面实有开榛辟莽之功。元世祖忽必烈在位期间（1260～1294 年），十分热衷于沟通东西方之间的往来，曾派遣景教教徒拉班·扫马和马可前往欧洲，先后觐见罗马教皇、法国国王腓力四世和英国国王爱德华一世，对发展蒙古和欧洲国家的外交关系起了极其重要的作用。元顺帝在位期间（1333～1368 年），元朝与罗马教皇之间也相互派遣使臣。后至元四年（1338 年），罗马教皇派遣马黎诺里率领一支由 50 人组成的庞大使团，携带信函和礼物回访元朝，于至正二年（1342 年）八月到达大都。这些使臣回国后，大都著书立说，介绍蒙元帝国的政治、军事情况及风土人情，较突出的有柏朗嘉宾的《蒙古史》、鲁布鲁克的《鲁布鲁克东行记》和马黎诺里的《马黎诺里奉使东方录》等。这些著作如同一只只看不见的手，慢慢撩开中华帝国头上古老而又神秘的面纱，使欧洲人对遥远的中华帝国的模糊印象逐渐变得清晰起来，中国与欧洲的文化交流就在这种宽松的环境中更加频繁而持久地展开。

（二）僧侣和传教士活动

僧侣和传教士出于对宗教的虔诚和热忱，往往将生死置之度外，远赴异域传教或前来中国取经，使宗教以及与宗教相关的文化成果得到广泛的传播。据日本学者藤家礼之助统计，"在整个北宋时代的一百六十余年间，入宋的僧侣是二十余人，但在南宋的一百五十余年间，仅史料上载明的入宋僧就超过了百人。这个僧侣数可与唐代的鼎盛时期相匹敌"[①]。日僧在宋境巡礼佛迹、求法学禅，回国时还携带大量的宗教经典和世俗典籍。如雍熙三年（986 年），奝然返回日本，带回宋版《大藏经》及《新译经》286 卷。嘉定四年（1211 年），俊芿回国时，携回律宗大小部文 1327 卷、天台教观文字 716 卷、华严章疏 175 卷、儒道书籍 256 卷、杂书 463 卷、法帖御书堂帖等碑文 76 卷、水墨罗汉 18 幅及释迦牟尼佛像等。元代时，入元日僧有姓名可考者有 200 余人，他们在元朝境内朝拜圣迹，游览名刹，同时收集佛教经典、文物，学习建筑、艺术、书法、绘画、印刷和茶道等。与日僧入宋、元的同时，宋元高僧也络绎不绝地赴

---

① （日）藤家礼之助：《日中交流二千年》，第 139 页，北京大学出版社，1982 年版。

日传教讲禅，著名者有兰溪道隆、义翁绍仁、兀庵普宁、大休正念、西涧士昙、无学祖元、一山一宁、清拙正澄、明极楚俊、竺仙梵仙等。他们在日本期间，创建寺院，弘播佛法，广招弟子，著书立说，不但对于日本的宗教文化和民族精神产生了重大影响，而且对于日本儒学、文学、书法、绘画的发展也有重要影响。

此外，宋元与高丽之间频繁的僧侣往来，促进了高丽佛教文化的发展。宋僧草堂、天封、德诚等前往越南弘传佛法，使越南佛教有了进一步的发展。宋僧前往印度取经求法，在一定程度上弥补了宋朝佛教经典的遗阙。

在欧亚大陆的西部，往来于元朝与欧洲之间的传教士也络绎不绝。如前所述，柏朗嘉宾、鲁布鲁克两支使团东来，及拉班·扫马西行欧洲，虽然肩负明确的外交重任，但同时也具有强烈的传教或朝圣的愿望。至元三十一年（1294年），方济各会教士约翰·孟德高维诺奉罗马教皇之命来华，则完全属于传教活动。孟德高维诺在大都建立天主教堂，"数年间举行洗礼者六千人"①，天主教由此传入中国，它和基督教的另一支派景教在元代都流传甚广，并兴盛一时。

（三）商贸活动

商贸活动不仅将物质文化传播到域外各国，也将精神文化的各种要素传到世界各地。据学者研究，北宋和高丽之间的商贸活动极其频繁。在北宋168年间，就有103批3169名商人前往高丽从事贸易活动②，宋朝丝绸、瓷器、漆器、铁器、药材、茶叶等物产被源源不断地运往高丽。宋代与日本的商贸活动则经历了一个从有限发展到自由开放的过程。北宋时，由于日本实行闭关锁国政策，宋日之间的贸易活动基本上由宋单方面进行，宋船前往日本达70次之多。南宋时，随着日本政坛形势的变化，中日贸易中消极、沉闷的气氛被彻底打破，宋日之间的商贸活动在自由开放的格局中如火如荼地进行，宋朝丝绸、织物、茶碗、文具等在中日商人往来贩运中输入日本。各种物产之外，汉文化典籍和宗教经典也通过各种隐蔽渠道悄悄流入日本和高丽。如景德三年（1006

① （瑞典）多桑：《多桑蒙古史》上册，第364页，北京，中华书局，2004年版。
② 杨昭全：《中朝关系史论文集》，第59页，北京，世界知识出版社，1988年版。

年），宋商曾令文向一条天皇的摄政官藤原道长赠献《白氏文集》和《文选》等书。天圣五年（1027 年），宋商李文通一次运往高丽的书籍就有 597 卷。天圣七年（1029 年），宋商在日本销售《唐音玉篇》和《白氏文集》等书。元祐二年（1087 年），宋商徐戬接受高丽政府的委托，以高价在杭州雕造《夹注华严经》。元代除了拥有宋代四通八达的贸易格局外，还重新恢复了沟通东西方的丝绸之路，使中国与欧洲之间的陆上贸易十分兴盛。威尼斯商人马可·波罗和他的叔父就是顺着这条商道前来中国经商的。马可·波罗辗转回国后，向人们讲述了在东方的所见所闻，被人整理成《马可·波罗寰宇记》，成为欧洲人了解中国的一个重要窗口。

（四）战争

毫无疑问，战争具有一定的残酷性，但战争在客观上促进了文化的传播。以蒙元帝国对外战争为例，忽必烈统治期间，曾两次发兵征讨日本，其结果不但没有使日本屈服和归顺，反而损兵折将，耗费国力。更有意思的是，一部分元兵被日本俘虏而定居日本，充当了中华文化传播者的角色。对此，《元史·日本传》这样记载：至元十八年（1281 年）八月七日，"日本人来战，尽死。余二三万为其虏去。九日，至八角岛，尽杀蒙古、高丽、汉人，谓新附军为唐人，不杀而奴之"①。木宫正彦《中日交通史》下卷引《东国通鉴》的记载更加清楚："日本择留工匠及知田者，余皆杀之。"② 说明一部分懂得手工业和农田生产技术的士兵被保留下来，这些人对日本社会经济文化的发展自然大有裨益。不仅如此，战争还直接促进了军事技术的传播。13 世纪中叶，旭烈兀率军远征西亚时，曾携带火箭、火轮、突火枪等火药武器，在战斗中发挥了巨大的威力。但后来战争形势急转直下，大批蒙古军和火药武器成了阿拉伯马木鲁克王朝的战利品，阿拉伯人因此掌握了制造和使用火药火器的技术。

宋元戏剧在 13 世纪传入越南，也是战争促进文化传播的一个例证。据《大越史记全书》记载："先是，破唆都时，获优人李元吉善歌，诸势家少年婢子从习北唱。元吉作古传戏，有《西方王母献蟠桃》等传，其戏有官人、朱

---

① 《元史》卷二百零八，《日本传》，北京，中华书局，1976 年点校本。
② 汪向荣、夏庞元编：《中日关系史资料汇编》，第 206 页，北京，中华书局，1984 年版。

子、旦娘、拘奴等号，凡十二人，着锦袍绣衣，击鼓吹箫，弹琴抚掌，闹以檀槽，更出迭入为戏，感人令悲则悲，令欢则欢。我国有传戏始此。"[1]

（五）移民

移民包括向国外移民和向国内移民两种形式。宋元时期，中国大地上曾出现两次大规模的移民浪潮。一次是宋末元初，在蒙古军队武力征讨的过程中，以汉族为主体的华人大量向东亚、东南亚、西亚乃至欧洲等地迁移，与此同时，俄罗斯、阿拉伯、波斯、叙利亚等国人民也被大量迁入中国境内。另一次是元末，国内政局动荡不安，再度引起大批华人流亡东南亚和东亚地区。

宋元对外移民中，政府官员、文人儒士和技术工匠在文化传播方面发挥了重要的作用。政府官员大量移居别国，是宋元移民史上一个突出现象。如南宋末年，"诸文武臣流寓海外，或仕占越，或婿交趾，或别流远国"[2]。宰相陈宜中、史部尚书陈仲微、参知政事曾渊以及大臣陈丁孙、赵忠、沈敬之、黄昺等都先后移居越南和泰国。这些人既具有丰厚的文化底蕴，又具有卓越的治国才能，对当地社会文化发展自然大有帮助。文人儒士向外迁移，其本身就是一种文化流动，他们不仅带去汉文化典籍，而且在各地兴校讲学，传播汉文化知识。手工工匠在文化传播方面同样功不可没。如福建雕版印刷名家俞良甫、陈荣孟移居日本，继续从事雕版印刷事业。俞良甫雕刻出版了《月江和尚语录》、《宗镜录》、《碧山堂集》、《文选》、《传法正宗记》、《新刊五百家注音辨唐柳先生文集》、《般若心经疏》、《无量寿禅日用清规》等八部书，陈孟荣则参与了篇幅浩大的《禅林类聚》的重刊工作[3]。他们对日本印刷业和宗教文化的发展作出了重大贡献。

蒙古军西征而引发的穆斯林大量移入中国，不仅使伊斯兰教在中国蓬勃发展，而且在中华民族大家庭中增加了一个新的民族——回族。元代回回"皆以

---

① 吴士连：《大越史记全书》，转引自《古代中越关系史资料选编》，第285页，北京，中国社会科学出版社，1982年版。

② 郑思肖：《心史》，转引自陈玉龙：《汉文化论纲》，第368页，北京大学出版社，1993年版。

③（日）木宫彦泰：《日中文化交流史》，第483～485页，北京，商务印书馆，1980年版。

中原为家，江南尤多"①，除一部分回回担任传教士和官员外，大部分从事手工业、商业贸易和农业生产，其中回回商人和传教士在沟通中西文化交流方面贡献尤多。回回商人将西亚的天文、历算、兵器、建筑、医药等科学技术介绍到元朝，推动了元朝科学技术的进一步发展。回回传教士则致力于宗教传播活动，在他们的努力下，伊斯兰教由唐宋时期的有限传播而发展成为元朝政府正式承认的合法宗教，与佛教、道教、基督教并驾齐驱，在元朝社会中具有广泛的影响。

二、宋元文化在东亚的传播

（一）宋元文化在朝鲜的传播

中国与朝鲜半岛的文化交流源远流长。迨至宋元时期，在中朝两国留学生、使节、商人、僧侣频繁往来过程中，宋元文化更是以空前的规模输入高丽，对高丽王朝的律令制度、文学艺术、意识形态和科学技术都产生了深刻的影响。

高丽王朝的政治制度完全以唐宋制度为蓝本。成宗年间（962～997年），高丽参酌唐宋制度，中央置三省，即内史门下省（统辖百僚事务）、尚书都省（统率百官）、三司省（总管钱谷出纳），其下设吏、兵、户、刑、礼、工六部，并仿宋枢密院之制，设中枢院掌管宿卫军机。此外，还设置御史台、国子监、礼宾司、大理寺、典医寺和艺文馆，几乎是宋代典章制度的翻版。

宋元文化对朝鲜影响最大的是宗教和儒学。

中国佛教大约是公元4世纪正式传入朝鲜半岛的，经历长期、反复地受容与排拒之后，逐渐在朝鲜半岛上扎根生长。新罗王朝时，出现了"五教九山"林立的盛况。高丽王朝继续奉佛教为国教，多次派遣僧侣和使臣入宋求取佛经。据《宋史》卷四百八十七《高丽传》记载，端拱二年（989年），高丽国王王治"遣僧如可赍表来觐，请《大藏经》，至是赐之"。淳化二年（991年），

---

① 周密：《癸辛杂记》续集上，北京，中华书局，1988年点校本。

高丽遣使韩彦恭来贡，求印佛经，宋廷"诏以《藏经》并御制《私藏诠》、《逍遥咏》、《莲华心轮》赐之"。天禧三年（1019年），高丽进奉使崔元信"进中布二千端，求佛经一藏"。真宗念其跋涉之苦，"诏赐经还布"。除了得到北宋政府赠送的三部《藏经》外，高丽王朝还多次派使者、僧侣、商人入宋购买其他经卷，甚至不惜巨资委托宋商徐戬在杭州雕造《夹注华严经》。取经之外，高丽还派遣谛观、圆应、义天、坦然、寿介、继常、颖流、菱善等僧侣入宋求法，其中义天对高丽佛教的发展贡献最大。义天入宋期间，从师学习华严教理和天台教观，并在杭州慧因禅院印造经论疏钞7000余帙；回国后，在兴王寺设教藏都监，刊行从宋、辽、日本购来的佛教典籍4740卷，合称《义天续藏经》；又在京都创建国清寺，正式创立佛教的天台宗，使高丽佛教出现了"五教两宗（曹溪宗、天台宗）"的新格局。为扩大佛教宣传，高丽王朝还依据北宋《开宝藏》（《宋藏》和《辽藏》），雕刻出5924卷的《大藏经》，成为高丽最具权威的佛教经典。

佛教之外，中国土生土长的道教也在宋代移入朝鲜半岛。政和三年（1113年），高丽在开京"始立福源观，以奉高真道士十余人"[1]，其斋醮科仪与宋朝道教并无二致。

儒学作为"齐家治国"之学，在高丽得到广泛的传播。高丽王朝建立后，仿照唐宋教育体制，在中央和地方都建立各类学校。其办学宗旨、教育内容、课程设置、教材选定乃至师资选拔，都与宋制如出一辙。在学校种类上，高丽仁宗时，中央官学已经发展为国子学、太学、四门学、律学、书学和算学六类，其中国子学、太学、四门学皆置博士助教。在教学内容上，以儒家经典《三礼》、《三传》、《孝经》、《论语》为主。在人才选拔上，高丽同样实行开科取士。其科举设制述和明经二科，分别试策论、诗文和帖经、墨义。1084年，高丽进而规定进士三年一试，制订儒学经传的考试标准，并仿宋制，行弥封、誊录之法。

历代高丽国王都十分重视儒学教育，倡导对孔子的尊崇。992年，在中央官学国子监里建造文庙，悬挂孔子和七十二贤人的画像，成为高丽学子们顶礼

---

① 徐兢：《宣和奉使高丽图经》卷十三，《道教》，《四库全书》本。

膜拜的偶像。1320年，高丽王朝仿照元朝为孔子塑像，并同样尊孔子为文宣王，加谥"玄圣"、"至圣"和"大成"。高丽恭愍王时，孔子五十三世孙、圣衍公孔浣的次子孔昭，以元朝翰林学士的身份，陪鲁卫公之女大长公主下嫁高丽。后来孔昭定居水原，修建阙里庙，供奉孔子塑像，首开朝鲜民间祀孔的风气。

理学的移植，是朝鲜汉文化发展的必然结果。最初把朱子理学介绍到朝鲜的是高丽集贤殿大学士安珦（1243～1306年）。安珦于1289年出使元朝时，在大都获得新刊印的《朱子全书》，他欣喜万分，认为这是"孔门正脉"，于是手抄朱熹著作并摹写朱熹画像而归。回国后，安珦在成均馆（即太学）讲授朱子学，"以兴贤养学为己任"①，成为传播程朱理学的先行者。稍后，安珦的弟子白颐正赴元学习程朱理学达十余年之久，回国后向李齐贤等人传播程朱理学。李齐贤后来也赴元朝大都，与元朝名儒阎复、赵孟頫等切磋、研讨儒学经典，回国后更是成了传播程朱理学的急先锋。经安珦、白颐正、李齐贤三代师生的努力，程朱理学在朝鲜逐渐兴盛，孕育出禹倬、权溥、李谷、李穑、郑梦周、郑道传等一批理学学者。他们以成均馆为传播理学的大本营，以《四书集注》为教材，讲经论道，培养生徒，使理学在朝鲜的影响越来越大。至李朝之际，程朱理学全面走向繁荣，不仅居于朝鲜官方哲学的主导地位，而且成为人们日常生活的伦理准则和行动指南。

高丽文学也深受宋代文学的影响。由于诗赋是高丽科举考试中必不可少的内容，因而汉文学作品倍受高丽文人学士的青睐。汉赋唐诗外，苏（轼）柳（永）诗文在高丽流传极广，尤其是《东坡集》，基本上成为高丽文士、平民共同喜爱的读物。高丽文人还选编出版《柳文事实》、《唐宋乐章》、《太平广记》、《撮要诗》等著作，满足国人学习的需要。在汉文学熏陶下，高丽文坛上人才辈出，郑知常、崔承老、崔冲、朴寅亮、金富轼、李齐贤、李谷、李穑、郑梦周等都具有很高的汉文诗歌水平。据宋人评说，元丰年间前来北宋的高丽使臣中，"御事民官侍郎金第（觐？）与同行朴寅亮诗尤精，如《泗州龟山寺诗》云：'门前客棹洪涛急，竹用僧棋白日闲'等句，中土士人亦称之。"②《高丽

---

① 郑麟趾：《高丽史》卷一百零五，《安珦传》，朝鲜科学院，1958年版。
② 王辟之：《渑水燕谈录》，《杂录》，北京，中华书局，1981年点校本。

史》也记载："宋人见寅亮及觐所著尺牍、表状、题咏，称叹不置。至刊二人诗文，号《小华集》。"① 正因为高丽汉文学水平很高，北宋"每赐书诏，必选词臣著撰而择其善者"②。元丰六年（1083 年），高丽国王王徽驾崩，宋神宗遣杨景略、王舜封祭奠，"景略辟李之仪书状，帝以之仪文称不著，宜得问学博洽、器宇整秀者召赴中书，试以文乃遣"③。文词华美成为充任吊祭使者的首要条件。

在音乐方面，高丽初期采用北宋的和岘乐，宋廷多次派乐工前往传授乐章。政和年间（1111～1117 年），又"赐以《大晟燕乐》、笾豆、簠簋、尊罍等器"④，大晟乐从此成为高丽正乐，用于郊祀、宗庙和朝廷典礼等隆重仪式。在宋朝乐工的帮助和指导下，高丽王朝音乐终于有了起色，至宣和年间（1119～1125 年），高丽不仅拥有近千人乐工，而且"乐舞益盛，可以观听"⑤，标志着高丽王朝的音乐艺术跨入了一个新阶段。

在书法绘画方面，高丽同样深受宋元风格的影响。高丽书体的变化基本上与宋元书体保持同步。高丽前期，盛行棱角分明、笔势遒劲的欧阳询的楷体；中期受宋代文人书法风格的影响，盛行虞（世南）、颜（真卿）的书体；晚期受元代文人书法的影响，盛行赵（孟頫）体。这一时期，高丽涌现出许多著名的书法家，其中金生、坦然、崔瑀、柳伸四人，以其卓越的书法成就而获得"神品四贤"之称，在传播唐宋元书法艺术方面作出了卓越的贡献。高丽绘画基本上属于北宋画风，高丽王朝不仅遣使赴宋访求"画塑之工，以教国人"⑥，而且派画家前来观摩、学习，如高丽著名画家李宁、李齐贤等都先后来宋、元游学，与宋元画家切磋技艺，交流心得。宋代绘画理论家郭若虚评论说："高丽国敦尚文雅，渐染华风。至于伎巧之精，他国罕比，固有丹青之妙。"⑦ 说明高丽绘画已具有较高的水平。

在科技文化方面，宋朝的印刷术、火药等技术发明也相继传入高丽。雕版印刷技术大约在 8 世纪中叶传入高丽。高丽王朝在 11、12 世纪两度雕版印刷

① 郑麟趾：《高丽史》卷九十五，《朴寅亮传》，朝鲜科学院，1958 年版。
②③④⑥《宋史》卷四百八十七，《外国三·高丽》，北京，中华书局，1985 年点校本。
⑤ 徐兢：《宣和奉使高丽图经》卷四十，《乐律》，《四库全书》本。
⑦ 郭若虚：《图画见闻志》卷六，《高丽国》，北京，人民美术出版社，1964 年版。

了近 6000 卷的《大藏经》，其印刷技术和印刷规模令人叹为观止。13 世纪初，活字印刷术传入高丽。高丽对毕昇活字印刷术加以改进，仿陶制活字铸成铜活字，使活字印刷技术取得了突破性的进展。13 世纪末，元朝王祯创制了木活字印刷技术，这种技术不久也传入朝鲜。火药制造技术大约在 14 世纪中期传入朝鲜。李朝著名的军事科学家崔茂宣为抵御倭寇骚扰，在元朝商人李元的帮助下，研制出火药武器火箭、火筒、火㷋、火炮、大将军、二将军、三将军、六花石炮、信炮、铁翎箭、皮翎箭、蒺藜炮、铁弹子、穿山五龙箭、流火、走火、触天火等 17 种火器。其中火炮是射击远距离目标最有威力的武器，火㷋多用来装配战舰，成为海上打击倭寇的最有效的武器①。如 1380 年，倭寇集结 500 艘战船入侵高丽镇浦，"登岸散入州郡，恣行焚掠，尸蔽山野"，高丽全罗道上元帅兼都安抚使罗世会兵镇浦，"用茂宣所制火炮，焚其船，烟焰涨天，贼守船者烧死殆尽，赴海死者亦众"②。

此外，宋元的制瓷技术、棉花种植和棉纺技术、造船技术、建筑技术、医药、书籍、历法等也都传入高丽，进一步推动了高丽科学技术的全面发展，对高丽王朝的社会发展产生过深远的影响。

（二）宋元文化在日本的传播

两宋时期，由于各种政治和军事等因素的介入，中日双方始终没有正式建立外交关系。元朝建立后，忽必烈虽然多次遣使与日本通好，但是日本倔强难制，拒不从命，双方不但未能建交，反而刀兵相见，在至元十一年（1274 年）和至元十八年（1281 年）进行了两次大规模的军事较量。元军战败后，忽必烈及其子孙们始终没有放弃征日的计划，因而中日双方一直处于僵持、对峙状态。虽然如此，宋元时期中日双方的文化交流并未中断，频繁往来于中日之间的僧侣和商人，在宋元文化东传日本的过程中扮演了关键性的角色。由于僧侣和商人是文化传播的媒体，宋元文化对日本的影响也就更多地体现在佛教文化和物质文化方面。

禅宗在日本的兴起是宋代佛教文化移植日本的最突出的成果。禅宗是一个

---

① 参阅朴真奭：《中朝经济文化交流史研究》，第 124 页，沈阳，辽宁人民出版社，1984 年版。
② 郑麟趾：《高丽史》卷一百一十四，《罗世传》，朝鲜科学院，1958 年版。

完全在中国土地上生长起来的、最为典型的中国化佛教。它融合儒家、道教、老庄、玄学等思想，主张不立文字，教外别传，直指人心，见性成佛，不需要佛教繁琐的教义和长期的苦修，因而受到社会各阶层的普遍欢迎，成为唐末五代之际中国佛教领域中一股强大的潮流。在唐代佛教东传日本的过程中，禅宗也于7世纪中叶传入日本。然而，禅宗在日本的遭际十分不幸，始终被视为佛教的一个异派而倍受冷落，只有靠依附于其他教派才得以苟延残喘。12世纪末期，日本出现了由贵族政治向武家政权的转变，镰仓幕府的建立，宣告了这一转变的最终完成。伴随着这场政治风云的变幻，日本佛教领域也出现了星移斗换式的变化。刚刚登上政治舞台的北条氏家族，为了对付与昔日执政者联系密切的佛教各派势力，需要寻找为自己呐喊助阵的新教派。在这种情况下，与日本佛教各派毫无瓜葛的禅宗自然成为最佳的选择，况且禅宗主张"明心见性"、"立地成佛"、"生死如一"，与武士阶层的精神理念恰好投合。历史发展提供的契机，使禅宗在日本振兴与辉煌的时代终于到来。

宋绍熙二年（1191年），日僧荣西自宋学禅归国，拉开了日本禅宗振兴的序幕。荣西于宋乾道四年（1168年）首次入宋，巡游天台山和育王山的佛迹后即返日本。宋淳熙十四年（1187年），荣西再次入宋，从天台山万年寺的虚庵怀敞学禅。怀敞移居天童山后，荣西又随从前去继承他的法统。回国后，荣西在博多、镰仓和京都分别创建圣福寺、寿福寺和建仁寺，大力宣讲禅风。宋嘉定十六年（1223年），荣西的再传弟子希玄道元入宋，从天童山长翁如净受禅宗支派曹洞宗正脉，归国后成为日本曹洞宗的始祖，在越前创建永平寺，作为讲禅悟道的场所。宋端平二年（1235年），圆尔辨圆入宋，继承径山无准师范的禅法，归国后在京都创建东福寺。与此同时，南宋禅僧耳闻目睹日本禅风兴盛的状况，于是产生了"游行化导"之志，纷纷赴日讲禅。宋淳祐六年（1246年），兰溪道隆偕弟子绍仁、龙江等赴日，受到执政者北条时赖的热情款待，三年后在镰仓创建了宋式禅院建长寺。该寺是一座纯粹的禅宗寺院，曾被列为日本禅院五山之一，至今仍为日本有名的佛教圣地。兰溪道隆在寺内仿宋径山寺之制，建立严格的禅林清规，使日本禅宗趋向规范化。最值得一提的是，道隆还接受北条时赖的皈依。1256年，北条时赖退出政坛，在建长寺山内另建最明寺，落发为僧，专事修禅。此事在日本社会引起强烈的震动，促进了禅宗在日本的广泛传播。道隆以后，宋僧兀庵普宁、大休正念、西涧士昙、无学祖元、元僧一山一宁、石梁仁恭、灵山道隐、清拙正澄、明极楚俊、竺僊梵仙等，都赴日弘布禅法，使禅宗不仅在日本上流社会广泛传播，而且被中下层武士普遍接受，成为武士阶层的精神支柱之一。这为后来日本武士道的形成打下了基础。

禅宗之外，律宗在日本也获得一定程度的发展。律宗早在唐代鉴真东渡时就传入日本，但一直处于萎靡不振状态。宋庆元五年（1199 年），日僧俊芿率弟子安秀、长贺二人入宋，巡游天台山，从明州景福寺如庵学习律宗。后来又前往明州雪窦寺和临安径山寺学禅，并到华亭县超果浣学习天台宗，集佛教诸宗于一身。回国后，接受高仓、顺德等天皇皈依，在京都创建泉涌寺，与后来净业法忍所创的戒光寺，并为日本律宗的两大重镇。

程朱理学在日本的传播，也是宋元时期中日两国文化交流的结晶。理学大约在 13 世纪中期依附于禅宗而传入日本。理学与禅宗在宇宙观、方法论、伦理学等方面，都有很多相通之处①：禅宗以见性成佛为主，理学以穷理尽性为宗，禅宗的性相与理学的性理极为相似；禅宗主张回复自己的本原，理学主张探求自己的本性，坐禅内观与静坐省察、顿然悟道与豁然贯通几乎如出一辙；禅宗以寡欲质素为尚，理学主张"存天理，灭人欲"，两者的伦理准则极其吻合。因而在宋代，理学家引禅入儒、禅僧兼通儒学的现象非常普遍。正因为如此，入宋的日僧在参禅问道的同时，也受到理学的熏染。日僧俊芿在宋 12 年期间，除了潜心于禅宗佛法之外，还常常涉及世俗之学，与南宋史弥远、楼钥、杨简等博学俊颖的公卿士大夫交结往来。宋嘉定四年（1211 年），俊芿回国时，除携带佛教典籍 1008 卷外，还有世俗典籍 916 卷、碑帖 96 卷。在这批世俗典籍中，有儒道书籍 256 卷、杂书 463 卷，其中自然有一定数量的理学著作。宋端平二年（1235 年），日僧圆尔辨圆入宋学禅，6 年后归国，携带了大批理学著作，包括胡文定的《春秋解》、吕祖谦的《吕氏诗记》（即《吕氏家塾读诗记》）、张九成的《中庸说》、朱熹的《大学》、《大学或问》、《中庸或问》、《论语精义》、《孟子精义》和《孟子集注》等。1257 年，圆尔辨圆为幕府执政

---

① 参阅严绍璗：《中日禅僧的交往与日本学者的渊源》，载《中国哲学》第三辑，1980 年 8 月。

北条时赖讲授《大明录》，这是日本禅林讲授宋学的最早经筵。此后，圆尔辨圆为阐释三教旨趣，编撰了《三教要略》和《三教典籍目录》，对理学日本化无疑起到了重要的先导作用。

宋朝赴日禅僧在传播理学方面同样功不可没。兰溪道隆、兀庵普宁、大休正念等不仅是一代杰出的禅林学者，而且具有雄厚的儒学素养。他们在日本弘布禅法时，往往援引宋儒的哲理来阐发禅学的机微，较之于日僧只注重引进儒学著作，显然前进了一大步。

元代禅僧一山一宁、清拙正澄、明极楚俊、竺僊梵仙等相继赴日，更加推动了理学在日本的传播和研究。这些禅僧将宣讲禅法与传播理学相结合，培养出了虎关师练、中岩圆月、义堂周信、梦窗、绝海、龙山等一批著名的兼通理学的禅僧。其中虎关师练是"日本最早钻研宋学者"①，其著作《元亨释书·智通论》和《济北集》都主张儒佛二教一致说。中岩圆月在日本京都五山僧侣中被称为最通晓宋学者，其著作《中正子》10篇中，有6篇叙述儒道，阐发朱子之学。义堂周信所著《空华日工集》50卷，同样倡导程朱理学。因此，可以说，宋元禅僧培养出来的一代年轻的日本禅僧，在日本开创了研究理学的风气。虽然这一时期理学还没有摆脱对佛教禅宗的依附，但其影响逐渐扩大，为后来理学在日本的兴盛奠定了良好的基础。

伴随着禅宗的输入，宋元先进的科学技术和文学艺术也传播到日本。

在印刷技术上，宋版《大藏经》和宋元版佛教经论章疏、禅籍、语录、儒学经典、文集诗稿和医药书籍传入日本，特别是日僧把精刻的经版带回日本，催发了日本印刷业的萌芽。正如木宫彦泰所说，"由于《大藏经》的输入，直接间接刺激了日本的刊印事业，促进了它的发展，这是不言而喻的"②。12世纪末期，日僧大日能忍翻刻宋僧拙庵德光的《沩山大圆禅师警策》，是日本第一部木版刻印的禅书，标志着宋代雕版印刷技术移植日本获得成功。其后，日本禅林的出版事业蒸蒸日上。在京都和镰仓，唐式版③一度十分兴盛。至元代，日本又出现了五山版，雕版印刷的书籍已不限于佛教经典，已经扩大到儒

---

① （日）木宫彦泰：《日中文化交流史》，第413页，北京，商务印书馆，1980年版。

② （日）木宫彦泰：《日中文化交流史》，第351页，北京，商务印书馆，1980年版。

③ 笔者注：所谓唐式版，是指直接采用或仿效宋、元刻本的版样而刻印各种书籍。

《卓歇图》
辽 胡環
纵33厘米 横256厘米
北京故宫博物院藏

501

掐丝珐琅兽耳三环尊

元

高70.6厘米　口径36.2厘米　底径23.1厘米

北京故宫博物院藏

掐丝珐琅象耳炉

元

通高13.9厘米　口径16厘米　足径13.5厘米

北京故宫博物院藏

柏朗嘉宾

马可·波罗

荣西

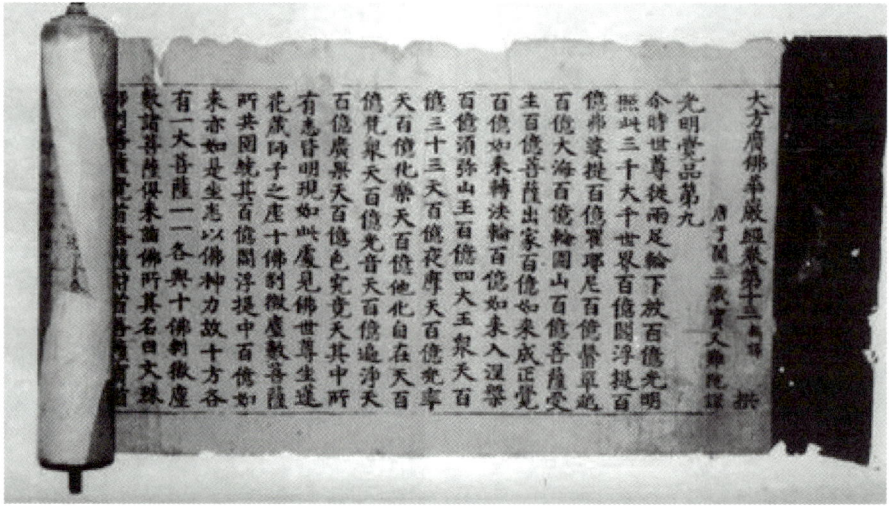

高丽大藏经

元杂剧演出壁画

学典籍和唐宋诗文词章。

在建筑技术上，宋代流行的"天竺式"和"禅宗式"（又称唐式）建筑技术也传入日本。日僧重源入宋期间，曾协助建造明州育王山舍利殿，积累了一定的建筑经验。回国后，模仿这种"天竺式"建筑样式，完成了东大寺的重建工作。现存的东大寺南大门、播磨净土寺的净土堂、山城醍醐寺的经藏等，仍然向人们展示着宋代江南地区的建筑风格。"禅宗式"建筑技术是日僧荣西传入日本的。荣西在宋期间曾参与营造天台山万年寺三门、两廊，还协助过天童山千佛阁的修建工程。回国后，完全仿照宋代禅宗寺院的结构和布局，建造了圣福寺、寿福寺和建仁寺。此外，建长寺、禅兴寺、圆觉寺、兴圣寺、净智寺等寺院都明显带有宋代的建筑风格。

日本的书法、绘画也受到宋元的影响。宋代苏、黄、米、蔡书法，深得日本禅林的赞赏。禅宗"顶相授受"制度（即师父把自己的肖像画赠给弟子）的实行，使南宋肖像画技法传入日本，促进了日本肖像画的发展。日僧雪村友梅书法、绘画俱佳，所画水墨兰花深得宋、元绘画清雅恬淡的意境。与他并驾齐驱的日僧铁舟德济，曾被元人誉为"书画双奇称绝伦"的名手[1]。

日本茶道的兴起也与宋代茶文化有着密切的联系。史载，荣西归国时，带回大量天台山华顶云雾茶籽，种植在肥前（今佐贺县）背振山上。后又将茶籽送给山城栂尾的高辨，高辨在栂尾山栽种培育，使该山赢得日本第一产茶地之名。荣西还撰写出日本第一部茶书《吃茶养生记》，宣传饮茶具有养生治病的功效。自然，日本饮茶之风逐渐普及。宋开庆元年（1259 年），日僧南浦昭明将径山寺盛行的"点茶法"及茶宴礼仪传入日本，进一步促进了日本茶道文化的发展。至元代，随着饮茶风气日盛，"茶会"风行于日本禅林和武士社会中，其形式和内容都具有浓厚的宋元情趣和淡雅的禅宗风格。

此外，宋元时期的语言、文学、音乐、戏剧、雕塑、纺织、制瓷及生活习俗等，对日本的文化和生活也产生过重要的影响。日本五山文学的兴起，完全得益于宋元文学的启发。"濑户烧"、"博多织"等著名技艺也无疑是宋代技术的移植。禅学中国语言的介入，丰富了日本语的词汇。……凡此种种，说明

---

① （日）木宫彦泰：《日中文化交流史》，第 499 页，北京，商务印书馆，1980 年版。

宋元文化已经渗透到日本社会生活的方方面面。

三、宋元文化对东南亚的影响

宋元文化对东南亚各国的影响互有差异。由于空间距离不等和文化质地不同，除越南深受汉文化熏染外，其他各国大都侧重于引进宋元物质文化，对制度文化和精神文化汲取甚少。下面简要加以介绍。

（一）宋元文化与越南文化

宋元时期，越南大体上处于黎朝（980～1009 年）、李朝（1009～1225 年）和陈朝（1225～1400 年）时期，尽管政权更迭频繁，但各朝统治者从未间断对汉文化的汲取和容纳。

越南各种律令制度大多以宋制为模板，只不过根据国情稍加斟酌损益。李朝的行政建置完全参照宋制，中央设文武两班大臣，分别以辅国太尉（即宰相）和枢密使为首，地方则建立一套路、府、州、县、乡、甲逐级管理的行政体制。李朝兵制也模仿宋朝，中央设禁军，面额刺字。李朝的《刑书》和陈朝的《刑律》、《国朝通礼》、《建中常礼》也是根据宋朝刑律礼制而制定的。

越南历朝都十分推崇儒学。1070 年，李朝在首都升龙（今河内）修建文庙，供奉孔子、周公塑像和七十二贤画像，四时祭祀。陈朝同样尊孔重儒。1253 年，陈朝建立国学院，除了奉祀孔子、周公、孟子及七十二贤之外，还配享越南本国著名的学者。儒家教育制度和选官制度也在越南落地生根。李、陈二朝均在中央设置最高学府国子监，以《四书》、《五经》为教材，遴选博学鸿儒讲解传授。李朝太宁四年（1075 年），越南首行科举取士，"诏选明经，博学及试儒学三场"[①]。陈朝则进一步发展和完善科举取士制度，实行秀才、举人、进士逐级选拔的制度，及第者授以品官职衔，不少士人由此跻身仕宦队伍中。

随着儒家教育体制的确立，作为意识形态的朱子理学也相应地传入越南。

---

① （越南）吴士连：《大越史记全书》卷二，《李纪》，转引自《古代中越关系史资料选编》，北京，中国社会科学出版社，1982 年版。

13 世纪中期，越南陈朝出现了朱文安、黎文休、陈时见、段汝谐、张汉超、黎括等一批积极传播朱子学的先驱者。其中朱文安被誉为越南朱子学的一代宗师，其著作《四书说约》就是对朱熹思想的继承和发展，其"穷理、正心、除邪、拒躄"的学术思想，与朱熹倡导的"存天理，灭人欲"思想是一脉相承的。经朱文安等人的艰辛努力，黎朝（1427～1800 年）时期，朱子学在越南这块肥沃的土地上开花结果，不仅渗透和支配了越南意识形态的各个领域，而且影响到社会生活的各个方面，成为越南民众的价值体系的核心①。

宋元时期，越南佛教也发生了重大的变化。在中国禅宗的影响下，越南民族化的佛教宗派——草堂派和竹林派相继产生。11 世纪中期，宋僧草堂前往越南弘布佛教，主张禅（宗）净（土宗）一致，即修禅与念佛相结合。李朝圣宗接受了这一说教，封草堂为国师，允许他在升龙（今河内）开国寺宣讲禅法，创立禅派。后来圣宗、英宗、高宗也相继成为该派的弟子，草堂禅派因此兴盛一时。13 世纪初，宋禅僧天封和德诚前往越南，宣讲禅法，对陈朝皇帝影响极大。仁宗皇帝醉心于禅法，退出朝政，在安子山东究寺创建竹林禅派，以传播临济宗为主，提倡佛、儒、道相结合，在越南曾产生广泛的影响。草堂派与竹林派虽然与宋元禅宗支派不尽相同，但其渊源和教理都蕴含着宋元佛教文化的旨趣，可以说是宋元禅宗在越南的变异和发展。

此外，宋元先进的科学技术也传入越南。宋瓷及其制作技术的传入，使越南在 13 世纪出现了陶瓷制造业；宋朝织锦工艺的传入，改善了越南人民的衣着服饰状况；宋元戏剧杂技的传入，丰富了越南人民的文化生活；元代《授时历》的传入，有助于越南人民的生产和生活；越南 13 世纪出现的印刷术，直接来源于唐宋印刷技术的移植；越南医学是中国医学的支流，受宋元医学影响深刻。所有这些，均说明越南文化是宋元文化的延伸和复制。

（二）宋元文化与缅甸文化

宋元时期，缅甸正处于蒲甘王朝统治时期。崇宁五年（1106 年），蒲甘第一次正式遣使入宋。鉴于"蒲甘乃大国蕃王"，宋朝在接待规格上，"如大食、

---

① 参阅张品端：《朱子学在越南》，载《文史知识》1997 年第 4 期。

交趾诸国礼，凡制诏并书以白背金花绫纸，贮以间金镀管籞，用锦绢夹襆缄封以往"①。绍兴六年（1136 年），蒲甘再次遣使入宋，宋廷"依自来体例，计价优与回赐"②。此外，宋朝与蒲甘之间的商业贸易也持续不断，前来福建市舶司的诸国舶船中，就有载着金颜香的蒲甘船只③。宋朝海商也将丝绸、瓷器等物品输入蒲甘。

宋文化对蒲甘文化的影响，主要表现在佛教文化方面。11 世纪蒲甘建造的佛塔和佛像深受中国佛教的影响。悉塔那佛塔和瑞珊陶佛塔中，都有从中国传入的弥勒佛像。蒲甘佛塔寺庙门前悬铃的石狮及辐射拱门、多层飞檐楼阁等建筑风格，也同样带有宋代建筑文化的印记。此外，蒲甘后期的绘画艺术也受到宋代的影响，宏伟壮丽的阿难陀寺的优波离戒坛中的壁画，其风格和笔调酷似唐宋人的作品④。

元朝与蒲甘的官方联系和贸易往来较之宋代大有起色。据粗略统计，双方之间使节往来将近 20 次之多。尤其是 14 世纪初，元朝军队应邀前往蒲甘帮助平定内乱，驻军长达 20 多年，与蒲甘人民错杂相居，自然传入先进的中华文化。随着两国文化交流的高涨，元朝军事、行政和职官制度在蒲甘渐次确立，元朝的历法、天文星相、农业节气、干支纪年、五行、七曜日、十二生肖等被蒲甘广泛采用。元朝商人在将丝绸、瓷器、乐器、金银输入蒲甘的同时，也将他们自己输入蒲甘，不少商人在蒲甘娶妻定居，成为缅甸历史上第一批华侨。所有这些，对缅甸民族文化的发展和社会经济生活的改善都产生了不可估量的影响。

（三）宋元文化在南洋的扩散

宋元时期，中华文化在政府使节往来和海商远洋航行等途径中，以"水之就下"的态势，迅速地向南洋各国传播。以丝绸和瓷器为代表的宋元物质文化，广泛地浸润着南洋一带的大小国家。

---

① 《宋史》卷四百八十九，《外国五·蒲甘》，北京，中华书局，1985 年点校本。
② 徐松辑：《宋会要辑稿》，《蕃夷》七之四五，北京，中华书局，1957 年影印本。
③ 赵彦卫：《云麓漫钞》卷五，《四库全书》本。
④ 参阅陈炎：《古代中缅文化交流》，载《世界历史》1979 年第 6 期。

当时，南洋一带主要分布着占城（今越南南部）、真腊（今柬埔寨）、素可泰、罗斛（今泰国）、三佛齐、阇婆（今印度尼西亚）、麻逸、三屿、蒲端、蒲里噜、白蒲延（今菲律宾）、丹眉流、佛来安、蓬丰、凌牙斯加、吉兰丹、丁加奴（今马来西亚）、渤泥（今文莱）等国，与宋、元王朝在政治和经济上保持着密切的联系。从《宋史》和《宋会要辑稿》记载来看，占城、真腊、三佛齐、阇婆、麻逸、渤泥、丹眉流等国与宋朝使节来往较为频繁。各国在向宋朝进贡方物的同时，也得到宋朝丰厚的回赐。如咸平四年（1001年），丹眉流国主派遣打吉马、打腊、判官皮泥等九人，贡木香千斤、输镴各百斤、胡黄莲35斤、紫草百斤、红毡一合、花布四段、苏木万斤、象牙61株。宋真宗在崇德殿接见了使者，"赐以冠带服物"①。元丰年间，三佛齐两次遣使来宋，"率以白金、真珠、婆律薰陆香备方物"。宋神宗念其路途遥远，皆优赐遣归，"赐钱六万四千缗、银一万五百两，官其使群陀毕罗为宁远将军，官陀旁亚里为保顺郎将。毕罗乞买金带、白金器物，及僧紫衣、师号、牒，皆如所请给之"②。不难看出，各国是在"朝贡"名义下，与宋朝进行一次次官方性贸易。在这种官方贸易渠道中，宋朝的金、银、钱币、瓷器、锦绫、丝绢、冠带、衣服等源源不断地输入各国，对各国社会经济文化的发展起了重要的推动作用。

宋元时期，对南洋诸国的商业贸易也十分发达。中国与南洋之间形成了相对固定的远程航线，即海上丝绸之路：一条是宋元海商从广州或泉州出发，经占城、真腊、罗斛、凌牙门、罗婆斯、东冲古剌、吉兰丹、加里曼丹等国，到达三佛齐，然后以三佛齐为中转站，向东航行经阇婆、苏门傍到达吉里地闷，或向东北航行到达渤泥、麻逸、三屿诸国。另一条是从泉州或广州出发，经占城向西航行至真腊、罗斛，然后穿越地峡直达故临国（今印度奎隆），再向西航行则可达阿拉伯海岸诸国和东北非一带。频繁往来于这些航线的中国商船，将丰富的物质文化输送到南洋各地。据赵汝适《诸蕃志》记载，宋朝输入占城的物品有脑麝、檀香、草席、凉伞、绢、扇、漆器、瓷器、铅、锡、酒、糖等；输入三佛齐的物品有金、银、瓷器、锦绫、缬绢、糖、铁、酒、米、乾良姜、大黄、樟脑等；输入丹眉流的物品有绢伞、雨伞、荷池缬绢、酒、米、

---

① 《宋史》卷四百八十九，《外国五·丹眉流》，北京，中华书局，1985年点校本。
② 《宋史》卷四百八十九《外国五·三佛齐》，北京，中华书局，1985年点校本。

盐、糖、瓷器、盆钵等；输入阇婆的物品有金、银及金银器皿、五色缬绢、皂绫、川芎、白芷、硃砂、绿矾、白矾、鹏砂、砒霜、漆器、铁鼎、青白瓷器等；输入麻逸的物品有瓷器、货金、铁鼎、乌铅、五色琉璃珠、铁针等；输入三屿的物品有瓷器、皂绫、缬绢、五色烧珠、铅网坠、白锡等①。从生活用具、衣服布缎到医药用品、工艺精品，种类繁多，品种齐全。这些物品的输入，极大地改善了当地居民的物质生活条件，加速了当地居民从落后走向文明的进程。

在物质文化大规模对外输出的同时，宋元先进的科学技术也传入南洋各国。如 14 世纪初，素可泰王国在元朝陶瓷工匠的协助下，已经能够成功地仿照磁州瓷器，生产出一种胎质厚硬、黄釉下刻有黑棕色线纹的缸瓷器，这种瓷器在形状和质地上明显不同于早期暹罗人和吉蔑人制造的泰国本土瓷器。到 14 世纪中叶，素可泰北部的宋加洛窑更是以烧造仿宋陶器而名闻一时，其青花瓷器与宋元时期浙江龙泉窑产品极其相似。再如火药和火器制造技术也被印度尼西亚人民掌握和运用。至元三十年（1293 年），元军远征爪哇时，曾使用震天雷、火铳、火箭、毒火罐等火器，爪哇军队在击败元军后，夺取了这些火器，并从被俘的元兵那里学会了制造火药和火器技术。后来麻喏巴歇王朝借助于火药武器的使用，最终统一了印度尼西亚。

四、宋元文化在阿拉伯世界的回响

宋元时期，中国与阿拉伯世界的联系，较之于汉唐时期又有了进一步发展。宋代史籍文献中，往往将阿拉伯国家统称为大食。周去非《岭外代答》认为："大食者，诸国之总名也，有国千余所，知名者特数国耳。"②《宋史》卷四百九十《外国六·大食》也记载："其国部属各异名，故有勿巡，有陁婆离，有俞卢和地，有麻罗跋等国，然皆冠以大食。"大体上说，这些阿拉伯国家主要分布在今阿拉伯半岛、两河流域、伊朗、北非及索马里南部地区，其中与宋朝往来密切的国家有白达（今巴格达）、麻嘉（今麦加）、勿厮离（今摩苏尔）、

---

① 赵汝适：《诸蕃志》卷上，北京，中华书局，1996 年点校本。
② 周去非：《岭外代答》卷三，《大食诸国》，上海远东出版社，1996 年版。

勿巡（今阿曼）、麻罗跋（今米尔巴特）、层拨（桑给巴尔）、弼琶啰（今索马里的柏培拉）、勿斯里（今埃及开罗）等国。据《宋史》和《宋会要辑稿》初步统计，从开宝元年（968年）到乾道四年（1168年），大食遣使朝宋近50次。这些使节大多乘海商帆船而来。中国商船"自泉发船四十余日，至蓝里博易过冬，次年再发，顺风六十余日方至其国"①。往返于两国之间的商人和使节，无疑充当了文化传播的媒介。

至元代，中国与阿拉伯世界的联系更加密切，已经由宋代单一的海路往来发展到海陆两路顺畅通达。在中阿两地商人、使节、工匠、旅行家和学者的促动下，东西方文化交流空前繁荣，中国丰裕的物质文化和先进的科学技术源源不断地输入阿拉伯世界。

在物产方面，中国输入阿拉伯世界的主要是丝绸、瓷器、金银、铜铁和钱币等。据《宋史》记载，宋廷对前来朝贡的大食使节，皆"优加恩赉"，赠送冠带、袭衣、锦袍、束帛、缣帛、绫绢、银带、银饰绳床、被褥、黄金、银器、钱币、水罐、器械、旗帜和鞍马等物品。至于民间贸易，宋廷规定"以金银、缗钱、铅锡、杂色帛、瓷器，市香药、犀象、珊瑚、琥珀、珠琲、镔铁、鼍皮、玳瑁、玛瑙、车渠、水精、蕃布、乌樠、苏木等物"②。除此之外，中国的植物、矿物和药物也大量输入阿拉伯世界。以药物为例，《宋会要辑稿》记载宋朝输入阿拉伯国家的药物就超过50种。13世纪阿拉伯医学家伊本·巴伊塔尔的《药草志》一书中，也记载了大量的中国药物，如胃结石（牛黄）、合猫里、乌头（川乌头）、氧化锌（扁青）、缟玛瑙、良姜、肉桂、大黄、檀香、麝香、椰子等③。

在数学方面，宋元数学中一些重要成果也传入阿拉伯世界。15世纪阿拉伯数学家阿尔·卡西在其著作《算术之钥》中，对中国《九章算术》中"盈不足"问题进行了论述，称这种"盈不足数"为"契丹算法"。《算术之钥》中开立方、开平方等运算方法，与中国古代算法也极为相似，其中开任意高次幂的

---

① 赵汝适：《诸蕃志》卷上，《大食国》，北京，中华书局，1996年点校本。
②《宋史》卷一百八十六，《食货下八》，北京，中华书局，1985年点校本。
③（法）费琅编，耿升、穆根来译：《阿拉伯波斯突厥人东方文献辑注》，第254～320页，北京，中华书局，1989年版。

方法，与宋元数学家秦九韶、朱世杰等人的研究成果完全雷同。此外，数学家杨辉的著作《续古摘奇算法》中，根据中国古代的九宫纵横图，仿制成四至十行纵横图。这些纵横图引起了阿拉伯数学家极大的兴趣，被发展成为阿拉伯的"格子算"。

在医学方面，除了药物传入阿拉伯世界外，中国的医疗诊断方法也对阿拉伯产生了一定的影响。中国独特的脉搏诊断方法引起了阿拉伯医学家的高度重视。阿拉伯最杰出的医生阿维森纳（980～1037 年）在其著作《医典》中，记载了 48 种脉象，其中 35 种与中国晋代名医王叔和的《脉经》所载相同。此外，中医关于糖尿病的治疗、麻疹的预防、用水蝗吮吸脓毒、用烧灼法治疗狂犬伤等方法，在《医典》中都有明确的记载。1313 年，伊儿汗国宰相拉施特主编了一部中国医学百科全书《伊儿汗的中国科学宝藏》，详细论述了中医的脉学、解剖学、胚胎学、妇科学、药物学等科目。该书用波斯文写成，600 多午来一直流传不衰，在传播中国医学方面发挥过重要的作用。

在航海技术方面，宋元商船使用的指南针导航技术，迅速被阿拉伯人吸收。12 世纪末至 13 世纪初，阿拉伯商船上也开始使用罗盘导航，并且采用中国罗盘 48 分向法。

在火药武器方面，蒙古军西征客观上促成了火器制造技术的西传。据史载，1219 年成吉思汗西征时，曾组织一支由薛塔剌海为元帅的"炮水手军"，在战争中无坚不摧，频频立功[1]。旭烈兀西征时，蒙哥从汉地"派来一个炮手、火焰放射手、弩手的汉军千人队"[2]，以增加蒙古军的战斗力。然而，蒙古军被阿拉伯马木鲁克王朝军队击败后，大批火药武器和炮手落入对方的手中，成为阿拉伯人研究和制造火药武器的样品。在元朝火药武器的启迪下，阿拉伯人成功地仿制出木质管形射击火器马达发，这种火器以木制短筒为枪筒，管中装填粉状火药，火药爆炸时推动铁箭射出，较之于元代突火枪，显然又向前迈进了一步。

此外，宋元印刷技术、制瓷技术、丝织技术在阿拉伯世界也产生了强烈反响。印刷技术的传入，使阿拉伯国家印刷纸牌和纸币成为可能；制瓷技术的传

---

[1]《元史》卷一百五十一，《薛塔剌海传》，北京，中华书局，1976 年点校本。
[2]（波斯）拉施特：《史集》卷三，第 30 页，北京，商务印书馆，1986 年版。

入，推动了当地制瓷业的兴起和发展。至于中国的丝织技术，早在5世纪就被波斯人掌握。13世纪蒙古军西征时，又有一大批纺织工匠被遣派到阿拉伯地区。在元朝工匠的指导下，阿拉伯国家的锦缎织造技术又登上一个新的台阶。阿拉伯人生产的丝织品精致华美，有的甚至织有中国凤凰、龙、麒麟等图纹花样，堪称东西文化合璧的产物。

五、宋元文化对欧洲文明进程的推动

中国与欧洲的交往早在汉代就已经开始，但直到隋唐以前，中国与欧洲之间还没有正式直接对话，欧洲人对中国文化的了解只限于丝绸、陶瓷和其他生活用品。唐宋时期，随着中西文化交流规模的扩大，欧洲人对遥远的中华帝国的模糊印象才逐渐清晰起来。至蒙元时期，中西文化交流进入一个新的阶段。蒙古帝国内外交通的发达，为东西方文化交流提供了极为便利的条件。"通蒙古语，即可由欧洲至中国，毫无阻障。驿站遍于全国，故交通尤为便捷。……东罗马、西罗马及日耳曼之游历家、商贾、教士、工程师等，皆得东来，贸易内地，自由传教，挂名仕版。东西两大文明，……以前皆独立发生，不相闻问，彼此无关者，至此乃实行接触"[①]。在这场中西文化交流的浪潮中，中国文化由地中海沿岸向西欧各国扩散，对欧洲社会变革和文化复兴起了推波助澜的作用。

宋元时期，中国丝绸、陶瓷、漆器、茶叶、纸张、药品经海陆两路销往欧洲各地。"由于中国生丝和丝绸占有质量最好、数量最多的优势，西方仍然保持了对它的需求。在拉丁基督教世界，所有纺织品市场均得以扩大"[②]。在威尼斯和热那亚港口，中国丝绸和瓷器常常成为最抢手的商品。引进丝绸品种的增加，导致欧洲原有的语言词汇不敷足用，因而相应地创造了一些纺织品词汇，如天鹅绒（velvet）、锦缎（samite）、缎子（satin）、柞丝绸（tussore）等。丝绸、瓷器之外，中国一些植物也被移植到欧洲，如中国甜橙，"很可能是泉州的热那亚人社团经由南部海路而于14世纪传入欧洲的"[③]。

---

① 张星烺编注：《中西交通史料汇编》第二册，第1～2页，北京，中华书局，2003年版。
②③（美）阿谢德著，任菁等译：《中国在世界历史之中》，第154页，石家庄，河北教育出版社，1993年版。

然而，对欧洲社会发展影响最显著的还是宋元时期三大技术发明。英国著名的哲学家培根 1620 年在其著作《新工具》中说，活字印刷术、火药、指南针"这三种发明已经在世界范围内把事物的全部面貌和情况都改变了：第一种是在学术方面，第二种是在战事方面，第三种是在航海方面；并由此又引起难以数计的变化来，竟至任何帝国、任何教派、任何星辰对人类事务的力量和影响都仿佛无过于这些机械性的发现了"①。马克思在 1861 年也对三大技术发明作过高度的评价："火药、指南针、印刷术——这是预兆资产阶级社会到来的三大发明。火药把骑士阶层炸得粉碎，指南针打开了世界市场并建立了殖民地，而印刷术则变成新教的工具，总的来说变成科学复兴的手段，变成对精神发展创造必要前提的最强大的杠杆。"② 下面简要加以介绍。

　　活字印刷术大约是在 14 世纪经阿拉伯人之手传入欧洲的。13 世纪末期，伊儿汗国印刷纸钞并付诸流通，使阿拉伯人了解和掌握了雕版印刷技术，并用这种技术印制纸牌。这种纸牌在 14 世纪欧洲曾风靡一时，从而引发了欧洲的印刷业。14 世纪末期，欧洲已经出现木版雕印的纸牌、圣像、经典和拉丁文课本。至 15 世纪，雕版印刷和活字印刷这两种技术同时流行于欧洲。1456 年，德国约翰·古腾堡仿照中国活字印刷的原理，对雕版印刷进行改进，用铅、锡、锑合金制成拼音活字来印刷《圣经》。这次改进，为欧洲印刷业带来了蓬勃生机。此后 40 年间，印刷术迅速普及到西欧、中欧和南欧各国，为欧洲社会的发展提供了一个良好的契机：印刷术的传播，使欧洲的学术、教育从教会和贵族手中解放出来，"不仅改变了只有僧侣才能读书写字的状况，而且也改变了只有僧侣才能受较高级的教育的状况"③，推动了文化的相对普及；印刷术的出现，使各种新思想、新作品得以流传，为后来欧洲文艺复兴和宗教改革运动提供了有力的武器。因而它无愧于被称为欧洲社会发展的第一技术推动力。

　　欧洲人认识到火药武器的威力，是在 13 世纪与阿拉伯人交战的过程中。

---

① （英）培根：《新工具》，第 103 页，北京，商务印书馆，1984 年版。
② （德）马克思：《机器、自然力和科学的应用》，第 67 页，北京，人民出版社，1978 年版。
③ （德）恩格斯：《德国农民战争》，见《马克思、恩格斯全集》第七卷，第 391 页，北京，人民出版社，1995 年版。

1290 年阿卡之役，马木鲁克王朝的军队首次让法兰克人尝到火球、火瓶和火罐的厉害，迫使法兰克人不得不放弃他们在亚洲的最后一处城堡。1325 年，阿拉伯人在进攻西班牙的巴扎城时，马达发大显神威，重创敌军。军事武器落后而导致战争连连失败的教训，迫使欧洲人开始关注和研究火药和火药武器。至 14 世纪 30 年代，欧洲不少国家已经能够成功地仿制火药武器，并且把火药武器应用于战争。1338 年，法国与英国交战时，法军在卢昂使用了以硝和硫磺为原料的铁罐，大致与宋代震天雷相似。其后，在 1345 年克莱西之战、1346 年加莱之战中，英国火炮得到了有效的运用。至 15 世纪的胡斯战争中，大炮已成为战争胜负的主要因素。总之，中国的火药"由阿拉伯人和火药武器一道经过西班牙传入欧洲"[①] 后，使欧洲传统的作战方式发生了变革，对摧毁欧洲的封建制度起到了极其重要的作用。正如恩格斯所说："火器一开始就是城市和以城市为依靠的新兴君主政体反对封建贵族的武器。以前一直攻不破的贵族城堡的石墙抵不住市民的大炮；市民的枪弹射穿了骑士的盔甲。贵族的统治跟身披铠甲的贵族骑兵队同归于尽了。"[②]

指南针是在 12 世纪初经南部海路由阿拉伯人传入欧洲的。13 世纪中叶，巴黎哲学家马里库的彼得（Peter of Marilourt）在其著作《磁石信札》中，对磁针这个神秘的外来物曾作过描述，表明中国指南针已经引起欧洲人的极大兴趣。在欧洲，意大利商船最早使用指南针导航，尔后推广到地中海和大西洋沿岸的航海界。欧洲人对中国罗盘进行了改进：一是用 32 分度代替了中国罗盘的 48 分度，即把罗盘 360 度由 48 等分变为 32 等分；二是采用支轴支撑磁针，使之成为与现代指南针极为相似的"旱针"。指南针的使用，使欧洲航海业进入了一个新纪元。15、16 世纪时，达·伽马发现印度新航路，哥伦布发现新大陆，麦哲伦环球旅行等，无不得益于指南针的应用。从欧洲社会发展进程上看，指南针传入而引起欧洲航海新时代的到来，直接促进了欧洲商业贸易的扩大和世界市场的建立，加速了资本主义的资本原始积累。因此，可以说，指南

[①]（德）恩格斯：《德国农民战争》，见《马克思、恩格斯全集》第七卷，第 386 页，北京，人民出版社，1995 年版。

[②]（德）恩格斯：《反杜林论》，见《马克思、恩格斯选集》第三卷，第 510 页，北京，人民出版社，1995 年版。

针不仅引导了欧洲航海事业的发达，而且把欧洲社会导入了资本主义社会。

六、宋元本土文化对外来文化的受容

宋元时期，在空前开放的文化交流格局中，外域文化大规模涌入中国境内，使辉煌、绚丽的中华文化更加流光溢彩。这一时期的宗教文化、科学技术、音乐艺术和物质文化都渗进了不少异域文化的因子。宗教文化在本书第九章中已有阐述，这里仅对其他几个方面略加介绍。

数学　宋元数学发展高峰的形成，与阿拉伯数学的传入有着内在的联系。当时来中国经商或定居的阿拉伯人中，有不少精通阿拉伯数学。元代秘书监大量收藏阿拉伯数学著作如《兀忽列的四擘算法段数》、《罕里连窟允解算法段目》、《撒唯那罕答昔牙诸般算法段目并仪式十七部》、《呵些必牙诸般算法八部》等，对于推动中国数学和历算的进步无疑会产生积极作用。在阿拉伯数学家及其著作的影响下，阿拉伯历算、代数、几何和三角等数学成果开始受到宋元数学家的重视。如阿拉伯数码传入后，中国数学家也开始使用 0 表示空位。秦九韶《数书九章》、李治《测圆海镜》和《益古演段》中，都用 0 代替□位。再如元代天文学家郭守敬在编制《授时历》时，除了使用沈括的“会圆术”外，还使用了相似三角形各线段间比例关系的计算方法；在推算赤道积度、赤道内外度方面，使用了球面三角割圆术。计算方法的这些创新，显然是受到回回历算的启发。此外，古希腊数学家欧几里得的《几何原理》，也通过阿拉伯译本的介绍传入中国，成为元代数学家研究的命题和解算理论。

天文历法　阿拉伯天文历法对元代影响极大。早在成吉思汗西征时，耶律楚材就以《大明历》为基础，吸收阿拉伯历法的成果，编修出一部《庚午元历》。至元四年（1267 年），应召入元的阿拉伯天文学家扎马鲁丁“撰进《万年历》，世祖稍颁行之”[1]。同年，扎马鲁丁“造西域仪象”[2]，共有浑天仪、双股仪、冬夏至晷、春秋分晷、浑天图、地球仪、星盘等 7 件天文仪器。至元八年（1271 年），元朝设立回回司天台，由扎马鲁丁全面负责。这个机构中还有

---

① 《元史》卷五十二《历志一》，北京，中华书局，1976 年点校本。
② 《元史》卷四十八，《天文志一》，北京，中华书局，1976 年点校本。

y

a

中国文化发展史
宋元卷　/516

阿拉伯天文学家可马刺丁、苫思丁等人。阿拉伯天文历法和天文仪器的传入，对元代天文学产生了重要的影响。至元十三年（1276 年），郭守敬创制了 13 种天文仪器，其中天文观测仪器圭表、简仪、仰仪等的制作，直接受到阿拉伯天文仪器的启发。郭守敬编制《授时历》，更是以《庚午元历》和《万年历》为蓝本。郭守敬著《五星细行考》50 卷，也吸收了阿拉伯的五星纬度计算法。英国著名学者李约瑟在评价郭守敬在天文学方面取得的成就时说："那是在具有阿拉伯传统的天文学家参加之下，并且是在传入波斯马拉格天文台的模型或仪象图之后完成的。他的表（四丈长的圭表）自然是中国天文学的发展，但看来确实受到了阿拉伯仪器巨型化倾向的激励。"[1] 此论可谓中允、公正之至。

医学 宋元医学广泛汲取各国医学的精华，首先是大量引进各国药物。宋朝从东南亚、西亚输入龙脑、乳香、沉香、龙涎香、蔷薇水、云母、阿魏、五味子、黄莲、血竭、没药、押不芦（曼陀罗花）、白芷等药物达七八十种之多。宋代医药书籍中，以阿拉伯药物为原料制成的汤剂和成药多达二三百种[2]。阿拉伯人阿维森纳发明的以金银箔为丸衣的方法在宋朝得到推广和创新，不仅出现以硃砂、青黛、矾红、麝香等为丸衣的新方法，而且最终制造出"蜡丸"。其次是大量聘请和任用各国名医。阿拉伯名医爱薛和撒必以其高明的医术深得元朝统治者的信任。中统四年（1263 年），忽必烈任命爱薛掌管西域星历、医药二司。至元七年（1270 年），元政府置广惠司，专掌配制御用回回药物及和剂。在广惠司任职者多为回回医生，他们用回回医法和药物，曾治愈过不少中国医生颇感棘手的疑难病症，在元朝宫廷和民间都享有较高的声誉。回回药物也由于疗效神奇，颇受中国医生的重视。元代忽思慧《饮膳正要》和明代李时珍《本草纲目》中，都记述了不少回回药物及其疗法。再次是引进国外医药学著作。元代秘书监中就有回回医书《忒毕医经十三部》。现存北京图书馆善本书库里的《回回药方》残本四册，内容涉及中风、金疮、折伤、针灸、汤火、棒疮、齿伤等病症，从中尚可看出原书是一部门类齐全、搜罗宏富的医学百科全书。

建筑学 阿拉伯人大量来到中国定居或经商，也将伊斯兰教的建筑技术传入中国。北宋大中祥符元年（1008 年），阿拉伯人首次在泉州建立清净寺，其

---

① （英）李约瑟：《中国科学技术史》第四卷，第 283 页，北京，科学出版社，1975 年版。
② 陈高华、吴泰：《宋元时期的海外贸易》，第 201 页，天津人民出版社，1981 年版。

寺门、门顶、门楣和内顶完全仿照叙利亚大马士革的建筑式样。此后，阿拉伯人又在广州、扬州等地建立了清真寺。元代伊斯兰教建筑更是星罗棋布于中国各地。据史书记载，元大都就有清真寺35座，泉州也由宋代2座发展到7座。杭州、宁波、扬州、松江、定州、西安、昆明及新疆等地，清真寺也如雨后春笋般涌现出来。元代内地的清真寺，从总体布局到外观造型都与唐宋时期清真寺有所不同，它们已不再是纯粹的阿拉伯建筑的翻版，而是融入了中国传统的建筑风格，圆形穹顶的主体结构，配以中国传统的院落式布局和木构架体系，标示着中阿建筑技术在相互交融中达到高度的和谐与统一。

除此之外，印度、尼泊尔等国的佛教建筑技术再度在中华大地上开花结果。中统二年（1261年），尼泊尔建筑师阿尼哥来到元朝，先后担任诸色人匠总管、光禄大夫、大司徒等职。阿尼哥精通佛教绘画、塑像技艺，主持建筑了3座佛塔、9座大寺、2座祀祠和1座道宫。他亲自设计并主持建造的大都妙应寺白塔，通体洁白，自下而上每层分别为方形、圆形、三角形、伞形和螺旋形。全塔比例匀称，轮廓刚劲，气势雄伟，堪称喇嘛塔中的佳作精品。

方物用品　在频繁而持久的贸易活动中，异域物产也源源不断地输入中国，其中药材、香料、象牙、珍珠、玳瑁、珊瑚、黄蜡、宝石和番布是这一时期大宗进口物品。在农作物方面，越南占城稻因耐旱、高产而被宋朝引进，并由岭南一带向江淮、两浙地区推广。南宋初年，还从高丽引进优良品种"黄粒稻"，使宋朝水稻品种又有所增加。在水果菜蔬方面，番椒、番茄、西瓜等引进中国，极大地丰富了中国人民的饮食生活。在工艺美术品方面，高丽的松烟墨和白硾纸、日本的折扇和倭刀，均受到宋人的好评。以折扇为例，日本折扇制作非常精美，极富有艺术情调，"用鸦青纸为之，上画本国豪贵，杂以妇人鞍马。或临水为金砂滩，暨莲荷、花木、水禽之类，点缀精巧。又以银泥为云气月色之状，极可爱"[①]，因而倍受宋代文人们的青睐。此外，在中西文化交流过程中，中亚和西亚地区的七十二弦琵琶、风压管风琴等乐器在元朝时传入中国，阿拉伯人的回回炮也成为元朝对外战争的重要武器。所有这些说明，宋元文化是在大量汲取和容纳外来文化的基础上，才变得更加成熟和完善的。

---

① 郭若虚：《图画见闻志》卷六，北京，人民美术出版社，1964年版。

主要参考文献

［汉］司马迁. 史记［M］. 北京：中华书局，1982.

［五代］刘昫. 旧唐书［M］. 北京：中华书局，1975.

［宋］欧阳修. 新唐书［M］. 北京：中华书局，1975.

［宋］薛居正. 旧五代史［M］. 北京：中华书局，1976.

［元］脱脱. 宋史［M］. 北京：中华书局，1985.

［元］脱脱. 辽史［M］. 北京：中华书局，1974.

［元］脱脱. 金史［M］. 北京：中华书局，1975.

［明］宋濂. 元史［M］. 北京：中华书局，1976.

［清］张廷玉. 明史［M］. 北京：中华书局，1974.

［民国］柯劭忞. 新元史［M］. 北京：中国书店，1988.

［宋］李焘. 续资治通鉴长编［M］. 北京：中华书局，1985.

［宋］李心传. 建炎以来朝野杂记［M］. 上海：商务印书馆，1937.

［宋］李心传. 建炎以来系年要录［M］. 北京：中华书局，1956.

［清］徐松. 宋会要辑稿［M］. 北京：中华书局，1957.

［唐］杜佑. 通典［M］. 北京：中华书局，1988.

［宋］宋敏求. 唐大诏令集［M］. 北京：商务印书馆，1959.

［宋］郑樵. 通志［M］. 上海：商务印书馆，1935.

［宋］徐梦莘. 三朝北盟会编［M］. 光绪三十四年许涵度校刻本.

［宋］叶隆礼. 契丹国志［M］. 上海：上海古籍出版社，1985.

［宋］宇文懋昭. 大金国志［M］. 北京：中华书局，1986.

［宋］赵汝愚. 宋朝诸臣奏议［M］. 上海：上海古籍出版社，1999.

［元］马端临. 文献通考［M］. 北京：中华书局，1986.

元典章［M］. 台北：台湾故宫博物院，1976.

蒙古秘史［M］. 北京：中华书局，1957.

［清］王夫之. 宋论［M］. 《四部备要》本.

［清］黄宗羲. 宋元学案［M］. 北京：中华书局，1986.

［清］张鉴. 西夏纪事本末［M］. 扬州：江苏广陵古籍刻印社，1992.

［清］厉鹗. 辽史拾遗［M］. 振绮堂校刊本.

［清］吴广成. 西夏书事［M］. 文奎堂 1935 年影印本.

［宋］范成大. 吴郡志［M］. 北京：中华书局，1990.

［宋］沈作宾. 嘉泰会稽志［M］. 北京：中华书局，1990.

［宋］梁克家. 淳熙三山志［M］. 北京：中华书局，1990.

［宋］耐得翁. 都城纪胜［M］. 《四库全书》本.

［宋］王象之. 舆地纪胜［M］. 道光岑氏刊本.

［宋］赵汝适. 诸蕃志［M］. 北京：中华书局，1996.

［明］何乔远. 闽书［M］. 《四库全书》本.

［明］李贤. 明一统志［M］. 《四库全书》本.

［清］明谊. 琼州府志［M］. 康熙四十五年重修本.

［清］王士俊. 河南通志［M］. 清雍正十三年刻本.

［清］常明. 四川通志［M］. 成都：巴蜀书社，1984.

［清］谢启昆. 广西通志［M］. 嘉庆六年刻本.

［清］阮元. 广东通志［M］. 同治三年刻本.

［清］唐胄. 正德琼台志［M］. 上海：上海古籍书店，1964.

［清］纪昀等. 四库全书总目提要［M］. 北京：中华书局，1997.

［清］章学诚. 文史通义校注［M］. 北京：中华书局，2004.

［清］赵翼. 廿二史劄记校证［M］. 北京：中华书局，1984.

［清］钱大昕. 廿二史考异［M］. 北京：商务印书馆，1958.

荀子［M］.《四部丛刊》本.

老子［M］.《诸子集成》本.

［唐］韩愈. 韩昌黎集［M］.《四部丛刊》本.

［宋］路振. 乘轺录［M］.《丛书集成初编》本.

［宋］范仲淹. 范文正公集［M］.《四部丛刊》本.

［宋］曾公亮. 武经总要［M］.《四库全书》本.

［宋］郭若虚. 图画见闻志［M］.《四部丛刊续编》本.

［宋］欧阳修. 欧阳文忠公文集［M］.《四库丛刊》本.

［宋］欧阳修. 归田录［M］.《涵芬楼》本.

［宋］范镇. 东斋记事［M］. 北京；中华书局，1980.

［宋］李觏集［M］. 北京：中华书局，1981.

［宋］蔡襄. 蔡襄集［M］. 上海：上海古籍出版社，1996.

［宋］周敦颐. 周敦颐集［M］. 北京：中华书局，1990.

［宋］文同. 丹渊集［M］.《四部丛刊》本.

［宋］司马光. 司马氏书仪［M］.《四库全书》本.

［宋］张载. 张子全书［M］.《四库全书》本.

［宋］张载. 张载集［M］. 北京：中华书局，1978.

［宋］王安石. 临川集［M］.《四部丛刊》本.

［宋］范纯仁. 忠宣文集［M］.《四库全书》本.

［宋］沈括. 长兴集［M］.《四库全书》本.

［宋］沈括. 梦溪笔谈［M］.《津逮秘书》本.

［宋］王辟之. 渑水燕谈录［M］.《知不足斋丛书》本.

［宋］程颢、程颐. 二程集［M］. 北京：中华书局，1981.

［宋］程颢、程颐. 河南程氏遗书［M］. 北京：中华书局，1981.

［宋］程颢、程颐. 河南程氏文集［M］. 北京：中华书局，1981.

［宋］苏轼. 苏轼文集［M］. 北京：中华书局，1986.

［宋］苏轼. 东坡全集［M］.《四部备要》本.

［宋］苏轼. 东坡志林［M］.《学津讨原》本.

［宋］吴居厚. 青箱杂记［M］.《四库全书》本.

［宋］晏几道. 小山词［M］.《四库全书》本.

［宋］文莹. 湘山野录［M］.《学津讨原》本.

［宋］范祖禹. 范太史集［M］.《四库珍本》本.

［宋］秦观. 淮海集［M］.《四部丛刊》本.

［宋］邵伯温. 邵氏闻见录［M］.《学津讨原》本.

［宋］方勺. 泊宅编［M］.《稗海》本.

［宋］黄朝英. 靖康缃素杂记［M］.《四库全书》本.

［宋］魏泰. 东轩笔录［M］.《四库全书》本.

［宋］李光. 庄简集［M］.《四库全书》本.

［宋］李清照. 漱玉词［M］.《四库全书》本.

［宋］庄绰. 鸡肋编［M］.《丛书集成初编》本.

［宋］洪皓. 松漠纪闻［M］.《学津讨原》本.

［宋］徐兢. 宣和奉使高丽图经［M］《四库全书》本.

［宋］朱彧. 萍洲可谈［M］.《四库全书》本.

［宋］邵博. 邵氏闻见后录［M］.《津逮秘书》本.

［宋］孟元老. 东京梦华录［M］.《四库全书》本.

［宋］曾敏行. 独醒杂志［M］.《四库全书》本.

［宋］张邦基. 墨庄漫录［M］.《四库全书》本.

［宋］洪迈. 容斋随笔［M］. 上海：上海古籍出版社，1996.

［宋］洪迈. 夷坚志［M］.《丛书集成初编》本.

［宋］陆游. 老学庵笔记［M］.《津逮秘书》本.

［宋］范成大. 揽辔录［M］.《丛书集成初编》本.

［宋］周辉. 清波杂志［M］.《知不足斋丛书》本.

［宋］王明清. 挥麈录［M］.《四库全书》本.

［宋］王明清. 挥塵后录余话［M］.《津逮秘书》本.

［宋］朱熹. 四书章句集注［M］. 北京：中华书局，1983.

［宋］朱熹. 朱子家礼［M］.《四库全书》本.

［宋］朱熹. 朱文公文集［M］.《四部丛刊》本.

［宋］吕祖谦. 吕东莱文集［M］.《丛书集成初编》本.

［宋］吕祖谦. 宋文鉴［M］.《四库全书》本.

［宋］陈傅良. 止斋集［M］.《四部丛刊》本.

［宋］陆九渊. 陆九渊集［M］. 北京：中华书局，1980.

［宋］叶适. 叶适集［M］. 北京：中华书局，1961.

［宋］赵彦卫. 云麓漫钞［M］.《四库全书》本.

［宋］李心传. 道命录［M］.《丛书集成》本.

［宋］魏了翁. 鹤山集［M］.《四库全书》本.

［宋］王灼. 碧鸡漫志［M］. 沈阳：辽宁教育出版社，1998.

［宋］方大琮. 铁庵集［M］.《四库全书》本.

［宋］刘克庄. 后村先生大全集［M］.《四部丛刊》本.

［宋］元好问. 遗山先生文集［M］.《四部丛刊》本.

［宋］张德辉. 纪行［M］.《四部丛刊》本.

［宋］彭大雅著，徐霆疏. 黑鞑事略［M］.《丛书集成初编》本.

［宋］赵珙. 蒙鞑备录［M］.《丛书集成初编》本.

［宋］叶梦得. 石林燕语［M］.《四库全书》本.

［宋］黎靖德. 朱子语类［M］. 北京：中华书局，1986.

［宋］陈振孙. 直斋书录解题［M］.《四库全书》本.

［宋］祝穆. 方舆胜览［M］.《四库全书》本.

［宋］王恽. 秘涧先生大全集［M］.《四部丛刊》本.

［宋］周密. 齐东野语［M］.《学津讨原》本.

［宋］周密. 癸辛杂识［M］.《学津讨原》本.

［宋］周密. 武林旧事［M］.《知不足斋丛书》本.

［宋］晁公武. 郡斋读书志［M］.《四库全书》本.

［宋］周去非. 岭外代答［M］.《知不足斋丛书》本.

［宋］南窗纪谈 ［M］.《四库全书》本.

［宋］谢枋得. 谢叠山集 ［M］. 北京：商务印书馆，1937.

［宋］文惟简. 虏廷事实 ［M］.《说郛》本.

［宋］王栐. 燕翼诒谋录 ［M］.《百川学海》本.

［宋］王辉. 秋涧先生大全集 ［M］.《四库丛刊》本.

［宋］吴自牧. 梦粱录 ［M］.《学津讨原》本.

［元］徐硕. 至元嘉禾志 ［M］.《四库全书》本.

［元］程端礼. 程氏家塾读书分年日程 ［M］.《四库全书》本.

［元］陶宗仪《南村辍耕录 ［M］. 北京：中华书局点校本.

［元］姚遂. 牧庵集 ［M］.《丛书集成初编》本.

［元］王祯. 农书 ［M］.《四库全书》本.

［元］虞集. 道园学古录 ［M］.《四库丛刊》本.

［元］赵友钦. 革象新书 ［M］.《四库全书》本.

［元］欧阳玄. 圭斋文集 ［M］.《四库丛刊》本.

［元］朱德润. 存复斋文集 ［M］.《四部丛刊续编》本.

［元］贡师泰. 玩斋集 ［M］.《四库全书》本.

［元］叶子奇. 草木子 ［M］.《四库全书》本.

［明］黄淮、杨士奇. 历代名臣奏议 ［M］.《四库全书》本.

［明］胡应麟. 少室山房笔丛 ［M］. 上海：上海书店，2000.

［明］曹学佺. 蜀中广记 ［M］.《四库全书》本.

［清］戈载. 七家词 ［M］. 光绪十一年（乙酉）曼陀罗华阁刊本.

［清］叶德辉. 书林清话 ［M］. 长沙：岳麓书社，1999.

［清］吴梅. 词学通论 ［M］. 上海：华东师范大学出版社，1997.

况周颐. 蕙风词话 ［M］. 北京：人民文学出版社，1999.

王国维. 人间词话 ［M］. 上海：上海古籍出版社，2004.

张星烺. 中西交通史料汇编 ［M］.《辅仁大学丛书》第一种，1930.

蔡美标. 元代白话碑集录 ［M］. 北京：科学出版社，1955.

张家驹. 两宋经济重心的南移 ［M］. 武汉：湖北人民出版社，1958.

陈寅恪. 论《再生缘》［M］. 上海：上海古籍出版社，1978.

陈高华、吴泰. 宋元时期的海外贸易［M］. 天津：天津人民出版社，1981.

吴士连. 大越史记全书［M］. 北京：中国社会科学出版社，1982.

侯外庐等. 宋明理学史［M］. 北京：人民出版社，1984.

汪向荣，夏庞元. 中日关系史资料汇编［M］. 北京：中华书局，1984.

朴真奭. 中朝经济文化交流史研究［M］. 沈阳：辽宁人民出版社，1984.

余秋雨. 中国戏剧文化史［M］. 长沙：湖南人民出版社，1985.

唐圭璋. 宋词四考［M］. 南京：江苏古籍出版社，1985.

韩儒林. 元史［M］. 北京：中国大百科全书全书出版社，1985.

李华瑞. 宋代酒的生产与征榷［M］. 保定：河北大学出版社，1985.

陈来. 朱熹哲学研究［M］. 北京：中国社会科学出版社，1986.

胡奇光. 中国小学史［M］. 上海：上海人民出版社，1987.

毛礼锐，沈灌群. 中国教育通史［M］. 济南：山东教育出版社，1987.

陈垣. 道家金石略［M］. 北京：文物出版社，1988.

杨昭全. 中朝关系史论文集［C］. 北京：世界知识出版社，1988.

辽金史论集［C］第4集. 北京：书目文献出版社，1989.

金诤. 科举制度与中国文化［M］. 上海：上海人民出版社，1990.

福建近十年的文物考古收获［M］. 北京：文物出版社，1990.

中国古代戏曲序跋集［M］. 北京：中国戏剧出版社，1990.

周玉珠等. 宋代东京研究［M］. 开封：河南大学出版社，1992.

苗春德. 宋代教育［M］. 开封：河南大学出版社，1992.

陈植鄂. 北宋文化史述论［M］. 北京：中国社会科学出版社，1993.

郑思肖. 心史［M］. 北京：北京大学出版社，1993.

贾大泉，周原孙. 四川通史［M］. 成都：四川人民出版社，1994.

那拉木吉. 中国元代习俗史［M］. 北京：人民出版社，1994.

冯继钦. 契丹族文化史［M］. 哈尔滨：黑龙江人民出版社，1994.

白新良. 中国古代书院发展史［M］. 天津：天津大学大学出版社，1995.

冯友兰. 中国哲学简史［M］. 北京：北京大学出版社，1996.

阴法鲁，许树安. 中国古代文化史［M］. 北京：北京大学出版社，1996.

许总. 宋诗史 [M]. 重庆：重庆出版社，1997.

田昌五，漆侠. 中国封建社会经济史 [M]. 济南：齐鲁书社，1997.

程民生. 宋代地域文化 [M]. 开封：河南大学出版社，1997.

张希清等. 宋朝典制 [M]. 长春：吉林文史出版社，1997.

郑传寅. 中国戏曲文化概论 [M]. 武汉：武汉大学出版社，1998.

邓广铭等. 辽宋西夏金史 [M]. 北京：中国大百科全书出版社，1988.

王国维. 宋元戏曲史 [M]. 上海：上海古籍出版社，1998.

中华学术与中国文学研究丛书总序 [M]. 南昌：百花洲文艺出版社，
1999.

许总. 宋明理学与中国文学 [M]. 南昌：百花洲文艺出版社，1999.

瞿林东. 中国史学史纲 [M]. 北京：北京出版社，1999.

黄仁宇. 赫逊河畔谈中国历史 [M]. 北京：生活·读书·新知三联书店，
2004.

多桑. 多桑蒙古史 [M]. 北京：中华书局，1962.

李约瑟. 中国科学技术史 [M]. 北京：科学出版社，1975.

（日）木宫彦泰. 日中文化交流史 [M]. 北京：商务印书馆，1980.

（日）藤家礼之助. 中日交流二千年 [M]. 北京：北京大学出版社，
1982.

培根. 新工具 [M]. 北京：商务印书馆，1984.

拉施特. 史集 [M]. 北京：商务印书馆，1986.

费琅编，耿升、穆根来译. 阿拉伯波斯突厥人东方文献辑注 [M]. 北京：
中华书局，1989.

（美）阿谢德著，任菁等译. 中国在世界历史之中 [M]. 石家庄：河北教
育出版社，1993.

马克思，恩格斯. 马克思、恩格斯全集 [M]. 北京：人民出版社，1995.

后记

　　《中国文化发展史》宋元卷的"引言"部分由我完成，其余的主体部分，主要由姚兆余、张友臣完成。全书初稿交于1999年，当时兆余是我的博士研究生，友臣则是博士毕业后工作不久的青年教师。如今，他们都是著名高校的教授。故本书的正式出版，自然也就成为一段历久弥新的静好见证。

　　龚书铎先生是我最敬重的史学前辈之一，参与他生前所主持的这套文化史的编纂，不但是一种荣幸，我们也从中学到了许多。记得2000年后的一段时间，因一些学术评审活动，我几乎每年都会见到龚先生，他也总会提起这套书，言语之间，对我们这卷的按时交稿总有嘉勉。这套文化发展史的出版，多少可以寄托我们对先生的思念。

　　感谢杨加深、葛焕礼、陈晓莹，感谢他们在此书编纂之初和最后出版时的种种帮助。希望这本十数年前用钢笔誊清的书稿今天仍能有些许价值。

王育济

2013.3